Adam Thirlwell

Der multiple Roman

Vergangene und zukünftige Abenteuer der Romankunst, verortet auf fast allen Kontinenten, in zehn Sprachen & mit einem gigantischen Ensemble von Schriftstellern, Übersetzern & anderen Phantasiewesen

Aus dem Englischen
von Hannah Arnold

S. FISCHER

Diese vom Autor vollkommen überarbeitete Ausgabe basiert auf dem Titel ›Miss Herbert‹, erschienen bei Jonathan Cape, London 2007.

FSC
www.fsc.org
MIX
Papier aus verantwortungsvollen Quellen
FSC® C083411

Erschienen bei S. FISCHER

Satz: Dörlemann Satz, Lemförde
Druck und Bindung: CPI books GmbH, Leck
Printed in Germany
ISBN 978-3-10-080049-7

Für Alison

Inhalt

ALLGEMEINE BESCHREIBUNG DES BUCHES
IM GEGENWÄRTIGEN ZUSTAND 9

1
ERSTE ABFOLGE (SÄTZE) 13
Geschichten 15
Wörter 19
Übungen 22
Karikaturen 24
Leben 32
Beweismaterial 35
Flugzeug 43

2
ZWEITE ABFOLGE (ROMANE) 53
Szenen 55
Zeit 61
Themen 66
Oberflächen 75
Netzwerke 89
Unbegrenztheit 104
Beseelung 115

3
HOMMAGE AN LAURENCE STERNE, MIT VIER MULTIPLES 127

4
UNVOLLENDETE HOMMAGE AN CARLO EMILIO GADDA 195

5
KURZE STUDIEN
DER SELBSTVERVIELFÄLTIGUNG 219
Das perfekte Werk 221
Das mangelhafte Werk 235
Die Werke 247

6
ZWEI DRUCKKNOPFFÖRMIGE HOMMAGEN
AN BOHUMIL HRABAL 267

7
KURZE THEORIEN DER VERVIELFÄLTIGUNG 311
Wiederholen 313
Überarbeiten 315
Aneignen 332
Weitermachen 339
Raum-Zeit 360
Die Zukunft 369
Übersetzen 386

8
HOMMAGE AN VLADIMIR NABOKOV,
IN DREI SPRACHEN 407

9
MULTIPLES 439
Die Dritte Sprache 441
Der zukünftige Leser 449
Der Laden 459

EXKURSE FÜR BESONDERE LESER 469

ANHANG
Literaturnachweise
Abbildungsnachweise
Danksagungen

BEISPIELMULTIPLE ODER ABC

ALLGEMEINE BESCHREIBUNG DES BUCHES IM GEGENWÄRTIGEN ZUSTAND

Lange verfolgte ich dieses Projekt, während meiner jugendlichen, ernsthaften Phase. Ich wollte beweisen, dass Romane in jede Sprache übertragen werden können. Im rasanten Zeitalter des Flugzeugs hatte ich den Traum, beweisen zu können, warum es sich bei Romanen um Multiples handelt. Denn obwohl dem durchschnittlichen Bürger der Flugzeug-Ära eine solche sprachliche Entortung vielleicht ganz normal vorkommt, war die Tatsache, dass ein Roman in verschiedenen Sprachen existieren kann, für mich ein Problem. Sie schien mir befremdlich. Dieses Problem zu lösen, hielt ich, in meiner romantischen Jugend, für wichtig: Es erschien irgendwie wesentlich für die zukünftige Produktion von Romanen.

Ich meine, es ist ja wohl auch nicht komplett exzentrisch und verrückt anzunehmen, dass ein Leser, der sich für einen Kenner der Romankunst hält, *Krieg und Frieden* gelesen haben wird und *Ulysses* und *Madame Bovary* und vielleicht zumindest einige der *Ficciones* von Jorge Luis Borges. Wogegen es um einiges unwahrscheinlicher ist, dass unser idealer Leser all dieser Werke, wie man sagt, *im Original* gelesen hat. Die Geschichte des Romans ist eine Weltgeschichte. Niemand behauptet, ein Romanexperte zu sein, wenn er nur Romane liest, die in seiner Muttersprache geschrieben wurden, sei sie Portugiesisch oder Tagalog. Und so steht der Leser, der sich das Ziel gesetzt hat, die komplizierte Romankunst zu erkunden, zuletzt zwangsläufig vor einer ganzen Lagerhalle voll mit eingeführten Gütern.

Aber vielleicht kommen euch diese Äußerungen – die ziemlich explosiv sind, wenn man sich erst einmal näher mit ihnen beschäftigt – bisher nicht ungewöhnlicher vor, als andere ganz alltägliche Wahrheiten. Also noch mal anders. Die Literatur ist eine jener seltsamen Kunstformen, deren Originale oft als Multiples wahrgenommen werden. Und, klar, das ist nicht weiter außergewöhnlich, wenn man unter einem Multiple nur eine nützliche mechanische Reproduktionsweise versteht, wie zum Beispiel die der Postkarten. Aber das Problem dieser Denkweise besteht darin, dass das Verhältnis zwischen einer Postkarte und einem Gemälde wirklich nicht das gleiche ist, wie das zwischen Übersetzung und *Original*. Die perfekteste Übersetzung hat auf der einen Seite genau die gleiche *Größe* wie das Original, das es imitiert, ist aber gleichzeitig eine völlig andere Sache – so, als imitierte man die exakten Maße von Michelangelos *David* und stellte ihn dann aus Wackelpudding her.

Dass das Übersetzen mit anderen Worten ein zentrales Element der Literatur ist, führt zu einer verrückten Situation, verrückter als auf den ersten Blick ersichtlich ist. Trotzdem dachte ich zuerst, mein Projekt würde auf etwas Einfacheres hinauslaufen – so etwas, wie die Versöhnung oder Abwägung zweier widersprüchlicher Annahmen im harmonischen Zusammenhang einer vollständigen Gleichung. Und diese Annahmen waren a), dass es sich bei einem Roman um eine einzigartige Abfolge linguistischer Zeichen in einer gegebenen Sprache handelt, und b), dass sich dieses einzigartige Unikat auch in jeder anderen Sprache reproduzieren lässt. So dass sich natürlich gewisse Änderungen ergäben, wenn man zum Beispiel Sätze aus dem Inuit ins Englische übertragen würde oder vom Englischen ins Japanische, aber diese Umwandlung wäre völlig unabhängig von der grundlegenden Frage der Qualität: Eine solche Umwandlung würde den Wert eines Romans als Teil einer gewissen Kunstform nicht vermindern.

Und an dieser Stelle dachte ich, ich sei bereits fertig: ein Hallelujah auf das Multiple und auf den Amateurtheoretiker.[1]

[1] Ein Buch, das verschiedentlich bekannt ist als *Miss Herbert, The Delighted States, Mademoiselle O.* Andere EXKURSE FÜR BESONDERE LESER finden sich in arabischen Ziffern ab Seite 469.

Aber als sich die Ernsthaftigkeit meiner Jugend langsam zu lichten begann, kamen mir Zweifel, ob diese Theorie für zukünftige Produktionen wirklich schon die nützliche Maschine war, die mir vorschwebte. Vielleicht, dachte ich, war es überhaupt keine funktionierende Maschine. Denn bisher hatte mein Projekt immer den Satz als Maß für den spezifischen Romanstil vorausgesetzt. Aber ein Roman ist schließlich viel länger als ein Satz. Es ist traurig, wie offensichtlich das ist. Und ich begann mich zu fragen, ob ein Roman deshalb nicht auch sehr viel seltsamer sein musste, als ich zuerst gedacht hatte. Ein Roman ist eine gigantische, komplexe Komposition. Selbst der kürzeste Roman kann eine sehr lange Leseerfahrung sein. Und die Söge und Querverbindungen, welche durch die einmaligen Kompositionsstrukturen von Romanen entstehen, spielen Katz und Maus mit unseren herkömmlichen Vorstellungen von Zeit oder Identität oder Wahrnehmung oder Politik oder Geschichte oder Kausalität – ja, mit wirklich allem. So dämmerte mir langsam, dass mein Projekt eine verrücktere, umfassendere Philosophie benötigte: eine Auseinandersetzung mit der notwendig wackeligen Bauart auch noch der perfektesten Romankomposition.

Selbst die einzigartigste Komposition, entdeckte ich nun, ist selber immer ein Multiple. Ein Roman muss über gigantische Zeiträume hinweg entwickelt werden. Das stimmt sowohl in Bezug auf den Schreib- als auch auf den Leseprozess. Der Leser! Er war der endgültige Grund, warum ich eine neue Theorie wollte. In diesem Projekt über Schriftsteller und ihre Romane waren die Leser bisher nur Nebenfiguren gewesen. Demgegenüber war das Projekt utopisch. Es sollte eine Plattform für Kollektive sein, für globale Läden und Kioske; eine Fabrik für Romane als Inbegriff der Internationalität. Und so wurde mir klar, dass mein Projekt noch ein letztes Element miteinbeziehen musste: den abwesenden, multiplen Leser.[2]

So begab ich mich traurig zurück in mein Studio. Und rief einen neuen und vielleicht überraschenden Helden zur Hilfe, Roland Barthes: diesen Kritiker, der Romane so wenig schätzte. Denn am Ende seines Lebens, das er größtenteils dazu genutzt hatte, voll Verachtung die Tricks und Unaufrichtigkeiten der Romanform aufzudecken, änderte Barthes letztlich seine Einstellung. In Paris, der Stadt der reinen Skepsis, ging ihm auf, dass er einen Roman schreiben wollte. Er war bekehrt worden! Denn ein Roman, so begann er nun zu argumentieren, stellte eine auf radikale Weise unverfälschte Form von Literatur dar. Nur ein Roman konnte das hervorbringen, was er ohne Schamgefühl *Augenblick der Wahrheit* nannte. Und das lässt sich nur nachvollziehen, wenn man zugesteht, dass ein Roman »vermittels einer Art ›Zerrüttelung‹ rührt, lebt und keimt, die nur bestimmte Momente, die dann genau genommen die Gipfel sind, stehenläßt …«[i]* Seine Form war überhaupt nicht ordentlich. Sie war viel spröder, als sie aussah. Und dies ist letztendlich der Grund dafür, dass ein Roman immer international sein kann. Die tiefgehendste Form eines Romans spiegelt sich nicht nur in der feingliedrigen Oberfläche seiner Sätze wieder, sondern vor allem auch an jenen Stellen, wo diese Oberfläche kollabiert und etwas zurücklässt, das man nur *Augenblick der Wahrheit* nennen kann.

Beflügelt durch diese neugefundene Hoffnung verfolgte ich mein Projekt in seiner finalen Form erst durch Abfolgen von Hochgeschwindigkeitsanalysen – eine philosophische Grundlagenarbeit der skurrilsten Art – und dann durch Fallstudien, Variationen, Hommagen. Und so gelang es mir, meinen utopischen Plan zu verfolgen: den internationalen und zukünftigen Roman.

Jetzt bin ich definitiv fertig. Das Zeitalter der Jugend ist für mich eindeutig vorbei. Jetzt bin ich bereit, jedes Emporium und jeden Laden auf jedem Kontinent oder Planeten aufzubauen, wo sie willkommen sind.

Et voilà, amigos: avanti.

* Die Literaturnachweise sind lateinisch aufgeführt, siehe im Anhang S. 491.

1

ERSTE ABFOLGE
(SÄTZE)

Geschichten

1

In einer Stadt mit dem temporären Namen Leningrad schrieb ein Autor, der den Namen Daniil Charms angenommen hatte, eine Geschichte. Der erste Satz lautet wie folgt: »Eines Tages ging ein Mann zur Arbeit, und unterwegs begegnete er einem anderen Mann, der ein polnisches Weißbrot gekauft hatte und auf dem Heimweg war.« Der nächste Satz ging so: »Das ist eigentlich alles.«[i] Und tja, er nimmt sich selbst beim Wort. Hierbei handelt es sich tatsächlich um eine vollständige Geschichte von Daniil Charms, der er den schlichten Titel »Die Begegnung« gab. Das ist tatsächlich eine zweisätzige Geschichte, oder einsätzig, wenn man den zweiten Satz nicht dazuzählt – diesen zusätzlichen Moment, wenn Charms vorschnell aus seinem Versteck kommt, wie Bugs Bunny, und verkündet, dass seine Geschichte schon vorbei ist.

Aber bei dieser Erkenntnis, dass eine Geschichte und ein Satz deckungsgleich sein können, sollte ich wohl bereits innehalten.

2

In Paris, einer der Hauptstädte dieses Projekts, verfasste der Avantgardist und Essayist Roland Barthes 1966, vor den Pariser Evenements, eine Beschreibung dessen, was einen Satz ausmacht. Er versuchte, Sätze so abstrakt wie möglich zu beschreiben. Ein Satz, schrieb er, bestehe aus bestimmten Kernen, die ein logisches Netzwerk bilden. Dann füllten andere Einheiten diese Struktur aus, »nach einem im Prinzip endlosen Wucherungsmodus«. Und so, schrieb Barthes, »gilt dies auch für den Satz, der aus einfachen Ur-Teilen besteht und durch Duplikationen, Füllsel, Umhüllungen usw. endlos kompliziert wird: die Erzählung ist, wie der Satz, endlos katalysierbar.« Und übrigens, fügte er hinzu, existiere bereits das Diagramm eines Satzes –, ein Gedicht, *Un coup de dés*, das gegen Ende des neunzehnten Jahrhunderts von Stéphane Mallarmé geschrieben worden war: ein Wunder der Typographie – dessen Layout die minutiösen Satzstrukturen von Mallarmés Grammatik imitierte. Wer könne dies bezweifeln, fragte Roland Barthes, im vorrevolutionären Paris? Es sei ein Gedicht, »das mit seinen ›Knoten‹ und ›Bäuchen‹, seinen ›Knoten-Wörtern‹ und ›Klöppel-Wörtern‹ als Emblem jeder Erzählung und jeder Sprache gelten kann«.[ii]

3

Natürlich schafft die Tatsache, dass ein Satz ein unendliches Netzwerk ist, erhebliche Probleme für alle, die ihre Zeit damit verbringen, sich Sätze auszudenken: Sie erschwert sogar die Bildung von nur zweien. So traf beispielsweise 1918 ein Mann namens Frank Budgen in der Bahnhofstraße in Zürich eines Abends seinen Freund, einen Mann namens James Joyce. Joyce trug einen braunen Überzieher, den er bis zum Kinn zugeknöpft hatte. Zusammen gingen sie zum Café Astoria, schreibt Budgen:

Ich erkundigte mich nach dem *Ulysses*. Kam er voran?
»Ich habe den ganzen Tag über hart daran gearbeitet«, sagte Joyce.
»Heißt das, daß Sie viel geschrieben haben?«, fragte ich.

»Zwei Sätze«, sagte Joyce.

Ich blickte zur Seite, aber Joyce lächelte mich an. Ich dachte an Flaubert.

»Sie waren auf der Suche nach dem *mot juste*?«, fragte ich.

»Nein«, sagte Joyce. »Die Wörter habe ich bereits. Ich suche nach der vollkommenen Anordnung der Wörter im Satz. Es gibt eine in jeder Beziehung angemessene Anordnung. Ich glaube, ich habe sie gefunden.«[3 iii]

4

Ein Jahr nach seiner ersten abstrakten Beschreibung des Satzes arbeitete Barthes wieder an einem Aufsatz über Sätze, in dem Gustave Flaubert als leidender Held vorkam. Barthes stellte sich die Qualen vor, die ein Schriftsteller vor der leeren Seite erdulden mochte. Schließlich gab es aus seiner Sicht zwei primäre Ansatzpunkte für die Konstruktion eines Romans: die Anordnung der Teile und die Anordnung eines jeden Satzes. Flaubert stellte einen speziellen Fall des Satzproblems dar. Denn er hatte einen Korrekturfimmel. Und daher, schrieb Barthes, musste Flaubert der Tatsache ins Auge sehen, dass die Veränderung eines Satzes auf drei verschiedene Arten geschehen konnte: Man konnte ein Wort austauschen, man konnte ein Wort streichen, und man konnte ein Wort hinzufügen. Während man sich beim Austauschen grob an die semantischen Regeln zu halten hatte und das Streichen auf gewisse Weise dadurch eingeschränkt war, dass letztendlich noch einige Wörter übrigbleiben mussten, damit überhaupt ein Satz existierte, gab es natürlich keine obere Grenze für die Ausdehnung eines Satzes. Und so konnte Barthes zu seiner ersten Schlussfolgerung über Sätze kommen, nämlich, dass »der mit dem Satz konfrontierte Autor die endlose Freiheit der Sprache erlebt, die selbst in der Struktur der Sprache einen tiefen Eindruck hinterlassen hat«.[iv] Dies sei eine Qual für den Schriftsteller, vermutete Barthes: Es sei *atroce*. Denn früher habe es noch Regeln gegeben, um die im Satz versteckte Freiheit einzuschränken. Diese Regeln wurden *Rhetorik* genannt. Doch mittlerweile war man von der Rhetorik, von ihren willkürlichen Vorschriften und Schemata, abgekommen. Sobald die Rhetorik keine Rolle mehr spielt, bleibt nur noch der Schriftsteller zurück, völlig frei vor dem Satz. Und diese Freiheit ist schwindelerregend. Sie ist tödlich.

5

Diese aufreibende, erschöpfende Freiheit ist der Grund dafür, dass man bei allen Recherchen über die Produktion internationaler Romane früher oder später auf müde Schriftsteller stößt. Zum Beispiel im Rahmen dieser bekannten kleinen Geschichte über Gustave Flaubert und seinen Protegé, Guy de Maupassant: Um Maupassant die Kunst des Schreibens beizubringen, schickte Flaubert ihn in die Straßen von Paris, mit dem Auftrag, einen Krämer oder einen Portier oder einen Kutschenstand so zu beschreiben, »dass ich sie mit keinem anderen Krämer, keinem anderen Portier verwechsle; machen Sie mir durch ein einziges Wort deutlich, wodurch sich ein Droschkenpferd von fünfzig anderen, die ihm folgen und voraufgehen, unterscheidet.«[v]

Es ist eine traurige Geschichte, eine etwas verrückte Geschichte vielleicht, und sie hat ihr eigenes, von der Geschichte improvisiertes Multiple.

Bevor James Joyce in Zürich lebte, verbrachte er einige Zeit in Triest. Dort verdiente er sich sein Geld damit, Englisch zu unterrichten. Die englische Sprache unterrichtete er genau so, wie Flaubert die Kunst des französischen Romans unterrichtete: mit Hilfe von Beschreibungen.[4] Sein berühmtester Schüler war ein Mann namens Ettore Schmitz. Wobei er nicht unter diesem Namen berühmt war; allerdings durch den, mit dem er seine Romane unterschrieb: Italo Svevo. Weil Svevo oft geschäftlich nach England reisen musste, begann er 1906 bei James Joyce Englischunterricht zu nehmen. Und Joyce stellte auch Svevo seine berüchtigten Beschreibungsaufgaben. Diesmal sollte er seinen Lehrer selbst beschreiben. Natürlich hatte Joyces Lehrmethode das Ziel, zwei Probleme gleichzeitig zu behandeln: die Schwierigkeit, in einer Fremdsprache zu schreiben, und die, in jeder Sprache so zu schreiben, dass die Wirklichkeit für den Leser erhalten bleibt. Anders gesagt, seine Aufgaben waren sowohl Englischübungen – und Schmitz' Englisch hatte diese dringend nötig – als auch Übungen im Romanschreiben, in der Kunst des Erschaffens von Charakteren in Prosa:

When I see him walking on the streets I always think that he is enjoying leisure a full leisure. Nobody is awaiting him and he does not want to reach an aim or to meet anybody. No! He walks in order to be left to himself. He does also not walk for health. He walks because he is not stopped by anything. I imagine that if he would find his way barred by a high and big wall he would not be shocked at the least. He would change direction and if the new direction would also prove not to be clear he would change it again and walk on his hands shaken only by the natural movement of the whole body, his legs working without any effort to lengthen or to fasten his steps. No![vi 5]

Und da haben wir Joyce: verewigt, in Triest. Denn so ist er jetzt immer noch real – als inspirierte Abfolge ungrammatischer linguistischer Zeichen.

Wörter

1

Ich bin kein Semiotiker, ich bin Schriftsteller. Aber ich finde, dass dieses italienische Englisch von Italo Svevo eine kurze philosophische Exkursion verdient. Es ist allseits bekannt, dass der schweizer Sprachwissenschaftler Ferdinand de Saussure die bekannteste Definition des

Wortes als Zeichen prägte. Ein Wort, so argumentierte er, habe eine besondere Struktur: die Kombination eines Signifikanten – einer phonetischen Bezeichnung – mit einem Signifikat – einer Bedeutung. Und diese Definition erlaubte ihm, seinen berühmten Schluss zu formulieren, dass die Beziehung zwischen diesen zwei Aspekten eines Zeichens beliebig ist: Es gibt keinen inwendigen Grund, warum ein spezieller Signifikant mit einem bestimmten Signifikat vernetzt sein sollte. Aber dies erklärt immer noch nicht, warum einige Zeichen akkurater sind als andere. Es erklärt letztendlich nicht, warum einige Sätze präziser sind als andere.

Schließlich ist ein Zeichen natürlich nicht identisch mit der bezeichneten Wirklichkeit: Ein Zeichen ist etwas Zusätzliches. Etwas Zusätzliches zu sein, macht sogar sein Wesen aus. Und während dies im Paris der späten 1970er Jahre Roland Barthes davon überzeugte, dass es nie eine wirkliche Übereinstimmung zwischen Sprache und Wirklichkeit geben würde, weil »man eine mehrdimensionale Ordnung (das Wirkliche) nicht mit einer eindimensionalen Ordnung (der Rede) zur Deckung bringen kann«, bin ich mir da weniger sicher.[vii] Oder vielmehr, bin ich nicht sicher, dass das Problem an dieser Stelle aufhört. Es kommt mir vor wie eine zu einfache Ausflucht.

2

In seinem Buch über die Fotografie, das er 1980 veröffentlichte und das sein letztes werden sollte, schweift Barthes einen Moment lang ab und vergleicht die Fotografie mit der Sprache. Eine Fotografie, schreibt er, sei immer eine Art Beweis dafür, dass etwas einmal existiert habe: Eine Fotografie kann nicht existieren, ohne dass vorher etwas Wirkliches fotografiert worden war. Während etwas in einem Satz existieren konnte, ohne im wirklichen Leben zu existieren. Und dies war »das Unglück (vielleicht auch die Wonne) der Sprache: dass sie für sich selbst nicht bürgen kann«. Und so, fügte Barthes hinzu, lag ein Charakteristikum von Sprache »vielleicht in diesem Unvermögen oder, um es positiv zu wenden: die Sprache ist ihrem Wesen nach Erfindung; will man sie zur Wiedergabe von Tatsächlichkeiten befähigen, so bedarf es eines enormen Aufwands«.[viii]

Und vielleicht stimmt dies, auf gewisse Weise – vielleicht kann Sprache nie für sich selbst bürgen, so wie es eine Fotografie kann (obwohl selbst eine Fotografie nicht immer immun gegenüber Fiktionalität ist). Aber vielleicht ist eher dieser Wunsch nach Sicherheit selbst unnötig: Vielleicht braucht kein Leser diese Art Sicherheit, um daran glauben zu können, dass Wörter wahrheitsgetreue Zeichen sein können.

3

Und unter uns: Man kann mit mehr persönlichem Einsatz über Wörter nachdenken. Wie zum Beispiel Roman Jakobson, der vor den Kommunisten von Leningrad nach Prag floh, wo er 1934 in seinem Aufsatz »Was ist Poesie« die Auffassung vertrat, das verbale Zeichen in der Literatur sei immer doppeldeutig: das Zeichen sei zwar identisch mit seinem Objekt aber gleichzeitig auch nicht. Und dies sei kein Problem, schrieb Jakobson. Ganz im Gegenteil. Dies erst erlaube einem Zeichen überhaupt, treffend zu sein, weil

> neben dem unmittelbaren Bewußtsein der Identität von Zeichen und Gegenstand (A gleich A_I), auch das unmittelbare Bewußtsein der unvollkommenen Identität (A ungleich A_I) notwendig ist; diese Antinomie ist unabdingbar, denn ohne Widerspruch gibt es keine Bewegung der Begriffe, keine Bewegung der Zeichen, die Beziehung zwischen Begriff und Zeichen wird automatisiert, das Geschehen kommt zum Stillstand, das Realitätsbewußtsein stirbt ab.[ix]

Diese Aussagen sind vor dem Hintergrund zu lesen, dass Jakobson den Fortbestand der literarischen Revolution sichern wollte. Denn die kommunistischen Revolutionäre in Leningrad und Moskau waren erpicht darauf, dass diese Art der literarischen Aktivität ausstarb, – so dass seine Logik mich an die absurden Theaterstücke und rationalistischen Aufsätze von Václav Havel in Prag erinnern, dreißig oder vierzig Jahre später, und auch an einen Aufsatz, den Milan Kundera 1979 in Paris schrieb, um Havel zu verteidigen, nachdem dieser von dem sowjetisch geführten Regime verhaftet worden war, in dem Kundera also schrieb, dass Havels Bestreben, in seinem Werk wie auch in seinem Leben, schlicht das gewesen sei, Wörter dazu zu bringen, das zu bedeuten, was sie audrückten – ja, trotz dieser schwierigen politischen Hintergründe, denke ich nicht, dass die potentielle revolutionäre Energie, die in Jakobsons Vorschlag enthalten ist, durch die politischen Umstände gemindert werden kann. Jakobson argumentiert, dass es gerade der Abstand zwischen einem Zeichen und der Realität ist, der es zu einem so effektiven Werkzeug ihrer Beschreibung macht. Und das ist ein geradezu explosiver Gedanke.

Übungen

1

Aber ich brauche noch einen Helden. Und ich habe einen Helden: Sein Name ist Raymond Queneau.

2

Raymond Queneaus *Exercices de style* (*Stilübungen*) wurden 1947 in Paris veröffentlicht. Zu diesem Zeitpunkt kannte man Queneau als Schriftsteller. Bald sollte er seinen berühmtesten Roman schreiben: *Zazie dans le métro* (*Zazie in der Metro*). Aber gleichzeitig war Queneau auch Dichter, Mathematiker und Lektor bei Gallimard. Und später wurde er zusammen mit Georges Perec, Italo Calvino und weiteren Schriftstellern Mitglied der literarischen Gruppe OuLiPo, der Ouvroir de Littérature Potentielle. Aber 1947 wurde Queneau mit einem Schlag wegen dieses Buches berühmt: seinen *Stilübungen*. Der unvorbereitete Leser könnte es zunächst für eine Sammlung winziger Geschichten halten. Die erste Geschichte, »Angaben«, hört sich so an:

Im Autobus der Linie S, zur Hauptverkehrszeit. Ein Kerl von etwa sechsundzwanzig Jahren, weicher Hut mit Kordel anstelle des Bandes, zu langer Hals, als hätte man daran gezogen. Leute steigen aus. Der in Frage stehende Kerl ist über seinen Nachbarn erbost. Er wirft ihm vor, ihn jedes Mal, wenn jemand vorbeikommt, anzurempeln. Weinerlicher Ton, der bösartig klingen soll. Als er einen leeren Platz sieht, stürzt er sich drauf.

Zwei Stunden später sehe ich ihn an der Cour de Rome, vor Gare Saint-Lazare, wieder. Er ist mit einem Kameraden zusammen, der zu ihm sagt: »Du solltest dir noch einen Knopf an deinen Überzieher nähen lassen.« Er zeigt ihm wo (am Ausschnitt) und warum.[x]

Die nächste Geschichte aber zeigt, warum es sich hier eindeutig nicht um eine Kurzgeschichtensammlung handelt, überhaupt nicht. Ihr Titel ist »Verdoppelung«.

Gegen Mitte des Tages und am Mittag befand ich mich und stieg ich auf die Plattform und die hintere Terrasse eines überfüllten und fast besetzten Autobusses und Gemeinschaftstransportfahrzeuges der Linie S und der von der Contrescarpe nach Champerret fährt.[xi]

Und so weiter, lieber verdoppelter Leser …

So etwas Verrücktes! Queneaus Buch wiederholt die gleiche Geschichte 99 Mal; jedes Mal in einem anderen Stil, einem anderen Modus. Die Veränderungen sind rhetorischer Art (»Litotes«), generischer (»Klappentext«), grammatikalischer (»Passiv«) oder metrischer (»Alexandriner«), oder einfach ein Stimmungswechsel (»Nobel«, »Ungeschickt«). Es ist ein Buch sprachlicher Effekte.

3

Und hier ist der Grund, warum Queneau mein Held ist: Während es so scheinen mag, als führe er mit seinen Übungen die Willkür der Zeichen vor, aus denen Sprache besteht – ihre Beweglichkeit –, denke ich, dass er mit diesem Experiment in Wirklichkeit noch etwas anderes zeigt: Dass die gleiche Geschichte eine jeweils andere Geschichte sein kann, je nachdem, aus welchen Wörtern sie zusammengesetzt ist. Selbst die kleinste Änderung führt zu einer neuen Projektion der Realität.

Karikaturen

1

Vielleicht lässt sich dies auf noch ulkigere Weise zeigen. Ein Satz ist wie eine Skizze oder eine Karikatur.

2

Nachdem sein Roman der veräußerlichten Form, *Tristram Shandy*, dessen erste Bände 1759 erschienen waren, zu einem Riesenerfolg geworden war, bat der englische Schriftsteller Laurence Sterne den Künstler William Hogarth, zwei Frontispize anzufertigen, die jeweils eine Szene aus dem Roman darstellen sollten. Teils äußerte Sterne diesen Wunsch wohl, weil Hogarth eine Berühmtheit war. Sterne hatte eine Schwäche für Berühmtheiten. Aber es gab auch einen weniger offensichtlichen Grund: Hogarth und Sterne teilten dieselbe avantgardistische Ästhetik. Beide glaubten daran, dass Kunst Tempo haben sollte, dass die Welt schnell und zielgerichtet durch Zeichen verbessert werden konnte. Denn obwohl Hogarth seine Gemälde und Kupferstiche mit urbanen Details vollpackte, war er gleichzeitig berühmt für seine Ökonomie: Ja, er war berühmt für seine Karikaturen. Mit drei Strichen konnte er das gleiche Ergebnis erzielen wie mit dreihundert. Und so schrieb Sterne:

> Denkt Euch die kurze, plumpe, ungehobelte Gestalt eines Dr. *Slop*, von ungefähr viereinhalb Fuß perpendikularer Höhe, mit einem breiten Kreuz und einem sesquipedalischen Bauch, der einem Sergeanten beim Garde-Kavallerie-Regiment alle Ehre gemacht hätte.
>
> Dies waren die Umrisse von *Dr. Slop's* Gestalt, die sich, wie Euch bekannt sein muß – falls Ihr *Hogarth's* Analyse der Schönheit gelesen habt, und wo nicht, so wünscht' ich Ihr tätet's –; eben so gewiß durch drei Striche karikieren und der Vorstellung vermitteln läßt, als durch dreihundert.[xii]

Wie auch Hogarth fand Sterne die Vorstellung langweilig, dass eine Darstellung den Eindruck geben solle, ihren Gegenstand erschöpfend zu beschreiben. Ihn interessierten jene Wahrheiten, die man nur über Abkürzungen erreichen kann. Eine weitere Hommage an Hogarth findet sich in diesem Vergleich Dr. Slops mit einem »Sergeanten«. Nach Aussage eines zeitgenössischen Biographen war Hogarth von der Tatsache fasziniert, dass sich eine Person mit viel weniger Zeichen darstellen lässt, als man zuerst denken mochte. Er ging so weit zu behaupten, man könne einen Sergeanten mit einer Pike, der mit seinem Hund in ein Bierhaus geht, einfach mit drei geraden Strichen zeichnen:

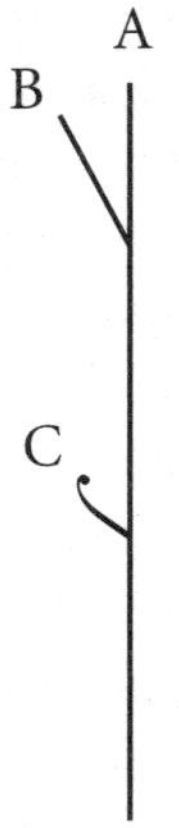

A. The perspective line of the door.
B. The end of the Serjeant's pike, who is gone in.
C. The end of the Dog's tail, who is following him.
There are similar whims of the *Caracci.*

Diese Zeichnung ist eine Provokation, eine Revolution in der Kunst der Zeichen. Die Kunst der Karikatur ist nicht leicht von der Kunst der Charaktere zu unterscheiden. Das ist es, was Hogarth beweisen wollte und was auch Sterne verstand. Die Kunst der Darstellung ist viel paradoxer, als die Menschen generell zu denken scheinen. Sie war sowohl offen für dichte Detailanordnungen als auch für bloße Skizzen.[6] Die ästhetische Grundannahme von Sternes Roman war die, dass eine klare Anerkennung der Künstlichkeit eines Zeichens dieses keineswegs daran hindert, Momente der Wahrheit zu schaffen. Um dies zu beweisen, konnte man, wenn man wollte, einen Satz sogar mit eigenen Karikaturen unterbrechen. So wie im Fall von Tristrams Versuch Corporal Trims Versuch, das Junggesellenleben zu beschreiben:

»Solang' ein Mann frei ist – rief der Korporal und schwung seinen Stock also –

Ein ganzes Tausend der allerscharfsinnigsten Syllogismen meines Vaters hätten nicht beredter für die Ehelosigkeit sprechen können.«[xiii]

3

Es gibt keine natürlichen Zeichen – eine Karikatur ist nicht wirklicher als ein Satz: Aber gleichzeitig muss etwas nicht unwahr sein, nur weil es ein Zeichen ist. So lässt sich die modernistische Weisheit von Laurence Sterne zusammenfassen, die er zweihundert Jahre zu früh erkannte. Ich meine – dem kommt erst wieder Picasso nahe.

Im Gespräch mit dem Fotografen Brassaï sagte Picasso einst unbedarft, er strebe immer danach »Ähnlichkeiten darzustellen. Ein Maler muss die Natur beobachten, darf sie aber nie mit der Malerei verwechseln. Nur durch Zeichen kann Natur in Malerei übersetzt werden.«[xiv] So ist beispielsweise in der 1912–1913 von Picasso geschaffenen Collage *Flasche und Glas* die Flasche mit Kohle umrissen. Und diese Flasche ist halb voll. Wir wissen, dass sie halb voll ist, weil ein spitz zulaufendes Stück Zeitungspapier, ausgeschnitten und in den Umriss der Flasche geklebt, die Form der Flasche zur Hälfte ausfüllt. Ein Maler muss die Natur beobachten, darf sie aber nie mit der Malerei verwechseln: Sie kann nur mit Hilfe von Zeichen in Malerei übersetzt werden. Die Zeitung sieht nicht aus wie Wein, aber wir deuten sie als Wein. »Man erfindet ein Zeichen nicht«, fuhr Picasso fort, in seinem Gespräch mit Brassaï. »Man muss genau auf die Ähnlichkeit zielen, um zu dem Zeichen zu kommen.«[xv] Gegenüber seiner Frau, Françoise Gilot, formulierte Picasso noch präziser: »Das *papier collé* war in Wirklichkeit die große Entdeckung«, sagte er. »Das Zeitungsblatt wurde niemals benutzt, um eine Zeitung daraus zu machen, sondern um zu einer Flasche oder etwas Ähnlichem zu werden. Es wurde niemals buchstäblich, sondern immer als ein Element benutzt, das von seiner gewöhnlichen Bedeutung in eine andere Bedeutung verwiesen wurde.«[xvi] Wie eine Metapher hatte das Stück Zeitungspapier, mit seinen gedruckten Wörtern, in Picassos Collage mehrere Funktionen. Es war da, um zu zeigen, wie viel das Auge ignorieren und vereinfachen kann, auf der Suche nach Ähnlichkeit zur Realität. Es war ein Scherz, der die nicht reduzierbare Künstlichkeit des Bildes bestätigte – und, gleichzeitig, auch seine realistische Präzision.

Auf gleiche Weise waren Sternes Bilder und Diagramme für ihn eine Möglichkeit zu bestätigen, dass alles letztendlich nur ein Zeichen ist, denn ein Roman ist nicht realer als ein Bild – aber beide sind gleichzeitig wahr. Ähnlich verfuhr ein anderer akrobatischer Künstler, Saul Steinberg, der einst seine »bauhausige Philosophie der Verwandelung von Geschriebenem in Gemaltes …«, seinen Gebrauch der Linie »als eine Form des Schreibens« beschrieben hatte.[xvii]

Das ist, denke ich, kein Widerspruch.

4

Vielleicht sollte ich länger bei Saul Steinberg verweilen, im Zusammenhang dieses Kapitels über Wörter als Karikaturen.[7] Denn Steinbergs eigenem Begriff von seinem Künstlertum zufolge, war er Schriftsteller: »Mein Bild vom Künstler, Dichter, Maler, Komponisten etc. ist *der Schriftsteller.*«[xviii] Es mag einem seltsam vorkommen, dass ein Künstler die Schriftsteller so verehrt. Aber Steinbergs Kunst ist ein Triumph des Intellektuellen: Sie ist gekennzeichnet durch eine Inversion, die sich dadurch ergibt, dass Spuren auf flachem Papier als real angesehen werden, aber Menschen und Objekte als unwirklich: Wirklich ist nur Handschrift, ist Kalligraphie. Und deshalb können in seiner Zeichnung »Erotica I« die Zahl 5 und ein Fragezeichen Sex haben, pornographisch ineinander verschlungen, auf einem Bett. Oder in seinem »Graph Paper Architecture«, wo er aus Millimeterpapier das realistische Porträt eines Wolkenkratzers machte, mit seinen präzisen endlosen Fenstern, indem er eine Markise über dessen Tür auf den Gehweg zeichnete.[8] Steinbergs Kunst ist metaphorisch: In ihr ist jede Linie kurz davor, wirklich zu werden. Und so überrascht es vielleicht nicht, dass eines seiner Lieblingswerke Nikolai Gogols Erzählung »Die Nase« war. Diese Geschichte, in der die Nase eines Mannes in Sankt Petersburg ein Eigenleben entwickelt; diese Geschichte, in der das Unmögliche wahr wird. Es überrascht auch nicht, dass für Steinberg der Schriftsteller der Inbegriff des Künstlers war. Denn seine Kunst der buchstäblichen Zeichen machte Steinberg gewissermaßen zu einem Schriftsteller, der eben einfach keinen Roman geschrieben hat. Dafür erfand er neue ökonomische Techniken, um die Realität zu beschreiben.

Und wie von jedem Schriftsteller – wie groß er auch sein mag – war seine Kunst eine Kunst der Abkürzungen: des Redigierens und Kürzens.

Gegen Ende seines Lebens, um 1989, arbeitete Steinberg an Fotografien europäischer Städte: Bukarest, Brest, Buzău, Moskau, Heidelberg, Lille, Avignon. Aber natürlich handelte es sich nicht um normale Fotografien. Erstens waren es Reproduktionen alter Postkarten; und außerdem hatte er sie stark vergrößert. In der New Yorker Illustrierten *Grand Street* stellte Steinberg ein Portfolio dieser vergrößerten Postkarten zusammen: eine Abfolge von Details, in ihrer neuen, vergrößerten Form, mit dem Titel »DOGS«. Denn in jedem der Riesenbilder, jeder Straßenszene, hatte Steinberg ein wiederkehrendes, zufälliges Detail entdeckt, Hunde. Sie waren alle zufällig ins Bild geraten. Sie waren Hintergrund. Doch plötzlich waren sie alles. Ich liebe diese Hunde sehr – denn dieses internationale Hundeprojekt war Steinbergs großes Projekt der Detailkunst –, seine Hommage an die Wahrheit der zurechtgestutzten und künstlichen Bilder.

5

Die Wahrheit der Karikatur zieht aber auch gewisse Konsequenzen nach sich: beispielsweise die Unmöglichkeit, zu beschreiben, wie diese Zeichen funktionieren – diese wunderbaren Zeichen, die wir Karikaturen nennen oder auch Sätze … Denn wenn künstlerisches Talent darin bestünde, Miniaturzeichen zu schaffen, die uns wie Wahrheiten vorkommen, dann lässt sich nur schwerlich erkennen, was noch für die Interpretation zu tun bliebe. Es bleibt kein Freiraum, in dem sich Wortbedeutungen ausbreiten könnten. Denn Bedeutung leidet an Fettleibigkeit.

Dies war das ungezügelte Ideal der Moderne, wie Gustave Flaubert es nannte – der bekanntlich an seine Geliebte, Louise Colet, schrieb, »was ich machen möchte, das ist ein Buch über nichts, ein Buch, das an nichts Äußerem hängt, das sich durch die innere Kraft seines Stils von selbst hält, so wie sich die Erde, ohne gestützt zu werden, in der Luft hält, ein Buch, das fast kein Thema hätte, oder in dem das Thema beinahe unsichtbar wäre, wenn das möglich ist«.[xix] Diese Aussage ist

Flauberts Lesern manchmal undurchsichtig vorgekommen. Aber vielleicht ist sie letztendlich gar nicht so seltsam. Flaubert versuchte nur, ein ihm vollkommen erscheinendes Kunstobjekt zu beschreiben: ein Werk, das ganz ohne Botschaft auskäme, das reine Oberfläche wäre.

Und die logischen Schlussfolgerungen dieser Vision von moderner Strenge sind in der Tat sehr seltsam. Beispielsweise würden sowohl die Literaturkritik als auch die Belletristik zu Übungen größter Plattheit werden –, wie das Doppelwerk des Pariser Kritikers und Anarchisten Félix Fénéon. Fénéon schrieb zwei bedeutende Bücher: zwei Zwillinge. Das erste hieß *Les Impressionistes en 1886*.[9] Es war eine Beschreibung der neuen Kunstform von Seurat und seinen Freunden, der unbändigen anarchistischen Oberflächen ihrer pointillistischen Tupfenbilder. Und im Einklang mit ihrer auf gelassene Weise reduktiven Malerei erfand Fénéon seinen eigenen körnigen Stil: die schnellste Kurzschrift der Welt mit einer minimalen Anzahl an Verben, verdrehtem Satzbau, und allem, was sonst gerade noch so passte: eine Sprachanarchie voller trockenem Humor. Drei Jahre später veröffentlichte er ein weiteres Buch namens *Nouvelles en trois lignes*. Bei diesen *Nouvelles* handelte es sich um dreizeilige Erzählungen, die regelmäßig in der im Oktober 1905 gegründeten Zeitung *Le Matin* erschienen. Im Mai 1906 wurde Fénéon ihr Sonderberichterstatter. Aber anstatt diesen Trend der Reportage im telegrafischen Stil weiter zu verfolgen, dachte er sich seine Geschichten einfach selbst aus. Seine *Nouvelles* waren nicht mehr länger Nachrichten; jetzt waren sie Romane. Sie waren auf der Oberfläche der Dinge angesiedelte Übungen.

Aus Verzweiflung über den Bankrott eines Schuldners hat sich M. Arturo Ferreti, Geschäftsmann in Biserta, mit seinem Jagdgewehr erschossen.[xx]

Kurz wie sie sind, folgen diese Geschichten nicht der herkömmlichen Struktur von Erzählungen mit ihren Ereignisketten und ihrem moralischen Sinngehalt: ihrem sentimentalen Glauben an Länge, und somit an Tiefgründigkeit. Stattdessen geht es in diesen Geschichten um nichts als sie selbst.

Ja, wenn man genug Talent hat, kann man etwas erfinden, das nur auf der wörtlichen Ebene wirkt. Kritiker sind dann nicht mehr notwendig. Es existiert nur Oberfläche: Sätze von absolutem Leichtsinn, die reinen Karikaturen.

Leben

1

Es erfordert nicht viel – sich die Realität in Worten zu denken. Obwohl, nein: Ich ziehe Wörter vor, die noch weniger schick sind, als »Realität«. Ich mag lieber Ausdrücke wie »das Wahre«. Und eigentlich ziehe ich sogar die Konzepte des »Lebendigen« und des »Toten« vor. Also: Es erfordert nicht viel – etwas wahrhaftig Lebensähnliches zu erfinden, etwas von großer Lebhaftigkeit. Es erfordert nur das kleinste Ausschweifen eines Satzes. Eine Erzählung kann winzig sein, und trotzdem eine ganze Welt erschaffen. Ich denke hier speziell an einen Schriftsteller, den ich sehr schätze: den guatemaltekischen Schriftsteller Augusto Monterroso, der Kurzgeschichten schrieb und nach einem Coup gegen die Árbenz-Regierung im Exil in Mexiko lebte. Im Exil schrieb Monterroso eine Geschichte namens *In Klammern.*

Manchmal in der Nacht – überlegte bei der Gelegenheit der Floh –, wenn ich schlaflos liege und wach wie jetzt lese, unterbreche ich die Lektüre mit einer Klammer, denke an meine Arbeit als Schriftsteller und stelle mir, während ich lange an die Decke schaue, kurz vor, ich wäre oder könnte ab morgen, wenn ich es mir ernsthaft vornähme, sein wie Kafka (ohne dessen ständige Plackerei für ein halbwegs würdiges Auskommen) oder wie Cervantes (ohne die Drangsal der Armut) oder wie Catull (selbst entgegen oder vielleicht gerade wegen seiner Neigung, an den Frauen zu leiden) oder wie Swift (ohne den drohenden Wahnsinn) oder wie Goethe (ohne sein trauriges Schicksal, sich den Lebensunterhalt bei Hof zu verdienen) oder wie Bloy (trotz seines beharrlichen Drangs, sich für die Huren zu opfern) oder wie Thoreau (nichts zum Trotz) oder wie Sor Juana (allem zum Trotz); niemals Anonym; immer Lui Même, das Höchste vom Höchsten allen irdischen Ruhms.[xxi]

Mit dieser Parenthese, die wiederum eine eigene Abfolge trauriger Parenthesen umschließt, lässt Monterroso einen großen Ehrgeiz entstehen, und gleichzeitig eine ganze Geschichte über die Grenzen dieses Ehrgeizes. Er erschafft ein vollständiges Leben.

2

Aber dies ist nicht die einzige Möglichkeit, etwas Riesiges durch etwas Winziges zu erzeugen. Monterrosos Parenthese, seine Untersuchung der kleinen Aufregungen und Schnörkel, die in ganz normale Sätze eingebaut sind, hat eine ganz eigene polygenetische Abstammung.

Kurz nachdem Vladimir Nabokov in Amerika angekommen war, um sich vor der todbringenden Herrschaft der Nazis und Kommunisten in Europa zu retten, schrieb er ein Buch über den russischen Prosaschriftsteller Nikolai Gogol. In diesem Buch beschrieb er eine der Methoden, mit deren Hilfe Gogol in seinem Roman *Die toten Seelen* die Grenze zwischen dem Lebendigen und dem Toten neu absteckt – durch Gogols Technik, Randfiguren zu schaffen, die »aus den Nebensätzen seiner zahlreichen Metaphern, Vergleiche und lyrischen Ausbrüche auf[tauchen]. Wir werden Zeuge des bemerkenswerten Vorgangs, daß reine Redefiguren Lebewesen erzeugen.« Nabokov gibt dem Leser ein Beispiel:

Selbst das Wetter hatte sich entgegenkommend der Szenerie angepaßt: Der Tag war weder heiter noch trübe, sondern von jener blaugrauen Farbe, wie man sie an den Uniformen von Garnisonssoldaten findet, die im übrigen recht friedfertige Kriegshelden sind, wenn man von ihrem beschwipsten Zustand an Sonntagen absieht.

Der Trick, schreibt Nabokov,

besteht darin, daß er das Wort »*wprotschem*« (»im Übrigen«, »sonst«, »*d'ailleurs*«) benutzt, das allenfalls eine grammatische Klammer ist, aber hier logisches Bindeglied zu sein vorgibt, und lediglich die Vokabel »Soldaten« liefert einen schwachen Vorwand für die Juxtaposition von »friedfertig«; kaum aber hat die Phantombrücke »*wprotschem*« ihr Zauberwerk getan, da torkeln unsere sanftmütigen Kriegsmannen auch schon über sie hinweg und grölen sich in jene Randexistenz hinein, die uns inzwischen bekannt ist.[xxii]

Sie geschieht so schnell, diese Erweiterung von Gogols Simile: Aber in diesem kurzen Moment spielt sich ein gewaltiger Prozess der Belebung ab.

Dieser Prozess der Belebung wird in Zukunft mit der Technik von Saul Steinbergs vergrößerten Hintergrundhunden in Verbindung gebracht werden, so wie er auch – um bei der Geschichte der Belletristik zu bleiben – mit etwas verwandt ist, das Denis Diderot in seiner Erzählung »Die beiden Freunde aus Bourbonne« beschreibt, deren zweite Hälfte eigentlich reine Literaturtheorie ist. Um eine Erzählung wahr erscheinen zu lassen, so Diderot, muss ein Autor der Oberfläche seiner Geschichte einen so großen Detailreichtum verleihen, »so einfache, so natürliche und doch so schwer vorstellbare Züge, dass ihr gezwungen seid, Euch zu sagen: Meiner Treu, das ist wahr! Dergleichen Dinge erfindet man nicht!«[xxiii] Diderot bietet dem geistig weniger beweglichen Leser einen Vergleich mit der Malerei an:

Ein Künstler malt auf die Leinwand einen Kopf; alle Formen sind kraftvoll, groß und regelmäßig; es ist das vollkommenste, auserlesenste Ganze. Betrachte ich es, fühle ich Ehrfurcht, Bewunderung, Schrecken; ich suche das Modell in der Natur und finde es nicht; im Vergleich hierzu ist alles schwach, klein und armselig. Es ist ein idealer Kopf, das fühle ich; das sage ich mir … Aber der Künstler lasse mich eine kleine Narbe an der Stirn dieses Kopfes wahrnehmen, eine Warze an einer seiner Schläfen, eine unmerkliche Spalte auf der Unterlippe, und sogleich wandelt sich der Kopf vom Ideal, das er war, zum Porträt; einige Pockenspuren im Augenwinkel oder neben der Nase, und dieses Frauengesicht ist nicht mehr das der Venus; es ist das Porträt einer meiner Nachbarinnen.[xxiv]

1771 hatte Diderot – mit seiner blassen Narbe auf der Stirn und einer Warze an der Schläfe – die Kunst der magischen Belebung des Details entdeckt.

Beweismaterial

1

Und dann begannen sich die Zeichen auszubreiten. Die beste Beschreibung dieser Ausbreitung wurde zweihundert Jahre nach Diderot formuliert, im Dezember 1978, als Roland Barthes den letzten Kurs begann, den er unterrichten sollte: *Die Vorbereitung des Romans.* Es war der Anfang eines halb-geheimen Projekts: Dieser avantgardistische Theoretiker, der die Romanform mit so viel Verachtung gestraft hatte, wollte jetzt, wo er in die Sechziger kam, seinen ganz eigenen Roman schreiben. Er begann, indem er seinen Studenten am Collège feierlich mitteilte, er habe beschlossen, seinen Kurs über den Roman mit einer Analyse des Haiku zu beginnen. Ich weiß, dass dies den Anschein einer verrückten Komödie hat: einen Kurs über den Roman mit dem Haiku zu beginnen. Aber es hat doch auch eine gewisse Logik. Denn in seinem Kurs wollte Barthes den Roman von seinem kleinsten Bestandteil aus aufarbeiten – und das Haiku, fand Barthes, war die reinste Form der Darstellung: die kleinstmögliche Form eines literarischen Werks.

Das Haiku war ein Satz, ein Cartoon.

Das Haiku, sagte Barthes, sei benutzt worden, um an das Wetter zu erinnern, und an das Dahineilen der Jahreszeiten: an das, was »unwiederholbar und doch intelligibel«[xxv] sei – die tägliche Prosa der Welt. Es lebe von *Nuancen*, und sein Stoff sei das auf zufällige Weise Konkrete – »Wörter … die konkrete Dinge als Referenten haben, grob gesagt: Objekte« – oder, um sein neues lateinisches Lieblingswort zu benutzen: »tangibilia«.[xxvi] Hierbei handelt es sich, denke ich, wieder um eine andere Art und Weise, über Romane zu schreiben: das Erfinden einer ganz neuen Terminologie. Und Barthes war gut darin, sich neue Begriffe auszudenken. Im Jahre 1968, dem Jahr der Revolution, hatte Barthes bekanntlich seine ganz eigene Revolution angestoßen: mit dem Begriff »Realitätseffekt«.[xxvii] Dieser Begriff war insofern revolutionär, als er die wirkliche Funktion von Detaildarstellungen in der Prosa aufdeckte. Details, sagte Barthes, die »angeblich unmittelbar etwas Wirkliches darstellten«, taten in Wirklichkeit nichts anderes, so wagte er zu behaupten, als »die Kategorie des ›Wirklichen‹ zu kennzeichnen …«[xxviii] Seine Behauptungen der 1960er Jahre waren der geballte intellektuelle Sarkasmus. Und jetzt, fast zehn Jahre später, änderte er seine Definition dieses Effekts klammheimlich und grundlegend. »Ich verstehe unter ›Wirklichkeitseffekt‹«, erklärte er seinem Kurs nun, »das Verlöschen der Sprache zugunsten einer Realitätsgewißheit: Die Sprache zieht sich zurück, verbirgt sich und verschwindet, so daß nur noch das Gesagte nackt übrigbleibt.«[xxix] Plötzlich war sein Ziel nicht mehr der Ausdruck eines Codes, sondern von Wahrheit.

Und um zu erklären, wie genau diese konkreten Details in Prosa wirken sollten, wandte sich Barthes der Fotografie zu, als vergleichende Instanz – eine Art Ausblick auf sein letztes Buch, *La chambre claire* (*Die helle Kammer*), das er zwei Monate später schreiben sollte. Hier im Hörsaal testete er zum ersten Mal sein Konzept vom Unterschied zwischen Foto und Satz: Eine Fotografie gebe die Gewissheit, dass etwas *»gewesen ist«* – während ein Haiku, als Form von Sprache, dagegen *»den Eindruck* vermittelt (nicht die Gewissheit: Urdoxa,

Noema der Fotografie), daß das, was es sagt, stattgefunden hat ...«[xxx] In beiden Fällen, dem der Fotografie sowie dem des Haiku, seien es erst Details, die den Leser überzeugen, dass etwas geschehen ist. Details hätten ansonsten keine Bedeutung – denn die Bestimmung des Haiku, schreibt Barthes, »liegt schließlich darin, jede Metasprache zum Schweigen zu bringen; darin liegt die Autorität des Haiku«.[xxxi] Den absoluten Kern jeder sprachlichen Struktur bilde eine Form, welche die Individualisierung fördere: der Knotenpunkt eines glänzenden Netzwerks. Und dann geschah etwas Seltsames in Barthes' Seminar. Die wichtigsten Beispiele hierfür, sagt er, seien zwei Momente aus zwei gigantischen Romanen. Aber bei diesen handelt es sich eigentlich gar nicht um Details. Sie sind viel grandioser: Die von Barthes ausgewählten Beispiele sind nämlich der Tod von Bolkonski in *Krieg und Frieden* und der Tod der Großmutter in Prousts *À la recherche*. Beide repräsentierten Augenblicke der Wahrheit, Triumphe des Wortwörtlichen: das »Auftauchen des Uninterpretierbaren, des letzten Grades des Sinns, dessen, wonach *es nichts mehr zu sagen gibt* ...«[xxxii]

Und hier, denke ich, erreicht Barthes einen Punkt, wo sich ein ganz neues Konzept des Zeichens abzubilden beginnt, wo die Zeichen damit anfangen, sich auszubreiten: in dieser Idee des Moments.[10] Das war sein wirklicher Beitrag zur Romankunst: eine Entdeckung, die er als Kritiker machte, nicht als der Schriftsteller, der er nie sein würde. Denn etwas über ein Jahr nach seiner Vorlesung über Zeichen, am 26. März 1980, starb Barthes.[11]

2

Bevor er starb, hatte Barthes versucht, einen Roman zu schreiben: *Vita Nova*. Aber eingebunden in die manischen Abläufe seines Berufslebens, hatte er stattdessen einen Kurs über *Die Vorbereitung des Romans* gegeben; er hatte eine Vorlesung über Proust gehalten; und er hatte ein Buch über Fotografie geschrieben: *Die helle Kammer.* Aber trotzdem: Mir kommt es so vor, als hätten sich all diese Ablenkungen letztendlich nur um sein geliebtes, unvollendetes Projekt gedreht. (Der ungeschriebene Roman! Was für eine Schmonzette!) Und in Barthes' Spätwerk lässt sich ein Muster erkennen, das durch seine Annäherungen an diesen zuletzt ungeschrieben gebliebenen Roman entstand und das seine letzte Entdeckung ist.

In *Die helle Kammer* schreibt Barthes, dass sich eine Fotografie »nie von ihrem Bezugsobjekt (*Referenten*; von dem, was sie darstellt) unterscheiden« lasse: Genau wie der »Augenblick der Wahrheit«, den er in Romanen ausmachte, oder die Details im Haiku, war die Fotografie eine Form von absoluter Direktheit.[xxxiii] Denn die Essenz eines Fotos, schrieb Barthes, sei dies: Es lasse sich »in der Fotografie nicht leugnen, daß *die Sache dagewesen ist*. Hier gibt es eine Verbindung aus zweierlei: aus Realität und Vergangenheit.«[xxxiv] Und weil dies stimmt, ist jede Fotografie auch ein Denkmal an sich: Jedes Fotoalbum wird einmal zwangsläufig ein Mausoleum werden. Denn »indem sie … dieses Reale in die Vergangenheit verlagert (›Es-ist-so-gewesen‹), erweckt sie den Eindruck, es sei bereits tot.«[xxxv]

An einer früheren Stelle in diesem Buch hatte Barthes behauptet, dass es bei einer Fotografie um zwei Aspekte gehe. Da war das *studium*: ein generelles kulturelles Interesse an den Einzelheiten des jeweiligen Zeitalters. Aber jede wichtige Fotografie habe auch ein *punctum*. Dieses »schießt wie ein Pfeil aus seinem Zusammenhang hervor, um mich zu durchbohren«.[xxxvi] Ein anderer Begriff für diese Einzelheiten ist »Realitätseffekt«: es ist diese Art von Detail – sei es als *punctum* eines Fotos oder als Realitätseffekt eines Romans – die den Leser, oder den Betrachter, überzeugt, dass ein Zeichen nicht nur treffend ist, sondern auch wahr. Und dieses Netzwerk von Definitionen und Konzepten ist in Barthes' Spätwerk weitläufig verzweigt. Vor allem aber dreht es sich immer wieder um das Konzept der Zeit: um das Trauern und das Erinnern.

Ich habe das wirklich ernst gemeint, als ich sagte, dass ich die Begriffe Leben und Tod vorziehe.

3

Denn das *punctum* funktioniert letztendlich genauso wie Prousts *madeleine*: Es ist ein zufälliges Detail mit einem unendlichen Potential für kreative Ausweitungen. Genauso schloss Barthes auch in *Die helle Kammer*, beim Betrachten einer Fotografie seiner Mutter, dass die Tiefenstruktur dieser Art von Detail die Zeit sei. Die Essenz dieser Form ist Zufälligkeit, ist Rarität. Damit erinnert sie an Barthes' Behauptung aus seinem Kurs über die Vorbereitung des Romans, »Augenblicke der Wahrheit« müssten wahllos in einem Roman verstreut sein. An gleicher Stelle hatte er eine obskure Definition dieser Augenblicke der Wahrheit geliefert: »Augenblick der Wahrheit = wenn die Sache vom Affekt berührt wird; nicht Nachahmung (Realismus), sondern affektive Verschmelzung.«[xxxvii] Dieselbe Idee erklärt Barthes auf viel einleuchtendere Weise in *Die helle Kammer*, wo er den Effekt von Fotografien beschreibt:

> Die Realisten, zu denen ich gehöre … betrachten eine Fotografie keineswegs als eine »Kopie« des Wirklichen – sondern als eine Emanation des *vergangenen Wirklichen*: als *Magie* und nicht als Kunst. Die Frage, ob die Fotografie analogisch oder codiert sei, hilft uns bei der Analyse nicht weiter. Wichtig ist, daß das fotografische Bild eine bestätigende Kraft besitzt und daß die Zeugenschaft der Fotografie sich nicht auf das Objekt, sondern auf die Zeit bezieht.[xxxviii]

Und hier, denke ich, bietet uns Barthes eine mögliche Form des zukünftigen avantgardistischen Romans an: das Zeichen als Beweismaterial.

Ein paar Jahre zuvor hatte er in einem kurzen Aufsatz argumentiert, Fotografie und Literatur stünden vor dem gleichen Dilemma: dem, einen »Signifikanten« zu produzieren, »der sowohl der ›Kunst‹ (als einer kodierten Kulturform) als auch der illusorischen ›Natur‹ des Referenten fremd sei«.[xxxix] Weder fälschlich verschlüsselt zu sein, noch fälschlich natürlich: Dies sei die paradoxe Basis, auf der wirkliche Romankunst stehen müsse. Die gebräuchlichen Kategorien von *zeigen* und *berichten*, oder *Essay* und *Fiktion*, seien inadäquat. Nein, die wahre Gegensätzlichkeit bestehe zwischen einem Realitätseffekt, der nur für eine allgemeine Kategorie des Realen steht, und einem Realitätseffekt, von dem immer dann die Rede sein kann, wenn ein Objekt seine Zeichen ausschließt und Kunst zu einer Art Zauberei wird.

Im Fall der Wörter geschieht dies durch die kunstvolle Abstimmung der Elemente eines Textes: durch die Schöpfung nicht nur von Sätzen und Details, sondern einer Abfolge von Sätzen: durch die Taktung von Wahrheiten.

4

Vielleicht beschrieb Barthes aber auch nur etwas, das man im achtzehnten Jahrhundert schon gewusst hatte. Vielleicht war Barthes nur ein Multiple von Denis Diderot, der 1773 eine Erzählung namens »Dies ist keine Erzählung« veröffentlicht hatte. Vor Magrittes Pfeife, die keine Pfeife ist, sondern ein Gemälde, gab es längst Diderots Erzählung, die keine Erzählung ist, sondern die Wahrheit. Und dies ist teils so, weil sie buchstäblich keine Erzählung ist; sie ist Fakt. (Der Text wurde zuerst in der Zeitschrift *Correspondance littéraire* veröffentlicht, die unter Freunden zirkulierte.) Ihr erster Herausgeber, Jacques-André Naigeon, sagte 1798, dass Diderots Erzählung »buchstäblich wahr« sei. Denn selbst die Straßennamen stimmen: Madame Reymer und Tanié hatten eine Wohnung in der Rue Sainte-Marguerite, Gardeil wohnte in der Rue Saint-Hyacinthe und Mademoiselle de la Chaux an der Place Saint-Michel. Diderot selbst, der ebenfalls eine Figur in der Geschichte ist, wohnte in der Rue de l'Estrapade. Aber es gibt verschiedene Arten von Wahrheit. So haben zwei der Hauptfiguren der Geschichte in keinen anderweitigen Aufzeichnungen eine Spur hinterlassen. Andererseits sind einige der Nebenfiguren eindeutig real. Mit anderen Worten: Diese Erzählung ist nicht wirklich buchstäblich wahr, sie ist ein Spiel mit der Fiktion und der Wahrheit. Sie ist auf andere Art wahr.

In der Erzählung, die keine Erzählung ist, gibt es einen Moment, in dem Mademoiselle de la Chaux ihren Geliebten Gardeil traurig bittet, ihr zu sagen, wieso er sie nicht mehr liebe. Er antwortet ihr schonungslos und ehrlich: »Ich weiß es nicht, ich weiß nur, dass ich begann dich zu lieben, ohne zu wissen, warum, und nun merke ich, dass es unmöglich ist, dass dieses Gefühl je zurückkehren wird.«[xl] Was dieser Geschichte etwas Magisches verleiht, ist, dass später Mademoiselle de la Chaux das gleiche Argument benutzen wird, nur umgekehrt, um einem anderen Mann, der sie liebt, zu erklären, warum sie ihn nicht lieben kann. Das Gefühl will einfach nicht kommen, sagt sie; es steht ihr nicht zur Verfügung.

Mit diesem Augenblick hilfloser, unbemerkter Wiederholung löst sich Diderots Erzählung auf und wird zu einer Wahrheit.

5

Eine Erzählung kann zum Beweismaterial für etwas werden, das nie mit logischen Mitteln bewiesen werden könnte. Eine Erzählung kann eine ganz neue Art von Realität erfinden. Und wenn man lieber einen anderen Begriff für diese Magie der Anordnung benutzen möchte, wenn man so altmodische Wörter wie das Lebendige und das Tote nicht mag, dann lässt sich meiner Meinung nach auch hierfür eine Lösung finden. Und zwar indem man sagt, dass Literatur aus Träumen besteht.

In seinen Notizbüchern hielt Ludwig Wittgenstein einst eine Abfolge von Beobachtungen fest, die sich mit der Schauspielkunst beschäftigten. Insbesondere schrieb er über Shakespeare. Und wirklich drehen sich diese Notizen um das seltsame, traumähnliche Wesen der sprachlichen Zeichen.

Shakespeare & der Traum. Ein Traum ist ganz unrichtig absurd, zusammengesetzt, & doch ganz richtig: er macht in *dieser* seltsamen Zusammensetzung einen Eindruck. Warum? Ich weiß es nicht. Und wenn Shakespeare groß ist, wie von ihm ausgesagt wird, dann muß man von ihm sagen können: Es ist alles falsch, *stimmt nicht* – & ist doch ganz richtig nach einem eigenen Gesetz.[xli]

Ein Zeichen kann falsch sein und gleichzeitig absolut wahr.[12] Das war Wittgensteins erste Intuition. Um dann die genaue Untersuchung über die Frage von Leben und Tod anzuschließen:

Angenommen wir stellen uns die folgende Frage: Werden Menschen in Tragödien umgebracht oder nicht? Eine mögliche Antwort ist: In manchen Tragödien werden manche Menschen umgebracht und manche nicht. Eine andere Antwort ist: ›Auf der Bühne werden Menschen nicht *wirklich* umgebracht, es wird nur so getan, als würden sie umgebracht und stürben.‹ Aber der Gebrauch des Ausdrucks so tun als ob ist an dieser Stelle mehrdeutig, denn es kann in dem Sinne gebraucht werden, wie Edgar so tut, als habe er Gloucester zu der Klippe geführt.

Wittgensteins Schlussfolgerung ist von einem majestätischen Pragmatismus:

Wir wollen also sagen, dass Ausdrücke, wie »wirklich«, »so tun als ob«, »sterben« etc. auf besondere Weise benutzt werden, wenn man über ein Theaterstück redet und auf andere Weise *im normalen Leben*. Oder: die Kriterien für den Tod eines Menschen in einem Theaterstück sind nicht dieselben wie die für seinen Tod *in der Wirklichkeit*. Aber ist es *gerechtfertigt* zu sagen, dass Lear am Ende des Stückes stirbt. Warum nicht.[xlii]

Flugzeug

1

Und ich denke, dass hier – im Kontext des Magischen, der Beweismaterialien und der Träume – das beginnt, was international und länderunabhängig ist. Erst hier wird die Möglichkeit der Vervielfältigung wirklich. Denn das grundlegende Argument dagegen, dass ein Roman in anderen Sprachen reproduziert werden kann, ist die Vorstellung, in seinen Sätzen seien Form und Inhalt identisch. Aber ich denke nicht, dass Form und Inhalt wirklich hilfreiche Begriffe sind, um zu beschreiben, was Wörter in einem Roman sind und wie sie bedeuten, was sie bedeuten. Die Wahrheit ist viel mobiler.

Aber das muss erst noch anhand von Musterbeispielen bewiesen werden. Diese Theorie muss sich auch mit jenen literarischen Experimenten vertragen, die reine Stilabenteuer zu sein scheinen. Denn, ich weiß, der herkömmlichen Ansicht nach sind Stilabenteuer monoglott: Sie existieren nur in einer sprachlichen Inkarnation – wie die auf manische Weise französischen Übungen von Raymond Queneau. Aber: Was, wenn man beweisen könnte, dass diese Übungen genauso in einer anderen Sprache existieren können? Was, wenn Queneaus Pariser Experimente in, sagen wir mal, London wiederholt werden könnten? Denn selbstverständlich existieren sie in London! Und dass es sie auch auf Englisch gibt, ist dem Talent von Queneaus englischer Übersetzerin Barbara Wright zu verdanken.

2

Barbara Wright übersetzte Queneaus *Stilübungen* im Sommer 1957 aus dem Französischen ins Englische. Einige Wörter musste sie nachschlagen: zum Beispiel *funambules*, *acculer* oder *canicule*. Na und?

Was ist schon schlimm daran, ein Wörterbuch zu benutzen? Das ganze Ausmaß ihrer Fähigkeiten zeigt Barbara Wright erstmals in einer der ersten Abfolgen von Stilübungen, wo Queneau dem französischen Leser die ursprüngliche Geschichte in verschiedenen Zeitformen anbietet: im Passé indéfini, im Présent, im Passé simple und im Imparfait. Da die englische Sprache nicht besonders differenziert mit der Vergangenheit umgeht, setzt Barbara Wright dem Leser eine etwas andere Sequenz vor: Vergangenheit, Gegenwart, indirekte Rede und Passiv. Anders gesagt sind zwei ihrer *Übungen* überhaupt gar keine Übersetzungen: Sie sind ihre ganz eigenen Erfindungen. Und auch dort, wo Raymond Queneaus Französisch beginnt, wirklich verrückt zu werden, erfindet Barbara Wright ihr eigenes Pendant de folie. Der erste Satz von Queneaus Übung »Anglizismen« hört sich in seinem Franglais so an: »Un dai vers middai, je tèque le beusse et je sie un jeugne manne avec une grète nèque et un hatte avec une quainnde de lèsse tressés.«[xliii] Aber in Wrights Englench heißt die Übung jetzt »Gallicisims«, und ihr erster Satz hört sich so an: »One zhour about meedee I pree the ohtobyusse and I vee a zhern omm with a daymoorzuray neck and a shappoh with a sorrt of plaited galorng.«[xliv] Es ist eine freie Übersetzung, klar, aber sie ist dabei absolut präzise. Das ist kein Widerspruch, philosophisch gesehen, denke ich.

»Ich war schon immer der Auffassung, dass nichts unübersetzbar ist«, schrieb Queneau in einem Brief an Barbara Wright, »und hier sehe ich einen neuen Beweis.«[xlv] Denn sie hatte verstanden, dass es sich bei jedem Stil um ein System von strategischen, formverändernden Angriffen auf Sätze handelt: Und auch, wenn es ihr nicht immer möglich war, wörtlich zu übersetzen, schaffte sie es, eine Übersetzung anzufertigen, die demonstriert, wie übertragbar die Effekte eines jeden Stils sind.

3

Und das stimmt sogar im Fall des verrücktesten Experiments, das mir einfällt: James Joyces jetzt als *Finnegans Wake* bekannter Roman, den er in Paris abschloss und in der kleinen Zeitschrift *transition* unter dem Titel *Work in Progress* nach und nach veröffentlichte. Dieser Roman ist berühmt dafür, dass er in einem ganz eigenen, polyglotten Englisch geschrieben ist. Diese polyglotte Dichte entstand durch die Anwendung von Traumtechniken – Verdichtung und Verschiebung – auf die Sprache selbst. Genauso, wie Traumbilder dicht und überdeterminiert sind, wollte Joyce, dass das Englisch in *Finnegans Wake* unberechenbar, komprimiert und polyglott ist. So dass sich der Leser des ersten Teils zu seiner Verblüffung und Frustration mit einem Stil konfrontiert sah, der unter anderem Wortspiele in mehr als einer Sprache beinhaltete: »What clashes here of wills gen wonts, ostrygods gagging fishygods!«[xlvi]

Vielleicht hatte Joyce mit *Finnegans Wake* eine stilistische Dichte erreicht, die eine Übertragung in andere Sprachen nicht überleben kann – ein Reich der reinsten Poesie, einen Stil ohne Sinn. Ja, vielleicht hatte Joyce hier Form in Inhalt verwandelt. So pries jedenfalls einer von Joyces besten Freunden an, was dieser mit seinem großartigen, verrückten Stil erreicht hatte. In einer Aufsatzsammlung – *Our Exagmination Round His Factification for Incamination of Work in Progress*, die 1929 veröffentlicht wurde, zehn Jahre bevor *Finnegans Wake* schließlich herauskam – versuchte Samuel Beckett, der sowohl fließend Französisch als auch Englisch sprach, zu zeigen, dass *Work in Progress*, entgegen der gängigen Meinung, überhaupt nicht schwer zu lesen war. Beckett vermutete, dass den bourgeoisen, wenig intelligenten Leser vermutlich vor allem Joyces Innovation der Doppelbeziehungen zwischen Sprache und Realität, und zwischen Form und Inhalt verwirrt hatte. Normalerweise waren, Beckett zufolge, in konventionellen Romanen Form und Inhalt unterschiedliche Dinge. Anders war dies in Joyces *Finnegans Wake*, argumentierte Beckett mit vor Kursivschrift strauchelnder Prosa: »Hier *ist* Form der Inhalt, der Inhalt *ist* die Form.« Und so kam er zu seinem eingängigen Schluss: »Er schreibt nicht *über* etwas; *sein Schreiben ist dieses etwas selbst.*«[xlvii] Aber während Becketts aggressive Schlussfolgerung einen gewissen Charme hat, kann sie trotzdem nicht wahr sein: Denn während viele verschiedene Beziehungen zwischen Inhalt und Form in einem Satz bestehen können, kann dieses Verhältnis nie so stark sein, dass die beiden identisch werden. Das war Roman Jakobsons Erkenntnis, einige Jahre später, in Prag. Ein Zeichen ist, was es repräsentiert, und ist es nicht. Ein Zeichen wirkt genauso wie ein Cartoon.

Und dieser Meinung war auch James Joyce dank eines glücklichen Zufalls der Geschichte. Ein Jahr nach dem Erscheinen von Becketts Essay, 1930, besuchte der tschechische Schriftsteller Adolf Hoffmeister Joyce in Paris. Er wollte ihn um die Erlaubnis bitten, den als *Anna Livia Plurabelle* bekannten Teil seines Buches ins Tschechische zu übersetzen. Joyce teilte ihm mit, dass ihm eine gute Übersetzung des Tons wichtiger sei als der Sinn: Er riet Hoffmeister, das Gleiche zu tun wie er im Original, nur eben in einer anderen Sprache: »Machen Sie Poesie daraus, mit der größten lyrischen Freiheit, die Sie dem Text geben können.«[xlviii] Das Wichtigste war, die schillernden Spracheffekte zu rekonstruieren. »Schaffen Sie eine Sprache für Ihr Land nach meinem Vorbild. Viktor Llona vertrat folgende These in *transition*: Sprache kann von einem Schriftsteller geschaffen werden. In diesem Fall auch von einem Übersetzer.«[xlix]

Übersetzer brauchen genau wie Schriftsteller mehr als nur ein wenig Talent für Sprache. Übersetzer brauchen auch Talent für den Stil. Alle Stile sind Systeme gezielter Eingriffe in eine Sprache, um Effekte hervorzurufen: Sie sind wie Maschinen. Und deswegen sind sie auch beweglich. Schließlich können Maschinen – wie Autos oder Schreibmaschinen – überallhin exportiert werden. Ich meine, wenn Beckett recht hätte, dann wäre es nicht nur unmöglich, Joyces Roman zu übersetzen; er hätte überhaupt erst gar nicht gelesen werden können. Und es war Beckett selbst, der dies versehentlich beweisen sollte.

4

Im selben Jahr, in dem er Besuch von Adolf Hoffmeister bekommen hatte, erklärte Joyce sich bereit, die französische Übersetzung des *Anna-Livia-Plurabelle*-Teils von *Work in Progress* zu betreuen. Beckett und sein französischer Freund Alfred Péron begannen, an der Übersetzung zu arbeiten. Aber bereits nachdem sie eine erste Fassung der Anfangsseiten fertiggestellt hatten, kehrte Beckett nach Irland zurück. Und so übernahmen einige von Joyces Freunden die Arbeit: Eugene Jolas, der Herausgeber von *transition*; Ivan Goll, ein Dichter; und Paul Léon. Léon (seine Frau Lucie hatte freundschaftliche Beziehungen mit der Familie von Vladimir Nabokov) war ein russischer Emigrant, der Russland 1918 verlassen hatte: Er war zuerst nach London gezogen und dann 1921 nach Paris gekommen. Er war ein ausgebildeter Rechtsanwalt mit Liebe zur Literatur. Schon bald wurde er eine Art Privatsekretär von Joyce. Nachdem die Gruppe gegen Ende November 1930 eine erste Fassung der französischen Übersetzung beendet hatte, wurde dem französischen Surrealisten Philippe Soupault bestellt, er solle Joyce und Léon in Léons Wohnung treffen. An Léons rundem Tisch saßen sie dann drei Stunden lang, jeden Donnerstag ab 14.30 Uhr, und sahen gemeinsam die Übersetzung durch.[13] Joyce rauchte in einem Sessel. Léon las den englischen Text vor und Soupault den französischen – zur gleichen Zeit –, und sie stoppten nur, wenn Probleme auftauchten, die zu besprechen waren. Nach fünfzehn Treffen dieser Art war eine Endfassung fertig. Diese wurde an Jolas und Adrienne Monnier geschickt – Joyces Freundin, die die französische Übersetzung von *Ulysses* veröffentlicht hatte –, und beide schlugen weitere Veränderungen vor. Die fertige Übersetzung von *Anna Livia Plurabelle* wurde am 1. Mai 1931 in der *Nouvelle Revue Française* veröffentlicht.

Can't hear with the waters of. The chittering waters of. Flittering bats, fieldmice bawk talk. Ho! Are you not gone ahome? What Thom Malone? Can't hear with bawk of bats, all thim liffeying waters of. Ho, talk save us! My foos won't moos. I feel as old as yonder elm. A tale told of Shaun or Shem? All Livia's daughtersons. Dark hawks hear us. Night! Night![l]

N'entend pas cause les ondes de. Le bébé babil des ondes de. Souris chance, trotinette cause pause. Hein! Tu n'est past rentré? Quel père André? N'entend pas cause les fuisouris, les liffeyantes ondes de, Eh! Bruit nous aide! Mon pied à pied se lie lierré. Je me sens vieille comme mon orme même. Un conte conté de Shaun ou Shem? De Livie tous les fillefils. Sombre faucons écoutent l'ombre. Nuit. Nuit.[li]

Man muss weder Französisch oder Englisch sprechen können, um zu hören was hier passiert ist. (»Tellmetale of stem or stone. Beside the rivering waters of, hitherandthithering waters of.« / »Contemoiconte soit tronc ou pierre. Tant riviérantes ondes de, courtecourantes ondes de«!) Gelegentlich müssen sich der Sinn und seine Konnotationen ändern, aber nur so, dass der Rhythmus der Wörter, die Musik der Sätze, erhalten bleibt. Denn Stil, selbst der eines solchen polyglotten Durcheinanders von Sätzen, ist international.

5

Und wenn dies schon im Fall von so kleinen Spracheinheiten so ist, dann wird die Übertragung eines Stils – proportional zur Größe der Einheiten – immer einfacher! Denn ein Roman ist ein viel zerklüfteteres Zeichen als ein Wort oder ein Satz. Ja, ein Zeichen, das aus vielen tausenden Zeichen zusammengesetzt ist, wirkt auf noch unausgeglichenere Weise als ein einfaches Zeichen. Seine Form und sein Inhalt sind in der Tat schwer voneinander zu trennen: Sie sind jeweils eine Funktion des anderen – manchmal, gelegentlich. Es mag sich plausibel anhören, dass man einen Roman, wie auch ein Zeichen, in oberflächliche Form und tiefergehenden Inhalt einteilen können sollte, aber das stimmt schon deswegen nicht, weil man Form und Inhalt so wenig trennen kann wie den Signifikanten und das Signifikat eines Wortes. Sie überholen sich ständig gegenseitig.

In einer von Vladimir Nabokovs Vorlesungen an der Cornell University – einer Vorlesung, die er auf dem Schiff von Amerika nach Europa schrieb – gab Nabokov seinen Literaturstudenten eine hilfreiche Formel: »Form (Struktur und Stil) = Stoff: das Warum und das Wie = das Was.«[lii] Aber obwohl ich diese Umkehrung der gewöhnlichen Denkweise liebe, denke ich trotzdem, dass dies möglicherweise immer noch nicht präzise genug ist –, auch wenn es so mathematisch anmutend auf Nabokovs geschriebener Tafel stand. All diese Wörter – Form, Struktur, Stil, Stoff – teilen Aspekte ihrer Identität miteinander; alle sind gegenseitige Annäherungen! Und aus diesem Grund denke ich, dass Nabokovs Gleichung ausbaufähig ist.

Deshalb ziehe ich eine andere Definition dessen vor, was ein literarisches Objekt ausmacht, die von einem russischen Dichter vorgeschlagen wurde, den Nabokov sehr schätzte: Ossip Mandelstam. 1933, ein Jahr bevor Nabokov in Amerika ankam, machte Mandelstam Ferien auf der Krim in Koktebel. Er schrieb einen Text mit dem Titel »Gespräch über Dante«, in dem er versuchte, Dantes *Göttliche Komödie* zu beschreiben (»in einen Kraftstrom eintauchen, welcher einmal als Ganzes Komposition heißt, dann im Partiellen Metapher, dann wieder im Flexiblen Vergleich …«[liii]). Mit der alten Vorstellung von Form und Inhalt konnte er nichts anfangen:

> Er [Dante] selbst sagt:
>
> »Ich könnte aus meiner Konzeption, aus meiner Vorstellung den Saft herauspressen«, das heißt, die Form stellt sich ihm als etwas Ausgepreßtes und nicht als Hülle dar.
>
> So wird die Form, mag es auch noch so seltsam erscheinen, aus dem Inhalt bzw. der Konzeption herausgepreßt, die sie gleichsam umhüllen. So ist Dantes Gedanke.[liv]

Und mit einer solchen Saftpressen-Definition an der Hand quetschte er diesen Kommentar über das Schreiben als reine Aufführung hervor: Es »besitzt keine Form, ebenso wie sie ohne Inhalt ist, aus dem einfachen Grunde, weil sie nur in der Ausführung existiert«.[lv] Oder, mit anderen Worten: »Wenn man von Dante spricht, sollte man richtiger auf die Leidenschaftsbildung achten und nicht auf die Formbildung, ...«[lvi 14]

Obwohl dieser Text den Titel Gespräch hat, gibt es sonst niemanden, der an der Unterhaltung teilnimmt: Da ist nur Ossip Mandelstam. Wenn dies also wirklich eine Unterhaltung sein soll, dann nehme ich an, dass der Text nur eine Hälfte der Konversation darstellt: einen Monolog, der für jemanden außerhalb des Textes gedacht ist. Und wenn diese Annahme stimmt, dann frage ich mich, ob dieser unsichtbare Empfänger nicht der russische Schriftsteller Andrei Bely sein könnte. Denn Bely war 1933 mit Mandelstam in Koktebel. Nadeschda zufolge, Mandelstams Ehefrau, redete er mit Bely während ihrer Spaziergänge über seinen Dantetext. Mit Bely im Hinterkopf frage ich mich, ob das eigentliche Thema dieses Gesprächs in Wirklichkeit vielleicht gar nicht die *Göttliche Komödie* ist, sondern der ideale Roman: eine Struktur, die auf dem Prinzip der »Wendbarkeit oder Wandelbarkeit« beruht.

Stellen Sie sich ein Flugzeug vor – abgesehen einmal von der technischen Undurchführbarkeit –, das in vollem Flug einen anderen Apparat konstruiert und abfliegen läßt. Dieser Flugapparat, obgleich vom eigenen Flug völlig in Anspruch genommen, schafft es dennoch auf die gleiche Weise, einen dritten zu montieren und abfliegen zu lassen.[lvii]

Eine sich selbst zusammensetzende Flugmaschine: Diese phantastische Metapher ist Mandelstams bester Versuch, die unmögliche Kontamination von Form und Inhalt in Romanen zu beschreiben – einen Prozess der Verwandlung und seine Umkehrung:

So breit er ist, muß über den ganzen Fluß hinübergelaufen werden, der vollgepfercht ist mit wendigen und in verschiedene Richtungen strebenden chinesischen Dschunken – so wird der Sinn des dichterischen Sprechens geschaffen. Er läßt sich nicht wie eine Marschroute rekonstruieren durch

Befragung der Schiffer. Sie können nicht erzählen, wie und warum wir von Dschunke zu Dschunke hinübergesprungen sind.[lviii]

Ja, genau so funktioniert ein Roman: Sein Sinngehalt ist viel mobiler, viel flüchtiger, als es die herkömmlichen Vorstellungen von Sinn vorsehen. Ein Roman ist ein Ziel für Flüchtende. Und somit kann er auch vielfach und multipel sein. Wenn man ihn in andere Sprachen übertragen will, muss man nur alle seine Richtungsänderungen imitieren.

2

ZWEITE ABFOLGE
(ROMANE)

Szenen

1

1845 war Gustave Flaubert vierundzwanzig Jahre alt. Er lebte zu Hause in der Normandie und schrieb an seinem ersten Roman (einen Roman, der nie veröffentlicht werden sollte). Und weil er vierundzwanzig war und immer noch zu Hause in der Normandie lebte, stellte er sich in diesem unveröffentlichten Roman vor, auf der Spitze einer Pyramide zu stehen – weil dies ihm erlaubte sich auszumalen, wie es sich anfühlen könnte, das genaue Gegenteil eines jungen Mannes zu sein, der mit vierundzwanzig noch zu Hause in der Normandie lebt. Es würde ihm etwas Orientalisches geben, ihm erlauben, zum Ägypter zu werden. Vielleicht ist es also nicht überraschend, dass Flauberts Beschreibung des Ausblicks von dieser Pyramide recht unrealistisch ist: Nachdem der Reisende die Spitze erreicht hat, die Hände aufgeschürft und die Knie blutend – weil er natürlich auf Händen und Knien empor geklettert war, statt sich von bezahlten Ägyptern hinauftragen zu lassen –, wird sich dieser Reisende umblicken und nicht die elenden Randbezirke von Kairo sehen, sondern »Städte mit Kuppeln aus Gold und Minaretten aus Porzellan, mit Palästen aus Lava, die auf Alabastersockel gebaut sind und von Marmor umrandeten Becken, in denen die Sultaninnen immer zu jener Stunde ihre Körper baden, wenn der Mond die Schatten des Hains blauer erscheinen lässt und das silberne Wasser der Springbrunnen noch klarer«.[i]

Und so kam es, dass der junge Gustave Flaubert seinen ersten Roman aufgab.

Vier Jahre später, im Dezember 1849, reiste Flaubert, immer noch der Verfasser keines veröffentlichten Werks, dafür aber mittlerweile weniger romantisch veranlagt, als echter Tourist nach Ägypten. Begleitet von seinem besten Freund, Maxime du Camp, besuchte er die Pyramiden; diesmal war der Ausblick weniger urban: »vor uns eine ungeheure, entzückende grüne Fläche, die von zahllosen Kanälen durchfurcht und hier und da von Palmgruppen gefleckt ist.«[ii] Und hier, mit diesen Reiseaufzeichnungen, begann alles. Denn Flauberts erste Beschreibung einer Pyramide hatte nur einen generischen Stil imitiert: Es war ein Stil ohne Wiedererkennungswert. Er hatte nur eine Unzahl Sultaninen. Wohingegen die zweite Pyramide ganz Flaubert ist: auf systematische Weise ironisch beschrieben. Draußen ist eine Visitenkarte: »Auf der Seite der aufgehenden Sonne finde ich: *Humbert frotteur*, mit Stiften an den Stein geheftet. – Erregter Zustand Maximes, der das sogleich herbeigeholt und vor Atemlosigkeit umzukommen geglaubt hatte.«[iii] In der Pyramide sind noch andere Touristen: »Als wir auf allen vieren aus einem Gange kriechen, treffen wir Engländer, die hinein wollen und alle in der gleichen Haltung wie wir; wir tauschen Höflichkeiten aus, und jeder geht seines Weges.«[iv]

Ja, ich denke, man kann sagen, dass sich hier der symbolische Mittelpunkt des europäischen Romans befand – die absolute Abwesenheit von Romantik – mit Flaubert auf der Spitze und im Inneren der großen ägyptischen Cheopspyramide.

2

Oder nein: Der symbolische Mittelpunkt befindet sich nicht nur auf der Spitze einer Pyramide. Er ist sowieso überall. Flauberts eigener Darstellung seiner Ägyptenreise zufolge schlief er mit einer Prostituierten namens Kuchuk Hanem: »Sie schläft ein, die Hand in die meinige verschränkt«, schrieb Flaubert in seinem Reisetagebuch. »Sie schnarcht …«[v] In Ägypten entdeckte Flaubert, dass das Orientalische in Wirklichkeit häuslich war; weil alles immer häuslich ist. Realismus ist überall. Das macht ihn erst realistisch. Nichts ist je so rein wie eine Romanze. Zu seinen ursprünglichen Notizen über die Nacht mit Kuchuk Hanem fügte Flaubert noch weitere Details hinzu.

Um sich von den glühenden Kohlen abzuschirmen, zog sie die Decke über ihren Kopf.

»Ia Zeïnab, ia Zeïnab«, mit der Betonung auf der ersten Silbe.

Ich drehe mein Gesicht zur Wand, und ohne meine Haltung zu verändern, vertrieb ich mir die Zeit damit, die Wanzen an der Wand totzuschlagen.[vi]

Als Louise Colet – die einmal Flauberts Geliebte gewesen war, jetzt aber die Exgeliebte – diesen Tagebucheintrag las, fand sie Anstoß an den Wanzen. Vielleicht wäre es präziser zu sagen, dass sie sagte, die Wanzen seien das, was sie störe. Sie ließ sich nicht darüber aus, dass sich der Mann, den sie geliebt hatte, mit ägyptischen Prostituierten abgegeben hatte. Und Flaubert antwortete: »Du sagst mir, dass für dich die Wanzen Kuchuk Hanem abwerten; das ist es ja gerade, was mich bezaubert hat. Deren widerwärtiger Geruch mischte sich mit dem Duft ihrer von Sandelholzöl triefenden Haut. Ich möchte eine Bitterkeit in allem, einen ewigen Auspfiff inmitten unserer Triumphe und dass die Verzweiflung selbst im Enthusiasmus enthalten sei.«[vii] Mit diesem letzten Satz beschreibt Flaubert seine Entdeckung: die ironische Szene. Schließlich setzt Ironie immer die Nebeneinanderstellung von Gegensätzen voraus. Um diesen Stil zu schaffen, bediente sich Flaubert der verrücktesten Nebeneinanderstellungen, die er nur finden konnte. Denn »dem Pathetischen tut die Ironie keinen Abbruch«, wie er einmal formulierte: »Sie treibt es im Gegenteil auf die Spitze.«[viii] Jede beschriebene Szene wurde so zu einer Miniaturcollage. Während Flaubert sich also acht Jahre zuvor, 1842, noch zu solchen Ergüssen hatte hinreißen lassen, wie: »Oh, sich auf dem Rücken eines Kamels nach vorne zu beugen! Vor einem nichts als der tiefrote Himmel und der dunkelbraune Sand, der sich weit erstreckende entflammte Horizont, der leicht geschwungene Boden …«[ix] –, schrieb er jetzt Sätze wie: »Hier und da, in einer Entfernung von zwei bis drei Meilen etwa (doch ohne Regelmäßigkeit), weite Flächen gelber Sand; sie sehen aus, als seien sie mit Terra di Siena lackiert; es sind die Orte, wo die Kamele stehenbleiben, um zu pissen.«[x]

3

Ein paar Jahre nach seiner Ägyptenreise schrieb Flaubert regelmäßig Briefe an Louise Colet, die zu der Zeit noch seine Geliebte war. Er arbeitete an *Madame Bovary*, und er durchlief eine melancholische Phase. In seinen Briefen berichtete er Louise Colet von den Tücken des Stils. Er schickte ihr diverse Definitionen seines idealen Stils – ein Stil, »der rhythmisch wäre wie Verse, genau wie die Sprache der Wissenschaft, mit den Schwingungen und dem Brummen eines Cellos, mit sprühendem Feuer«.[xi] Cellos! Feuer! Es versteht sich, dass dies keine präzise Beschreibung eines Stils ist, geschweige denn von Flauberts Stil. Aber diese Briefe über die Tücken des Stils haben etwas Mythologisches: Sie sind so etwas wie das symbolische Atelier dieses Schriftstellers. Mir gibt diese Mythologie jedoch zu denken. Denn sie wurde im Rahmen eines privaten Briefwechsels geschaffen: Und jeder Briefwechsel ist in gewisser Weise immer strategisch. So war es Flaubert möglicherweise weniger wichtig, auch wenn dies nicht zu beweisen ist, dass seine Stil-Quälereien von posthum lauschenden Lesern wahrgenommen werden würden, als dass Louise sie ernst nahm. Die fand nämlich, er solle endlich sein Haus in der Normandie verlassen und zu ihr nach Paris ziehen. Ja, ich frage mich – und dies beschäftigt mich so, weil diese Mythologie auseinandergenommen, aufgelöst werden muss, damit mein internationales Projekt seine ganze Chuzpe entfalten kann –, ob Flaubert mit seinem berühmten Stilmelodrama nicht Louise auf indirekte Weise mitteilen wollte, dass er sie nicht liebte, dass er sein gemütliches Arbeitszimmer in Croisset nicht für ein gemeinsames Leben in Paris aufgeben wollte. Viele von Flauberts Sorgen bezüglich dieses Problems namens *Stil* – um dies so romanhaft wie möglich zu formulieren – lassen sich darauf zurückführen, dass es sehr schwer ist, einer Frau, die man gerne hat, aber nicht liebt, mitzuteilen, dass man sie nicht liebt.

Was aber nicht heißen soll, dass das Szenario Flaubert nicht in selbstverschuldete Verzweiflung gestürzt hätte. Doch sein Kümmernis spiegelt sich vor allem in kleineren Momenten wider, zum Beispiel wenn er das Problem des Schreibens mit dem Prozess des Dekorierens allgemein oder dem Arrangieren von Blumen vergleicht.[xii] Seine Stilprobleme waren Probleme der Anordnung, des *Platzierens.* Sie stammen ab von seiner Entdeckung der romanhaften Szene, diesem zentralen Punkt der Nebeneinanderstellung. Sein Stil gab auf drastische Weise wieder, wie Menschen versuchen, diese Welt zu romantisieren: Er war ein neues optisches Instrument, mit dem er auf präzise Weise zu zeigen versuchte, wie oft wir unpräzise mit der Wirklichkeit umgehen. Und genau in dem Moment, als er das Trostlose und das Triumphierende vermischen wollte, nahm er Sprachelemente aus zweiter Hand in seine perfekten Sätze auf. Sein Roman wurde ein musikalisches Mausoleum der zusammengesammelten Zitate. Die Konzipierung eines Romans war eine Maschine, die jede Art von Sinn horizontal ausdehnte. Aber diese Maschine war sehr kompliziert. Also schrieb Flaubert am 25. Juni 1853 nachts um eins an Louise Colet, um sie über seine Fortschritte mit *Madame Bovary* zu informieren, und erwähnte seine Sorge, dass »das Buch einen großen Fehler haben wird, nämlich den Mangel an stofflicher Proportioniertheit«. Das künstlerische Problem war schlicht ein rechnerisches: »Ich habe schon zweihundertsechzig Seiten, die nur Vorbereitungen der Handlung enthalten, mehr oder weniger verkleidete Beschreibungen von Figuren (allerdings sind sie abgestuft), von Landschaften und Orten.«[xiii] Ein Roman war eine unendliche Abfolge von kleinsten, aufeinander rückwirkenden Kausalzusammenhängen: Jedes neue Muster musste mit jenen abgestimmt werden, die den Roman bereits durchzogen, was mich an jene alten, elektrischen Metropläne in Paris erinnert, die mit Hilfe einer Leuchtspur dem verlorenengegangenen Fahrgast seinen Weg zeigten.

Denn die Überarbeitung ergab zwei neue Probleme – in der Logik von Flauberts Stil. Und beide waren, zumindest theoretisch, unbegrenzt. Zuerst einmal war da das Problem jener unbeabsichtigten Wiederholungen, die entfernt werden mussten, sobald der Lauf der Prosa durch ungewollte Motive und Kakophonien unterbrochen wurde. Dieser Prozess war deswegen unbegrenzt, weil der Schriftsteller zwar an einer Stelle eine Wiederholung entfernen mochte, indem er ein Wort durch ein neues Wort ersetzte, aber dadurch auch Gefahr lief, unbemerkt neue Wiederholungsketten zu schaffen. Und dann war da noch die problematische Handhabung von Übergängen. Auch dieses Problem selbst war unbegrenzt, denn je präziser ein Abschnitt wurde, desto weniger konnten die einzelnen Abschnitte flüssig ineinander übergehen. Und so ergab sich die verwirrende Dynamik, dass der Schriftsteller seine Absätze zwar immer weiter perfektionieren konnte, diese gleichzeitig aber, je perfekter sie wurden, immer mehr ausgefranst werden mussten.

Daher konnte Flaubert 1853 traurig an Louise schreiben: »Jeder Abschnitt ist für sich selbst genommen gut, und es gibt, da bin ich sicher, einige perfekte Seiten. Aber genau deswegen ›funktioniert es nicht‹. Es ist eine Abfolge umgedrehter, angehaltener Abschnitte, die nicht ineinander fließen. Ich werde sie herausschrauben, ihre Gelenke lockern müssen.«[xiv]

Und so blieb Flaubert in seinem Arbeitszimmer in der Normandie.

Zeit

1

In seiner Vorlesung »Die Kunst der Literatur und des gesunden Menschenverstandes« stellte Vladimir Nabokov seinen Studenten eine Theorie über Quellen der Inspiration für Schriftsteller vor: Inspiration, sagte Nabokov, sei etwas Duales, und diese Dualität sei bereits in der russischen Sprache vorhanden: Sie beginne mit »der reinen Flamme des *vostorg*, der anfänglichen Euphorie«, und dann, »wenn die Zeit reif ist und sich der Schriftsteller an die eigentliche Komposition des Buches macht, wird er sich auf den zweiten, ruhigen und anhaltenden Schub von Inspiration verlassen, *vdokhnovenie*«.[xv] Die wirkliche Essenz eines Romans sei eine vielfältige Einheit: »ein plötzliches, direktes Bild, das blitzartig aus unähnlichen Einheiten zusammengesetzt wird, die alle gleichzeitig in einer Supernova des Geistes entanden sind.«[xvi] Ein Roman war ein Spiel mit der Zeit. Nabokov brachte seinen Studenten bei, dass etwas Seltsames geschah, wenn der Schriftsteller zur zweiten Phase der Inspiration überging, zum Neubau: »Die Seiten sind noch leer, aber es überkommt einen das wunderbare Gefühl, die Wörter seien alle da, geschrieben mit unsichtbarer Tinte, und dass sie lautstark forderten, sichtbar gemacht zu werden …« Denn »für den Autor existiert das Konzept der Abfolge nicht wirklich. Abfolgen entstehen nur, weil die Wörter eins nach dem anderen auf aufeinanderfolgende Seiten geschrieben werden müssen, genauso wie der Geist des Lesers eine gewisse Zeit braucht, um das Buch zu durchdringen, zumindest, wenn er es zum ersten Mal liest. Zeit und Abfolge können im Geist des Autors existieren, weil keine Elemente der Zeit oder des Raums seine ursprüngliche Vision bestimmt hatten.«[xvii] Und das ist eine schöne Vorstellung, aber es ist auch völliger Unfug. Nicht mal Nabokov glaubte daran. In einer anderen Vorlesung, »Gut lesen und gut schreiben«, teilte er seinen Zuhörern knapp mit: »Wer liest, sollte liebevoll auf Einzelheiten achten.«[xviii] Und ein paar Absätze später fügte er hinzu: »Übrigens benutze ich den Begriff *Leser* in einem sehr weiten Sinne. Es ist seltsam, daß man ein Buch gar nicht einfach *lesen* kann: man kann es nur *wiederlesen*. Ein guter Leser, ein mündiger Leser, ein aktiver und schöpferischer Leser, ist immer ein Wieder-Leser.«[xix] Denn die Konzeption eines Textes sei etwas anderes als die von Gemälden, deren Form man auf den ersten Blick erfassen könne: »Wer ein Buch liest, braucht Zeit, um sich mit ihm vertraut zu machen, denn wir verfügen über kein Körperorgan, das (wie das Auge beim Gemälde) das ganze Bild in sich aufzunehmen und dann seine Einzelheiten zu genießen vermag. Doch verhalten wir uns bei einem zweiten, dritten oder vierten Lesen einem Buch gegenüber in gewisser Hinsicht wie bei einem Gemälde.«[xx] Dies ist natürlich nur eine kleine Abweichung von seiner ursprünglichen Theorie, aber ich halte sie für wichtig. Denn so sehr sich Nabokov auch gewünscht haben mochte, die Romankunst sei vom Reich der Zeit und vom Reich der Abfolgen trennbar, so war dies natürlich nie möglich.

2

Ja, ich liebe Nabokovs Theorie der perfekten Form: Aber sie kann nicht stimmen. Ein Roman kann nur als Struktur gedacht werden, die sich über einen Zeitraum entwickelt: sowohl was den Schreib- als auch den Leseprozess betrifft.[15] Er ist ein sich selbst zusammensetzendes Flugzeug. Man kann einen Roman so oft lesen, wie man möchte, aber dadurch wird er nie zu einem Gemälde werden. Jedes Wieder-Lesen ist ein Akt des Erinnerns: Und genau deshalb muss jeder wirkliche Leseprozess, anders ausgedrückt, von vornherein ein Prozess des Wieder-Lesens sein, ein liebevolles Wiedersehen mit jedem Detail. Die einzige Regel der formellen Anordnung ist deshalb, wie Milan Kundera einmal sagte, es gebe »anthropologische Grenzen, die man nicht überschreiten darf, zum Beispiel Grenzen des Gedächtnisses. Am Ende einer Lektüre muß man noch in der Lage sein, sich an den Anfang zu erinnern. Sonst wird der Roman formlos, die ›architektonische Klarheit‹ verschwimmt.«[xxi] Das Wieder-Lesen ist, mit anderen Worten, einfach eine bessere Art des Lesens. Aber weil dies stimmt, ist deshalb auch wahr, dass der Schriftsteller selbst sein eigener Wieder-Leser sein muss. Ohne den ständigen, aufrüttelnden Prozess des Wieder-Lesens löst sich das durch die Konzipierung eines Romans eingestellte Spiel mit der Zeit auf, und eine Abfolge wird zu einem Wirrwarr von Eigentümlichkeiten.

3

Davon erzählt auf grandiose und abstrakte Weise die Geschichte von Stendhal.

Stendhal ist berühmt dafür, dass er mit höchster Geschwindigkeit arbeitete –, so schrieb er zum Beispiel *Die Kartause von Parma* in 53 Tagen. Ja, Stendhal ist dafür bekannt, dass er sich beim Schreiben der Wind in den eigenen Segeln war. Aber Stendhal kann gleichzeitig als Beispiel der Langsamkeit dienen. Vor der *Kartause* hatte er an einem Roman gearbeitet, der sieben Titel verschliss – einschließlich *Das Rote und das Weiße* und *Das Blaue und das Weiße* –, bis er sich schließlich für *Lucien Leuwen* entschied. Im Januar 1853 versuchte er, in seinem Tagebuch mit sich selbst einen Vertrag darüber abzuschließen, dass er nie mehr als zwei bereits geschriebene Seiten eines neuen Romans wieder-lesen würde, bevor er die Arbeit daran wieder aufnähme. Er wollte so das Auseinanderfallen seines Projektes verhindern. Dennoch konnte er wegen seiner improvisatorischen Herangehensweise an diesen speziellen Roman den zwanghaften Prozess des Wieder-Lesens nicht abstellen. Denn normalerweise benutzte Stendhal eine bereits bestehende Geschichte als Grundlage: etwas aus den Nachrichten, einen Zeitungsartikel. Aber da in diesem Fall eine solche Geschichte fehlte, meinte er nur weiterkommen zu können, indem er wieder und wieder las, was er geschrieben hatte. Nur dadurch konnte er überhaupt erst verstehen, was er eigentlich schrieb, und wie sich ein möglicher Handlungsverlauf entwickeln konnte. Diese retrospektive Konzipierung seines Romans wurde für Stendhal zur Qual, denn sie führte dazu, dass er einen Absatz, den er vor einem Jahr geschrieben und sehr gemocht hatte, wegen etwas, das er ein Jahr später geschrieben hatte, löschen musste. Und das gab ihm das Gefühl, sich immer nur im Kreise zu drehen. Aber so schmerzhaft dieser Prozess des Löschens auch gewesen sein mochte, es war erst das Wieder-Lesen selbst, das Stendhal zu einem großen Schriftsteller machte. Denn nur durch sein Régime des Lesens und Löschens konnte Stendhal auf diese Maxime mit Doppelfokus kommen: »Sich beim Wiederlesen immer diese doppelte Frage zu stellen: Wie sieht der Held dies? Und wie der Leser?«[xxii] Diese Maxime trieb ihn in die Ironie. Denn die Ironie in Stendhals Romanen ergibt sich aus der Diskrepanz zwischen der Sichtweise des Lesers und der des Romanhelden. Und diese Art von Ironie konnte er nur durch den Prozess des Überarbeitens, des ständigen Wieder-Lesens, entdecken.

Natürlich kann sich das auch komplizierter gestalten.

1930 schrieb der Essayist Paul Valéry einen hymnischen Text über Stendhal, in dem er zwei Prämissen aufstellte. Die erste war: *»In der Literatur ist Wahres nicht denkbar.«*[xxiii] Und weil es unmöglich ist, in der Literatur völlig wahrheitsgetreu zu sein, folgt, dass dies auch für Stendhal gelten muss. Stendhals Stil war eine stilisierte Imitation seiner selbst. Aber dies war in gewisser Weise eine Konsequenz von Valérys zweiter Prämisse: dass es so etwas wie ein wirkliches Selbst gar nicht gibt. Sobald man nämlich in sich hineinhorcht, merkt man sofort, wie wenig einheitlich man selbst klingt. Das Einzige, was ein Selbst zu tun vermag, ist, dass es sich selbst spielt, »sich noch etwas *natürlicher* gibt als natürlich ist, ein wenig mehr *Ich*, als man es noch wenige Augenblicke vorher, ehe man auf diese Idee kam, war«.[xxiv] Und so ist das einzig mögliche Vorhaben: »das Vorhaben, er selbst zu sein, wahr zu sein bis zur Lüge«.[xxv]

Man sieht schon, was dies mit dem neurotisch wieder-lesenden Überarbeiter von Texten anstellt. Und Stendhal war zweifellos neurotisch. Dies allein schaffte ganz eigene Abgründe, kleine Kurzschlüsse des Wiederlesens. So erfand Stendhal ein Gedankenexperiment – er wollte etwas schreiben, das er auch dann noch bewundern würde, wenn er es erst viele Jahre später wieder zu Gesicht bekäme. Der einfache Grund, warum Stendhal zukünftige, fremde Leser nachahmen konnte, war, dass kein Mensch sich ewig gleich bleibt. Stendhal war 1835 nicht der, der er 1832 war. Diese konstante Verwandlung ermöglichte es Stendhal, seine eigenen Texte an sich selbst zu testen. Er konnte sein Gedankenexperiment praktisch anwenden.[16] Was ihm immer noch gefiel, wenn er es nach Jahren wieder las, befand er für gut. Wenn er 1835 noch mochte, was er 1832 geschrieben hatte, dann hatte er etwas Allgemeingültiges geschaffen –, weil jemand, der nicht der Stendhal war, der das Buch geschrieben hatte, es mochte. Und andernfalls, wenn er nicht mochte, was er wieder las, dann konnte er es überarbeiten. Er lernte zu erkennen, wann er ganz *er selbst* war, und hatte so ein perfektes Modell, an dem er den Text ausrichten konnte. Aber dies war natürlich auch problematisch. Es war ein nie endender Prozess. Indem er sichergehen wollte, dass er ganz sein Stil war, und vice versa, begab sich Stendhal in eine unendliche Spirale, einen ewigen Prozess der Selbstverbesserung –, es war der nie endende Versuch des Künstlers, das ultimative Ausmaß seiner Improvisationskunst zu erreichen. Denn Stendhals Ziel war die absolute Natürlichkeit. Er wollte natürliche Sätze. (1831: »Seine Abscheu vor den langen, nachdrücklichen Sätzen, die in den 1830er Jahren Brauch waren, führte ihn zum Abrupten, zur Kollision, zum Ruckartigen, zur Schärfe.«[xxvi]) Er wollte auch, dass seine Dialoge natürlich waren.[17] Das natürliche Zeichen! Natürlich wusste Stendhal, dass dies ein Ding des Unmöglichen war. Er wusste, dass sein Selbst unendlichen Wandlungen unterlag. Aber das hieß nicht, dass die künstlichen Zeichen seiner selbst durch die Überarbeitungsprozesse nicht auf immer natürlichere Weise wirken konnten. Wenn ich eine Geschichte erzählen wollte, die ein Emblem dieser Suche ist, würde ich vielleicht die Geschichte vom selbstkritischen Stendhal erzählen, die Geschichte, wie er zwischen dem 18. Oktober und dem 3. November 1832 unter dem Pseudonym D. Gruffot Papera an seinen Freund, den Comte Salvagnoli schrieb, denn Salvagnoli hatte vor, *Rot und Schwarz* in der italienischen Zeitschrift *Antologia* zu besprechen (eine Zeitschrift, die letztendlich einging, bevor es überhaupt dazu kam). Er schickte dem Comte einige Notizen für eine mögliche Besprechung. Sein Hauptanliegen war, dem Leser zu zeigen, wie wahrheitsliebend, wie natürlich dieses Buch des M. de S war. »Die Natürlichkeit in allen ihren Formen, in den Diskursen, ist das wunderschöne Ideal, zu dem M. de S in allen wichtigen Szenen des Buches zurückkehrt …«[xxvii]

Das allein wäre schon ziemlich lustig, sogar dann, wenn man sich noch nicht klarmachte, dass auch sein Name artifiziell war. Sogar Henri Beyles Name war das Resultat seiner eigenen Überarbeitungen.

Themen

1

Was den Wieder-Leser betrifft, so wäre seine Aufgabe vielleicht dann einfach, wenn es das Ziel der Romankunst wäre, eine Abfolge von Geschehnissen chronologisch wiederzugeben. Aber man muss die Welt nicht als Sequenz darstellen … als Aneinanderreihung von Themen. Der Wieder-Leser darf seine Aufmerksamkeit nicht nur der Wahrnehmung von Geschehnissen widmen. Nein, der Wieder-Leser muss auch nach viel komplizierteren Strukturen im Verborgenen suchen: hinter den Ereignisketten, den fangarmigen Themennetzwerken.

Und dieses Konzept der im Verborgenen gehaltenen Themen finde ich sehr merkwürdig. Es ist überhaupt kein natürliches Konzept. Aber sein Hervortreten in die Öffentlichkeit kann vielleicht an einem Datum festgemacht werden: dem 14. November 1850, als Flaubert, gegen Ende seiner Reise nach Ägypten und in den Mittleren Osten von Konstantinopel aus an seinen besten Freund, Louis Bouilhet, schrieb. Er schrieb ihm, dass er sich drei Geschichten ausgedacht hatte – eine über Don Juan, eine weitere über eine Frau, die mit dem Hundegott Anubis schlafen will, und eine dritte über ein Mädchen, das Mystikerin ist und als Jungfrau stirbt. Aber er könne nicht damit anfangen, diese Geschichten aufzuschreiben, weil er sich sorgte, dass diese Geschichten »vielleicht ein und dieselbe« seien.[xxviii] Flauberts Sorge war, dass sie alle identisch sein könnten. Denn alle hatten das gleiche Thema: den Schnittpunkt von mystischer und sexueller Liebe. Und obwohl einem dies wie ein typischer Fall von Unentschiedenheit vorkommen mag – bevor Flaubert entschied, dieses Projekt einfach aufzugeben und stattdessen einen provinziellen Roman zu schreiben, den er *Madame Bovary* nennen sollte –, denke ich, dass es sich hierbei um eine grundlegende Entdeckung handelt: um eine Entdeckung, die aus der früheren Entdeckung Stendhals hervorging, dass die Welt ein unendlicher Horizont von Details ist: dass der Orient so heimisch ist wie die Heimat. In Konstantinopel hatte Flaubert die Metaphysik der Themen entdeckt.[18] Diese metaphysische Theorie – dass sich alles mit etwas anderem in Verbindung bringen lässt, dass alles eine Variation eines Themas sein kann – ließ ihn nie wieder los. Sie hatte zur Konsequenz, dass ganz verschiedene Orte gleichbedeutend sein konnten, dass von einem literarischen Standpunkt aus gesehen ein Dorf namens Yvetot so schön sein konnte wie Konstantinopel, und sie bedeutete auch, dass Handlungen durch Themen ersetzt wurden. Wie Orte sind Handlungsstränge ein Konstrukt. Sie sind Fabriken für die Produktion von Themen. So, dass Vladimir Nabokov ungefähr hundert Jahre später dem amerikanischen Leser beschreiben konnte, wie »sich in Gogols Büchern die eigentliche Handlung hinter der vordergründigen versteckt … Seine Geschichten ahmen Geschichten mit einer

Handlung nur nach« und gehen davon aus, dass es möglich ist, ihn zu verstehen.[xxix]

Diese Sichtweise zeugt von großem Einfallsreichtum. Erst jetzt, lange nach der Geburt des Romans, scheint Originalität etwas komplett Normales zu sein.

2

Flaubert brachte Maupassant nicht nur bei, wie man einen Concierge beschreibt, er führte ihn auch in die Metaphysik der Themen ein: Von Flaubert lernte Maupassant, dass die Welt handlungsfrei war. So dass Maupassant, als er seinen ersten Roman schrieb, diesem den auf experimentelle Weise abstrakten Titel *Une vie* (*Ein Leben*) gab: Das Leben, das er darin beschrieb, war nur eine dahintreibende Abfolge flüchtiger Momente.[19] Er begann nicht am Anfang und hörte nicht am Ende auf. Er beschrieb einfach eine Abfolge persönlicher Unglücke.

Der Roman wurde 1883 veröffentlicht. Fünf Jahre später veröffentlichte der kosmopolitische amerikanische Schriftsteller Henry James einen Aufsatz über Maupassant – in diesem Aufsatz beschreibt James *Une vie* als avantgardistisches Werk, das die herkömmliche Vorstellung davon, wie die Handlung eines Romans beschaffen sein müsse, angreift: »Er arrangierte, wie ich ausführe, so wenig wie es ihm möglich war«, schrieb James; »die Notwendigkeit einer ›Handlung‹ sah er in keinster Weise, und seine Bemühungen hatten stets das Ziel, kein gefasstes, rundes Bild des Lebens zu schaffen, sondern es mit seinen Zufällen, seinem durchbrochenen Rhythmus darzustellen ...«[xxx] Und so schlug James dem Leser vor, dieser Roman erörtere »die Frage, was eine ›Geschichte‹ ausmacht, denn er besitzt zwar ganz eindeutige Abfolgen, während er aber nichts aufweisen kann, was der üblichen Vorstellung davon, was eine Handlung ausmacht, entspricht«.[xxxi] Das ist wahr, aber ich bin nicht sicher, ob es auch avantgardistisch genug ist.

Denn eine Abfolge von Motiven kann genauso dramatisch wirken wie eine Abfolge von Geschehnissen: Der Leser muss nur den Machenschaften eines Musters folgen können.

Aber das Thema eines Romans ist keine festgelegte Instanz. Es kann von Mutationen und Variationen durchzogen sein. Während in der Musik Variationen über ein Thema untereinander mathematisch verwandt sind, stehen die Themen und Variationen in Romanen in einem angespannteren Verhältnis zueinander. In der Musik kann es reine Form geben, während das in einem Roman nie ganz möglich ist. Im Gegensatz zur Musik kann die Kompositionskunst in einem Roman von den Komplikationen des behandelten Stoffs sowohl behindert als auch belebt werden: von dem Versuch, dem Chaosmos der Realität gerecht zu werden. Das Thema eines Romans ist daher viel unordentlicher, viel aufnahmefähiger als sein musikalisches Äquivalent. Überall kann es Wiederholungen geben. Und daher werden sie erst im Nachhinein für den entzückten Leser sichtbar, wenn der Roman zu Ende ist.

3

Vielleicht tauchte dieses Konzept der retrospektiv sichtbar werdenden Muster sogar noch früher zum ersten Mal auf: 1830 in Sankt Petersburg.

Denn 1830 konnte dem stöbernden Leser in einem Buchladen in Sankt Petersburg ein Erzählungsband in die Hände fallen, der unter dem Titel *Die Geschichten des verstorbenen Iwan Petrowitsch Belkin* beworben wurde. Das Buch enthält fünf Geschichten und eine Anmerkung »des Herausgebers«, die mit den Initialien »A. P.« unterzeichnet ist. In dieser Anmerkung zitiert A. P. ausgiebig aus einem Brief mit bibliographischen Informationen über Belkin, der angeblich von einem Nachbarn Belkins stammte, welcher aber anonym zu bleiben wünschte. Dem Nachbarn zufolge waren die Geschichten, »wie Iwan Petrowitsch zu sagen pflegte, größtenteils wahr, und sie wurden ihm von verschiedenen Personen erzählt«.[xxxii] Eine Fußnote des Herausgebers A. P. zählt weitere Namen von Erzählern auf: »Der Posthalter« wurde ihm mitgeteilt vom Titularrat A. G. N., »Der Schluß« von Oberleutnant I. P. L., »Der Sargmacher« vom Verwalter B. W., »Der Schneesturm« und »Das Edelfräulein« von dem Fräulein K. P. T.[xxxiii]

Der Schriftsteller als Regression! Da ist der wahre Autor dieser Geschichten: Alexander Puschkin. Und dann ist da noch der vermeintliche Autor, Iwan Petrowtisch Belkin. Außerdem ist da auch noch der Herausgeber, A. P., der, so denkt man, Puschkin selbst sein muss. Und dann werden auch noch die wahren Autoren der Geschichten erwähnt: verborgen hinter ihren Initialien – A. G. N., I. L. P., B. V., und Fräulein K. P. T. Aber an diesem Punkt wäre es dem Leser in Sankt Petersburg möglich zu sagen, was das eigentliche Thema dieser Geschichten ist: ihre Bedeutung im weiteren Sinne. Sie beschäftigen sich damit, wie jemand überhaupt dazu kommt, sich eine Geschichte über irgendetwas auszudenken. Sie waren alle Beispiele für Secondhand-Literatur. Denn warum würde A. P., der Herausgeber dieser Geschichten, sonst so beflissen Belkins anonymen Nachbarn zitieren, der betont, dass die Namen der Dörfer und Ortschaften in den Geschichten alle der Wirklichkeit entnommen seien – »nicht aus böser Absicht, sondern einzig aus Einfallslosigkeit«?[xxxiv]

Puschkin schrieb diese Geschichten im Herbst des Jahres 1830 auf seinem Landsitz in Boldino. Während drei produktiver Monate schrieb er vier Stücke, ein humorvolles narratives Gedicht und einige lyrische Gedichte. Vor allem aber schrieb er das letzte Kapitel seines Romans in Versen, *Eugen Onegin*, und dann, am 26. Oktober, ein biographisch-fiktionales Fragment. Den größten Teil dieses Fragments macht die Beschreibung eines Dichters aus, der ein Bekannter des Schriftstellers ist. Dieser Teil ist, wie der Brief des anonymen Nachbarn an den Herausgeber von Belkins Geschichten, vor allem als Einleitung für das, was danach kommt, gedacht. Aber dann gibt es einen Bruch, und es folgt dieser Absatz: »Dieses Fragment beinhaltete vermutlich das Vorwort zu einer Geschichte, die nie aufgeschrieben oder die verloren wurde. – Wir wollten es nicht zerstören …«[xxxv]

Alles was Puschkin während jener Phase schrieb, im Herbst des Jahres 1830 in Boldino, einschließlich seines großen komischen Romans *Eugen Onegin*, war eine Untersuchung der Bedingungen von Fiktion. Sein Interesse an der Form des Vorworts diente einzig der Dramatisierung einer eingängigen Intuition: dass es in der Literatur keinen absoluten Stil gibt. Jeder Tonfall kann imitiert werden. Diese Geschichten des belanglosen imaginären Schriftstellers Iwan Petrowitsch Belkin sind daher notwendige Begleitexperimente für seinen großen Metaroman *Eugen Onegin*, ein Roman, der so tut, als erzähle er die wahre Geschichte Eugen Onegins, eines Freundes von Puschkin. In diesem Roman benötigt Puschkin kein Vorwort mehr, denn er war darin bereits einen Schritt weiter gegangen: Die Stimme des Herausgebers A. P. war selbst zur Erzählstimme geworden.

Denn dies war Puschkins entscheidende Erkenntnis – seine radikale Art, die Fiktion zu erleichtern: Alles kann wie Fiktion behandelt werden, das Einzige, was dazu benötigt wird, ist das richtige Vorwort – alles, was man braucht, ist ein Erzähler. Und jeder Erzähler, sogar Puschkin, ist auf gewisse Weise erfunden.

Viele Jahre später, im Prager Exil, sollte der russische Sprachwissenschaftler Roman Jakobson einen Aufsatz mit dem Titel *Linguistik und Poetik* schreiben und folgendes vorschlagen: »Jede poetische Mitteilung ist eigentlich zitierte Rede mit all den eigentümlichen und verwickelten Problemen, welche die ›Rede innerhalb der Rede‹ dem Linguisten auferlegt. Der Vorrang der poetischen Funktion vor der referentiellen löscht den Gegenstandsbezug nicht aus, sondern macht ihn mehrdeutig …«[xxxvi] Diese trockene Einsicht ist eine exklusivere Abstraktion von Puschkins fröhlichen Spielereien. Puschkins Stil beruht auf Parodien und auf seiner Theorie von Fiktion –, seiner Vorstellung, dass man nicht einfach man selbst sein kann; dass man keinen absoluten Stil erfinden kann. So etwas ist nicht einmal möglich, ein absoluter Stil. Man muss sich stattdessen der Stile anderer bewusst sein.

Und dies benötigt gleichzeitig die Aufmerksamkeit des emsigen Wieder-Lesers.

4

In Puschkins Roman *Eugen Onegin*, den er in Versen schrieb und 1833 veröffentlichte – und der über hundert Jahre später von Vladimir Nabokov ins Englische übersetzt wurde –, kommt ein junger Mann namens Lenski vor. Lenski ist ein junger Liebhaber, und er ist auch Dichter. Allerdings bekommt man den Eindruck, dass er vielleicht nicht der beste Dichter ist.

Er sang vom Scheiden und von der Traurigkeit,
von *Irgend etwas* und von nebliger Ferne
und von romantischen Rosen,
er sang von jenen fernen Ländern,
wo lange in den Schoß der Stille
seine heißen Tränen geflossen waren,
er sang von der verwelkten Blüte des Lebens
mit nicht mal achtzehn Jahren.[xxxvii]

»Unsere Literatur wird es nicht zu viel bringen«, schrieb Puschkin einmal, »wenn sie sich nur Erinnerungen vergangener Jugendtage bedient.« Sie wird es daher durch Lenski nicht zu viel bringen. Aber zum Glück wird auch Lenski es nicht zu viel bringen. Er stirbt frühzeitig bei einem Duell. Lenskis Tod in *Eugen Onegin* – denn dies ist ein Roman, in dem sogar der Tod zur Komödie wird – verströmt seine eigene Komik; ihm wird der Luxus der Sentimentalität nicht gegönnt. Lenski besang die welke Blume des Lebens, und nun endete sein Leben in der klingenden, perfekten Kadenz von Puschkins Parodie – so wie die wunderschöne Blume seines Leben bei Sonnenaufgang dahinwelkt, genauso wie Lenski es beschrieben hätte, wenn er gekonnt hätte: Er …

führt sachte die Hand zur Brust
und fällt. Sein umflorter Blick
drückt Tod aus, keine Pein.
Ebenso langsam rutscht an einem Hügelabhang
in der Sonne Funken sprühend
ein Klumpen Schnee herab.
Von augenblicklicher Kälte übergossen,
hastet Onegin zu dem Jüngling,
schaut, ruft ihn an … vergebens:
Er ist nicht mehr. Der junge Sänger
fand ein vorzeitiges Ende!
Ein Sturm blies, die herrliche Blüte
verwelkte im Morgenrot,
erloschen ist das Altarfeuer! …[xxxviii]

Die ersten sechs Zeilen sind von Puschkin. Die letzten aber sind von Lenski.

»Es gibt in dem ganzen Roman eine Verschwörung der Wörter, die einander Zeichen senden, von einem Teil zum anderen«, schreibt Nabokov im Kommentar zu seiner Übersetzung des Romans. Seine Wahrnehmung dieses verschwörerischen Musters ist das Vergnügen, das sich dem Wieder-Leser von *Eugen Onegin* bietet – während er sich dabei amüsiert, einem Ensemble von romantischen Persönlichkeiten zu folgen, die alle ihren ganz persönlichen Stil haben, der voll von individuellen Wiederholungen ist. Und dies ist nur möglich, weil dieses fiktive Werk nun völlig inhaltslos und frei von allen Referenzen ist. In Puschkins Fiktion ist alles Reflexion: Und so sind die Themen letztendlich Parodien voneinander. Denn der Stil von Puschkins Roman beruht auf Nachahmung: Er ist eine Enzyklopädie der Parodien. Wie auch Flaubert entwickelte Puschkin einen parodistischen Stil als Essenz des Charakterisierens: die Wiederholung eines Themas, das an der Oberfläche versteckt ist.

Alle Figuren sind, wie alle Menschen auch, romantisch: Ihr Stil ist in gewisser Weise eine Ansammlung von allem möglichen Krempel. Und dies gilt natürlich auch für die Schriftsteller selbst. Denn ein Roman ist eine Maschine, die es einem Schriftsteller oder einem Leser erlaubt – einen Moment lang – die kitschigen Details ihrer eigenen universell geprägten Vorstellungen von Romantik zu zerpflücken.

5

Es gibt eine spätere Coda gleichen Themas zu dieser Miniaturgeschichte. 1925 veröffentlichte André Gide in Paris seinen Roman *Les Faux-Monnayeurs* (*Die Falschmünzer*) über einen Schriftsteller, Edouard, der einen Roman mit dem Titel *Die Falschmünzer* schreibt. Zwei Jahre später veröffentlichte Gide dann das Tagebuch, das er führte, während er seinen Roman *Die Falschmünzer* schrieb, der von einem Mann handelt, der einen Roman namens *Die Falschmünzer* schreibt ... Dieses Tagebuch, diese abstrakte Regression, war eigentlich ein Übungsheft, in dem er sich mit den Problemen auseinandersetzte, die sich bei der Konzipierung eines Romans ergeben. Ganz besonders liebe ich die Tatsache, dass während er über das Formproblem nachdenkt, während er sich um die Struktur seines Romans sorgt – um ihre konkurrierende, widersprüchliche, aufnahmefähige Ästhetik –, immer wieder musikalische Begriffe in seinem Vokabular auftauchen: »Ich bin wie ein Musiker, der versucht, ein Andante-Motiv und ein Allegro-Motiv nebeneinanderzustellen und zu verflechten, wie César Franck.«[xxxix] Gide wollte eine präzisere Terminologie für die Kunst des Romans erfinden. Vor allem deswegen, weil für ihn der Roman eine Kunst der Nebeneinanderstellungen war. Eine Kunst der Ironie und der Collage: eine Abfolge von Elementen. Und es leuchtet ein, dass sich der Roman, eine Kunstform der Zusammenstellung und Kombination – deren Elemente nacheinander auftreten, wie bei einem Musikstück, nicht gleichzeitig, wie bei einem Gemälde –, sich Ausdrücke aus der Welt der Musik leihen sollte. Die skizzierte Präzision, die sie zu bieten schienen, so argumentierte Gide in seinem Tagebuch, erlaubte eine genauere Beschreibung der Probleme innerhalb einer Komposition. Aber beim Lesen von Gides Gedanken zu den Andante- und Allegromotiven erinnere ich mich auch an einen zentralen Moment in Gides Roman, wo Edouard – Gides fiktiver Schriftsteller – seine eigene Romantheorie erläutert. Was er gerne machen würde, erklärt Edouard, »ist etwas, wie die Kunst der Fuge zu schreiben. Und ich sehe nicht, warum etwas, das in der Musik möglich ist, in der Literatur unmöglich sein sollte …«[xl] Der musikalische Roman! Aus dem Nachklang seines früheren Gedankens entwickelt Gide einen ganz eigenen Strudel der Komik. Denn es ist natürlich absolutes Wunschdenken, dass ein Roman so präzise und logisch sein kann wie eine Fuge. Aber mit dieser Idee der Musik drückte Gide auch eine tiefe Wahrheit aus. Lange nachdem diese Form erfunden worden war, verteidigte er die Vorstellung der Romanform als Komposition: ein Kunstprodukt dessen Oberflächenstruktur von Mustern durchzogen ist, mit Themen, die nur für den ultimativen Wieder-Leser zu hören oder zu sehen sind.

Oberflächen

1

An einem Märztag im neunzehnten Jahrhundert kommt, wie von Gustave Flaubert beschrieben, ein neuer Arzt in dem Städtchen Yonville-l'Abbaye in der Normandie an. Sein Name ist Dr. Charles Bovary, und er ist in Begleitung seiner zweiten Ehefrau. Zur Begrüßung des neuen Paares haben sich im Dorfgasthaus versammelt: Madame Lefrançois, die Wirtin des Gasthauses; Monsieur Homais, der Apotheker, der Dorfpastor und Monsieur Léon Dupuis, ein junger Kanzlist. In der Wirtsstube plauderten sie über dieses und jenes – die Beschwerlichkeiten von Kutschfahrten, die Freuden des Reisens, das Klima in der Gegend, die Möglichkeiten für Spaziergänge. Und dann entwickelt sich ein Gespräch zwischen dem jungen Mann, Léon, und der jungen Frau, Madame Bovary. Zuerst tauschen sie sich über ihre gemeinsame Vorliebe für das Meer aus:

– Oh, ich schwärme für das Meer, sagte Monsieur Léon.
– Und meinen Sie nicht auch, fragte Madame Bovary, dass der Geist sich freier entfaltet über dieser grenzenlosen Fläche, deren Betrachtung die Seele erhebt und uns eine Ahnung des Unendlichen, des Idealen verleiht?[xli]

Danach reden sie über ihre Begeisterung für Gebirgslandschaften und Musik. Und schließlich entdecken sie ihre größte gemeinsame Leidenschaft: das Lesen. Madame Bovarys Lieblingslektüre sei im Moment nicht Prosa, erklärt sie, sondern Lyrik. »Ich verabscheue Alltagshelden und laue Gefühle, wie sie in der Natur vorkommen.«[xlii] Und Léon stimmt ihr zu, dass der wahre Zweck der Kunst nicht Genauigkeit, sondern Romantik sei: »Es ist so wohltuend, sich in Gedanken aus den Enttäuschungen des Lebens in edle Charaktere zu versetzen, sich auf reine Empfindungen und Bilder des Glücks zu besinnen!«[xliii] Und sie reden weiter über andere Dinge, während Léon ganz vertraut den Fuß auf eine der Querleisten des Stuhls stellt, auf dem Madame Bovary sitzt. Denn sie sind dabei, sich zu verlieben, diese beiden Romantiker am Kamin. Sie teilen eine provinzielle Abneigung gegen alles Provinzielle, Normale, Häusliche: Sie sind beide überzeugt, dass ein langweiliges Leben kein Leben ist, dass die einzig wahren Dinge Gedichte und Gefühle seien. Das wirkliche Leben, so glauben sie, spiele sich anderswo ab.

Einige Jahre später, in einer anderen französischen Provinz, in Angers, griff Mademoiselle Leroyer de Chantepie, eine reiche Erbin in ihren Fünfzigern zur Feder und schrieb an Gustave Flaubert, den Autor von *Madame Bovary.* Sie wollte ihm mitteilen, wie treffend sein Porträt von Madame Bovary sei, dass seine Beschreibung des Lebens von Madame Bovary genau erfasse, »wie es in den Provinzen ist, wo ich geboren wurde und mein Leben verbringe«. »Von Anfang an«, schrieb Mademoiselle Leroyer de Chantepie über ihre neue Liebe, Madame Bovary, »erkannte und liebte ich sie, als wäre sie eine Freundin. Ich identifizierte mich so sehr mit ihren Erfahrungen, dass es mir vorkam, als sei sie ich.«

Ein Fanbrief! Aber Mademoiselle Leroyer de Chantepies Bewunderung war auch etwas melancholisch – aufgewühlt durch den Schmerz der Erkenntnis: »Wo haben Sie Ihre perfekte Kenntnis der menschlichen Natur erworben, sie ist ein Skalpell, das ans Herz, an die Seele angesetzt wurde, und es ist, ach, die Welt in ihrer ganzen Hässlichkeit.«[xliv] Dieses Skalpell sollte in Flauberts *Dictionnaire des idees reçues* (*Wörterbuch der Gemeinplätze*) wieder auftauchen, wo in dem Eintrag für »Romane« die folgende Zeile vorkommt: »Es gibt Romane, die mit der Spitze eines Skalpells geschrieben sind, z. B. *Madame Bovary*, …«[xlv] Aber zuerst einmal stellte dieser Brief Gustave Flaubert – dessen Roman fast überall auf große Kritik gestoßen war – vor ein Problem: Was sollte er mit seiner einsamen Bewunderin, Mademoiselle Leroyer de Chantepie, anfangen? Denn sie mochte zwar unglücklich sein und depressiv, aber Depression und Unglücke sind leider keine Garanten für Intelligenz. Genau wie die Heldin seines Romans war Flauberts Bewunderin unheilbar romantisch. Und Flauberts Definition zufolge waren Romantiker immer Falsch-Leser. Eine Romantikerin war also nur eine Durchschnittsleserin. Mademoiselle Leroyer de Chantepie hatte einen entscheidenden Fehler gemacht.

Am 9. Oktober 1852 schrieb Flaubert an seine Freundin Louise Colet und erzählte von seinem damals noch unveröffentlichten Roman:

Ich bin dabei, eine Unterhaltung zwischen einem jungen Mann und einer jungen Dame zu schreiben, über die Literatur, über das Meer, die Berge, die Musik, eben alle poetischen Sujets. – Man könnte sie ernst nehmen, und sie zielt aufs Groteske. Es wird, glaube ich, das erste Mal sein, dass man ein Buch zu sehen bekommt, das sich über seine junge weibliche und seine junge männliche Hauptperson lustig macht. Dem Pathetischen tut die Ironie keinen Abbruch. Sie treibt es im Gegenteil auf die Spitze.[xlvi]

Bei diesem Gespräch handelte es sich um jenes, das Léon Dupuis mit Emma Bovary über das Lesen führte, während er seinen Fuß so vertraut auf eine der Querleisten des Stuhls gestellt hatte, auf dem Madame Bovary saß.

- [Der Geist] verbindet sich so sehr mit den Personen, als ob wir selbst in ihren Gewändern bangten.
- Wie wahr! Wie wahr!, sagte sie.
- Haben Sie nicht zuweilen erlebt, fuhr Léon fort, dass Sie in einem Buch einem Gedanken begegnen, den Sie andeutlich selbst gehabt haben, einem Bild, das verblasst von weit zurückkehrt und gleichsam der völligen Klärung Ihres zartesten Gefühls.
- Ich habe dies empfunden, sagte sie.[xlvii]

Flauberts Dilemma war, dass sich Mademoiselle Leroyer de Chantepie in sein Buch verliebt hatte, weil sie es falsch gelesen hatte. Sie liebte es, weil sie sich mit den Figuren identifizierte, sie ernst nahm und an ihre Poesie glaubte. Sie empfand die romantische Exaltiertheit der Figuren als Tiefe. Damit folgte sie einer überholten Form des romantischen Lesens – einem Modus des Lesens, der zu einem gewissen Grad genau von jenem Roman überholt worden war, der ihr so viel bedeutete. Denn Flauberts künstlerisch anspruchsvollerer Roman baute auf das zugegebenermaßen schwer zugängliche Vergnügen, dessen Technik nachzuvollziehen. Statt sich in die Figuren hineinzuversetzen und sich in ihnen zu verlieren, sollte dieser neue Leser versuchen, die Muster der Klischees zu verfolgen, die sich aus ihnen ergebende Collage.

Sein Roman war ganz Oberfläche: Seine Bedeutung lag in den unzähligen Fluchtwegen seiner Komposition.

Und so bekam Flaubert, eine Woche nachdem er ihren Brief beantwortet hatte, ein Paket mit einem Porträt von Mademoiselle Leroyer de Chantepie, drei Bänden ihrer unveröffentlichten Schriften und einen Brief, in dem sie ihm noch einmal versicherte, dass sie Emma wie eine Schwester liebe.[xlviii]

2

Eine Oberfläche hat auch Tiefe. Aber das hatte niemand so richtig bemerkt.

In *Die Autobiographie von Alice B. Toklas*, die nicht von Alice B. Toklas geschrieben wurde, sondern von ihrer Geliebten, der Schriftstellerin Gertrude Stein, erwähnt Stein ihre Theorie der neuen Länder und der alten Länder. Diese Theorie der neuen Länder und alten Länder ist identisch mit ihrer Theorie über neue Literatur und alte Literatur. Ihre Theorie ist eine Theorie über das Alter von Amerika.

> Gertrude Stein spricht jetzt immer von Amerika als dem ältesten Land der Welt, weil der Bürgerkrieg und die darauffolgende Entwicklung im Handel das zwanzigste Jahrhundert schufen, und da alle andern Länder jetzt ein dem zwanzigsten Jahrhundert gemäßes Leben führen oder es beginnen, während Amerika das zwanzigste Jahrhundert bereits in den sechziger Jahren des neunzehnten Jahrhunderts schuf, so ist es jetzt das älteste Land der Welt.
>
> Auf die gleiche Weise behauptet sie, daß Henry James der erste in der Literatur war, der den Weg zu den literarischen Methoden des zwanzigsten Jahrhunderts fand.[xlix]

Wenn man über Literaturgeschichte nachdenkt, ist es hilfreich, sich an Gertrude Steins Definition von Amerika als dem ältesten Land der Welt zu erinnern. Es ist ihre Art, darauf hinzuweisen, dass die Literaturgeschichte immer am Jetlag leidet. Denn der Roman ist kein Genre, in dem die Dinge sofort und gleichzeitig passieren. Manchmal dauert es seine Zeit, bis ein Roman sich selbst global einholt. Deshalb ist mit anderen Worten die Avantgarde nur eine Kategorie von Objekten, deren Wert erst rückblickend sichtbar wird. Was die Avantgarde zu einem unendlichen Phänomen macht.

3

Eines Morgens im Prag des zwanzigsten Jahrhunderts wacht ein Mann namens Joseph K. auf und muss feststellen, dass seine morgendliche Routine aus unerklärlichen Gründen verändert worden ist. Denn statt dass ihm, wie gewöhnlich, seine Zimmervermieterin das Frühstück ans Bett bringt, kommt kein Frühstück. Anstelle der Vermieterin erscheinen zwei Männer, die aussehen wie Wächter. Und so bemüht sich Joseph K. von seinem Bett aus um einen freundlichen Austausch. Er entscheidet sich, die beiden in ein nettes Gespräch zu verwickeln:

> Jemand sagte mir – ich kann mich nicht mehr erinnern, wer es gewesen ist –, daß es doch wunderbar sei, daß man, wenn man früh aufwacht, wenigstens im allgemeinen alles unverrückt an der gleichen Stelle findet, wie es am Abend gewesen ist. Man ist doch im Schlaf und im Traum wenigstens scheinbar in einem vom Wachen wesentlich verschiedenen Zustand gewesen, und es gehört, wie jener Mann ganz richtig sagte, eine unendliche Geistesgegenwart oder besser Schlagfertigkeit dazu, um mit dem Augenöffnen alles, was da ist, gewissermaßen an der gleichen Stelle zu fassen, an der man es am Abend losgelassen hat.[1]

Oder genauer gesagt: Das ist, was Joseph K. in einer frühen Fassung von Kafkas Roman *Der Proceß* sagte, bevor Kafka die Szene strich. Ja, diese Unterhaltung zwischen Joseph K. und den Wächtern, die gekommen sind, um ihn abzuholen, in der K. berichtet, jemand habe einmal zu ihm gesagt, aufzuwachen sei der »riskanteste Augenblick am Tag«, denn »sei er einmal überstanden, ohne dass man irgendwohin von seinem Platze fortgezogen wurde, so könne man den ganzen

Tag über getrost sein«, verschwand.[li] So dass Joseph K. jetzt, statt darüber zu spekulieren, ob es ontologisch gefährlich sei, einzuschlafen, in einer Welt erwacht, die selbst eine ontologische Gefahr darstellt. Trotzdem kommentiert er seine Situation zu keinem Zeitpunkt. Und dies trifft auf so viele Figuren in Kafkas fiktiven Texten zu: Sie akzeptieren das Unwirkliche als ihre ausschließliche Wirklichkeit. Zwei mögliche Schlüsse kann der internationale Leser also ziehen: Entweder ist Joseph K. verrückt, oder die Welt, in der er gezungen ist zu leben, ist verrückt. Mit anderen Worten: Er ist entweder wach und verrückt, oder er schläft und ist ganz normal. Aber diese Erzählung ist als reine Oberfläche geschrieben. Obwohl es möglich ist, sich eine andere Art Roman vorzustellen, der eindeutig eine Beschreibung von Joseph K.'s Traumleben wäre, verschleiert Kafka diese Sichtweise mit Absicht. Es handelt sich um einen Traum, und gleichzeitig auch nicht.

Kafkas Sätze, geschrieben in der angeblich objektiven dritten Person, sind von Joseph K.'s Annahmen durchtränkt: als träumte Joseph die Beschreibung seiner selbst. Dieser Stil der Sonderlichkeiten ist eine Verdickung – wie Schlagsahne – von Flauberts stilistischen Effekten.

Hierbei handelt es sich um ein frühes Beispiel der internationalen Migration und Transmigration von literarischen Effekten.

Flaubert hatte Sätze über seine Figuren gebildet, indem er das individuelle Vokabular jeder der Figuren selbst benutzte; als versuche eine Figur, in der ersten Person zu schreiben und würde immer in die dritte Person abgedrängt. Mit anderen Worten, seine Figuren waren Träumer. Jede externe Perspektive war völlig abhängig von der Anordnung der Sätze. Kafkas erste Neuerung war es, zu bemerken, dass dies nicht nur die Beschreibung einer Phantasie, sondern auch die Beschreibung eines Traumes war, in dem sich eine Person selbst als Abstraktion wahrnimmt. In Kafkas Roman kontaminiert also Joseph K.'s Traumlogik – seine egoistischen Phantasien, die ständigen Anliegen seines eigenen Stolzes – Kafkas Prosa. Denn eines der Charakteristika von Joseph K. ist, dass er ständig von seinem Wunschdenken gesteuert wird. Er trifft Entscheidungen auf der Grundlage einer leicht irren Fähigkeit, seine Probleme für günstige Gelegenheiten zu halten. Hieraus erwächst die gewisse Komik des Textes und Joseph K.'s Pathos. Aber das wirklich Interessante ist Kafkas Weigerung, seine Erzählung eindeutig als Traum auszugeben. Dies macht aus Kafkas Prosa eine unendliche Oberfläche, an der man sich zurechtfinden muss: eine Oberfläche, die wirklich ist, aber gleichzeitig auch unwirklich ist.[20]

In seinem Roman *Das Schloß* wollte Kafka beschreiben, welche Auswirkung die offizielle Anerkennung von dessen Rolle als Landvermesser auf seine Figur K. haben würde (der derselbe sein könnte wie Joseph K., oder auch nicht): In seinem ersten Entwurf hatte Kafka über diese Anerkennung geschrieben, dass sie »wie alles geistig überlegene auch ein wenig niederdrückend«[lii] sei. Die Endfassung dieses Satzes aber liest sich so: »Und wenn man glaubte durch diese geistig gewiß überlegene Anerkennung seiner Landvermesserschaft ihn dauernd in Schrecken halten zu können, so täuschte man sich; es überschauerte ihn leicht, das war aber alles.«[liii] Der Satz in der Endfassung – »ihn dauernd in Schrecken halten zu können« – bedeutet eine Reaktion auf die nun unterdrückte Verallgemeinerung in der ursprünglichen Fassung, dass geistige Überlegenheit »ein wenig niederdrückend« ist. Und da ihr Effekt so niederdrückend ist, folgt in K.'s Welt ganz natürlich, dass dies mit dem Ziel geschehen sein muss, ihn in Angst zu versetzen. So ist der Satz insgesamt voller Kafka'scher Komik, denn verwirrte Figuren beteuern fortwährend ihren ungebrochenen Glauben daran, dass sie Kontrolle über unvorhersehbare und unverständliche Geschehnisse haben. Die erste Fassung dieses Satzes ist noch ganz in der alten Romantradition geschrieben: Sie geht ganz offen mit den Verallgemeinerungen ihrer Figuren um. Anders die Endfassung. Die Endfassung ist avantgardistisch.

Kafka ist ein mikroskopischer Autor – seine Effekte sind Anhäufungen kleiner Dinge. In einem der Manuskripte von *Das Schloß* gibt es eine entscheidende Notiz, die Kafka – natürlich, weil seine Technik auf Verschwiegenheit gebaut war – strich: »Was wahrhaft komisch ist, ist das winzige Detail.«

(Ich beginne zu denken, dass es Details sind, die zu den wirklich tiefgehenden Problemen der Romanform führen: Details bilden den Mittelpunkt jedes Stils, und in jedem Stil wirken sie auf andere Weise …)

Kafkas fiktive Texte verleihen Details die komisch wirkende Illusion von Länge: Sie machen sie zu absoluten und uninterpretierbaren Oberflächen. Denn alle Texte Kafkas werden zu seltsamen Formübungen, in dem Versuch, etwas präzise darzustellen. Und dies erschafft eine Oberfläche von ungewöhnlichem Tempo: eine sehr langsame, sehr massive Anhäufung des sehr Kurzen.

4

Nicht, dass dies etwas völlig Neues wäre. In einer Rezension zu Kafkas erstem Buch schrieb der österreichische Schriftsteller Robert Musil, Kafkas Stil sei ein spezielles Exemplar innerhalb der Gattung der detailversessenen Schriftsteller nach dem Vorbild Robert Walsers. Er klassifizierte ihn als Nachahmer dieses Autors kurzer fiktiver Texte, der 1878 geboren wurde und 1956 starb. Und es stimmt, eine gewisse Ähnlichkeit besteht. Wie Augusto Monterroso war Walser Experte darin zu zeigen, woraus eine Miniaturgeschichte bestehen konnte: Er war Experte für die Frage danach, was einen Stoff ausmacht. In seinen Kurzgeschichten entsagte er dem alten Konzept der Anekdote: Stattdessen waren sie Experimente des Ablehnens von Tiefgängigkeit, von Bedeutung.

Ich ging so, und indem ich so meines Weges zog, begegnete mir ein Hund, und ich schenkte dem guten Tier alle sorgfältige Beachtung, indem ich es ziemlich lange anschaute. Bin ich nicht ein törichter Mensch? Ist es denn etwa nicht töricht, eines Hundes wegen sich auf der Straße aufzuhalten und kostbare Zeit zu verlieren? Aber indem ich so ging, hatte ich ganz und gar nicht das Gefühl, daß die Zeit kostbar sei, und so ging ich denn nach einiger Zeit gemächlich weiter. Ich dachte: »Wie ist es doch heute heiß«, und es war in der Tat recht warmes Wetter.[liv]

Diese Tautologie ist das Sinnbild von Walsers Stil. Seine Geschichten existieren in einem Umfeld, in dem Bedeutungen ausweichend reagieren. Er sagte einmal, er experimentiere »im Bereich der Sprache, weil er die Hoffnung habe, dass in ihr eine ungekannte Lebhaftigkeit existiere, deren Erweckung große Freude bereitet«.[lv] Diese Lebhaftigkeit war deshalb unbekannt, weil man sie nicht in den gewöhnlichen Strukturen der Bedeutungsbildung entdecken konnte. So gilt in Walsers Geschichte über den Spaziergang das Interesse ganz und gar der Schüchternheit der launischen Details dieses Selbstgesprächs – der Tatsache, dass sie einer Geschichte angehören, die ein ganz anderes Thema zu haben scheint, das wichtiger ist als ein beiläufiger Gedankengang, der durch einen Hund ausgelöst wurde. Aber nichts anderes ist sichtbar. Genau wie Kafkas ist auch Walsers Stil eine völlige Wortwörtlichkeit. Also ja, Musil hatte recht, auf gewisse Weise. Aber auf der anderen Seite hatte er nur Kafkas erstes Buch besprochen: eine Sammlung von Miniaturgeschichten. In seinen längeren Prosawerken wird jedoch die ganze Oberfläche des Textes zu einem funkensprühenden Spannungsfeld.

5

Die Oberfläche! Wie Kafka seine Sätze ausfransen lässt! In einem seiner Oktavhefte skizzierte er eine Figur mit zwei Sätzen: »Er fühlte es an der Schläfe, wie die Mauer die Spitze des Nagels fühlt, der in sie eingeschlagen werden soll. Er fühlte es also nicht.«[lvi] Diese anonyme Figur kann im zweiten Satz nichts fühlen, weil sie im ersten Satz mit einer Wand verglichen wurde. So dass sie im zweiten Satz nun selbst zur Wand geworden ist. Hierbei handelt es sich um eine Technik, die bei Kafka zentral ist – eine Metapher zu wenden, sie umzukrempeln: eine Metapher erst zu benutzen, und sie dann wörtlich zu nehmen –, und dies passierte in einem größeren Maßstab auch in seinen längeren Werken dadurch, dass er sich weigert, diese explizit als Traum auszugeben, womit er einen Stil schuf, der das Metaphorische andeutete, aber alles offen ließ. Die Eigenartigkeit von Kafkas Prosa liegt in seiner aufdringlichen Wortwörtlichkeit. Alle Bedeutungsebenen sind gleich hoch: So mag ein Bankprokurist wie ein Sündenbock wirken, aber andererseits denke ich, dass Kafka sich genausogut eine Geschichte hätte ausdenken können, in der ein Sündenbock die Gestalt eines Bankprokuristen hat.

Und dies führt zu Komplikationen.

6

Konventionellerweise, weil er von Kafkas Nachlassverwalter und bestem Freund, Max Brod, entsprechend redigiert wurde, wird *Der Proceß* meist als ein Roman mit einer fortlaufenden Handlung gelesen. Aber ich bin mir nicht so sicher, ob dies wirklich so seine Richtigkeit hat. Eigentlich ist die Form dieses Romans viel musikalischer: eine Abfolge reiner Aussetzungen. In Kafkas neuer Form, in der Sätze mehrdeutige Bedeutungsträger sind, bilden die Geschehnisse Konstellationen; die Kapitel werden zwar fortgeführt, existieren aber gleichzeitig auch nebeneinander. Sie überschneiden sich.

In dieser veröffentlichten Fassung von *Der Proceß* wird eine Situation beschrieben, die sich ungefähr so entwickelt. Ein Mann namens Joseph K. wird verhaftet; er besteht darauf, dass er fälschlicherweise verhaftet wurde; er versucht herauszubekommen, worin genau die Anklage gegen ihn besteht und was somit sein angebliches Vergehen gewesen sein mag: zuerst durch Gespräche mit seiner Zimmervermieterin, Frau Grubach, und dann mit einem Mädchen, das im selben Haus wohnt, Fräulein Bürstner. Er wird vor Gericht geladen, wo er sich einem unbefriedigenden Verhör unterziehen muss; später kehrt er zum Gerichtssaal zurück, wo er mit der Ehefrau des Gerichtsdieners flirtet und von einem Jurastudenten ausgestochen wird. Das ist die Handlung der ersten drei oder vier Kapitel (je nachdem, wie man sie einteilt) des Romans. Bis hierher bilden diese Kapitel eine lineare Erzähleinheit. Aber dann geschieht etwas Ungewöhnliches mit dieser ungewöhnlichen Handlung. Zuerst beobachtet Joseph K. eine Art sadomasochistische Szene zwischen drei Männern in einer Rumpelkammer in seinem Bürogebäude. Dann kommt sein Onkel in die Stadt, um ihm dabei zu helfen, die Sache aus der Welt zu räumen, was einen weiteren Handlungsstrang eröffnet, zu dem auch der Advokat des Onkel gehört – ein Mann, der wegen eines Herzleidens nur noch im Bett liegt – und dessen Pflegerin und Haushälterin Leni. Joseph K. versucht dann, sich mit einem Maler anzufreunden, der behauptet, er sei ein Vertrauensmann des Gerichts. Schließlich beschließt K., seinem Advokaten zu kündigen. Es folgt eine vorletzte Episode im Prager Dom, wo ihm ein Geistlicher von der Kanzel herunter eine Predigt hält. Und dann, am Ende, endet Joseph K.'s Leben. Die Wächter kommen, um ihn abzuholen, und töten ihn in einem kleinen Steinbruch.

Ja, dieser Roman wirkt wie ein Roman mit einer linearen Handlung, aber ich bin mir da nicht so sicher – denn wir können nicht ganz sicher sein, ob Kafka das Buch mit der Kapitelreihung veröffentlichen wollte, mit der es veröffentlicht wurde, weil er es nie fertigstellte. Sein Nachlassverwalter, Max Brod, beschloss, sowohl Kafkas Wünsche nicht zu befolgen, indem er den Roman nach seinem Tod veröffentlichte, und maßte sich außerdem an, beurteilen zu können, wie Kafka sein unveröffentlichtes Material eventuell hätte präsentieren wollen. Aber man kann Kafkas Geschichten über Joseph K. in Prag auch anders lesen. Das Kapitel mit dem Titel »Der Prügler«, zum Beispiel, mit der sadomasochistischen Szene in der Rumpelkammer, muss nach dem Kapitel »Erste Untersuchung« stehen, aber das ist auch schon alles. In Brods Ausgabe ist es das fünfte Kapitel. Aber es könnte auch später vorkommen. Es gibt keine anderen Handlungshinweise, anhand derer man es definitiv verorten könnte. Genauso muss das Kapitel »Im Dom« nicht unbedingt das vorletzte sein. Es dort zu positionieren, war keine neutrale Entscheidung: Stattdessen untermauert sie Max Brods These, dass Kafka ein religiöser Schriftsteller war; dass die Bedeutung dieses Romans in seinem Status als Allegorie liegt. Denn Max Brod zufolge geht es in diesem Buch um die Suche nach dem Glauben. Notwendigerweise muss die Handlung deshalb vor Josef K.'s Tod auf dessen Besuch im Dom zustreben. Aber wenn diese Episode an einer früheren Stelle stünde, würde sie vielleicht etwas von ihrem Ernst verlieren –, sie käme einem vielleicht komischer vor, von höherer Dichte wegen der Verkoppelung der Themen untereinander. Denn Kafkas Form war sogar noch experimenteller als sie aussah. Die Struktur dieses Buches ist eher spiralförmig – gleichzeitig progressiv und abschweifend –, keine gerade Linie. Und in dieser Spirale ist somit unklar, was metaphorisch und was buchstäblich gemeint ist. Ja, alles ist Oberfläche in der Schwebe.

7

Am 19. Oktober 1921 begann Kafka einen Tagebucheintrag, in dem er sich überlegte, was die Bedeutung des biblischen »Wüstenwegs« sein mochte. Über die zentrale Figur in dieser Geschichte schrieb Kafka:

> Die Witterung für Kanaan hat er sein Leben lang; daß er das Land erst vor seinem Tode sehen sollte, ist unglaubwürdig. Diese letzte Aussicht kann nur den Sinn haben, darzustellen, ein wie unvollkommener Augenblick das menschliche Leben ist, unvollkommen, weil diese Art des Lebens endlos dauern könnte und doch wieder nichts anderes sich ergeben würde als ein Augenblick.[lvii]

Und deshalb muss dies die Aussage der Geschichte sein, erklärte Kafka: Sie ist eine Allegorie des unvermeidlichen Versagens, welches das menschliche Leben ist. Die Geschichte setzt Leben und Versagen gleich. »Nicht, weil sein Leben zu kurz war, kommt Moses nicht nach Kanaan, sondern weil es ein menschliches Leben war.«[lviii] Und dann beendet Kafka den Eintrag mit einer nachträglichen Überlegung: »Dieses Ende der fünf Bücher Moses hat eine Ähnlichkeit mit der Schlußszene der ›Éducation sentimentale‹.«[lix]

Die letzte Szene von Flauberts Roman *L'Éducation sentimentale* (*Die Erziehung des Herzens*) ist ein Gespräch zwischen dem melancholischen Helden des Romans, Frédéric Moreau, und seinem besten Freund, Deslauriers. Sie erinnern sich an ihren missglückten Bordellbesuch als Jugendliche – sie kamen mit Blumensträußen, und der junge Frédéric brachte kein Wort heraus, er stand nur da mit seinen Blumen. »Alle Mädchen lachten, belustigt von seiner Verlegenheit. Es schien ihm, als werde er verspottet, und so flüchtete er. Und da Frédéric das Geld hatte, war Deslauriers gezwungen, ihm zu folgen.«[lx] Viele Jahre später erzählten sie sich gegenseitig diese Geschichte, halfen sich mit den Details. Und als sie zu Ende waren, sagte Frédéric:

> »Das war eigentlich unser schönstes Erlebnis.«
> »Ja, vielleicht war es das schönste«, sagte Deslauriers.[lxi]

Sie hatten ihr ganzes Leben gebraucht, um dies zu begreifen.

Diese neue Geographie, wo sich Frankreich und Kanaan überschneiden, führt uns die verrückte Struktur von Kafkas Prosa vor Augen: Statt wie üblich zwischen einer weltlich-häuslichen Erzählung und einer theologisch-allegorischen Erzählung zu unterscheiden, erlaubte Kafkas neuer Stil ihm die Gleichsetzung beider Formen. So dass die Geschichte von Moses etwas seltsam Wörtliches und die Geschichte von Frédéric etwas seltsam Allegorisches bekommt. Beide können dieselbe Form annehmen. Sie haben das gleiche romantische Thema, das der gleichen ironischen Struktur ausgesetzt wird.

Ich erinnere mich an eine Anekdote: Eines Abends äußerte Flauberts Freund Henry Céard in Flauberts Appartment in Paris, in der Rue Murillo, seine Bewunderung für die *Erziehung des Herzens*. Ergriffen erwiderte Flaubert: »›Der Roman gefällt dir also, stimmt's? Trotzdem ist das Buch zum Scheitern verurteilt, weil es nicht dies tut.‹ Er legte die Hände pyramidenförmig aneinander. ›Die Öffentlichkeit will Bücher, welche die Emotionen anregen, wohingegen die *Education sentimentale* …‹ Und er drehte die Hände um und öffnete sie, als wollte er sie ausleeren.«[lxii] Die geöffnete Pyramide: Das ist die Form der Geschichte von Moses und die der Geschichte Joseph K.'s: Und sie ist die ideale Form von Flauberts Stil. Übrig bleibt nur Oberfläche. Und all dies begann auf der Spitze der großen Cheopspyramide und in ihrer Umgebung.

Netzwerke

1

In den frühen 1930er Jahren schrieb Jorge Luis Borges diverse Aufsätze für eine Reihe von kleinen Zeitschriften in Buenos Aires, in denen er sich in kleinen Sprüngen zu einem neuen Konzept der Romantechnik hinbewegte, angetrieben von einem neuen Übersetzungskonzept.

Er folgte keinem bestimmten Plan. Er improvisierte einfach.

1931 schrieb Borges einen Aufsatz für *Azul* mit dem Titel »Die abergläubische Ethik des Lesers«. Denn Borges hatte ein Problem mit Lesern – und die schlimmsten Leser, fand er, die allerschlimmsten, waren diejenigen, die sich für die besten hielten: diejenigen, die viel auf Stil gaben. Diese Fixierung auf Stil, schrieb Borges, mochte einem zwar auf den ersten Blick wie ein echtes Interesse an ästhetischen Fragen vorkommen, aber in Wirklichkeit wurde sie durch verdeckte Moralvorstellungen bedingt: Stil stellte eine »unabweisliche Etikette«

dar. Flaubert, der absolute Ästhet, war davon überzeugt gewesen, dass »Korrekturen (im wahrsten Sinne des Wortes)« den Denkprozess »unverwundbar und unzerstörbar« machten. Aber damit, argumentierte Borges, hatte er unrecht. »Dagegen kann umgekehrt die Seite, die zur Unsterblichkeit berufen ist, das Fegefeuer der Druckfehler, der annähernden Wendungen, der unachtsamen Lesarten, des Unverständnisses durchmessen, ohne bei dieser Feuerprobe ihre Seele einzubüßen.«[lxiii] Die Seele war Borges' neues Steckenpferd: Er war davon überzeugt, dass jedes Werk seine eigene Seele hat, seine eigene Art der Beseeltheit.

In Borges' Aufsatz in der Zeitschrift *Azul* ist das Übersetztwerden nur eine von mehreren möglichen Prüfungen, denen sich die Seele unterziehen muss – aber bald schien ihm das Übersetzen wichtiger zu sein: Es schien das alles bestimmende Problem eines Stils zu sein. Ein Jahr später veröffentlichte Borges einen neuen Aufsatz mit dem Titel »Die Homerübersetzungen«, der sich mit den vielen Übersetzungen der *Ilias* ins Englische beschäftigte. Borges eröffnet seinen Aufsatz gleich mit seinem Hauptargument: »Kein Problem ist mit der Literatur und ihrem bescheidenen Mysterium so innig verwoben wie das Problem, vor das uns eine Übersetzung stellt.«[lxiv] Borges zufolge brachte der Prozess des Übersetzens eine erstaunliche Wahrheit ans Licht: dass die Form eines literarischen Werkes seiner Inkarnation in Worten vorausging. Form war platonisch: Form war Seele. Und dies brachte ihn zu einer schelmischen Schlussfolgerung – dass die wörtliche Form eines Werkes immer nur eine Annäherung an die reinere, vorher bestehende Seele sei: Eine verrückte Idee, für die aber auf der einen Seite spricht, dass ein Text auf verschiedene Weise übersetzt werden kann, und auf der anderen Seite die Tatsache, dass ein Werk normalerweise eine Reihe unfertiger Fassungen durchläuft. »Die voreingenommene Ansicht, derzufolge jede kombinatorische Neuordnung von Elementen dem Original unterlegen ist«, schrieb Borges, »kommt der Ansicht gleich, daß die Skizze 9 der Skizze H notgedrungen unterlegen sei – wiewohl es doch nur Skizzen geben kann.«[lxv]

Ich bewundere diesen Gedanken zwar, bin mir aber nicht sicher, ob Borges recht hat: Der Gedanke wirkt zu modisch, zu verliebt in diese Rätselhaftigkeit der unfertigen Fassung.[21] Denn Borges verwechselt zwei Elemente: den Schriftsteller und den Übersetzer. Während der Übersetzer in einer Wüste der Synonyme wandeln muss – wo es keine perfekten Wörter zu geben scheint –, stimmt das so für den Schriftsteller nicht: Flauberts Qualen des Stils sind ein reines Melodrama. Nein, eine Übersetzung ist in ihrer Essenz nicht das Gleiche wie die unfertige Fassung eines Romans. Und deswegen möchte ich stattdessen über ein weniger hochtrabendes Konzept von der Seele des Romans sprechen und einen weiteren Aufsatz von Borges einführen, den dieser im gleichen Sommer für die fünfte Ausgabe von *Sur* schrieb, über »Die Erzählkunst und die Magie«. Am Anfang dieses Aufsatzes steht ein Argument, das mit Borges' Aussagen über die platonische Form in seinen früheren Essays verwandt zu sein scheint: »Die Analyse der Darstellungsformen des Romans hat in der literarischen Öffentlichkeit nur wenig von sich reden gemacht. Die geschichtliche Ursache dieser andauernden Zurückhaltung ist die Priorität anderer Gattungen; der eigentliche Grund ist die nahezu unentwirrbare Komplexität der im Roman angewandten Kunstmittel, die sich von der Grundfabel nur schwer ablösen lassen.«[lxvi] Und meiner Meinung nach hätte Borges hier weitermachen sollen – wenn er bloß dieser Intuition weiter gefolgt wäre! Übersetzungen waren nicht deshalb aus einem anderen Material gemacht als die Literatur und ihre bescheidene Rätselhaftigkeit, weil sie die Literatur als eine kontinuierliche Abfolge von Entwürfen enttarnte. Stattdessen waren Übersetzungen so wichtig, weil sie wie ein Polaroid das wirkliche Wesen der Seele eines Romans abbilden. Ich denke hier daran, was Milan Kundera in seinem Essay »Der Vorhang« schreibt:

Die herausragende Bedeutung der Komposition ist eines der genetischen Kennzeichen der Kunst des Romans … Die Schönheit eines Romans hingegen ist von seiner Architektur untrennbar; ich sage *Schönheit*, denn die Komposition ist nicht bloßes technisches Können; sie trägt die Originalität des

Stils eines Autors in sich (alle Romane Dostojewskijs sind auf das gleiche Kompositionsprinzip gegründet); und sie ist das Erkennungszeichen jedes einzelnen Romans (innerhalb dieses gemeinsamen Prinzips hat jeder Roman Dostojewskijs seine unnachahmliche Architektur).[lxvii]

Aber dies reflektiert eigentlich nur ein universelles Problem, das aufkommt, wenn man über Romane redet ... Alle diese Ausdrücke! Da ist das Wort *Komposition*, und das Wort *Architektur*, und das Wort *Stil*. Alle in einem Absatz! Während sie untereinander nicht identisch sind, hängen sie alle voneinander ab: Sie sind jeweils ein anderes Element der Kunst, einen Roman zu gestalten. Und es ist die Gestaltung, die Seele hat: und die übersetzbar ist. Denn sie macht außerhalb ihres Kontextes keinen Sinn. Ja, dies ist der Grund, warum Romane international sind: Ihr Inhalt ist als Netzwerk angelegt.

2

Im vierten Kapitel des ersten Teils von *Der sinnreiche Junker Don Quijote von der Mancha* beschreibt der spanische Schriftsteller Miguel de Cervantes, wie ein Mann, dessen wirklicher Name Alonso Quijano ist, der sich aber Don Quijote nennt, weil er sich für einen fahrenden Ritter hält (der er aber nicht ist), irgendwann am Anfang des siebzehnten Jahrhunderts ein Gasthaus verlässt und in den Wald geht. Er hört jemanden rufen. Er macht ein paar Schritte und sieht eine Stute, die an eine Eiche gebunden ist, und neben dieser Eiche einen Jungen, der an eine weitere Eiche gebunden ist und von einem »Bauer[n] von kräftiger Gestalt« mit einem Gurt geschlagen wird.[lxviii] Und weil Don Quijote edel ist, weil er ein fahrender Ritter ist, forderte er diesen Mann natürlich zum Duell heraus. Und da der Bauer nicht völlig irre ist, denkt er natürlich, dass er von einem Verrückten angegriffen wird, und versucht ihn zu beruhigen. Er erklärt Don Quijote, der Junge sei sein Knecht, dessen Aufgabe es sei, die Schafe zu hüten: Aber der Junge sei so unaufmerksam, dass er jeden Tag ein Schaf verliere, und trotzdem behaupte er, ihm würde der Lohn aus Habgier vorenthalten und nicht zur Strafe. Aber Don Quijote, ein Romantiker, ist von dieser umständlichen Erklärung nicht überzeugt und befiehlt dem Mann, dem Jungen seinen Lohn zu geben und ihn gehen zu lassen. Und so bindet der Mann natürlich den Jungen los. Denn Don Quijote ist bewaffnet. Es ist nur normal, Leuten zu gehorchen, die bewaffnet sind. Don Quijote verlangt, dass der Bauer den ausstehenden Lohn sofort bezahlt.

»Das Unangenehme in der Sache, Herr Ritter, liegt darin, dass ich kein Geld bei mir habe; Andrés soll mit mir nach Hause kommen, und da werde ich ihm zahlen Real für Real.«

»Ich noch mit ihm gehen?«, sagte der Junge, »o weh! Lieber Herr, nicht im Traum tät ich das; denn sobald er sich allein mit mir sieht, wird er mir die Haut abziehen wie einem heiligen Bartholomäus.«

»Solches wird er nicht tun«, entgegnete Don Quijote. »Dass ich es ihm gebiete, ist hinreichend, damit er mir Gehorsam erweise, und sofern er bei dem Ritterorden, den er empfangen hat, mir es schwört, lasse ich ihn frei gehen und verbürge die Zahlung.«[lxix]

Viele Kapitel später wandert Don Quijote mit seinem Gefährten Sancho Pansa die Straße entlang und trifft den Jungen wieder. Don Quijote erklärt, vielleicht ein wenig selbstgefällig, dieser Junge sei ein Beispiel, »auf dass die Herrschaften sehen, wie wichtig es ist, dass es fahrende Ritter auf Erden gebe, welche den Ungebührlichkeiten und Unbilden steuern, die verübt werden von den frechen und schlechten Menschen, so auf selbiger leben«.[lxx] Aber der Junge ist vom Konzept des fahrenden Rittertums nicht ganz so überzeugt und erklärt: »Sobald Euer Gnaden aus dem Busch hinaus und wir zwei allein waren, band er mich wieder an denselben Eichbaum und versetzte mir aufs neue so viele Hiebe, dass ich geschunden war wie ein heiliger Bartholomäus; und bei jedem Hieb, den er mir aufmaß, gab er einen Witz und Spott zum besten, um sich über Euer Gnaden lustig zu machen, und hätte ich nicht so arge Schmerzen gelitten, so hätte ich über seine Späße lachen müssen.»[lxxi] Und, schließt der Junge, all dies sei nur

Don Quijotes Schuld: »Denn wäret Ihr eures Weges fürbaß gezogen und wäret nicht hingekommen, wohin Euch niemand gerufen, und hättet Ihr Euch nicht in fremde Händel gemischt, so hätte sich mein Herr damit begnügt, mir ein, zwei Dutzend Hiebe aufzuzählen, und dann hätte er mich alsbald losgebunden und mir bezahlt, was er mir schuldig war.«[lxxii]

Und so endet dieser kleine Handlungstrang von Don Quijote und dem Jungen: sein Netzwerk von Zickzacklinien, sein Bedeutungsorigami. Denn das ist es, was das Netzwerk eines Romans ausmacht, eine Abfolge von multiplen Faltungen.

Die erste Faltung ist der Augenblick, in dem der Leser merkt, dass Don Quijotes fahrendes Rittertum ein Schuss in den Ofen war. Die gute Tat hat sich nicht nur als nicht gut erwiesen, sondern sogar noch zusätzlichen Schaden angerichtet. Die zweite Faltung ist jedoch die Gegenerkenntnis, dass dieser Junge ziemlich undankbar ist: Er ist erfüllt von der ungerechtfertigten Selbstgerechtigkeit jener Personen, die im Nachhinein urteilen. Es gibt keinen Grund, ihm zu glauben, wenn er sagt, die Situation sei schlimmer geworden, denn er konnte nicht klar vorhersehen, wie sich die Situation entwickeln würde. Und die letzte Faltung ist dann die Tatsache, dass, unabhängig davon, ob die Konsequenzen von Don Quijotes Taten schlecht waren oder nicht, es eine Grundlage unserer Moralität ist, dass eine Handlung nicht auf der Basis ihres Ausgangs beurteilt werden sollte: Wir beurteilen eine Handlung auf der Basis ihres intrinsischen Wertes. In diesem moralischen Universum, unter diesem Himmel, wird es immer richtig sein, einen Jungen zu retten, der brutal verprügelt wird. Genauso wie es immer falsch sein wird, der eigenen Eitelkeit zu folgen: dem Mythos der Hochachtung vor sich selbst. Deswegen ist Don Quijote, der die Züge eines Heiligen trägt, so unfreiwillig komisch.

Bei allen diesen Komplikationen handelt es sich um Nebeneffekte von Cervantes' feingestricktem Netzwerk. (Ein Netzwerk, wie Nabokov feststellte, das wie eine Krawatte angeordnet ist.[22]) Weshalb ich denke, dass es, philosophisch gesehen, unmöglich ist, anständig aus einem Roman zu zitieren. Zitate wollen letztendlich immer wieder zum ganzen Buch werden. Ein Roman existiert nur wirklich als eine unaufteilbare Komposition.

3

Es ist wirklich sehr schwierig, Romane abstrakt zu beschreiben – die ausschwärmende Technik, die sie international macht …

1937 schrieb Raymond Queneau einen kurzen Aufsatz mit dem Titel »Technique du roman« (»Technik des Romans«), in dem er sich auch darüber Gedanken machte, dass zwar mit einer gewissen Rigorosität über Lyrik diskutiert wurde, aber eine ähnliche Genauigkeit in »der Ausübung der Prosa« zu vermissen war: Und so versuchte er, seine eigene »bewußte Technik des Romans« zu umreißen, die auf der Komposition seiner eigenen Romane beruhte – eine Technik, fügte er hinzu, deren Held James Joyce war. Wie sich herausstellte, waren Queneaus Techniken an die Mathematik angelehnt: Anhand numerischer Systeme teilte er seine Figuren auf oder die Anzahl seiner Kapitel ein. Seine Technik war eine bewusste und willkürlich angewandte formale Logik. Das ist natürlich interessant, weil es bei weitem keine wirklich brauchbare Romantechnik ist. Schließlich beendet Queneau seinen kurzen Aufsatz mit einer generellen Äußerung: dass Form ewig existiere. Struktur sei alles.

Es gibt keine Regeln mehr, seitdem sie den Wert überdauert haben. Die Formen jedoch haben ewigen Bestand. Es gibt Formen des Romans, die dem vorgegebenen Thema alle Eigenschaften der *Zahl* aufzwingen, und so entwickelt sich, aus dem Ausdruck selbst und aus den verschiedensten Aspekten der Erzählung entstehend, der Leitidee gleichgesetzt, Mutter und Tochter aller Elemente, die sie polarisiert, eine Struktur, die auf die Werke den letzten Widerschein des *Urlichts* und die letzten Echos von der Harmonie der Welten überträgt.[lxxiii]

Sie ist grandios, und Queneau ist wunderbar – aber diese Theorie gehört ihm ganz allein. Es ist letztendlich keine brauchbare Theorie für mein internationales Projekt.

4

Der Roman ist eine Maschine, deren Essenz eine Abfolge von Elementen ist, die einen Zustand der Regungslosigkeit annehmen. Oder, mit anderen Worten, die Struktur eines Romans setzt das Konzept des Themas voraus – und jedes Thema bewegt sich Schritt für Schritt voran, wie eine Gleichung in der Mathematik. Dies ist ein Grund, warum Flaubert am 12. Juni 1867 an George Sand schrieb, um sich darüber zu beklagen, wie schwierig es ist, einen Roman zu schreiben: »Mein Roman geht piano. Je weiter ich vorwärtskomme, desto mehr Schwierigkeiten tauchen auf. Was für ein schwerbeladener Karren mit Steinen. Und Sie klagen über eine Arbeit, die sechs Monate dauert! Ich habe noch mindestens für zwei Jahre zu tun. Wie zum Teufel machen Sie es, dass Ihnen die Verknüpfungen Ihrer Ideen gelingen? Das hält mich auf.«[lxxiv] Eine Geschichte so zu schreiben, dass sie der dargestellten Wahrheit treu bleibt, ist ein langsamer, gedämpfter Prozess. Und es war diese Art des Arbeitens, die Flaubert allen anderen gegenüber so ungeduldig sein ließ. Es machte ihn, das muss ich ehrlich sagen, den englischen Schriftstellern gegenüber ungeduldig. Und so schrieb er am 12. Juli 1872 an George Sand:

> Ich habe die *Pickwickier* von Dickens gelesen. Kennen Sie das? Es gibt großartige Partien darin, aber was für eine mangelhafte Komposition! Bei allen englischen Schriftstellern ist es so, außer bei Walter Scott. Es fehlt ihnen an Gliederung! für uns Franzosen ist das unerträglich![lxxv]

Trotzdem wird das tiefere Problem der Gestaltung auch hier nicht gelöst. Aber vielleicht kann es gar nicht abstrakt gelöst werden.

In »Die abergläubische Ethik des Lesers« hatte Borges argumentiert, es sei »sträflich, auch nur eine der von Góngora fabrizierten Zeilen abzuändern (versichern die Herausgeber, die den Originaltext wiederherstellen); dagegen gewinnt der *Don Quijote* im Kampf mit seinen Übersetzern posthume Schlachten und überlebt jede verwahrloste Textausgabe«.[lxxvi] Aber bei Góngoras Lyrik und Cervantes' Roman handelt es sich um völlig unterschiedliche literarische Formen. Die Vorstellungen davon, was Stil ausmacht, ist jeweils eine völlig andere. Bei der Komposition eines Romans wird der Krempel, aus dem der Inhalt entstehen soll, untersucht und geordnet. Das eine ist nicht ohne das andere möglich. Deshalb beginne ich zu denken, dass, weil die in einem Roman angewandten Techniken nicht von dessen Gestaltung zu trennen sind, die wiederum nicht von der Handlung zu trennen sind, für die Romanform ein anderer kritischer Ansatz entwickelt werden muss. Und ich denke, dieser muss die Form redseliger Umschreibungen annehmen. Denn die ganz reinen Produkte der Literaturtheorie fuktionieren nicht immer, wenn sie auf Romane angewendet werden. Und da erinnere ich mich an eine wunderbare Aussage von Henry James:

> Ich kann mir keine in einer Serie von Blöcken existierende Komposition vorstellen oder in einem Roman, der es wert ist, überhaupt diskutiert zu werden, eine Passage der Beschreibung, die in ihrer Intention nicht erzählend, eine Passage des Dialogs, die in ihrer Intention nicht beschreibend ist, einen Hauch von Wahrheit, gleich welcher Art, der nicht am Wesen der Ereignisse teilhat, oder ein Ereignis, das sein Interesse von irgendeiner anderen Quelle herleitet als von der allgemeinen und einzigen Quelle für das Gelingen eines Kunstwerkes – von der, erhellend zu sein.[lxxvii]

Jeder Roman ist ein Netzwerk. Auf der einfachsten Ebene funktionieren alle Romane auf die gleiche Weise. Aber wirklich interessant sind vor allem die winzigen Details der Vorgänge, die sich in ihnen abspielen. So ist die Geschichte der Romanform letztendlich eine Geschichte der Kuriositäten.[23]

5

1887 lebte ein unbedeutender Schriftsteller namens Édouard Dujardin in Paris: Er war ein Liebhaber der schönen Dinge, der Kostbarkeiten: ein Symbolist. Und 1887 wollte er zu dem weltweiten Vorrat an seltenen und schönen Dingen etwas beitragen, indem er einen Roman schrieb mit dem Titel *Les Lauriers sont coupés (Geschnittener Lorbeer)* – dabei handelt es sich um ein Zitat aus einem elegischen Gedicht des romantischen Dichters Théodore de Banville: »Nous n'irons plus au bois, les lauriers sont coupés.« Dujardins Roman sollte nicht seines Inhalts wegen selten und schön sein, sondern wegen seines Stils. Der Inhalt ist schlichtweg banal und minimal: Er besteht in der Beschreibung eines Tages und einer Nacht im Leben eines Mannes namens Daniel Prince, der versucht, endlich die Frau rumzukriegen, die er schon seit Monaten zu verführen versucht – eine Schauspielerin namens Leah D'Arsay. Die Handlung dieses Romans mag zwar unoriginell sein, aber sein Stil ist es nicht. Sein Stil gleicht dem wilden Spiel eines Kindes mit einem Haufen Abfall.

Dujardins Roman wurde in Fortsetzungen in der eleganten kleinen Zeitschrift *La Revue Indépendante* veröffentlicht. Der Stil, den er wählte und der diesem Buch seine Schönheit verleihen sollte, trotz seines krempeligen Inhalts, es war ein Stil, der noch nie zuvor in einem Buch verwendet worden war. Bisher hatte es nur zwei gängige Ansätze gegeben. Beim ersten, dem konventionelleren, wurde die Handlung einer Geschichte von einem Punkt außerhalb der Geschichte gelenkt. Was natürlich nicht hieß, dass es nicht auch kleine Einbrüche in und Überfälle auf die Gedankenwelt und Psychologie der Figuren geben konnte, und Streifzüge in ihr. Alternativ konnte eine Figur, die selbst in der Geschichte vorkam, über die Geschehnisse berichten: Entweder, weil es sich um ihre eigene Geschichte handelte, oder weil es eine Geschichte war, von der sie irgendwie anderweitig erfahren hatte. Dagegen dachte sich Dujardin eine neue Methode aus. Seine Geschichte sollte weder von außerhalb der Geschichte erzählt werden noch von einer der Figuren. Sie sollte ausschließlich aus den dargestellten Gedanken und Wahrnehmungen einer Figur herleitbar sein: Somit wäre sie eine Übung der absoluten Subjektivität. Seine Geschichte sollte von jemandem erzählt werden, der sich nicht dessen bewusst ist, dass er überhaupt eine Geschichte erzählt. Und das klang folgendermaßen:

Daniel Prince denkt, während er in einem Restaurant Seezunge isst

Der Kellner, was macht er? Er kommt; bringt die Seezunge. Ein seltsamer Fisch! Diese Seezunge ist nur vier Bissen groß; gibt doch auch andere, die für zehn Personen ausreichen; die Soße ist ausgezeichnet; ja. Mit ihr anfangen …[lxxviii]

In seinem Essay von 1931, »Le monologue intérieur« (»Der innere Monolog«), erinnert sich Dujardin wehmütig daran, wie sein Freund, der Dichter Stéphane Mallarmé, seinen Roman gelobt hatte. »Ich werde immer bedauern, dass Mallarmé zu mir *sagte*, mir aber nie *schrieb*, was er über das Buch nach dessen Erscheinung dachte.« Dujardin zufolge war Mallarmé die einzige Person, die damals schon sah, was Joyce später entdecken sollte: die enormen Möglichkeiten des inneren Monologs. Ich erinnere mich an seine Worte: »der Moment, am Schlafittchen gepackt …«[lxxix] Denn schließlich liebte Mallarmé das Alltägliche. Als der (anonyme) Herausgeber von *La Dernière Mode*, einem Modemagazin, dessen Inhalt fast ausschließlich von ihm verfasst wurde, beschrieb Mallarmé seinen Wunsch, das »Leben, unmittelbar, geliebt und vielfältig, unser eigenes Leben mit seinen ernsten Nichtigkeiten« zu erfassen.[lxxx] Und ich mag den Ausdruck »ernste Nichtigkeiten«, ich mag seine Bekenntnis zum Alltäglichen. Aber ich frage mich, ob vielleicht sogar Mallarmé die Verrücktheiten von Dujardin nicht völlig durchblickte. Denn Dujardin zitiert auch einen Brief von Mallarmé – geschrieben am 8. April 1888 –, in dem Mallarmé betont, dass für ihn das Vergnügen an Dujardins Erfindung nicht ästhetischer, sondern journalistischer Natur sei:

Ich erkenne, dass Sie von einer oberflächlichen, sich selbst genügenden Notationsweise Gebrauch gemacht haben, deren einziges Ziel es ist, ganz unabhängig von großrahmigen literarischen Strukturen, Lyrik oder auf ansehnliche Weise verschaltete Phraseologie, ohne den Missbrauch der erhabenen zur Verfügung stehenden Mittel, die so schwer festzuhaltenden Erfahrungen des Alltags auszudrücken.[lxxxi]

Das wird, meiner Meinung nach, Dujardins doppelter Komplexität nicht gerecht. Auf der anderen Seite hatte dieser, indem er seinem Roman die Prinzipien des Motivs, der Wiederholung und des Echos kleinster Elemente zugrunde gelegt hatte – diese Häppchen von Daniel Princes innerem Monolog –, eine neue Möglichkeit entdeckt, um Prosa poetisch zu machen, um sie formal zu organisieren. Denn je diskreter eine Einheit ist – bei einem Roman oder einem Gedicht –, desto leichter ist es, Themen auszubalancieren und sichtbare (und weniger sichtbare) Muster und Beziehungen zu schaffen. Aber Dujardin hatte mit diesem Erzählstil gleichzeitig eine Technik erfunden, um alltäglichen Krempel in seine Geschichte einzubauen, die bis dahin unvorstellbar gewesen war. Dieser Krempel war größtenteils nicht wirklich wichtig, wie zum Beispiel jenes kurzweilige Detail, mit dem sogar der Meister der Beobachtungen, Gustave Flaubert, nichts anfangen konnte: »Warum ist der Treppenläufer hier an der Ecke umgeschlagen?«[lxxxii 24]

Aber es gab auch skandalöseren Krempel.

Gegen Ende des Romans bittet die Schauspielerin Leah Daniel, er solle im Salon warten, während sie sich auszieht, um ins Bett zu gehen. Und das wird, das muss, denkt Daniel Prince, nun sein großer Augenblick sein: Jetzt wird sie endlich mit ihm schlafen. Aber während er sich in Gedanken schon die Einzelheiten ausmalt, geht ihm ein eher praktischer Gedanke durch den Kopf:

es sind schon sechs Stunden her, seit ich auf der Toilette am Boulevard Sébastopol war; die Toilette ist links im Flur; für ein zärtliches Gespräch braucht man Ruhe; aber aufgepaßt beim Hinausgehen, keinen Lärm, man darf mich nicht hören; hoffentlich ist im Flur Licht; nun, ich habe ja Streichhölzer; Tür aufmachen; Achtung! keinen Lärm; auf Zehenspitzen hinaus … Gott sei Dank! Es brennt Licht; die Tür ist angelehnt; daran denken, daß Männer vor dem Verlassen der Toilette ihre Kleidung wieder in Ordnung bringen müssen … ach, diese Erleichterung – wie nötig sie war! ich lasse die Tür wie vorher angelehnt; die Tür zum Salon; ganz leise; jetzt; gut! niemand kann mich gehört haben; und nun sich ganz bequem in den Sessel setzen.[lxxxiii]

Aber noch intensiver und kantiger als das Ausmaß von Dujardins Beschreibungen ist das Ausmaß seiner Moralvorstellungen. Während Daniel im Salon wartet und wartet, werden seine Gedanken immer weniger romantisch und sind zuletzt eher finanzieller Natur.

Das muß anders werden; ja, heute Nacht schlafe ich mit ihr; wäre zu dumm; eine Affäre, die sich schon so lange hinschleppt und die schon so viel gekostet hat und dann zu nichts führt; all das Geld und die vergeudete Zeit, um die Reize eines Mädchens zu bestaunen, das im Nouveauté eine kleine Rolle spielt; pure Dummheit! Das ist zweihundert Francs wert und nicht mehr; das hochtrabende Getue ist unangebracht! Ein Mädchen, das sich jeden Abend herausfordernd auf der Bühne zur Schau stellt und wenn es in Geldverlegenheit ist, in Caféhäuser geht, um Männer kennen zu lernen …[lxxxiv]

Es ist etwas lächerlich, dass Dujardin als Ästhet gehandelt wird. Er war stattdessen der Dreckigste aller Realisten. Und in diese Rolle gezwungen wurde er von den Anforderungen der fein säuberlichen Netzwerke in seiner Schöpfung.

6

Am 28. August 1947 hielt der exilierte Pole Witold Gombrowicz einen Vortrag auf Spanisch, der den Titel *Contra los poetas* (*Gegen die Dichter*) trug. Gehalten wurde der Vortrag in Buenos Aires, in einem Buchladen namens Fray Mocho, und Gombrowicz' Argument war einfach: Er war sehr für Krempel zu haben. Aber das, lamentierte er, sei nichts Besonderes. »Obwohl wir inzwischen praktisch alles anzweifeln, verehren wir immer noch den Kult der Poesie und der Poeten, und das ist die einzige Gottheit, bei der wir uns nicht schämen, sie mit großem Pomp anzubeten, mit tiefen Verbeugungen und schwellender Stimme …«[lxxxv] Aber, so Gombrowicz, wir sollten die Poesie nicht anbeten: Wir sollten nichts anbeten, das so viel Wert auf seine Sauberkeit legt. Denn die Poesie war der Inbegriff von Stil, und Gombrowicz misstraute Stil. Oder, genauer gesagt, er war ein Stilist, dem die Nachlässigkeit geringerer Stilisten unangenehm war, für die der Stil ein Zufluchtsort war, ein Alibi. Nein, protestierte Gombrowicz in seinem problematischen Spanisch: »Wir sollten die Wahrheit nie aus den Augen verlieren: dass jeder Stil, jede ausgeprägte Haltung durch Ausschluss entsteht und somit im Grunde genommen eine Verarmung bedeutet. Deswegen sollten wir nicht zulassen, dass irgendeine Haltung unser Potential verringert, zum Knebel wird …«[lxxxvi] Und deshalb unterteilte Gombrowicz Schriftsteller in zwei Kategorien: diejenigen, die bereit sind, ihr Potential einzugrenzen und die er, der Bequemlichkeit halber, Dichter nannte. Und diejenigen, die stattdessen versuchen, sich Einschränkungen jeder Art zu verweigern: die Schrottsammler. Ein Stilist sollte immer allen jenen Dingen gegenüber offen sein, die seinen Stil zerstören könnten (während Saul Bellow es im selben Jahr in Chicago nicht über sich brachte, gewisse Elemente in seinen Stil einzubauen, gegenüber denen er sich einige Jahre später öffnen konnte: Witzeleien, Abgebrühtes und Unreifes). »Meine Kunst«, sagte Gombrowicz, »hat sich gebildet nicht in der Konfrontation mit einer Gruppe von Menschen, die mir verwandt sind, sondern in Beziehung zum Feind und in der Konfrontation mit dem Feind.«[lxxxvii]

Dies war Gombrowicz' Argument gegen die Dichter: Sie versuchten nie, ihre Gegner zu verschlingen. Während wahre Stilisten, die Romanschriftsteller, ihre Werke absichtlich mit so viel Krempel überladen, wie sie nur irgend finden können.[25]

7

Aber dieser Krempel wird dann so angeordnet, dass er die abgesteppte Oberflächenstruktur eines Netzwerkes bildet. Und die Identität des entstehenden Romans ist deswegen eine Chronik seiner Wiederholungen – oder, gleichzeitig, eine Auflistung seiner Eigentümlichkeiten, seiner Momente der Wahrheit. Der Krempel kann sich nie ganz in die Form auflösen.

Andererseits mag es durchaus möglich sein, dass im Gedicht eine perfekte Symbiose von Form und Inhalt realisiert werden kann, weil in einem Gedicht viel weniger Elemente vorkommen: wie in diesem winzigen Gedicht, das Stéphane Mallarmé seinem Freund, dem Schriftsteller-Dandy Edouard Dujardin gewidmet hat. Weil Mallarmé gerne mit Form und Inhalt spielte. Schließlich war er selbst ein Dandy. Er machte aus seinen Gedichten gerne Allegorien – sowohl aus den längeren, aufwendigeren, wie *Un coup de dés* (*Ein Würfelwurf*), als auch aus seinen Miniaturen, *Vers de circonstance*, die er als Geschenke an Freunde schickte. Und so schrieb Mallarmé in ein Exemplar seines grandiosen Gedichts *L'Après-midi d'un faune*, das er an Dujardin schickte, den folgenden Vierzeiler, mit dem er den Faun des Gedichts bittet, wegzuschweben und Dujardin, seinem normannischen Bruder, zu danken:

Faune, qui dans une éclaircie
Vas te glisser tout en dormant,
Avec quatre vers remercie
Dujardin, ton frère normand.

Sie sieht simpel aus, diese kleine Miniatur, aber sie ist verschlüsselt, mit Binnenreimen auf é und air – der Fachbegriff für diese Reime ist *rime normande*. Und daher, Dujardin ist selbst *normand*, ist sogar der Ton des Gedichts persönlich auf Dujardin abgestimmt: Und so stellt die Form des Gedichts das Analogon zu seinem Adressaten dar, und andersherum.[lxxxviii]

Ja, dies ist, denke ich, ein Objekt, in dem Form und Inhalt das Echo des jeweils anderen sind. Aber selbst diese vier Zeilen haben ihren Überschuss, ihren literarischen Überfluss: Und sobald man es mit mehr als nur vier Zeilen Zeichen zu tun hat, wird dieser Prozess noch um einiges ungemütlicher. Daher wird das Wesen des Romans nie – nein, nie – in solchen poetischen Spiegelungen und vertikalen Mustern zu finden sein, sondern eher in etwas viel Beweglicherem, Freierem: in der Kunst der Gestaltung.

Der Roman ist eine Kunstform, dessen Effekte nur im Laufe der Zeit verstanden werden können; der Roman ist auch die Kunstform des Krempels. Seine Vorgehensweise ist die Verwandlung der alltäglichen Welt in ein System aus Echos, Parallelen und thematischen Umkehrungen: die reine Akrobatik. Was ich meine ist nur, dass ein Roman im Prinzip ein Zirkus ist, eine sehr kleine, dreckige Show – die Art Show, die in jeder Stadt der Welt Sinn ergibt.

Unbegrenztheit

1

Es gibt eine Zeichnung von Saul Steinberg mit dem Titel *The Art of Living*, die eine Wohnanlage zeigt: ohne Fassade, so dass man freie Sicht auf eine Reihe bewohnter Räume hat. Anhand dieser Zeichnung, bemerkte der Schriftsteller Georges Perec, ließ sich eine riesige Inventarliste aller abgebildeten Objekte erstellen:

9 Zimmer, deren Böden sicherlich mit Teppichböden ausgelegt sind
3 geflieste Räume
1 Innentreppe
8 einfüßige Tischchen
5 niedrige Couchtischchen

5 kleine Bücherschränke
1 mit Büchern vollgestelltes Regal
2 Wanduhren
5 Kommoden
2 Tische
1 Schreibtisch mit Schubladen, einer Löschblattschreibunterlage und einem Tintenfass
2 Paar Schuhe
1 Badezimmerschemel
11 Stühle
2 Sessel
1 Aktentasche aus Leder
1 Bademantel
1 Kleiderablage
1 Wecker
1 Personenwaage
1 Abfalleimer mit Fußhebel
1 Hut, der an einem Kleiderhaken hängt
1 Anzug, der auf einem Kleiderbügel hängt
1 über eine Stuhllehne gehängtes Sakko
Wäsche, die trocknet
3 kleine Badezimmerschränke
mehrere Flaschen und Fläschchen
zahlreiche schwer identifizierbare Gegenstände (Pendeluhren, Aschenbecher, Brillen, Gläser, Untertassen voller Erdnüsse, zum Beispiel)[lxxxix]

Und so weiter …

NO
VACANCY

In dieser Zeichnung verstecken sich unzählige Geschichten. »Bei einer etwas aufmerksameren Betrachtung der Zeichnung«, schreibt Perec, »könnte man ihr mühelos die Einzelheiten eines umfangreichen Romans entnehmen.«[lc] Jedes Detail ist Perecs überschwänglicher Theorie zufolge bereits eine Miniatur-Erzählung: »Die Dame, die ihren Geschäften nachgeht, ist die Mutter des jungen Mädchens, das sitzt, und es ist sehr wahrscheinlich, dass der Herr, der am Kamin lehnt, ein Glas in der Hand, und mit eher ratlosen Blicken das Mobile in der Art Calders betrachtet, ihr zukünftiger Schwiegersohn ist.«[lci]

Auf diese Weise arbeitete Perec am Entwurf für seinen letzten und besten Roman *La vie mode d'emploi*, (*Das Leben Gebrauchsanweisung*): Ein Titel, in dessen ausdruckslosem Pragmatismus sich seine Ablehnung der Ansicht widerspiegelt, Literatur solle didaktisch und somit ein moralischer oder alltäglich anwendbarer Ratgeber sein. Seiner Meinung nach war die Literatur stattdessen eine Bejahung des wirklichen Lebens, eine Bejahung all jener unzähligen Romane, die in einem einzigen Wohnblock steckten – und die sich ganz von selbst in der fortlaufenden Abfolge einer Inventarliste abzeichneten.

Diese Zeichnung, lieber Leser, ist eine Allegorie dafür, dass jeder Roman, in gewisser Weise, unbegrenzt ist.

2

Bevor er nach Paris kam, um *Ulysses* zu beenden, hatte James Joyces Arbeitsmethode darin bestanden, für jede Episode seines Romans einen ersten Entwurf zu verfassen; diese stockte er dann auf, mit Notizen, die er auf Blöcken gesammelt hatte –, wobei er eine Notiz jeweils mit Farbstiften durchstrich, wenn er sie benutzt hatte. »Joyce benutzte kleine Schreibblöcke, die gerade in einer Westentasche Platz fanden«[lcii], schrieb Joyces Freund Frank Budgen: »Ich habe gesehen, wie er binnen weniger Stunden die wunderlichsten Materialien zusammentrug: eine Parodie auf das Lied: *The House that Jack Built*, Namen und Wirkungen eines Giftes, Praktiken der Prügelstrafe auf Ausbildungsschiffen, das zögernde Auslaufen eines müde abgebrochenen Satzes, die Nervosität eines Gastes, der sein Glas einwärts kreisen lässt, den Witz eines Schweizer Kabaretts, dessen Pointe ein Wortspiel in Schweizer Mundart war.«[lciii] Wenn er damit fertig war, die Notizen in seinen ersten Entwurf zu übertragen, machte er eine Reinschrift, von Hand, ausgeschrieben in Langschrift. Dieser Entwurf wurde an eine Typistin gegeben, die drei Exemplare anfertigte, ein Original und zwei Durchschläge. Joyce fügte dann noch Passagen ein und machte Korrekturen an ein oder zwei Exemplaren und schickte zwei der drei an den Dichter und Verleger Ezra Pound – damit dieser sie an die *Little Review* und den *Egoist* weiterleitete, jene Zeitschriften, in denen der Roman serienmäßig in den USA und in Großbritannien veröffentlicht wurde.

Nachdem er in Paris angekommen war und einen Verleger für das komplette Buch gefunden hatte, begann Joyce, sich einen neuen Arbeitsprozess anzueignen. Ehe er das Manuskript des fertigen Buches verschickte, das in Druck gehen sollte, suchte er erst noch alle Drucksätze der schon als Fortsetzungsroman erschienenen Teile zusammen, um noch weitere Änderungen vorzunehmen.

Aber es kam noch schlimmer.

Danach erhielt Joyce vom Drucker sogenannte *placards* – sehr große Blätter, auf denen acht Seiten auf einmal gedruckt waren, vier auf jeder Seite, in absteigender Reihenfolge. Joyce erhielt drei Exemplare von jedem dieser Bögen, nahm aber nur an einem Exemplar Veränderungen vor. Dieses Exemplar schickte er zurück, wenn er mit seinen Korrekturen fertig war. Dann bekam er die Druckfahnen zurück, die er noch weiter überarbeitete. Dieser Korrekturvorgang wurde in manchen Fällen acht- oder neunmal wiederholt. So dass die Fahnen einer Beschreibung von Joyces Freundin und Verlegerin Sylvia Beach zufolge »alle mit den Joyceschen Raketen und Myriaden von Sternen geschmückt [sind], die die Setzer zu Worten und Sätzen ringsum am Rand hinleiten sollen. Joyce sagte mir, ein Drittel des *Ulysses* habe er auf Fahnen geschrieben.«[lciv]

Das also war *Ulysses*: Es gab die als Fortsetzungsroman erschienene Fassung, die auch durch drei Korrekturläufe gegangen war. Und dann wurden die Druckfahnen für das Buch noch mindestens dreimal revidiert – insgesamt manchmal sogar bis zu elf- oder zwölfmal. Dies ist ein Beispiel dafür, welche multiplen Anstrengungen ein Autor aufwenden kann, um seine Komposition zu überarbeiten. Die Essenz ist und bleibt das Detail.

3

Als Nabokov vor seinen amerikanischen Studenten über *Ulysses* dozierte, betonte er besonders die Auffälligkeiten der Denkprozesse in Joyces Roman: »Dieses Buch ist eine von Joyce erfundene neue Welt, in der die Menschen mittels Worten und Sätzen denken. Ihre Assoziationen werden vorwiegend von den Strukturbedürfnissen des Buches diktiert, von den künstlerischen Absichten und Plänen des Autors.«[lcv] Joyce, so Nabokovs Argument, verwendete Sprache, um etwas darzustellen, das eigentlich gar nicht sprachlich war: die unvorhersagbaren Bewegungen des Bewusstseins. Während dies ein vernüftiger Vorbehalt ist, spiegelt er doch wider, dass Joyces Methode nicht ganz verstanden worden war. Joyce wollte seine Wörter nie dazu bringen, für Gedanken einzustehen – in der Hoffnung, dass es niemand bemerken würde. Seine Methode basierte im Gegenteil vielmehr auf der Vorstellung, dass Menschen ebenso verbal sind: Ihr Bewusstsein ist ebenso wenig originell. Unser Gehirn ist ein Notizbuch, es ist ein Koffer. Jeder hat seinen eigenen Secondhand-Stil.

Die künstlerische Kunstlosigkeit von Joyces Form geht Hand in Hand mit der unkünstlerischen Kunstlosigkeit des Tages seiner Helden.

In einem Essay für die *Mercure de France* bemerkte Ezra Pound, dass Joyce einfach systematisch die Anführungszeichen aus seinem Text entfernt habe, und behauptete, der innere Monolog sei schlichtweg innere Rede, ohne Anführungszeichen – »voilà tout«.[lcvi] Aber vielleicht passiert sogar etwas noch Seltsameres. Denn Joyces Roman ist ein weiterer Entwicklungsschritt in der Tradition des collagenartigen Romans. Ihm liegt die Idee zugrunde, dass es, da die Wahrnehmungen der Menschen durch linguistische Gewohnheiten und geborgte Stile konditioniert sind, akkurater ist, keine Anführungszeichen zu setzen. Der überflüssige Quatsch, der in so vielen Gesprächen produziert wird, ist dem Müll, der in der Welt der Gedanken anfällt, viel ähnlicher, als Anführungszeichen vielleicht suggerieren.

»Ich bin ganz zufrieden damit, von der Nachwelt als Mann mit Schere und Kleister erinnert zu werden«, schrieb Joyce an den amerikanischen Komponisten George Antheil – »denn mir scheint das eine harte, aber nicht ungerechte Beschreibung zu sein.«[lcvii]

4

Und so machte Joyce, als er seinen Roman in Paris abschloss, zwei Dinge gleichzeitig: Er schrieb die letzten Episoden, und er überarbeitete die Episoden, die er bereits geschrieben hatte. Als er begann, das Buch zu beenden, fand er – so wie auch Dujardin –, dass der innere Monolog das perfekte Werkzeug sei, um wiederholbare Motive zu schaffen. Bei den letzten Episoden und während er die Fahnen überarbeitete, wurden diese Motive dann mit immer mehr Details ausgeschmückt.

Beispielsweise wurde Leopold Bloom am 23. Mai 1904 von einer Biene gestochen. Im druckfertigen Manuskript tauchte dieser Bienenstich bereits in zwei Episoden auf. Im September 1921 fügte Joyce ihn noch in die letzte Episode ein – »Pfingstmontag ist auch ein verfluchter Tag kein Wunder, dass ihn die Biene stach« – dann im Oktober auch noch in die vorletzte – »Er drückte mit zwei Fingern die um eine Narbe in der linken Infrakostalregion unter dem Zwerchfell gelegene Haut zusammen, welche von einem Stich herrührte, der ihm zwei Wochen und drei Tage zuvor (23. Mai 1904) von einer Biene zugefügt worden war.« Und dann nahm er ihn auch noch in frühere Episoden auf, so dass der Bienenstich letztendlich fast im gesamten Verlauf des gewaltigen Romans immer wieder auftaucht:

»Ruhige Gärten haben ihre Nachteile. Diese Biene, oder dieser Brummer hier Pfingstmontag.«

»Netter junger Student, der diesen Stich behandelte, von der Biene. Sie haben mir gesagt, er sei jetzt drüben im Hospital.«

»Immerhin, ich lernte den jungen Dixon kenne, der diesen Stich für mich behandelte in der Mater und jetzt ist er in Holles Street wo Mrs Purefoy. Alles ein Gemicke.«[lcviii]

Das ist ein kleineres Kompositionsmuster. Aber genauso gibt es auch andere, umfangreichere Muster. Ja, die ganz großen Themen, um die es in Joyces Roman geht, werden sogar von dessen kleinformatigen Elementen widergespiegelt – diese sind so kleinförmig, dass sie halb versteckt sind, auf ewig geschützt durch die Vergesslichkeit des sterblichen Lesers. Aber die glanzvollste thematische Übung des Romans ist dessen Finale.

Denn endlich, im vorletzten Kapitel des Romans, befindet sich Leopold Bloom auf dem Heimweg. Seine Odyssee ist fast vorbei. Bei ihm ist Stephen Dedalus – ein gescheiterter Dichter, der als Lehrer jobbt. Sie gehen zu Mr Blooms Wohnung in die 7 Eccles Street, wo Mr Blooms Frau Molly oben schläft (nachdem sie ihn am Nachmittag zum ersten Mal mit einem Mann namens Blazes Boylan betrogen hat). Sie kochen sich Kakao, sie unterhalten sich, und Stephen geht wieder, nachdem er Blooms Angebot, über Nacht zu bleiben, abgelehnt hat. Dann macht Bloom noch dies und das, bevor er nach oben geht, ins Bett, wo er Molly aufweckt und von ihr über seinen Tag ausgefragt wird – Fragen, auf die Bloom nur mit einer zensierten Version antwortet, seinen Bordellbesuch lässt er zum Beispiel aus. Und dann schläft Bloom ein.

Die letzten beiden Episoden von *Ulysses* sind aus zwei scheinbar widersprüchlichen Gründen bemerkenswert: Sie sind umfassend und gleichzeitig zurückhaltend. Auf der einen Seite sind diese Episoden riesig und voll von Details. Aber in ihnen wird kein einzelnes Detail privilegiert behandelt. Und aus diesem Grund wirken sie gleichzeitig zurückhaltend: In dieser Detailflut geht die relative Wichtigkeit eines konkreten Details komplett unter. Manche der wichtigsten Dinge werden daher kaum ausgesprochen.

Welche Limitationen der Aktivität sowie Inhibitionen der ehelichen Rechte wurden von Zuhörerin und Erzähler in Bezug auf sich selbst im Verlauf dieser intermittierenden und zunehmend lakonischen Erzählung bemerkt?

Von der Zuhörerin eine Limitation der Fruchtbarkeit, insofern als die Ehe einen Kalendermonat nach der 18. Wiederkehr des Tages ihrer Geburt (8. September 1870), nämlich am 8. Oktober, hochzeitlich gefeiert und am selben Datum mit dem Ergebnis eines am 15. Juni 1889 geborenen weiblichen Nachkommen vollzogen worden war, nachdem sie antizipatorisch bereits am 10. September desselben Jahres vollzogen worden war, und da ein vollständiger fleischlicher Verkehr, mit Ejakulation des Samens in das dafür bestimmte weibliche Organ, zum letztenmal am 27. November 1893, nämlich 5 Wochen vor der am 29. Dezember 1893 erfolgten Geburt des zweiten (und einzigen männlichen) Nachkommen, verstorben am 9. Januar 1894 im Alter von 11 Tagen, stattgefunden hatte, blieb mithin ein Zeitraum von 10 Jahren, 5 Monaten und 18 Tagen, während dessen der fleischliche Verkehr unvollständig gewesen war, ohne Ejakulation des Samens in das dafür naturbestimmte weibliche Organ.[lcix]

Diese vielen Informationen über das Liebesleben von Leopold und Molly Bloom, das seit dem Tod ihres Sohnes ziemlich traurig ist – ein Coitus, der immer ein Coitus interruptus ist –, drehen sich im Prinzip nur um die Liebe und die mit ihr einhergehenden Komplikationen: Die Liebe selbst aber wird nie erwähnt. Der Effekt dieser Informationsflut auf den Leser ist, dass er realisiert, wie viel in diesem scheinbar enzyklopädischen Roman nur impliziert wird. Alles ist indirekt, versteckt. Bei einem Satz, der gar nicht danach aussieht – wie ein beliebiges Detail, zum Beispiel –, handelte es sich in Wirklichkeit um eine winzige Geschichte.

Und so ist Molly noch wach, während Bloom einschläft. Und der Rest des Romans, sein letztes Kapitel, ist ganz Innenansicht – er besteht nur aus Gedanken. Dies ist die wichtigste Szene des ganzen Romans. Denn die in diese Episode eingebetteten Informationen sickern von diesem Kapitel aus zurück in frühere Episoden und ändern diese im Nachhinein. Im Bett erinnert sich Molly an sich selbst und an Bloom; dies geschieht nicht immer gleichzeitig: Manchmal verschwindet Bloom, aber er taucht immer wieder auf. Auf diese Weise merkt der Leser zum ersten Mal: Molly liebt Bloom. Obwohl sie gerade untreu war, obwohl Bloom den ganzen Tag über das Haus gemieden hat, sie liebt ihn. Und deshalb findet der Leser auch heraus, falls er das nicht schon wusste, dass die Liebe kompliziert ist. Dieser avantgardistische, experimentelle Roman ist auf eine seltsame Weise liebenswert und altmodisch. Der Leser weiß, dass Molly gerade untreu war, aber er weiß auch, dass dies nichts ausmacht. Ja, *Ulysses* ist als Imitation der Liebe angelegt.

5

Früher am Tag hatte sich Bloom mit einem Glas Burgunder beim Mittagessen einen kleinen Schwips angetrunken. Und weil er beschwipst war und sentimental, dachte er an Sex. Beim Mittagessen in einem Pub dachte er daran, wie es sich anfühlte, wenn er seine Frau küsste.

Auf meinen Rock gebettet hatte sie ihr Haar, Ohrwürmer im Heidekraut, meine Hand unter ihrem Nacken, du bringst mich noch ganz durcheinander. O Wunder! Kühlweich von Salben berührte mich ihre Hand, liebkoste: ihr Blick war auf mir, wandte sich nicht ab. Entzückt lag ich über ihr, volle Lippen voll offen, küsste ihren Mund. Nimm. Sanft gab sie mir in den Mund den Mohnkuchen, warm und gekaut. Widerlichen Brei, gemummelt von ihr, süß und sauer von Speichel. Freude: ich aß ihn: Freude. Junges Leben, ihre Lippen, die es mir gaben, spitzten sich schwellend. Weich, warm, klebrige, gummigallertige Lippen. Blumen warn ihre Augen nimm mich, willige Augen. Kiesel fielen. Sie lag ganz still. Eine Ziege. Niemand. Hoch auf dem Ben Howth Rhododendren, ein Zicklein, lief sicherfüßig dahin, ließ Köttelchen fallen.[c]

Und dann, etwa zwölf Stunden später, achthundert Seiten später, grübelt Molly vor sich hin, während sie einschläft:

die Sonne die scheint für dich allein hat er damals gesagt wo wir unter den Rhododendren lagen oben auf dem Howth in dem grauen Tweedanzug und mit dem Strohhut an dem Tag wo ich ihn so weit kriegte dass er mir den Antrag gemacht hat ja zuerst hab ich ihm ein bisschen von dem Mohnkuchen aus meinem Mund gegeben und es war Schaltjahr wie jetzt ja vor 16 Jahren mein Gott nach dem langen Kuss ist mir fast die Luft ausgegangen ja er sagte ich wäre eine Blume des Berges ja das sind wir alle Blumen ein Frauenkörper ja da hat er wirklich mal was Wahres gesagt in seinem Leben und die Sonne die scheint für dich allein heute ja deswegen hab ich ihn auch gemocht weil ich gesehn hab er versteht und kann nachfühlen was eine Frau ist und ich hab auch gewusst ich kann ihn immer um den Finger wickeln und da habe ich ihm die ganze Lust gegeben die ich konnte und hab ihn so weit gebracht dass er mich gebeten hat ja zu sagen und zuerst hab ich gar keine Antwort gegeben …[ci]

Beim Mittagessen ist das Detail mit dem Mohnkuchen ein Moment in Blooms Erinnerung, eine Episode in seiner romantischen und pornographischen Autobiographie. Erst gegen Ende des Buches – wenn er all dies schon wieder vergessen hat –, entdeckt der Leser, dass dieser pikante Moment, an den sich Bloom erinnerte, auch der Moment war, in dem er Molly einen Heiratsantrag machte. Er dachte nicht immer nur an Sex. Er dachte auch an die Ehe.

Aber all dies ist nicht offensichtlich. Alles muss zusammengestückelt, rekonstruiert werden, aus diesem kleinteiligen Zustand von Joyces Roman. Die Geschichte ist im Text, aber gleichzeitig ist sie es auch nicht. Das Netzwerk, das diese gigantische Komposition des *Ulysses* bildet, ist eine Möglichkeit, wie man die endlosen Verhältnisse der Kunst des Lebens darstellen kann.

Beseelung

1

1911 beendete Franz Kafka die Lektüre einer Biographie über Charles Dickens und wendete sich dann seinem Tagebuch zu:

> Ist es so schwer und kann es ein Außenstehender begreifen, daß man eine Geschichte von ihrem Anfang in sich erlebt, vom fernen Punkt bis zu der heranfahrenden Lokomotive aus Stahl, Kohle und Dampf, sie aber auch jetzt noch nicht verläßt, sondern von ihr gejagt sein will und Zeit dazu hat, also von ihr gejagt wird und aus eigenem Schwung vor ihr läuft, wohin sie nur stößt und wohin man sie lockt.[cii]

Und es mag seltsam anmuten, dass der melancholische Prager Stilist sich so ohne Weiteres mit dem Londoner Autor von Serienromanen identifizieren sollte. Aber diese internationalen Beziehungen sind überhaupt nicht so ungewöhnlich. Was Kafka mit seinem prachtvollen Satz beschreibt, in dem das schreibende Subjekt und das beschriebene Subjekt fließend Plätze tauschen, ist die bewegliche, ausschwärmende Seele des absoluten Romans. Das Leben von Charles Dickens war nur ein Vorwand. Aber warum auch nicht? Dickens war der Impresario all jener Techniken, mit denen die Dinge beseelt werden konnten. Und auch das Gegenteil dieser Beobachtung ist richtig. Dickens war gleichzeitig der größte Schrottsammler-Autor. Bekannt ist er zwar als der große Schriftsteller Londons, aber das globale London war in Wirklichkeit ein Labor für existentielle Experimente – wo alles Menschliche zu einer möglichst konzentrierten Oberfläche reduziert wurde. Daher verwandelte sich dort immer alles entweder von etwas Belebtem zu etwas Unbelebtem oder von etwas Unbelebtem zu etwas Belebtem. Denn alles, oder jeder, kann sich verwandeln. Und so musste diese Grundlagenarbeit für Internationalität vielleicht irgendwann hier ankommen: bei Dickens' Geistern und Ängsten, seinen in Formaldehyd eingelegten Föten und seinen Totenmasken. Die toten Körper sind Dickens' ständige Stütze. Was hätte er sonst machen können? Sein ewiges Thema ist der Übergang zwischen dem Lebendigen und dem Toten. Denn es macht keinen Unterschied, wo sie angesiedelt sind, im Leben oder im Schreiben: Die Bedingungen für Leblosigkeit bleiben immer gleich. Dickens' Unterhaltungsromane sind Instrumente für die Erforschung ihrer eigenen Entstehung, für die Untersuchung jeder Art von Schöpfung.

2

Man beginnt ganz langsam, mit den Sätzen. Denn selbst die Sätze enthalten ihre eigene Umkehrung des Lebendigen und des Toten: wie diese großartige, plätschernde Beschreibung des Himmels in London: »Der Rauch senkt sich von den Schornsteinen nieder in einem feinen schwarzen Regen, mit Rußflocken, so groß wie ausgewachsene Schneeflocken – die, so könnte man sich einbilden, in Schwarz den Tod der Sonne betrauern.«[ciii] Dickens' Sätze sind komische Apokalypsen, die ihre Energie aus den Zwillingstechniken der Personifizierung und der Metapher schöpfen: wo aus diesem Grund alles gleichzeitig tot und lebendig ist. So wird es unmöglich zu sagen, zu welchem Grad eine Metapher nur ein Ornament ist oder aber eine präzise Beschreibung dessen, was gesehen wird. Wenn man einen anderen Begriff vorzieht, könnte man auch sagen, dass diese Sätze ständig nicht nur mit dem Lebendigen experimentieren, sondern auch mit dem Wirklichen.[26] Seine Sätze sind Festspiele der Toten. Er erbt die von den englischen Dichtern erfundene Gebrauchsweise von Krempelanspielungen: den Genies des Mock-Epos.[27] Aber Dickens' wirkliche Innovation war es, diese toten Zitate in seine eigene bewegliche Stimme einzugliedern: wie im Fall seiner *Hamlet* ähnlichen Beschreibung von

> der »Harmonischen Gesellschaft« in der »Sonne« …, wo das Klimpern des Klaviers durch die halbgeöffneten Fenster hinaus auf den Hof klingt und wo jetzt der kleine Swills, nachdem er wie ein wahrer Yorick die Harmonieliebhaber in einem beständigen Brüllen erhalten hat, die ernste Baßstimme in einem Konzertstück übernimmt und seine Freunde und Gönner sentimental beschwört: »Lauschet, lauschet dem Wa-a-a-sserfall!«[civ]

Die collagenhafte Oberfläche dieser Sätze ist Dickens' Methode, um das Menschliche und seine endlose Oberflächlichkeit zu beschreiben: Ein Selbst als Bastelarbeit aus lauter Tand. So oft wurde ihm vorgeworfen, er erschaffe Karikaturen und keine Figuren! Wobei Figur und Karikatur, den Bedingungen dieser Unterhaltungsliteratur zufolge, nur Formen des jeweils anderen sind. Alles Lebendige ist bei ihm ganz erstarrt durch den Anteil des Todes an ihm. Und so sind Dickens' Figuren natürlich Ansammlungen von Wiederholungen. Sie können gar nichts anderes sein. Dickens' Beschreibung einer Figur als »eine sehr angenehme Verhaltensweise, die sich von selbst unter meiner Hand abbildete« ist von fast bösartiger Genauigkeit.[cv] Eine Figur ist ein sich selbst reproduzierendes Gebilde. Eine Figur ist ebenso künstlich wie ein Subjekt: Beide sind Systeme der Wiederholungen. In einer berühmten Episode erinnerte sich Dickens' Tochter Mamie daran, wie sie ihren Vater einmal beim Schreiben störte: indem sie eine »Gesichtspantomime« vor dem Spiegel veranstaltete. Dickens' Technik des kreativen Schaffens war die Nachahmung. »Ich erfinde die Dinge nicht – wirklich nicht, sondern *sehe Dinge*, und schreibe sie auf …«[cvi] Der Roman als Psychologie! Oder noch besser: Der Roman als Halluzination.

3

Aber dieses Phänomen der Wiederauferstehung vollzieht sich nicht nur auf der Ebene der Sätze. Die vielgleisigen dunklen Handlungen in Dickens' Romanen lösen sich alle, Schritt für Schritt, auf: bis sie eine Einheit bilden, in der Figuren unter neuen Namen wiedergeboren werden oder ihre wirkliche Abstammungslinie entdecken. Jede Geschichte scheint daher bezugslos zu sein. Aber letztendlich stellt sich alles als eine einzige riesige Familienromanze heraus.[28] Dickens' Theorie des Wirklichen und des Fiktiven, der fiktiven Wirklichkeit, war ein Schauplatz der steilen Übergänge – genauso wie in »allen guten mörderischen Melodramen« sich komische und tragische Szenen abwechseln, »wie die roten und weißen Streifen in durchwachsenem Schinken«.[cvii] Vielleicht fanden einige Leser dies auf unrealistische Weise dramatisch –, aber tatsächlich handelte es sich nur um ein Abbild der Strukturen des »wirklichen Lebens«. Der Unterschied, so Dickens, bestehe darin, dass wir im wirklichen Leben die Übergänge »von einer reichgedeckten Tafel zum Totenbett und von Trauerkleidern zu Festgewändern« nicht bemerkten, weil »wir dabei geschäftige Mitwirkende und nicht nur müde Zuschauer«[cviii] sind. Nein, diese Struktur der Übergänge war die Struktur der alltäglichen Welt. Und so wird die Romankunst zu einer Art Kunst der Montage.

In seinem Aufsatz »Dickens, Griffith and the Film Today«, den er 1944 schrieb, erkor Sergei Eisenstein Dickens – wegen seines Gebrauchs des verwebten doppelten Handlungsstranges – zum Vater der Filmkunst. Lange vor D.W. Griffith hatte Dickens die Technik der erzählenden Montage erfunden. Denn schließlich benötigt jede Montage parallel ablaufende Handlungen. »Griffith kam durch die Methode der parallelen Handlungen zur Montage, und zum Konzept der parallelen Handlung führte ihn – Dickens!«[cix] Eisenstein beschrieb sowohl »Griffiths *montagenhafte Darstellungsweise*«, als auch »*eine montagenhafte Abfolge paralleler Szenen, die ineinander geschnitten sind*«.[cx] Und Eisenstein – dieser literarische Cineast, der einmal erklärte, warum es sich bei jeder Zeile der Gedichte Majakowskis um eine Miniaturmontage handele – hatte recht. Das Konzept der Parallele lässt sich überall in Dickens' Aufzeichnungen finden. Im August 1862, kurz bevor er *Unser gemeinsamer Freund* begann, notierte er, dass er nur eine strukturelle Idee habe – dass sein Anfangspunkt »die Zusammführung zweier sehr gegensätzlicher Orte und zweier sehr gegensätzlicher Menschengruppierungen« sei, »wo und mit denen die Geschichte verweilen soll, Kraft einer elektrischen Nachricht«.[cxi] Eine elektrische Nachricht! Er hat hier ein frühes System der Telegraphie im Kopf, aber ich denke, dass diese Notiz auch metaphorisch gemeint ist. Die elektrische Nachricht ist nur die konkrete Formwerdung der Parallelität, und deren Bedeutung liegt in Folgendem: Die Parallelität erlaubt einem Roman, zu einem Kraftfeld zu werden, zu einem beseelenden Netzwerk der Motive. Oder, mit anderen Worten, ein Netzwerk der »Beschattungen«. Wie Dickens zu dem Schriftsteller Wilkie Collins sagte – einem weiteren Meister des Melodramas –, eine Handlung verkörpert das Schicksal: »Ich denke, die Aufgabe der Kunst ist es, den Grund vorsichtig vorzubereiten, aber mit einer Sorgfalt, die sich selbst verbirgt – um im Licht der Hintergrundbeleuchtung zu zeigen, woraufhin sich alles entwickelt – aber dies nur ANZUDEUTEN, bis die Ausführung kommt. So spielt die Vorsehung – von deren Wirkungsweisen jede Form der Kunst nur eine niedere Imitation ist.«[cxii] Die Unterhaltungsliteratur war eine Verkörperung der Vorsehung. Oder, falls das besser klingt, eine Verkörperung der Stadt. Eisenstein beschrieb dies von einem rein formalen Blickwinkel aus, als »das kopflose Tempo der sich ständig ändernden Eindrücke, mit Hilfe derer Dickens die Stadt als dynamisches (montagehaftes) Bild skizziert«.[cxiii] Aber ich denke, dass die Wahrheit dunkler war. Es war die Stadt – mit ihren schicksalhaften, parallel verlaufenden Leben, die mit Hochgeschwindigkeit kamen und gingen –, die Dickens' Figuren dem Schicksal des Sterbens auslieferte.

Tatsächlich sieht es so aus, als habe die Montage eher orthodoxe Entstehungsgründe: den Wunsch, zu zeigen, dass die Reichen sich nicht wirklich von den Armen absetzen können, und, was »viele Leute in den unzähligen Geschichten dieser Welt miteinander verbinde[t], die von entgegengesetzten Seiten über sehr große Klüfte hinweg dennoch seltsam genug zusammengebracht worden sind«.[cxiv] Genauso stimmt es, dass sich Dickens darüber aufregte, wie die Zivilisation verdrängen konnte, dass sie im Grunde genommen barbarisch war. Vor Walter Benjamins Satz über den Begriff der Geschichte, den er 1940 äußerte – »[Das Kulturgut] ist niemals ein Dokument der Kultur, ohne zugleich ein solches der Barbarei zu sein.«[cxv] –, war Dickens bereits auf die Spuren des unbelebten Lebens aufmerksam geworden: auf den im Herzen der Stadt gelegenen urbanen Friedhof – »wo jede Schlechtigkeit des Lebens dicht neben dem Toten und jedes giftige Element des Todes dicht neben dem Leben in Tätigkeit ist«: »ein beschämendes Zeugnis für künftige Zeiten, wie Zivilisation und Barbarei auf dieser ruhmreichen Insel dereinst Hand in Hand gingen.«[cxvi] Aber dies bedeutet nicht unbedingt, dass Dickens politisch war. Es bedeutet letztendlich auch nicht, dass Romane überhaupt politisch sein können. Die Wahrheit ist viel zu umfangreich, als dass politische Theorien sie fassen könnten.

In seinem Aufsatz hatte Eisenstein eine Begleiterscheinung von Griffiths Montage kritisiert: »Die im Konzept von Griffiths Montage widergespiegelte Struktur ist die Struktur der bourgeoisen Gesellschaft … Und diese Gesellschaft, die *nur als Kontrast zwischen den Habenden und den Nicht-Habenden* wahrgenommen wird, spiegelt sich in Griffiths Bewusstsein nur als Abbild einer komplexen Rasse zwischen zwei parallelen Linien wider.«[cxvii] Ich denke, man kann sagen, dass Eisenstein vermutlich die gleiche Kritik an Dickens geübt hätte. Wobei: Warum sollte Dickens überhaupt politische Ziele verfolgt haben? Er war Schriftsteller. Und als solcher hatte er stattdessen einen Stil. Sein politisches Engagement äußerte sich in einem verfeinerten Gespür. Und dieses Gespür war eine gewisse Sensibilität gegenüber der weltweiten Präsenz des Untoten im Lebendigen. Seine Sensibilität hatte schließlich einen ganz speziellen Ursprung. Wenn man die unscheinbaren Anfänge von Dickens' schwarzer Vorstellungskraft identifizieren wollte, dann wäre es wohl seine persönliche Erfahrung mit dem Toten inmitten des Lebendigen – als Kind arbeitete er, als seine Familie bankrott war, in einer Fabrik für Schuhcreme in der Nähe des Strands in London. Die Schuhcreme verfolgte ihn. (An Weihnachten spielte Familie Dickens ein Gesellschaftsspiel – bei dem sich jeder einen Satz merken musste, den sich alle Familienmitglieder ausgedacht hatten, und dann jeweils noch einen Satz anfügen. Sein Sohn Henry beschrieb dies so: »Nach vielen Runden hatte sich mein Vater erfolgreich durch die langen Wörterketten gehangelt und schloss mit seinem eigenen Beitrag, ›Warren's Blacking, 30, Strand!‹«[cxviii]) Ja, eine Theorie des Politischen in der Literatur benötigt eine Theorie der Sensibilität: Dies ist eine Schlussfolgerung, die man aus Dickens' Kunst ziehen kann. Aber ich denke, dass es möglich ist, dies noch genauer auszudrücken. Eine Theorie des Krempels benötigt eine Theorie des Sentimentalen.

Dickens sagte über sich selbst oft, dass er beim Schreiben »so richtig weinen« müsse. Am 21. April 1849 zitierte er in einem Artikel in *The Examiner* einen Ermittlungsbericht zu einem skandalösen Fall der Vernachlässigung von Waisenkindern, die an Cholera gestorben waren. Als der Skandal aufgedeckt wurde, brachte man die Kinder ins Royal Free Hospital, wo ihnen die Schwestern Milch und Brot gaben. Aber, berichtete Dickens, ein Kind konnte nicht essen. »Nein; es hielt seine Hand auf und sagte: ›Oh, Schwester, was für ein großes Stück Brot dies ist.‹« »Es war ein kleiner Moment«, fügte Dickens hinzu, »von so eigentümlich ergreifender Natur, wie sie selbst die Meister des Pathos selten in der Literatur zu schaffen vermögen.«[cxix] Die Meister des Pathos! Und trotzdem: Dickens war auch ein Experte des Mitleids. Es war nicht unehrlich. Er war es, der in seinen Romanen zuerst ehrliche und unehrliche Gefühle untersuchte – was lebensecht ist, und was nicht – ein gutes Beispiel hierfür ist *Ulysses*. »Ich wünsche nicht zu hören, daß jemand gegen diesen sich durch *Bleakhaus* ziehenden Faden den Vorwurf der Rührseligkeit erhebt«, bemerkte Vladimir Nabokov zu Recht, hinter seinem Stehpult stehend, als er seine *Lectures on Literature* (*Vorlesungen über Literatur*) hielt. »Im allgemeinen sind Menschen, die das Gefühl herabsetzen, sich nicht über sein Wesen im Klaren.« Und er fügte hinzu: »Hier aber, bei der Beschreibung des kleinen Necketts, sollte man Dickens' große Kunst nicht mit verwässerter Empfindensfähigkeit verwechseln – das ist die Sache selbst, echtes, tiefgehendes, reines Mit-Leiden …«[cxx] Dieses Mit-Leiden drückt sich in Dickens' Genauigkeit aus. In seinem Stil gibt es keine Nebenfiguren. Wie zum Beispiel, als Mrs Piper die »Sonne« betritt, um eine unwichtige Aussage zu einer polizeilichen Untersuchung zu machen.

> Mrs Piper wohnt im Hof (wo ihr Mann Tischler ist), und es ist seit langer Zeit den Nachbarn wohlbekannt (und zwar von der Zeit, als Alexander James Piper, der achtzehn Monate vier Tage alt war, zwei Tage später die Nottaufe erhielt, weil wir sein Leben aufgaben, so sehr litt das arme Kind an Krämpfen, liebe Herren), daß sich der Klagende – so und nicht anders will Mrs Piper den Verstorbenen nennen – dem Teufel verkauft haben sollte.[cxxi]

Mrs Piper ist in gewisser Weise nur eine Karikatur: ein totes Sprachmuster. Sie war nur ein kleines Flackern in Dickens' riesigem Netzwerk der Nachahmungen. Aber Nachahmung ist, wie sich herausstellt, auch ein Aspekt des Lebens.

5

Das Medium, in dem diese Nebenfiguren lebten, war die Lösung von Dickens' Romanen, seine Stimme. Schließlich ist das Element, das im ganzen Dickens'schen System der Wiederholungen am häufigsten wiederholt wird, er selbst: sein Prosastil. Denn es mag sogar sein, dass er bei seiner Audienz mit Queen Victoria eine sehr bürgerliche Diskussion mit ihr führte, über »den Preis von Fleisch und Brot bei den Schlachtern«.[cxxii] Aber tatsächlich war er eine Ein-Mann-Revolution. Und der Schlüssel zu dieser Revolution, zu diesem Stil, findet sich in seinen Aufführungen.

Um 1843, als er *A Christmas Carol* (*Eine Weihnachtsgeschichte*) schrieb, änderte Dickens etwas an seinem Schreibstil: Er entwickelte ein neues, ausdruckstärkeres System der Zeichensetzung. In *Eine Weihnachtsgeschichte* erlaubte Dickens seiner Prosa auch, zu einer elektrischen Nachricht zwischen dem Autor und dem abwesenden Leser zu werden: »Scrooge richtete sich zu einer halb sitzenden Stellung auf und sah sich von Angesicht zu Angesicht dem unterirdischen Besucher gegenüber, der sie beiseite gezogen hatte – so nahe wie ich jetzt euch bin, und im Geiste stehe ich an eurem Ellenbogen!«[cxxiii] Als er seine fünf berühmten Lesungen mit schauspielerischen Einlagen gab, entschied er sich dafür, mit *Eine Weihnachtsgeschichte* zu beginnen. Und genau diese Passage ließ er aus. Denn zum ersten Mal gab es keinen Grund, warum der abwesende Leser an die Präsenz des abwesenden Autors erinnert werden sollte.

Vor seiner Karriere als Schriftsteller hatte Dickens überlegt, Schauspieler zu werden. Mit der ihm eigenen Genauigkeit und Präzision hatte er »sogar solche Dinge geübt, wie einen Raum zu betreten oder zu verlassen, und sich in einen Sessel zu setzen«.[cxxiv] Sein Held war der Schauspieler Charles Matthews, der die Bühne als er selbst betrat, in Abendgarderobe, und dann selber alle Rollen spielte, was in einem großartigen »Monopolylog« gipfelte: Bravourös spielte Matthews dann alle Figuren, indem er verschiedene Stimmen benutzte. Denn Matthews hatte wie Dickens selbst erkannt, dass Menschlichkeit darin bestand, zu imitieren: »wie einfach es ist, sich seltsame Angewohnheiten anzueignen, wenn man nur einen Moment lang nicht aufpasst, und wie schwierig es ist, diese wieder loszuwerden, wenn sie einmal zur Gewohnheit geworden sind«.[cxxv] Dickens machte diese unerwartete Beobachtung zum zentralen Antrieb seiner Kunst: Sie sollte in einer fortwährenden Analyse bestehen, in wieweit das sich Wiederholende die Essenz einer Figur ausmacht. Dickens war ein großer, komischer Imitator. Er ahmte andere Menschen nach, und er ahmte sich selbst nach. Er führte seine eigene multiple Vorstellungskraft vor.

Ihm gefiel die Idee vom Schriftsteller als Geist, der ungesehen die Leben der Menschen verfolgt – und so sah er auch seine Rolle als Herausgeber seiner Zeitung, *Household Words*: »Ich stellte mir die Existenz eines gewissen SCHATTENS vor … einer Art halb-allwissenden, allgegenwärtigen, unfassbaren Kreatur …« die »als phantastisches Wesen in ganz London herumgeisterte … eine zuvor ungekannte Kraft, die umherschwärmte.«[cxxvi] Aber dies war nichts weiter als eine mögliche Beschreibungsweise seines unendlichen, vampirischen Stils. Das eigentliche Subjekt, das er verfolgte, war er selbst. Gegen Ende seines Lebens entschied sich Dickens, in das Repertoire seiner Lesungen die Szene des in *Oliver Twist* beschriebenen Mordes an Nancy durch ihren Liebhaber Bill Sikes aufzunehmen. In seinen Aufführungen fügte Dickens immer neue Details zu der Geschichte hinzu – wie Sikes' Hund, der mit blutbefleckten Pfoten »umhertapst, als hätten ihn diese Blutspuren vergiftet!!«[cxxvii] Bekanntlich fühlte sich Dickens während seiner Nachahmung des schuldigen Mörders selbst wie ein Mörder: Dem Maler Frith schrieb er im November 1868, er nehme seine Schauspielerei »schrecklich persönlich« – »Ich habe das vague Gefühl, ›polizeilich gesucht‹ zu sein, wenn ich so die Straßen entlanggehe.«[cxxviii]

In einem Brief an seinen Freund Robert Lytton vom 17. April 1867 hatte Dickens geschrieben, er habe gehofft, mit seinen Lesungen, mit »dieser Interpretation meiner Selbst (damals noch etwas Ungewöhnliches für die Öffentlichkeit) eine neue Ausdrucksweise der Bedeutung meiner Bücher« zu finden.[cxxix] Diese neue Bedeutung zu identifizieren ist, denke ich, einfach. Es handelte sich um den lebenden Beweis dafür, dass Dickens – im Licht von Gas-Scheinwerfern, die so aufgebaut waren, dass sie sein Gesicht hell beschienen – den Erzähler als Imitator neu erfunden hatte.

Am 16. Mai 1863 veröffentlichte Dickens einen Artikel in seiner Wochenzeitschrift *Household Words*, den er in Paris geschrieben hatte. In diesem Artikel kam das Pariser Leichenschauhaus vor. Das Pariser Leichenschauhaus war der dunkle Zwilling des Leichenschauhauses, das London war; ein Leichenschauhaus des Lebens. Bei seinem Besuch dort fiel Dickens die Vielzahl der Ausdrücke auf den Gesichtern der Touristen auf, während sie die Leichen begutachteten (die wiederum der Autor adaptierte, um seine Sicht der Welt zu verdeutlichen):

> Einige starrten das Objekt wolfsartig an ... Und es gab noch viel unbestimmteres, zielloseres Gestarre – wie bei der ratlosen Betrachtung eines Wachsfigurenkabinetts ohne erklärenden Katalog. Aber all diese Ausdrücke hatten den grundlegenden Ausdruck gemein, *den man annimmt, wenn man etwas anblickt, das nicht zurückblicken kann.*[cxxx]

Im verschreckten Kursiv dieser asymmetrischen Betrachtungen tritt einen Moment lang die Energie von Dickens' magischem Denken an die Oberfläche. Fürchterlich entsetzt von allem Unbelebten, vom Krempel der Welt, stellte sich Dickens selbst die unendliche Aufgabe, alles nachzuahmen: eine ungeheure Aufgabe der allseitigen Belebung. Es machte keinen Unterschied: Ob in Prag oder Paris, die Aufgabe blieb immer die gleiche. Sie war international.

Und so wäre es vielleicht möglich, eine kleine polyglotte Anthologie des Romankrempels zusammenzustellen – die von Italo Calvinos spätem Sketch »La poubelle agréee«[29] über Flauberts Collagen der sentimentalen *idées recues* und Puschkins Parodien bis hin zu Gombrowicz' Autoren des Krempels reichte. So eine Anthologie wäre ein gutes Begleitwerk für diese umfassenderen Theorien. Und ihr historischer Herausgeber könnte vielleicht begeistert bemerken, dass im gleichen Jahr, als Dickens den Ärmelkanal überquerte, um seine Geliebte in Frankreich zu besuchen, Flaubert in die umgekehrte Richtung unterwegs nach London war, aus ähnlichen Gründen: Flaubert, der George Sand gesagt hatte, wie sehr er die Formlosigkeit von *Die*

Pickwickier verabscheute. (Wobei wiederum Dickens' Eindruck von Sand, als er sie während seiner Glanzzeit in Paris traf, nicht weniger herablassend war: »Äußerlich genau die Art Frau, von der man annehmen würde, sie sei die Wochenbettschwester der Königin.«[cxxxi]) Ja, im Sommer des Jahres 1865 wollte es das Schicksal, dass sich Dickens und Flaubert in Zügen und auf Schiffen verpassten – in Paris und in London –, und sie sollten sich auch weiterhin verpassen: als seien sie der Geist des jeweils anderen.

Denn die Welt ist geisterhaft: Die Welt ist ein Leichenschauhaus, wo die Toten für das Voodoo der Beschreibung aufgebahrt worden sind.[30]

3

HOMMAGE AN LAURENCE STERNE, MIT VIER MULTIPLES

Hommage an Laurence Sterne

1

Hier sind die Fakten, die wir über jene Geschehnisse erfahren, die Tristram Shandys Geburt zur Folge hatten. »Ich wurde in der Nacht zwischen dem ersten *Sonntag* und dem ersten *Montag* im Monat *März* im Jahre des Herrn eintausendsiebenhundertundachtzehn gezeugt. Dies weiß ich mit aller Bestimmtheit.« Er kann sich deshalb so sicher sein, teilt uns Tristram mit, weil sein Vater »so hatte er's sich seit vielen Lebensjahren zur Regel gemacht, – am ersten Sonntagabend eines jeden Monats im Jahr, – so gewiß wie dieser Sonntagabend kam, – mit eigener Hand eine große Hausuhr aufzuziehen, die wir auf dem oberen Absatz der Hinterstiege stehen hatten: – Und da er zu der Zeit, von der ich gesprochen habe, von den Fünfzig auf die Sechzig zusteuerte, – hatte er allmählich gewisse andere Familienobliegenheiten gleichfalls auf diesen Termin geschoben, um sie, wie er meinem Onkel *Toby* oft zu sagen pflog, alle auf einen Streich vom Hals zu haben …«[i] Diese Informationen genügen, natürlich, allein nicht wirklich, um den genauen Zeitpunkt der Empfängnis zu rekonstruieren. Aber Tristram hat noch mehr Anhaltspunkte in petto.

Nun erhellet aus einem Vermerk in meines Vaters Notizbuch, welches jetzt offen vor mir auf dem Tisch liegt, »Daß an *Mariä Verkündigung*, die auf den 25sten desselben Monats fiel, von dem ich meine Zeugung datiere, – mein Vater sich mit meinem ältesten Bruder *Bobby* auf die Reise nach *London* verfügte, um ihn an der *Westminster*-Schule einzuschreiben«; und, wie aus selbiger Quelle erhellet, »Daß er erst in der *zweiten Woche* des Monats *Mai* zu Frau und Familie zurückkehrte«, – dies macht die Sache beinahe zur Gewißheit. Was aber zu Anfang des nächsten Kapitels folgt, erhebt sie über jeden Zweifel.

— Aber bitt' Euch, Sir, Was tat Euer Vater denn den lieben langen *Dezember*, – *Januar*, und *Februar*? – Ei, Madam, – er war die ganze Zeit vom Ischias geplagt.[ii]

Dies scheint der endgültige Beweis zu sein: Am Anfang des nächsten Kapitels wird unser Held geboren, und wir werden über seinen Geburtstag informiert: »Am fünften Tag des *November* 1718, was, von dem bewußten denkwürdigen Ereignis an gerechnet, neun Kalendermonate so gut vollmachte, als dies irgendein Ehemann nur rechtens hätte erwarten können, – kam ich, *Tristram Shandy*, Gentleman, in diese unsere spottschlecht-kummervolle Welt.«[iii]

Und sofort ergibt sich natürlich ein Problem für uns. Es sind zwar neun volle Monate, aber vielleicht sind sie weniger voll, als es ein Ehemann mit Recht erwarten könnte. Eigentlich handelt es sich nicht wirklich um neun Monate. Tatsächlich sind es eher acht. Und während dies vielleicht nur bedeutet, dass Tristram schon damals etwas voreilig war, seine Art, Geschichten zu erzählen, ist es schließlich auch – wo »Gründe den Effekten folgen«, wie der revolutionäre Kritiker Viktor Sklovskij im bolschewikischen Moskau feststellte –, lässt sich auch noch eine andere Erklärung finden. Er hätte im Februar empfangen worden sein können, als sich sein Vater wegen seines Ischias vom Bett seiner Mutter fernhalten musste.

Ja, Tristram könnte nicht das Kind seines Vaters sein. Dies ist das stille Problem seines Geburtstags. Vaterschaft ist ein philosophisches Rätsel der Abwesenheiten, der Leere. So stellt es sich dieser Roman vor. Ja, tatsächlich kann es gut sein, dass alle Vorstellungen von Erbfolge, von Erbschaft, von Vererbung, von zeitlichen Abfolgen, ja im Grunde alle Vorstellungen von Zeit fehlerhaft sind. Geburtstage oder Jahrestage mögen vielleicht sogar etwas sein, das wir gar nicht feiern können.

Dieser Apparat, Sternes Roman *Leben und Ansichten von Tristram Shandy, Gentleman*, ist so angelegt, dass er zu solchen und ähnlich ergebnislosen Schlussfolgerungen führt. Der Roman soll im Nirgendwo landen. Und das tut er. Aber die Vaterschaft war schon immer eine mystische Angelegenheit: ein pneumatischer Apparat der Retorten und Pfropfungen. Und die Literaturgeschichte ist es auch. Deshalb will ich – mit diesem kleineren Apparat meiner Hommage an Laurence Sterne – ein Experiment für die Nachwelt anstellen: Ich will sehen, ob ich Sterne als Vater adoptieren kann. Oder sogar: ihn als Vater zeugen. Denn Sterne hatte eine Nachwelt im Blick:

> von der Nachwelt, sag' ich – und steh' nicht an, das Wort zu wiederholen – denn was hat dies Buch mehr verbrochen als die Sendung Mosis oder das Märchen von der Tonne, daß es nicht mit diesen den Rinnstein der Zeit hinabschwimmen sollte?
>
> Ich will die Sache nicht weiter verhandeln: die Zeit schwindet zu rasch davon: jeder Buchstabe, den ich hinschreibe, sagt mir, mit welcher Schnelligkeit das Leben meiner Feder folgt …[iv]

Sein Roman untersucht die Bedingungen von ganz neuen Formen der Empfängnis. Als ein kleines Beispiel des Rätsels der Empfängnis, der Tatsache, dass die Empfängnis gewissermaßen aus dem Nichts kommt, könnte ich Mr Shandys Theorie der Hilfsverben anführen: Dabei handelt es sich nicht um eine besonders wichtige Stelle des Romans, aber sie wurde, denke ich, als kleine Allegorie von Sternes avantgardistischem Projekt geschaffen: die Erschaffung eines Individuums nicht mit Blut und Samen, sondern mit Wörtern. Der Niedergang der Auxiliarverben, dachte Mr Shandy, deutete auf das Ende der Bildung hin: denn »bei richtigem Gebrauch und rechter Anwendung dieser Formen, fuhr mein Vater fort, worin das Gedächtnis eines Kindes geübt werden sollte, vermag kein noch so karger Gedanke ins Gehirn zu kommen, aus dem sich nicht ein ganzes Magazin von Begriffen und Folgerungen ableiten ließe.«

Ein weißer Bär! Je nun. Habe ich jemals einen gesehen? Könnte ich jemals einen gesehen haben? Werde ich jemals einen sehen? Hätte ich jemals einen sehen sollen? Oder kann ich jemals einen sehen?

Ich wollte, ich hätte einen weißen Bären gesehen! (Denn wie kann ich mir anders einen vorstellen?)

Sollte ich einen weißen Bären sehen, was würde ich sagen? Wenn ich nie einen weißen Bären sehen sollte, was dann?

Wenn ich niemals einen lebendigen weißen Bären gesehen habe, sehen kann, muß oder werde; habe ich dann vielleicht das Fell eines solchen gesehen? Sah ich jemals einen gemalt? – beschrieben? Hat mir nie von einem geträumt?

Haben mein Vater, meine Mutter, mein Onkel, meine Tante, meine Brüder oder Schwestern jemals einen weißen Bären gesehen? Was würden sie drum geben? Wie würden sie sich betragen? Wie würde der weiße Bär sich betragen? Ist er wild? Zahm? Schrecklich? Struppig? Glatt?

— Ist der weiße Bär des Sehens wert? —

— Ist auch keine Sünde dabei? —

Ist er besser als ein schwarzer?[v]

Ein irre redender grammatikalischer Apparat: Dies, lieber Leser – eine manische Beschreibung eines imaginären Bären –, ist das Beispiel eines auf seine Elemente abstrahierten Romans. Es ist etwas, das aus dem Nichts entsteht. Genau, wie die Geschichte des Romans.

2

Und genauso der Romanschriftsteller. Denn Sternes Roman umfasst nicht nur den Zweifel bezüglich des Geburtsprozesses. Er zweifelt auch an der herkömmlichen Vorstellung davon, was überhaupt eine Person ausmacht.

(— Lieber Freund, sprach ich – so gewiß ich ich bin – und Ihr Ihr seid —

— Und wer seid Ihr? sagte er. – Macht mich nur nicht irre; sagte ich.)[vi]

Wir haben natürlich unser wissenschaftliches Vokabular: Wir verfügen etwa über ein großes Aufgebot medizinischer Ausdrücke. Aber so wie Sterne dieses Vokabular verwendet, ist es nicht besonders nützlich. Seine wunderbare Fähigkeit, die Wörter zur Schau zu stellen, basiert auf seiner meisterhaften, schadenfreudigen Ausbeutung ihrer Unvollkommenheit. So dass er problemlos im Vorbeigehen seinem Leser gegenüber äußern konnte: »Ihr alle habt gewiß schon von den Lebensgeistern gehört, wie sie von Vater und Sohn transportiert werden &c. &c. …«[vii] Aber die Lebensgeister sind uns auch keine Hilfe dabei, zu verstehen, was ein Individuum ausmacht: dieser seltsame Mischmasch von Körper und Seele, von Fleischlichkeit und Bewusstsein. Galenus von Pergamon hatte die Seele auseinandergenommen und ihren Bestandsteilen verschiedene Funktionen zugewiesen: motorische, sensorische und rationale. Diese rationale Seele wurde selbst noch unterteilt in Vorstellungskraft, Vernunft und Erinnerungsvermögen. Ihre genaue Position im Körper aber war strittig. Und wenn ein Selbst wirklich aus einem so geschickt eingerichteten System bestand, dann stellt sich natürlich die Frage, wie es so einfach aus den Fugen gebracht werden konnte: durch Krankheiten oder Begierden. Oder die Krankheit des Begehrens. Also wurde ein Vokabular der Nerven und der Lebensgeister und der Säfte erfunden, mit dem das Verhältnis des Körpers zur Seele erklärt werden sollte: ein System aus Flaschenzügen und unsichtbaren Retorten. »Unsere Seelen scheinen nicht durch den Körper hindurch, sondern sind hinieden in ein dunkles Futteral von unkristallisiertem Fleisch und Blut gepackt …«[viii] Durch Nachahmung wurde Sternes Prosa eine wunderbare, traurige Mischung aus Bauchgefühl und Durchdachtem. »Eines Menschen Leib und Seele, ich sage dies mit aller Hochachtung vor beiden, gleichen aufs Fädchen einem Wams und dessen Futter; – verkrumpelt man das eine – so verkrumpelt man das andere mit.«[ix] Während der Leser langsam herausfindet, dass Tristrams eigener Wams im Sterben liegt. Dieser lebhafteste, gegenwärtigste aller Romane wird von einem kranken Körper erzählt. Im Prestissimo seiner

Prosa lässt sich immer wieder Tristrams »nichtswürdiger Husten« vernehmen.[x]

Stattdessen können wir natürlich auch einen professionellen Philosophen zu Rate ziehen. Zum Beispiel Thomas Willis, einen Naturwissenschaftler des siebzehnten Jahrhunderts, der den Begriff »Neurologie« prägte, und der versuchte, die Lebensseele, die den Körper mit ihren Lebensgeistern belebte, zu erklären. Die Empfängnis, meinte Willis, würde durch eine Vielzahl dieser Lebensgeister ausgelöst – durch eine »kleine, noch nicht entfachte Lebensseele«, die sich in der Samenflüssigkeit befände. Wenn sich diese Flüssigkeit ergoss, entflamme eine der Seelen, wie ein kleines Feuer. Diese Seele bilde dann einen Körper aus, nach dem Muster gewisser »Formen« – Typen, die vom Schicksal bestimmt seien. Aber trotz seiner physiologischen Präzision war Willis immer noch nicht sicher, wo sich diese Seele im Körper befinden könnte. Dieses Problem der Seelenlage beschäftigte auch Mr Shandy. Er konnte nicht glauben, dass die Seele »in diesem sehr dünnen, feinen und überaus wohlriechenden Saft« enthalten sein könnte, wie es ein milanesischer Arzt namens Coglionissimo Borri postuliert hatte[31] – in diesem Saft, der sich »in den Zellen der rückwärtigen Teile des Cerebellum« befand. Nein, Mr Shandy konnte die Vorstellung nicht zulassen, dass die Seele »wie ein Kaulquapp« in irgendeiner Flüssigkeit existierte; und so schien es ihm am wenigsten verwerflich, wenn sich die Seele stattdessen »im oder nahe beim Cerebellum« befände, »oder vielmehr irgendwo so um die *medulla oblongata* herum …«[xi] Aber diese Überlegungen betreffen nur die Seele! Das rationale Selbst ist nicht weniger instabil.

Ja, hören wir uns die Philosophen an. Denn eine der Freuden, die das Autorendasein mit sich bringt, ist es, frei von allen großen Sprachen zu sein: eine neuartige kleine Sprache erschaffen zu können. In seinem Aufsatz *Essay Concerning Human Understanding* (*Über den menschlichen Verstand*) argumentiert John Locke: »das Selbst [ist] nicht durch die Identität oder Verschiedenheit einer Substanz bestimmt, worüber es keine Gewißheit erlangen kann, sondern lediglich durch die Identität des Bewußtseins.« Das Selbst ist die Gesamtheit jener Eindrücke, Gedanken und Gefühle, aus denen der bewusste Teil eines Menschen besteht. Aber Locke zufolge ist es keinem bestimmten Körper zugehörig: Seine Identität ist zeitlicher Natur. Es ist ein rein subjektiver Zustand. Die Identität eines Selbst liegt daher in der permanenten Abfolge von Ideen. Aber dies machte es für Locke schwierig, den Wahnsinn der Wahnsinnigen zu erklären. Denn deren Geist scheint dem der Gesunden so ähnlich zu sein. »Wahnsinn«, schrieb Locke 1677 in sein Notizbuch, »scheint nichts zu sein, als eine Störung der Vorstellungskraft und nicht der diskursiven Fähigkeit.« Es handle sich nur um ein Problem innerhalb der Logik der Assoziation: die Assoziation selbst sei nicht das Problem.

Die Seele war ein Durcheinander der Säfte. Und das Selbst war ein fortlaufendes Durcheinander der Assoziationen: ein Apparat für die Produktion von Wiederholungen. So dass sich das wahnsinnige Selbst und das gesunde Selbst kaum unterscheiden ließen. Das war es, was uns Sterne voll Schadenfreude unter die Nase rieb. Der Mechanismus seines Romans ist so bezaubernd, ist auf eine so charmante Weise lustig, dass man schnell vergisst, dass eigentlich alle in ihm vorkommenden Figuren verrückt sind. Was heißen soll: Sie sind normal. Sie sind alle traumatisiert, stehen unter Schock. Und als Reaktion darauf, haben sie alle etwas entwickelt, was Sterne ein Steckenpferd nennt.

Nun findet aber, ob wir's bemerken oder nicht, fuhr mein Vater fort, im Kopfe eines jeden gesunden Menschen eine regelmäßige Sukzession von Ideen dieser oder jener Art statt, welche so aufeinanderfolgen wie ein Zug – Wie ein Zug einer Artillerie? sagte mein Onkel Toby. – Ein Zug Pfeifendeckel! – sprach mein Vater …[xii]

Es ist durchaus möglich, dass Mr Shandy eine Parodie des scholastischen Geistes ist: oder von Robert Burtons Melancholikern – die sich gemütlich in ihren phantastischen Meditationen eingerichtet haben. Aber die Parodie schafft in diesem Roman ungewöhnliche Gebilde. Sie schafft echte Menschen. Sternes Figuren fliehen vor sich selbst, indem sie sich in die vermeindliche Sicherheit ihres häuslichen Lebens zurückziehen: ständig erniedrigt von der natürlichen Komödie ihrer körperlichen Bedürfnisse. Mr Shandys Steckenpferd ist es daher, abzustreiten, dass er überhaupt ein Steckenpferd hat. Er versucht, seine Leidenschaften als seinen Esel abzutun: »es war nicht allein eine lakonische Art sich auszudrücken – sondern zugleich auch eine Famosschrift gegen die Lüste und Begierden des gemeineren Teils unserer Natur; so daß es viele Jahre im Leben meines Vaters dessen stehende Redensart war – er brauchte nie das Wort *Leidenschaften* – sondern sagte statt dessen allemal *Esel* ...«[xiii]

Dieses Konzept des Steckenpferdes ist der Ausgangspunkt von allen Experimenten, die Sterne mit seinen Figuren anstellt.

3

Weil wir alle ausschließlich Reproduktionsmaschinen sind, neigen wir insgesamt zu Wiederholungen. An unserem eigenen Punkt in der Geschichte der Welt nennen wir diese Wiederholungen gerne *Neurosen*. Sternes verniedlichenderes, auf zersetzende Weise infantiles Wort dafür war *Steckenpferd*. Ein Steckenpferd war nicht mit dem Selbst einer Person identisch: Aber es ist das, was ein Selbst einzigartig macht. Und dieses Konzept des Steckenpferdes enthält eine weitere Erniedrigung des menschlichen Tiers: weil in einer wüsten Umkehrung das Steckenpferd das Selbst reitet, und nicht andersherum – eine Umkehrung, die auf komische Weise die Tatsache verkörpert, dass niemand die volle Kontrolle über sich selbst hat. Sobald sich ein Steckenpferd einmal entwickelt hat, ist es allmächtig: »gegen Steckenpferde gibt's keine Einwände«.[xiv]

So prägt Sterne sein eigenes Vokabular der Leidenschaften. Die Leidenschaften sind ein Esel, weil sie stur und hartnäckig im Umgang sind: denn »Gibt sich ein Mann dem Walten einer beherrschenden

Leidenschaft preis, – oder anders gesagt, führt ihn sein STECKENPFERD über Stock und Block, – dann adieu kühle Vernunft und brave Besonnenheit!«[xv] Ja, Leidenschaften sind überall, und trotzdem werden sie so selten als Leidenschaften wahrgenommen. Stattdessen erlauben die Mechanismen der Assoziation und der Substitution den Begierden zu fließen, wohin sie wollen. Und die berühmteste ihrer Neuerfindungen ist, wie Begierden durch die Figur des Onkels Toby verkörpert werden. Bei der Belagerung von Namur durch einen Hieb verwundet, der »auf meines Onkel *Toby*'s Schamleiste schlug«[xvi], versucht der bettlägerige Soldat seitdem zwanghaft zu erklären, wie genau er sich seine entmannende Wunde zugezogen hat. Aber bei diesem Versuch stellt sich ihm ein sprachliches Problem: »Die mannigfachen Verlegenheiten, in denen er stak, erwuchsen aus den schier unübersteiglichen Schwierigkeiten, die es ihm bereitete, seine Geschichte faßlich vorzutragen und so klare Begriffe zu geben von den Unterschieden und Unterscheidungen zwischen der Escarpe und Contreescarpe, – dem Glacis und bedeckten Weg, – dem Halbmond und Ravelin, – um es seiner Gesellschaft gänzlich einsichtig zu machen, just wo und wobei er sich aufhielt.«[xvii] Seine Lösung dieses Problems ist es, seine Schlacht immer wieder zu rekonstruieren, was ihm so viel Vergnügen bereitet, dass er auf den Ländereien um Shandy Hall die verschiedenen Belagerungen nachspielt, über die in den Zeitungen berichtet worden war. Und so entsteht sein Steckenpferd. Was bedeutet, dass er sein Leben jetzt dem Nachspielen von Schlachten widmet. Aber es bedeutet darüber hinaus auch etwas, das in der Ökonomie eines Romans noch wichtiger ist. Ein Steckenpferd kontrolliert einen Geist auf so vollständige Weise, dass es jegliche Form von Interpretation limitiert. Das Selbst kann nur dann durch die Wirklichkeit angeregt werden, wenn dies in Verbindung mit seinem Steckenpferd geschieht. Das ist der Grund, warum alles in diesem Roman – genau wie im Leben – so traurig ist und warum alles gleichzeitig ein gewisses komisches Potential hat. Wie in dem berühmten Moment, wenn die Witwe Wadman genau wissen will, wo in der Leistengegend Toby verletzt wurde, bevor sie ihn heiratet. Onkel Toby hält dies für ein ihm willkommenes Interesse an militärischen Dingen. Er denkt an seine Karte. »– Ihr sollt mir den Finger auf die Stelle tun – sagte mein Onkel Toby. – Anfassen will ich's doch aber nicht, sprach Mrs Wadman bei sich.«[xviii] Denn die Witwe Wadman ist an einem ganz anderen Ort interessiert.

Das Selbst existiert nicht; das ist Sternes wichtigste Erkenntnis. Und die zweitwichtigste ist noch trostloser: Existierte es doch, wäre es in ein System der Wiederholungen eingeschlossen, dessen wahrer Autor ein Trauma wäre. Noch trauriger ist, dass ein Trauma immer etwas Komisches hat. Denn schließlich gibt es so etwas wie eine grandiose Neurose nicht.

4

Ich möchte bei dem Wort *grandios* verweilen.

Um einen akkuraten Roman über unsere universellen und komischen Traumata zu schreiben, muss man sich als rein sprachliches Individuum erfinden und sich von den herkömmlichen Vorstellungen von Familie, von Müttern und Vätern unabhängig machen: Das ist eine von Sternes eindrücklichsten Lektionen. Eine weitere ist nicht weniger unkonventionell. Um einen wahren Roman zu schreiben, muss der Schriftsteller die Perspektive des Unendlichen annehmen.

Diese Perspektive findet sich auch bei Sternes literarischen Vorgängern wie Cervantes, Rabelais, Montaigne und auch in Burtons *Anatomy of Melancholy* (*Anatomie der Melancholie*). Burtons Buch ist eine gigantische Übung darin, alle menschlichen Emotionen kleinzureden. Denn Burton fand, dass wir unsere Traurigkeit viel zu ernst nehmen. Er tat das nicht. Seine besorgt anmutenden Versuche, Trost zu spenden, sind eigentlich Zurückweisungen – wie zum Beispiel seine gütige Verfügung, man solle sich, wenn man um einen verstorbenen Freund trauere, an alle zerstörten Städte dieser Welt erinnern. In dieser unendlichen Perspektive steckt ein absoluter Nihilismus. Menschlich gesehen ist Burtons Vorschlag skandalös.[32] Und auf dieselbe Weise vermag es auch der Roman als Genre, unsere romantischen Ideen in aller Seelenruhe auf den Boden der Tatsachen zurückzuholen. Nichts ist wirklich katastrophal; und auf der anderen Seite ist auch kein Verlangen wirklich so groß, wie es sich anfühlt. Es ist nur so, dass unsere unendliche Seele in solchen kleinen Neurosen zum Vorschein kommt. Wie zum Beispiel im Fall von Stendhal, der zu Beginn seines *Leben des Henry Brulard* schreibt –

als ich auf dem einsamen Weg oberhalb des Albanersees über mein Leben nachsann – fand ich, daß mein Leben in den folgenden Namen zusammengefaßt werden kann, deren Initialen ich, wie Zadig, mit meinem Stock in den Staub schrieb ...:

Virginie (Kubly),
Angela (Pietragrua),
Adèle (Rebuffel),
Mélanie (Guilbert),
Mina (de Griesheim),
Alexandrine (Petit),
Angéline, die ich nie geliebt habe,
Métilde (Dembowski),
Clémentine,
Giulia,

Und schließlich, einen Monat oder länger, Madame Azur, deren Taufnamen ich vergessen habe,
und törichterweise gestern Amalia (Bettini).

Die meisten dieser reizenden Wesen haben mich nicht mit ihrer Gunst beehrt; aber sie haben buchstäblich mein ganzes Leben ausgefüllt.[xix]

Auf diese Weise denkt Stendhal darüber nach, welche Rolle die Leidenschaft in seinem Leben eingenommen hat – über jene Spur, die der Gott Priapos in seinem Leben hinterließ. Ich liebe diesen Moment, denn er bleibt den komischen Proportionen des wirklichen Lebens treu: Diese Kunst übernahm Stendhal von Sterne, was schon in der traurigen Komik dieser Passage erkennbar gewesen wäre, selbst wenn er an späterer Stelle nicht selbst auf diesen Einfluss hinweisen würde: »Ich werde nun zum Leben erwachen, wie Tristram Shandy sagt, und der Leser wird von den Kindereien befreit sein.«[xx]

Aber ich denke nicht, dass es letztendlich ein Schriftsteller war, der das Verhältnis zwischen dem Komischen und der Unendlichkeit am genauesten beschrieben hat. Das tat stattdessen ein Dichter der Romantik.

In Coleridges »Notes on Humour«, in denen er auch über Sterne nachdenkt, beschreibt er Humor auf geniale Weise: »Humor ist eine gewisse Anspielung auf das Allgemeine und Universelle, wodurch das begrenzte Große mit dem Kleinen identifiziert wird, oder das Kleine mit dem begrenzten Großen, so dass beides im Vergleich mit der Unendlichkeit vollkommen nichtig erscheint. Das Kleine wird groß gemacht und das Große klein, mit dem Ziel, beide zu zerstören; denn im Vergleich mit der Unendlichkeit ist alles gleich.«[xxi] Und somit, fügte Coleridge hinzu, handelte es sich bei Humor um eine Funktion der Unverhältnismäßigkeiten: »Immer dann, wenn etwas Begrenztes im Zusammenhang der Unendlichkeit bedacht wird, ob bewusst oder unbewusst, entsteht so etwas, wie das Wesen des Humors.« Weshalb die Autoren von komischen Texten, so Coleridge, »und besonders Sterne, ein großes Vergnügen daran finden, nach umständlichen Vorbereitungen im Nichts zu enden, oder in einem unmittelbaren Widerspruch.«[xxii] Und auf besondere Weise bündelt die Begrenzung ein kleines Abbild seiner Natur in jedem Steckenpferd, »denn man kann sich keinen Menschen denken«, schreibt Coleridge, »der seinem Steckenpferd keine unverhältnismäßige Allgemeingültigkeit einräumt, so wie im Falle von Mr Shandy; oder zumindest fehlt jegliches Interesse außer dem, das aus dem Humor selbst hervorgeht, wie im Falle von Onkel Toby«, und »es ist die Vorstellung von der Seele, von ihrem unbestimmten Fassungsvermögen und ihrer Würde«, schließt Coleridge, »die der Stachel in jeder Aufnahme der Seele durch eine einzige Beschäftigung ist …«[xxiii]

Jedes Steckenpferd hält sich für unbegrenzt. Es hält sich für ein Selbst. Aber da hat das Steckenpferd leider unrecht.

Ich frage mich daher, ob der Traum des Schriftstellers, der versucht, sich selbst aus dem Nichts zu erschaffen, ein Traum ist, der versucht, die Wahrheit auszublenden. Jeder ist ein Steckenpferd, aber wenn man noch andere Steckenpferde erfinden kann, ist es einem in diesem Moment des Rückzugs vielleicht möglich, wirklich frei zu sein. Man kann seinen eigenen Geburtstag erfinden. Vielleicht ist das die geheime Phantasie des Schriftstellers, ein Ich zu schaffen, das kein Ich ist ... Aber nein: Ich bin viel zu schnell vorangeprescht.

5

Auf unserer Erde scheint dieses traurige Thema natürlich kaum etwas Lustiges zu haben. »Was ist des Menschen Leben! Schwankt's mit uns nicht immer hin und her? – von Sorge zu Sorge? – das eine Sorgenloch gestopft! – und das nächste tut sich auf!«[xxiv] Es mag einem natürlich vorkommen, solch einen tragischen Ton an den Tag zu legen, wenn das Leben nichts als eine Abfolge von Pannen zu sein scheint. Vielleicht sollte ein Autor ernsthaft auf die Beschwernisse der Welt reagieren. Aber Sternes Roman ist das Gegenteil der Ernsthaftigkeit. Sein heimlicher Held ist Pfarrer Yorick, der »einen unüberwindlichen Widerwillen und Abscheu gegen die Gravität« hegt: »das eigentliche Wesen der Gravität hingegen sei Vorsätzlichkeit und ergo Betrug; – – – sie wär' ein einstudierter Streich, um der Welt verständiger und klüger zu dünken, als man eigentlich sei.«[xxv]

Sternes Ernst ist das, was Milan Kundera als Kitsch bezeichnete, und Nabokov als »Poshlost«. Man kann es auch Schmalz nennen. Das Gegenteil von Kitsch ist die Komödie, die Arabeske oder der Schnörkel. Es ist das absolute Interesse an der Form.

Und das ernsthafteste Thema von allen ist Sex, der ganze Zirkus der Empfängnis. Leidenschaften sind das universellste Steckenpferd. Sie sind das Phänomen, in dem der Wirrwarr aus Körper und Seele, die Katastrophe des Selbst, an jedem Tag neu erkennbar wird.[33] Wie kann man es bestreiten? Tristram hatte schon in seiner Abhandlung über Knöpfe auf diese Quelle von Kummer angedeutet, indem er verschämt auf die Stelle anspielte, an der wir uns am häufigsten auf- und zuknöpfen. Und Mr Shandy selbst ist sich dieses Problems nur allzu bewusst: Es »ist keine Leidenschaft so ernst als wie die Wollust«. Diese Bemerkung macht er, als er seinen Bruder Toby bei seinem Versuch, die Witwe Wadman zu erobern, berät:

> doch in den Rabelais oder Scarron oder Don Quixote, da laß sie keinen Blick tun –
>
> – – Das sind nämlich allesamt Bücher, die zum Lachen reizen; und wie du weißt, lieber Toby, ist keine Leidenschaft so ernst als wie die Wollust.[xxvi]

Die eine Sache, die der arme Mr Shandy mit Tristram gemein hat, der die Liebe mit vorsichtiger Genauigkeit definiert, ist »die sanfte Leidenschaft, die im Scherz anhebt, – aber im nackten Ernst endigt«.[xxvii] Nein, es gibt keine Leidenschaft, die so ernsthaft ist, wie die Lust. Oder anders gesagt: Das wahre Subjekt der Komik ist das Begehren. Es ist deshalb nur richtig, dass sich Mr Shandy gegen das Lesen von Romanen ausspricht, gegen Rabelais und Cervantes. Der Roman ist die Form, in der Begehren zerstäubt wird, und so zum Inhalt von Komödien wird. Denn wir sind schließlich nur proportional zum Verlust unseres Sinns für Humor lustig. Und niemand hat weniger Humor als jemand, der verliebt ist.

Was nur sagen will, dass alles Komische dem Selbst feindlich gegenüber steht. Der Roman ist ein Feind des herkömmlichen Zeugungsaktes. Stattdessen wird Sterne, der Autor, durch seinen Wortapparat zu seinem eigenen Erzeuger, und zu seinem eigenen Zeugnis.

Aber es ist schwer, sich selbst zu erfinden. Und die Selbstbefreiung durch die Kunstform des Romans ist eine besonders schwierige Angelegenheit. Das erste Problem ist die Sprache. Das zweite Problem ist der abwesende Leser. Aber ich denke, dass diese beiden Probleme in Wirklichkeit nur Aspekte eines anderen Problems sind: des alten Problems des Steckenpferdes. Schließlich gleicht ein Leser einer Figur: Beide sind Datenverarbeitungsanlagen, die nichts an ihrer Verkabelung ändern können.

Also erfindet Sterne dieses seltsame, hermeneutische Spielzeug eines Prosastils – in dem fast jeder Satz mit einer sexuellen Bedeutung ausgelegt werden kann. Denn *Tristram Shandy* ist der versauteste Roman der Literaturgeschichte.

An einem frühen Punkt von *Leben und Ansichten* beschwert sich Tristram über den »unstete[n] Gebrauch der Wörter, welcher selbst die hellsten und erhabensten Verstandeskräfte vernebelt hat«.[xxviii] Dieses Prinzip der sprachlichen Unstetigkeit ist ein weiterer wichtiger Antrieb von Sternes Apparat: denn wenn Wörter unstetig benutzt werden können, bedeutet dies folglich, dass jeder Leser dazu gezwungen wird, anzuerkennen, wie unstet der Akt des Lesens selbst ist. Die Leser sind die mit dem eigentlichen Steckenpferd. Natürlich wollen wir das nicht wahrhaben. Wir glauben alle daran, dass nur andere Menschen ein Steckenpferd haben. Denn kein Reiter eines solchen Steckenpferds hält sich für einen solchen. Stattdessen nennen sie sich Personen. Aber betrachten wir zum Beispiel einmal den Moment, als Mr Shandy seinen Bruder Toby dafür tadelt, dass er das richtige Ende einer Frau nicht von dem falschen unterscheiden kann: »Das richtige Ende, – – – sprach mein Onkel *Toby*, murmelte die zwei Wörter vor sich hin und fixierte dabei mit beiden Augen unbewußt eine kleine Spalte, die ihre Ursache in einer schadhaften Fuge im Kaminsims hatte.«[xxix] Behutsam fährt Sterne mit seiner Erzählung fort. Aber der Leser hat alles beobachtet; der Leser hat gesehen, wie Toby die kleine

Spalte angesehen hat. Wir sind schließlich assoziationsfähige Lebewesen. Und unsere Assoziationen sind beschränkt. Eine Tatsache, auf der dieser Roman beruht, ist, dass wir alle, wie Tristram, sehr von der Fortpflanzung fasziniert sind: fasziniert von der Maschinerie, mit der Geburtstage produziert werden.

Ein Jahr und einen Band später fügt Sterne seiner Geschichte noch einen desillusionierten Leser hinzu: Eugenius: »– Hier gibt's zwei Deutungen, rief *Eugenius*, als wir spazierengingen und wies dabei mit dem Zeigefinger seiner rechten Hand auf das Wort Spalte auf der Seite einhundertzweiundzwanzig des zweiten Bandes dieses Buches der Bücher, – hier gibt's zwei Deutungen, – sprach er. – Und hier gibt's zwei Wege, erwiderte ich, indem ich mich plötzlich zukehrte, – einen schmutzigen und einen sauberen, – welchen sollen wir nehmen? – Den sauberen, allemal, entgegnete *Eugenius*.« Und dann beginnt Sterne seine lange Geschichte von den Nasen: »[W]as das Wort *Nase* hier in diesem langen Nasenkapitel und an jeder anderen Stelle meines Werkes, wo das Wort *Nase* auftaucht, anlangt, – so erkläre ich, daß ich mit diesem Wort eine Nase meine und nichts mehr oder weniger.«[xxx] Natürlich wissen wir, dass er eigentlich Penis meint. Was könnte er sonst meinen?

Denn Sex steckt überall, wo man es erwarten würde, und auch überall dort, wo nicht. Diese Wahrheit, die uns von Geburt an begleitet: »warum«, klagt Mr Shandy gegen Ende des Romans, »löschen wir die Kerze aus, wenn wir es unternehmen, einen Menschen zu machen und zu pflanzen? und wie kömmt es, daß alles, was damit verbunden – das Zubehör – die Vorbereitungen – die Werkzeuge und was sonst noch dazu dient, für etwas gilt, das einem reinen Geist in keiner Sprache, Übersetzung oder Periphrasis verdeutlicht werden dürfe?«[xxxi] Ja, *Tristram Shandy* ist der versauteste Roman, der je geschrieben wurde. Seine Methode baut auf das Phänomen der Spätzündung, der Doppeldeutigkeit, der Periphrase. Alles ist doppeldeutig. Und natürlich ist eigentlich überhaupt nichts doppeldeutig.

Gegen Ende seiner Geschichte über Knebelbärte schließt der Kurat d'Estella mit einer besorgten Frage, die sich damit beschäftigt, »daß vor einigen Jahrhunderten die Nasen in den meisten Gegenden von *Europa* das nämliche Schicksal ereilte, welches itzt die Knebelbärte im Königreich *Navarra* betroffen hat«:

Das Übel breitete sich freilich damals nicht weiter aus –, doch haben Betten und Pfühle, Nachtmützen und Nachttöpfe seither nicht beständig am Rand des Verderbens gestanden? Sind Puffhosen, Hemdschlitze und Pumpenschwengel – und Spund und Zapfen nicht immer noch von der gleichen Ideenverbindung bedroht? – Läßt man der Keuschheit, dieser von Natur aus sanftesten aller Regungen – einmal die Zügel schießen – so bäumt sie sich auf wie ein brüllender Löwe.[xxxii]

Die Fröhlichkeit dieser Passage erinnert mich an Antonin Artauds wunderbaren Satz über Lautréamont: »Er kann keinen einfachen, herkömmlichen Brief schreiben«, so Artaud, »ohne dass wir ein epileptisches Beben der Welt spüren, so dass wir das, was auch immer zur Diskussion steht, nicht ohne ein Schaudern benutzen können.«[xxxiii] Und genauso, denke ich, lösen all die normalen Worte, die Sternes Stil so häuslich machen, einen gewissen freigeistigen Schauer aus.

Jedes Wort – und jedes Wort ist immer auch Abwesenheit – kann mit sexuellen Bedeutungen befüllt werden.

Ja, eigentlich besteht nicht mal Bedarf an Wörtern: Der Leser füllt die Lücken ganz von selbst. Denn dieser Roman beruht auf zwei rhetorischen Tropen: der Hypallage, aber ignorieren wir diesen Begriff fürs erste; und der Aposiopese – wenn ein Satz abgebrochen wird, bevor er zu Ende ist. Wobei Sterne vielmehr eine Art geisterhafte Aposiopese verwendet, wo der Leser sich nicht sicher ist, ob der Satz beschnitten ist oder nicht.

Während einer Unterhaltung über das Wesen der Frauen zwischen Onkel Toby und Mr Shandy, wundert sich Mr Shandy über die seltsame Tatsache, dass seine Frau darauf besteht, eine Hebamme zu sehen, wo doch Dr Slop mit im Haus wohnt:

Dann kann es wohl aus keinem anderen Grund von der Welt sein, sprach mein Onkel *Toby* in der Einfalt seines Herzens, – als aus Züchtigkeit: – Meine Schwägerin, möcht' ich meinen, fügte er hinzu, mag's nicht leiden, kommt ihr ein Mann so nah an ihre ****. Ich will's nicht entscheiden, ob mein Onkel *Toby* mit seinem Satz zu Ende war oder nicht; es gereicht ihm zum Vorteil, glaubt man, daß er's war, – denn ich denke, er hätte nicht ein Wort hinzufügen können, das ihn manierlicher gemacht haben würde.[xxxiv]

Dies ist ein Witz auf Kosten des Lesers, nicht auf Kosten Onkel Tobys. Es ist der Leser, der sofort jenes Wort mit den vier Buchstaben liefern kann, das Sternes vier Sternchen ersetzt. Ja, lieber Leser, du.

7

Eines Tages bekam Laurence Sterne von einem amerikanischen Fan ein Geschenk: einen Spazierstock mit mehreren Handgriffen. Und in seiner Antwort an den amerikanischen Fan formulierte Sterne eine Wahrheit mit weitläufigen Implikationen:

Ihr Spazierstock ist in keiner Hinsicht *shandyscher* als darin, daß er *mehr Handgriffe als einen einzigen* besitzt. Der Vergleich [mit dem Tristram Shandy] hinkt nur insofern, als jeder denjenigen Griff in die Hand nehmen wird, der ihm am bequemsten erscheint. In Tristram Shandy dagegen ergreifen die Leute den Griff, der ihren Leidenschaften, ihrer Unwissenheit oder ihrer Empfindlichkeit entspricht.[xxxv]

Es ist ein weiser Brief, ein schelmischer Brief von Laurence Sterne. Und er drückt aus, warum der Leser, wenn man als Autor frei sein will, ein Problem darstellt. Der endlose, abwesende Leser ist in gewisser Weise ein Durcheinander von Steckenpferden.

Es gibt verschiedene Lösungen für dieses Problem. Stendhal konnte sich einen Leser beispielsweise nur als zukünftige Instanz vorstellen. Auf diese Weise wird die Zukunft zu einer Metapher für die nötige Distanz zwischen Autor und Leser – durch das Ablehnen der Geschichte, der Zeit: der Fehlinterpretationen. Denn die Schwierigkeit, schreibt Stendhal, bestehe nicht darin, die Wahrheit zu sagen: Das Problem sei vielmehr, jemanden zu finden, der sie lesen wolle. Während es definitiv möglich war, so dachte er, etwas zu schreiben, das nur ihm selbst gefiele, und das erst im Jahr 2000 auch von anderen gewürdigt würde.

Sternes Lösung war dagegen, einfach weiterzureden: »Ihr müßt schon ein wenig Geduld üben«, mahnt Tristram seinen Leser, »geratet drob nur nicht in Harnisch.« Und später bittet er ihn: »Nur bleibt bei guter Laune.«[xxxvi] Sterne tut immer so, als charmiere er seine abwesende Zuhörerschaft – als stünde es unter seiner Würde »den Vorteil auszuspielen, den das Glück der Feder itzt über dich gewonnen«. Außerdem stellt er dem Leser großzügig etwas freien Platz auf der Seite zur Verfügung, damit dieser die Witwe Wadman zeichnen kann: »malt sie ganz nach Euerm Sinn – Eurer Geliebten so ähnlich als möglich – Eurer Gattin so unähnlich, als Euer Gewissen es Euch erlauben will ...«[xxxvii] Aber der Witz ist, natürlich, wie alle Witze, auf gewisse Weise auch traurig. Niemand braucht eine leere Seite: Jeder Leser stellt sich Figuren ohnehin genauso vor, wie er will. Und sein Bild von ihnen wird immer von seinen Steckenpferden abhängen: der Frau, der Geliebten.

Diese Art, den Leser einzubeziehen, ist nicht die einzige Technik, die Sterne zur Unterbrechung des Erzählflusses anwendet. Seine vielen anderen Methoden – seine Diagramme und Schnörkel, seine fehlenden Kapitel und *&c* – sind berühmt. Was mich vor allem interessiert ist die enge Verbindung zwischen diesen Störungen der normalen Erzählstruktur und dem Konzept des Steckenpferdes. Die Unterbrechungen sind Teil von Sternes Bemühungen, eine gewisse Freiheit von seinem Leser beizubehalten: seinem Versuch der Selbst-Erzeugung. Meistens unterbricht Sternes System den Leser durch das von ihm angewandte Prinzip der Umkehrung. B kommt in seinem Roman immer vor A. Später im Roman erklärt Mr Shandy Onkel

Toby die Bedeutung des rhetorischen Begriffs »Hypallage«: Das ist, sagt er, als sei der Wagen vor dem Pferd. Die Hypallage ist die Umkehrung der natürlichen Verhältnisse zwischen zwei Elementen in einer Aussage: Am häufigsten kommt sie in Form eines auf ungewohnte Weise bezogenen Beiwortes vor. Dieser technische Moment im Roman gibt etwas Aufschluss über das Wesen von Sternes System. Unter diesen Stern gestellt, dehnt sich sein Stil aus. Es ist ein manisches System der Umkehrungen, wo eine Widmung nicht am Anfang steht und auch ein Vorwort nicht. Die Ursachen folgen den Wirkungen. Und so erweisen sich die Annahmen der Leser ständig, und auf ewig, als falsch: als reine Fabrikate ihrer individuellen Steckenpferde.

Im revolutionären zwanzigsten Jahrhundert wurden noch andere Versuche angestellt, um den zartfühlenden Leser zu stören, den sich gemütlich zurücklehnenden Zuschauer. Da war beispielsweise Brecht, der in Berlin die Technik des epischen Theaters erfand, und seine Verfremdungseffekte, die dazu führten, dass sein Publikum ständig daran erinnert wurde, dass dies nur ein Theaterstück sei. Brecht zufolge sollte seine Methode dem Zuschauer dabei assistieren, das Netzwerk von Verbindung zu erkennen, »das sich hinter den Geschehnissen verbirgt, denn was auch geschehen mag, es liegt immer eine Wirklichkeit hinter jener, die beschrieben wird«.[xxxviii] Und diese Fähigkeit, behauptete er, konnte nur durch diese spezielle Methode aufgedeckt werden, die auf »Wirrungen« und »Sprüngen« beruhte. Ich liebe diese zwei Wörter: Ich liebe vor allem Brechts Idee, die Wirklichkeit könne am besten durch eine scheinbare Ablenkung, durch eine plötzliche Bewegung, bloßgelegt werden. Seine metafiktionale Technik ist, wie auch die von Sterne, räuberisch. Walter Benjamin schreibt über diese »epische« Form: Das epische Theater »hat nicht so sehr Handlungen zu entwickeln, als Zustände darzustellen«. Weiter schreibt Benjamin, »Darstellung ist aber hier nicht Wiedergabe im Sinne der naturalistischen Theoretiker. Es handelt sich vielmehr vor allem darum, die Zustände erst einmal zu entdecken. (Man könnte ebensowohl sagen: sie zu verfremden.) Diese Entdeckung (Verfremdung) von Zuständen vollzieht sich mittels der Unterbrechung von Abläufen.«[xxxix]

Allerdings bin ich mir nicht so sicher, ob es so etwas wie Metafiktion überhaupt gibt: nicht wirklich. Wenn man sich einmal im Bereich der Fiktion befindet, kann man ihn nicht mehr wirklich verlassen. In Moskau sagte der revolutionäre Kritiker Viktor Sklovskij über *Tristram Shandy* sehr geistreich: »Überhaupt lenkt er die Aufmerksamkeit des Lesers auf die Komposition des Werks; eben diese Hervorhebung der Form durch deren Zerstörung bildet den Inhalt des Romans.«[xl] Aber tatsächlich geht der Inhalt viel tiefer, ist zu einem viel höheren Grad Teil des seltsamen Antriebssystems dieses Romans: Die Unterbrechungen sind dazu da, um dem Leser zu zeigen, wie komisch wir sind, in jenen Momenten, in den wir meinen, etwas zu wissen. Die Unterbrechungen geben dem Roman eine gewisse Melancholie.

8

Als Beispiel für diesen Vorgang kann ich etwa den Moment heraufbeschwören, als Mr Shandy Onkel Toby sein Leid klagt, nachdem er von dem Tod seines Sohnes Bobby erfahren hat.

»Bei meiner Rückreise aus *Asien*, da ich von *Aegina* nach *Megara* segelte« *(wann mag das wohl gewesen sein? dachte mein Onkel Toby)*, »begann ich das Land ringsumher zu betrachten. *Aegina* lag hinter mir, *Megara* vor mir, *Pyräus* zu meiner Rechten, *Korinth* zur Linken. – Was für blühende Städte, die jetzt im Staub darniederliegen! Ach! ach! sagte ich zu mir, wie kann der Verlust eines Kindes eines Menschen Seele betrüben, wo so Großes so schauerlich vor seinem Blick begraben liegt – Bedenke, sagte ich abermals zu mir – bedenke, du bist ein Mensch.«[xli]

Onkel Toby weiß nicht, dass Mr Shandy Servius Sulpicius Worte zitiert, mit denen dieser Cäsar tröstete, nachdem dessen Freund gestorben war. Aber natürlich mag auch der Leser nicht wissen, wen Sterne hier wirklich zitiert. In seinem Buch *Anatomie der Melancholie* bietet Robert Burton nämlich den folgenden Trost für den Tod eines Freundes:

»Auf dem Rückweg von Asien, als ich von Ägina in Richtung Megara segelte, begann ich« (so Servius Sulpicius in einem tröstenden Brief an Tullius) »die Landschaft um mich herum zu betrachten. Ägina lag hinter mir, Megara vor mir, Piräus zu meiner Rechten und Korinth zu meiner Linken, vordem allesamt florierende Städte, die sich nun niedergestreckt und überwältigt vor meinen Augen ausdehnten!«[xlii]

Oder vielmehr: Sicher ist es möglich zu sagen, dass Sterne, wie auch Mr Shandy, ganz einfach zitierte. Aber ich halte es für besser, sich hier an der Sittenlosigkeit zu weiden. Denn letztendlich schrieb Sterne schlichtweg ab. Das Plagiarisieren ist das letzte Element Sternes seltsamen Stils, das er entwarf, um die Vererbungslehre zu torpedieren. Es ist seine Art, uns zu erklären, dass niemand je irgendetwas wirklich besitzt: »Im Aberwitzigen«, schreibt einer seiner frühesten und besten Kritiker, John Ferriar, in seinem Buch *Illustrations of Sterne*, »ist er zumeist Plagiator …«[xliii] Alles kann aus allem entwickelt werden. So etwas wie einen Ursprung gibt es nicht.

Ein anderes Spiel mit dem Plagiarisieren wurde im zwanzigsten Jahrhundert von Isidore Ducasse getrieben, einem jungen französischen Dichter, der sich selbst den Namen Comte de Lautréamont gab. Genau wie Sterne hatte Lautréamont das Ziel, sowohl die eigene Identität als auch die seiner Familie aufzulösen. Seine Ironie war allumfassend. Sein erstes Buch, *Les Chants de Maldoror* (*Die Gesänge des Maldoror*), war eine Parodie auf jene verhängnisvolle Stimmung, die so typisch für gotische Literatur ist. Das Resultat war aber auf so überzeugende Weise dunkel, dass es niemand veröffentlichen wollte. In seinem nächsten Buch, *Poésies* (*Dichtungen*), so kündigte er es seinem zukünftigen Verlag Poulet-Malassis an, wolle er etwas Positiveres anstellen. Und das würde er so machen, teilte er seinem Verlag mit. Indem er Abschnitte aus den Werken berühmter Autoren nähme und diese dann so veränderte, dass sie Hoffnung zelebrierten: »Ich zeige, wie sie hätten schreiben sollen …«[xliv] So dass Lautréamont dort, wo Pascal orthodox wiedergekaut hatte, der Mensch suche »vergeblich in äußerlichen Dingen nach Glück, ohne je zufrieden sein zu können, denn Glück ist nicht in uns, noch in den Lebewesen, sondern in Gott allein«, stattdessen schrieb, der Mensch suche »in äußerlichen Dingen nach Glück. Er ist zufrieden. Das Böse ist weder in uns noch in den Lebewesen. Es ist in Elohim.«[xlv] Tja: Das ist lustig; aber es ist auch die reine Blasphemie.

»Plagiate sind notwendig«, schrieb Lautréamont. »Sie sind ein Teil jeder Art von Fortschritt.«[xlvi]

Das ist Sternes Spiel mit den Wiederholungen: eine absolute Respektverweigerung, eine Absage an das herkömmliche Konzept von Besitztum. Auf schwindelerregende Weise beginnt er sein Spiel mit den Vorstellungen davon, was Ursprung ist, genau am Anfang des Romans, wo er, nachdem er mit seiner eigenen Zeugung begonnen hatte, die Schwierigkeiten des Beginnens selbst erörtert:

> Aus diesem Grund freut's mich auch recht, daß ich die Geschichte meines Lebens so und nicht anders begonnen und weiterhin jedem Ding darin, wie *Horaz* sagt, ab *ovo* nachspüren kann.
>
> *Horaz*, ich weiß es wohl, rät von dieser Methode strikt ab …[xlvii]

Tatsächlich, und das ist wenig überraschend, empfiehlt Horaz das Gegenteil. In *Von der Dichtkunst* lobt Horaz Homer dafür, dass er die Geschichte der Trojaner nicht *ab ovo* erzählte, nicht mit dem Ei begann, aus dem Helena der Sage nach geschlüpft war. Stattdessen beginnt Homer *in medias res*: in der Mitte des Kriegsgeschehens selbst. Aber der Witz ist sogar noch komplizierter. Denn Sterne hat es geschafft, beides gleichzeitig hinzubekommen, und darauf soll seine falsche Zitierweise hinweisen. Sein Roman beginnt *ab ovo* – mit dem Ei – oder genauer, dem Sperma. Aber eigentlich ist es ein Anfang *in medias res*: weil der Leser anfangs sehr verwirrt davon ist, was eigentlich vor sich geht.

Ursachen folgen Wirkungen. Ursprünge werden wieder und wieder verrückt.

Im revolutionären Moskau definierte Viktor Sklovskij diese zentrale Wahrheit: »Der Begriff *Handlung* wird allzuoft mit der Schilderung der Ereignisse verwechselt, mit dem, was ich konventionell *Fabel* nennen möchte.«[xlviii] Während wirkliche Handlungen naürlich voll von Verschiebungen und Umgruppierungen sind. »Es ist überhaupt interessant, die Rolle der Zeit in Sternes Roman zu verfolgen«, schließt der eine Revolutionär über den noch größeren Revolutionär. »Die ›literarische Zeit‹ ist bloße Konvention, ihre Gesetze fallen nicht mit den Gesetzen der Zeit im wirklichen Leben zusammen.«[xlix]

9

Wenn die literarische Zeit ihren ganz eigenen Gesetzen folgt, dann ist eines ganz eindeutig: dass der Wagen vor dem Pferd stehen kann, und daher ein Sohn auch ohne Vater geboren werden kann. So etwas wie der Vater, wie die Familie existiert gar nicht: Nach den Gesetzen der literarischen Zeit gibt es so etwas wie Vererbung nicht. Stattdessen herrscht in Romanen eine seltsamste Art von Inzucht, wonach der Sohn den Sohn zeugt.

In *Anatomie der Melancholie* hatte Burton unter anderem gezeigt, auf welche Weise Eltern ihre Kinder beeinflussen können. Die melancholische Disposition des Vaters gelange durch den Samen in das Kind. »So werden wir für die Sünden unserer Väter auf vielfältige Art bestraft und geplagt …; die besten Widder suchen wir für unsere Schafherden aus, wählen für die Zucht die schmucksten Kühe, halten nur die verläßlichsten Hunde. Wie sorgfältig müßten wir da erst bei der Zeugung unserer eigenen Kinder vorgehen!«[l] Und es scheint, dass diese Theorie auch die Tristrams ist. Im 33. Kapitel von Band VI schreibt er ein fünf Abschnitte langes Kapitel, in dem er es hinbekommt, syntaktisch überhaupt nichts zu erreichen:

> All das nun reiflich erwogen, und da Ihr seht, daß es für mich moralisch untunlich ist, dies wieder dahin zurückzuwinden, von wo ich ausgegangen – fang' ich das Kapitel noch einmal von vorne an.[li]

Die Schuld dafür, dass es ihm unmöglich ist, seine Geschichte geradeheraus zu erzählen – »genötigt, rückwärts und vorwärts zu gehen, um in der Phantasie des Lesers auch ja alles hübsch dicht beisammenzuhalten« – schiebt Tristram seinem Vater in die Schuhe: »Wenn man dermaleinst mein Gehirn seziert, so werdet Ihr's allemal auch ohne Brille sehen können, daß er da einen dicken, unebnen Faden hat durchrutschen lassen, so man zuweilen in einem ausgeschlossenen Stück Batist findet, der so widrig durch die ganze Länge des Gewebes läuft.« Und er zitiert Cardan, der wiederum von Burton zitiert wird: »*Quanto id diligentius in liberis procreandis cavendum*, spricht *Cardan*.«[lii]

Wie vorsichtig sollten wir also erst bei der Zeugung unserer Kinder sein! Aber der Witz ist, dass der wirkliche Zeugungsakt ein sprachlicher ist. Und dann gibt es noch ein weiteres komisches Element in der Sache, dass Tristram nämlich, wie der Leser bereits weiß, vielleicht gar nicht das Kind seines Vaters sein mag. Es herrscht diesbezüglich immer eine gewisse Spannung in diesem Roman. Tristrams absoluter Eigensinn steht im Gegensatz zu Mr Shandys »ungemeiner Pünktlichkeit, deren Sklave er in Wahrheit war«.[liii] Während Tristram den Geist der Freiheit in sich hat und seine Geschichte auf seine ganz eigene Weise erzählen will – wie Stendhal oder Saul Bellows Augie March. Aber genau aus diesem Grund gibt es nur zwei Möglichkeiten: dass entweder die Theorie der Vererbung stimmt und er nicht das Kind seines Vaters ist; oder aber, dass er wirklich der Sohn seines Vaters ist, aber die Theorie der Vererbung nicht stimmt. Aus diesem Grund bemüht sich der Roman so unheimlich, die Probleme seiner

Zeugung, Geburt, und Erziehung nachzuverfolgen. Es ist Tristrams verzweifelter Versuch, die herkömmlichen Theorien der Naturkunde zu korrigieren – und deswegen, auf der anderen Seite, Sternes verschmitzter Versuch, uns klarzumachen, dass sein Roman ganz anderen Gesetzen gehorcht.

Auch wenn Tristram es sich trotzdem nicht verkneifen kann, sagen wir mal, diese seltsame Unterhaltung zwischen Mr und Mrs Shandy einzufügen:

— Für sein Alter ist er freilich recht groß, – sagte meine Mutter. —

— Es will mir nicht hineingehen, (er sprach jedes Wort betont aus) sagte mein Vater, wem zum Daus er darin nachgerät. —

Beileibe eine Frage, mit der auch ich schon länger schwanger gehe, – sagte meine Mutter. —

Hum! – sagte mein Vater.

(Der Dialog stockte auf einen Augenblick.)

— Ich selber bin doch recht klein, – fuhr mein Vater gemessen fort.

— Ihr seid fürwahr recht klein, Mr *Shandy*, – sagte meine Mutter.[liv]

Ich frage mich, ob dies ein Schlüssel zu Sternes literarischer Metamorphose sein soll: Denn Sterne selbst war für seine »Größe« bekannt.

Auch die Geister anderer Väter sind in diesem Buch verstreut. Da ist Yorick, die einzige Person, die Tristrams lebhaftes Temperament teilt; da ist Onkel Toby, dessen Exzentrizität eine »Familienähnlichkeit« erkennen lässt – »Und drum hat's mich auch oft gewundert, daß mein Vater sich nie bemüßigt fühlte, wiewohl ich glaube, daß er seine Gründe dafür hatte, gewisse Anzeichen von Exzentrizität, die er mir in meiner Knabenzeit anmerkte, – aus der nämlichen Quelle zu erklären; denn die ganze Shandy-Familie bestand durchweg aus Originalcharaktern …«[lv] Und ob dieser Satz von Tristram auf den seltsamen Dialog bezogen werden soll, der stattfindet, als Onkel Toby verkündet, dass er heiraten und Kinder bekommen möchte, kann ich wirklich nicht sagen:

— Etliche Kinder! rief mein Vater, wobei er aus seinem Sessel hochfuhr und meiner Mutter scharf ins Gesicht sah …

— Nicht etwa, mein lieber Bruder Toby, rief mein Vater, der sich sogleich wieder besann und dicht hinter meines Onkel Toby's Sessel trat – nicht etwa daß es mich reuen sollte, wenn du ein halbes Schock hättest – im Gegenteil, ich würde mich recht herzlich freuen – und gegen ein jegliches, Toby, so gut als wie ein Vater sein —

Meines Onkel Toby's Hand stahl sich unvermerkt hinter seinen Sessel, um die meines Vaters zu drücken —[lvi]

Ebenso ist da die Geschichte des Kaisers Commodus, dessen Mutter »zur Zeit ihrer Empfängnis in einen Gladiator verliebt war, woraus sich so manche Grausamkeit des *Commodus* erklärt …«. Und dann ist da die traurige Geschichte der Familienkutsche. Was passierte war, dass »damals, als das Wappen meiner Mutter dem der Shandys hinzugefügt und die Kutsche anläßlich von meines Vaters Hochzeit neu gemalt wurde«, irrtümlicherweise »oder endlich weil nun einmal alles, was unsere Familie betraf, die Neigung besaß, linkisch auszufallen […] – statt des *rechtslaufenden Schrägbalkens*, welcher uns seit der Regierung von *Harry* dem Achten schicklicherweis zukam – ein *linkslaufender Schrägbalken*, dank einer der obengenannten Widrigkeiten, quer über das *Shandy*'sche Wappenschild gezogen ward«.[lvii] Und so trägt Familie Shandy, wo auch immer sie ist, dieses Schandmal der Illegitimität.

Aber dieser Roman is nicht nur anti-ödipal: Er ist anti-alles. Er beinhaltet Witze über Männer, die mit Pferden schlafen.[34] Es gibt Witze über Inzest.[35] Und vor allem gibt es eine verrückte scholastische Erörterung, die nicht nur beweist, »daß die Mutter mit ihrem Kinde nicht blutsverwandt ist – sondern der Vater ebenfalls nicht«. Denn »so sehr das Kind auch immer vom Blut und Samen der Eltern sein mag – die Eltern nichtsdestoweniger nicht vom Blut und Samen des Kindes sind.«[lviii] Dann gibt es noch die ständigen Andeutungen über Impotenz. Tristram wurde – vielleicht – durch ein fallendes Schiebefenster kastriert. Onkel Toby wurde – vielleicht – bei der Schlacht von

Namur kastriert. Mr Shandys Alter Ego ist ein impotenter Stier. An diesem Punkt der Erzählung vervielfältigt Sterne mit großem Vergnügen die Sternchen in seiner Geschichte, sowie auch jene Sätze, die eigentlich so aussehen, als hätten sie bereits geendet, die dann aber noch weiter vervollständigt werden. Zum Beispiel, als das Fenster auf Tristrams Penis fällt: »— Nichts bleibt übrig, – rief *Susannah*, – nichts bleibt mir übrig – als daß ich nun in die Fremde gehe –.«[lix] Aber gleichzeitig werden wir auch nie über die wirklichen Umstände aufgeklärt. Denn niemand in diesem Text, der so von Begierde gesättigt ist, scheint diese Dinge ausdrücken zu können. Onkel Toby sagt an einer Stelle zu Mr Shandy: »du vermehrst mein Vergnügen wirklich ungemein, indem du in deinem Alter der Familie *Shandy* Kinder zeugst. – Aber dadurch, Sir, sprach Dr. *Slop*, vermehrt Mr *Shandy* sein eigenes. – Nicht die Bohne, sprach mein Vater.«[lx] So etwas wie sexuelles Vergnügen kommt in diesem Text nicht vor. Aber das liegt vielleicht daran, dass sowohl Begierden als auch Vergnügungen etwas Freischwebendes sind: Die Begierden stecken schon in allem – in den Theorien von den Nasen und Namen, im Nachspielen von Schlachten.

Sternes Text hat den Anschein, als befinde er sich in einer Art Delirium. Als Vergleich fallen mir nur viel spätere, ebenso experimentelle Schreibformen ein – zum Beispiel die von Gherasim Luca, einem surrealistischen Dichter des zwanzigsten Jahrhunderts, der rumänisch und jüdisch war und genau deshalb auf Französisch schrieb, weil es nicht seine »Muttersprache« war. Lucas Vorhaben war es, eine völlig »nicht-ödipale Beschäftigung«[lxi] zu erfinden, die in einem Französisch vermittelt wurde, das stotterte, und sich dem Spiel, wie er es nannte, von Mama und Papa (und von Nationen) entzog: allen Identifikationsmodellen der Zugehörigkeit. Luca tat dies, indem er die Sprache wechselte. Um seine ganz eigene, persönliche Sprache zu erfinden, die auf fremdartigen Wortspielen basierte. Während Sterne, der ebenso skeptisch war, was die Sinnhaftigkeit von Originalitätsansprüchen anging, sich selbst erfand, indem er seinen ganz eigenen

Dialekt schuf. Eine Prosa, die so improvisiert ist, so angenehm, und gleichzeitig so absichtlich vermint mit Fallen und Tricks. Wo vorwärts und rückwärts das Gleiche ist.

10

Autoren haben unkonventionelle Vorstellungen von der Zeit. Nur in fiktionalen Texten kann schließlich jemand begraben werden und dann wieder erscheinen: So wird von Onkel Tobys Beerdigung verfrüht in Band VI des Romans berichtet. Denn Sternes Roman schafft eine seltsame Art von Stau, durch den sich die normalen Verhältnisse zeitlicher Abfolgen ändern. Deshalb möchte ich eine Möglichkeit finden, wie ich diese Hommage an Sternes wunderbare Ergebnislosigkeit selbst zu einem Ergebnis bringen kann. Die einzige Möglichkeit, um dies zu erreichen, liegt darin, sein System der Abschweifungen zu durchschauen.

Weil es so etwas wie Abschweifungen letztendlich gar nicht geben kann, wenn Zeit nicht existiert. In seinen Aufzeichnungen über den Humor und die Unendlichkeit machte Coleridge eine wunderbar paradoxe Bemerkung über Sterne: »Jedes einzelne Stück ist nach Maßgabe des Humors ein Ganzes in sich. Deshalb ist die Abschweifung kein Mutwillen, sondern die *eigentliche Form* seiner Kunst.«[lxii] Der Unendlichkeit ausgesetzt, werden das Abschweifen und der Fortschritt zu ein und derselben Sache. Oder wie Tristram angeberisch sagt: Sein »Meisterstreich digressiven Geschicks« liegt darin, dass er, obwohl er »so weit und so oft abschweife als nur irgendein Schriftsteller in *Groß-Britannien*; ich dennoch stets Sorge trage, die Sache so einzurichten, daß mein Hauptgeschäft in meiner Abwesenheit nicht stillesteht.« »Mit einem Wort«, ergänzt er »mein Werk ist digressiv und doch ist es auch progressiv, – und das zu gleicher Zeit.«[lxiii]

Es ist seine Entdeckung dieser Form, die ganz frei von den herkömmlichen Gesetzen daher kommt, die Sterne zu solch einem fruchtbaren Erneuerer der Romankunst machte.[36] Sterne war sich dessen natürlich bewusst. Er war stolz auf seine avantgardistischen Erfindungen. Und so entscheidet sich Tristram in der Mitte des Romans, im sechsten Band, eine Skizze der Erzählungslinie seines Buches mit dem Leser zu teilen:

Ich komme allmählich ordentlich in mein Werk hinein; und mit Hilfe einer vegetabilischen Diät und mancherlei kühlender Samentränklein steht es mir sonder Zweifel, daß ich befähigt sein werde, die Geschichte meines Onkels Toby, sowie meine eigene, in einer ziemlich geraden Linie fortzusetzen. So,

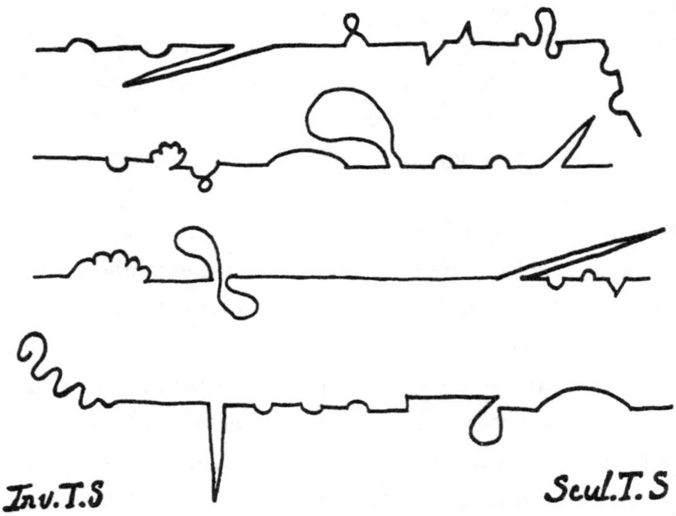

Dies waren die vier Linien, auf denen ich mich in meinem ersten, zweiten, dritten und vierten Band fortbewegt habe. – Im fünften Band war ich sehr brav, – die genaue Linie, so ich darin beschrieben, ist diese:[lxiv]

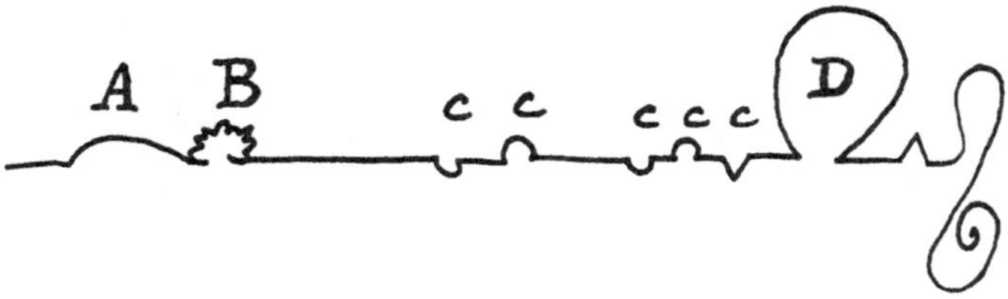

Diese Diagramme waren ein neuer Aspekt von Sternes Verspieltheit. Sie wiesen auf die musikalischen Innovationen der Form in diesem Roman hin. (Denn was ist das da am Ende der letzten Linie, wenn es kein Violinschlüssel ist?) Sie waren seine ganz persönliche Hommage an seine eigene abschweifende Form. Ein herkömmlicher Leser könnte meinen, bei diesen Diagrammen handle es sich um Sternes freimütiges Geständnis, dass sein Roman formlos sei, ein Schnörkel – während sie tatsächlich ein Witz auf Kosten eines solchen geistlosen Lesers sind: eines Lesers jener Sorte, der Form mit Linearität verwechselt. Die Diagramme sind da, um klar zu machen, dass Sternes Vorstellung von Form etwas völlig Eigenes war: Für ihn bedeutete Form, einen Zustand der Schwebe zu schaffen.

Dieser Zustand der Schwebe findet sich überall in Sternes Stil. Er ist in den Abschweifungen zu finden, in den systematischen Anspielungen, den Sternchen, der Aposeopese. Schließlich sind Anspielungen fortlaufend und abschweifend zugleich. Sie sagen etwas, ohne es anzusprechen. Weil wir ständig über Dinge reden, die wir nicht erwähnen. Wir stellen immer unsere Symptome zur Schau. Sterne schaffte es, dem Traum der Seele, der Verschleierung, treu zu bleiben, aber gleichzeitig auch ihrer Leidenschaft, die darin liegt, auf diese Verschleierung aufmerksam zu machen. Triumphierend gibt Tristram zu bedenken, dass, obwohl er vergessen hat, »Onkel *Toby*'s höchst wunderlichen Charakter« zu Ende zu beschreiben, das »Porträt von meines Onkel *Toby*'s Charakter die ganze Zeit über mählich weiter gemalt wurde«.[lxv] Und das ist nicht allein Tristrams Theorie, sondern auch die von Mr Shandy. In diesem Roman, der so darauf bedacht ist, die Verwandschaft seiner Protagonisten zu leugnen, sind sie sich schließlich doch ähnlich, durch ihre Charaktertheorien: »Es gibt tausend unvermerkte Ritzen, fuhr mein Vater fort, durch die ein scharfes Auge einem Menschen sogleich in die Seele zu dringen vermag; und so behaupte ich's denn, fügte er hinzu, daß ein Mann von Geist beim Eintritt in ein Zimmer niemalen den Hut ablegt, – oder ihn beim Verlassen wieder aufstülpet, ohne daß ihm dabei etwas entkömmt, was ihn als solchen dann zu erkennen gibt.«[lxvi]

Jede Abschweifung ist, mit anderen Worten, gleichzeitig auch ein Fortschritt. Die literarische Zeit verhält sich nicht so wie die wirkliche Zeit.

Sterne zeigt dies mit einem kleinen Experiment, das er einfügt: jene Szene, wo Obadiah zu Dr. Slop geschickt wird und mit ihm innerhalb von zwei Minuten und dreizehn Sekunden zurückkehrt:

> Es ist rund anderthalb Stunden leidlich guten Lesens her, seit mein Onkel *Toby* die Glocke zog und *Obadiah* beordert wurde, ein Pferd zu satteln und Dr. *Slop*, den Geburtshelfer, beizubringen; — so daß niemand füglich sagen kann, ich habe *Obadiah* nicht genügend Zeit, im poetischen Sinn zu reden und ebenfalls eingedenk der Notlage, zum Hin- und Rückweg gelassen; — wiewohl, im wahrscheinlichen und wahrhaftigen Sinn zu reden, der Mann vielleicht kaum Zeit gehabt hat, in seine Stiefel zu kommen.[lxvii]

Und trotzdem, wenn »der Begriff der Dauer und ihrer einfachen Modi lediglich vom Gang und von der Folge unserer Gedanken ableitet«, dann sind schon viele Jahre vergangen, seitdem Obadiah losgegangen ist, um Dr. Slop zu holen. Tristram hat unterdessen seinen »Onkel *Toby* von *Namur* quer durch ganz *Flandern* nach *England* gebracht: — ihn beinahe vier Jahre auf dem Krankenbett liegen [lassen] — und [ihn] dieweil samt Korporal *Trim* mit einer vierspännigen Equipage in einer schier zweihundert Meilen langen Reise nach *Yorkshire* hinunter expediert …«.[lxviii] Aber, schließt Tristram, wenn dies den genervten Kritiker nicht besänftigt, dann wird es ihn wenigstens darüber in Kenntnis setzen, »daß *Obadiah* sich nicht mehr als fünf

Dutzend Yards vom Stallhof entfernt hatte, als er auf Dr. *Slop* traf ...«, der sich bereits entschieden hatte, in Shandy-Hall vorbeizusehen.[lxix]

Eigentlich muss man zugeben, dass man eine Geschichte überhaupt nicht erzählen kann, jedenfalls nicht erschöpfend. Jede Geschichte hat ihre unendlichen Verästelungen. Ewig, erinnert uns Tristram, kann man mit einzelnen Kapiteln herumexperimentieren. Und deswegen ist dieses Buch endlos. Es beeinhaltet Endlosigkeit. Denn man kommt nie zu einem natürlichen Ende, wenn man die Geschichte eines Lebens erzählt. Geschichten haben kein natürliches Ende. Einmal in Gang gebracht, kann die Maschinerie nicht mehr angehalten werden. Die Endlosigkeit – und dies ist Sternes große Entdeckung – ist ein Effekt der Literatur, nicht des Lebens: Sie stellt sich ein, sobald man versucht, eine Geschichte zu erzählen. Jede Geschichte kommt an den Punkt, wo sie »unvorhergesehenen Stockungen« ausgesetzt werden muss. Und die traurige Mathematik der Unendlichkeit findet ihren Platz schließlich in Sternes berühmter Gleichung – dass er nicht so schnell schreiben kann, wie er lebt: »daß ich, je mehr ich schreibe, desto mehr zu schreiben haben werde [...] ich werde mich doch niemals selbst einholen.«[lxx]

Das Schreiben ist endlos; aber das Leben ist es nicht. Und das ist die finale Bedeutung von Sternes Apparat: Er entdeckt das angstvolle Vergnügen der Aufschiebung. Das ist auch der Grund, warum er so bemüht ist, das Konzept von der eindeutigen Gültigkeit eines Geburtstags zu verändern. Denn etwas kann nur dann sterben, wenn es einmal begonnen hat. Jede Leiche hat einen Geburtstag. Mit munterer Offenkundigkeit verbindet Sterne zu Beginn des Romans Sex mit dem Symbol der Uhr. Oder anders ausgedrückt: Wer würde sich je einen Höhepunkt wünschen, wenn er stattdessen unendlich viel Erregung erfahren könnte? Wer, lassen wir die Katze aus dem Sack, würde stattdessen einen Orgasmus wollen, einen kleinen Tod?

Sterne mochte Metaphern der Mechanik. Wenn er versucht, dem Leser sein System der fortschreitenden Abschweifungen zu erklären, hört sich Tristram an wie ein Ingenieur: »Dieser Kunstgriff macht die Maschinerie meines Werks zu einer eigenen Spezies; zwei gegenläufige Bewegungen, die für unvereinbar galten, stecken darin und sind glatt miteinander verbunden.«[lxxi] Und weil auch ich nicht an Zeit glauben will; weil die Abfolge der Literaturgeschichte auf Lücken gebaut ist –, scheint es nur natürlich, dass ich ein vergleichbares Finale für meine Rekonstruktion von Sternes Apparat wähle: einen Vergleich jener seltsamen Objekte, die Sterne erfand, mit einem anderen avantgardistischen Apparat, den ich liebe: mit Duchamps *Großem Glas* oder *Die Neuvermählte / Braut wird von ihren Junggesellen entkleidet.* In Duchamps Werk ist die Braut von ihren Junggesellen getrennt: Ein Vollzug ist nicht möglich. Wie auch Sternes Roman stellt Duchamps *Großes Glas* eine Art von Aufschiebung dar, und er selbst prägte hierfür den Begriff *Aufschub.* Man sieht eine Braut, und eine *Junggesellenmaschine*, die wiederum einen *Motor der Begierde* enthält. Aber die Begierde kann die Braut nie erreichen. Die physikalischen Kräfte in Duchamps Objekt sind vorsätzlich impotent: Genau, wie im Fall von Sternes Experimentierkasten lässt sich auch aus seinen zwei gegensätzlichen Bewegungen kein klarer Schluss ziehen.

Den Schluss von Sternes Roman – denn schließlich muss er irgendwie enden – bildet die Geschichte von Mr Shandys impotentem Bullen. Und die bricht scheinbar mitten in einem Dialog ab:

> G—t! sagte meine Mutter, was ist mir das nur wieder für eine Geschichte? –
> EINE WINDBEUTLIGE SCHWEIFREDE vom STIER, sagte Yorick – Und eine der allerbesten, so ich je vernommen.[lxxii]

Dieser Roman endet, wie sich Coleridge ausdrückt, »im Nichts«, denn es ist nichts weiter, als eine windbeutlige Schweifrede vom Stier. Aber es ist eindeutig auch die Geschichte vom Penis eines Stiers, der nicht so recht will. Wie auch so viele andere Penisse in diesem Roman Zweifeln ausgesetzt sind. Ja, dieser Roman handelt von Zeugungsproblemen. Man könnte auch sagen, dass die wirkliche Geschichte zeigen will, wie man aus sich selbst eine windbeutlige Schweifrede vom Stier machen könnte: eine reine Überschwänglichkeit. Aber diese Panache hat auch etwas Melancholisches. Und die Moral von der Geschichte liegt in Tristrams paradoxer Beobachtung: »Daß sich die Klügsten von uns auf diese Art selbst übertölpeln und ewiglich über ihr Ziel hinausschießen, indem sie es maßlos verfolgen.«[lxxiii] Eine Begierde zu verfolgen heißt, sie aus den Augen zu verlieren. Will heißen, dass Unterdrückung letztendlich die einzige Möglichkeit ist, die man hat, um eine Begierde zu ehren. Das ist die Bedeutung von Sternes traurigem, komischem Apparat aus Steckenpferden, Anzüglichkeiten, Unterbrechungen, Abschweifungen und Plagiaten. Es ist der Versuch, ein zeitloses Selbst zu schaffen: das Konzept des Geburtstags neu zu erfinden. Kein Wunder also, wenn dieses Selbst – das von einem System der Aufschiebungen, der nicht vollzogenen Vollzüge geprägt ist – auf komische Weise melancholisch ist.

Und trotzdem möchte ich betonen, dass es sich hierbei um eine der nützlichsten Erfindungen in der Geschichte des Romans handelt. Dieser Roman mag der Apparat eines Junggesellen sein, aber schließlich ist die Vaterschaft ein Mysterium. Denn lasst uns nicht vergessen, dass dieser Roman, dieser endlose Apparat, in einem Coitus interruptus begründet ist – und dies ist, wie jeder weiß, eine riskante Verhütungsmethode.

Erstes Multiple

1

An einer Stelle im Roman unterhält sich Onkel Toby mit seinem Hausdiener Korporal Trim. Trim versucht Onkel Toby seine Geschichte von »dem *König von Böhmen und seinen sieben Schlössern*« zu erzählen. Er muss den Titel seiner Geschichte in ein und demselben Kapitel ganze fünfmal nennen, weil er jedes Mal wieder von Onkel Tobys Ablenkungen und Fragen unterbrochen wird, bevor er weiterkommt. Endlich ist es so weit. Er kommt bis zum ersten Satz. Und dann wird er schon wieder unterbrochen.

Da es nun an einem schönen Sommerabend *von ohngefähr* so ausfiel, daß der König von Böhmen mit seiner Königin und seinen Höflingen spazierenging – Recht so! hier ist die Wendung *von ohngefähr* wohl am Platze, Trim, rief mein Onkel Toby; denn der König von Böhmen und seine Königin hätten können spazierengehen oder es bleiben lassen; – 's war dies eine Denkbarkeit, die eintreten konnte oder nicht, just wie's der Zufall wollte.

König William war der Ansicht, mit Verlaub Euer Gnaden, sprach Trim, daß uns alles in dieser Welt schon im voraus bestimmet sei; dergestalt, daß er zu seinen Soldaten oftermals zu sagen pflog: »jede Kugel habe ihr Quartierbillet«. Er war ein großer Mann, sagte mein Onkel Toby.[lxxiv]

Der Vorname des Korporals ist James. Das erwähne ich nur, weil ein paar Jahre später, auf der anderen Seite des Ärmelkanals, in Frankreich, eine Geschichte über einen Mann namens Jacques in Umlauf gebracht wurde, der sich mit seinem Herrn unterhielt:

Jacques. Mein Hauptmann fügte für gewöhnlich hinzu, jede aus einem Gewehr abgeschossene Kugel habe ihren Quartierschein.

Der Herr. Und damit hatte er recht …[lxxv]

In England bemüht sich Trim derweil, mit seiner Geschichte voranzukommen. Er behauptet: »Wäre dieser eine Schuß nicht gewesen, so hätt' ich mich, mit Verlaub Euer Gnaden, auch nie verliebt –.«[lxxvi] Aber diese letzte Bemerkung ist fatal. Denn Onkel Toby würde eine Trim betreffende Liebesgeschichte immer sofort einer Geschichte über den König von Böhmen vorziehen. Und deshalb muss Trim seine Geschichte über den König von Böhmen und seine sieben Schlösser schließlich ganz aufgegeben. Stattdessen erzählt er die Geschichte seines Liebeslebens, ohne größere Unterbrechungen oder Abschweifungen, bis sie vier Kapitel später endet. Währenddessen in Frankreich:

Jacques und sein Herr unterhalten sich

Jacques. [...] Ich glaube, ohne jenen Schuss würde ich mich nie im Leben weder verliebt haben noch hinken.
Der Herr. Du bist also verliebt gewesen?
Jacques. Und ob ich es gewesen bin!
Der Herr. Und zwar eines Schusses wegen?
Jacques. Eines Schusses wegen.
Der Herr. Davon hast du mir nie ein Wort gesagt.
Jacques. Das glaub ich wohl.
Der Herr. Und warum nicht?
Jacques. Weil es weder früher noch später hatte gesagt werden können.
Der Herr. Und jetzt ist der Augenblick gekommen, da ich von dieser Liebesgeschichte erfahren kann?
Jacques. Wer weiß.
Der Herr. Was auch geschehen möge, fang nur an ...[lxxvii]

Und so beginnt Denis Diderots Roman *Jacques le fataliste et son maître* (*Jacques der Fatalist und sein Herr*) – genau an der Stelle, wo auch das neunzehnte Kapitel des achten Bandes von Laurence Sternes Roman *Tristram Shandy* begonnen hatte. Aber danach zieht sich der Roman hin: Denn er erzählt die Geschichte von Jacques' einziger Liebe: oder genauer gesagt, er erzählt die Geschichte davon, wie Jacques versucht, die Geschichte von seiner einzigen Liebe zu erzählen. Und er endet da, wo das zweiundzwanzigste Kapitel des achten Bandes von *Tristram Shandy* endet.

Denis Diderot erweiterte vier Kapitel von Laurence Sterne zu einem Roman.

2

1762 kam Laurence Sterne, der bis dahin sechs Bände seines Romans *Leben und Ansichten von Tristram Shandy, Gentleman* veröffentlicht hatte, nach Paris, um sich zu amüsieren und um die Sehenswürdigkeiten zu besichtigen. Aber er kam nicht dazu, sehr viele Sehenswürdigkeiten zu besichtigen. Stattdessen machte er als neueste literarische Sensation aus England Furore. In einem Brief an seinen Freund David Garrick, den berühmten Schauspieler, schrieb Sterne, er habe bisher Einladungen erhalten von Michel-Étienne Lepeletier, dem Comte de Saint-Fargeau; dem Baron D'Holbach; dem Grafen von Limburg-Styrum und von Claude de Thiard, Comte de Bissy. Der Duc d'Orléans gab eine Skizze von Sterne für seine Sammlung von Memorabilia bedeutender ausländischer Besucher in Frankreich[37] in Auftrag. Aber Sternes wichtigstes Treffen in Paris, das, worum es mir hier eigentlich geht, war jenes mit Denis Diderot. Von Paris aus schrieb Sterne seinem Verleger in London, Thomas Becket, und bat ihn darum, einige englische Bücher nach Paris zu schicken, darunter auch »die 6 Bd. des Shandy«.[lxxviii] Diese Bände wollte Sterne Diderot schenken. Im September 1762 beschrieb Diderot dann in einem Brief an seine Freundin Sophie Volland *Tristram Shandy* als das »närrischste, weiseste, fröhlichste aller Bücher«.[lxxix] Dieser Roman, fand Diderot, habe den Roman als Kunstform neu erfunden.

3

In Milan Kunderas Essay »Einführung zu einer Variation« – in dem er seine eigene dramatische Adaptation von Diderots Roman *Jacques der Fatalist* vorstellt, die 1981 in Paris veröffentlicht wurde, sechs Jahre nachdem Kundera die kommunistische Tschechoslowakei verlassen hatte – erörtert dieser die Originalität von Laurence Sternes

Roman *Tristram Shandy.* Kundera zufolge liegen die »Weisheit und die Schönheit« des Romans darin, dass es sich bei ihm um einen »Spiel-Roman« handelt. In Sternes Roman, so Kundera, wird alles spielerisch in Frage gestellt. Trotzdem, fährt er fort, ist dieser Roman in der Geschichte der Romankunst bis heute verblüffend ungewöhnlich: »Niemand ist ihm gefolgt. Niemand – außer Diderot.« Und dann entwickelt Kundera seine Theorie der Originalität, die auf dieser merkwürdigen Beziehung zwischen Laurence Sterne und Denis Diderot basiert. Denn Diderot allein »war empfänglich für diesen Ruf des Neuen. Es wäre daher absurd, deswegen seine Originalität herabzusetzen. Niemand macht sie einem Rousseau, einem Laclos, einem Goethe streitig, nur weil diese (sie und die ganze Entwicklung des Romans) dem Vorbild des naiven alten Richardson viel verdankten. Die Ähnlichkeit zwischen Sterne und Diderot ist deshalb so frappierend, weil ihr gemeinsames Unterfangen in der Geschichte des Romans ganz und gar vereinzelt geblieben ist.«[lxxx]

Damit ein Schriftsteller den Anschein von Originalität macht, hilft es, wenn er Teil einer Abfolge von Schriftstellern ist: Das ist Kunderas großartiges Argument. Es hilft, unoriginell zu sein. Nur dann wird die Originalität eines Schriftstellers anerkannt. Während der Versuch, eine neue Abfolge, eine neue Tradition zu begründen, dazu führt, dass Diderot Sterne viel mehr zu ähneln scheint, als das eigentlich der Fall ist.

Die Geschichte einer Kunst basiert immer auf einem Paradox: Ein neues Werk wird nur dann für stimmig gehalten, wenn es Teil einer Tradition ist, und trotzdem hat es im Kontext dieser Tradition nur Wert, wenn es etwas Neues macht. Dies bedeutet, dass es sich bei einer Kunstform um die direkte Konfrontation mit einem Problem handelt, das nicht nur ein Problem in der Kunst ist, sondern auch im Leben: Worin liegt der Unterschied zwischen einer Wiederholung und einer Abwandlung? Ab welchem Punkt wird eine Imitation zum Original?

Bekanntermaßen bewunderte Nietzsche den fließenden Stil Sternes, »bei dem die bestimmte Form fortwährend gebrochen, verschoben, in das Unbestimmte zurückübersetzt wird, so dass sie das Eine und zugleich das Andere bedeutet«.[lxxxi] Diese unendliche Melodie bedeutet, dass alles doppelt vorhanden ist. Doch am meisten fasziniert mich, dass sich Nietzsche sofort auch Diderot zuwendet. Nietzsche ist der Philosoph des Einfachen und des Viefältigen: »Seltsam und belehrend ist es, wie ein so grosser Schriftsteller wie Diderot sich zu dieser allgemeinen Zweideutigkeit Sternes gestellt hat: nämlich ebenfalls zweideutig – und das eben ist echt Sternescher Überhumor. Hat er jenen, in seinem Jacques le fataliste, nachgeahmt, bewundert, verspottet, parodiert? – man kann es nicht vollkommen herausbekommen – und vielleicht hat gerade dieses sein Autor gewollt.«[lxxxii]

Eine doppeldeutige Hommage an die Doppeldeutigkeit: Das ist der Stil von Denis Diderots Roman *Jacques der Fatalist.*

Da Jacques, und somit auch *Jacques*, dieselbe Entfernung zurücklegt wie Sterne, aber über einen längeren Zeitraum hinweg, kann man Diderots Ansatz als Überarbeitung betrachten, in der Sternes Tempo gedrosselt wird. Und trotzdem ist auch das Gegenteil wahr. Eine Besonderheit von Sternes Roman *Tristram Shandy* ist gerade die Langsamkeit seiner Erzählweise, die durch seine verstopfte und zerrüttete Oberflächenstruktur entsteht. Aber für seine Fassung hat Diderot vielleicht noch die schnellste all jener stockenden Erzählweisen gewählt, die in *Tristram Shandy* vorkommen. Da hier nicht Tristram erzählt, ist die Geschichte des verliebten Trims ein zusätzlicher Cartoon, der in Tristram Shandys Roman eingefügt wurde, ein sehnsuchtsvoller Moment für den erschöpften Leser – ein kurzer Einblick in eine schnellere Erzählweise, die aber sonst weiterhin außer Reichweite bleibt. Und jetzt verlangsamt Diderot sie wieder. So dass es in Diderots Fassung die Simultanwirkung einer gleichzeitigen Beschleunigung und Verlangsamung gibt.

Ein Stil in Paris ist nicht das Gleiche wie ein Stil in Yorkshire. Gegenüber jenen Leuten, die ihn des Plagiats bezichtigten, die ihm vorwarfen, eine schwache Nachahmung verfasst zu haben, hätte Diderot eigentlich insgeheim stolz sein können. Denn er war ein Original: Er erweiterte eine internationale Kunst.

4

Diderots Roman *Jacques der Fatalist und sein Herr* erzählt die Geschichte von Jacques (einem Fatalisten), der glaubt, alles sei »da droben geschrieben«[lxxxiii] und unser Leben vorherbestimmt. Während er mit seinem Herrn durch Frankreich zieht, versucht er, die Geschichte seiner Liebe zu einem Mädchen namens Denise zu erzählen: Aber er wird andauernd unterbrochen. Schließlich scheint Jacques kurz davor zu sein, die Geschichte von seinem Liebesleben zu beenden – in seiner Erzählung zeigt sich gerade, ob seine Liebe zu Denise vollzogen werden wird oder nicht, denn endlich ist er an der Stelle angekommen, an der sie sich um ihn kümmert, während er im Krankenbett liegt (diese Geschichte über die Liebe ist nämlich eigentlich eine Geschichte über Sex) –, da wird er verhaftet, und sein Herr flieht. So abrupt endet Jacques' Geschichte. An diesem Punkt – es sind nur noch ein paar Seiten – gibt der Erzähler, der als der Herausgeber des Manuskripts beschrieben wird, zu: »Nach Memoiren, die aus guten Gründen für verdächtig zu halten ich nicht umhin kann, könnte ich vielleicht ergänzen, was hier fehlt; aber wozu das? Man kann sich nur für das erwärmen, was wahr ist.«[lxxxiv] Der Leser hat nur Interesse, wenn eine Geschichte dem wirklichen Leben zu ähneln scheint. Trotzdem verspricht der melancholische Herausgeber resigniert, die besagten Memoiren noch einmal genauestens zu lesen, und informiert den Leser eine Woche später, dass drei Absätze in irgendwelchen anderen Memoiren über die gleiche Geschichte nicht mit seinem Manuskript übereinstimmen.

In diesem Roman über die Schnittmenge von Zufall und Kausalität geht es auch um die Darstellung von Abwandlungen, eine Möglichkeit für Diderot, damit anzugeben, wie gut er verstanden hat, was Sterne mit seiner neuen Art der Romankonzeption erreichen wollte – mit seinen Abschweifungen, seinen unmöglichen Schlüssen, seinen Unterbrechungen, seinen Privatgesprächen mit dem Leser – und wie gut Diderot es selber auch anders machen konnte. Es war eine Übung in Sachen Originalität.

Und das, lieber Leser, ist einer der Gründe dafür, dass Diderot drei verschiedene Schlüsse schrieb.

Im ersten Schluss, den Diderot dem französischen Leser anbot, beteuern Jacques und Denise einander ihre Liebe. Jacques versichert ihr, es gehe ihm nicht um Sex, ganz und gar nicht, und somit leben sie fortan glücklich und zufrieden zusammen. Und wenn sie nicht gestorben sind, dann leben sie noch heute. Der zweite Schluss stammt aus *Tristram Shandy* – »es sei denn, dass die Unterredung Jacques' mit seinem Herrn älter ist als jenes Werk und dass der Pastor Sterne also der Plagiator gewesen wäre, was ich nicht glaube, weil ich Mister Sterne eine ganz besondere Hochachtung entgegenbringe«.[lxxxv] In *Tristram Shandy* endet James Trims Geschichte seiner Liebesaffäre damit, dass Denise ihn so zärtlich rubbelt, dass Trim schließlich ihre Hand ergreift:

> – Und dann drückt' Er sie an Seine Lippen, Trim, sagte mein Onkel Toby – und erklärte sich ihr.
>
> Ob sich des Korporals Liebschaft genau auf die von meinem Onkel Toby bezeichnete Weise endigte, ist unwesentlich …[lxxxvi]

Aber der Herausgeber in Diderots Roman bezieht einen imaginären Leser mit ein, der mit Tristrams Sorglosigkeit unzufrieden ist: »Da irrst du dich, schändlicher Verleumder; ich werde durchaus nicht schließen wie du. Denise blieb ehrbar.«[lxxxvii] Doch Diderot lässt Tristram schlagfertig erwidern: »Und wer hat dir das Gegenteil gesagt? Jacques stürzte sich auf ihre Hand und küsste sie, nämlich die Hand. Du hast eine verderbte Phantasie und hörst, was man nicht sagt.«[lxxxviii] Was nur zeigen soll, dass Diderot hier sein Gespür für die vielfältigen Nuancen in Sternes Text vorführt. Denn er kopierte damit Sternes Spiel mit der obszönen Vorstellungkraft des abwesenden Lesers: mit diesem System der scheinbaren Freiheit und der völligen Hemmung. Und die allergrößte Verspieltheit liegt in dieser Miniaturdarstellung des freien Willens: dieser Anthologie der Schlüsse.

Dem dritten Schluss zufolge wird Jacques von Räubern aus dem Kerker befreit, zieht mit ihnen durch die Lande und erkennt eines Tages in einem der Schlösser, das sie hatten plündern wollen, »die Wohnstatt seines Wohltäters und seiner Geliebten«. Er bewahrt das Schloss vor der Plünderung, und alle leben fortan glücklich und zufrieden – »denn so stand es da droben geschrieben«.[lxxxix]

Hier ist ganz offensichtlich eine gewisse Ironie im Spiel. Nichts steht da droben geschrieben. Charakteristisch für diese Erzählung über eine Person, die an absolute Ordnung, an absolute Vorherbestimmung glaubt, sind Blödeleien, multiple Schlüsse, Unterbrechungen, unfertige Erzählstränge; wie *Tristram Shandy* ist dieser Roman ein wilder Tanz der Launen. Aber eine zweite Ironie, jene, an der ich am meisten interessiert bin, geht sogar noch einen Schritt weiter. Alles ist schon deswegen vorherbestimmt, weil Diderot nichts weiter macht, als eine Geschichte aus einem Buch abzuschreiben, das von Laurence Sterne bereits veröffentlicht wurde. Alles ist improvisiert, weil Diderot, der Erzähler, die ganze Zeit über ganz unverblümt Sternes Text benutzt und verändert. Er demonstriert ständig seine neugewonnene Freiheit.

5

Und trotzdem: auch diese Freiheit ist eine Erfindung von Laurence Sterne: Diderots Spiel mit den Schlüssen ist eine Adaptation von Sternes Spiel mit den Kapiteln.

Am Anfang des vierten Bandes von *Leben und Ansichten von*

Tristram Shandy, Gentleman trifft der Leser Tristrams Vater Walter in niedergeschlagener Stimmung an – auf dem Bett liegend, einen Arm zur Seite ausgestreckt, die Hand mit häuslich-realistischem Gestus auf dem Henkel des Nachttopfes. So erholt er sich von der Nachricht, dass der Arzt dadurch, dass er eine Zange verwendete, um Tristram auf die Welt zu bringen, die Nase des Kindes platt gedrückt habe. Denn es ist eine von Walters komischen, aber ernsthaften Überzeugungen, dass der Charakter eines Mannes vom Adel seiner Nase abhängt: Eine zerquetschte Nase ist absolut nutzlos. Und deshalb hält er seinem Bruder Toby von seinem Bett aus einen Vortrag darüber, wie es ist, »wenn man den Katalog all der durchkreuzten Rechnungen und kläglichen *Items* überfliegt, mit denen das Herz des Menschen überladen ist«[xc]. Konfrontiert mit den Leiden dieser Welt und mit der Tatsache, dass sein Sohn das Einzige nicht besitzt – nämlich eine edle Nase –, was die bösen Kräfte ausgleichen könnte, beschließt Walter, dass nun dringende Maßnahmen erforderlich seien: Als er beginnt, die Treppe hinunterzugehen, verkündigt er seinem Bruder Toby, dass er seinen Sohn Trismegistus nennen müsse – nach Hermes Trismegistus, dem großen Alchemisten und Philosophen. Und als er weiter die Treppe hinuntergeht: »Was für ein Kapitel von Zufällen, sagte mein Vater und drehte sich auf dem ersten Treppenabsatz um, als er mit meinem Onkel *Toby* hinabsteigen wollte – was für ein langes Kapitel von Zufällen schlagen doch die Ereignisse dieser Welt vor uns auf!«[xci]

Aber machen wir bei dem Konzept des Kapitels halt.

Vor Laurence Sterne handelte es sich bei der Einteilung in Kapitel um eine Methode, mit der eine Erzählung in ihre erzählerischen Einheiten aufgeteilt werden konnte. Sie bildeten so Ereigniseinheiten, wie zum Beispiel, wenn ein Mann einen Jungen davor rettet, von seinem Herren verprügelt zu werden. Solch ein Kapitel hat eine vernünftige Länge. Folgendes stellt im Gegensatz dazu den gesamten Inhalt des fünften Kapitels des vierten Bandes von *Tristram Shandy* dar:

Ist das wohl der rechte Zeitpunkt, sprach mein Vater bei sich, über PENSIONEN und GRENADIERE zu reden?[xcii]

Dieses aus einem Satz bestehende Kapitel – Walter sitzt immer noch auf seinem Bett und ist noch nicht die Treppe hinuntergegangen – ist ganz offensichtlich nicht die Beschreibung eines wichtigen Ereignisses. Es ist nur ein Moment sinnlosen Grübelns.

Vielleich kann ich es so ausdrücken. Einerseits scheint Tristram die Kapitel ganz beliebig zu verschieben, weil er auf diese Weise dem treu sein kann, was er und sein Schöpfer, Laurence Sterne, für das wirkliche Leben halten, etwas, das dem Zufall unterworfen, punktförmig und desaströs ist. Aber es steckt noch ein anderes Prinzip hinter diesen verrückten Kapiteleinteilungen. Statt die Kapitel im Einvernehmen mit der Logik der beschriebenen Geschehnisse aufzuteilen, gliedert Sterne sie nach Themen. Seine Kapitel erinnern eher an musikalische Phrasen als an Theaterszenen. Durch ihre Instrumentalisierung ermöglicht Sterne die Musikalisierung seiner Form – eine Struktur der sich entwickelnden Themen und Motive.

Das Kapitel ist für Sterne die zentrale Formeinheit, die zwei gegeneinandergerichtete Kräfte unseres Universums im Gleichgewicht hält: die Neigung zu Entropie, zu Formlosigkeit, zur Anarchie des Zufalls auf der einen, und die Neigung zu Form, Beständigkeit, zur Perfektionierung eines Musters auf der anderen Seite.

Während sein Vater noch auf dem ersten Absatz der Treppe ist, beginnt Tristram ein neues Kapitel mit der möglichen Beschwerde eines Lesers: »Ist's nicht schändlich, zwei Kapitel aus dem Geschehen beim Hinabsteigen einer Treppe zu machen? Denn weiter als bis zum ersten Treppenabsatz sind wir bis jetzt nicht gekommen, und es sind noch weitere fünfzehn Stufen nach ganz unten.«[xciii] Diesem ungeduldigen Leser erklärt Tristram sofort, dass er einfach nicht anders könne: »Wie dem auch sei, Sir, ändern kann ich's so wenig wie mein Schicksal: Da überkommt mich eine plötzliche Eingebung – laß den

Vorhang fallen, *Shandy* – ich laß' ihn fallen – Mach hier einen Strich quer übers Papier, *Tristram* – ich mache ihn – und hepp, auf geht's in ein neues Kapitel!«[xciv]

Soll ein Mensch Regeln folgen, oder sollen die Regeln ihm folgen? Das wird in diesem zehnten Kapitel erörtert, das, wie Tristram uns mitteilt, sein ganz persönliches »Kapitel über Kapitel« ist. Dies ist sein Thema. Sein Aufsatz über Form ist eigentlich ein Aufsatz über die Freiheit. Denn manche Fragen der Form sind gleichzeitig Fragen des wirklichen Lebens. Was für ein monumentales Kapitel der Zufälle eröffnen uns nicht die Ereignisse dieser Welt! Das wirkliche Leben besteht aus all den durchkreuzten Rechnungen und kummervollen Dingen, mit denen des Herz des Menschen überladen ist.

Wir werden alles ins rechte Lot bringen, sagte mein Vater, als er vom Treppenabsatz auf die erste Stufe hinuntertrat – Dieser *Trismegistus*, fuhr mein Vater fort, wobei er das Bein wieder zurückzog und sich an meinen Onkel *Toby* wandte – war der größte (*Toby*) aller Sterblichen – er war der größte König – der größte Gesetzgeber – der größte Philosoph – und der größte Priester – und Ingenieur – sagte mein Onkel T*oby*.-

– So und nicht anders, sagte mein Vater,[xcv]

Und genau so endet das elfte Kapitel dieses Bandes, mit einem Komma. Und das Komma ist entscheidend. Es demonstriert stumm Sternes neues Konzept der Kapitel. Denn in diesem Kapitel ist Sternes Thema die nicht offen diskutierte Tatsache, dass alle immer auf ihren Steckenpferden sitzen – Walter mit seinem Traum von Größe, Toby mit seinem Traum von militärischen Festungen. Das Komma zeigt auf wilde Art, dass ein Kapitel nicht am Ende einer Szene enden muss: Es kann zusammen mit dem Ende eines Themas enden. Denn jeder, der dieses Buch liest, weiß, welche Tragödie Walter erwartet, welche durchkreuzte Rechnung bevorsteht. Es gibt keine Freiheit, nicht wirklich.

Denn das Buch wird nicht von Trismegistus Shandy erzählt. Irgendwie, durch eine Abfolge menschlicher Katastrophen, kam Trismegistus nie zustande. Der Erzähler dieses Romans, dieser Autobiographie, wurde nicht nach einem Alchemisten benannt. Stattdessen steht sein Name nur für Melancholie.

Zweites Multiple

1

Aber ich bin mir nicht sicher, ob Milan Kundera wirklich so deprimiert sein musste, als er über die von Laurence Sterne begonnene, abgehackte Tradition nachdachte. Es stimmt nicht ganz, dass diese Tradition nur aus zwei einsamen Schriftstellern besteht. 1881 veröffentlichte der brasilianische Schriftsteller Machado de Assis *Memórias Pōstumas de Brás Cubas* (*Die nachträglichen Memoiren des Brás Cubas*). Es war sein fünfter Roman, den er mit einundvierzig Jahren geschrieben hatte. Machados frühere Romane waren überhaupt nicht wie dieser: Sie waren nicht so exhibitionistisch und nicht so kunstvoll. Sie waren nicht originell. Während *Die nachträglichen Memoiren des Brás Cubas* der reine Überschwang an Neuheit ist. Von Brás Cubas aus dem Jenseits erzählt, widmen sich diese posthumen Memoiren einer kleinen, eher unbedeutenden Geschichte: Brás' Affäre mit Virgília, der Frau eines Freundes. Aber die Handlung ist natürlich nur ein Vorwand: Eigentlich geht es in dem Roman um Wahrheiten. Um das wirkliche Leben. Es geht um die endlosen Freuden der Selbstkritik.

Oder, mit anderen Worten, Brás Cubas ist eine Überarbeitung von Tristram Shandy.

Denn Tristram und Brás ähneln sich darin, wie sie ihre Geschichte erzählen, voller Unterbechungen und Abschweifungen, eine Geschichte, die aus Kritzeleien entsteht. Sie gleichen sich auch insofern, als Tristram erst seit ein paar Tagen auf der Welt ist, während Brás erst seit ein paar Tagen tot ist. Auch Brás' Lieblingsprojekt, ein »Anti-

Hypochondrie-Pflaster, das unsere melancholische Menschheit trösten sollte«[xcvi], gleicht Tristrams Wunsch, etwas zu finden, »um […] die *Galle* und andere *bittere Säfte* aus der Gallenblase, Leber- und Gekrösdrüse von Seiner Majestät Untertanen samt all den schädlichen Leidenschaften, so sie bergen, hinweg in den Zwölffingerdarm zu spülen«.[xcvii] Und die wichtigste Ähnlichkeit ist ihre ganz bewusste Direktheit. Beide Erzähler verschwenden ihre Zeit nicht mit emotionalen und fiktionalen Klischees.

»Vielleicht wundert sich der Leser«, sagt Brás, »wie offen ich ihm meine Mittelmäßigkeit darstelle und sogar noch unterstreiche. Ich mache ihn ergebenst darauf aufmerksam, dass Offenheit die erste Tugend eines Verstorbenen ist […] Was für ein Unterschied, wenn man tot ist! Was für ein Aufatmen! Was für eine Befreiung! […] Der Blick der öffentlichen Meinung, dieser scharfe und richterliche Blick, verliert an Kraft, wenn man das Reich der Toten betritt.«[xcviii]

Tristram und Brás sind Experten solcher paradoxer Sätze – in denen einem präparierten Publikum voll unbehaglicher Leser das Fehlen eines Publikums verkündet wird. Sie sind beide Meister der Sprunghaftigkeit und rechtfertigen diese mit ihrer »Willensschwäche, Schrullenhaftigkeit und was dazugehört«.[xcix]

Aber da enden die Ähnlichkeiten auch schon. Denn ein Resultat von Brás' postmortaler Narrenfreiheit sind all die Dinge, die er mit seiner Erzählform anstellen kann: Er ist voll ungeduldiger und kluger Einfälle, um ein Buch kürzer, ökonomischer und weniger langweilig zu machen. Denn ein nach Brasilien verpflanzter Laurence Sterne ist schließlich nicht mehr Laurence Sterne. Man bekommt etwas völlig anderes. Darin liegt die Bedeutung eines Multiples. Und so beschleunigt sich in Rio de Janeiro alles: wie die Kritzeleien eines Geschwindigkeitsfreaks.

2

Seine bravourösen Übergänge! (»Ich bitte um geneigte Aufmerksamkeit, wie geschickt und kunstvoll ich den größten Übergang bewerkstellige, der in dem Buch vorkommt. Also: Als mein Delirium anfing, war Virgília dabei; Virgília war meine große Jugendsünde; ohne Kindheit keine Jugend, Kindheit setzt Geburt voraus, und schon sind wir mühelos beim 20. Oktober des Jahres 1805 angekommen, meinem Geburtstag. Habt ihr's gemerkt? Keine merkliche Verbindung, nichts, was die verhaltene Aufmerksamkeit des Lesers ablenken könnte.«[c]) Sein bravouröses Kapitel, das nur aus einer kurzen Liste von Notizen besteht! »Bier, Fackeln, Einladungen, Geladene, die mit dumpfen Schritten langsam eintreten« – als Ersatz »für ein trauriges, alltägliches Kapitel, das ich aber nicht schreibe«.[ci] Seine bravourösen Dialoge! Denn Machado de Assis ist sich darüber im Klaren, dass man für gewisse Unterhaltungen gar keine Wörter braucht, wie zum Beispiel, um »den alten Dialog zwischen Adam und Eva« darzustellen: Zeichensetzung reicht dafür völlig aus:

Brás Cubas

......................?

Virgília

....

Brás Cubas

....?

....

Virgília

................................!

Brás Cubas

....

Virgília

....
..................?.......................
....
....

Brás Cubas

....

Virgília

....

Brás Cubas

....
....
....!..
...!......................................
....!

Virgília

...............?

Brás Cubas

...............!

Virgília

..................................![cii]

Ja, Machados Einsichten sind bravourös. Seine Einsichten beruhen auf der Tatsache, dass ein Roman viel kürzer sein kann, als man bisher generell angenommen hatte. Sicher, er übernahm die Form von Sternes musikalischem Roman: Aber dann verstärkte er all seine Effekte noch weiter.

3

Und mit dieser Beschleunigung erfand Machado de Assis eine neue Art der Selbstkritik: Er entwickelte eine neue Methode, um den Prozess des Fühlens, wie er wirklich ist, darzustellen.

Es begab sich beispielsweise einmal – teilt Brás Cubas dem Leser in einer scheinbar sinnlosen Abschweifung mit –, dass er von seinem Esel abgeworfen wurde, sich im Bügel verfing und von einem Maultiertreiber gerettet wurde, der die Zügel packte und das Tier beruhigte. In seinem emotionalen Zustand nach dieser Nahtoderfahrung beschloss er, dem Mann drei der fünf Goldstücke zu geben, die er bei sich hatte. Aber als er das Geld aus seiner Geldtasche holen wollte, entschied er, dass zwei Goldstücke eigentlich auch genügten. Vielleicht sogar eins. Letzten Endes gab er dem Mann einen Silberkreuzer, ritt weg und drehte sich nach wenigen Schritten noch einmal um. »Da erwies mir der Treiber mit dem offensichtlichen Ausdruck der Zufriedenheit alle Ehrerbietung.« Das löste bei Brás neue Zweifel aus: »Vielleicht hatte ich ihm zu viel gegeben.« Brás griff in seine Westentasche und fühlte einige Kupfermünzen. Die hätte er dem Treiber statt des Silberkreuzers geben sollen. »Ich nannte mich verschwenderisch und buchte den Kreuzer auf Rechnung meiner früheren Ausschweifungen. Ich hatte (warum soll ich nicht alles sagen?), ich hatte Gewissensbisse.«[ciii]

Ich liebe diese Episode, wirklich. Mit diesem Hochgeschwindigkeits-Diminuendo – angefangen mit dem überschwänglichen Wunsch, großzügig zu sein, bis hin zu Brás' großer Reue über seine Verschwendung – demonstriert Machado de Assis, dass er Sterne imitiert, bei dem eine Erzählpassage gleichzeitig fortschreiten und abschweifen kann. Die Abschweifungen sind eigentlich in den Text geschmuggelte Beschreibungen. Denn ein Klischee des Kitsches oder Schmalzes besagt, dass der Mensch edel sei und seine Gefühle großartig und schön. Machado de Assis hingegen nimmt, mit seinem Hochgeschwindigkeits-Arrangement von Motiven, all diese schmalzigen Vorrichtungen auseinander.

Und ich denke: An dieser Stelle lässt sich ein weiteres Element zu der internationalen Anthologie des Krempels hinzufügen. Denn diese Memoiren des Brás Cubas sind eine kleine Anthologie der veralteten literarischen Formen: der Anekdote, der Vignette, der Apologie, der Karikatur, des Rätsels, des Porträts, des Vorworts. Es sind Elemente der Rhetorik des neunzehnten Jahrhunderts. Weil die Wahrheit über das Menschliche in Rio de Janeiro – und diese Wahrheit gilt überall –, ist, dass alle menschlichen Erfindungen heruntergekommen sind, der reinste Müll.

Drittes Multiple

1

Während Machado de Assis in Rio de Janeiro daran arbeitete, Schriftsteller zu werden, hielt er sich finanziell mit Übersetzungen aus dem Französischen über Wasser. Diese Übersetzungen waren kommerziell. Weil Machado de Assis Geld brauchte, übersetzte er nur die Werke, von denen er wusste, dass sie in Rio de Janeiro gelesen werden würden. Dort wollte man Romantik, also gab er ihnen Romantik. Er übersetzte die Dichtung französischer Romantiker, wie beispielsweise Lamartine. Er übersetzte schlechte Libretti aus schlechten romantischen Opern. Und als man die Gedichte des polnischen romantischen Dichters Adam Mickiewicz lesen wollte, übersetzte Machado de Assis auch diese. Selbst in späteren Jahren übersetzte er weiterhin den größten romantischen Kitsch wie Baudelaires Übersetzung von Poes romantischem Gedicht »The Raven«.

Alles machte den Weg über das Französische, und alles war romantisch.

Die Geschichte von Machado de Assis' Übersetzungen zeigt eindrücklich die Probleme des provinziellen Geschmacks. Wie jeder

Schriftsteller musste er seine eigene Provinzialität überwinden und eine internationale Technik erlernen. Und der Ausgleich zu seiner alltäglichen Arbeit lag für ihn im privaten Raum seiner Bibliothek.

Machado de Assis besaß eine 1859 in Paris erschienene französische Ausgabe der Werke von Jonathan Swift in der Übersetzung von Léon de Wailly, die den Titel *Opuscules humoristiques* trug. Von Diderot hatte er eine zweibändige Ausgabe von 1880, *Œuvres choisies*, erschienen bei Garnier. Er besaß außerdem die Werke von Balzac, Flaubert, Stendhal …[civ] Der Kontrast zwischen dieser Bibliothek, die er im Laufe seines Lebens zusammentrug, und den romantischen Libretti seiner Jugend ist eine Allegorie für die von ihm erlernten Technik. Nach und nach legte er seine Provinzialität durch harte Arbeit ab: Er wurde einzigartig und international. Denn wenn sich der internationale Leser vor Augen führt, was Machado de Assis mit den von Laurence Sterne erfundenen Formen machte, sollte er daran denken, dass Machado de Assis Sterne weder auf Englisch lesen konnte (weil er kein Englisch konnte), noch auf Portugiesisch (weil es bis zum zwanzigsten Jahrhundert keine Übersetzung von *Tristram Shandy* ins Portugiesische gab). Er las Laurence Sterne auf Französisch. Er besaß eine Ausgabe von *Tristram Shandy* von 1849 und eine Ausgabe von *A sentimental journey* (*Eine empfindsame Reise*) von 1861.

Und weil die französische Ausgabe von *Tristram Shandy*, die Machado besaß, 1849 gedruckt worden war, kann es gut sein, dass es sich dabei um jene Übersetzung handelte, die ein Jahr zuvor von Léon de Wailly angefertigt worden war. Aber vielleicht handelte es sich auch – und dies ist fast wahrscheinlicher – um eine neue Auflage der Standardübersetzung aus den 1770ern. Wenn es sich wirklich um de Waillys Fassung handelte, dann hatte Machado de Assis Zugang zu einer guten Annäherung an Sternes Text. Handelte es sich dagegen um die Übersetzung aus den 1770ern, dann las er etwas weniger Genaues als eine Annäherung – eher eine Art Graffiti …

2

Die erste französische Übersetzung von Laurence Sternes Roman *Leben und Ansichten von Tristram Shandy, Gentleman* – bis zum Ende des vierten Bandes – erschien 1776. Sie stammt von einem Mann namens Joseph Pierre Frénais. Die Übersetzung des restlichen Romans wurde gleichzeitig von Griffet de la Beaume und dem Marquis de Bonnay begonnen. De la Beaumes Übersetzung ist zwar etwas besser als die des Marquis de Bonnay, aber sie wurde aus unbekannten Gründen nicht wieder aufgelegt; und so wurde eine Verschmelzung von Frénais' und de Bonnays Übersetzungen der französische Standardtext.

Aber es war bei weitem keine akkurate Übersetzung.

Denn Frénais scheint Sternes obszönen Sinn für Humor nicht geteilt zu haben. In seinem »Advertisement« am Anfang des Buches teilt er dem Leser daher mit: »Monsieur Sternes Witze schienen mir nicht immer sehr gut zu sein. Ich ließ sie, wo ich sie fand & ersetzte sie mit anderen.«[cv] Frénais pfuschte also in Sternes Struktur versteckter Anzüglichkeiten herum, so dass jene besonderen Techniken, für die er bekannt war – die Auslassung von Wörtern oder die vermeintliche Auslassung von Wörtern – wieder normalisiert wurden. In der Folge wurden Sternes verschmitzte Kompromittierungen seiner Leser (»Meine Schwägerin, möchte' ich meinen, fügte er hinzu, mag's nicht leiden, kommt ihr ein Mann so nah an ihre ****.«[cvi]) viel ordinärer, viel heikler (›Ma soeur ne veut apparemment pas qu'un homme l'approche de si près …‹[cvii])

Aber Frénais griff nicht nur bei den Obszönitäten ein; er strukturierte Absätze um, ließ Zeilen aus, die ihn zu langweilen schienen, und fügte seine eigenen Ausschmückungen hinzu. Anders als Samuel Johnson teilte er dies seinen frankophonen Lesern allerdings nicht mit. Frénais hatte ein besonderes Problem mit Sternes typographischen und buchliebhaberischen Tricks – wie mit dessen Leerseite oder der schwarzen Seite. Wo Sterne eine marmorierte Seite eingefügt hatte (»buntscheckiges Sinnbild meines Werkes!«[cviii]), tat Frénais dies nicht. Aber andererseits beschloss er, dass es besser sei, an der Stelle, an der Sterne Tristrams Vater die Pannen bei Tristrams Geburt in einwandfreier, vor sich hinlaufender Prosa beklagen ließ, eine nach oben ansteigende Reihe des Wortes *hélas* – Ach! – einzufügen, um den aufsteigenden und absteigenden Ton von Walters Klage zu repräsentieren:

hélas

hélas

hélas

hélas

hélas

und dann noch eine Reihe *hélas*, in die entgegengesetzte Richtung.[cix]

Aus alldem ergibt sich die Frage: Was las der frankophone Leser wirklich, wenn er Sterne in dieser Übersetzung las?

3

1937 hatte der polnische Schriftsteller Witold Gombrowicz eine Kurzgeschichtensammlung und einen Roman, *Ferdydurke*, veröffentlicht, die ihn berühmt gemacht hatten. Zumindest in Polen. Er war ein *enfant terrible*. Aus diesem Grund beschloss er, über einen weiteren Schriftsteller zu schreiben, der mit der Form experimentierte: James Joyce. *Ulysses* war acht Jahre zuvor, 1929, auf Französisch erschienen, aber Gombrowicz hatte diese Übersetzung gerade erst gelesen. Denn genauso, wie es Machado de Assis nicht möglich war, Sterne auf Portugiesisch zu lesen, konnte Gombrowicz Joyce nicht auf Polnisch lesen. Beide mussten sich also mit dem Kompromiss einer französischen Übersetzung zufriedengeben. Und so schrieb

Gombrowicz einen Text über die französische Übersetzung von *Ulysses* für eine Warschauer Zeitschrift, den *Kurier Poranny*. Mit Bedauern musste er aber zugeben, dass er *Ulysses* nicht wirklich für übersetzbar hielt. Wehmütig beneidete er das Glück der englischsprachigen Leser und teilte seine eigene paradoxe und in sich widersprüchliche Überzeugung mit, dass die »Perfektion und Kraft dieses komplexen Stils« zwar selbst in der Übersetzung eindeutig zeige, wie gut *Ulysses* sei, die zweifache Sprachbarriere aber trotzdem »einen intimeren Umgang« verbaue. Gombrowicz beendete seinen Artikel mit einem gereizten Seitenhieb:

Es ist unangenehm, daß irgendwo im Ausland eine Methode des Fühlens, Denkens und Schreibens entstanden ist, die unsere Methoden des Anachronismus bezichtigt und rein technische Schwierigkeiten dem Einblick in jene Entdeckungen im Wege steht.[cx]

Durch *Ulysses* waren die polnischen Romanciers mit einem Schlag überholt worden, das entging Gombrowicz nicht: Aber im Französischen, seiner Zweitsprache, konnte er nicht genau fassen, von welchen Mechanismen dies bedingt wurde. Die technischen Details, das gab er zu, gingen an ihm vorbei. Sein Französisch sei zwar gut genug, um eine Unterhaltung zu führen, aber diese von einem Expertenkomitee hergestellte Übersetzung gab ihm das Gefühl, ausgeschlossen und marginalisiert zu sein. Denn wie alle guten Romane wurde *Ulysses* ganz von seiner Sprache getragen, war »organisch mit ihr verbunden, in seine Sprache hineinkomponiert und von ihr geschaffen«.[cxi]

Aber ich bin mir nicht so sicher, ob dies wirklich so stimmt. Wenn Stil nur auf der Ebene der Sätze angesiedelt wäre, dann hätte Gombrowicz vielleicht recht. Stil ist nicht nur eine Frage der Sätze, und genau aus diesem Grund ist es trotzdem möglich, Texte zu übersetzen. So etwas wie Unübersetzbarkeit gibt es gar nicht. Und so frage ich mich manchmal, ob hinter dem Konzept der Unübersetzbarkeit nicht immer der heimliche Wunsch nach der perfekt passenden Übersetzung steckt, und hinter diesem Wunsch wiederum die entsprechende Sehnsucht nach dem absoluten Stil. Aber es gibt keine perfekten Übersetzungen, und alle Stile sind zerklüftet. Und somit ist immer etwas übertragbar, auch wenn die resultierende Übersetzung nie perfekt sein kann.

Denn Gombrowicz konnte trotz allem erkennen, was an *Ulysses* so gut war! Auf Französisch hatte er verstanden, worin Joyces Erneuerungung bestanden, die Effekte seiner Kunst. Aus diesem Grund wollte er eine polnische Übersetzung – diese, so sein Argument, wäre für die polnische Literatur um einiges wertvoller als ein weiterer mittelmäßiger polnischer Roman. Denn in diesen mittelmäßigen Romanen mochte sich zwar »ab und zu etwas ändern – in der Art der Erfassung ändert sich so gut wie nichts«. Joyce dagegen »würde uns einen Schuß Elastizität geben, die laschen Organismen lehren, sich anzupassen, zu verändern, er würde ihnen nicht so sehr Inspiration, als vielmehr gewöhnliche Vitalität einhauchen«.[cxii] Ja, sogar in ihrer französischen Form waren Joyces Neuerungen für diesen polnischen Schriftsteller erkennbar. Und trotzdem hatte Gombrowicz' Schluss etwas Niedergeschlagenes. Die dem englischsprachigen Leser angeborenen Vorteile bedrückten ihn. Diese Reaktion ist genauso verständlich wie grundlos.

Denn Stil ist etwas Internationales. Stil überlebt Migrationen, nicht nur in eine zweite Sprache, sondern auch in eine beliebige dritte Sprache. Sternes Nachkömmlinge in der Geschichte des europäischen Romans konnten sein Werk nicht immer im Original lesen. Diderot las ihn auf Englisch, das ist richtig. Aber Machado de Assis las ihn auf Französisch, und genauso der russische Dichter und Schriftsteller Alexander Puschkin. Und in Puschkins Fall weiß der internationale Leser sogar mit Sicherheit, welche Übersetzung ihm zur Verfügung stand – die von Frénais –, da dessen Bibliothek nach seinem Tod katalogisiert wurde. Deshalb wissen wir heute, dass Puschkin Laurence Sternes *Œuvres complètes* in der Ausgabe von 1818 las.[cxiii]

Und selbst wenn Machado de Assis Sterne in dieser Ausgabe gelesen hätte, was wahrscheinlich scheint, handelte es sich dabei trotz aller Kritik um eine nicht unbrauchbare Überarbeitung. Denn letztendlich können Übersetzungen holpriger sein, als es sich die meisten Leute vielleicht wünschen würden. Wie unglücklich der perfektionistische Leser darüber auch sein mag, so beweist diese Tatsache doch, dass selbst die Lektüre dieser Annäherung an eine grobe Übersetzung es gewissen Lesern in Rio de Janeiro oder Sankt Petersburg möglich machte zu erkennen, was Sterne so trieb, und die von ihm erfundene Technik weiterzuentwickeln.

So kann letztendlich auch etwas Fehlerhaftes auf gewisse Weise akkurat sein.[38]

Viertes Multiple

1

Von allen bestehenden Variationen über *Tristram Shandy* ist die von Alexander Puschkin vielleicht am unbändigsten – aus einem pyromanischen Grund: Es handelt sich um einen Roman in Versen. Ja, das Komplizierte an *Eugen Onegin* ist seine Oberfläche, seine Abfolge vierzehnzeiliger Stanzen mit kompliziertem Reimschema. Im Gegensatz dazu ist die Handlung einfach: Tatjana liebt Eugen, aber Eugen liebt Tatjana nicht. Also weist Eugen Tatjana zurück. Als er endlich merkt, dass er Tatjana liebt, ist Tatjana mit einem anderen Mann verheiratet. Also weist Tatjana nun ihrerseits Eugen zurück. Ich nehme an, dass es möglich ist, dies als eine edle Tragödie zu lesen, eine Geschichte von zwei Liebenden, die vom Schicksal dazu bestimmt sind, für immer getrennt zu sein. Es ist möglich, die Handlung als Lyrik zu lesen. Aber Lyrik ist schließlich immer eine schwierige Angelegenheit. Puschkin gab *Eugen Onegin* den Untertitel »Roman in Versen«. Und während das ein Witz ist, ein absichtliches Oxymoron, ist es auch wieder kein Witz. Denn für Puschkin gab es keine wirkliche Trennung zwischen einem Roman und Lyrik. In einem Artikelentwurf aus dem Jahre 1822, der den Titel »Über Prosa« trägt, nörgelte Puschkin an jenen russischen und romantischen Schriftstellern herum –

> die es für unwürdig halten, die allergewöhnlichsten Dinge einfach beim Namen zu nennen, und meinen, sie könnten ihre naive Prosa durch Zusätze und welke Metaphern beleben? Diese Leute können nicht *Freundschaft* sagen, ohne hinzuzufügen: dieses heilige Gefühl, dessen edle Flamme usw. Es müßte heißen: früh am Morgen – aber sie schreiben: kaum erhellten die ersten Strahlen der aufgehenden Sonne die östlichen Ränder des azurblauen Himmels – ach, wie ist das alles neu und frisch, ist es etwa schöner, nur weil es länger ist?[cxiv]

Mit kecken zweiundzwanzig Jahren kam Puschkin zu dem vernünftigen Schluss, dass die Kraft der Prosa nicht in der Länge lag, sondern in »Genauigkeit und Kürze«. Denn Prosa »braucht Gedanken und wieder Gedanken, ohne Gedanken sind die glänzendsten Formulierungen unnütz. Mit Gedichten ist es etwas anderes. (Obwohl es unseren Dichtern nicht schaden könnte, eine bedeutend größere Summe an Ideen aufzubringen, als das gewöhnlich geschieht. Mit Erinnerungen an die verflossene Jugendzeit wird unsere Literatur nicht wesentlich vorankommen.)«[cxv] Indem er *Eugen Onegin* in Versen schrieb, versuchte Puschkin zu zeigen, wie viel mehr Inhalt die Lyrik erfassen konnte. Und wie viel Kürze ein Roman vertrug. Die einzige Pflicht eines Schriftstellers oder eines Dichters oder eines Schriftstellerdichters war es, interessant zu sein. »Sollte man da nicht lieber der romantischen Schule folgen«, schrieb Puschkin drei Jahre später, »die alle Regeln ablehnt, aber nicht der Kunst entbehrt? Interesse – Einheit.«[cxvi] Ich mag diese kleine Bemerkung: Denn sie verbindet Puschkin auf neue Weise mit anderen Multiples von Laurence Sterne und Denis Diderot. Da Puschkin ein Exemplar von Diderots *Œuvres* besaß, das 1821 in Paris erschienen war – sowie ein Exemplar der

Œuvres inédites von 1821 – ist es möglich, dass er Diderots »Lobrede« auf den englischen Schriftsteller Samuel Richardson gelesen hatte, in der Diderot verkündet, die Kunst der Prosa müsse vor allem »interessant« und detailreich sein. »Denkt über solche ausführlichen Schilderungen, wie ihr wollt: Für mich werden sie immer interessant sein, wenn sie wahr sind, wenn sie die Leidenschaften zutage treten lassen, wenn sie Charaktere zeigen.«[cxvii] Wie Diderot in Paris wollte Puschkin in Sankt Petersburg so viel vom wirklichen Leben in sein Werk einbeziehen, wie er nur irgend konnte. Er wollte interessant sein. Und was interessant ist, sind in der Tat die Details. In dieser Hinsicht unterscheidet sich die Kunst des Romans nicht von einer anderen menschlichen Beschäftigung: der Konversationskunst. »Ein Roman braucht Geplauder; alles muss ausgedrückt werden …«, schrieb Puschkin einmal an einen seiner Freunde. Ein Roman funktioniert nur, wenn er tückisch mit Genauigkeiten umgeht.[39] Wie beispielsweise die Lampe, die einen »Regenbogen auf den Schnee« wirft, wie Eugen bemerkt, als er sie im Vorbeifahren aus seiner Kutsche heraus betrachtet. Woraufhin Vladimir Nabokov in seinem Kommentar dieser Textstelle seine eigene Bemerkung hinzufügte:

> Meine eigene sechzig Jahre alte Erinnerung besteht nicht so sehr aus prismatischen Farben, die von den zwei seitlichen Laternen eines Brougham auf Schneewehen geworfen werden, sondern aus den schillernden Spikulen um trübe Straßenlaternen, die durch seine frostüberzogenen Fenster kamen und sich an den Rändern der Scheibe brachen.[cxviii]

Dies ist eindeutig das Gegenteil eines Romans in Versen: Dies ist Poesie in Prosa.

2

1837 veröffentlichten die Redakteure der Zeitschrift *Contemporary*, die Puschkin mitgegründet hatte, in der achten Ausgabe – posthum – eine Auswahl aus Puschkins »Tischgesprächen«. Offenbar beschäftigte Puschkin ein grundlegendes technisches Problem: Wie man eine Figur erschaffen kann, die nicht nur blind einem Plan folgt; eine Figur, deren Entwicklung auf realistische Weise unbestimmt ist. Sein Vorbild war Shakespeare, der Figuren schaffen konnten, die »lebendige Wesen« sind, »die von vielen Leidenschaften, von vielen Lastern beherrscht werden«. Im Gegensatz zu Molière, so argumentierte Puschkin, blieb Shakespeare den vielzähligen möglichen Perspektiven des wirklichen Lebens treu. »Bei Molière ist der Geizige geizig, und sonst nichts; bei Shakespeare ist Shylock geizig, pfiffig, rachsüchtig, kinderlieb, witzig.«[cxix]

Dies ist eine ungewöhnliche Beschreibung davon, wie man eine Beschreibung zu einer Wahrheit werden lassen kann. Aber Puschkin hatte auch noch weniger gewöhnliche Einfälle.

Im November 1824 schrieb Puschkin an seinen Bruder Lev. Der erste Gesang von *Eugen Onegin* sollte drei Monate später veröffentlicht werden, am 18. Februar 1825. Seinem Brief legte Puschkin eine Zeichnung bei, die, so sagte er, unbedingt mit seinem Roman veröffentlicht werden müsse. Die Zeichnung von der Uferböschung der Newa in Sankt Petersburg zeigt Puschkin modisch und gutaussehend; Onegin, etwas weniger umwerfend ohne Puschkins romantische Locken; ein Segelschiff und die Peter-und-Paul-Festung.

Die Illustration wurde aber nie in die Ausgabe von 1825 aufgenommen. Eine Reproduktion des Künstlers Alexander Notbek erschien schließlich in einer Reihe von *Onegin*-Illustrationen, die im Januar 1829 im *Nevski Almanach* veröffentlicht wurden. Darin ist Puschkin nicht länger gutaussehend. Er sieht steif und angespannt aus – so, wie er selbst anmerkte, als habe er mit ganz besonders hartnäckigem Durchfall zu kämpfen. Aber es geht hier nicht um die Ausführung der

Zeichnung, sondern um den Witz, der in ihr steckt. Denn dieser war der Grund dafür, dass Puschkin sie unbedingt mit dem Roman veröffentlichen wollte. Die Zeichnung zeigte einen Autor, der mit einer seiner Figuren befreundet war. Und diese Ebenbürtigkeit ist der versteckte Schlüssel zu *Eugen Onegin*: »Mit dem Helden meines Romans / mache ohne Umschweife sogleich, / ich, wenn's gestattet ist, bekannt: / Onegin, ein alter Kumpan von mir …«[cxx] Alle, ob wirklich oder ausgedacht, befinden sich auf derselben Ebene. »Als er Tatjana bei einer langweiligen Tante antraf, / setzte sich einmal W. zu ihr / und wusste ihre Seele in Bann zu nehmen.«[cxxi] »W«, »Wjasemskij«, ist Puschkins Freund, Prinz Wjasemskij. Eine bezaubernde Idee von Puschkin, Tatjana einfach in seinen Freundeskreis zu integrieren.

Der Grund für diese Trope – Figuren als Bekannte des Autors darzustellen – ist, dass sie Puschkin erlaubte, die Idee der Freiheit der Figuren noch auf eine andere Weise zu entwickeln. Sein *Eugen Onegin* ist deswegen wie auch Diderots Roman *Jacques der Fatalist und sein Herr* ein Witz, der gleichzeitig eine Variation über Sternes Thema ist.

Jegliche Freiheit, die eine Figur in der Fiktion innehat, ist eine Illusion. Sie sind schließlich nur ausgedacht. Aber letztendlich ist alles auf gewisse Weise ausgedacht. Wenn man diese traurige Tatsache einmal akzeptiert hat, erkennt man schnell, dass es mehr oder weniger präzise Mechanismen gibt, um sie zu umschiffen. Eine ist es, die Figur sich selbst widersprechen zu lassen. Und eine andere, wenn der Autor selber in der Geschichte auftaucht – was eine Doppeldeutigkeit schafft, eine Komplikation.

Der Mangel an Freiheit basiert bei den Figuren eines Romans auf der Tatsache, dass der Autor tatsächlich wirklich ist, während sie es nicht sind. Aber sobald Puschkin selbst in der Geschichte auftaucht und somit zur Fiktion wird, gewinnen die Figuren einen neuen Anschein von Freiheit. Freiheit wird bei Puschkin durch die Unabhängigkeit der Geschichte von einem allwissenden Erzähler entwickelt. Da sie seine Wirklichkeitsebene teilen, sind Puschkins Figuren so undurchsichtig für ihn wie echte Menschen. »Nun laßt uns heimlich lauschen / der Unterhaltung unserer Helden.«[cxxii] Die Figuren sind immer flüchtig – so flüchtig, dass sie Puschkin weglaufen und er dazu gezwungen ist, Scherze darüber zu machen, dass er, abgelenkt durch seine Beschreibung eines Balls, zurückgefallen ist und sich beeilen muss, um Onegin auf dem Nachhauseweg wieder einzuholen.

Die von Puschkin geschaffene Beziehung zwischen Autor und Figur gleicht der liebevollen, aber notwendigerweise distanzierten Beziehung zwischen Freunden. Und so grummelt Puschkin, nachdem Onegin Lenski im Duell getötet hat: »Obwohl ich natürlich zu ihm zurückkehren werde, / ist mir doch jetzt nicht nach ihm zumute.«[cxxiii] Oder er kann zärtlich erzählen: »Tatjanas Brief liegt vor mir, / ich hüte ihn wie ein Heiligtum, / lese ihn mit heimlicher Wehmut / und kann mich nicht daran sattlesen.«[cxxiv] Aber diese Technik führt nicht nur eine Freiheit mit sich, sondern zwei. Sie gibt nicht nur den Figuren eine gewisse Freiheit von ihrem Erzähler, sie gibt auch dem Erzähler

Freiheit von seinen Figuren. Und dies ist ein Aspekt, den Puschkin nicht völlig ausschöpft, den er unentwickelt lässt. Es sollte kühneren Erzählern, den essayistischen Erzählern, überlassen bleiben, sich ihren Figuren so anzunähern – mit historischen Theorien oder Abschweifungen. Aber, was soll's? Hier in Sankt Petersburg hatte Puschkin im Jahre 1824 genug erreicht: Er hatte seine eigene Variation über das Thema der Unfreiheit geschaffen.

3

Puschkins Theorie war, dass Figuren realistisch werden, sobald sie mehr als einen Charakterzug besitzen, sobald sie ihre Meinung ändern können. Aber dies hatte eine unerwartete Folge: Sobald eine Figur ihre Meinung ändern kann, ist es ihr möglich, sich von der Handlung frei zu machen und auch vom Erzähler der Handlung. Denn der Roman endet mit Tatjanas Zurückweisung von Eugen. Sie ist, wie sie ihm mitteilt, jetzt verheiratet. Aber es handelt sich dabei nicht wirklich um eine Zurückweisung: Es ist eine komplizierte Art der Zurückweisung in einem komplizierten Roman. Es ist einfach verdammt schlechtes Timing:

Das Glück war doch so möglich,
so nah! … Aber mein Schicksal
ist bereits besiegelt. Unbedacht
habe ich vielleicht gehandelt:
Mit Tränen der Beschwörung
flehte ich meine Mutter an: Der armen Tanja
waren alle Geschicke gleich …
Ich heiratete. Sie müssen
mich verlassen, ich bitte Sie;
ich weiß, in Ihrem Herzen sind
Stolz und ebenso wahres Ehrgefühl.
Ich liebe Sie (wozu es verhehlen?),

aber ich bin einem anderen gegeben;
nein, niemals hat die Aufwallung der Leidenschaften
derart zerrissen meine Seele;
ich werde ihm mein Leben lang treu sein.[cxxv]

Tatjana weist Onegin zurück: Und sie gibt gleichzeitig zu, dass sie ihn liebt. Ihre pflichtbewusst-romantische Aussage ist voll Bedauern.

Das ist eine Qual für den am Boden zerstörten Leser. Und es ist in gewisser Weise ein künstliches Ende. Denn es mag wohl sein, dass Puschkin – wie Tolstoi im Zusammenhang mit einer Geschichte, die er von der Prinzessin Mestchersky gehört hatte, gerne erzählte – geklagt hatte: »Stell dir vor, was mit meiner Tatjana passiert ist? Sie hat Onegin aus dem Blauen hinaus abgewiesen … Das hätte ich nie von ihr erwartet!«[cxxvi] Aber Puschkin scherzte natürlich. Tatjanas Freiheit, die romantischen Konventionen umzustürzen, indem sie sich an die Spielregeln der herkömmlichen Sitten hält, ist nur möglich, weil Puschkin ein so delikates und unkonventionelles Werk schuf. Und dieses Werk beruht auf Techniken, die Puschkin in der wenig perfekten französischen Übersetzung von Tristram Shandy fand. Ja: Der erste große russische Roman war eine Überarbeitung einer französischen Travestie eines englischen Avantgarde-Experiments.

4

UNVOLLENDETE HOMMAGE AN CARLO EMILIO GADDA

1

Wenn ich das Leben von Carlo Emilio Gadda erforschen wollte – für den transalpinen, transatlantischen Leser –, das Leben eines internationalen Schriftstellers der Moderne, dann könnte ich wohl so beginnen: mit dem ganz natürlichen Anfang. Carlo Emilio Gadda, oder kurz CEG, wurde am 14. November 1893 in Mailand geboren. Er studierte Ingenieurswissenschaften an der Politecnico di Milano, unterbrach sein Studium aber 1914, um im Ersten Weltkrieg zu kämpfen. Als der Krieg endete, war er 25, und sein Bruder tot. Zwei Jahre später, 1920, erhielt er sein Diplom in Elektronik. Im Sommer des Jahres 1922, als James Joyce in Paris *Ulysses* veröffentlichte und Mussolini seinen Marsch auf Rom plante, um dort die Macht zu übernehmen, wurde Gadda eine Stelle in Südamerika angeboten. Er arbeitete für die Compañia General de Fósforos. Diese Firma hatte ihren Sitz in Buenos Aires, aber Gadda wurde nicht in der Hauptstadt eingesetzt: Er wurde in die Provinz geschickt, nach Resistencia in Chaco. Zwei Jahre später, im Februar 1924, zog er zurück nach Mailand. Er hatte genug vom Ingenieurswesen. Stattdessen kehrte er zur Philosophie zurück und unterrichtete Physik und Mathematik am Parini-Gymnasium: Gleichzeitig schrieb er einen langen literarischen Essay, »Apologia manzoniana«, der im Januar 1927 in der ersten Ausgabe der Florentiner Zeitschrift *Solaria* erschien; und er begann eine Dissertation über Leibniz, die er 1928 fertigstellte. Mittlerweile war Gadda 35. Ja, er war fünfunddreißig und an diesem Punkt, dem Ende dessen, was man seine Jugend nennen könnte, gab Gadda das Unterrichten auf und begann, in Rom für die Società Ammonia Casale zu arbeiten. Hier war er dafür verantwortlich, Ammonium nach Belgien zu liefern, in die Lothringer Gegend, in das Ruhrgebiet und in die Umgebung von Toulouse. Erst zu diesem Zeitpunkt, während er im stumpfsinnigen Ammoniumgeschäft tätig war, nahm seine Schriftstellerkarriere endlich Form an: mit eher kurzen Texten. *La madonna dei filosofi* wurde 1931 veröffentlicht, gefolgt 1934 von *Il Castello di Udine* und 1939 von *Le Meraviglie d'Italia*. Aber sein wirklicher Ruhm kam später, zehn Jahre nach dem Ende des Zweiten Weltkriegs, als Gadda zwei Romane veröffentlichte: *Quer pasticciaccio brutto de Via Merulana*, (*Die gräßliche Bescherung in der Via Merulana*) 1957; und *La cognizione del dolore*, (*Die Erkenntnis des Schmerzes*) 1963. Zehn Jahre später war CEG tot.

2

Natürlich ist es möglich, auf diese Weise anzufangen, ganz normal mit Leben und Tod, aber wie man sehen kann, führen Leben und Tod nirgendwo hin. Und so wird sich ein anspruchsvollerer Erzähler beim Versuch, die wirkliche Bedeutung dieses Systems namens CEG aufzudecken, bemühen, einen abwegigeren, elektrisierenderen Einstiegspunkt zu finden: eine absolute Freisprechanlage. Also sollte ich vielleicht die Zeit zurückdrehen, weiter zurück noch als zu jener Phase zwischen 1927 und 1928, in der Gadda über Manozin und Leibniz schrieb, zurück bis zu einer Leerstelle in seiner Chronologie im Jahre 1924, als Gadda 31 Jahre alt war. Im März 1924, kurz nach Gaddas Rückkehr aus dem Chaco nach Mailand, stiftete der Verleger Arnoldo Mondadori einen Preis für einen bisher unveröffentlichten Roman, der vier Monate später, am 30. Juli, eingereicht werden sollte. Und so machte sich Gadda am 24. März 1924 nachmittags um vier an die Arbeit – in der Hoffnung, dass ihn dieser beliebig gewählte Abgabetermin endlich dazu zwingen würde, einen Roman zustande zu bringen. Immerhin hatte er schon ein Thema: die Machtübernahme der Faschisten nach dem Marsch auf Rom im Jahre 1922. Diese Periode der regellosen Machtausübung beflügelte seine Fantasie. Also begann Gadda seinen Roman zu schreiben, in seiner Wohnung, die im dritten Stock eines Häuserblocks in der Via San Simpliciano in der Nähe der Brera lag – und bei Longone am Lago del Segrino. Seine drei Vorbilder waren Stendhals *Rot und Schwarz*, Balzacs *Eugénie Grandet*, und D'Annunzios *Der Triumph des Todes*. Ich sage *Vorbilder*, aber *Vorbilder* beschreibt die Wirklichkeit nicht einmal annähernd: Was Gadda schrieb, war ein absolutes Durcheinander. Aber natürlich können auch Durcheinander einen Nutzen haben. Und vielleicht ist dies ein guter Ausgangspunkt: der unsichtbare Anfang von Gaddas Karriere im Inneren eines manischen Notizbuches.

3

Gaddas erster Titel für seinen Roman, seinen emblematischen *Racconto Italiano*, war *Italienische Geschichte des zwanzigsten Jahrhunderts*. Aber er könnte auch *Geschichte eines mittelmäßigen Schriftstellers des XX. Jahrhunderts* heißen, fügte er ein paar Tage später hinzu, oder auch: *Geschichte eines unbekannten Mannes des zwanzigsten Jahrhunderts*. (Die Aufzeichnungen wurden letztendlich nach seinem Tod unter dem Titel *Italienische Geschichte eines unbekannten Mannes des zwanzigsten Jahrhunderts* veröffentlicht.) Ja, Gadda war unbekannt, sicherlich, aber er war alles andere als mittelmäßig. Das »Cahier d'études«, in dem er den Entwurf seines unbeendeten Romans aufzeichnete, unterschrieb er mit Carlo Emilio Gadda: Captain in the Fifth Alpine Regiment, Engineer in Industrial Electricity …

Der Schriftsteller-Ingenieur! Das war Gadda. Und keine Frage: Seine Ausbildung machte sich bemerkbar.

Die Aufzeichnungen in Gaddas Übungsheften waren feinsäuberlich in Notizen und Studien getrennt: Die Notizen betrafen die Organisation des Werks, während die Studien Kompositionsübungen waren. Seine erste Studie fand an jenem Nachmittag statt – als er entschied, dass sich aus den »chaotischen Tiefen« dieses Werks zwei Gruppen von Figuren herausbilden sollten: jene Figuren, die die Richtung der Geschichte bestimmen sollten, und jene, die das Gewissen der Geschichte bildeten. Vielleicht, fragte sich Gadda, könnte er selbst dieses Gewissen sein. Und dies war also seine unmittelbare Vorstellung von der Form eines Romans: Sie sollte essayistisch sein und ihren eigenen Kommentar gleich miteinbeziehen.

Einige Seiten später, am 28. März um 16.00 Uhr, entdeckte Gadda die versteckte Bedeutung seiner Handlung. Die Handlung bestand aus der Geschichte des faschistischen Putsches – und so war ihr Thema ein dunkles Paradox: »*Auch regelwidrige und grausame Vorgänge sind Teil unserer Gesetze, obwohl sie außerhalb des Gesetzes zu stehen scheinen.*«[i] Eine halbe Stunde später wartete er mit einer weiteren Meditation über dieses Thema auf, über diese Vorstellung, dass abnormale und kriminelle Vorgänge legal werden können: Alles sei verwandt, schrieb er, mit seiner »persönlichen Vorstellung von den Kombinationsmöglichkeiten«.[ii]

Und, nun gut, das ist etwas undurchsichtig, wobei man natürlich in Betracht ziehen muss, dass Gadda nur mit sich selbst redet. Aber es handelt sich ja schließlich auch um ein Notizheft, und als solches muss es langsam und diagonal gelesen werden. Denn dies ist in gewisser Weise eine Studie für den zukünftigen Roman: für Gaddas Roman, aber auch für alle anderen.

4

Gaddas imaginärer Roman sollte sich damit befassen, wie kriminelle Machenschaften durch die Gesetzgebung legalisiert werden, sobald Kriminelle die Macht übernehmen. Das sollte, grob gesagt, der Inhalt seines Buches sein, in dem er sich mit dem Faschismus auseinandersetzte. Aber Gadda, der ein seltsamer und geduldiger Modernist war, entwickelte diesen Plan nicht mit den normalen Mitteln, wie beispielsweise die Instrumentalisierung der Handlung und der Figuren, sondern als eine Art abstrakte Philosophie. Und dies bedeutete, dass er unwillentlich die Romanform aus ihrem Rahmen sprengte. Gadda zerstörte sie so gründlich, dass er selbst sich nie davon erholen sollte. Denn statt sich darauf zu konzentrieren, seine Figuren und ihre Beweggründe zu entwickeln, und all die anderen Hollywood-Tricks, die normalerweise hierfür herangezogen wurden, begann Gadda, über sein Konzept der »Determinierung« nachzudenken: »die Kombination A durch ihre ursächlichen Elemente A1, A2, etc. erklärt« – »die zurückreichen, kontinuierlich zurückreichen, aber immer an einem Endpunkt ankommen«. Um sich die Sache einfacher zu machen, zeichnete er eine Art Kurve und erklärte dann: »Determinierung bedeutet, die Kurve der Ananke zu lesen, nicht sie zu deuten.«[iii] Was zeigt, dass er sich nicht nur über Kriminalität und Legalität Gedanken machte, sondern deshalb, oder trotzdem, auch über das Schicksal nachdachte: die endlosen Kausalketten. Aber die Metapher der Kette ist nur eine mögliche Beschreibungsweise: Der Schriftsteller musste immer noch erklären, worin eigentlich die Bedeutung dieser Ketten der endlosen Ursachen genau lag. Und so notierte Gadda weiter:

Was mich betrifft, so werde ich durch eine Umkehrung der *Norm* (des Gesetzlichen) das interpretieren, wodurch man das *Abnormale* (das Ungesetzliche) erhält – dessen Gegenwart es der Norm ermöglicht zu existieren (meine Vorstellung von der Polariät) –, und diese Abnormalität kann mit der Norm in einem Zustand des Gleichgewichts existieren. – Unsittlichkeit existiert nur insoweit, als auch Sittlichkeit existiert und umgekehrt. Kriminalität existiert insofern, als auch Unschuldigkeit existiert, und sie reagieren jeweils aufeinander. –

Das Konzept ist weiterhin sehr undeutlich. Im herkömmlichen Sinne: »Ohne Ausnahmen kein Gesetz, Ausnahmen bestätigen die Regel.«

Das Kombinieren, der Instinkt, die Dinge zu kombinieren, ist ein Bestandteil des Universums. – Gleichgewicht ist die bewusste Bestätigung des Zustands der Kombination; während alles, was kein Gleichgewicht eingehen kann, unkombinierbar ist und unwirklich. Es ist Fehler.[iv]

Er ist verrückt und auch immens – dieser kleine Moment in den Aufzeichnungen zu einem nie beendeten Roman. Ich meine, das muss man sich mal vorstellen! Erst skizziert Gadda ein System der binären Gegensätze – und dann bestimmt er, dass beide Gegensätze den jeweils anderen enthalten sollen: so dass ein System dazu fähig sein muss, das einzubeziehen, was es ausschließt. Was in der Folge bedeutet, dass jedes System auf gewisse Weise instabil bleiben muss, so dass es immer wieder stolpert und mitten in das hineinfällt, was es auszuschließen schien. Deshalb, schreibt Gadda, ist das Abnormale Teil der Norm und das Asoziale Teil des Sozialen. Soweit hatten ihn seine Betrachtungen über den Faschismus und die Legalität gebracht: zur Erkenntnis, dass Macht alles legalisieren kann, die eigene Machtaneignung einbezogen. Und dies wiederum ließ ihn erkennen, dass die herkömmliche Romanform – die herkömmliche Ausschließung der ganzen übrigen Welt durch eine lineare Erzählung – unhaltbar ist. Die Übertragung »dieser so *wohltätigen*, so auf die *Rechtfertigung* abzielenden Vorstellung« auf die Romanform müsste »nicht nur auf die Helden des Romans« angewandt werden, oh nein, sondern auch auf »die sekundären, antinomischen Figuren«: ja, auf »alle«. Es wird zu einem wissenschaftlichen Prinzip von nicht-wissenschaftlicher Beschaffenheit: eine totale Instabilität.[v] (Genauso misstraute ein anderer Künstler der Moderne der modernistischen Liebe zur Form: und zwar Georges Bataille, der nicht an Vermittlung glaubte, für den alle Dinge auf immanente Weise heterogen waren.)

So schreibt Bataille in *La Notion de dépense (Der Begriff der Veraus-*

gabung), ungefähr eine Dekade nach Gadda, als die Faschisten immer noch an der Macht waren: »Die Materie kann in der Tat nur definiert werden als die *nicht-logische Differenz*, die für die *Ökonomie* des Universums das ist, was das *Verbrechen* für das Gesetz ist.«[vi] Was seiner Logik zufolge bedeutet, dass es im Prinzip nur Differenzen gibt und somit auch nur Verbrechen, da das Gesetz und die Ökonomie nichts weiter sind als bequeme Fiktionen. Wie Bataille in »Les Deviations de la Nature« schrieb, bestehe die Natur tatsächlich fast gänzlich aus Abweichungen. Und dies ist ein Grund, ein wichtiger Grund, weshalb Gadda diesen Roman für Mondadori nicht in den vorgegebenen vier Monaten abschließen konnte. Es ist der Grund, weshalb er ihn überhaupt nicht zu Ende bringen konnte: oder sogar, weshalb Gadda es im Prinzip unmöglich fand, etwas zu beenden, das er begonnen hatte, egal, worum es sich dabei handelte.

5

Das stimmt beispielsweise auch im Falle seines berühmtesten Romans *Die gräßliche Bescherung in der Via Merulana*, der mit einem Diebstahl beginnt, dann mit einem Mord aufwartet und in einem Zustand der narrativen Anarchie zu enden scheint, in dem sich der Detektiv von Hinweis zu Hinweis bewegt, aber nur auf immer größere Rätsel stößt: Es ist ein Kriminalroman, in dem die Polizei völlig hilflos ist. In Amerika taufte man diese Form wohl *noir*; in Europa nannte Gadda sie ganz schlicht Roman. Aber diese absolute Ablehnung alles Systematischen, ausgelöst durch die Entschlossenheit, das System bis zu seinen Wurzeln hin zu erkunden, bedeutete, dass es nicht nur Romane waren, die Gadda einfach nicht beenden konnte: Sogar seine Notizen waren von enormem Umfang. Und das erinnert mich an eine andere seiner Geschichten, die auch einen Straßennamen im Titel trägt: den der Via Keplero in Milano. Ja, ich denke hier an Gaddas Text *L'incendio di Via Keplero*, der zwischen 1930 und 1935 entstand, am Anfang seiner Karriere, und den er erstmals 1940 in einer kleinen Zeitschrift unter dem Titel *Studio 128 per l'apertura del racconto inedito: L'incendio di via Keplero*: oder, in der Übersetzung: *Studie 128 für den Anfang einer unveröffentlichten Geschichte: Der Brand in der Via Keplero* veröffentlichte. Der transalpine, transatlantische Leser sollte zuerst bei Gaddas Ausdruck »studio« haltmachen. Studien, schrieb Gadda, seien »Kompositionsversuche, kleine Kompositionen, die man in den Roman einbauen oder abändern kann …« Aber auf der anderen Seite, fügte er hinzu, sei eine Studie »bereits in sich abgeschlossen, fertig«.[vii] Eine Studie ist ein Bolus aus reinem Romanstoff. Sie ist abgeschlossen, sicher, aber gleichzeitig immer Teil eines unvollendbaren, unendlichen Ganzen. Genauso wie Gaddas Studie über einen Brand in der Via Keplero – ein Frühwerk, richtig, und deshalb noch nicht so vollständig von Pluralität zerfressen, wie Gaddas spätere Texte es sein sollten – in Wirklichkeit eine Studie der multiplen Leben ist, die gleichzeitig in einem einzigen Häuserblock gegenwärtig sind: So wurde seine Geschichte, Abschnitt für Abschnitt, zu einer Auflistung der einzigartigen, ineinandergreifenden Hintergrundgeschichten der einzelnen Figuren. Und es ist diese melancholische Analyse der Einzelteile und der Gesamtheiten, auf der Gaddas Ernsthaftigkeit als Autor beruht: Er zwingt den Roman, sich mit der Frage zu befassen, wann etwas umfassend ist.

Henry James hatte beispielsweise seine ganz eigene Lösung für dieses Problem gefunden – indem er Gegenstand und Geschichte voneinander trennte: Ein Gegenstand war ein Themenzyklus und konnte somit in einen Roman eingegliedert werden, während eine Geschichte aus endlosen Wendungen bestand und deswegen überhaupt nicht aufgenommen werden konnte, weil sie unendlich war. Das ist natürlich auch eine Lösung, aber Gaddas gegenteiliges Bekenntnis zur Endlosigkeit hat etwas besonders Wunderbares. »›Jeder Effekt hat seine Ursache‹ ist eine Behauptung, die ich absolut nicht verstehe.« Das notierte Gadda im Jahre 1928. »Ich, ich sage ›jeder Effekt (Knotenpunkt der Verhältnisse) hat seine Ursachen‹.«[viii] Diese Fixierung auf die plurale Kausalität war das logische Grundprinzip, auf dem seine Romane, seine Noirs beruhten: Und da ist es, im Kleinformat in der Struktur einer Geschichte, die auch ein Prolog ist: *Der Brand in der Via Keplero.*

6

Aber auf der anderen Seite: Wie kann der transalpine, transatlantische Leser all das wissen? Ich meine mich selbst: Ich spreche kein Italienisch, niente! Nur das Italienisch der mittelmäßigen Ristorantes. Und das bedeutet, dass mein Verständnis von CEG natürlich ein anderes ist als das eines Mailänders; ja, es bedeutet, dass ich beispielsweise nicht wirklich wissen kann, was Gaddas Lektor und bester Kritiker Gian Carlo Roscioni wirklich unter dessen Stil verstand, mit seinen »seltsamen Substantivierungen von Adjektiven, Vertauschungen von Nomen und Verben; Periphrasen, Adjektive und Substantive; Konstruktionen, die auf Nebeneinanderstellungen basieren …«[ix] Wie auch seine Wortspiele mit Morphemen, seine Etymologien, insbesondere sein obsessives Spiel mit Dialekten, seine Bewegung vom Römischen und Lombardischen hin zum reinen Italienisch; und seine Freude an der Gratwanderung zwischen akademischem Vokabular und der totalen Fragmentierung unserer herkömmlichen Sprechblasen – eine Methode, die er erst dann wirklich verdichtete, wenn er einen Text wieder und wieder überarbeitete und änderte: Denn, genau wie Proust und Joyce, fügte Gadda beim Überarbeiten seiner Geschichten neuen Text hinzu.

Und trotzdem: Vielleicht ist genau dies der Grund, weshalb Gadda internationalisiert werden sollte. Denn er ist immer noch ein Rätsel, gefangen in der speziellen Problematik der italienischen Sprache, und in ihrer Politik – in dieser Sprache, die nicht wirklich *eine* Sprache ist.

Weil sie von der Vielzahl ihrer Dialekte und Jargons gleichsam zerpflückt wird, so dass Gaddas wahres Genie im Italienischen seltsam verborgen ist. Weil der italienische Leser viel zu oft abgelenkt wird – so scheint es mir jedenfalls, der ich nicht Italiener bin – von Gaddas Zurschaustellung von Sätzen, seinem meisterhaften Umgang mit Dialekten, anstatt ihm in seine fein konstruierten, ganz eigenen Mikrouniversen zu folgen. Denn es mag offensichtlich sein, dass ein Aspekt von Gaddas Talent in der großen Heftigkeit seiner Sätze liegt. Roscioni argumentierte zum Beispiel, dass Gaddas Beschreibungen von Objekten immer indirekt angelegt sind und sich mit ihren Konturen, ihren Attributen und ihren Ausführungsarten beschäftigen. Genau wie Gadda auch gerne mit der Syntax eines Satzes spielt, sie auf den Kopf stellt, mit Gerundiva beginnt, so dass das grammatische Subjekt eines Satzes ständig aufgeschoben wird. Mit anderen Worten, in seiner Prosa steht ein Effekt manchmal vor seiner Ursache: All dies mag stimmen, aber ich bin nicht sicher, ob darin der wirkliche Avantgardismus, die wirkliche Originalität von Gaddas neuer Form des Schreibens liegt.

Aber vielleicht entstand dieser Eindruck auch nur aufgrund der misslichen Tatsache, dass ich diesen italienischen Text in diversen französischen Übersetzungen gelesen habe. Die Idee von der dritten Sprache ließ mich dennoch nicht mehr los. In mir wuchs der Wunsch, eine Hommage an dieses Prinzip der dritten Sprache zu schreiben. Denn es gibt keinen Grund, weshalb das Übersetzen immer als ein Prozess dargestellt werden sollte, der nur zwei Sprachen und einen einsamen Übersetzer einbezieht. Ich erinnere mich zum Beispiel daran, wie James Joyce sich sein bilinguales Team zusammensuchte, um den »Anna Livia Plurabelle«-Teil seines *Work in Progress* ins Französische zu übersetzen oder daran, wie Alexander Puschkin ein englisches Experiment auf Französisch las. Ja: Neben den herkömmlichen Eins-zu-Eins-Übersetzungen, glaube ich, gibt es auch die Möglichkeit des Kollektivs: der Überarbeitung, der multiplen Ausgabe. Warum konnte ich beispielsweise nicht mein eigenes

Multiple von Gadda machen, mit der Hilfe eines anglophonen Italieners?[40] Ja, lieber Leser: Das war mein Gedankengang, als ich darüber nachdachte, wie man Gadda in einer angemessen gaddaierten Weise importieren könnte.

7

Denn die von Gadda eingeführten Innovationen waren absolut.

Gaddas neue Methode machte in Hinsicht auf die gewöhnlichen Bestandteile eines Romans ein gewisses Umdenken notwendig: was das Gleiche ist, wie zu sagen, dass sie ein gewisses Umdenken hinsichtlich der gewöhnlichen Bestandteile der Wirklichkeit notwendig machte. Und das beginnt schon mit unserer gewöhnlichen Vorstellung davon, was ein Objekt ist:

> Für mich haben Dinge, Objekte, Geschehnisse keinen Wert an sich, eingebunden in das Involucrum ihrer individuellen Haut, kugelförmig umschlossen in ihren sichtbaren Begrenzungen (Spinoza würde sagen, ihre »Modi«): Für mich liegt ihr Wert in unserer Erwartung an sie, die Erwartung dessen, was folgen mag, oder eine Erinnerung daran, was ihnen zuvorkam oder sie bedingte.[x]

Gaddas neuem Entwurf zufolge existiert kein Objekt eigenständig. Nein, Ragazzi: ein Objekt ist ein Zusammenlaufen von Verhältnissen, einer wirklichen Vergangenheit, einer möglichen Vergangenheit und einer hypothetischen Zukunft. Und das ist eine neue Art und Weise, mit dem Problem der Dinge umzugehen. Der gewöhnlichere modernistische Ansatz, wie die Untersuchungen von Heidegger oder Giacometti, analysierte das Geheimnis eines einzelnen Objekts: Ein Objekt war diesen Untersuchungen zufolge immer ein einsames Konzept. Gadda dagegen ist Joyce näher oder Nabokov – bei denen die Untersuchung einer Sache zu ewigen Umkreisungen führt, so dass die Beschreibung eines Objekts zu einer Beschreibung von allem anderen wird. Und wenn dies für Objekte stimmt, dann stimmt es natürlich auch für Geschehnisse:

> Die seltenste Blüte eines Ereignisses wird durch eine Vielzahl wiederholter Versuche und Tests dazu gebracht, sich zu öffnen, genau so, wie die reine Einheit eines Kristalls aus der größeren Ausbreitung seiner Materie in der Erinnerung der Steine entsteht ...[xi]

Jedes Geschehnis wird erst durch das kombinatorische Wesen der Welt möglich gemacht: Das war Gaddas Intuition, die sich in den Aufzeichnungen zu seinem unvollendeten ersten Roman abzeichnet. Und diese Intuition verließ ihn nie. Das Wort »Gründe«, so schrieb er später, solle durch das Wort »Mitgründe« ersetzt werden. So dass die Vorstellung davon, was ein Geschehnis ausmachte durch etwas ersetzt werden sollte, das Gadda ein *Theatron* nennt – »Zusammenlaufende Gründe vereinigen an einem ›Theatron‹, an einem offensichtlichen Punkt der Handlung, alle schlummernden und noch so fernen Lebenskräfte und ordnen sie neu«.[xii] Das Individuum ist in diesem Theatron nur ein elektrischer Leiter: Das Individuum ist nur ein Kraftfeld.

Und während dies wie experimentelle Literatur in ihrer reinsten Erscheinungsform klingen mag, ist ein Grund Gadda noch mehr zu mögen, dass er ohne es zu wollen an diesem laborartigen Ort landete, indem er einfach der Logik seiner Argumentation folgte. Armer Gadda! Er war ein Anhänger von Manzoni, von Zola: von den Panoramen des neunzehnten Jahrhunderts. Einmal lobte er die »hoch- und weitreichende manzonische Schöpfung, reich an Wechselbeziehungen und Kontrasten, die einen Wert von kombinatorischer Realität haben (Moravia nennt es »Realismus«), von logischer Realität«.[xiii] Einmal sagte Gadda, er sei nichts, als *ein ganz winziger lombardisches Zolicule*. Und diesem Mini-Zola ging es daher wie seinem Meister auch vor allem darum, eine Kette von Fakten zu bilden. Seine Helden, seine Detektive, streben alle nur nach der Quelle der Bedeutungen und Ursachen. Aber die Zeit des Kriminalromans war vorbei.

Das ist die traurige Entdeckung, die Gadda machte. Jede Auflistung wird letztendlich zu einer Rekonstruktion der Vergangenheit: Das Horizontale wird vertikal. Und diese rationale Erkenntnis bedeutet zunehmend, dass überhaupt keine rationale Erklärung der Welt möglich ist. Der Roman – dieser Vermittler von Form – wird unvermeidlich zu einem Vermittler der reinen Entropie.

8

Ursache und Wirkung, schrieb Gadda einmal, seien »ein Puls der Vielfältigkeit, der in sich selbst gefangen ist«.[xiv] Und mit diesem Konzept der Vielfältigkeit hast du, lieber Leser, die reine Essenz von Gaddas fiktivem Werk vor dir: Weiter als bis zu diesem Konzept von der Vielfältigkeit wird Gadda nicht gehen. (Wahrscheinlich, denke ich mir fast, kann niemand viel weiter gehen.) Gadda konnte nicht glauben, dass die Wirklichkeit tatsächlich wirklich war. Was man normalerweise für die Wirklichkeit halte, schrieb er einmal, sei nichts weiter als eine Unterbrechung des kontinuierlichen Prozesses der »aktiven Deformation«.[xv] Mit »Deformation« meinte er die herkömmliche Vorstellung, dass Objekte und unsere Wahrnehmungen sich in einem konstanten Verhandlungsverhältnis befinden – denn Gadda ist ein empirischer Schriftsteller –, aber er nimmt diese Vorstellung so ernst, genau wie er auch das Konzept der Wirkungsgefüge sehr ernst nimmt, es so logisch behandelt, dass diese gewöhnliche Vorstellung beginnt, ihre innere Hysterie preiszugeben.

»Das Barocke und das Groteske suchen die Dinge bereits heim«, schrieb Gadda, »sie befinden sich in jenen bestimmten Entdeckungen einer Phänomenologie, die außerhalb von uns liegen.«[xvi] Aber dies bedeutet nicht, dass Gadda deswegen etwas Barockes an sich hat – denn jeder seiner Sätze ist die reinste Völlerei des Stils –, weil er Stil als sich selbst genügendes Ziel aller Dinge ansah. Und wenn Gadda mit diesen seltsamen Übertreibungen und Verschiebungen, die in seinen Sätzen auftreten, manchmal etwas Groteskes hat, dann will er damit keine perspektivischen Spielchen mit dem Leser treiben: Nein, das Barocke und das Groteske sind nur natürliche und unvermeidliche Effekte, die immer eintreten, wenn ein Schriftsteller beschreibt, wie das Selbst versucht, die externe Welt zu verstehen. Alles Wissen über die Wirklichkeit ist eine Deformation. »Etwas zu wissen bedeutet, etwas *zur Realität hinzuzufügen* und die Realität somit zu *deformieren.*«[xvii] Aber dies bedeutet auch – um eine letzte Komplikation aufzuwerfen –, dass sogar das Selbst zerfällt. Oder, wie Roscioni einmal sagte: Das Ich wird während des Aktes des Wissens deformiert, der in sich selbst ein Akt der Deformation ist.

Das Selbst ist ein Bestandteil der unendlichen Abfolgen von Einflüssen und Ursachen – und so ist seine Einheit, oder Identität, nur eine Illusion. »Das menschliche Individuum … ist kein Effekt sondern ein Ensemble der Effekte« – wie »ein Klub oder eine Akademie, deren Mitglieder sich ständig änderten, weil einige gingen und andere ihre Nachfolge anträten«.[xviii] Und während dieser Kommentar von Gadda eine gewisse rationale Froideur ausstrahlt, ähnlich wie David Hume im achtzehnten Jahrhundert, der das Selbst mit einem Commonwealth verglich, wird diese Idee in Gaddas fiktivem Werk mit der Endlosigkeit infiziert: Und so drehen diese sehr europäischen Produkte durch – »Der Mensch ist Physiologie, Religion, Bewegung, Dasein, Land, Selbst, Andere, auf dem Weg nach Rom, er zeugt, hat Brüder, hat eine Mutter, und die Mutter ist in der Mutter der Mutter etc.; und alles kreuzt sich in einem unentwirrbaren Labyrinth der Verhältnisse.«[xix] Ein Selbst – dachte Gadda: wie naiv! Und so ging er weiter, hinter »die scheinbare Einheit des Systems Mensch«.[xx]

Und er ging noch weiter – in die absolute Vielfältigkeit.

9

Und ich begann mich zu fragen, ob diese vielfältige, deformierte Realität Probleme machen würde, wenn man versuchte, sie auch noch in einer anderen Sprache zu vervielfältigen. Denn ein Aspekt von Gaddas Stil war seine Liebe zu unbegründeten Änderungen auf der Ebene der Sprachregister oder der Wirklichkeit. Seine Sätze sind ein Durcheinander aus einer gehobenen, lateinnahen Sprache und aus Dialekten oder aus Sprachfetzen, die er vielleicht irgendwo aufgeschnappt hatte. Aber in Übersetzungen werden solche unbegründeten Änderungen oft als Indiz dafür genommen, dass es sich um eine schlechte Übersetzung handelt – weil sich der Übersetzer, so das Argument, nicht für einen Ton entscheiden konnte. Und die große Gefahr bei der Übersetzung von Gaddas Texten wäre es, dass sich das Resultat sehr wie eine Übersetzung anhören würde, eben weil sich Gadda schon im Italienischen so anhört wie eine Übersetzung – was heißen soll, dass er ständig völlig ohne Vorwarnung seinen Ton ändert. Im Italienischen waren diese Tonänderungen natürlich von Gadda abgesegnet. Und so könnte die englische Nachdichtung eines Werkes von Gadda, wenn sie als Originalgeschichte veröffentlicht würde und somit einer ebensolchen kreativen Autorität unterstände, von Lesern in New York oder London als ein legitimes Experiment in der englischen Sprache angesehen werden, mit ihrer Syntax und ihren Bildern. Aber wenn dieses sekundäre Werk als Übersetzung gelesen würde, so wäre es durchaus möglich, dass Gaddas Stil wie Übersetzerisch klänge. Was also vielleicht nötig wäre, um Gadda treu zu bleiben, ist die Erschaffung eines Ersatz-Gaddas. Und zu diesem Zeitpunkt, als ich gerade zu verzweifeln begann, las ich zufällig etwas über die Werke des Künstlers Gordon Matta-Clark, dessen Ideen mich immer mehr an Carlo Emilio Gadda denken ließen und daran, wie man ihn bloß international vervielfältigen könnte. Und das lag teils daran, dass sich Matta-Clark gerne überlegte, was man mit Wohnanlagen anstellen könnte – genau wie Gadda –, aber auch, weil

Matta-Clark wie ich selbst glaubte, dass man etwas über eine Sache herausfinden kann, indem man ausprobiert, wie viel man davon entfernen kann. Matta-Clark präparierte seine Objekte, indem er Teile aus ihnen herausschnitt oder sie zerteilte. Und als ich so über das Konzept des Romans als instabiles Multiple nachdachte, zog ich auf die gleiche Weise die Möglichkeit in Betracht, dass einige Schriftsteller fraktal sind, dass vielleicht sogar viele der Schriftsteller, die ich bewunderte, fraktal waren – denn wo immer man auch in ihre Kompositionen eintauchte, war die Tiefenstruktur sofort präsent. Diese Theorie schien im Fall von Schriftstellern wie Proust oder Sterne zu stimmen. Sie stimmte definitiv in Hinsicht auf Gadda. Der Leser kann sich ihm an jeder Stelle seines Werks anschließen, und er kann genauso jederzeit wieder gehen. Und deswegen fragte ich mich, ob dies auch im Falle eines Übersetzers stimmen könnte. Oder zumindest: im Falle des schriftstellerischen Übersetzers. Denn die Moralvorstellungen des schriftstellerischen Übersetzers können sich durchaus sehr von jenen des übersetzenden Übersetzers unterscheiden. (Machen Sie das, um es mit den Worten der Fernsehmoderatoren zu sagen, nicht zu Hause nach!) Ich hatte immer an Nabokov geglaubt, ich hatte immer an Kundera geglaubt: an die Exilierten und ihren Glauben an die Treue zum Wort. Ihre strenge moralische Kritik hatte mich immer überzeugt. Aber jetzt fragte ich mich, ob nicht alle auf alles zugreifen können? Ja: Ich fragte mich, ob diese römische Geschichte die Notwendigkeit der römischen Chuzpe beweist: Die imperialistische römische Logik, die sich zum Beispiel darin äußert, eine griechische Statue so umarbeiten zu lassen, dass sie das Gesicht der eigenen, verstorbenen Frau trägt? »*Übersetzungen*«, schrieb Nietzsche, mein persönlicher Philosoph der Multiples …

Man kann den Grad des historischen Sinns, welchen eine Zeit besitzt, daran abschätzen, wie diese Zeit *Übersetzungen* macht und vergangene Zeiten und Bücher sich einzuverleiben sucht. Die Franzosen Corneilles, und auch noch die der Revolution, bemächtigten sich des römischen Altertums in einer Weise, zu der wir nicht den Mut mehr hätten – dank unserm höhern historischen Sinne. Und das römische Altertum selbst: wie gewaltsam und naiv zugleich legte es seine Hand auf alles Gute und Hohe des griechischen ältern Altertums! Wie übersetzten sie in die römische Gegenwart hinein! Wie verwischten sie absichtlich und unbekümmert den Flügelstaub des Schmetterlings Augenblick! So übersetzte Horaz hier und da den Alcäus oder den Archilochus, so Properz den Callimachus und Philetas (Dichter gleichen Ranges mit Theokrit, wenn wir urteilen *dürfen*): was lag ihnen daran, daß der eigentliche Schöpfer dies und jenes erlebt und die Zeichen davon in sein Gedicht hineingeschrieben hatte! – als Dichter waren sie dem antiquarischen Spürgeiste, der dem historischen Sinne voranläuft, abhold; als Dichter ließen sie diese ganz persönlichen Dinge und Namen und alles, was einer Stadt, einer Küste, einem Jahrhundert als seine Tracht und Maske zu eigen war, nicht gelten, sondern stellten flugs das Gegenwärtige und das Römische an seine Stelle … Sie kannten den Genuß des historischen Sinns nicht; das Vergangene und Fremde war ihnen peinlich, und als Römern ein Anreiz zu einer römischen Eroberung. In der Tat, man eroberte damals, wenn man übersetzte – nicht nur so, daß man das Historische wegließ: nein, man fügte die Anspielung auf das Gegenwärtige hinzu, man strich vor allem den Namen des Dichters hinweg und setzte den eigenen an seine Stelle – nicht im Gefühl des Diebstahls, sondern mit dem allerbesten Gewissen des *imperium Romanum*.[xxi]

Letztendlich ist kein Platz für den historischen Sinn, jedenfalls nicht in meinem gewagten Projekt des kollektiven Übersetzens: Es konnte jetzt nicht nur über Sprachgrenzen hinweg kollektiv sein, sondern auch über große Zeiträume. Man ersetzt die alte Gegenwart mit der neuen Gegenwart, so dass die alte Gegenwart am Leben bleibt. Es ist nicht die Art von Moral, an die wir gewohnt sind, aber diejenige, die mir Gaddas Verrücktheit aufzwang. So dachte ich weiterhin auf diese römische und imperialistische Weise. Und ich fragte mich, ob dies nicht eine mögliche Lösung für das Problem sein könnte, Gadda in verschiedenen Sprachen zu vervielfältigen. Dass man einfach diesen Anspruch der Texttreue aufgeben musste, diesen Anspruch der Treue zu jeder noch so kleinen Bewegung innerhalb von Gaddas Strukturen, und stattdessen etwas machen sollte, das ähnlich war, aber anders. Dass man im Prinzip wegnehmen und ändern konnte, was immer man wollte, und es trotzdem es selbst bliebe. Ich konnte splitten, ein Multiple herstellen. Denn schließlich gibt es keine Systeme. Es gibt nur Unterschiede. Es gibt nur Deformationen.

10

Und so wendete ich mich noch einmal den ersten Seiten von Gaddas größtem Roman, *Die gräßliche Bescherung in der Via Merulana*, zu, wo diese systematische Ablehnung aller Systeme mit einer Art Ouvertüre eingeleitet wird, wo der Detektiv und Held Don Ciccio mit seiner Theorie vom *Pasticciaccio*, vom Durcheinander, aufwartet. Ja, man hört, wie er seine Theorie vorstellt, »daß die unvorhersehbaren Katastrophenfälle nie die Folge« seien, sondern stattdessen, wie »ein Strudel, ein zyklonischer Depressionspunkt im Weltgewissen, auf welchen eine Vielzahl von konvergierenden Ursachen hingearbeitet hätte«. Wenn man die Dinge richtig sehen will, fügt er hinzu, sei es notwendig, »anstelle der Ursache die Ursachen zu setzen«.[xxii] Oder, mit anderen Worten, wenn man Romanschriftsteller ist, sollte man besser aufhören, in Szenen zu denken. Man muss der Vielzahl der Details, den multiplen Abschweifungen treu bleiben: das völlige *Pasticciaccio.* Italo Calvino beschrieb Gaddas Vision einmal als »System der Systeme« : »Jedes Element eines Systems ist seinerseits wiederum ein System; jedes einzelne System ist verbunden mit einer genealogischen Folge von Systemen; jede Veränderung eines Elements bedingt die Verschiebung des gesamten Systems.« Und so, schrieb Calvino weiter, schlage sich in Gaddas Stil nieder, wie »die kleinsten Details sich zu gigantischer Größe auswachsen, um schließlich … den Gesamtentwurf zu verdecken oder zum Verschwinden zu bringen«.[xxiii] Aber natürlich ist es nicht leicht, diesen Prozess zu verfolgen, nicht für den normalen Leser – und so lenkt Calvino ein: »Um sich ein Bild davon zu machen, wie Gaddas Enzyklopädismus in einer fertigen

Konstruktion aussehen kann, muß man sich an seine kürzeren Texte halten«:

In diesen kurzen Texten, wie auch in jeder Episode von Gaddas Romanen, erscheint noch der geringste Gegenstand als Zentrum eines Beziehungsgeflechts, dem nachzugehen der Autor sich nicht enthalten kann, wodurch er die Details derart vervielfacht, daß seine Beschreibungen und Abschweifungen ins Unendliche ausufern. Von jedem beliebigen Punkt aus öffnet sich der Diskurs immer mehr, um immer weitere Horizonte zu umfassen, und wenn er sich kontinuierlich nach allen Seiten so weiterentwickeln könnte, würde er schließlich das ganze Universum umfassen.[xxiv]

Dies ist eine Beschreibung von, sagen wir mal, *Der Brand in der Via Keplero*; dem Versuch, das Panorama einer Wohnanlage in der Situation eines Großbrandes zu beschreiben, der aber nicht mehr zu sein vermag als ein Prolog zu sich selbst, sein eigener Vorläufer. Calvinos Beschreibung erklärt, warum Gadda so paradox ist: »Er hatte es mit seinem Vorhaben nicht auf formale Neuerungen zur Umwälzung der Struktur des Romans abgesehen; er träumte davon, nach allen Regeln der Kunst solide Romane zu bauen, doch er konnte sie nie zu Ende führen.«[xxv] Und so sollte man Gaddas unvollendete Romane mit Robert Musils *Der Mann ohne Eigenschaften* oder Flauberts *Bouvard et Pécuchet* oder Prousts *Auf der Suche nach der verlorenen Zeit* vergleichen – diese Strukturen, die einen Rahmen von internationalen Ausmaßen haben, und die so weit davon entfernt sind, abgeschlossen zu sein.

In sich selbst ein Multiple, ist dieses Werk eigentlich eine Vielzahl von Werken.

Ja, der Leser sollte sich weiterhin daran erinnern, dass zwar viele Elemente dieses Systems mit Namen CEG erschienen sind, nun gut, dass sie aber eigentlich nie offiziell beendet wurden: weder der *Racconto italiano* noch der *Pasticciaccio* oder der *Incendio* … Aber wie hätten sie andererseits auch je abgeschlossen sein können? Gaddas Prinzip der Vollständigkeit verhinderte dies, wie sehr man sich einen Abschluss auch wünschen mochte. Und die elastischen Bewegungen zwischen Ordnung und Chaos, die Gaddas wolkigen Geschichten Struktur verleiht, zeichnet sich letztendlich am deutlichsten an deren jeweiligen Enden ab. In ihnen spiegelt sich die Tragik, dass es zwei Wahrheiten über die Möglichkeit eines Endes der Geschichte gibt, die gleichzeitig wahr sind, obwohl sie sich ausschließen: a) ein Buch benötigt einen Schluss, und die Auflösung einer Handlung ist möglich; und b) ein Buch kann abgeschlossen werden, während seine Handlung, oder sein *Pasticciaccio*, ewig Abschweifung bleibt. Armer CEG! Er mag zwar über jene Unschärfe nachgedacht haben, die durch die Unmöglichkeit entsteht, ein System ganz zu schließen, aber trotzdem verfolgte er letztendlich eigentlich das Ziel, seine Romane zu Ende zu bringen. Denn allen Regeln der Logik zufolge war ein Schluss ja möglich – das war das Tragische: Er war nur nicht verfügbar.

Und so blieb Gadda gestrandet, zu ewigen Überarbeitungen verdammt, verdammt zu Gaddern – als sei er selber eine seiner Figuren mit ihrem unabdingbaren »Donquijotismus«: im Lichte der »verzweifelten Würde« des »letzten Hidalgos«.[xxvi]

11

Aber noch einmal: Es kann immer mehr als einen Schluss, mehr als ein Ende geben. Und vielleicht ist genau dies die Stelle, aus der eine kollektive Übersetzung ihre Philosophie beziehen kann – genau hier, in Gaddas systematischer Zersetzung aller Systeme. Denn einer der vielen Effekte von Gaddas Denken war die Auflösung der gebräuchlichen Modelle des privaten Besitztums – denn wie kann etwas jemandem gehören, wenn weder Objekte noch Identitäten existieren? Somit müsste diese Auflösung letztendlich auch unsere Vorstellungen vom literarischen Eigentum miteinbeziehen: Und was mich momentan am meisten fasziniert, ist, dass dies das Konzept der multiplen Überarbeitungen zu legitimieren scheint. Eine gaddifizierte Literaturtheorie – ohne Selbst und ohne persönliche Besitztümer! Ich muss zugeben: Ich stand dem Konzept der kollektiven Übersetzung bisher immer eher argwöhnisch gegenüber. Ich habe mir immer meine Gedanken über dieses Dreiecksverfahren gemacht, über den Umweg der dritten Sprache. Ich bin wirklich nicht sicher, ob so etwas wirklich Übersetzung genannt werden sollte. Und ebenso waren mir immer jene Übersetzungen suspekt, die sich darin gefallen, weit von der buchstäblichen Bedeutung abzuschweifen …

Während ich jetzt langsam utopischer wurde. Ich war dabei, vielfältiger zu werden, und stellte mir ein zukünftiges Multiple von Carlo Emilio Gadda vor.

5

KURZE STUDIEN DER SELBSTVERVIELFÄLTIGUNG

Das perfekte Werk

1

Die erste Fassung von *Don Quijote*, die jetzt unter dem Titel *Don Quijote Teil I* bekannt ist, wurde ein großer Bestseller. Im Glanze seines Ruhms kam Cervantes langsam der Gedanke, dass er vielleicht ganz gerne noch eine Fortsetzung schreiben wollte. Er dachte, dass er den Ruhm dieses Romans so noch ausweiten könne. Aber bevor Cervantes seine Fortsetzung zu *Don Quijote* schreiben konnte, kam ihm jemand anderes zuvor. Don Quijotes Ruhm wurde ohne Cervantes Zutun ausgeweitet – indem ein anderer Autor Cervantes eigenen Roman weiterschrieb. Und mit dem Feuer seine Rachegelüste und um die Welt der Werbung und des geldgetriebenen Marketings zu verlassen, erfand Cervantes den experimentellen Roman. In *Don Quijote Teil 2* sind sich die Charaktere nun bewusst, dass sie als Figuren vorkommen – in der falschen Fortsetzung von Cervantes' Schriftstellerrivalen. Die Figuren sind zu ihren eigenen Literaturkritikern geworden.

Ungefähr dreihundert Jahre später, im Jahre 1917, entwickelte der revolutionäre russische Kritiker Viktor Sklovskij eine andere Theorie davon, wie sich die Bedeutung von *Don Quijote* aus der Konstruktion des Romans ergibt:

1. Der Autor hatte ursprünglich nicht die Absicht, jenen Typus des Don Quijote zu schaffen, der von Heine so sehr gerühmt und von Turgenev breitge-

walzt wurde. Dieser Typus ergab sich aus dem Aufbau des Romans, wie denn der Mechanismus der Durchführung häufig neue Formen in der Dichtung hervorbringt.

2. Cervantes war sich in der Mitte des Romans bereits bewußt, daß er Don Quijote zu einer zwiespältigen Gestalt machte, indem er ihm seine eigene Weisheit auflud; dann begann er diese Zwiespältigkeit für seine künstlerischen Ziele zu benutzen.[i]

Diese Beschreibung ist zwar etwas technisch, aber schließlich ist Technik auch eine Form von Wahrheit. Als Cervantes *Don Quijote* weiterschrieb, merkte Cervantes Sklovskij zufolge, dass er jetzt auf eine ganz neue Weise schreiben konnte. Er musste keinen perfekten Sinnzusammenhang mit seiner ursprünglichen Idee herstellen. Don Quijote war nicht nur eine Witzfigur: Er war nicht einfach verrückt, er hatte auch Pathos und Gerissenheit. Er war ein komischer Heiliger: eine Mehrdeutigkeit in sich selbst. Aber Cervantes erfand die komplizierte und interessante Figur des Don Quijote erst, während er sein Buch schrieb. Nur indem er sein Buch weiterschrieb, bemerkte er, dass er auf die Möglichkeit einer Doppelrolle gestoßen war.

Cervantes schrieb sein Buch nur weiter und entdeckte so die tieferen Probleme der Fiktion und der Philosophie, weil ihm jemand zuvorgekommen war.

Und dabei handelt es sich meiner Meinung nach nicht um einen Einzelfall. Ein Roman ist eine Komposition, die über einen längeren Zeitraum hinweg entsteht. Während es natürlich auch hier Ausnahmen gibt, wie im Fall von Stendhals *Die Kartause von Parma*, der in 53 Tagen geschrieben wurde, handelt es sich bei den meisten Romanen um Maschinen, deren Konstruktion sehr viel zeitintensiver war. Die Bedeutung solcher Schöpfungen entwickelt sich erst während des Schöpfungsprozesses selbst. Bedeutung ist ein Nebeneffekt der gigantischen Aufgabe des Schreibens und Überarbeitens. Denn ein Roman ist ein sich selbst zusammensetzendes Flugzeug. Ein Roman ist ein Multiple. Ich erinnere mich an Thomas Manns Nachwort zu *Der Zauberberg* – seinem großen Fluchtroman: wo er über die Zeit schreibt, als er begann, diesen Roman zu schreiben: »Eine heimliche Ahnung von den Gefahren der Ausdehnung dieser Erzählung, von der Neigung des Stoffes zum Bedeutenden und zum gedanklich Uferlosen, beschlich mich schon bald.« Dabei handelte es sich, wie er zugab, um eine Neurose, die er schon kannte: »Bei der Konzeption erscheint eine Arbeit in harmlosem, einfachem und praktischem Licht. Sie scheint keine große Mühe und Ausführung zu erfordern.«[ii] Und während er dann noch pragmatisch hinzufügt, dass so ein Selbstbetrug eigentlich recht hilfreich ist, da er dem Schriftsteller erlaubt, ein offenkundig bestehendes Problem zu ignorieren – alle zukünftige Albträume – spricht er gleichzeitig auch eine noch intimere Begründung an:

> Ein Werk hat unter Umständen seinen eigenen Ehrgeiz, der den des Autors weit übertreffen mag, und das ist gut so. Denn der Ehrgeiz darf nicht vor dem Werk stehen, sondern dieses muß ihn aus sich heraus vorbringen und dazu zwingen.[iii]

Sowohl das Werk als auch die Werke sind geduldige Bemühungen um Selbst-Vervielfältigung.

2

Am 3. November 1894 setzte sich Henry James an seinen Schreibtisch in De Vere Gardens in London, geplagt von Schaffensangst. Er war 51 Jahre alt und begann wieder einmal einen neuen Roman. Aus diesem Romanprojekt sollte das Meisterwerk *The Wings of the Dove* (*Die Flügel der Taube*) werden. Aber im November 1894 hatte James noch überhaupt keine Idee für eine Geschichte. Und so unterzog er sich einem traurigen Prozess: Er versuchte, die Form einer perfekten Geschichte zu konstruieren. Er begann seine Notizbucheinträge mit dem einzigen Element, das er sich bereits ausgedacht hatte – ein junges Mädchen das »nicht lange zu leben hatte«. Dann fügte er einen »jungen Mann« hinzu, der möchte, dass sie das einfache Glück einer einfachen Lebensweise »kennen lernt«. »Dieses ›etwas‹ kann – natürlich – nur die Chance sein, zu lieben und geliebt zu werden.«[iv] Aber das reichte noch nicht für eine Geschichte: James war sich dessen bewusst. Es reichte nicht mal wirklich für eine Anekdote. »Er ist nicht in sie verliebt, hat nur tiefes Mitleid mit ihr: Er hat genug Phantasie, um zu wissen, was sie fühlt.« Und weiter: »Doch der junge Mann gehört zu einer anderen Frau, … und darin scheint eine kleine Geschichte zu liegen.« Es war gerade mal der Anfang einer möglichen Geschichte mit drei widersprüchlichen Elementen: »Er schwebt mir als ein Mensch vor, der etwas aufs Spiel setzen, etwas verlieren, opfern muß, um freundlich zu ihr zu sein, es ohne Lohn zu sein, denn das arme Mädchen hätte, selbst wenn er sie liebte, kein Leben zurückzuschenken.«[v]

Zuallererst ist diese Liebesgeschichte also wirklich eine Geschichte, in der es um Sex geht. Aber James entschied bald, dass er das Mädchen »als zu krank *dafür* darstellen muß« – denn es wäre »[a]uch wegen der offensichtlich recht jämmerlichen und vulgären Idee, das als Heilmittel für ihre Verzweiflung – als einziges Heilmittel – darzustellen. ›Oh, sie stirbt, ohne das gehabt zu haben? Gib es ihr und laß sie sterben‹ – das kommt mir reichlich zweitrangig vor.«[vi] Die Freuden des Sex ergeben noch keine Geschichte. Oder, genauer gesagt, es wäre eine sehr langweilige Geschichte – während »seine Beziehung zu der Frau … durch diese Begegnung die Konturen eines kleinen Dramas [bekommt]; er hat nie daran gezweifelt (ebenso wenig wie sie), daß er sie liebt.« Eine Geschichte war für Henry James ein Teufelskreis der moralischen Doppeldeutigkeiten. In dieser Hinsicht unterschied er sich, so James, von den Franzosen. »Schriebe ich für französische Leser, wäre alles einfach …«[vii]

3

Die französische Öffentlichkeit! Mehr als zehn Jahre zuvor hatte James Folgendes an seinen Freund Theodore Child geschrieben: »Was zum Teufel ist über euch Franzosen gekommen? – ces messieurs scheinen in der Natur nichts mehr wahrnehmen zu können außer den Geschlechtsteilen. Die französische Vorstellungskraft ne sort pas de là. Du wirst diese Kritik vermutlich für die prüdeste Heuchelei halten, die dir je untergekommen ist.«[viii] Aber ich finde überhaupt nicht, dass Henry James' Kritik prüde ist. Seine kollektive Verurteilung der französischen Schriftsteller aufgrund ihres ausschließlich auf Genitalien ausgerichteten Tunnelblicks war ästhetischer Natur, nicht moralischer. Henry James' Definition zufolge schrieben die Franzosen keine Geschichten. Oder sie taten es doch, aber es waren schlechte Geschichten. Denn ungefähr ein Jahr später scheint sich James selbst zu widersprechen, wenn er die französischen Realisten für ihre »wahrhaft höllische Intelligenz in Sachen Kunst, Form, Manier« lobt: »Sie produzieren heute die einzige Art von Werk, das ich respektiere; & trotz ihres starken Pessimismus' & ihrem Umgang mit den unsauberen Dingen sind sie wenigstens ernsthaft und ehrlich.«[ix] Einen Monat später schrieb James über Edmond de Goncourts neuestes Manifest:

> Goncourts Vorwort sende ich gleich zurück, ohne dass ein weiterer Mensch es zu Gesicht bekommen hätte. Es ist interessant & ich stimme mit vielen Punkten darin überein. Aber was der Mann schreibt, hat etwas Unangenehmes, das sich nicht leicht beim Namen nennen lässt, etwas Hartes – Irritiertes, das nicht mitfühlend ist … Wobei ich natürlich ganz für den roman d'analyse bin, sans intrigue & sans ficelle, tant qu'il voudra, & natürlich auch, Dieu sait!, dafür, dass man exquisit schreiben & dem Reportagehaften widerstehen sollte.[x]

Es mag wie ein Widerspruch klingen, aber vielleicht gibt es hierfür eine Lösung. Es waren nicht die sexuellen Details, die James missfielen, nicht ausschließlich. Seine Sorge war vielmehr, dass es den französischen Realisten an Form fehlte. Sein Ideal war das perfekte Werk. Und so erklärte er in einem späteren Essay »The Lesson of Balzac«, der kurz nach *Die Flügel der Taube* veröffentlicht wurde, dass »fundamentalste und allgemeinste Zeichen des Romans« sei, »dass er völlig aus Versuchen der Darstellung besteht ...: weswegen man schließlich sagen konnte, unter Berücksichtung aller Umstände, dass Zolas Leistung in ihrem ganzen immensen Ausmaß ein außerordentliches Zurschaustellen der imitierten Darsellung war«.[xi] James zufolge fehlte es den französischen Realisten nicht an Masse, sondern an Qualität. Sie machten sich nicht genug aus Darstellung. Sie wussten nicht, was sie in ihr Werk einfügen sollten und was sie besser wegließen. Sie hatten keinen Sinn für Ironie. In der Konsequenz entstanden monotone Detaildarstellungen, in denen alle Details gleich gewichtet wurden. Eine weitere Folge war der Hang zum Melodramatischen. Sie verwechselten faktische Vollständigkeit mit Schund. Sie gaben sich zu schnell mit dem kleinen Skandal zufrieden, der im Sex lag, während James dagegen den großen Skandal der moralischen Untersuchungen wollte.

4

An seinem Schreibtisch in De Vere Gardens war ihm aber nur dieser Plot eingefallen: Ein Mann bemitleidet ein todkrankes Mädchen, ist aber einer anderen verfallen. »Mir scheint, die Handlung liegt in der besonderen Schwierigkeit, die für den Mann aus seinem Verhalten (gegen das Mädchen) folgt und die für ihn in einem Opfer, einem großen Verlust oder Mißgeschick gipfelt.«[xii] Aber warum muss es in dieser Geschichte überhaupt einen Verlust, ein Opfer geben? Weil diese immer wieder James' Hauptressourcen waren. Eine Geschichte wurde in seinen Augen erst zu einer Geschichte, wenn es die Möglichkeit gab, moralische und emotionale Umkehrungen einzubauen –

wenn dieselbe Figur im Laufe einer Geschichte gegensätzliche Positionen einnehmen konnte. Deswegen waren Opfer für ihn nützlich. Sie führten zu natürlichen Ironien. So kam James ein Gedanke. Ihm schwebte eine lange Verlobungszeit vor – Geldprobleme, ein im Sterben liegender Vater. Das Wesen dieses Paares ist, dass sie warten – auf Geld, auf ihre Hochzeit. Also:

Er zieht seine Verlobte, seine Braut voll ins Vertrauen und sagt, »Sei nicht eifersüchtig, wenn ich nett zu ihr bin – du weißt *warum*.« Die Braut ist großzügig, großmütig – auch sie ist voller Mitleid. Sie läßt ihn gewähren – sie sagt, »O ja, das arme Ding: Sei nett zu ihr.« Es geht dann weiter, als ihr wirklich recht ist; doch sie erträgt es noch – sie ist ihres Verlobten so sicher.[xiii]

Die endgültige Komplikation, auf die er dabei stößt, ist die folgende: »Es wird sehr deutlich, daß das sterbende Mädchen, wenn sie könnte, den jungen Mann auf der Stelle heiraten würde.«[xiv] Aber das ist immer noch keine Geschichte. Es ist ein sehr roher Entwurf für eine Geschichte. Bisher ist überhaupt nichts passiert. Die moralischen Werte sind immer noch gerade ausgerichtet. James unterbricht seine Arbeit für vier Tage. Am 7. November 1894 fängt er erneut an.

5

Hier sollte ich vielleicht eine Hintergrundgeschichte einfügen. Diese Bemühungen um alles Vielfältige, um die sich selbst ausdehnende Geschichte, wurden zu einer Gewohnheit von Henry James. Einige Monate später, im März 1895, versprach er Horace Elisha Scudder, dem Herausgeber der Zeitschrift *Atlantic*, drei Kurzgeschichten. Scudder gewährte ihm großzügige 10 000 Wörter. Und im Juni versprach James, dass die erste seiner Geschichten Scudder »weit *vor* dem 15. Okt.« erreichen würde. Die Geschichte war bereits halb fertig und hatte den Titel »The House Beautiful«. Am 3. September schrieb

James an Scudder mit der Nachricht, die Geschichte würde selbst nach schier »unmenschlichen Qualen« mindestens 25 000 Wörter lang sein und somit vielleicht besser an anderer Stelle unterkommen. Stattdessen bot er ihm eine neue Geschichte an, die er bis zum 1. Oktober abgeschickt haben wollte. Aber als er nun am 4. Oktober endlich die erste Hälfte seiner Ersatzgeschichte abschickte, musste er noch eine weitere Entschuldigung anhängen: »Ich *kann* mich leider Gottes trotz wiederholter heldenhafter Anstrengungen, die diese Aufgabe in jeder Hinsicht zur aufzehrendsten machen, die mir je gestellt wurde, nicht an Ihre Längenvorgabe halten.« Er hatte immer noch 2000–3000 Wörter zu viel. Dann stimmte er diese tiefempfundene Wehklage an:

Ich merke mit zunehmenden Alter, dass ich so viel Methode & Stil habe, einen so großen & unbezwingbaren Instinkt für Vollständigkeit & dafür, die Dinge im Kontext all ihrer Verhältnisse zu sehen, dass Entwicklungen, wie komprimiert sie auch sein mögen, unvermeidlich werden – zu viel von all dem, als dass ich wie früher zu schnellen Wendungen befähigt wäre. Ich wähle schon absichtlich sehr kleine Ideen aus, um es besser zu machen – aber selbst sehr kleine Ideen werden irgendwann groß. Dieser kleine Gegenstand beispielsweise – und er ist von großer Schlichtheit – war anfangs winzig; aber trotz starker Stauchungen – die mich einen Monat gekostet haben – wurde daraus, was Ihnen hier vorliegt.[xv]

Ungewollte Längen wurden in James' Werk immer wieder zum Problem.[41] Er sehnte sich nach Kürze – idealisierte das Konzept der perfekten kurzen Sache. Dabei handelte es sich teils um ein ästhetisches Ideal von James, teils waren seine Beweggründe aber auch finanzieller Natur. »Also komme ich hartnäckig – oder jedenfalls notwendigerweise – auf die Frage nach der wirklich kurzen Erzählung zurück: komme zurück, weil es ökonomisch notwendig ist.«[xvi] Denn: »Ich kann 5000 Worte unterbringen – das ist das zwingende Faktum …«[xvii] Doch das wurde jetzt zum Problem, aufgrund von James' Kompositionsmethode: dem »ständigen, fruchtlosen, innigen Kampf um die besondere Idee, den Stoff, die Möglichkeit der Gestaltung, den

Ort …«[xviii] Denn dieser Kampf förderte immer nur außergewöhnliche, multiple Feinheiten seiner Ironie zutage – so dass sich der melodramatische Kern, der seinen Geschichten als Handlung diente, in der überempfindlichen Intelligenz seiner Figuren auflöste.

6

Zurück im Londoner Winter machte James am 7. November 1894 Bestandsaufnahme: »Ich hatte mich gefragt, ob etwa eine Übereinkunft des Mannes *mit seiner Braut* weiterführte: *Das arme Mädchen zu heiraten, um an ihr Geld zu kommen, in der Gewißheit, daß sie sterben und ihm das Geld hinterlassen werde …«* Aber »[w]enn sie überdies so sehr in den jungen Mann verliebt ist, wie ich es mir vorstelle, hinterließe sie ihm das Geld, auch ohne daß die Heirat überhaupt zur Debatte stünde.« Im nächsten Satz kommt ihm eine Idee. »Ich glaube, ich bin einer hübschen Idee auf der Spur, wenn das Glück, das Leben, das gestohlene Erlebnis, nach dem das Mädchen sich sehnt, *tatsächlich* in einer leidenschaftlichen Handlung besteht – in einem Akt der Großmut, der leidenschaftlichen Wohltätigkeit, des puren Opfers für den Mann, den es liebt.«[xix]

Zuerst hatte ihm also die Möglichkeit eines Opfers von einem Mann vorgeschwebt. Dann das mögliche Opfer des Mädchens. Und jetzt handelte die Geschichte von einem Doppelopfer. Was bedeutet, dass alle verlieren und alle gewinnen. Womit der Roman vieldeutig wird.[42] An diesem Punkt, als endlich eine richtige Geschichte zustande kommt, gestaltet Henry James alles um. »Vielleicht lasse ich die Sache mit den beiden Mädchen beginnen – *die sich nicht gern haben dürfen*. Daraus müßte folgen, daß das sterbende Mädchen, das Familie oder persönliche Umstände mit der anderen zusammengebracht haben, sie nicht mögen dürfte, einen Grund hätte, sie nicht zu mögen, *ihr* zumindest keine Wohltat, keinen Dienst zu erweisen.«[xx]

Das sterbende Mädchen verliebt sich in den Mann, ohne zu wissen, dass er mit dem Mädchen verlobt ist, das sie nicht ausstehen kann. Doch: »Die Braut hat einen Plan – sie hat einen plötzlichen Einfall. Sie verbietet ihrem Verehrer, dem Mädchen ihre Verlobung mitzuteilen.«[xxi] Und an diesem Punkt, als sich die Handlung von *Die Flügel der Taube* abzuzeichnen beginnt, installiert James hier eine weniger ausgetüftelte Sicherung, als er es in seiner endgültigen Fassung des Romans tut. Es ist jetzt überhaupt keine interessante Geschichte mehr:

> Sie plant, er solle sich ihr so lange überlassen, »nett« zu ihr sein, ihr entgegenkommen, sich ihr erklären, sich ihr widmen, sich von ihr lieben lassen und tun, als ob er sie liebe. Sie sieht voraus, daß das Mädchen unter diesen Umständen zu immenser Großzügigkeit imstande wäre – einer Großzügigkeit, von der ihr eigenes Leben, ihr Heiratsplan profitieren könnte – ohne daß sie inzwischen wirklich etwas verlieren müßte.[xxii]

In diesem Abriss ist der Mann unschuldig, während die Verlobte aus reinem Eigennutz handelt. Es ist wahr, dass James der Figur etwas Tiefe gibt, indem er sich ein kleines Opfer ausdenkt, das auch die Verlobte bringen muss: »Ich glaube, mir schwebt ein mittelloser Pair vor, den mein älteres Mädchen ausschlägt. Ihr Vater will ihr helfen, wenn sie ihn nimmt – wenn sie die vornehme Verbindung eingeht. Daß sie es nicht tun *will*, ist verdienstvoll und tugendhaft von ihr, und eben durch diesen Verzicht hält sie ihren Verehrer – *en le faisant valoir* – und macht ihn gleichsam zu ihrem Komplicen.«[xxiii] Aber dieses Opfer ist wirklich sehr klein und rein sozialer Natur. Die Hauptfunktion dieses Opfers, fährt James fort, ist es, einen zurückgewiesenen Freund in die Geschichte einzuschleusen, der jene Figur sein wird, die dem todkranken Mädchen die Nachricht überbringt, dass ihr Geliebter bereits verlobt ist. Aber weil James die Verlobte gerade als moralisch unsympatisch dargestellt hat, wird sein Schluss immer weniger überzeugend. Das todkranke Mädchen gewinnt neue Kraft – für ihre Leidenschaft, ihr Verlangen, schnell noch *das* vom Leben zu kosten – und bringt es noch fertig, weiter großmütig zu sein. Sie bleibt wirklich großmütig. Doch der junge Mann erfährt von ihr, daß sie *Bescheid weiß* – seine wirkliche Bindung kennt. Daran kann er ihre innige Liebe, ihre schöne Seele ermessen – und das beeindruckt ihn ungeheuer. Er schämt sich, daß er den Plan seiner Braut stillschweigend gebilligt hat – er verabscheut ihn. In diesem Abscheu kommt er dem sterbenden Mädchen sehr nahe.[xxiv]

James bleibt kein Ausweg mehr, als ein vereinfachtes Ende zu wählen: »Dann steht der junge Mann mit dem Geld seiner Braut gegenüber. Und nur noch zwischen ihnen spielt sich nun der Höhepunkt, das Ende der Geschichte ab. Sie will nun so schnell wie möglich heiraten, doch er hat sich wirklich in das tote Mädchen verliebt ... Je mehr er erkennt, wie fein das tote Mädchen war, um so mehr sieht er auch, wie wenig fein das lebende ist.«[xxv] Der Roman endet in diesem überarbeiteten Entwurf als Melodrama.

Es kommt zu einer sehr peinlichen, höchst heftigen Szene zwischen ihnen. (Wie das alles – bin ich auch objektiv? – sich als dreiaktiges Stück abzuzeichnen scheint!) Mit einem Wort, sie *brechen* miteinander – er sagt, »Nun gut« – als die Frau ihm empört und eifersüchtig (auf das Abdanken der anderen) die *Chance* zum Bruch gibt – ihm die Freiheit anbietet. Doch er bietet ihr das Geld an, und sie *nimmt* es. Trotzdem rachsüchtig, heiratet sie dann *mit* dem Geld und mit der erneuten Unterstützung ihres Vaters Lord X., während er arm und einsam und treu bleibt – dem Bild der Toten treu bleibt.[xxvi]

7

Die veröffentlichte Handlung von *Die Flügel der Taube* scheint sich um eine Heilige und zwei Intriganten zu drehen. Eine todkranke Erbin, Milly Theale, wird von Kate Croy und Merton Densher ausgebeutet – einem habgierigen Paar, das zu arm ist, um zu heiraten. Aber diese Handlung begann nach einer Weile, Henry James zu langweilen. Bis er schließlich auf eine Handlung kam, die seinem Instinkt für Doppeldeutigkeit entsprach. So untersucht der Roman letztendlich also die Frage, ob eine Tat schlecht scheinen aber eigentlich altruistisch sein kann. In *Die Flügel der Taube* sind die offensichtlichen moralischen Haltungen auf ironische Weise umgekehrt. Kate Croy, die Verlobte, bittet Densher, gut zu Milly zu sein, denn sie weiß, dass Milly in Densher verliebt ist. Dann lässt sie, im Wissen, dass sich Densher in Milly verliebt hat, die Situation weiterhin andauern. Ihre eigennützige Handlung wird gleichzeitig zu einer Tat der Selbstverleugnung. Während die Franzosen Sex ohne Bedenken als einfachen, skandalösen Moment instrumentalisierten, baute James ihn in die moralischen Kurzschlüsse seiner Komposition ein. Er verhindert, dass es zum Sex zwischen der dahinsiechenden Erbin und dem geliehenen Liebhaber kommt. Aber das junge Paar – Kate und Merton – hat eine sexuelle Beziehung: Und so ist der Sex mit eingespannt in jenes aus Großzügigkeit und Opfern bestehende Netzwerk des Romans. Bevor Merton Densher beginnt, seinen Täuschungsversuch in die Tat umzusetzen, verlangt er von Kate nach einem »Beweis« ihrer Liebe.

»Ich gebe dir Beweise«, sagte Densher. »Du gibst mir keine.«
»Was nennst du also Beweise?«, wagte sie nach einem Augenblick zu fragen.
»Daß du etwas für mich tust.«[xxvii]

Die Ironie dieser kurzen Unterhaltung liegt darin, dass am Ende des Romans deutlich ist, wie viel Kate eigentlich für Densher getan hat. Sie hat alles geopfert. In vollem Bewusstsein und auf tragische Weise hat sie ihn verloren. Was wie Sittenlosigkeit aussah, war tatsächlich eine riskante Form von Mitgefühl.

In seinem Aufsatz über Baudelaire griff James einmal die »Rohheit der Empfindungen der Fürsprecher der ›L'art pour l'art‹« an: »Sie sprechen davon, dass Sittlichkeit in ein Kunstwerk aufgenommen oder von ihm ferngehalten wird, dass sie in unsere Beurteilung dieses Kunstwerks aufgenommen oder aus ihr ferngehalten wird, als handle es sich dabei um eine farbige Flüssigkeit in einer Flasche mit großem

Etikett, die in irgendeinem mysteriösen intellektuellen Kabinett steht. In Wirklichkeit ist sie schlichtweg ein Teil der wesentlichen Reichhaltigkeit der Inspiration ...«[xxviii] Seine Argumentation schließt mit einer vielsagenden Gleichsetzung: Die Sittlichkeit könne schon deshalb nicht aus dem Spiel gelassen werden, weil Sittlichkeit und »Gegenstand« austauschbar seien. Für wirkliche Künstler, schließt er, sei »der Gegenstand so sehr ein Teil ihrer Arbeit, wie der Hunger Teil ihres Abendessens ist«. Mit dieser grellen, verdrehten Metapher definiert James seine Methode der Fiktion: in der die Form von ihrem gefräßigen Gegenstand verdaut wird. Was dies in Bezug auf *Die Flügel der Taube* bedeuten könnte, verdeutlicht ein Brief, den James an Ford Madox Ford schickte, nachdem der Roman veröffentlicht worden war. In diesem Brief schrieb James – mit der retrospektiven Genauigkeit des Überarbeiters: »Der Gegenstand war Denshers Geschichte mit Kate Croy – ihre mit ihm & Millys Geschichte waren darin nur eingeschlossen & damit verstrickt.«[xxix] Das erste Bild hatte Milly geliefert – die sterbende Erbin: Aber ihre Geschichte war von jener Geschichte überholt worden, die ursprünglich nur erfunden worden war, um dieses erste Bild weiter zu erforschen.

Und James' Gebrauch des Wortes *Gegenstand* ist geladen. Es enthält Jamesische Unterscheidungen. Vier Jahre zuvor beobachtete James »den klaren Unterschied zwischen dem, was in altmodischem Sprachgebrauch als ›Geschichte‹ bezeichnet wird, und dem, was die unverwechselbaren Eigenschaften dessen aufweist, was ich ›Gegenstand‹ nenne«.[xxx] Im Gegensatz zu Gadda glaubte er an die Trennung von Motiv und Ursache. Diese Überzeugung schaffte es bis in seine berühmteste kritische Äußerung, im Vorwort der 1906 veröffentlichten New Yorker Ausgabe seines allerersten Romans, *Roderick Hudson*: »Im allgemeinen hören Beziehungen tatsächlich nirgends auf, und das besondere Problem des Künstlers besteht ja für ewig darin, nach seiner eigenen Geometrie einen Kreis zu ziehen, in dem sie das *dem Anschein nach* glücklich tun.«[xxxi]

Bekannterweise lobte Joseph Conrad die Romane von Henry

James deswegen, weil sie den Leser nie zur Ruhe kommen ließen. Der Roman endet genauso, wie Leben enden, schrieb Conrad, was heißt, dass sie trotz allem immer noch weitergehen. Vermutlich könnte es so scheinen, als stünde diese Position im Widerspruch zu James' Versuch, einen imaginären Kreis zu beschreiben: Conrad beschreibt eine völlig horizontale Linie, während James' Ideal der Kreis ist. Ja, es mag sogar den Anschein haben, als beschreibe Conrad in Wirklichkeit Gadda. Aber es ist erst James' Vermögen, den Kontrast zwischen einem Gegenstand und einer Geschichte zu erkennen, das die Kraft seiner Schlüsse ausmacht: ihre Existenz als düstere Momente der Wahrheit. Weil es nicht realistisch ist, dass sich ein Gegenstand und eine Geschichte decken. Gerade weil die Geschichte unvollendet blieb, während der Gegenstand erschöpfend behandelt wurde, ist James ein so bewegender Schriftsteller. Denn im Gegensatz zu dem Ende, das er in seinen Notizen vorsieht, ist der Schluss von *Die Flügel der Taube* ein erhabener Moment von großer Traurigkeit: ein Trugschluss. Es ist nicht Millys Geld, das jetzt zwischen Kate und Merton steht: Es ist die Tatsache, dass ihre vorherige Beziehung unwiederbringlich verloren ist.

Er hörte ihr stumm bis zum Schluß zu, beobachtete dabei ihr Gesicht, rührte sich jedoch nicht. Dann sagte er nur: »Ich heirate dich, wohlgemerkt, binnen der nächsten Stunde.«

»So wie wir waren?«

»So wie wir waren.«

Doch sie wandte sich zur Tür, und ihr Kopfschütteln war jetzt das Ende. »Wir werden nie wieder so sein, wie wir waren!«[xxxii]

Wie Henry James selbst (und Cervantes und Thomas Manns idealer Schriftsteller) sind sie gefangen in einer ungewollten, selbstgestellten Falle. Sie sind zu ihrem eigenen Multiple geworden.

Das mangelhafte Werk

1

Eines Tages im Jahre 1939 saß Witold Gombrowicz in einem Warschauer Café und gönnte sich nach getaner Arbeit ein Gläschen. Einer seiner Freunde, ein Journalist, suchte ihn dort mit einem Vorschlag auf. Er müsse über die Jungfernfahrt des Transatlantikkreuzers *Chobry* schreiben. Ob Witold vielleicht mitkommen wolle? Witold war nicht abgeneigt. Er hatte nichts Besseres zu tun. Also eilte er ins Büro der Schifffahrtgesellschaft, das er gerade noch erreichte, bevor es schloss, und überredete die Sekretärin dazu, ihm eine Fahrkarte zu geben. Er erreichte Buenos Aires glücklich am 22. August 1939. Einige Tage später brach der Zweite Weltkrieg aus. Und so wurde Gombrowicz, der dachte, er sei nur als eine Art Tourist in Buenos Aires, für die nächsten dreißig Jahre zum Exilanten – erst wegen der Nazis, dann wegen der Kommunisten.

2

Ein Jahr zuvor, 1938, hatte Gombrowicz seinen Aufsatz über die französische Fassung von James Joyces *Ulysses* geschrieben, in dem er das provinzielle Wesen des polnischen Romans beklagt. Außerdem hatte er einen Aufsatz über den polnischen Schriftsteller Bruno Schulz geschrieben – nachdem dessen zweiter Erzählungsband veröffentlicht worden war. Den Kern dieses Aufsatzes bildete ein Gedankenexperiment. Gombrowicz lädt seinen abwesenden polnischen Leser dazu ein, sich vorzustellen, er selbst sei ein Schriftsteller, der an seinem Schreibtisch sitzt und gerade beginnen will, eine Geschichte zu schreiben. Plötzlich wird dieser imaginäre Schriftsteller von lähmenden Selbstzweifeln befallen. Denn »[v]or allem die Tatsache, daß die fiktiven Ereignisse beschrieben werden, als hätten sie sich wirklich zugetragen, daß ihnen der Anschein realen Lebens verliehen wird, wo doch jeder weiß, daß sie in Eurem Kopf entstanden sind, ist eine bedauernswerte Fiktion und Mystifizierung«.[xxxiii] Gombrowicz' imaginärer Schriftsteller fühlt im Angesicht fiktiver Werke eine fundamentale Enttäuschung. Ihn beeindruckt die Romankunst nicht. Und die Schlussfolgerung, zu der der imaginäre Schriftsteller kommt – 1938 in Polen –, ist aufreibend: »daß nicht nur die fiktiven, sondern auch die wirklichen Ereignisse eigentlich Schein und Vorwand, daß sogar wahrhaftige, lebende Menschen nur eine zufällige Form, eine Maske sind, hinter der sich ein dunkles, anonymes Element verbirgt.«[xxxiv] Es ist erschreckend, aber andererseits handelt es sich vielleicht um eine Theorie, die im Kontext verständlich wird: Warschau im Jahre 1938. Gombrowicz zufolge war eine Konsequenz dieses Chaos und daher von diesem Unvermögen, sich auf das Spiel der Fiktion einzulassen, dass Schulz' phantastisch-fiktive Technik dem wirklichen Leben treuer war als anderen fiktiven Werken. Er schaffte keine falsche Symmetrie oder falsche Glaubwürdigkeit. Er ließ sich nicht von den künstlichen Beschränkungen des Realismus beirren: »Schulz sucht ganz beliebige und zufällige Elemente aus und baut aus ihnen eine eigene Welt auf –, und wir können in dieser künstlichen und fiktiven Welt die gleichen Kräfte und Gesetze beobachten, die in der realen Welt herrschen ...«[xxxv] Jedenfalls vertrat Gombrowicz diese Auffassung im Jahre 1938.

3

Ungefähr 25 Jahre später – nachdem er erst in Buenos Aires im Exil gewesen war, dann eine Zeitlang in Berlin lebte, und sich schließlich in Vence in Südfrankreich niederließ – waren die Gefühle, die Witold Gombrowicz in Bezug auf seine Freundschaft mit Bruno Schulz empfand, kompliziert. Es waren reumütige, stolze und zärtliche Gefühle.

Im Juli 1961 beschäftigte sich Gombrowicz nicht viel länger als eine Woche, von einem Freitag an bis zum darauffolgenden Samstag, mit der Schulz-Frage. Dies war dadurch ausgelöst worden, dass Gombrowicz gerade die erste französische Übersetzung einiger Geschichten von Schulz erhalten hatte. Die Übersetzung kennzeichnete Schulz' Eintritt in die Weltliteratur. Und so hielt Gombrowicz in Vence einen Moment lang inne.

Aber auch ich muss hier für einen Moment innehalten.

Normalerweise bietet ein Tagebuch den Luxus der Geheimhaltung. Aber Gombrowicz' Tagebuch war anders. Statt ausschließlich privater Natur zu sein, schrieb er sein Tagebuch gezielt zur Publikation in Jerzy Giedroycs Zeitschrift für polnische *Emigrés* namens *Kultura*, die in Paris herausgegeben wurde. Lange Zeit – vor allem, während seiner Zeit in Buenos Aires – war dies Gombrowicz' einzige Möglichkeit, mit einer literarischen Gemeinschaft zu kommunizieren: Somit war es immer eigennützig angelegt; es war eine Werbung, ein Manifest. Denn der Pathos der Literaturkritik liegt darin, dass sich kein Schriftstellter auf seine Leser verlassen kann. Alle Schriftsteller brauchen auch Kritiker. Und im Exil wird dieses Problem noch akuter; im Exil kann es vorkommen, dass sich ein Schriftsteller verdreifachen muss, und nicht nur die Arbeit des Lesers, sondern auch des Kritiker übernehmen muss. Gombrowicz' Tagebucheinträge, die folgten, waren somit nicht nur über Schulz. Sie waren auch Gombrowicz' wetteifernder Versuch, öffentlich zu definieren, was er für die Essenz des Schriftstellertums hielt. Sein Tagebuch war auf demonstrative Weise egoistisch, selbstverliebt und unreif. Schließlich hatten die ersten vier Tage dieses Tagebuchs, das er 1953 anfing, mit der folgenden Grundsatzerklärung begonnen:

MONTAG
Ich.

DIENSTAG
Ich.

Mittwoch.
Ich.

Donnerstag.
Ich.[xxxvi]

Mit diesem Manifest bekannte sich Gombrowicz öffentlich zum verrückten Egoismus des Tagebuchführens – einem gigantischen Cartoon von ganz alltäglicher Selbstverliebtheit.[43]

Zuletzt, sagte Gombrowicz selbst, als er sich mit Bruno Schulz verglich, konnte er einen Schriftsteller nur noch als eine Person definieren, die niemanden respektiert, außer sich selbst. Er wird sich nicht auf den Lorbeeren des guten Geschmacks ausruhen: »Ich will gleich mit meiner frechen und geschmacklosen Unanständigkeit herausrücken: *Bruno verehrte mich, aber ich ihn nicht.*«[xxxvii] Die Geschichte in Warschau – so schien es ihm jetzt in Vence – hatte sich wie folgt zugetragen: Schulz hatte Gombrowicz verehrt während Gombrowicz reservierter gewesen war. »Ich war von Natur aus unfähig, ihm anders als misstrauisch zu begegnen, ich traute weder ihm noch seiner Kunst. Hatte ich je eine seiner Erzählungen richtig, von Anfang bis Ende, gelesen? Nein – sie langweilten mich.«[xxxviii] Es stimmt, dass die beiden von polnischen Kritikern oft als experimentelles Duo zusammengebracht wurden, aber »wenn es in der polnischen Kunst jemanden gab, der in völligem Gegensatz zu mir stand, so war er es«.[xxxix] Eine Woche lang fuhr Witold deshalb an jedem Tag wieder damit fort, seinen Bruno-Witold-Gegensatz auszuarbeiten. Fortlaufend versuchte Gombrowicz, ihre tiefgehende Gegensätzlichkeit in Worte zu fassen. »Während er sich der Kunst derart unterwarf, wollte ich ›darüber‹ stehen. Das ist der wichtigste Gegensatz zwischen uns.«[xl] Gombrowicz war Ironiker, und Schulz war es nicht: »Ich dagegen wollte sein – ich sein – ich, weder Künstler, noch Idee, noch irgendein Werk von mir – nur ich. Über der Kunst stehen, über Werk, Stil und Idee.«[xli] Aber plötzlich, nach nur fünf Tagebuch-Tagen, änderte Gombrowitz seine Meinung, anscheinend ohne es zu bemerken. Statt von Gegensätzlichkeit schrieb Gombrowicz jetzt, er und Schulz seien »Verschwörer. Wir experimentierten mit einem sehr explosiven Material, das da FORM heißt. Aber es war nicht Form im gewöhnlichen Sinne – hier ging es um das ›Schaffen von Form‹, um ihre ›Produktion‹ und um die ›Selbstwerdung durch Formschaffen‹.« »Wir beide standen der FORM ganz allein gegenüber«, fährt er fort.[xlii]

Aber dann zwei Tage später: »Ich überfliege die Seiten, die ich über Schulz geschrieben habe. War er nun genau so? War ich so?«[xliii]

4

1936 hatte Schulz eine Übersetzung von Franz Kafkas Roman *Der Proceß* veröffentlicht, aus dem Deutschen ins Polnische. Dabei könnte es sich um seine eigene Übersetzung gehandelt haben, oder um die seiner Verlobten, Józefina Szelínska. Diese Übersetzung ist beachtenswert, wegen eines Moments von gigantischer Chuzpe: Im Polnischen wird Joseph K. zu Jurek K. – zu einem eingebürgerten polnischen Schlemihl. Aber im Gegensatz zu diesem großen Moment der Chuzpe, so ganz im Dienst des Alltags, stand ein begleitender Aufsatz von Schulz, in dem er erklärt, die Essenz Kafkas sei »der höchste religiöse Wert, an dem er sein Werk misst«.[xliv] Für Schulz war Kafka ein Mann, der spirituelle Visionen aufzeichnete. Als solcher war er kein Schriftsteller mit entwickeltem und geduldigem Stil, sondern Teil einer anonymen Gemeinschaft von Mystikern. Kafkas Werk, so Schulz, sei bemerkenswert wegen seiner Schöpfung einer »parallelen Realität, einer doppelten, einer zusätzlichen Welt, die, um die Wahrheit zu sagen, keinen Vorgänger kennt«.[xlv]

Aber dieses verrückte Bildnis ist irgendwo auch verständlich. Wie alle Bildnisse ist es ein Selbstbildnis. Denn wirklich beschrieb Schulz natürlich hoffnungsvoll sein zukünftiges Ich.

In Schulz' Vorwort zu einer geplanten deutschen Übersetzung seines ersten Buches, *Die Zimtläden*, einer Kurzgeschichtensammlung, versuchte er, eine eindeutige Aussage über seine fiktionale Methode zu treffen. In seinem Buch, so Schulz, unternehme er »den Vesuch, die Geschichte einer Familie – eines Hauses – in der Provinz zu beschreiben«. Seine Neuerung lag aber in der Prosa: Er wollte keine »externen Beschreibungen« verwenden oder »psychologische Analysen«: Denn die »ultimativen Gegebenheiten eines menschlichen Lebens befinden sich«, seiner Meinung nach, »in einer anderen Dimension des Geistes; nicht in der Kategorie der Fakten, aber in der ihrer spirituellen Bedeutung«. Und das ist der Grund, weshalb seine Biographie einer Familie »an ein[en] Mythos grenzt«. Nur so konnte Schulz »dieser Atmosphäre« treu sein, »die so düster ist, und voll von Vorahnungen, diese Aura, die sich um jede Familiengeschichte herum kondensiert«.[xlvi]

Schulz' Vorwort war der Versuch, seine eigene übertriebene, lyrische Prosa zu erklären: ein System der aufgedonnerten Vergrößerung: eine Darstellung infantiler Manie. In seiner wunderbaren Geschichte »Das Buch« versucht ein Junge, ein Buch wiederzuentdecken, das ihm einmal, als er viel jünger war, als Ausdruck der spirituellen Bedeutung der Welt erschienen war. Endlich trifft er eines Tages zufällig auf ein Dienstmädchen, das Seiten aus einem zerrupften Band reißt, den sie, wie sie ihm erzählt, immer benutzt, um Essen einzuwickeln. Und dabei handelt es sich, wie sich herausstellt, um das Buch, das er schon so lange sucht – aber jetzt ist es bereits fast ganz zerstört. Nur die Reklame am Schluss, die Werbeanzeigen, der reine Stumpfsinn, sind noch übrig – eine Anzeige »eine[r] Frau namens Magda Wang« beispielsweise, deren Spezialität es ist, »die stärksten Charaktere zu brechen«. Und als er diese blöde Anzeige liest, schreibt Schulz, fühlt sich der Junge »inmitten ihres sonderbaren Schwindelns und Flunkerns. Man spürte, daß die moralischen Angaben und Bestimmungen einen seltsamen Verlauf nahmen und daß wir schon in einem anderen Klima waren, in dem sich der Kompaß verkehrt bewegte«.[xlvii] Schulz kannte sich mit so tiefen Gefühlen wie Scham und

Lust und Stolz aus: Er wusste, dass sie den kleinsten, alltäglichsten Dingen entsprangen, wie Kalendern und Anzeigen. Er wusste, dass die Vorstellung eines Kindes von der Realität alles war, was wir je erreichen konnten. In einem Brief an seinen Freund S. I. Witkiewicz erklärte Schulz einmal: »›Die Zimtläden‹ geben ein bestimmtes Rezept für die Wirklichkeit, stellen eine besondere Art der Substanz fest. Die Substanz dieser Wirklichkeit befindet sich in einem Zustand permanenten Gärens und Keimens, verborgenen Lebens. Es gibt keine toten, festen, begrenzten Gegenstände.« Das war es, was hinter seinem Stil steckte, denn: »In den Lebensbräuchen und -gewohnheiten dieser Wirklichkeit erscheint ein Prinzip besonderer Art – die Panmaskerade.«[xlviii] Schulz wandelte die Kindheit so um, dass sie zu einem universellen Prinzip wurde. Dadurch wurde er notwendigerweise zum Mystiker: Er musste einfach an Zeitreisen glauben. Es gebe, schrieb er, ein gebräuchliches Konzept von der Zeit. Demzufolge sind Fakten »der Zeit eingeordnet, hängen an ihrem Ablauf wie an Fädchen«. Das war die normale Grundlage von Erzählungen. Aber dann stellte Schulz diese Frage:

> Was jedoch mit Ereignissen anfangen, die keinen eigenen Platz in der Zeit haben, mit Ereignissen, die zu spät kamen, erst kamen, da alle Zeit vergeben, verteilt und vertan war, und jetzt wie auf einem Schiff zurückgeblieben, das ohne Segel und Steuer, den Winden preisgegeben, heimatlos über das Meer irrt?

Nach Schulz' Vorstellung ist die Zeit zu eng für alle Geschehnisse. Stattdessen stellte er sie sich wie eine Eisenbahnlinie mit auseinandergehenden parallelen Gleisen vor. Schließlich, argumentiert Schulz, gebe es »Nebengleise der Zeit, ein wenig illegal freilich und problematisch, doch wenn man solche Konterbande mit sich führt wie wir, ein überzähliges Ereignis, das nicht einzureihen ist, darf man nicht allzu wählerisch sein«.[xlix] Und diese Gleise sollte man mit zwei Sätzen aus einem Brief vergleichen, den Schulz schrieb, als er gerade an seinem unvollendeten Roman, *Der Messias*, arbeitete: »Mein Ideal ist es, zu

›reifen‹, bis man wieder Kind ist. Das wäre endlich eine wirkliche Reife.«[l] Eine verdrehte Einstellung gegenüber der Zeit stand hinter allen fiktiven Werken von Schulz und seinen Experimenten mit Metaphern und seinen bruchstückhaften Romanen. Die Wahrheit ist flüchtig und bruchstückartig. Sie wird weggepackt, in eine Reisetasche oder einen Koffer. Sie ist etwas, das nur durch die Umkehrung der normalen Wertvorstellungen wieder geborgen werden kann. Sie kann nur durch Kindereien wiederentdeckt werden.

Schulz' Thema, wie auch das von Gombrowicz, war die Unreife. Deswegen schienen sich die beiden so ähnlich zu sein. Beide versuchten, eine Form zu erfinden, die keine Form war. Aber der Unterschied war grundlegend: Denn Gombrowicz war ein Komödiant, und Schulz war es nicht.

5

Gombrowicz' berühmtester Roman, *Ferdydurke*, wurde gegen Ende des Jahres 1937 veröffentlicht. Es war sein erster Roman, aber sein zweites Buch – nach einem Erzählungsband von 1933: *Memoiren aus der Epoche des Reifens*. Das erste Buch brachte nicht den Erfolg, den sich Gombrowicz erhofft hatte: Besonders der Titel hatte nicht so verzaubert, wie er es sich vorgestellt hatte. Aber statt einen Schritt zurück zu machen und seine Haltung zu ändern, beschloss Gombrowicz alles nur noch schlimmer zu machen. »Unreife – solch ein kompromittierendes, unangenehmes Wort! – wurde mein Kampfschrei.«[li] Also schrieb er *Ferdydurke*.

Der erste Witz lag schon im Titel, denn er hatte keine Bedeutung. Ja, im Titel zeigte sich der Leichtsinn von *Ferdydurke* zum ersten Mal; aber es ging noch weiter.

Der Erzähler – der nicht Witold heißt, bei dem es sich aber ganz eindeutig um Witold selbst handelt – ist mit dem falschen Bein aufgestanden. Er wird von heiklen Gedanken geplagt. Sein erstes Buch brachte nicht den Erfolg, den er sich erhofft hatte. Er macht sich die übelsten Vorwürfe: »Warum gab ich – wie meinen eigenen Absichten zum Trotz – dem Buch den Titel *Memoiren aus der Epoche des Reifens*? Vergebens rieten mir Freunde, daß ich keinen solchen Titel geben und mich überhaupt vor der geringsten Anspielung auf Unreife hüten solle.« Der Erzähler argumentiert, er habe entschieden, dass es nicht richtig sei, »allzu leicht und billig den Rotzbengel in sich loszuwerden, daß die Erwachsenen allzu scharfsichtig und scharfsinnig sind, um sich betrügen zu lassen, und daß der, den der Rotzbengel unermüdlich verfolgt, sich öffentlich nicht ohne den Rotzbengel sehen lassen dürfe. Vielleicht hatte ich ein zu ernstes Verhältnis zum Ernst, vielleicht überschätzte ich das Erwachsensein der Erwachsenen allzusehr.« Im Bett liegend rekapituliert der Autor melancholisch seinen peinlichen Eintritt in die Welt der Erwachsenen. »Zu sehr schweigt man«, schließt er, »von den inneren Schandflecken und Verzerrungen dieses für immer an Folgen schwangeren Eintritts.«[lii]

Gombrowicz suhlt sich also weiterhin in seiner schlechten Laune und ist deswegen gereizt, weil »jeder von jedem erfühlt und beurteilt werden muß; und uns Dunkle, Beschränkte und Stumpfe zu begreifen ist nicht weniger wichtig als das Begreifen der Aufgeklärten, Feinfühligen und Geistesscharfen. Denn der Mensch ist zutiefst abhängig von seinem Abbild in der Seele des anderen Menschen, auch wenn dessen Seele die eines Kretins ist.«[liii] Eine Schlussfolgerung, die ihn dazu veranlasste, eine Entscheidung zu treffen: »Die eigene Form schaffen! Sich nach Außen verwandeln! Sich ausdrücken!«[liv] Er beginnt wieder zu schreiben – als das Dienstmädchen seinen heißen Morgenkaffee und die Brötchen hereinbringt.

Aber plötzlich läutet »die Klingel ..., das Dienstmädchen macht auf, und in der Tür erscheint T. Pimko, Doktor und Professor, doch eigentlich Lehrer, kultivierter Philologe aus Krakau, zierlich, klein, mager, kahl und mit einem Kneifer, gestreifter Hose, Gehrock, mit hervorstechenden gelben Fingernägeln, in gelben Chevreaulederschuhen.

Kennt ihr den Professor?
Ist der Professor euch bekannt?
Der Professor?

Holla, holla, holla, holla, holla![lv]

Aber nichts hält an. Gerade in dem Moment, als sich der Erzähler entschieden hat aufzuwachen, seine rücksichtslose Eigenständigkeit wieder geltend zu machen, fängt für ihn der Albtraum der Mitmenschen an. Professor Pimko beginnt, so mit ihm zu reden, als sei er ein Kind. Er redet nicht nur mit ihm wie mit einem Kind, sondern nimmt an, er sei wirklich ein Kind und bringt ihn in die Schule. Ja, er bringt einen über dreißig Jahre alten Schriftsteller zurück in die Schule. Der Erzähler kann aus irgendeinem Grund nicht nein sagen zu dieser ruhigen Nötigung: Er geht zurück in die Schule und wird wieder zum Kind.

Und so beginnt die Handlung von *Ferdydurke*.

6

Ein Jahr später veröffentlichte Schulz in einer kleinen Zeitschrift namens *Skamander* einen Aufsatz zu *Ferdydurke*, in dem er bestätigt, dass der Leser in diesem Buch »einer neuen, revolutionären Form und Methode des Romans« begegne, »mit einer fundamentalen Entdeckung, mit der Eroberung eines neuen Bereichs geistiger Phänomene, einer Landschaft, die noch herrenlos ist und niemand gehört«.[lvi] Bisher, dachte Schulz, sei die Literatur hoffnungslos offiziös und professionell gewesen. Gombrowicz' Roman dagegen basiere auf der anderen, inoffiziellen Existenz – jener der Scham, der Wünsche und der Verkindlichung. Schulz' zufolge hatte Gombrowicz den Leser aus dem *Salon* begleitet, entlang eleganter Korridore, in das, was er die »Küche unseres Ichs« nannte.[lvii] Schulz verstand auch, dass Gombrowicz'

Thema somit doppelt war: Seine Entdeckung der Unreife führte zu der Zwillingsentdeckung, dass all das, was in menschlichen Unterhaltungen natürlich zu sein scheint, eigentlich unnatürlich ist; dass jede Art von Kultur ein System aufgezwungener und übernommener Formen war. »Der Mensch erträgt seine Blöße nicht und kommt weder mit sich selbst noch mit seinen Nächsten anders in Berührung als durch Formen, Stile und Masken.«[lviii] Trotzdem beendete Schulz seinen Aufsatz mit einer traurigen von Selbstkritik erfüllten Bemerkung: »Aus dem lebendigen Organismus des Romans ›Ferdydurke‹ herausgetrennt«, sorgte er sich, »wie mager und dürr, wie arm ist das Skelett dieser Problematik«.[lix] Das ist seltsam, weil Schulz kein Wort über den lebendigen Organismus *Ferdydurke* gesagt hatte. Er hatte Gombrowicz' neue Form und Herangehensweise gelobt und sich dann ausschließlich auf sein Thema konzentriert. Aber Gombrowicz' wirkliche Fremdartigkeit lag in seiner Kompositionsweise.

Denn statt seinen Roman entlang seiner seltsamen aber immerhin fortlaufenden Handlung zu verfolgen, unterbricht Gombrowicz seine Erzählung zweimal, mit zwei Kurzgeschichten – eine hat den ungewöhnlichen Titel »Philidor mit Kind durchsetzt«. Das war eine Neuheit. Die zweite Neuheit bestand darin, dass der polnische Leser die Geschichten bereits gesehen hatte, da es sich um Nachdrucke aus Gombrowicz' Sammlung *Memoiren aus der Epoche des Reifens* von 1933 handelte. Die dritte Neuheit war, dass jede Geschichte ein Vorwort hatte: Die Unterbrechung war eine doppelte Unterbrechung.

In seinem Vorwort zu der ersten Geschichte, »Philidor mit Kind durchsetzt«, erzählte Gombrowicz dem Leser, der vielleicht verblüfft war über diese Einfügung einer willkürlichen Geschichte (und eines willkürlichen Vorworts) in seinen Erzählstrang, man solle »deswegen keine zu enge Verbindung zwischen diesen beiden Teilen des vorliegenden Ganzen suchen; und auch der wäre im Irrtum, der da meinen sollte, daß ich die Erzählung *Philidor mit Kind durchsetzt* meinem Werk nicht einzig und allein in der Absicht einfüge, den Platz auf dem Papier ein wenig auszufüllen und so die Unzahl weißer Blätter von mir etwas zu vermindern«.[lx] Es sei nur Füllmaterial, sagte er angeberisch: ein unnützes Durcheinander. Aber trotzdem fuhr er so mit seinem Vorwort fort: »Und ich werde beweisen, daß meine Konstruktion in Genauigkeit und Logik den genausten und logischsten Konstruktionen nicht nachsteht.«[lxi]

Das Thema von diesem Vorwort und von Gombrowicz' Roman insgesamt ist die einschränkende Wirkung äußerer Formen – sowohl die Art und Weise, wie Menschen fraglos und oft unbewusst Formen secondhand übernehmen – genauso wie Madame Bovary lieber eine romantische Heldin sein möchte als Madame Bovary, oder Don Quijote, der ein fahrender Ritter sein möchte und nicht Alonso Quijote. Daher preist Gombrowicz' Vorwort immer wieder die baufällige Struktur seines Romans an, seine egoistischen Mängel und Wiederholungen, wie er sich weigert, sich an die herkömmlichen Vorstellungen der literarischen Form zu halten. Anstatt ein harmonisches Ganzes darzustellen, schreibt Gombrowicz, sei es sein Plan gewesen, seinen Roman »auf dem Fundament von einzelnen Teilen aufzubauen – das Werk als ein Teilchen des Werkes und den Menschen als eine Zusammenfassung von Teilen betrachtend –, während ich die gesamte Menschheit als ein Gemisch von Teilen und Stücken auffasse«.[lxii] Er war der reinste Trödelladen. Er war auf wüste Weise unvollkommen. Und dem Leser, der einwenden könnte, dass ein solches Konzept überhaupt kein Konzept sei, dass Gombrowicz sich nur über literarische Konventionen lustig mache, antwortete Gombrowicz nur abschließend, dass »das stimme und gerade das und nichts anderes sei meine Absicht«.[lxiii] Gombrowicz war experimentierfreudig: Seine Absicht war es, eine völlig individuelle literarische Form zu schaffen, eine ganz persönliche, die im Gegensatz zu jenen Formen stand, die von Generation zu Generation vererbt worden waren, die secondhand waren. Natürlich ist die erste Grundlage einer solchen Form immer der Leichtsinn; sie wird sich nicht von Widersprüchen abschrecken lassen.

Nach diesem Prinzip überarbeitete Gombrowicz sein Frühwerk und erfand die Schönheit der Formlosigkeit.

7

Um den 19. November 1942 hatte Schulz – der polnisch war, aber auch jüdisch – es geschafft, die nötigen gefälschten Papiere und einen gefälschten Pass zu beschaffen, die es ihm erlauben würden, noch am gleichen Tag seine Heimatstadt, Drohobycz in Polen zu verlassen, und der Besetzung durch die Nazis zu entkommen. Aber gegen elf Uhr morgens kam es im Ghetto der Stadt zu einer Schießerei. Im Gegenzug begann die Gestapo, was sie als »wilde Aktion« bezeichneten. Sie schossen auf den Straßen willkürlich auf Menschen. 230 wurden getötet. Einer von ihnen war Bruno Schulz, der versuchte, Brot zu kaufen. Er wurde von dem SS-Scharführer Karl Günther zweimal in den Kopf geschossen. Angeblich, so besagen es einige Ausführungen dieser wahren Begebenheit, gab Günther mit seinem Mord an Schulz an – denn Schulz war der persönliche *protégé* von Felix Landau gewesen, einem anderen Gestapo-Offizier, der an Schulz' Kunst interessiert gewesen war. (1941 war es einer von Schulz' Aufträgen gewesen, die Wände des Schlafzimmers von Landaus Sohn mit Märchenszenen zu bemalen.) Und Günther hasste Landau, weil Landau vor nicht allzu langer Zeit einen Zahnarzt names Löw aus Drohobycz erschossen hatte – den wiederum Günther favorisierte.[lxiv]

Auf diese Weise wurde der Disput beigelegt.

Die Werke

1

Ungefähr zehn Jahre später, 1951, in Chicago, konnte der zeitreisende Beobachter Saul Bellow in der Bücherei angetroffen werden, wo dieser sich mit der westlichen Literatur beschäftigte. Er konnte auch dabei beobachtet werden, wie er seinen frühen Roman schrieb, das ist richtig, aber sein Geld verdiente er, indem er Recherchearbeiten für ein Werk namens *Syntopicon* anstellte. Dieses *Syntopicon* hatte den Untertitel *An Index to the Great Ideas*. Es war ein System aller Ideen in der Chicago-Great-Books-Reihe mit Querverweisen – eine Zusammenfassung der westlichen Kultur. Seine erste Auflage erschien 1953, ein Jahr vor Saul Bellows drittem Roman *Die Abenteuer des Augie March*. Im Vorwort des *Syntopicon* wurde das folgende dem Buch zugrunde liegende Konzept formuliert:

> Dieses große Gespräch zwischen den Zeitaltern ist jener lebende Organismus, dessen Struktur der *Syntopicon* wiederzugeben versucht. Er versucht, den Austausch zwischen den größten Denkern der westlichen Zivilisation abzubilden, ihre Gedanken zu den Themen, welche die Menschen einer jeden Epoche bewegten und welche die gesamte Bandbreite der forschenden Untersuchungen und praktischen Interessen der Menschheit abdecken. Wenn er sein Ziel erreicht, wird er die Einheit und Kontinuität des Westens verdeutlichen.[lxv]

Aber die Konzepte im *Syntopicon* selbst sind nicht besonders interessant. Denn abstrakt existiert ein Konzept kaum: Konzepte sind peinliche Wurmfortsätze einer Persönlichkeit, evolutionäre Redundanzen – wie die männliche Brustwarze. Die ersten zehn Konzepte der westlichen Kultur sind, dem *Syntopicon* zufolge, Engel, Tier, Aristokratie, Kunst, Astronomie und Kosmologie, Schönheit, Sein, Ursache, Zufall, Veränderung. Sie sind Staub.*

In seinem Buch über Dostojewskij bemerkt André Gide – der Dostojewskij nicht auf Russisch lesen konnte – etwas Seltsames über die Ideen in Dostojewskijs Romanen. »Seine Ideen haben fast nie absolute Geltung; sie bleiben fast immer auf die Personen bezüglich, die sie ausdrücken, und ich möchte weitergehen und sagen: nicht nur auf diese Personen, sondern auf einen ganz bestimmten Augenblick im

* Im Englischen sind diese Konzepte natürlich alle in alphabetischer Reihenfolge angeführt: »Angel, Animal, Aristocracy, Art, Astronomy and Cosmology, Beauty, Being, Cause, Chance, Change«. [Anm. d. Ü.]

Leben dieser Personen; sie werden sozusagen aus einem besonderen und vorübergehenden Zustand dieser Person *gewonnen*; sie bleiben bedingt …«[lxvi] Für einen Schriftsteller, schrieb Gide und formulierte ein allgemeines Prinzip, wäre es verrückt, beim Schreiben allgemeinen Prinzipien zu folgen: »Gewiß sieht Dostojewskij die psychologischen Wahrheiten immer als das an, was sie in Wirklichkeit sind: nämlich individuelle Wahrheiten. Als Romancier (denn Dostojewskij ist nirgends Theoretiker, er ist ein Goldgräber) hütet er sich vor der Schlußfolgerung und weiß, welche Unvorsichtigkeit es bedeuten würde (für ihn zumindest), wollte man versuchen, allgemeingültige Gesetze aufzustellen.«[lxvii] Und ich mag das Wort *Goldgräber* sehr.[44] Ich mag diese kosmopolitische Abneigung gegenüber den Ideen und ihrer Monomanie. Als George Sand Gustave Flaubert angriff, indem sie ihm schrieb: »Doch für Dich gilt nur mehr der gut gebaute Satz, das ist auch etwas – aber eben nur etwas – es ist nicht die ganze Kunst, nicht einmal die Hälfte«[lxviii], antwortete Flaubert, wie er es immer tat, dass für ihn der wohlgeformte Satz alles sei. Die Idee zähle für ihn nichts. Und als ein Interviewer der BBC Vladimir Nabokov fragte, warum er »ernsthafte« Schriftsteller nicht möge, antwortete Nabokov:

> Es geschieht aus Vorliebe und mit Vorbedacht, wenn ich mich weigere, meine Kunst mit der Verfertigung von Versandhauskatalogen feierlicher Ideen und seriöser Überzeugungen zu vergeuden; und deren aufdringliche Allgegenwart in den Werken anderer ist mir zuwider. Was sich in meinen Romanen an Ideen ausmachen läßt, ist Besitztum meiner Geschöpfe. Zitierfähige Ideen in meinen Memoiren sind lediglich flüchtige Visionen, Eingebungen, Luftspiegelungen im Labyrinth der Gedanken. Ihre Farben verblassen, oder sie zerplatzen wie Kugelfische, wenn sie aus dem Kontext ihrer tropischen Tiefseewelt gehoben werden.[lxix]

Aber Saul Bellow, der Sohn russisch-jüdischer Immigranten, brauchte einige Zeit in der Bücherei, um sich diese kosmopolitische Größe anzueignen. Denn 1951 hielt Bellow den Schriftsteller noch für einen Theoretiker.

Und so lernte er mit der Zeit, sich selbst zu überarbeiten.

2

Einige Jahre bevor Bellow die Arbeit am *Syntopicon* begann, erschien sein erster Roman, *Der Mann in der Schwebe* – im März 1944. Bellow war 28. In Tagebuchform geschrieben, beschreibt *Der Mann in der Schwebe* einen Mann in Chicago: Joseph, der sich fragt, ob er eingezogen werden wird, um im Zweiten Weltkrieg zu kämpfen – während er dabei zusieht, wie sein Leben und seine Ehe auseinanderfallen. Und der Stil dieses Buches, lieber Leser, ist sehr existentialistisch:

> Später merkte ich auch, daß Iva mit meinen Vorlieben nicht leben konnte. Es gibt Dinge wie Kleider, Aufmachung, Möbel, leichte Unterhaltung, Gespenstergeschichten, die Reize der Modejournale, das Radio, der nett gestaltete Abend. Was konnte man dazu sagen? Frauen – überlegte ich mir – waren nicht darauf trainiert, derartigen Dingen zu widerstehen.[lxx]

Der Mann in der Schwebe hatte ursprünglich den Titel *Aufzeichnungen eines Mannes in der Schwebe*. Denn es handelt sich bei dem Roman tatsächlich im Prinzip um eine Überarbeitung von Dostojewskijs Stil in *Aufzeichnungen aus dem Kellerloch* mit seinem ernsthaft-hysterischen Erzähler und seinen hysterischen Theorien. Joseph war ein Held Dostojewskijs – ein gescheiterter Schriftsteller, der billig wohnte und depressiv war. Genauer gesagt war es seine Psyche, die an Dostojewskij erinnerte, eine Mischung aus gezeigtem Stolz und gefühlter Erniedrigung. Und so war die Bedeutung des Romans altbacken und konventionell. Sein Stil war ein vorbildliches Beispiel des europäischen Existentialismus. Denn Joseph weiß nicht, was es bedeutet, zu handeln. Weil alles erlaubt ist, kann er nicht aussuchen, wie er sich verhält. Sein Stolz beteuert seine Unabhängigkeit, aber seine Versuche, unabhängig zu sein, werden ständig vereitelt. Deswegen brauchen Menschen Regeln. Der Roman endet mit Josephs Ausruf: »Lang lebe die straffe Ordnung!«[lxxi] Genau, wie in Dostojewskijs *Aufzeichnungen aus dem Kellerloch*, das mit folgendem auf konventionelle Weise unkonventionellen Argument endet:

Und warum zappeln wir uns zuweilen ab, warum gebärden wir uns wie toll, worum betteln wir? Das wissen wir selbst nicht. Es würde uns zu unserem eigenen Schaden gereichen, wenn unsere Grillen in Erfüllung gingen. Nun, probieren Sie es, geben Sie uns, meinetwegen, größere Selbständigkeit, Ellenbogenfreiheit, erweitern Sie das Tätigkeitsfeld, lockern Sie die Bevormundung, und wir … aber ich versichere Ihnen: wir werden sofort wieder um Bevormundung betteln.[lxxii]

Originalität ist natürlich etwas Kompliziertes. In Paul Valérys »Brief über Mallarmé« kommentiert Valéry: »Richtet man sein Augenmerk auf die Weise der Erzeugung von Ergebnissen, so beobachtet man in der Kunst wie in der Wissenschaft, daß stets das Machen das Gemachte wiederholt – oder widerlegt.« »Wir nennen einen Autor originell«, schloss Valéry, »wenn wir von der heimlichen Verwandlung der anderen in ihm nichts wissen.«[lxxiii] Valéry zufolge gibt es so etwas wie völlige Originalität nicht. Originalität ist nur ein Attribut, das wir Schriftstellern anhängen, deren Lektüren verdeckt sind. Während ich diese arglose Akzeptanz des universellen Phänomens der gegenseitigen Wiederholungen bewundere, bin ich nicht sicher, ob ich ganz einverstanden bin. Vielleicht ist diese Theorie von Paul Valéry auf zu einfache Weise wissenschaftlich, auf zu selbstgefällige Weise reduktiv. Ja, vielleicht ziehe ich die Größe von Vladimir Nabokov vor, der auf den Vorwurf, sein Werk beinhalte zu viele Wiederholungen, antwortete: »Epigonale Schriftsteller wirken vielseitig, weil sie viele Autoren kopieren, ältere wie zeitgenössische. Das künstlerische Original hat niemanden, den es kopieren könnte, ausgenommen sich selbst.«[lxxiv]

Aber schließlich kommt es darauf an, was ein Selbst ist. Es kann lange dauern – es kann ein Leben lang dauern – bis ein Autor ein Werk geschaffen hat, einen vollständigen Stil.

3

Fünf Jahre nach *Der Mann in der Schwebe* brachte die im Mai 1949 erschienene Ausgabe der Zeitschrift *Partisan Review* eine Erzählung Bellows mit dem Titel »A Sermon by Doctor Pep«. Darin versuchte Bellow sich an einer neuen Art, Sätze zu schreiben. Er versuchte, Ernsthaftigkeit auf offensichtlichere Weise lustig darzustellen. Dadurch war sein neuer Stil ein wenig angerissen, schwindelig, jazzig, mit Sätzen wie diesem: »Da ich Hamburger nun einmal erwähnt habe, werde ich von ihnen aus direkt zu meinen Themen, Krankheiten und Gesundheit und gute und schlechte Ernährung überleiten, auf der Basis meiner Lektüre der Schriften von Galenus und Hippokrates und sogar von noch früheren Werken.«[lxxv] Dies schuf eine clownische Qualität, durch die Kombination von zwei Dingen, die Bellow zuvor auseinandergehalten hatte – das Gelehrige und das Lebensnahe; Hamburger und Hippokratiker. Denn obwohl »A Sermon by Doctor Pep« sich fast nach Bellow anhört, obwohl sich die Erzählung fast so anhört, wie sich Bellow in seinem dritten Roman *Die Abenteuer des Augie March* anhören sollte, war sie noch nicht ganz da. Obwohl sie versuchte, cool zu sein, war sie zu wortreich, zu gewollt gelehrig. Sie war zu abwehrend. Ihre wichtige Erneuerung war kein Stil, sondern ein Charakter – der gelehrte Gangster, dessen großes Beispiel Augie March sein sollte, ein autodidaktischer Räuber, der die Bücherregale anvisierte – »Es war ein großer Plato von Jowett, den ich nahm.«[lxxvi] Aber die redefrohe Stimme fehlte immer noch. Es gab großen Wortreichtum, aber die Sätze waren zu syntaktisch steif, zu bemessen. Der Ton war zu bedeutungsschwer. Diese »Predigt« war eine Predigt.

In der Literaturgeschichte ist das Problem des Jetlags bekannt, das ist wohl wahr; aber dieses Problem der Zeitverzögerung kommt auch in der Geschichte eines individuellen Schriftstellers vor. Es mag komfortabler sein, wenn alles auf einmal auftaucht – das Subjekt und die Figuren und die Sätze: die ganze Komposition –, aber dies ist nicht immer der Fall. Die richtige Figur mag auftauchen, aber ohne den

Stil, in dem sie ausgedrückt werden muss. Oder der Stil ist da, aber ohne etwas, über das es sich schreiben ließe.

Stil ist, mit anderen Worten, ein Multiple.

Mehr als ein Jahr später enthielt die November / Dezember-Ausgabe der *Partisan Review* aus dem Jahre 1950 einen Beitrag von Bellow mit dem Titel »The Trip to Galena«. Ein Sternchen wies den Leser auf eine Bemerkung am Fuße der Seite hin: »Hierbei handelt es sich um ein Kapitel aus einem Roman, der sich in der Entstehung befindet und den Titel *The Crab and the Butterfly* tragen wird.«[lxxvii] »The Trip to Galena« handelt von zwei Genesenden, Weyl und Scampi, die sich in einem Krankenhaus unterhalten. Aber nein, das ist keine ganz genaue Beschreibung. In »The Trip to Galena« redet Weyl, und Scampi hört zu. Und Weyl ist ein richtiger Bellowier – er kann reden, keine Frage – »Was sagst du? Deine Füße sind Schuhe gewöhnt; deine Herren und Meister geben dir das Paar eines Mannes, der in der Erwartung starb, ein Duschbad zu bekommen. Du hast diese Schuhe seit zwei Tagen und sie sind die Lieblinge deiner Füße. Was sagst du – Verrat deiner Füße? Was genau willst du? Sie sind nicht die Michelangelofüße von Evangelisten oder von den Heiligen, die vor dem Paradies auf und ab schreiten, sondern die straßengefestigten Füße eines gewöhnlichen, lausigen Darmstädter Gaszählerablesers mit dotterigen Ballenzehen und Bursitis.« Aber er befand sich nicht – noch nicht – in einem Roman von Bellow. Es gab noch eine Zeitverschiebung. Dieses »dotterig« war gut. Und es arbeitete hart. Aber die Unterhaltung nicht. Die Handlung war nur ein Vorwand – zu fadenscheinig, zu offensichtlich angeklebt. Und so übte sich Bellow weiterhin im Überarbeiten.

4

Dann veröffentlichte Bellow 1953 *Die Abenteuer des Augie March*, einen Roman, der von Augie March persönlich erzählt wird.

> Ich bin ein Amerikaner, geboren in Chicago – dieser finsteren Stadt – und gehe an Dinge im Freistil, so wie ich es mir selbst beigebracht habe, heran; und darum werde ich auch in der mir eigenen Art Bilanz ziehen und diesen Bericht schreiben. Wer zuerst kommt, mahlt zuerst! So wie's anklopft, manchmal mit einem unschuldigen, manchmal mit einem weniger unschuldigen Klopfen, so wird's hereingelassen. Aber das Wesen eines Menschen ist sein Schicksal – sagt Heraklit –, und am Ende kann doch nichts über die wahre Natur dessen, was da pocht, hinwegtäuschen. Weder spielerische Lautmalerei der Fingerknöchel gegen die Tür noch Glacéhandschuhe.
>
> Jeder weiß, daß Unterdrückung von Teilen eines Ganzen, fein säuberlich nur auf ein Teil begrenzt, nicht möglich ist; unterdrückst du auch nur ein Teil, werden auch die anderen Teile des Ganzen davon in Mitleidenschaft gezogen.[lxxviii]

Dieser Anfang ist berühmt. Denn er ist nicht auf Englisch geschrieben. Der Anfang spricht Amerikanisch. Aber was bedeutet das, *im Freistil* zu schreiben? Vier Jahre zuvor hatte die Ausgabe des *Partisan Review* vom November 1949 »Aus dem Leben des Augie March« enthalten – das erste Kapitel eines in Aussicht stehenden Romans von Bellow, der damals noch *Life Among the Machiavellians* geheißen hatte. Und dies war ähnlich, aber anders.

> Ich bin ein Amerikaner, geboren in Chicago – dieser finsteren Stadt – und gehe an Dinge im Freistil, so wie ich es mir selbst beigebracht habe, heran; und darum werde ich auch in der mir eigenen Art Bilanz ziehen und diesen Bericht schreiben. Wer zuerst kommt, mahlt zuerst! So wie's anklopft, manchmal mit einem unschuldigen, manchmal mit einem weniger unschuldigen Klopfen, so wird's hereingelassen. Aber das Wesen eines Menschen ist sein Schicksal – sagt Heraklit –, und am Ende kann doch nichts über die wahre Natur dessen, was da pocht, hinwegtäuschen. Weder spielerische Lautmalerei der Fingerknöchel gegen die Tür noch Glacéhandschuhe. Auch ich bin gespannt, welches Klopfen zu hören sein wird, wenn ich endlich meine

Wette abgegeben habe. Mir mißfällt die Klebrigkeit jener List, die sich selbst in den bestgemeinten Berichten über Leben abbildet. Und jeder weiß, daß Unterdrückung von Teilen eines Ganzen, fein säuberlich nur auf ein Teil begrenzt, nicht möglich ist; unterdrückst du auch nur ein Teil, werden auch die anderen Teile des Ganzen davon in Mitleidenschaft gezogen. Auf der anderen Seite ist es ein gefährliches Spiel mit dem Glück, alles Klopfen willkommen zu heißen. Man kann nie voraussagen, ob ein Muskel, der durch unbewusste schlechte Angewohnheiten und Laster unverhältnismäßig gestärkt wird, nicht einmal ein solches Klopfen hervorbringen wird, das die ganze Tür zum Einsturz bringt und ein Loch in der Hauswand hinterläßt, ein viel gefährlicheres Klopfen als das theosophische, das während der abendlichen Séance herbeigerufen wird, denn jene kommen vermutlich aus einer anderen Welt, vermutlich aus einer Welt, die hinter der Grenze des Todes liegt, ausgelöst durch Geister und Seelen, die es intakt in die Schar der geschwätzigen Spukgestalten geschafft haben. Und würden diese lebendigen Klopfer etwas ans Licht bringen, das weniger als tröstlich ist, so ist es eine kühne Entscheidung zu sagen, »Ok, trümmer nur, ich bin bereit.« Aber dieses elementare Vertrauen. Mann! es ist nicht zu viel verlangt, von jemandem, der wie ich vierzig ist, oder fast. Viel weniger, als Isaiah Seraph darum zu bitten, ihre Augen vor der furchbaren Gegenwart zu entschleiern. Nur eine Bereitschaft, diese Klopfer einzuladen.[lxxix]

Kein Freistil ist wirklich frei – das ist die Lehre, die in dieser früheren Fassung steckt. Ein Freistil muss erfunden werden. Diese frühere Fassung von 1949 erweiterte die Metapher zu sehr – auf ungeschickte, naseweise Art.

Nur durch Überarbeitungen kann ein Roman so wirken, als sei er durch Improvisation entstanden. Der Stil einer Fassung im Freistil kann nur durch eine bewusste Aufbereitung des Textes erreicht werden.

Ich kann das noch allgemeiner ausdrücken, noch großartiger: Alle literarischen Werte sind in harter Arbeit begründet. Die Entfernung zwischen dem Stil der ursprünglichen Fassung und dem der Endfassung ist eine Größe, mit der sich diese Werte messen lassen. Es ist eine Möglichkeit zu zeigen, dass Entwürfe nichts wert sind: dass nur fertige Werke zählen. Literarische Werte liegen in der Kluft zwischen der

Fassung und ihrer Überarbeitung: Denn jedes Werk ist eine Überarbeitung. Und das dauert. Denn *Die Abenteuer des Augie March* ist der Anfang von Bellows stilistischem Triumph – der Anfang seiner Reihe wirklicher Werke. Aber kein Schriftsteller hat triumphale Anfänge. Oder nur wenige. Schriftsteller fangen mit sehr viel Übung an. Bellows Belletristik zwischen 1944 und 1953 bildet ein *Atelier*: ein Fitnessstudio, einen Boxring. Es war ein Ort, an dem Bellow durch Wiederholung und Anpassung seine ganz einzigartigen Muskeln ausbildete. Er wird manchmal als Revolution gefeiert, dieser Roman – aber er war keine Revolution. Er war ein einsamer Zeitraum vor der Schreibmaschine.

5

Dieser Zeitraum gipfelte für Saul Bellow während der Zeit, als er in Paris lebte. Erst in Paris schrieb er reines Amerikanisch, entdeckte er das Automatische an seinem Sprechen. Er erreichte dies, denke ich, indem er sich an dem französischen Klassiker schlechthin bediente – den Memoiren des Duc de Saint-Simon. Der Duc de Saint-Simon, der seine Memoiren nachts heimlich am Hofe von Louis XIV. schrieb. Stendhal mochte ihn; Proust mochte ihn. Witold Gombrowicz mochte ihn. Und Bellow auch. Es gibt eine kleine Hommage an Saint-Simon in *Die Abenteuer des Augie March* als Augie zum Ende hin in Paris einem Typen namens du Niveau begegnet. »Als ich ihn kennenlernte, erzählte er mir, er sei ein Nachkomme des Herzogs Saint-Simon. Wenn es sich um adlige Stammbäume handelt, bin ich an sich immer sehr gutgläubig, aber dieser du Niveau sah nun wirklich nach nichts aus.«[lxxx] Und dies ist sinnbildlich. Es ist eine Art und Weise, Bellows Stil zu beschreiben: gutgläubig hinsichtlich adliger Stammbäume. Denn Saint-Simons Stil war ein Ideal der Notation, dicht aufgrund der Fülle an adjektivischen Beschreibungen. Hier ist Saint-

Simons zusammenfassendes Porträt von Madame – Elisabeth Charlotte, Prinzessin von der Pfalz, der zweiten Frau von Monsieur, dem Duc d'Orléans –, die im Sterben liegt:

> Sie war stark, mutig, deutsch bis in die Fingerspitzen, offen, gradlinig, moralisch und großzügig, großherzig und ausgezeichnet in allem, was sie tat, und akribisch in Bezug auf alles, was sie betraf. Sie war eigenbrötlerisch, immer für sich, schreibend, mit Ausnahme von kurzen Perioden der Geselligkeit in ihrem Haushalt; die restliche Zeit verbrachte sie alleine mit ihren Gesellschaftsdamen; hart, unfreundlich, entwickelte sie schnell Abneigungen gegen Menschen und war gefürchtet für ihre Angriffe, die sich gegen jeden richten konnten; kein Liebreiz, kein Witz, obwohl sie nicht ohne Humor war; keine Anpassungsfähigkeit, eifersüchtig, wie schon erwähnt, sehr akribisch in Bezug auf alles, was sie betraf; das Gesicht und die Contenance eines Schweizergardisten, tüchtig und zu wahrer und unantastbarer Freundschaft fähig.[lxxxi]

Saint-Simons Prosastil war nicht höfisch: Er war nicht einmal stilvoll. Stattdessen war er voll von Widersprüchen, grammatischen Unklarheiten, Wiederholungen, Periphrasen, Präzisierungen. Es war ein Stil, der die Form eng zusammenpresster Notizen hatte, ein Konzentrat tatsächlicher und ausgedachter Informationen, deren bösartige Quelle der Klatsch war. Nun gut, ich kann nachvollziehen, dass Saint-Simon, der am Hofe von Louis XIV. lebte, nicht gerade ein naheliegender Einfluss auf den Sohn russisch-jüdischer Immigranten in Chicago in der Mitte des zwanzigsten Jahrhunderts ist – aber ich denke, dass genau dies die Sache wieder plausibel macht. Gerade weil Bellow geschickt mit seinen Einflüssen war, wurde er nicht nur von offensichtlichen Quellen beeinflusst. Wie ein Pitcher beim Baseball seine Würfe variiert, variierte Bellow die Einflüsse, denen er sich aussetzte. Ein Stil, der für Memoiren passt, passt auch für einen Roman. Dass Bellow dies erkannte, war ein kleiner, aber bedeutender Kreativitätsschub. Und es erlaubte ihm in der Folge, so großartige, vollgepackte Beschreibungen zu formulieren, wie diese hier:

Die Spitze fest zwischen ihrem schmalen, dunklen, bleckenden Zahnfleisch, von wo ihre ganze List, Tücke, und Herrschsucht ihren Weg nahm, hatte sie ihre besten strategischen Einfälle. Sie war runzlig wie eine alte Papiertüte, ein Autokrat, hart gepanzert und jesuitisch, ein niederstoßender, alter bolschewistischer Geier, ihre kleinen, grauen, bebänderten Füße ruhig auf der Schuhputzrutsche, die Simon in der Werkunterrichtsstunde gemacht hatte, und die vermottete, alte, wollkrausige Winnie, deren Gestank die ganze Wohnung erfüllte, neben sich auf dem Kissen.[lxxxii]

Denn Stil ist etwas Internationales. Stil hat nichts mit Ortsnamen zu tun. Ein Stil ist nicht durch seine Entstehung in Chicago eingeschränkt. Schließlich war Bellow nicht einmal Amerikaner. Er wurde in Kanada geboren, in Montreal. Er kam als Kind nach Chicago. Anders ausgedrückt: Die Stimme von Augie ist ein großes, lange beibehaltenes Monument der Nachahmung.

6

Diese Heimatlosigkeit kann mit einer Abschweifung verdeutlicht werden: einer Allegorie: der jüdischen Identität.

Der Schriftsteller Isaac Bashevis Singer wurde 1904 in Polen geboren und wanderte 1935 nach Amerika aus. Er schrieb Romane in seiner Muttersprache, Jiddisch. In Amerika schrieb er bis zu seinem Tod weiterhin auf Jiddisch. Ungefähr zwanzig Jahre nach seiner Ankunft in Amerika, begann der amerikanische Schriftsteller Saul Bellow 1953 seine Karriere als Übersetzer.

Das Judentum ist in diesem Projekt der Vervielfältigung des Romans mein Motiv der Ortslosigkeit. Es ist das Motiv für Universalität, für ein gelungenes Weltbürgertum. Obwohl dies natürlich nicht die übliche Definition von Ortslosigkeit ist. In seinem Aufsatz »Greenhorn in Sea Gate«, in dem er seine Eindrücke als Immigrant beschreibt, findet Singer ergreifende Worte über sein Leben in der

Ferne: »Die Literatur hat das furchtbare Trauma jener mit Missachtung gestraft, die gezwungen sind, ihr Land zu verlassen, ihre Sprache aufzugeben und ein neues Leben anderswo zu beginnen«, schrieb Singer. »Eine Zerrüttelung dieser Art muss Künstler besonders schwer treffen – Schriftsteller und Schauspieler, deren sprachliche Wurzeln das Wesen ihrer Schöpfungen sind.«[lxxxiii] Diese ontologische Störung taucht in unendlich vielen Formen auf. Die rote Linie, welche die amerikanischen Schreibhefte auf der linken Seite begrenzt – sie stellte für einen Schriftsteller, der seine Notizen auf Jiddisch machte, von rechts nach links, ein kleines aber ärgerliches Hindernis dar. »Wenn diese rote Linie nicht wäre«, schrieb Singer, »hätte ich vielleicht wirklich ein Genie werden können.«[lxxxiv]

Aber ich bin mir nicht sicher, ob diese Klagen ernst gemeint waren.

Saul Bellows Übersetzung von Singers Erzählung »Gimpel der Narr« wurde 1953 in der *Partisan Review* abgedruckt. Einige Monate später veröffentlichte Bellow *Die Abenteuer des Augie March*. Seine Übersetzung von Singers Erzählung ist gleichzeitig die Ankündigung eines weiteren großartigen jüdisch-amerikanischen Schriftstellers. Ihre ersten Zeilen sind kurzgefasst, präzise. »Ich bin Gimpel der Narr. Ich selbst halte mich nicht für einen Narren.«[lxxxv] Es ist eine triumphale Übersetzung. Aber nach dem herkömmlichen Schema ist sie auch eine falsche Übersetzung. Das ist allerdings nicht unbedingt ein Widerspruch. Auf Jiddisch waren Singers erste Sätze: »Ikh bin gimpl tam. Ikh halt mikh nisht far keyn nar.«[lxxxvi] Was wortwörtlich bedeutete: »Ich bin Gimpel der *tam*. Ich halte mich für keinen *nar*.« Ein *tam* ist auf Jiddisch ein heiliger Narr, ein Naivling, ein Unschuldslamm. Während ein *nar* schlichtweg ein einfacher Tölpel ist, ein Idiot. Die Geschichte gibt Gimpel recht: Er mag zwar ein wenig naiv daherkommen, aber er ist nicht dumm. Aber auf dieser Welt wird jemand, der nett ist, schnell für ein wenig einfältig gehalten. Bellows quasselige Wiederholung des Wortes »Narr« – was in seiner Unverblümtheit ja auch etwas Liebenswertes hat – stört aber gleich von Anfang an die ironische Balance der Erzählung.

Dies ist eine der Gefahren, wenn man in einer wenig verbreiteten Sprache schreibt – und Jiddisch ist eine wenig verbreitete Sprache: Ein Schriftsteller ist von seinen Übersetzern abhängig. Er hat deswegen nicht immer Kontrolle über die von ihm vorgesehene Bedeutung des Romans. Der Mikrotrick des Stils kann einfach verschwinden. Und trotzdem ist Bellows Fassung von Singers Geschichte ein kleines Meisterwerk. So dass der internationale Leser immer der ständig präsenten und verrückten Wahrheit ausgesetzt ist: Die Mikrotricks sind verschwunden, natürlich, aber Singers Stil konnte diesen Verlust, diese Zerstörung verkraften. Wie jeder Stil war er ganz offen für Kollaboration.

7

Als Saul Bellow in den frühen 1950er Jahren versuchte, seinen eigenen Stil zu finden, suchte er nicht nur nach fließenden Dingen, die man mit Sätzen anstellen konnte. Er brauchte zusätzlich noch eine Form, die fließen konnte. Und ein Schlüssel zu Bellows neuer Form ist sein Titel. Die Form ist pikaresk. Es ist die Form der Abenteuer von Don Quijote. Was aber nicht bedeutet, dass sie wie *Don Quixote* völlig improvisiert ist. Stattdessen benutzt Bellow eine möglichst minimalistische Form. Mit *Die Abenteuer des Augie March* schrieb Bellow eine Komödie – wo der binäre Gegensatz zwischen hart und weich herrscht; zwischen Unabhängigkeit und dem Bedürfnis nach Liebe; zwischen Gefühlen, die bis ins Sentimentale reichen, und Intelligenz, die bis ins Zynische reicht. Es ging ihm darum, den Machiavellis dieser Welt zu widerstehen. »Ich sah bestimmt wie ein idealer Rekrut aus. Aber die erfundenen Dinge wurden für mich nie real, gleichgültig, wie sehr ich mir einzureden versuchte, daß sie es seien …«[lxxxvii] Augie ist jedermanns Protegé, aber er lehnt jeden einzelnen seiner Mentoren ab.

Statt eine einzige Idee als Grundlage zu haben, wirkt *Die Abenteuer des Augie March* im Raum, der sich zwischen zwei Gegensätzen öffnet. Dort können die Figuren jede erdenkliche Position einnehmen oder sogar mehrere. Deshalb stimmt es, dass, obwohl die Sätze in *Die Abenteuer des Augie March* amerikanisch sind, diese holterdipoltrige Form ursprünglich aus Le Havre stammt – wo Stendhal *Die Kartause von Parma* schrieb: Es ist eine Form, die überhaupt nicht förmlich zu sein scheint.

Der Haupthinweis darauf, dass Stendhals Werk einen großen Einfluss auf *Augies* Form hatte, ist diese verkürzte Notiz Bellows auf der Rückseite vom Manuskript des Romans: »Will nicht sein, wofür ihn andere nehmen – Stendhal das primäre Beispiel hierfür.«[lxxxviii] Dieser zentrale Punkt wurde von Augie selbst formuliert: »Aber als was erschienen mir die Menschen überhaupt? Als irgend etwas Phantastisches? Ich wollte das nicht sein, was sie aus mir machten, sondern ich wollte ihnen gefallen. Das erkläre mir einer! Ein unabhängiges Schicksal – und auch Liebe. Welche Verwirrung!«[lxxxix]

Einigen Lesern missfällt Bellow aus dem gleichen Grund, weshalb ihnen Stendhal missfällt. Sie erkennen die binäre Form nicht. Und da sie diese nicht erkennen, denken sie, dass Stendhal oder Bellow die Details ihrer Geschichte nicht richtig ordnen können. Sie halten die Handlung für zu zerklüftet. Manchmal ist zerklüftet nur das Adjektiv, das die Menschen benutzen, um Romane zu beschreiben, deren Form auf sorgfältigere Weise unsichtbar gemacht worden ist, als dies meist der Fall ist. Denn Bellow war nicht zerklüftet. Und Stendhal genauso wenig.

Am 25. September 1840 veröffentlichte Balzac eine schwärmerische Besprechung von Stendhals Roman *Die Kartause von Parma*: Aber obwohl seine Besprechung voll des Lobes war, gab es Dinge, die Balzac nicht gefielen. (Dieser Roman, fand Balzac, sei zerklüftet.) Stendhals Roman fehle es an Methodik. Balzac zufolge betraf dies zwei Hauptprobleme – den Anfang und das Ende. Weder das eine noch das andere waren der Lebensgeschichte des Helden, Fabrizio, chronologisch auf den Körper geschneidert.[xc]

Verständlicherweise erfreute eine solche positive Besprechung Stendhal keineswegs. Denn Balzac hatte seinen Roman völlig missverstanden. Sein Held sollte gar nicht der Gegenstand seines Romans sein. *Die Kartause* wird durch Gegensätze bestimmt: von Zufall und Energie, Chaos und Bedeutung. Der Gegenstand des Romans ist, wie ein Mensch es in den chaotischen Zuständen des Schicksals irgendwie schafft, seine eigene persönliche Energie zu erhalten.[45] Stendhal schrieb keinen konventionellen Roman. Und er hatte sogar versucht, dies zu erklären! »Wir müssen eingestehen, daß wir nach dem Beispiel manches werten Autoren, die Geschichte unseres Helden ein Jahr vor seiner Geburt begonnen haben.«[xci] Es war eine weitere von Stendhals hilfreichen Anspielungen auf *Tristram Shandy* –, den Roman, der bewiesen hatte, dass man einen Roman anders schreiben konnte als chronologisch. Ein Roman konnte musikalisch geschrieben werden. Stendhal verstand dies. Und einhundert Jahre später verstand Bellow es auch. Aber Balzac – obwohl er Laurence Sterne verehrte – verstand es nicht.[xcii]

8

In einigen von Singers erhaltenen Notiz- und Tagebüchern befinden sich Wortlisten, die er sich aufgeschrieben hatte. Eine – datiert auf den 19. Mai ohne Jahresangabe – ist eine Liste englischer Wörter neben ihren jiddischen Äquivalenten. Diese Wörter sind unwesentlich, ohne gravitas: wie Legosteine.

Aufhebens
Anpassen
Schnecke
Gänseblümchen
Ersatzteil

Lebensmittel
Opulent
Mahlzeit
Superb
Sich hervortun
Etwas mausern
Jemanden abfinden
Abfindung
Zusammenfassung[xciii]

In seinen Tagebüchern sammelte Singer auf Papierschnipseln Vokabeln – schwer arbeitete er an der englischen Sprache, an ihrer amerikanischen Erscheinungsform.

Diese Aufzeichnungen sind ein Grund, weshalb es nötig ist, für den internationalen Roman Stil neu zu definieren. Das Maß für Stil war immer der Satz gewesen.[46] Aber wie kann dies stimmen? Nein, ich ziehe Marcel Proust vor, der schrieb, Stil habe »nichts mit Ausschmückungen zu tun, wie manche Menschen denken, er ist nicht einmal eine Frage der Technik, er sagt – wie die Farbschattierungen eines Malers – etwas über die Qualität der Vision aus, über die Offenbarung jenes speziellen Universums, das jeder von uns sieht und das andere Menschen nicht sehen können.«[xciv] Es ist das reine Selbst. Das ist natürlich eine abstrakte Aussage, aber ich denke, dass es schwierig ist, eine bessere zu finden. Obwohl vielleicht Flaubert – dieser Heilige der Sätze – einen noch besseren Ausdruck dafür gefunden hat: »Die Perle ist eine Krankheit der Auster, und vielleicht ist der Stil der Ausfluß eines noch tieferen Leidens.«[xcv] Mit Proust und Flaubert in der Hinterhand kann man, denke ich, eine noch spektakulärere Aussage formulieren: Der Stil eines Schriftstellers ist nicht gleich der Sprache, in der er Form annimmt.

Singers eigene Einstellung zum Jiddischen war allerdings streng allumfassend. 1943, acht Jahre nachdem er in Amerika angekommen war, schrieb er zwei Essays über das Jiddische: einen über das Jiddisch seiner alten Heimat – »Concerning Yiddish Literature in Poland«, und einen über das Jiddisch seiner neuen Heimat – »Problems of Yiddish Prose in America«. In beiden Aufsätzen war die Argumentationsweise dieselbe. Singer lehnte diese Vorstellung von der Moderne ab – in Bezug auf den Gegenstand eines Schriftstellers und besonders auch in Bezug auf die Sprache: »Amerikanismen triefen vor Fremdheit, vor billigem Glitter, vor Unbeständigkeit. Daraus resultiert, dass die besseren jiddischen Schriftsteller es vermeiden, das amerikanische Leben zu behandeln, und rein subjektiv (ästhetisch) gesehen, ist das richtig.« Seine Schlussfolgerung war ein literarisches Ghetto – »Die jiddische Literatur«, argumentierte er, »ist ein Produkt des Ghettos mit all seinen Vorzügen und Nachteilen und kann das Ghetto nie verlassen«, nicht ohne »die Karikatur einer Sprache« zu werden.[xcvi]

Aber gleichzeitig war es Singer auch möglich, weniger streng, weniger allumfassend zu argumentieren. Er behandelte – das sagte er zumindest – sein jiddisches Original als Rohfassung, als vorläufige Skizze. 1975 sagte Singer über seine Übersetzer dann, »ich diktiere ihnen auf Englisch, meinem Englisch. Sie polieren mein Englisch auf.« Zwei Jahre zuvor hatte er Englisch seine »zweite Ursprungssprache« genannt.[xcvii] Es ist daher nicht klar, in was für einer Sprache Singer eigentlich schrieb. Sie war gleichzeitig jiddisch und amerikanisch. »Die englische Übersetzung ist mir besonders wichtig«, schrieb Singer, »weil Übersetzungen in andere Sprachen den englischen Text zur Grundlage nehmen werden. Auf gewisse Weise ist das gut, weil ich während des Übersetzungsprozesses viele Änderungen vornehme. Ich erinnere mich immer an das Sprichwort der Kabbalisten, dass es die Aufgabe der Menschen ist, ihre Fehler zu korrigieren, sowohl in dieser Welt als auch in früheren Reinkarnationen.«[xcviii]

Stil ist nicht nur linguistisch. (Ein stilsicherer Mensch kann ein schlechter Stilist sein.) Ein Stil ist etwas anderes.[47]

9

In *Die Abenteuer des Augie March* wurde Bellows Stil zu seinem eigenen Exzess. Und dieser Versuch der Einbeziehung ist das Seltsamste an Bellows Stil. Stile schließen meistens aus: Sie wissen genau, was nicht zu ihnen passt. Bellow hingegen musste sich das Gegenteil beibringen, da sein Ansatz eine antrainierte Ablehnung von Stil war. Er musste lernen, ein Schatzsucher zu sein, kein Intellektueller. Und das ging nur, indem er seinen bisherigen Stil umgestaltete. So dass er jetzt Monster-Similes benutzte: »›Du warst nicht darauf aus zu schießen, nicht wahr?‹, fragte ich. Er griff, beinahe wie eine Frau, die sich ein ›runtergerutschtes Trägerband hochzieht und eine Schulter anhebt, unter die Achsel in den Ärmel.«[xcix] Oder Sätze, die mit zielgerichteten Adjektiven vollgestopft waren – alles »war so reich, so satt, samtig und schmetterlingshaft«.[c] Oder meine Lieblingsstelle, seine Beschreibung von Durchfall: »Ich hatte noch immer Dysenterie, und morgens fühlte ich oft das schwere Hängen der Gedärme, das mich aufs Klo, Caligulas alten Horst, rasen ließ.«[ci] (Ein schweres Hängen, im Gegensatz zu Caligulas, des Adlers, »geraden, schweren Exkrementstrahl«.)[cii] Dieses dichte Netzwerk der Details bedeutete, dass sich Bellows großartige Ideen letztendlich im Wald verliefen. Denn auf genau diese Weise verlieren Ideen ihre Ernsthaftigkeit – wenn sie so sehr in ein Netzwerk eingebettet werden, dass sie nicht mehr generell anwendbar sind. All ihre Ambitionen werden untergraben – widerlegt von anderen Elementen der unendlichen Collage, die ein Roman ist.

Gegen Ende des Buches sagt Augies Freund Clem Tambow zu ihm:

Mir scheint's, als ob du ein Vornehmheitssyndrom hast. Du kannst dich mit der Wirklichkeit nicht abfinden. Ich kann es dir direkt ansehen. Du willst, daß es Menschen gibt, unterstrichen, mit großer Haltung. Da wir seit unserer Kindheit Freunde sind, kenne ich dich und weiß, was du denkst. Erinnerst du dich, wie du täglich zu uns kamst? Aber ich weiß, was du dir wünschst. O *padeia*! O König David! O Plutarch und Seneca! O Ritterlichkeit! O Abt

Suger! O Strozzipalast, o Weimar! O Don Giovanni, o ihr Konturen erfüllter Sehnsucht! O göttlicher Mensch! Sag mir, Freund, hab' ich recht oder nicht?[ciii]

Und dabei handelt es sich um wahre Selbstkritik von Bellow. Alle Ernsthaftigkeit wird hier auf den Arm genommen. Bellows großartige Erfindung in *Augie* ist, dass er sich wiederholt, in immer höherer Geschwindigkeit – um seine ernsthaften Spleens zu intensivieren, sie zu vergrößern und sie so seltsam und ulkig erscheinen zu lassen. Die Ideen in *Augie* sind alle da, weil Augie Ideen mag. Er teilt die nette Idee des jungen Bellow, dass Ideen eine gute Idee sind. Und deswegen ist *Die Abenteuer des Augie March* eine Komödie.

»Ziemlich bald schon werde ich nicht mehr angreifbar sein«, sagte Bellow, nachdem *Augie* erschienen war, »und ich werde philosophische Texte schreiben können, wie Tolstoi.«[civ] Und er hatte recht. Er hatte es geschafft – er konnte philosophische Texte schreiben, die gar keine richtige Philosophie waren. Stattdessen war alles Slapstick. In Paris hatte er seinen eigenen, auf präzise Weise zerfransten Stil erfunden: sein amerikanisches Stand-up. Er hatte gelernt, nur sich selbst zu imitieren. Und so machte er sich an das Projekt seiner gesammelten Werke. Denn dies ist ein weiteres Merkmal seiner Originalität. Nachdem Bellow seinen Freistil entdeckt hatte, musste er lernen, diesen Freistil zu vervielfältigen.

6

ZWEI DRUCKKNOPFFÖRMIGE HOMMAGEN AN BOHUMIL HRABAL

Erste Hommage

1

Bohumil Hrabal wurde 1914 in der Stadt Brünn geboren – gerade rechtzeitig, um das Ende des imperialen Österreich-Ungarn mitzuerleben. Das ist vielleicht ein möglicher Grund, weshalb Hrabal Jahre später gerne Erzähler erfand, die Dinge behaupten, wie:

> [M]ir wahrsagte mal eine Kartenschlägerin, wenn mich nicht ein Wölkchen umnebelt hätte, könnte ich Großes vollbringen, nicht nur fürs Volk, sondern für die ganze Menschheit, sie griff nach mir, die Kartenschlägerin, ich kippte mit dem Schaukelstuhl nach hinten und stieß das Aquarium um,[i]

oder auch, weshalb Bohumil Hrabal behauptete, die Abstammung seiner Familie lasse sich bis hin zu einem französischen Soldaten zurückverfolgen, der während der Napoleonischen Kriege verwundet worden war und sehr schnell mit einem mährischen Mädchen anbandelte, in jeder Hinsicht. Während Hrabals Legende auch wahr sein mag, gefällt mir die Tatsache, dass diese Geschichte von seinem Vorfahren der Geschichte eines anderen französischen Soldaten gleicht, der sich im Laufe eines Feldzuges in ein Mädchen verliebt: Denis Diderots Jacques – der selbst die Reinkarnation eines weiteren Erzählers ist, der an einem Feldzug teilgenommen hatte: die, von Laurence Sternes Corporal James Trim … Wenn man diese Reihe wirklicher und imaginärer Leben durcheinander würfelt, entsteht ein zusammengesetztes Bildnis: das Bildnis eines Erzählers, den die Geschichte traurig gemacht hat; der sich weigert zu akzeptieren, dass das Leben Schicksal ist.

Für Hrabal war das exemplarische Beispiel eines solchen Erzählers sein Onkel Pepin, der einst in der ungarisch-österreichischen Armee gedient hatte und der, schrieb Hrabal, immer Geschichten erzählte; der »am Tisch saß, an die Decke starrte und das vor seinen Augen vorbeiziehen sah, wovon er erzählte. Er reproduzierte es bloß.«[ii] Ja, Onkel Pepin ist die reine Erscheinung dessen, was Hrabal »Palaverer« nannte,

> Menschen, die dank ihrer Verrücktheit sich selbst durch Experimentierfreudigkeit und Spontanität übertreffen, und durch ihre Lächerlichkeit erreichen sie eine Art von Größe, weil sie dort enden, wo sie niemand erwartete oder erwartet.[iii]

Hrabal beschreibt sich dabei natürlich auch selbst – einen Palaverer, der sich wie jeder Palaverer weigerte, die herkömmlichen Kategorien von Größe zu akzeptieren: dessen abschweifende Hyperromane nicht nur seine Ablehnung der Österreich-Ungarischen Monarchie widerspiegeln, sondern auch seinen Unmut über den Einmarsch der Nazis in die Tschechoslowakei im Jahre 1938 und über die Machtübernahme der Kommunisten im Jahre 1948 und über den Einmarsch der Sowjets im Jahre 1968. Ja, sie stellen die strikte Weigerung dar, diesen großen Geschehnissen zu erlauben, Diktatoren von Sinn zu werden. Das Palavern war Hrabals Antwort auf die anmaßende Weltgeschichte: »meine Verteidigung gegen die Politik, meine Politik, wenn man so will – meine Methode des Schreibens.«[iv]

Und es ist ein Palaverer, um noch genauer zu werden, der Hrabals großartigen Roman in einem Monolog erzählt: *Tanzstunden für Erwachsene und Fortgeschrittene*. Der Roman wurde 1964 in Prag veröffentlicht, als Hrabal fünfzig war. »Ach, die geliebten sechziger Jahre«, erinnerte sich Milan Kundera: »– damals sagte ich gern zynisch: Das ideale politische Regime ist eine *Diktatur im Verfall*; der Unterdrückungsapparat funktioniert immer mangelhafter, aber er ist noch da, um den kritischen und spöttischen Geist zu stimulieren.«[v] In den 1940er und 1950er Jahren hatte Hrabal sein Geld als Arbeiter verdient – er arbeitete an Bahnhöfen, in einer Stahlfabrik, an einem Theater, als Verpacker von Altpapier –, der zufälligerweise auch noch wunderbare Geschichten schrieb. Jetzt, im Jahre 1964, schaffte er mit diesem Ein-Satz-Roman jene Form, die seine Originalität ausmachte – einen Stil der beschleunigten Abweichungen. In den anschließenden Dekaden, als Prag zu einem Ort lähmender Angst wurde, sollte der Palaverer zu verdrehteren und melancholischeren Kunststückchen gezwungen werden. Aber Hrabal war bereit für sein Duell mit der Weltgeschichte. Mit diesem Stil, der so geeignet dazu war, die normalen Werte der Geschichte umzukehren, war Hrabal glücklich.

2

Ich nehme an, dass der moderne Leser in Shanghai oder L. A. Hrabals Text für eine rein technische Übung halten könnte: einen Roman, der nur einen Satz lang war, sogar ohne Punkt am Ende! Dies mag einem wie ein weiterer Wahnsinnstrip der Nouvelle Vague aus den 1960ern vorkommen. Aber Hrabals Roman stellt etwas Dauerhafteres dar als einen einfachen Trick: *Tanzstunden für Erwachsene und Fortgeschrittene* ist ein Instrument mit dem aufgezeichnet werden kann, auf welch traurige und schwermütige Weise sich die Realität verwandeln und zu einer Fiktion werden kann.

Der Leser überhört einen Monolog, der an eine Gruppe von »Fräuleins« in einer Art Kneipe gerichtet ist – die möglicherweise auch heimlich als Bordell fungiert –, von einem Mann, der fröhlich zugibt, fast siebzig Jahre alt zu sein (»sehen Sie, darum gehe ich öfters einmal auf den Friedhof«[vi]) und der Geschichten aus seinem Leben erzählt, besonders aus der Ära der Monarchie. Er hatte als Soldat gedient, die Armee dann aber verlassen, um Schuster zu werden (wie rein zufällig auch Hrabals Onkel Pepin) – ein Handwerk, das er mit 22 Jahren erlernt hatte, bei Weinlich & Sons, den Hoflieferanten. Nach der Schusterei widmete er sich dem Brauereiwesen (wie auch Onkel Pepin). Er liebt die Arbeitswelt, und so wird sein Monolog zu einem Brevier praktischer Ratschläge – wie man einen Schuh herstellt, Bier braut oder javanischem von singhalesischem Zimt unterscheidet. Weiterhin war er für eine Weile Mitglied eines Sokol Turnvereins und ist, wie er es selber ausdrückt, »empfindsam wie Mozart und ein Bewunderer der europäischen Renaissance«.[vii] Denn vor allem ist er ein Verführer: mit der europäischen Renaissance meint er Sex – wie der Kaiser, über den gesagt wird: »mit der Schratt die europäische Renaissance pflegen, das hat er gekonnt«[viii], wobei hier das Gleiche gemeint ist wie mit den »Tanzstunden«. Und obwohl Hrabals Ton etwas Leichtfertiges hat – er schreibt boshaft, die heilige Dreieinigkeit könne nur »mit Hilfe einer Taube korrespondieren«[ix] –, obwohl er von der Tatsache fasziniert ist, dass »die Kirche sich hat tausend Jahre mit dem tschechischen Volk herumärgern müssen, um die Leidenschaften zu dämpfen«[x], ist das, was letztlich übrig bleibt, die reine Melancholie.

Er ist ein Palaverer, den die Wirklichkeit erstaunt – »Ich meine, die Dinge, die so passieren!« Die Wirklichkeit ist eine Abfolge verrückter Zwischenfälle: wie, wenn ein Dieb mit seiner Hand um eine Tür greift und sie von dem erbosten Hausbewohner drinnen abgehackt wird – eine Hand, die noch einmal in der Geschichte von dem General auftaucht, dessen Hand von einer Granate während eines Streiches abgerissen wird, den ihm seine Rekruten spielen. Nun gut, ja, er mag nur ein herkömmlicher Wüstling sein, der sich zutraut, »Ihnen rote Lackschühchen zu machen, wie ich sie einmal der Schwester vom Doktor Karafiát gemacht habe, die eine große Schönheit war, nur daß sie ein Glasauge hatte, was sehr unangenehm ist, weil man nie weiß, was damit passiert, ein Mützenmacher aus Proßnitz erzählte mir gelegentlich ...«,[xi] aber eigentlich, natürlich, inmitten all dieser großen Geschichten – wie der Geschichte von zwei eineiigen Zwillingen, von denen einer in der Badewanne ertrinkt, als sie ein Jahr alt sind, aber weil sie eineiig sind, kann niemand sagen, wer ertrunken ist, Vincek oder Ludvíček, und so kommt es, dass sich Vincek, obwohl sie nach dem Wurf einer Münze entscheiden, es sei Ludvíček gewesen, der ertrank, mit steigendem Alter zu fragen beginnt, ob er nicht eigentlich Ludvíček ist und ob stattdessen Vincek gestorben ist, und dann trinkt er, und »dann ging er zum Wasser, er badete viel im Fluß, später auch in Bädern, wahrscheinlich wollte er es genau wissen, weil er sich schließlich ertränkte«[xii] – ja, zwischen diesen übertriebenen Geschichten zeichnet sich ein trauriger Wunsch ab: »[I]ch dagegen gehe taktisch vor, damit ich Sieger bleibe ...«[xiii]

So etwas Verrücktes! So eine Eitelkeit!

Zumindest würde der normale Leser das normalerweise denken. Aber der Palaverer ist genau deswegen ein Held, weil ihm die Heldenhaftigkeit völlig fehlt: wegen seiner absoluten Sanftheit. Er hat das Leben durch das Reden ersetzt und ist heldenhaft in seiner Hingabe an die alternative Schönheit der Fiktion, an seine Geschichten – die sind, wie er sagt, »die Fenster zur Welt, die Sportschau von heute, die Tore, Punkte, Sekunden, wie der selige Strauß den Grundsatz pflegte, daß einzig erhabene Melodien die Welt beherrschen sollen, damit es eine Gefühlsverfeinerung gibt«.[xiv] Er ist ein Held und auch hoffnungsvoll: Seine Geschichten entdecken Schönheit in allem – wie »als wir den Ofensetzer auf dem Billardtisch in die Geheimnisse der Liebe einweihten«.[xv] Hierbei handelt es sich natürlich nicht um eine herkömmliche Form des Heldentums, aber, warum sollte sie es auch sein? »Sie erreichen eine Art Größe«, sagte Hrabal über seine Palaverer, »weil sie an Orte gelangen, wo sie niemand erwartete oder erwartet ...«

Hrabals Roman in einem Satz ist genauso wenig ein herkömmlicher Roman, wie sein Held ein herkömmlicher Held ist. Die Figuren flackern kurzzeitig belebt auf und werden dann schon wieder umgebracht – oder sie werden nur umgebracht, um bald wieder als möglicherweise doch noch lebendig erwähnt zu werden: Wer kann es schon wissen? Es ist ein Durcheinander der Veränderungen, der moralischen Dikta, die zu kurzlebigen Anekdoten führen, die wiederum in eine Spirale aus Freundschaften und Verwandtschaftsverhältnissen überleiten und weiter in andere Geschichten über verwandte Geschehnisse in weit entfernten Städten –, so dass der ursprüngliche moralische Standpunkt, was er auch immer gewesen sein mag, völlig verloren geht.

Und dieser Stil hat seinen Stammbaum, seine Geschichte. Da ist das Beispiel der pikaresken, abschweifenden Romane – wie die von Sterne oder Diderot. Aber genauso gibt es das modernistische Beispiel des *Ulysses*: und insbesondere sein Finale – Molly Blooms verschlafenen Bewusstseinsstrom.

1930 war eine dreibändige Übersetzung von *Ulysses* ins Tschechische veröffentlicht worden. 1932 kam auch eine tschechische Fassung von *Anna Livia Plurabelle* heraus. Prag wurde es ganz schwindelig vor lauter internationaler Projekte. Und dann griff die Weltgeschichte ins Geschehen ein. Als aber 1959 eine Übersetzung von Joyces früher Kurzgeschichtensammlung *Dubliners* im kommunistischen Prag veröffentlicht wurde, rügte der Übersetzer Joyce, er lungere zu leichtsinnig auf dem »Weg des schädlichen Experimentalimus« herum.[xvi]

Aber Hrabal lungerte neben ihm. Er sagte einmal, *Tanzstunden* sei »ein Erzählstrom … analog zu dem der Molly Bloom, mit anderen Worten dem James Joyces«.[xvii] Aber die zwei Ströme flossen immer noch in verschiedene Richtungen. Molly Bloom, die am Ende von *Ulysses* im Bett neben ihrem Ehemann Leopold Bloom liegt, der dabei ist einzuschlafen, denkt in einer Abfolge von neun Sätzen ohne

Zeichensetzung – ohne Punkt und Komma oder Apostroph, und mit nur vereinzelten Großbuchstaben –, die jeweils einen einzigen Absatz ohne jegliche Zeichensetzung bilden. Joyce hatte sich hier, genauso wie auch in der ersten französischen Übersetzung aus dem Jahre 1925, die in *Commerce* erschien – als Joyce gegen den Willen der baffen französischen Drucker darauf bestand, dass der Monolog ganz ohne französische Akzente gedruckt wurde – dem reinen Fluss verschrieben, der mit seinem Schwung jene Miniaturblöcke konkreter Details auflas, die Joyce in seine Arbeitsfahnen eingefügt hatte, so wie »MB hat LB geholfen, befördert zu werden«, oder »LB dankte ihr für ihre Liebesdienste« und so weiter – die absolute Intimität: »Wie konnte mein Fuß ihn erregen?«, »Denkt er an mich?«[xviii] Aber Joyces beste Erfindung ist meiner Meinung nach nicht so sehr sein Umgang mit diesen Details als die kurvende Syntax, die sie so zusammentreibt, dass sie eine fließende Drift nachdenklicher, abgelenkter Abschweifung bilden. Joyce erfand eine neue Technik, um zu zeigen, wie jemand im Halbschlaf denken mochte.

Hrabal dagegen erfand eine neue Technik, um einen gewissen neuen Stil des Redens darzustellen. Molly Blooms Bewusstseinsstrom existiert nur in ihrem Kopf – während die Flüsse und Ströme in Hrabals Romanen für ein stilles, gebannt lauschendes Publikum aufgeführt werden. Und dies schafft einen Glanz, den es bei Joyce nicht gibt, obwohl Joyce eindeutig sein großer Wegbereiter ist (der »Gipfelpunkt der Literatur«, wie Hrabal einmal feststellte[xix]). Die Bewegungen von Hrabals Erzählern sind freudig: Aber sie sind immer Mechanismen der Vermeidung.

Tanzstunden für Erwachsene und Fortgeschrittene bietet dem überwältigten Leser eine ganze Enzyklopädie der abschweifenden Formen, ein Handbuch der unmöglichen Ausflüchte. Einmal startete ich den Versuch, diese Abschweifungen anhand eines zweiteiligen Ordnungsprinzips einzuteilen: Erstens Abschweifungen, die durch den Charakter des Erzählers bedingt wurden und die unterteilt werden konnten in a) den Wunsch, Autobiographisches zu vermitteln,

b) den Wunsch, Ratschläge zu erteilen, c) den Wunsch, eine Anekdote auszuweiten, um einen moralischen Standpunkt zu belegen, d) den Wunsch, den Wegen sämtlicher Erinnerungen zu folgen; dann, zum Zweiten, Abschweifungen, die in den ästhetischen Vorstellungen des Erzählers begründet sind und die unterteilt werden können, in a) den Wunsch, allumfassende Details zu liefern, b) den Wunsch, Gerüchten die ihnen gebührende Aufmerksamkeit zu schenken, c) den Wunsch, Verwandte zu beschreiben, und d) den Wunsch, willkürlich improvisierte Porträts einzufügen – eine letzte Unterteilung, die mich in meiner Verzweiflung dazu zwang, eine dritte Kategorie zu erfinden: Dinge, die nicht in den oberen zwei Kategorien zu finden sind, wie ein Gedankensprung, der durch ein Angelwort getarnt wird, oder ein verirrter Gedanke, der zu einer assoziativen Anekdote führte, die schließlich in die Zukunft einer Nebenfigur überleitet. Und all dies ist wahrlich keine, nein, überhaupt keine erschöpfende Taxonomie.

4

Hrabal sprach gerne über das laute, eindringliche Geklapper seiner Perkeo-Schreibmaschine: die Materialität seines alltäglichen Schreibprozesses.[48] In Interviews betonte er, wie viel er der modernistischen Tradition der Collage von Schwitters oder Rauschenberg verdankte: »Um moderne Prosa verstehen zu können, mussten wir die ›Gemälde aus Müll‹ der Straßen Prags lieben lernen, diese aus Kurt Schwitters' Hut geschaffene Poesie, diese aus zufällig auf dem Bürgersteig gefundenen Objekten geschaffene Poesie und in der Dämmerung mussten wir unter den durch die Nacht stotternden Neonschriftzügen lebendig sein.«[xx] Aber diese Übertreibung war in Wirklichkeit eine Form der Selbstverschleierung, der Durchtriebenheit. Hrabal nahm diese Hochgeschwindigkeits-»Rushes« und unterzog sie dann einem bewussten und feinfühligen Montageprozess. Hrabals Kunst ist daher eine doppelte: Sie basiert ebenso auf Streichungen wie auf Abschweifungen. Wie seine Schreibmaschine brauchte er Schere und Kleber: »Ich nehme eine Schere, einen Cutter, und dann gehe ich vor wie ein Filmproduzent ...«[xxi] Sogar *Tanzstunden* begann schließlich als etwas völlig anderes – als *Die Leiden des Alten Werther*, eines von Hrabals frühesten Experimenten: eine Abfolge von sieben Texten, die Hrabal 1949 von seinem Onkel Pepin diktiert bekam und die er nicht in dieser Form veröffentlichte, sondern neu zurecht schnitt, umformte und überarbeitete, während dieses Prozesses konzipierte er seinen Roman, der schließlich 1964 erschien.

Und diese Neuerfindung des Romans als Collage – eine Verbindung ganz unterschiedlicher Einzelelemente – wurde durch eine besondere Eingebung möglich gemacht: Eine Geschichte ist in Hrabals Texten etwas sehr Kleines. Sie kann nur einen Satz lang sein, oder einen halben Satz; sie mochte nur so lang sein wie der Abstand zwischen zwei Kommata oder Parenthesen. Das ist es, was ihm als Schriftsteller eine solche Leichtigkeit verleiht: Er gibt Geschichten *con brio* von sich, er verstreut sie. Das ist die Form, die Hrabal in den 1960er Jahren perfektionierte: die der überarbeiteten Spontanität.

Aber dieser Stil war, wie jeder Stil, sehr arbeitsaufwendig. Er nahm zuerst im Winter des Jahres 1951 Form an, als Hrabal in einem Eisenwerk in Kladno arbeitete. Wäre Hrabal im Sommer 1951 von jemandem gebeten worden, sich Schriftsteller zu nennen, dann hätte er sich vermutlich geweigert und gesagt, er sei Dichter. Genauer gesagt war er fünfzehn Jahre lang ein surrealistischer Dichter gewesen. Aber in jenem Winter in Kladno wurde er zum Romanschriftsteller.

In Kladno brach ich mit der Lyrik. Ich begann, eine Art Reportage zu schreiben, die wir als absoluten Realismus klassifizierten. Grob gesagt, ließ ich die psychischen Automatismen hinter mir, indem ich zu wirklichen Geschehnissen zurückkehrte. Das war *Jarmilka*, Mätresse des Glühofens, wie wir sie nannten.[xxii]

Die Geschichte von *Jarmilka* ist aus der Perspektive eines Ich-Erzählers geschrieben und spielt in einem Eisenwerk. Sie entstand im Winter 1951/52. Jarmilka ist der Name eines unverheirateten Mädchens, das in der Werkskantine arbeitet und schwanger ist. Teilweise ist dieser Prosatext von Hrabal ein Multiple von André Bretons *Nadja*, seinen Aufzeichnungen einer Amour fou in Paris. Es ist ein halluzinatorischer Beleg der Realität. Aber *Jarmilka* handelt nicht nur von Jarmilka. Ein weiteres thematisches Element sind die von Hannes Reegen, einem von Hrabals Mitarbeitern, der in einem Konzentrationslager der Nazis gewesen war, erzählten Geschichten. Und eine letzte Zerstreuung liefern die zum Schweigen gebrachten Geschichten politischer Gefangener, die von der kommunistischen Regierung festgenommen und als Zwangsarbeiter in das gleiche Eisenwerk gebracht worden waren. Keine dieser Sätze sind explizit miteinander verbunden. Sie kommentieren einander leise – es ist eine Verschwörung der Details, eine ironische Collage.

In einem Essay, den er 1956 zwanzigjährig schrieb, versuchte Václav Havel die Bedeutung von Hrabals Technik in seinen früheren Geschichten in der Samisdat-Zeitschrift *K* zu erklären. Sie zeigten, so Havel, »den Wunsch, ein möglichst ehrliches Bild von der Welt zu schaffen, ein *möglichst objektiver Zeuge* zu sein«. Und er erklärte: »Keine isolierte Tatsache kann für sich genommen eine Wahrheit darstellen, nicht einmal dann, wenn sie mit der größtmöglichen Genauigkeit beschrieben wird; sie wird nur zu einer Wahrheit, wenn wir im gleichen Satz auf eine weitere Tatsache stoßen, die der ersten widerspricht.« Wahrheit existiert, ist dem einzelnen und einsamen Menschen aber nicht zugänglich, dem einzelnen Absatz. »Effektiv«, fügte Havel hinzu, »sagt Hrabal, dass die Menschen immer im Irrtum sind, was ihre Sicht der Welt betrifft, dass aber die Welt, in der sie leben, die ihr zugrunde liegende Wahrheit als faktischer Sinnzusammenhang, nie im Irrtum sein kann.[xxiii] Hinter Hrabals ständiger Nebeneinanderstellung von Gegensätzen stand eine Sehnsucht nach unendlicher Repräsentation.

Und diese neue Art des Schreibens benötigte eine neue Art von Leser – einen Leser der, mit Hrabals Worten, »des diagonalen Lesens« fähig war.[xxiv] Der Leser musste in der Lage sein, einen Satzfetzen im Kopf zu behalten – »und ich tolle als Siebziger hier mit Ihnen herum wie der Kaiser mit der Schratt«[xxv] –, der durch einen Satzfetzen ein paar Seiten später weiter erklärt wird – »doch mit der Schratt die europäische Renaissance pflegen, das hat er gekonnt, ich schob in Meidling Wache und habe den Kaiser gesehen«[xxvi]; oder aber der Leser muss selbst entscheiden, ob in scheinbar unwichtigen Details gewisse Muster sichtbar werden: ob, beispielsweise, die Geschichte des »armen Bondy« der »seine zwei Kannen Bier auf den Teppich«[xxvii] pinkelte, metaphorisch oder thematisch mit der Geschichte von Olánek verwandt sein könnte, der einmal »am Marktplatz«, nachdem er gefragt worden war, wie es ihm an seinem fünfzigsten Geburtstag gehe, »sein Geschlecht heraus[zog], und weil er zehn Bier getrunken hatte, … im hohen Bogen auf die Reklame der Náchoder Webereien [pisste], bis auf den Strich über dem a, …«[xxviii]

Der Satz ist nicht das einzige Stilmittel, so lässt sich die Botschaft von Hrabals Roman in einem Satz zusammenfassen. Stattdessen sind auch viel seltsamere Konstrukte möglich, wie Hrabals Störungen und Verzögerungen: seine Abschweifungen, die immer stillschweigend auch Entwicklungen sind …

Denn was ist letztendlich die Bedeutung eines einsätzigen Romans? Was bedeutete er für Hrabal? Als ein Symbol der absoluten Abschweifung steht er, denke ich, für die Sehnsucht nach der Möglichkeit einer allumfassenden Beschreibung. In den 1950er Jahren hatte Hrabal in Kladno mit seinem Freund, dem Dichter Egon Bondy, den Slogan *totaler Realismus* erfunden, der ihr gemeinsames ästhetisches Ideal beschreiben sollte. Das Allumfassende! Ja, danach sehnte sich ein einsätziger Roman – nach einer Form, die Hrabal zuerst in Joyces Schlussszene von *Ulysses* aufgefallen war (und in Apollinaires Collage-Gedichten ohne Interpunktion) und die er später, als er seine Romantrilogie schrieb, die vorgab, die Autobiographie seiner Ehefrau zu sein, in William Faulkner wiederfand: »In den letzten Jahren habe ich mich verstärkt zu Faulkner hingezogen gefühlt, da ich eine starke Sehnsucht nach solchen endlosen Sätzen hatte. Ich ging nie weiter, als Kommas und ab und zu einen Punkt einzufügen. Ich vermute, es fühlte sich für ihn ähnlich an wie für mich, einfach nur ein- und auszuatmen. Ich atme Bilder ein und atme sie dann über einen längeren Zeitraum hinweg aus.«[xxix]

5

Von einer anderen Perspektive aus betrachtet, ist dies auch eine Form von Unordnung … Diese Erzähler haben eine literarische Abstammung, sicher, aber sie besitzen auch eine klinische Vergangenheit. Sie sind allesamt Fallstudien der Hysterie – wie jene Patienten, die der von Hrabal geschätzte Sigmund Freud in seinen Aufzeichnungen beschrieb:

> Freuds Patienten waren alle gestört, aber ihre Ausdrucksweise hatte etwas fast Poetisches. Und die Vorliebe der Surrealisten für alles Gestörte war ebenso groß, wie meine eigene. Dies stimmt auch in Bezug auf meinen Onkel, seine Art und Weise, Geschichten zu erzählen, und wirklich sein ganzes Leben; mit all seinem Geschrei und dem Geschichtenerzählen therapierte er sich. Mit anderen Worten, die Geschichten, die er uns zuhause erzählte, das Garn, das er für Mädchen in der Kneipe sponn, all das war eine Art Therapie, als sei er einer der Patienten des Herrn Freud.[xxx]

In Freuds und Breuers »Vorläufigen Mitteilungen« zu ihren *Studien über Hysterie*, einem Text, der im Dezember 1892 in Wien geschrieben wurde – im Zentrum jenes österreich-ungarischen Systems, in dessen Ruinen Hrabal leben sollte –, bemerkten sie, »der Hysterische leide größtenteils an Reminiszenzen«.[xxxi] Ihren Untersuchungen zufolge war die Hysterie ein schmerzliches häusliches Beispiel dafür, wie sich Geschichte als Abfolge von Symptomen abzeichnen könne – Effekte, deren Ursachen verschleiert sind. Denn schließlich, schreiben beide, ist manchmal die Verbindung zwischen der Ursache des Traumas und dem Symptom, das ihm folgt, nicht offensichtlich, sehr oft »ist der Zusammenhang nicht so einfach; es besteht nur eine sozusagen symbolische Beziehung zwischen der Veranlassung und dem pathologischen Phänomen, wie der Gesunde sie wohl auch im Traume bildet ...«[xxxii]

Hysterie stellt gleichzeitig eine Wiederholung von und Flucht vor Vergangenem dar. Und dies ist, denke ich, eine andere Weise, die doppelgleisigen Bewegungen von Hrabals fiktiven Texten zu beschreiben – wie sie auf der einen Seite auf dem beharren, was sie zu beschreiben versuchen, ihm auf der anderen Seite aber aus dem Weg gehen. In einem Satz deprimiert den Erzähler von Hrabals Roman zum Beispiel das Verschwinden dessen, was ein weiterer von Hrabals Palaverern die »schönen ermordeten Dinge«[xxxiii] nennt, aber er streift sie nur flüchtig, leicht, in den Tiefen einer Abschweifung, wie beispielsweise jenen Moment, als er über eine Brauerei in Sopron spricht, die ihn an Budapest denken lässt, was ihn auch an eine andere Szene erinnert: »Horthy, der Admiral, ließ die Mariner zusammenschießen, die der Matoušek kommandierte, man hat den armen Schluckern die Augen verbunden ...«[xxxiv] Und die Erzählung bewegt sich immer weiter: vorbei an den Erschießungen.

Hierbei handelt es sich um eine Form der Hysterie: um ein tiefgreifendes Bedürfnis, den Narrativen der Weltgeschichte zu widerstehen. Aber Hrabals Technik ist letztendlich deswegen so bewegend, weil die historische Vergangenheit der Welt nur ein Element unseres weltweit verbreiteten Hangs zur Nostalgie ist. Denn »zur österreichischen Zeit war die Schusterei eher eine chemische Arbeit als ein Handwerk«, wie unser Held klagt, »heute geht das am laufenden Band, obwohl Schuster, trug ich Zwicker und einen silberbeschlagenen Spazierstock, das kam, weil damals jeder wie ein Komponist oder Dichter aussehen wollte«[xxxv]: eine Nostalgie, die selbst an den Moment erinnert, als er ähnliche Veränderungen in der Brauereiindustrie beklagt: »in den alten Brauereien wurde das Bier in Kupfer gebraut, unterm Kessel brannte Scheitholz, die Flamme ging durchs Kupfer und karamelisierte das Bier, hab ich ein Gedächtnis! ist das eine Freude!«[xxxvi] Und es hat auch etwas Freudiges, keine Frage – denn Hrabals Stil ist immer ein Ausdruck von Freude –, aber diese Freude ist gleichzeitig etwas melancholisch: Denn die Notwendigkeit, die Vergangenheit zu bewahren, ist eine Form von Hysterie, ein Beweis dafür, dass ein Trauma vorhanden ist.

Und Hrabal – warum nennen wir die Dinge nicht einfach beim Namen – war selber Hysteriker. Ich erinnere mich an den Moment im ersten Teil seines aus der Perspektive seiner Frau erzählten fiktiven Werkes, oder seiner Memoiren, wie man will, *Hochzeiten im Hause. Ein Mädchenroman*, in dem Hrabal – der nun selbst eine Figur ist, sein eigener Palaverer – vom Thema des Verlorenen, des Abgestoßenen, des Mülls inspiriert wird: Er erinnert sich an die Jahre, in denen er in einer Stahlfabrik arbeitete, mit ihren »Gebirge[n] einst brauchbarer Werkzeuge und Maschinen und Gegenstände« und an seine Jahre als Vertreter, als er »dieses Spielzeug, all diesen Schmarren, angefangen mit Engelshaar bis zu Wunderkerzen, von Wurzelbürsten für den Boden bis zu Pinzetten für die Brauen« verkaufen musste, und an die Jahre, die er in einer Altpapierfabrik verbrachte, umgeben von alten Papierfetzen.[xxxvii] Es sind Secondhand-Gegenstände, die den Inhalt von Hrabals Romanen bilden und die er ewig vor der Tyrannei des Vergessens zu bewahren versucht. Seine Form mag ein Fluss sein, ein Zickzack, eine hysterische Reihe von Rückblicken und Momenten des Zögerns: Aber was aufbewahrt wird, ist die private Vergangenheit, der endlose menschliche Krempel.

Aber hinter diesem österreich-ungarischen Krempel steht ein anderer, weniger erhabener zentraleuropäischer Vorfahre in Hrabals hingekritzelter Genealogie – der Prager Schriftsteller und Journalist Jaroslav Hašek, der Autor von *Der brave Soldat Schwejk*, der erstmals 1921 veröffentlicht wurde. Schwejk ist ein tschechischer Soldat, der während des Ersten Weltkriegs in der österreich-ungarischen Armee dient. Er stellt sich der österreich-ungarischen Obrigkeit als manischer Patriot und Konformist vor, aber mit einer Hingabe, die so übertrieben ist, dass sie wie eine Parodie auf den Patriotismus wirkt. Auf diese Weise verdoppelt sich Schwejk, der unerschöpfliche Konformist, gleichzeitig als dissidenter Staatsfeind, dessen Übereifer die Absurdität des zerfallenden Reiches widerspiegelt. Denn dieser Slapstick-Roman ist ein modernistisches Experiment der radikalen, zurückhaltenden Doppeldeutigkeit. Aber Hašek diente Hrabal nicht nur als Vorbild für seine radikale Ironie. Hašeks Roman war auch ein riesiges Museum für sprachlichen Detritus. 1907 schrieb Hašek mit vierundzwanzig einen Artikel mit dem Titel »Von den Dichtern«, in dem er behutsam die Klischees der Dichtung auseinandernahm: »Ein seltsamer Menschentypus, eine seltsame Literatur und ein seltsames Ergebnis, Sie irren durch abgelegene Gegenden, waten durch den Sumpf und rufen vergeblich nach Rettung.« Er schloss: »Mit Vorliebe warten solche Dichter ›ewig‹ dort, wo längst keiner mehr wartet; ihre Seele ist umwölkt, sie wollen immerzu etwas ›zum Himmel emporheben‹, ihre gebeugte Seele wieder aufrichten und ihr Herz in eine Flut von Blüten tauchen, aber es geht nicht.«[xxxviii] Hašeks stetes Thema war die Versteinerung von Sprache zu Kitsch. Sein Roman ist eine Montage jener Kitschstile, die von der Obrigkeit erzeugt worden waren: von einer aus einem Frauenroman gerissenen Seite, die Schwejk auf der Toilette liest –

… sigen Pensionat leider Damen
es unbestimmt, tatsächlich vielleicht mehr
de größtenteils in sich abgeschlossene Ver
men in ihre Kemenaten, oder sie
eigentümliche Unterhaltung. Und wenn er auch
ging ein Mensch und seufzte ti
ch besserte, denn sie wollte nicht so sehn
zen, wie sie selbst es gewünscht hätte. Er
war nichts für den jungen Krischka

– bis hin zum Journalesisch der lokalen Zeitung: »Wir hatten den Eindruck, daß die Zeiten der alten Griechen und Römer sich erneuerten, wo Mucius Scaevola sich in den Kampf tragen ließ, ohne seiner verbrannten Hand zu achten. Die heiligsten Gefühle wurden gestern von einem Krüppel mit Krücken, den ein altes Mütterchen in einem Krankenwagen schob, in großartiger Weise verdolmetscht.«[xxxix]

Eine Metaphysik des Krempels: So lässt sich Hašeks zentraleuropäische Lektion zusammenfassen. »Ich passe vermutlich in die Kategorie oder vielmehr, ich habe mich unter den Deckmantel des Jaroslav Hašek zurückgezogen«, sagte Hrabal 1984, »der zwar für die Zeitungen geschrieben haben mag, dessen Ironie aber von so enormen Ausmaßen war, dass ich immer noch nicht erkennen kann, wo sie endet.«[xl]

6

Aber hier gewinnt Hrabals Widerstand gegen die Zumutungen der Geschichte an Eindringlichkeit. Denn Hrabals Bücher wurden ständig in die Geschichte verwickelt, die sie eigentlich vermeiden wollten – die Verschiebungen der politischen Ausrichtung. Hinter den Feinheiten seines Stils steht immer die Prager Politik. 1959 wurde eine Kurzgeschichtensammlung Hrabals von den Kommunisten verboten, die sich nach dem großen Skandal um Josef Švoreckýs großartigen komischen Roman *Feiglinge* entschlossen hatten, die Literatur ernst zu nehmen. 1975 wurden seine Bücher von antikommunistischen Dissidenten verbrannt – aus Wut darüber, dass er seine Bücher weiterhin mit der Erlaubnis des Staates veröffentlicht hatte. In der Periode zwischen diesen zwei Jahren durchlebte die Regierung der Tschechoslowakei eine ganze Reihe ideologischer Umkehrungen. Aber Hrabal machte nie einen Schritt zurück: Er stand einfach still, während die Politik um ihn herumkreiselte. Er war immer – »wie Hašek mir beigebracht hatte« – »ein Mann der Partei des Moderaten Fortschritts, das ist mein Modus vivendi in diesem Zentraleuropa, dem ich angehöre, diesem literarischen Labor, das aus den ersten vier Dekaden dieses Jahrhunderts stammt …«[xli]

Sein Stil war mit anderen Worten die absolute Ablehnung einer bestimmten Ideologie. Er weigerte sich, die Charta 77 zu unterschreiben, die 1977 von einer dissidenten Bewegung entworfen worden war, genauso, wie er sich weigerte, die Anti-Charta zu unterschreiben, den Gegenentwurf des kommunistischen Regimes. Denn für Hrabal waren die Geschichte und die Politik Spielfelder von universellen Fehlentscheidungen. Somit tangierten ihn die Verlockungen der Ideologien nie: Stattdessen feierte er eine Kunst der »unangestrengten Anstrengungen«[xlii], der Palaverer, wie Onkel Pepin einer war, die Kunst dieser Erzähler, die sich in einem Zustand von fast mystischer Glückseligkeit befanden: »Jene, die nicht länger von Geburten oder Todesfällen oder Qualen beeinflusst werden und die tatsächlich unermesslich glücklich sind in dieser Welt.«[xliii]

Denn niemand ist unschuldig: so die Erkenntnis, die sich in Hrabals fiktionalem Werk widerspiegelt. Und ich erinnere mich an die Beobachtungen von zwei dissidenten Philosophen: von einem, der das kommunistische Aquarium verließ, und einem, der blieb. In seiner großartigen Geschichte des Marxismus bemerkt der polnische Philosoph Leszek Kołakowski, dass in der Zeit des stalinistischen Terrors in der Ukraine niemand schuldlos blieb. Die Kollaboration war total: »Die ganze Partei wurde zu einer Organisation von Schergen: Es gab keine Unschuldigen mehr, und alle Kommunisten wurden Komplicen der an der Gesellschaft begangenen Gewalt.« Und so, schreibt Kołakowski mit unendlicher Ironie, »wurde denn auch eine neue Form der moralischen Einheit der Partei erreicht …«[xliv] Auch erinnere ich mich daran, wie der tschechische Philosoph Jan Patočka, ein Gründer der Charta 77, jene, die den Geboten der Gerechtigkeit folgten, mit jenen kontrastierte, die den Geboten des Alltags gehorchten: Darin, argumentierte Patočka, liege der wahre Widerstand – in der grundlegenden Ablehnung aller Konditionen der Politik, in allen noch so kleinen Momenten des Alltags.

Dies war die ethische Grundlage von Hrabals Flucht vor allem Politischen, die er in den 1960er Jahren für sich wählte: eine Position der absoluten Ironie in Form seiner verwirrten Palaverer.

7

Denn es ist schließlich eine Philosophie, diese Hrabalische Umkehrung: sich zum Beispiel zu weigern, politische Petitionen zu unterzeichnen, sich stattdessen aber aufopferungsvoll um Tiere zu kümmern – wie im Fall von Hrabals geliebten Katzen. Es ist wahr: Hrabals Ironie hat gleichzeitig seine komischen Wurzeln, eine Art Folk-Hollywood-Slapstick, den Hrabal »Prager Ironie« nannte.[xlv] Aber sie basierte trotzdem auf einer Philosophie – obwohl Hrabals Form der Philosophie nur durch die unordentlichen, zugemüllten Abschweifungen seiner Erzähler sichtbar wird. Aber dann entspricht Hrabals Vorstellung von der Philosophie der Schopenhauers: »Eine Philosophie, zwischen deren Seiten man nicht die Tränen, die Klagen, das Zähneknirschen hört, und den angstvollen Tumult des gegenseitigen Mordens, ist keine Philosophie.«[xlvi] An späterer Stelle erinnert sich Hrabal daran, wie er Schopenhauer entdeckte:

> Man stelle sich vor, dass gegenüber von der Juristischen Fakultät einmal ein Buchladen lag – er verschwand während der Bombardierung von Prag –, und ich kaufte dort fünf Bände. Es handelte sich um Schopenhauers *Die Welt als Wille und Vorstellung*, schwarz gebunden mit handschriftlichen Anmerkungen und Unterstreichungen und neuen Wörtern, die an den Seitenrand geschrieben waren. An der Handschrift erkannte ich, dass sie aus der Bibliothek von Ladislav Klíma stammten …[xlvii]

Von allen großen Geschichten, die Hrabal schrieb, seinen hoffnungsvollen Neuerfindungen der Wirklichkeit, handelt es sich bei dieser um eine der symbolischsten. Durch Schopenhauer kam Hrabal auf seine spezielle Art und Weise, mit der er die Welt in Worte fasste – derzufolge der Wille die Welt schuf und der Wille selbst von den Keckheiten und Verrücktheiten unserer Sehnsüchte gelenkt wurde. Das Universelle war eine Funktion der Privatsphäre des Selbst. Aber die wahre Schönheit von Hrabals Legende hat mit einer Verbindung zu dem tschechischen Schriftsteller Ladislav Klíma zu tun. Denn Klíma, der Schopenhauer liebte, war gleichzeitig Schopenhauers eigensinnigster Interpret. Wo Schopenhauer *Die Welt als Wille und Vorstellung* geschrieben hatte, schrieb Klíma *Die Welt als Bewusstsein und Nichts*. Er hatte etwas Spielerisches, dieser Philosoph, Hrabals Philosoph: Ladislav Klíma. Er schrieb seine Essays auf dem Boden liegend und lebte in billigen Hotelräumen. Es machte ihm Spaß, die Paradoxa von Schopenhauers staatstragenderen Meditationen zu untersuchen. »Die Welt«, schrieb Klíma, »ist die absolute Spielsache meines absoluten Willens.« Folglich erklärte er in einem Text mit dem Titel »Meine Autobiographie«: »Ich bin nichts anderes, als das stete (oft, ziemlich oft, auch in meinen Träumen) Knallen der Peitsche meines absoluten Willens, mit absoluter Befehlskraft und überflutet von sich selbst bis ans Ende der Zeit, und das rasend ›Irrationale‹ aber immer mehr oder weniger gehorsame Gewirbel der Gedanken und Geisteszustände …«[xlviii] Wenn die Welt eine Schöpfung des menschlichen Willens war, dann war der Mensch eine Art Gott, der sich durch seinen Willen und seine Wünsche vom System der externen Bedingungen freimachen konnte. Deshalb behauptete Klíma im Zusammenhang mit seinem Konzept des »Egodeismus«, man könne alle herkömmlichen Kategorien auf den Kopf stellen. »Der Geist ist *im Wesen betrügerisch …*«, schrieb er – weil er nicht nur Illusionen erzeugt.[xlix] Alles Wissen konnte daher nur provisorisch sein. »Das ultimative positive Wissen, woran man soweit herankommen kann, besteht aus dem schlichten BEWUSSTSEIN, *dass die Überzeugung: ›Ich weiß nicht, ob ich irgendwas weiß*‹, KEINE ABSOLUTE WAHRHEIT IST.«[l] Denn »unser Geist ist schwächer, als wir gerne zugeben würden; der Großteil unserer Gedanken ist mehr als vage, – schlichte *Ahnungen* von klaren Ideen; keiner hat es bisher vermocht, einen Gedanken bis in seine Tiefen auszuloten: – ›Dummheit‹ und Blindheit bleiben heute das bestimmende Element des menschlichen Geistes …«[li] Klíma entwickelte seine Theorie, dass dies aber nicht notwendigerweise schlecht sei. Wenn sich Fehler nicht vermeiden ließen, dann waren Wahrheit und Fiktion umkehrbar. »Das Geschichtenerfinden ist die einzige Aktivität des Bewusstseins, die es gibt, es ist das Wesen der Welt, Fiktion ist eine fundamentale Tatsache, es ist das, was da ist, – – und somit ist es wahr! …«[lii]

Klíma ähnelt also mit anderen Worten Hrabals hoffnungsvollen, wenn auch letztendlich nicht erfolgreichen Erzählern: »Am Beispiel meines eigenen Lebens will ich zeigen«, schreibt Klíma am Ende seiner kurzen Autobiographie, »dass es so etwas gibt, wie eine ›transzendente Vorsätzlichkeit in Allem Was Geschieht‹ (Schopen.) – nicht weniger überzeugend als jede Dissertation …«[liii] Seine wichtigste Lehre allerdings war paradox und bestand in der Umwandlung scheinbarer Gegensätze. Und der stärkste dieser Gegensätze war die Sehnsucht:

> Es ist notwendig, dass wir lieben – dass wir alles lieben; sogar das, was uns am meisten abstößt. Liebe ist die grausamste, schwierigste Sache von allen. Hierin aber liegt das Rätsel: Das, was am abstoßendsten ist, wird eher zu Liebe zerfließen, als das, was nur halb-abstoßend ist –[liv]

Diese Art von Paradox muss wohl hrabalesk genannt werden, und das Wesen seiner Struktur wird in einem Absatz von Klíma deutlich erkennbar, den Hrabal als Epigraph für seine Novelle von der Leichtigkeit benutzte:

> Man sollte sich nicht nur vorstellen, dass alles Höhere immer und nur von allem Niedrigeren abstammt; man sollte sich auch vorstellen, dass – angesichts der Polarität und vor allem auch des Irrsinns der Welt – alles sich aus seinem Gegenteil herleiten lässt: der Tag von der Nacht, die Schwäche von der Stärke,

die Missgestaltung von der Schönheit, das Glück vom Unglück. Siege bestehen ausschließlich aus eingesteckten Schlägen.[lv]

Mit dieser Philosophie des Paradoxen, seiner auf dem Kopf stehenden Theorie einer zentraleuropäischen Ästhetik, versuchte Klíma, diese Phänomene durch die Beeinträchtigung durch Ideologien zu retten. Und daher denke ich, dass diese Philosophie auch mit jenen großen Vorlesungen über die Krise der europäischen Menschheit verglichen werden sollte, die Edmund Husserl in den 1930er Jahren in Wien und Prag hielt und in denen er das Vergessen des konkreten, gewöhnlichen Lebens in philosophischen Weltbeschreibungen beklagte. Kundera, der Prag 1975 verlassen hatte, beginnt mit eben dieser Vorlesung seinen Aufsatz »Das mißachtete Erbe des Cervantes«, der den Anfang von *Die Kunst des Romans* bildet. Darin erklärt er, dass durch die in Romanen dargestellten Paradoxa des konkret Alltäglichen seit Cervantes »eine große europäische Kunst entstand, die nichts anderes ist als die Erforschung dieses vergessenen Seins«.[lvi]

8

Hrabals Erzähler sind flüchtige Verfolger ihrer selbst. Am Ende seines Lebens sollte Hrabal sagen: »Man kann sehen, dass selbst das Ziel meiner Texte immer die Suche nach einer besseren Definition meiner selbst ist, eine Untersuchung, ob ich jemals eine Identität gehabt habe, wie die zwei passenden Hälften eines Koh-i-Noor ›Waldes‹ Druckknopfes.«[lvii] Koh-i-Noor war ein tschechischer Hersteller von Schreib- und Kurzwaren. Das Firmenlogo war ein zwinkerndes Druckknopfgesicht. Und mit dieser alltäglichen Metapher aus der Welt des Tands stellte Hrabal die radikale Doppeldeutigkeit seiner Texte dar.

Er sagte einmal, was er als Leser schätze, sei das Unzugängliche: Der Text, den er am häufigsten lese, fügte er hinzu, sei das Tao. Und dies mag nicht zu dem Schriftsteller der Billardtische und der pinkelnden Poeten zusammenpassen, außer in der Hinsicht, dass Hrabals Texte sich genau wie die von Laotse in absolute Ungewissheit auflösen. Denn Hrabal traute der Logik der Integrität nicht. Die einzige wahre Integrität lag für ihn in der Null: darin zu verschwinden. In den 1960er Jahren, der Ära der totalitären Zersetzung, erlaubte es diese Einstellung Hrabal, seine ausufernsten Experimente in der Romankunst zu unternehmen. In den 1970er und 1980er Jahren, der absoluten Sklerose des sowjetischen Kommunismus, wurden seine Experimente dagegen rarer und trauriger. In den frühen 1970er Jahren, um die Zeit, als er seinen ersten großen Roman *Ich habe den englischen König bedient* schrieb – der sich mit dem Gefühl der Scham auseinandersetzt – aber nicht veröffentlichte, setzte Hrabal einen »Brief an einen Freund« auf, in dem er seine Reduzierung auf ein Nichts beschreibt. »Jetzt lebe ich in einer Nullsituation; mein Credo gilt der NULL; es gefällt mir, dass die griechische NULL nicht nur null bezeichnet sondern auch eine reine Vision … Ich befinde mich in einem Zustand der an der Grenze der Inspiration liegt …«[lviii] Denn Hrabal war gefangen. »Es ist schwer, Bücher in diesem Land zu veröffentlichen, damals schon begann ich, meine eigenen Texte zu fürchten, und ich fürchte sie bis zu diesem Tag …«[lix] Aber Hrabals tadellose Selbstprüfung ist der Effekt eines tieferen Wissens: »Ich bin, habe ich gemerkt, und es graust mir davor, dies hier im Wesentlichen auszuführen, eigentlich ein Mann ohne Charakter.«[lx] Und seine Form ist die fröhliche Flucht jenes großen Palaverers, der Jahre zuvor *Tanzstunden für Erwachsene und Fortgeschrittene* erzählt hatte, der in seiner Vergangenheit herumschwirrte und in der Vergangenheit von allen anderen, eine Abfolge nicht identischer Sequenzen: ein endloser Zickzack der Einzelheiten.

9

Im zwanzigsten Jahrhundert war Zentraleuropa Hrabals Beschreibung zufolge ein »literarisches Labor«. Aber die in diesem Labor untersuchten moralischen Paradoxa sind nicht spezifisch für Zentraleuropa oder das zwanzigste Jahrhundert. Nein, vielmehr handelt es sich um Fragen von globaler Natur und dauerhafter Relevanz. Hrabals Texte, mit ihrer traurigen Fröhlichkeit, ihrer Aufbereitung dessen, was herkömmlicherweise als Romankunst betrachtet wird, sind übertragbar. Seine Erzähler sind mitreißend: Und dieser Sog entsteht denke ich dadurch, dass das avantgardistische Gerase und Geschleudere der Technik auf so traurige, komische Weise in den Charakter einer ehrlichen, liebenswerten Figur eingebettet ist, so dass der Leser in einem Zustand irgendwo zwischen klinischer Distanziertheit und fast schmerzlicher Empathie gefangen ist. Weil man es nicht wissen muss, wie Hrabal zu seiner Frau in *Hochzeiten im Hause* sagt, ohne *Tanzstunden für Erwachsene und Fortgeschrittene* zu erwähnen: »In Polka und Walzer war ich Spezialist. Und ich habe einen Preis gewonnen in den Tanzstunden für Erwachsene und Fortgeschrittene, wissen Sie, ich habe zwei Tanzkurse absolviert, ich wollte im Tanzen die Nummer eins werden …«[lxi] Nein, es besteht wirklich keine Notwendigkeit, das Ausmaß von Hrabals Selbstenthüllung durch seine Erzählerfiguren zu kennen, zu wissen, inwieweit er sich selbst mit diesen auf schmerzhafte Weise verletzlichen Phantasten identifiziert. Ich schreibe dies und frage mich, ob eine Analogie in der modernen Welt von L. A. jene Melancholie wäre, die von Thomas Pynchons paranoiden Phantasten ausstrahlt, die in der Dynamik ihrer an den Film noir angelehnten Handlungen und Gegenhandlungen gefangen sind; oder die melancholischen Filme von David Lynch, in denen der Fragmentierung der Geschichte durch die hilflose Zartheit der Figuren entgegengewirkt wird.

Ja, Hrabals fiktives Werk ist übertragbar: Seine Ironie ist ein notwendiges Instrument. Denn schließlich sei jede Wahrheit über die

Menschheit von Natur aus ironisch, schrieb Thomas Mann in seinem Essay über Tschechow. Und er hatte recht: Diese Art der Ironie ist universell. Nicht einmal der Tod ist vor der Geschichte der Fehler sicher. Maxim Gorki wohnte Tschechows Beerdigung bei, und er beschrieb, wie der Sarg

> in einem grünlichen Eisenbahn-Lieferwagen nach Petersburg gebracht wurde, auf dessen Türen in großen Buchstaben ›Für Austern‹ stand. Ein Teil der kleinen Menschenmenge, die sich vor dem Bahnhof versammelte, um Tschechows Sarg zu empfangen, folgte fälschlich dem Sarg General Kellers, der aus der Mandschurei hergebracht worden war, und war sehr überrascht, bei Tschechows Beerdigung eine Militärkapelle spielen zu hören. Als der Fehler aufgeklärt worden war, begannen einige heitere Seelen zu kichern und zu lachen.[lxii]

Was mich an eine Geschichte erinnert, die Hrabals Freund, der Literaturkritiker Radko Pytlík, über Hrabals Beerdigung schrieb. Die Organisatoren seiner Beerdigung wollten, dass der alte Walzer »Faszination« gespielt würde. Die Gypsy Band, die man für diesen Anlass angeheuert hatte, versicherte, die Melodie zu kennen. Aber wie sich herausstellte, war dies nicht der Fall. Sie war schließlich hrabalesk, diese Gypsy Band. Statt »Faszination« spielten sie ein melancholisches Volkslied mit dem Titel »Gypsy Tears«.

Zweite Hommage

1

In einem seiner späteren Werke, einem Aufsatz von 1989 mit dem Titel »Die Zauberflöte«, erzählt Hrabal, er habe sich schon immer in Begleitung eines »Schutzengels, meines Schutzengelchens« befunden. Denn der Tod, so schrieb er, sei immer an ihm vorbeigegangen.

… denn dieser mein Engel möchte, daß ich noch auf der Welt bin, um ganz auf meinen Grund zu kommen, um noch einen Stock tiefer zu steigen, hinunter bis auf den Boden der letzten Vorwürfe, darum schmerzt mich die ganze Welt, und es schmerzt mich auch mein Engel, wie oft habe ich aus dem fünften Stock springen wollen, aus meiner Wohnung, in der jedes Zimmer mich schmerzt, doch stets hat mein Engel mich im letzten Augenblick gerettet, er zieht mich zurück, wie meinen Doktor Franz Kafka, der in der Maison Oppelt aus dem fünften Stock hatte springen wollen, dort, wo man den Altstädter Ring verläßt, der Herr Doktor wäre aber auf die Ecke der Pariser -Straße gefallen, vermutlich haben auch ihn die Welt und das Leben geschmerzt, … Ich habe ausgesiegt, habe den Gipfel der Leere erreicht. … Ich aber werde nicht mehr aus dem Fenster springen, mein Schutzengel hat es mir zwar nicht ausgeredet, mir aber zugeflüstert, daß derjenige, der mir den Gipfel der Leere schenkte, ihm gesagt habe, es wäre billig, so allzuleicht wegzugehen, ich müsse die Tatsache, daß die ganze Welt mich schmerze, stets von neuem derart durchleben …[lxiii]

Aber was bedeutet das, dass die Welt einen schmerzt? Es bedeutet zum Beispiel, was aus dieser Anekdote aus einer Zeit deutlich wird, als Hrabal in den 1950er Jahren in Prag als Kulissenschieber arbeitete und bei einem kurzen Gang, um Bier zu holen, an der Zentrale der Geheimpolizei vorbeiging:

ich hörte das Geräusch von zerbrechendem Glas, sah einen Schatten, und dann lag dort vor mir auf dem Bürgersteig ein junger Mann, der gerade aus dem Fenster des vierten Stocks gesprungen war. Ich machte einen Schritt zurück, sah, dass das Fenster zertrümmert war. Dann ging ich und holte das Bier, sogar im Theater konnten wir hören, wie der Vorgesetzte seine Untergebenen anschrie … dann bekamen wir mit, dass während der Vernehmung jemand den jungen Mann geschlagen hatte und dieser nach vorne gerannt war, sich geduckt und mit der Schulter das Fenster durchbrochen und sich so das Leben genommen hatte.[lxiv]

Vielleicht passt dazu auch noch eine andere Geschichte über einen Todesfall: den Tod Bohumil Hrabals. 1997 stürzte Bohumil Hrabal aus dem Fenster eines Krankenhauses in den Tod. Er hatte Tauben gefüttert. Es ist unklar, ob er aus dem vierten oder fünften Stock gefallen war.

2

Die Geschichte Bohumil Hrabals ist eine Geschichte über die Geschichte. Aber Hrabals Geschichten sind alle Geschichten über die Geschichte. Und so kam es, dass Hrabal im Sommer des Jahres 1971 seinen Roman *Ich habe den englischen König bedient* schrieb, an einem Stück – *a la prima*, wie Hrabal es ausdrückte –, während einer Periode der Stille, in der Hrabal, 57-jährig, nichts veröffentlichte. Der Roman wurde schließlich 1983 in halb-samisdater, halb-offizieller Form veröffentlicht – in einer privaten Auflage von 5000 Exemplaren, die von der Jazz-Abteilung des tschechischen Musikerverbands herausgegeben wurde. Lange noch vor dem Fall des Kommunismus versuchte Hrabal in diesem Roman, das Gefühl zu rekonstruieren, dass einen die ganze Welt schmerzte: »Nur ich ging jetzt hin«, erinnert sich Ditie, der Held und Erzähler von Hrabals Roman, »und lief nicht davon, so wie andere vor dem Ort fliehen, wo ihnen das Unglück begegnet. Ich war froh, daß es so war, ich stellte sogar fest, daß mir dieses Unglück und Leid und diese Ruchlosigkeit gering erschienen, denn nicht nur auf mich, auch auf die Welt könnte noch mehr zukommen.«[lxv] Ja: die Geschichte, denn Hrabal hat eine bestimmte Form. Und diese Form ist die Geschichte von Ditie: von seinem Aufstieg und Fall, der, aus einer anderen Perspektive betrachtet, eher so scheint, als handle es sich um einen Fall und dann um einen Aufstieg. Denn alles in Hrabals Stil hängt von solchen Umkehrungen der Perspektive ab.

Ditie – dessen Name Kind bedeutet – ist ein winzig kleiner Kellner mit riesigem Appetit. Er arbeitet in verschiedenen Hotelrestaurants: erst im Goldenen Prag, dann im Hotel Tichota, dann sogar im Prager Hotel Paris. Danach dient er, nachdem er eine deutsche Frau geheiratet hat, den Nazis in verschiedenen Landgasthäusern. Nach dem Krieg, in dem er dadurch zu Geld gekommen ist, dass er das Eigentum von Juden verkauft hat, eröffnet er letztendlich sein eigenes Hotel – das Hotel zum Steinbruch. Aber als die Kommunisten 1948 die

Macht übernehmen, wird er als Millionär verhaftet. Er verliert alles. Und so endet der Roman damit, dass er als Straßenbauer in einem Wald am anderen Ende der Welt lebt.

Aber dies ist natürlich nicht nur die Geschichte von Ditie. Da er ein Kellner in großen Hotels ist, folgt seine Biographie der Geschichte seines Landes. Dities Geschichte wird also überschattet von den Geschichten von Masaryk, dem Exil von Haile Selassie aus Abessinien, der Besetzung von Böhmen durch die Deutschen, dem Zweiten Weltkrieg, dem Nazi-Massaker von Lidice, der Wahl einer kommunistischen Regierung, und dann von der sowjetkommunistischen Machtübernahme im Februar 1948. Das Doppelprinzip dieses Romans wird schon im ersten Paragraphen angekündigt, mit dem ersten Ratschlag, der Ditie gegeben wird: »Du bist hier Pikkolo, merk dir das. Du hast nichts gesehen, nichts gehört. Sprich's mir nach.« Und so sagte ich, ich hätte im Hause nichts gesehen und nichts gehört. Und der Chef zog mich am rechten Ohr und sagte: »Und merk dir aber auch, daß du alles sehen und alles hören mußt. Sprich's mir nach. Ich wiederholte verwundert, daß ich alles sehen und hören wolle.«[lxvi] Hrabals Doppelfokus-Roman enthält eine verdeckte Geschichte Böhmens während der Mitte des zwanzigsten Jahrhunderts, wo alles registriert aber nichts wirklich gesehen wird: wo Vordergrund und Hintergrund vertauscht sind. Aber eine Geschichte von Böhmen im zwanzigsten Jahrhundert ist eigentlich eine Geschichte jedes beliebigen Ortes. So ermahnt Václav Havel in seinem Aufsatz von 1984, »Über Macht und Manipulation«, jene westlichen Beobachter, für die die Probleme des kommunistischen Europas politische Exotika waren:

> Ich glaube, was die Beziehung Westeuropas zu den totalitären Systemen angeht, wäre der größte Fehler, den es machen könnte, der, der ihm offenbar am meisten droht: die totalitären Systeme nicht als das zu begreifen, was sie in letzter Instanz sind, nämlich als den gewölbten Spiegel der ganzen modernen Zivilisation und einen harten – und vielleicht letzten – Aufruf an diese Zivilisation zu einer Generalrevision ihres Selbstverständnisses.[lxvii]

Worin liegt die Bedeutung der Geschichte? Was ist eine Zivilisation? Das ist die traurige Frage, mit der sich Hrabals Stil auseinandersetzen musste. Letztendlich ist jeder auf gewisse Weise Kellner, Nebendarsteller. Aber auf welche Weise ist die Geschichte eines Nebendarstellers mit der abstrakteren Geschichte einer Nation verwebt?

3

Für dieses Problem lassen sich zwei mögliche Lösungen finden: und die erste Lösung, die fröhlichere, könnte ungefähr so aussehen … Die Geschichte einer Nation ist in Wirklichkeit die kleinere Ausgabe einer viel größeren Geschichte: der Geschichte der Sehnsucht. »Mein Credo galt immer der Freude, dem Glück, der Sehnsucht«, sagte Hrabal einmal. »Die Sehnsucht nach Schönheit ist auch damit verbunden.«[lxviii] Und so kann er in diesem Roman, der während der sowjetischen Okkupation geschrieben wurde, immer noch davon schreiben, wie sein Held Ditie die Körper von Frauen und gigantische Essen vergöttert: die ganze niedere Welt der Sinne. Als Ditie im Paradies, einem nahegelegenen Bordell, seine Jungfräulichkeit verliert, ruft er: »Und das war so verboten schön, daß ich mir nichts anderes mehr wünschte als dies eine, hierfür wollte ich mir jede Woche achthundert Kronen und mehr mit heißen Würstchen verdienen, weil ich nun ein schönes und erhabenes Ziel hatte.«[lxix] Und das ist komisch, sicher – ein schönes und erhabenes Ziel im Schoße einer Prostituierten zu finden. Aber gleichzeitig ist es auch schlicht und ergreifend die Wahrheit. Denn Ditie hat recht. Es gibt kein reineres oder schöneres Ziel. Die Moralität von Hrabals Stil basiert auf diesem Vergnügen, auf dieser Sehnsucht nach Schönheit. Aber aus diesem Grund basiert er auch auf einem weiteren Prinzip. Gegen Ende des Romans fragt sich Ditie, ob es möglich sei, »selbst all das zu lieben, was unangenehm, verlassen sei«.[lxx] Ja, entscheidet er, das sei möglich. Denn Schönheit ist überall. Sie ist in der Beobachtung eines begehrten Frauenkörpers – selbst wenn die Frau in Granatapfelsirup getränkt ist: »Und ich sah, wie die Sonne den Himbeersaft in ihrem Haar trocknete, wie ihr Haar fest wurde und sich härtete, so wie ein Malerpinsel hart wird, wenn man ihn nicht in Verdünnung taucht, so wie vergossenes Gummiarabicum oder Schellack. Ich sah, daß das Kleid von der süßen Grenadine so an ihrem Körper klebte, daß sie es sich wie ein altes Plakat abreißen müßte, wie eine alte Tapete, die man von der Wand reißt«.[49] Oder mit seiner zukünftigen Frau, nachdem die beiden zum ersten Mal Sex hatten: »Nachdem sie mir dann mit der Zunge über den Bauch gefahren war, wie eine Schnecke eine Schleimspur hinterlassend, küßte sie mich, und ihr Mund war voller Samen und Fichtennadeln, und sie hielt das für nichts Unsauberes …«[lxxi] Aber wie könnte es auch unsauber sein? Schönheit ist überall.

Ja, eine Antwort auf das Problem der Geschichte, das uns Hrabals Stil anbietet, ist sehr einfach. Er macht Lust zum Prinzip. Es begründet eine Metaphysik auf der Lust – so wie Ditie es von seinem Herrn Professor für französische Literatur gelernt hat.

> [W]enn den Menschen etwas amüsiert, dann sei das in Ordnung … »Ihr Idioten, so eine üble, törichte und hinterhältige Brut!«, hatte er geschnauzt, um uns dorthin zu bekommen, wo er uns hatte hinhaben wollen: damit uns die Poesie ein Vergnügen sei, die schönen Dinge und Geschehnisse, denn die Schönheit neige sich und reiche immer zum Transzendenten hin, das heißt zum Endlosen und zur Ewigkeit.[lxxii]

4

Die Form, die dieses Vergnügen annimmt, ist Hrabals Bewunderung des Unvermittelbaren: seine Art, eine Geschichte zu erzählen, einen Erzähler zu erfinden, in einem Prozess der ständigen Erneuerung, der ständig seine Bedeutung aufzuschieben scheint. Eine Erzählweise, die endlos zu sein scheint. Und dies steht in Einklang mit jenem Charakteristikum der Wirklichkeit, das er ein Jahr zuvor entdeckt hatte: dem ständigen Wunsch der Wirklichkeit, sich selbst in eine Geschichte oder eine Legende zu verwandeln, ihre Existenz als Sehnsucht. »Ich liebe es, Geschichten zu erzählen«, hielt Hrabal fest, »oder vielmehr, Bilder zu geben, jene Bilder, die noch nicht fertig sind, jene, die sich erst im Laufe der Erzählung abrunden, wenn sie anfangen, sich zu verschieben und zu verbessern, in die Richtung der Legende, der Anekdote, der Fiktion.«[lxxiii] Hrabals Kunst ist immer eine Geschichte über Geschichten, über den Prozess durch den die Wirklichkeit zur Geschichte wird. So drehen sich Hrabals Geschichten immer um Palaverer, die versuchen, aus der Wirklichkeit eine surreale, sanfte Perfektion zu machen, jene, die »die Wirklichkeit durch das Diamantauge der Inspiration sehen«.[lxxiv]

Mit dieser Inspiration beschenkt, versucht Zdeněk – der Oberkellner im Hotel Tichota – eine perfekte Wirklichkeit zu erschaffen. Zdeněks Onkel lebt nun im Wald, wo er seine Zeit damit verbringt, Holz zu hacken. Aber »weil er Kapellmeister unter den Österreichern gewesen war, trug er ständig seine Uniform, auch wenn er Holz hackte, weil er zwei Galopps und ein paar Walzer geschrieben hatte, die immerzu gespielt wurden, doch keiner wußte mehr, wer dieser Kapellmeister war. Alle Welt glaubte, er sei schon gestorben.«[lxxv] Als Zdeněk eines Tages eine Blaskapelle ein Stück seines Onkels spielen hört, bittet er die Musiker, mit ihm zu kommen. Sie verstecken sich im Wald rings um das Haus seines Onkels und beginnen, unter der Anleitung des Kapellmeisters mit seinem goldenen Tambourstock eine seiner Polkas zu spielen. »[D]er alte Kapellmeister drehte sich langsam um, und auf seinem Gesicht erschien ein so seliger Ausdruck, als stürbe er, und kaum war der Galopp beendet, da folgte sogleich ein Konzertwalzer … Der alte Kapellmeister brach zusammen und begann zu weinen, mit der Axt im Schoß.«[lxxvi]

In dieser tollen, verrückten Anekdote werden zwei Konzepte Hrabals von der Freude skizziert: der traurige, mitgenommene Größenwahnsinn von Zdeněks Onkel auf der einen Seite und der fröhliche, erfinderische Größenwahnsinn von Zdeněk selbst auf der anderen. Anhand dieser zwei Charaktertypen entwickelt Hrabal seine seltsame Schule des Geschichtenerzählens: bitter vor Ironie und strotzend vor Unwirklichkeit. Und seine eigene Beschreibung hierfür ist sehr einfach: Es ist eine Geschichte davon, »wie das Unglaubliche Wirklichkeit geworden war«.[lxxvii]

5

Durch seine palavernden Erzähler und Figuren entdeckt Hrabal das alte Gesetz der Komödie: Wir sind am lustigsten genau proportional dazu, wie ernst wir uns selbst nehmen – dazu, wie komplett wir unseren Sinn für Humor verloren haben. Ein Sinn für Humor ist für Hrabal eigentlich ein Sinn für Proportion: Es ist die Fähigkeit, die Dinge dieser Welt auf ihre eigentliche, sehr kleine Größe reduzieren zu können. Aber dieser Sinn für Proportion ist so selten. Und daher ist Dities winzige Statur, die ihn immer wieder zu dem Versuch bewegt, sich auf so grandiose Weise der Welt aufzudrängen, eigentlich ein metaphysisches Prinzip. Denn jeder ist winzig und gleichzeitig aber mit riesigen Ambitionen ausgestattet. Jeder ist lächerlich. Das ist der Grund dafür, dass Hrabal jene Figuren so liebt, die sich in ihren eigenen utopischen Vorstellungen verloren haben. Seine Figuren sind sich ihres eigenen versteckten Potentials so sicher, dass es bereits wieder etwas Trauriges hat. Sie sind allesamt fest im Griff ihrer Megalomanie. Allerdings ist ihre Megalomanie von einer weiteren wunderbaren Ebene der Ironie aus betrachtet wiederum auch winzig. Die Eitelkeit von Hrabals Figuren gibt sich schon mit einer sehr kleinen Menge an Grandeur zufrieden. Ditie will beispielsweise nur ein Hotel besitzen, das von »berühmten Ausländern« besucht wird. Dies ist das Ziel seines eigentlichen Traums: der Glanz ausländischer Berühmtheiten. Es ist nicht allein Dities Traum. Jeder Oberkellner strebt danach, sich im Glanz jener Würdenträger zu sonnen, die er irgendwann einmal bedient hat. Es ist nicht viel, aber es ist alles, was ihnen bleibt. So wie Ditie im Hotel Tichota von Zdeněk, dem Oberkellner, in die Geheimnisse der Kellnerei eingewiesen wurde, wird ihm auch von Mr Skřivánek im Hotel Paris eine belehrende Rede gehalten. Seine beiden Mentoren geben mit ihrer kellnerischen Herkunft an. Zdeněk »hatte im Schwarzen Adler zu Prag ausgelernt, dort war ein alter Oberkellner gewesen, der ihn angelernt hatte und der persönlicher Kellner in einem Adelskasino gewesen war, das vom Erzherzog d'Este höchstselbst beehrt wurde«.[lxxviii] Genauso, wie es nicht Ditie gewesen war, der den König von England bedient hatte. Nein, dieser große Moment gehörte Mr Skřivánek. Die Kunst des Kellnerns, erzählte Mr Skřivánek Ditie, sei es, vorhersehen zu können, wer ein Restaurant eventuell verlassen könnte, ohne bezahlt zu haben; was somit eine weitere Fähigkeit nötig macht: einschätzen zu können, wie viel Geld ein Gast hat und wie viel er demnach auszugeben in der Lage ist. Mr Skřivánek behauptete, »das mache einen guten Oberkellner aus. Hatten wir etwas Zeit, dann erklärte mir der Ober leise, was für ein Gast soeben eingetreten sei und welcher gerade gehe.« Und als Ditie ihn fragte, wie er sich diese Kenntnis des menschlichen Wesens angeeignet habe, betrug es sich, »daß er antwortete und sich hoch aufrichtete: ›Weil ich den englischen König bedient habe.‹ – ›Einen König?‹, fragte ich und schlug die Hände zusammen, ›du lieber Himmel, Sie haben … den englischen König bedient?‹ Der Ober nickte befriedigt.«[lxxix]

Was Ditie betrifft, so bediente er einmal den Kaiser von Äthiopien. Im Hotel Paris soll eines Tages der Kaiser von Abessinien – Haile Selassie, der sich nach Mussolinis Invasion im Exil befand – im Hotelrestaurant empfangen werden. Ein Bankett wird vorbereitet. Alle Kellner stehen für das Festessen bereit. Und dann kommt Dities großer Moment.

Und der Oberkellner gab ein Zeichen und hieß die Gläser mit weißem Moselwein füllen, und schon war mein Augenblick gekommen, denn wie ich sah, hatte man versäumt, dem Kaiser einzuschenken. Ich schob eine Flasche in eine Serviette, und ohne zu wissen, was nun zu geschehen hatte, wenn ich zum Kaiser trat, sank ich aufs Knie wie ein Ministrant, senkte den Kopf, doch als ich aufstand, sahen mich alle an, und der Kaiser drückte mir auf die Stirn, nein in die Stirn ein Kreuz, so segnete er mich.[lxxx]

Zum Dank wird Ditie am Ende des Essens mit einer blauen Schärpe und einem Stern ausgezeichnet. Während des gesamten Romans bleiben seine Schärpe und sein Stern als Symbole von Dities Weihe gegenwärtig, werden zum Emblem seines verrückten Stolzes. Aber am Ende des Romans sind sie auch zum Emblem seiner immanenten Seligkeit geworden. Denn obwohl er sie mit Stolz trägt, wurden sie ihm ja aufgrund dieses instinktiven Kniefalls verliehen. Ein Kniefall drückt absolute Ergebenheit aus, die Erkenntnis, dass es immer etwas gibt, das größer ist, als wir selbst. Der Vergleich mit einer ähnlichen Stelle im Roman drängt sich auf, die nach 1948 in einem unter den Kommunisten in ein Gefängnis umgewandelten Priesterseminar spielt. Die Mitternachtsmesse wird in der Kapelle neben dem Essraum gefeiert, in dem die inhaftierten Millionäre ein schlichtes Mahl zu sich nehmen. Die Melodie bewegt die Millionäre so sehr, dass sie »beim gelben Schein der Kerzen« in die Kapelle eilen, wo sie nicht niederknieten, erinnert sich Ditie, nein, sie »fielen auf die Knie, nein, wir fielen nicht, sondern wurden niedergeschleudert von einer Kraft, die stärker war als wir, die Millionäre, es war da etwas Stärkeres in uns als das Geld, etwas, das hier schwebte und schon tausend Jahre gewartet hatte«.[lxxxi] Und das finale Element in dieser Reihe trägt sich am Heiligabend zu, an dem der Roman endet. Ditie holt seine alten Kellnerklamotten heraus, zusammen mit der blauen Schärpe und dem Stern, die ihm einst der Kaiser von Äthiopien verliehen hatte. Und er bereitet sich und seinen Tieren das Abendbrot – einem Pferd, einer Ziege, einer Katze. Dann erscheinen einige Lichter – die Dorfbewohner sind durch den Wald hinaufgekommen, um ihn zu besuchen. Sie blicken in größter Verwunderung auf diese ihnen unbekannte, insignienbehängte Ausgabe von Ditie.

Als sie mich ansahen, bemerkte ich, was sie in Verwunderung versetzte: Wo hast du das her? Wer hat dir das gegeben? Warum hast du dich so rausgeputzt? Ich sagte: »Setzen Sie sich, meine Herren, Sie sind hier meine Gäste, ich war einmal Kellner …« Sie zuckten zurück, als bedauerten sie, hergekommen zu sein … Und die Schärpe und der Orden? Die hätte ich, so sagte ich, vor vielen Jahren bekommen, denn ich sei der, der den abessinischen Kaiser bedient hat … »Und wen bedienst du heute?« fragten sie erschrocken. »Meine Gäste hier, wie Sie sehen!« Ich wies auf Pferd und Ziege, doch diese waren bereits aufgestanden und wollten hinaus, sie stießen mit dem Kopf gegen die Tür.[lxxxii]

Hierbei handelt es sich um den Höhepunkt des Romans, an dem alle Werte umgekehrt sind. Denn Schönheit ist überall. Es ist nicht weniger seltsam, einem Pferd und einer Ziege das Essen zu servieren als dem Kaiser von Äthiopien. Je reduzierter Ditie ist, desto mehr besitzt er. Das ist die umkehrbare Logik des Romans. »Und das Unglaubliche, das Wirklichkeit wurde, ließ mich nicht im Stich, und ich bekannte mich zu diesem Unglaublichen […]. Das war mein Stern, der mich vielleicht nur deshalb durchs Leben begleitete«, schreibt Ditie: »Jetzt, da ich aus den Himmeln hinabgestürzt wurde, auf alle viere niedergeworfen, und ich fand, daß mein Stern jetzt heller leuchtete denn je, daß ich erst jetzt in sein Herz, ins Zentrum, würde schauen können, daß meine Augen von alldem, was ich inzwischen erlebt hatte, so schwach sein mußten, daß sie mehr auszukosten und zu ertragen vermochten.«[lxxxiii] Und dies ist die letzte Lehre des Herrn Französischlehrer, dem Lehrer der Schönheit, dem Lehrer der surrealistischen Poesie, der »gesagt hatte, ein wahrer und welterfahrener Mensch sei, wer in die Anonymität treten könne, wer imstande sei, sich von seinem falschen Ich zu befreien«.[lxxxiv] Der wahre Weltbürger ist, der Logik dieses Romans zufolge, jemand, der überhaupt nicht mehr an die Welt glaubt.

Aber Hrabals Experimente mit dieser Vorstellung von einer Phantasie-Wirklichkeit sind immer noch schwer von Gravitas. Die menschliche Fähigkeit, Illusionen zu erhalten, mag zwar lachhaft sein, aber sie ist auch beschämend. »Die Alten wussten«, schrieb Hrabal, »dass sich das Bildnis eines Menschen dialektisch aus den Beschreibungen seiner Schuldhaftigkeit und seines Ruhms zusammensetzt.«[lxxxv] Schließlich kann alles zu seinem Gegenteil werden: wie die Zwillingshälften eines Druckknopfes. Dities Geschichte ist eine Geschichte von der Sehnsucht nach Schönheit, nach einem unschuldigen, amoralischen Vergnügen an den Sinnen. Aber diese Unschuld ist gleichzeitig eine Schuld.

Hrabals Technik beschreibt mit ihren Untersuchungen der Begierde die menschliche Fähigkeit, in ihren Freuden aufzugehen. Aber die gleiche Technik könnte daher auch angepasst werden, um eine andere Version des Wunderbaren zu beschreiben, eine andere Weise, wie die Realität einen Charakter überholen und seine Lächerlichkeit aufzeigen könnte. Das gewöhnliche Thema sind die Freuden; aber Hrabals anderes Thema ist die Scham.

Im Hotel Paris erwähnt Ditie in den späten 1930er Jahren vage, dass noch etwas anderes geschah. »Die Folge war, daß ich Deutschstunden nahm …«[lxxxvi] Während diese Aussage noch recht unschuldig zu sein scheint, ist es die folgende schon etwas weniger –, dass er »schließlich im Hotel fast der einzige war, der die deutschen Gäste bediente …«. Und so trifft er schließlich Lisa, eine deutsche Frau, die Mitglied der Nazi-Partei ist – »eine Frau, die genauso klein war wie ich, deren grüne Augen leuchteten und die genauso mit Sommersprossen besprenkelt war wie ich. Die braunen Sommersprossen harmonierten so gut mit ihren grünen Augen, daß mir klarwurde, wie schön sie auf einmal war.«[lxxxvii] Und so verliebt sich Ditie, der immer offen ist für weltliche Genüsse. Aber diese unschuldigen Vergnügungen kommen bei ihm immer nur im Doppelpack, zusammen mit einem weniger unschuldigen Zwilling. Vor seiner Hochzeit mit Lisa muss Ditie sich einer körperlichen Prüfung unterziehen, durch die festgestellt werden soll, ob er in der körperlichen Verfassung ist, eine Arierin zu heiraten. »Ich sah auf einmal, wie aus weiter Ferne, die Zeitungsberichte, daß an ein und demselben Tag die Deutschen Tschechen erschossen und ich hier an meinem Glied herumspielte, um für würdig befunden zu werden, eine Deutsche zu heiraten. Plötzlich packte mich ein Entsetzen darüber, daß ich hier, während anderswo Hinrichtungen stattfanden, vor dem Doktor stand, den Schwanz in der Hand, und außerstande war, eine Erektion und ein paar Spermatropfen zu liefern.«[lxxxviii] Während schon dieser rührselige Schulterschluss beunruhigend ist, wird Ditie Schuld im weiteren Verlauf noch größer. Lisa kehrt von einer Auslandsreise mit einem Koffer voll seltener Briefmarken zurück. »Lisa hatte schon in Polen und in Frankreich, in den jüdischen Wohnungen nur nach Marken gefahndet und in Lemberg, bei der Durchsuchung deportierter Juden, dieses Köfferchen erbeutet, von dem sie sagte, es werde nach dem Krieg einen solchen Wert haben, daß wir uns dafür jedes beliebige Hotel an beliebigem Ort kaufen könnten.«[lxxxix] Letztendlich kommt Lisa bei einem Luftangriff ums Leben. Aber Ditie findet ihre Leiche inmitten des Gerölls, den Koffer noch immer fest in der Hand. Und so kauft Ditie nach Kriegsende von dem Geld, das er mit den Briefmarken gemacht hat, ein Hotel. Irgendwann, nach einer Reihe von Unglücksfällen, beginnt er sich zu fragen, ob dies wirklich eine so gute Idee war, »und so schlußfolgerte ich, daß auf dem Geld für die Marken kein Segen lag, es sei Geld, das man einem anderen mit Gewalt genommen hatte, jemandem, der dabei erschlagen worden war, vielleicht hatten die Marken einem Wunderrabbiner gehört …«[xc] Aber dieser ausweichende Satz wird später korrigiert, als er nach der Machtergreifung durch die Kommunisten bemerkt, dass »ich einen letzten Absatz verloren hatte, ich hatte das Stückchen Leder abgeschlurrt, unter dem die letzten beiden Briefmarken versteckt gewesen waren, das letzte Geld, das mir von meiner Frau Lisa geblieben war, die diese Marken aus Lemberg, aus Lwów, mitgebracht hatte, nach dem Niederbrennen des Gettos und der Liquidierung der Juden.«[xci]

Ja, dies ist eine andere Weise – diese Geschichte von Ditie und den Briefmarken, von Ditie und der Schuld – eine dunklere Weise, auf die das Unglaubliche wahr werden kann.

Auf gewisse Weise wurde es auch für Hrabal wahr. In seinem Essay »Totale Ängste« beschreibt Hrabal ein Interview mit einer dänischen Journalistin und ihrer »zusammenfassenden Schlussfrage«: »Sie sagen also, dass es Ihnen, während andere Schriftsteller im Gefängnis dafür büßen mussten, dass sie Dissidenten und Mitglieder der Charta 77 waren, ziemlich gut erging?« Hierbei handelte es sich um eine Anschuldigung, mit der sich Hrabal ständig auseinandersetzen musste: Dass er es während der Zeit, als das Regime an der Macht war, zu gemütlich hatte, zu kuschelig in seiner Einsamkeit. Und Hrabal antwortet: »Ah, Sie wollen wissen, ob ich gestöhnt und gelitten habe und ob ich verhört wurde, aber, meine sehr verehrte Dame aus Dänemark, das war natürlich so eine Sache … wie ich bestellt wurde und dann langsam aber systematisch gequält wurde, von unseren so menschlichen Polizeifunktionären …« Man habe eine Wahl treffen müssen, schrieb Hrabal, und er habe sich für die innere Emigration entschieden – »in die Kneipe hier, zum Beispiel …« Mit eindeutiger und bewegender Präzision hält Hrabal fest, »was für eine schreckliche Angst ich damals hatte, und sogar heute habe ich noch genauso schreckliche Angst!«. Und er fährt fort, immer noch mit der Frage der Journalistin im Hinterkopf: »Wie konnte ich den Totalitarismus der letzten zwanzig Jahre so einfach überwinden? Im Moment … Dies wird wohl eine Beichte über meine Ängste werden.«[xcii] Und so begibt sich Hrabal in den ultimativen Abgrund der Gewissensbisse.

»Einmal«, schreibt Hrabal, »sollten meine Frau und ich beispielsweise mit einigen Freunden nach Griechenland reisen … Husák war da schon an der Macht, in den 1970er Jahren …«[xciii] Hrabal erzählt, dass er nie ein Ausreisevisum erhielt. Die Staatsorgane wollten ihn persönlich sehen. Am Tag, an dem sie eigentlich abfahren wollten, wurden die Hrabals in einem Wolga der Polizei in das Innenministerium begleitet, wo Hrabal einen »dicken Mann in einem schicken Anzug von der Stange« entdeckte, während sich seine Begleiter gelangweilt hinsetzten und »ein Trinkspiel spielten, bei dem sie Streichhölzer herumschnipsen mussten«, eine amateurhafte Kopie von Kafkas Stil.

Plötzlich schlug er mit der Faust auf den Tisch und polterte ... Also was wollen Sie?! Wollen Sie mit diesem Schriftsteller Vaculík befreundet sein, oder wollen Sie an den Strand in Salonika?! ... Und er starrte mich an, und ich wurde noch blasser und stotterte ... Meine Frau ... Er schlug auf den Ordner und rief ... Wir wissen alles über Sie, Ihre Sachen sind auch hier. Und er schlug wieder mit der Hand auf den großen Ordner ... Ich sagte: Aber wir wollen doch nur Urlaub am Meer machen, in Salonika ... Und wieder brüllte der Beamte, während seine Untergebenen weiter konzentriert mit ihren Streichholzschachteln spielten, vor Lachen, ich stammelte: Aber ich bin überhaupt nicht besonders gut mit Vaculík befreundet ... Ich habe andere Freunde ... Und der Funktionär schlug mit seiner Faust gegen einen anderen Ordner ... All das ist auch hier, umstürzlerische Geschichten, dissidente Tendenzen. Also, was wollen Sie? ... Vaculík oder Salonika? ... Salonika, sagte ich ... Er lachte und reichte mir meinen Pass, aus dem die Spitze eines Ausreisevisums schaute ...[xciv]

Man benötigt absoluten Mut, um so offen über seine Ängste reden zu können. Das, schließt Hrabal, war die Stelle an der »jener langsame aber ungeheure Weg« begann, »der mich zum ersten Mal denken ließ, dass es statt zu sein besser wäre, nicht zu sein«.[xcv] Er hatte nichts getan, aber er war gedemütigt worden. Jetzt war er schachmatt. Hrabal war kein Spitzel: Er war einfach jemand, der von diesem Zeitpunkt an gezwungen war, bei der Geheimpolizei zu sitzen, und der versuchen musste, ihren Fragen aus dem Weg zu gehen. Und ihre Fragen drehten sich immer um ein Thema: die Umstände von Hrabals Veröffentlichungen in der Samisdat. Er saß im Belvedere Café und der Geheimpolizist begann behutsam damit, dass er sagte, wie sehr er mich mochte und dass er mir Bücher zum Signieren bringen würde, nicht nur für ihn selbst, sondern auch für seine Freunde im Büro ... und ich zitterte, gerechtfertigterweise, wie sich herausstellte, denn wie mir dieser junge Mann, dieser Funktionär, erzählte, hatte in Prag ein Treffen irgendeiner Jazzabteilung stattgefunden, aber es sei verboten worden, und als Protestgeste hätten wir uns in U Sojků getroffen und ich sei zu ihrem Vorsitzenden gewählt worden ... und der Funktionär sprach in einem wissenden und getragenen Ton, gab mir aber immer noch die Hoffnung, ich sei in Bezug auf all dies unschuldig, dass es allein die Schuld von Vaculík und Mr Srp sei, der diese Jazzabteilungs-Bücher illegal veröffentlicht habe und bald auch mein Buch *Ich habe den englischen König bedient* veröffentlichen würde ...[xcvi]

Aber Hrabal erzählte dem Polizisten nichts und versprach ihm nur, »ich würde, wenn ich jemals etwas bräuchte, zum Beispiel eine Ausreiseerlaubnis, die Nummer anrufen, die er mir gab ...«, dann ging er, »elend und voll Entsetzen über die Sache, in die ich mich gebracht hatte, warum hatte ich mich in dieses Spiel verwickeln lassen, mit dem ich nichts zu tun haben wollte, das mir Angst machte ... und jetzt war ich gefangen ...«[xcvii] Es ist keine Schuld, aber es war genug Schuld für Hrabal. Eines Tages zwang die Geheimpolizei Hrabal dazu, einen Brief an Vaculík, den dissidenten Schriftsteller und Herausgeber, zu schreiben und zu verlangen, er solle seine Texte nicht länger in der Samisdat veröffentlichen. Hrabal kam dem nach. Auf diese Weise wurde er, »unterwürfig, demütig, angstvoll«, gedemütigt. Auf diese Weise wurde er gezwungen, sich selbst untreu zu werden.

Aber welchen Sinn hätte es, ihn deswegen zu verurteilen? Kein moralisches Urteil sollte von jemandem gefällt werden, der sich in völliger Sicherheit befand, pflegte der Philosoph Isaiah Berlin über das Verhalten von Menschen in gefährlichen Umständen zu sagen. Es sei nicht einmal möglich, fuhr er fort, unverblümte, aktive Kollaborationen zu verurteilen. Und ich denke, dass Berlin recht hatte. Aber Hrabal war überhaupt kein Apparatschik, kein Kollaborateur. Er war nicht einmal Kommunist. Seine Wertvorstellungen waren anderer

Art. Hrabal hatte die Partei am 16. Juni 1946 verlassen, wie er beiläufig notierte. Er trat ihr nie wieder bei. Aber das wichtigere Zeichen seines tieferen Zugehörigkeitsgefühls lässt sich anhand des Datums erkennen. Der 16. Juni ist schließlich der Tag, an dem James Joyces *Ulysses* spielt.

7

Hrabals Romane beschreiben eine Spirale: eine ständige, komplexe Bewegungung zwischen Freude und Angst und Schuldgefühlen und Vergnügen. Sie beschreiben die angestrengten Bemühungen, in einer Welt Hedonist zu sein, in der es keine Vergnügungen mehr gibt, weil die Voraussetzungen für jegliche Vergnügungen verschwunden sind – wo die einzig anerkannte Art von Wahrheit geschichtlicher Natur ist, oder politischer. In so einer Welt mit ihrer Hingabe zu den scheinbar oberflächlichen Dingen wird der Hedonismus selber zu einer Ethik. »Ich bekannte mich immer zur Lust, zum Glück, zum Verlangen.« Es war eine Suche nach Schönheit, dieser Hrabalische Hedonismus, und so beinhaltete er Geschmacklosigkeiten, Liebe, Empathie, Selbstlosigkeit. Es war eine in ihre Einzelteile zerlegte Verspieltheit: »Im Bett [waren] auch Liebe und Spiel und Verspieltheit vonnöten«, schreibt Ditie, »wozu ich die Fähigkeit besaß, wohinter ich schon längst bei Rajský gekommen war, als ich den Bauch der nackten Kellnerin mit Maßliebchen und mit den Blütenblättern von Alpenveilchen geschmückt hatte … und zuletzt vor zwei Jahren auch den Bauch dieser selbstbewußten Deutschen, dieser Anführerin der Sanitätsschwestern, dieser hohen Parteibonzin.«[xcviii]

Geschichte war letztlich ein Durcheinander. »Wieviele Umstände uns unsere Geschichte bereitet«, schrieb Hrabal, »sie ist ein ständig vertagter Anfang und gleichzeitig ein Ende …«[xcix] Hrabals Stil dagegen machte es sich zum Vergnügen, dieses Durcheinander, diese

Widersprüche als überschäumende Form zu beschreiben. Deshalb stammt sogar dieser voranpreschende Stil von seinem Gegenteil ab: von seiner ständigen Angst. Ja, sogar seine Freistil-Texte selbst, schreibt Hrabal, sind aufs Innigste mit der Geschichte seiner Politik verbunden. Denn es war »jener Philosoph aus dem Innenministerium, der mich einmal im Monat besuchte«, notierte Hrabal, der »mir letztendlich beibrachte, schnell zu schreiben, an einem Stück, à la prima … Letztendlich war es das Innenministerium, das für sich die Rolle als Berater der tschechoslowakischen Schriftsteller ausgesucht hatte, das mich zwang, meine Angst zu nutzen, weiterhin Angst zu haben, aber auch weiter zu schreiben, weil letztendlich die einzige Verteidigung gegen die Angst diese Literatur war, diese meine Schreibmaschine …«[c]

Alles stammt von seinem Gegenteil ab. Das wirkliche Verhältnis zwischen der Politik und der Literatur ist eine ständige Abfolge unendlicher Umkehrungen. Die Geschichte der Politik ist gleichzeitig die Geschichte der Scham: Dies mag wahr sein, aber sie untersteht gleichzeitig auch einer breiter angelegten Geschichte der Freuden. Das Gesetz der Umkehrungen ist universell. Auf diese Weise kann sogar ein Tod, aus der richtigen Perspektive betrachtet, in gewisser Weise zu einer Art von Leben werden …

Als Ditie stirbt, sagt er, er würde gerne »auf dem Friedhof oben auf dem Hügel bestattet werden, sozusagen auf dem Kamm des Friedhofs, denn es sei mein Wunsch, daß mein Sarg nach und nach auf diesem Trennungsstrich auseinanderbreche«.[ci] Er würde gerne in seine Bestandteile zerfallen und in zwei verschiedene Richtungen getragen werden, so dass eine Hälfte in die Moldau flösse und dann weiter in die Nordsee, und die andere Hälfte in die Donau, also südwärts in das Schwarze Meer und dann in den Atlantik. Er wolle, so Ditie, »auch nach dem Tode ein Weltbürger«[cii] sein. Das ist Dities letztes Bild von komischer Chuzpe: Durch seine völlige Auflösung wird er sich in die ganze Welt verwandeln. Durch seinen Tod wird er ewig leben.

Und das ist letztendlich gar nicht so unlogisch.

7

KURZE THEORIEN
DER VERVIELFÄLTIGUNG

Wiederholen

1

1939 schrieb Jorge Luis Borges in Buenos Aires eine Geschichte mit dem Titel »Pierre Menard, Autor des *Quijote*«, welche die Form eines Aufsatzes imitiert. In ihr beschreibt Borges das hypothetische Leben von Pierre Menard, einem fiktiven Dichter und Philosophen des frühen zwanzigsten Jahrhunderts, dem Autor zahlreicher Gedichte, Übersetzungen und Traktate – und vor allem auch von einer unveröffentlichten Fassung von Cervantes' *Don Quijote*. Als er starb, schreibt Borges, bestand Menards Manuskript »aus dem Neunten und dem Achtunddreißigsten Kapitel des Ersten Teils des *Don Quijote* und aus einem Fragment von Kapitel Zweiundzwanzig«.[i] Borges beschreibt die Aufgabe, die sich Menard selbst gestellt hatte, so:

> Er wollte nicht einen anderen *Quijote* verfassen – was leicht ist –, sondern den *Quijote*. Unnütz hinzuzufügen, daß er niemals eine mechanische Transkription des Originals ins Auge faßte; er wollte es nicht kopieren. Sein bewundernswerter Ehrgeiz war es, ein paar Seiten hervorzubringen, die – Wort für Wort und Zeile für Zeile – mit denen von Miguel de Cervantes übereinstimmen sollten.[ii]

Diese Geschichte über *Don Quijote* ist ein kleines Multiple von *Don Quijote*. Denn was ist Pierre Menard weiter, als ein komischer Idealist? Und natürlich ist der wahre Imitator von *Don Quijote* nicht Menard, sondern Borges. Was dieser durch sein Experiment mit den ausgedachten Multiples zeigen wollte, ist, dass Menard mit seinen wenigen Seiten Quijote – so Borges über Menards wenige Seiten Quijote – »(vielleicht ohne es zu wollen) durch eine neue Technik die abgestandene und rudimentäre Kunst des Lesens bereichert hat: die Technik des vorsätzlichen Anachronismus und die irrtümlichen Zuschreibungen«.[iii] Denn Menards zwei fertige Fragmente sind genau aus diesem Grund sehr seltsame Objekte. Und die seltsamsten Dinge, die sie anstellen, haben mit Inhalt und Form zu tun.

2

»Es ist eine Offenbarung,«, schreibt Borges, »den Quijote Menards dem von Cervantes gegenüberzustellen.« Und damit übertreibt er wirklich nicht. Als Cervantes beispielsweise im siebzehnten Jahrhundert seine großartige Definition der Wahrheit formulierte – »deren Mutter die Geschichte ist, Nebenbuhlerin der Zeit, Archiv aller Taten, Zeugin des Verflossenen, Vorbild und Anzeige des Gegenwärtigen, Hinweis auf das Künftige« – handelte es sich schlichtweg um »ein bloßes rhetorisches Lob auf die Geschichte«. Aber als Menard den gleichen Satz zu Beginn des zwanzigsten Jahrhunderts schreibt, muss man zugeben: »Dieser Gedanke ist verblüffend.« Der Satz hat sich auf einmal in einen avantgardistischen Satz der Relativität verwandelt. Hör nur, schreibt Borges! Für Menard ist die historische Wahrheit »nicht das Geschehene; sie ist unser Urteil über das Geschehene«. Im zwanzigsten Jahrhundert hat diese Idee etwas waghalsig Neuartiges. Und genauso, wie sich der Inhalt umgekehrt hat, sind die beiden Stile – die auch der gleiche Stil sind – zu radikalen Gegensätzen geworden. »Der archaisierende Stil von Menard – immerhin ein Ausländer – leidet an einer gewissen Affektiertheit«, fügte Borges hinzu. »Nicht so der des Vorläufers, der unbefangen das seinerzeit geläufige Spanisch schreibt.«[iv]

3

Ist es nicht offensichtlich? Mit diesem Gedankenexperiment der Wiederholungen greift Borges die herkömmliche Vorstellung davon an, was ein literarisches Objekt ausmacht.

Die erste Schlussfolgerung mag vielleicht ein wenig mondän sein. Mit dieser Parabel weist Borges den sentimentalen Historiker auf die ungemütliche Tatsache hin, dass alle Romane, die kollektiv die zeitlose Geschichte der Romanform bilden, jeweils absolut durch ihre historischen Zeiten und Orte geprägt sind. Wertevorstellungen sind untrennbar mit der Geschichte verbunden. Aber sobald der internationale Leser beginnt, über jene Multiples nachzudenken, die Übersetzungen sind – oder Überarbeitungen oder Variationen oder Auslegungen – dann dreht diese Schlussfolgerung sofort durch. Denn jedes Multiple, wie auch Menards *Don Quijote*, beinhaltet immer eine Zeitverschiebung. Es ist eine Kunst der Verhältnisse. Eine identische Überarbeitung muss immer ein unmöglicher Wunsch bleiben. Es gibt kein System der Zeitreise, das Cervantes im zwanzigsten Jahrhundert nach Paris transportieren könnte. Ein Cervantes des zwanzigsten Jahrhunderts ist eine philosophische Unmöglichkeit.

Mit anderen Worten: Es ist unvermeidlich, dass jedes Multiple immer einzigartig ist, aber das macht gerade seinen Charme aus.

Überarbeiten

1

Der Traum von der perfekten Überarbeitung hat seinen Ursprung in der Welt der Bilder: wie zum Beispiel Sherrie Levines Kopien von Schiele oder Míro oder Malevich. Oder wie sie Fotografien von Walker Evans und Edward Weston neuinszenierte. Aber vor allem wird in dieser anderen Welt der Bilder die Vorstellung der Originalität durch die Nachahmung der in den Massenmedien angewandten Methoden angegriffen – wie beispielsweise durch die Fotomontagen von John Heartfield oder Brechts *Kriegsfibel* oder Debords *Détournements*. Während Romane komplizierter sind, weil sie für sich genommen bereits multiple Objekte sind. Die Überarbeitungen der Romankunst sind definitionsmäßig Überarbeitungen von Einzigartigkeiten: Sie sind einzigartige Abwandlungen einer einzigartigen Form.

Was nicht heißen soll, dass etwas Einzigartiges nicht auch kollektiv sein kann.

2

1949 veröffentlichte Theodor Adorno, ein deutscher und jüdischer Emigrant, der in Los Angeles lebte, endlich ein Buch mit dem Titel *Philosophie der neuen Musik*, an dem er fast zehn Jahre lang gearbeitet hatte. Den philosophischen Ansatz dieses Buches kann man zu einer einfachen These reduzieren. Adorno gefiel die Musik von Igor Strawinsky – einem russischen Emigranten, der auch in Los Angeles lebte – nicht. Aber er mochte die Musik seines Freundes Arnold Schönberg, einem jüdisch-österreichischen Flüchtling. Der auch in Los Angeles lebte und Adornos Nachbar war.

In seinem Buch wollte Adorno bestimmen, was den Wert eines musikalischen Werkes ausmachte. Dieses Experiment sollte testen, was den Wert irgendeines ästhetischen Objekts ausmachte. Adorno erklärte, er liebe Schönbergs Musik deswegen, weil sie sowohl völlig neu sei, als auch völlig authentisch. Dies sei der Grund für ihre Bedeutung innerhalb der Geschichte der Musik. Während Strawinsky, dessen Kunst eine explizite Überarbeitung der Musikgeschichte darstellte, eben genau deswegen eine historische Belanglosigkeit sei. Es fehle ihm an Herz. Es fehle ihm an radikaler Authentizität. Während eines vom Terror zerrissenen Jahrhunderts, argumentierte Adorno, sei die einzige adäquate musikalische Form fast stumm vor Schmerz: »Auf diese letzte Erfahrung hin, [...] ist die neue Musik spontan angelegt, auf das absolute Vergessensein. Sie ist die wahre Flaschenpost.«[v] Und im Gegensatz dazu, fand Adorno, sei Strawinsky oberflächlich. Er beschäftige sich zu sehr mit der Geschichte seiner Kunst, als dass er sich wirklich der Geschichte seines Jahrhunderts bewusst sein könne. Er schreibe ausschließlich »Musik über Musik« – und »ließ davon sich verlocken, der Musik durch Stilprozeduren ihr verpflichtendes Wesen aufs neue einzubilden«.[vi]

Ein Jahr bevor Adorno seine *Philosophie der neuen Musik* veröffentlicht hatte, wurde Schönbergs Oratorium *A Survivor from Warsaw* erstmals aufgeführt – in Amerika, gespielt vom Albuquerque Civic Symphony Orchestra. Der erste Durchlauf machte die Zuhörer sprachlos. Als der Dirigent fragte, ob sie es noch einmal hören wollten – das Stück ist nur etwa neun Minuten lang – stimmten sie zu. Und so wurde das Stück bei seiner Premiere zweimal gespielt. »Jeder, dem ich von diesem Erfolg erzähle«, schrieb Schönberg,

> und davon, dass ein Publikum in Albuquerque die Wiederholung eines meiner Werke bei seiner Erstaufführung forderte, ist sehr erstaunt und begeistert, fast so sehr wie ich es bin.
>
> Es scheint mir, als sollte diese Tatsache möglichst vielen Menschen bekannt sein. Denn es ist eine wunderbare Einstellung gegenüber einem neuen Werk.
>
> Dies sollte zum Vorbild vieler, vieler anderer Orte werden.[vii]

Schönbergs Oratorium war ein Denkmal für die Juden, die in Europa im Holocaust umgekommen waren. Seine Thematik war die unverklärte Darstellung des Leids der Menschheit. Aber ich denke nicht, dass es die Wahl dieses Themas war, die der Musik ihren Wert gab. Es war ihre einzigartige, gebrochene Form. Der Text – ein dramatischer Monolog, den Schönberg selbst geschrieben hatte und der von der Figur eines Überlebenden gesungen wird – besteht aus einer aufwendigen Vermischung von Sprachen, denn er wechselt zwischen dem gebrochenen Englisch des Überlebenden und den erinnerten deutschen Sprachfetzen der Befehle von Nazi-Offizieren, und schließlich einem Stimmchoral der toten Juden, die das Schma Jisrael auf Hebräisch singen. Schönbergs Oratorium ist ein ganz eigenes vielsprachiges Objekt. Und es ist auch ein ganz eigenes Stilobjekt. Denn sicher, Schönberg war berühmt dafür, dass er die Zwölftontechnik erfand – seine Kompositionstechnik mit zwölf Tönen, die jeweils nur untereinander verwandt sind. Aber während es stimmt, dass dieses System die Beschreibung des Überlebenden von seinen Erfahrungen dominiert, entwickelt sich das Stück dann weg von Schönbergs einschlägigem Stil – bis hin zu dem hieratischeren, rituelleren Modus des hebräischen Chorals.

Auf welche Weise kann Schönbergs Oratorium also als authentisch betrachtet werden? Keine der darin beschriebenen Erfahrungen waren seine eigenen. Aber ich denke nicht, dass es ein Widerspruch ist, wenn man dies gleichzeitig für eine der großartigsten musikalischen Beschreibungen der Qualen des jüdischen Volkes im zwanzigsten Jahrhundert hält. Dieses Denkmal für den Holocaust wurde von einem Mann geschaffen, der ihn nie erlebt hatte.

Aber was ist Vorstellungskraft anderes als ein Element im Prozess der Nachahmung: der Schöpfung nicht authentischer Originale? Als er für das amerikanischste aller amerikanischen Magazine, für den *Playboy*, interviewt wurde, erzählte Vladimir Nabokov – ein weiterer russischer Emigrant, der zu dieser Zeit in Amerika lebte, wenn auch nicht in Los Angeles – von den Schwierigkeiten, die er hatte, während er seinen Roman *Lolita* schrieb: »[I]ch mußte Amerika und Lolita erfinden. Ich hatte an die vierzig Jahre gebraucht, Rußland und Westeuropa zu erfinden, und nun stand ich vor einer ähnlichen Aufgabe, nur daß ich diesmal weniger Zeit zur Verfügung hatte.«[viii] Adorno wollte ästhetische Qualität. Aber der ästhetische Wert von Schönbergs Stück liegt nicht in seiner historischen Relevanz: nein, er liegt in den erstaunlichen Nebeneinanderstellungen, die seine Form ausmachen: der Übergang vom *Sprechgesang* Stil des Eröffnungschorals bis hin zum Schlusschoral. Überall in Schönbergs Werk beruht das Wesen seines Stils auf diesem Prinzip der Nebeneinanderstellung. Denn Schönberg ist der große musikalische Vertreter der minutiösen Montage. (Während Strawinsky der große Erkunder der Dissonanzen war.) Egal wo – in Amerika oder Wien: Schönbergs Stil war nicht ortbar.

Und trotzdem: all dies stimmt genauso in Bezug auf Strawinsky – und seine Kunst der Variationen.

3

Während Milan Kunderas unsichtbarer Phase, im Anschluss an die Invasion von Prag durch die Sowjets im Jahre 1968, war einer jener anonymen literarischen Aufgaben, die er annahm, die Herstellung einer Theaterfassung von Diderots Roman *Jacques der Fatalist*. Als eine englische Übersetzung dieses Stücks veröffentlicht wurde, fügte Kundera zwei Prosastücke hinzu: »Introduction to a Variation« und »Homage to translator«. Beide dieser kurzen Aufsätze beschäftigten sich mit einem tiefergehenden Problem: an welchem Punkt eine Überarbeitung zu einem Original wurde. Die »Introduction« zeigt Kunderas Bemühungen, seine eigene Fassung von Diderots Roman von einer Adaption zu unterscheiden. Eine Fassung, argumentierte Kundera, zeige offen, auf welche Art sie von der angegebenen Quelle abweiche – so wie Kunderas Abweichungen von Diderot, oder Diderots ursprüngliche Abweichungen von Laurence Sterne. Während eine Adaption versucht, die Illusion zu wahren, es handle sich immer noch um das gleiche Objekt. Mehr noch: »Je unauffälliger der Adaptierende hinter dem Roman versteckt bleiben will, desto mehr verrät er ihn. Indem er ihn vereinfacht, nimmt er ihm nicht nur seinen Reiz, sondern seinen Sinn.«[ix] Und natürlich – der schlimmstmögliche Produzent einer Adaption ist ein schlechter Übersetzer, der eine irreführend präzise Fassung eines Originals anfertigt und darauf besteht, Wörter mit Synonymen zu ersetzen. Diese Art der Überarbeitung wird von Kundera in seinem zweiten Aufsatz bedacht, dessen Kernstück der wehmütige Ausruf ist: »Ah, Übersetzungen! Ah, Dämon der Überarbeitungen!«[x] Denn eigentlich ist dies nicht nur ein literarisches Problem, es ist auch ein Problem der Ethik. Und so widmet sich Kundera noch einmal seinem anhaltenden Problem, die Adaptation von der Variation zu unterscheiden: die gute Überarbeitung von der schlechten Überarbeitung.

Aber handelt es sich bei *Jacques und sein Herr* nicht auch um eine Überarbeitung? Und Strawinskys *Pulcinella*? Ist das eine Überarbeitung? Nein. Weil Strawinsky darin seine vollkommene Autorität als Autor voraussetzt. Er versteckt sich nicht hinter Pergolesi, er *spielt* mit ihm. Seine Musik ist ein spielerischer Dialog über zwei Jahrhunderte hinweg.[xi]

Eine gute Überarbeitung, ein wahres Multiple entsteht dann, wenn eine Wiederholung zu einer Verquickung des gemeinschaftlichen und des übertragenen Eigentums wird.

4

Als ein Jugendlicher namens Karl Roßmann mit dem Schiff in New York City ankommt, bewundert er den Himmel und den Blick auf die Freiheitsstatue, auf die endlose Stadt. Als er von Bord gehen will, bemerkt er, dass er seinen Regenschirm unten im Schiff vergessen hat. Und so bittet er einen Bekannten in Eile, »der nicht sehr beglückt erschien, um die Freundlichkeit, bei seinem Koffer einen Augenblick zu warten, überblickte schnell die Situation um sich bei der Rückkehr zurechtzufinden und eilte davon«.[xii]

So beginnt die Geschichte von Karl Roßmann – beschrieben von

Franz Kafka in seinem Roman *Der Verschollene*, der vielen eher unter dem Titel *Amerika* bekannt sein dürfte. Karl steigt von seinem Platz an Deck, hoch über den Wolken, ins Chaos herab:

> und mußte sich seinen Weg durch eine Unzahl kleiner Räume, fortwährend abbiegende Korridore, kurze Treppen, die einander aber immer wieder folgten, ein leeres Zimmer mit einem verlassenen Schreibtisch mühselig suchen, bis er tatsächlich, da er diesen Weg nur ein oder zweimal und immer in größerer Gesellschaft gegangen war, ganz und gar verirrt hatte.[xiii]

Karls Koffer ist für immer verschwunden.

In Kunderas *Verratene Vermächtnisse* gibt es eine »Improvisation zu Ehren Strawinskys« – eine Hommage an Strawinskys Kunst der spielerischen Transkription, in der er diese Kunst gegen Adorno verteidigt. Und diese Hommage an Strawinsky beeinhaltet außerdem eine Verteidigung Kafkas als weiteren spielerischen, anti-lyrischen Künstler. Für Kundera ist Kafka eine Variation über das Thema Strawinsky, und sein Motiv ist *Der Verschollene*.

Kundera beginnt seine Untersuchung, indem er zeigt, dass in Kafkas Roman wiederholt verschiedene Objekte beschrieben werden, die auf verrückte Weise in Komplikationen verwickelt werden oder zu Komplikationen führen – diese bilden eine Reihe, deren Anfang ein aufwendig hergestellter Schreibtisch mit vielen Schubladen macht, den Karl im Haus seines Onkels entdeckt. »Genetisch betrachtet«, fügt Kundera in einer brillanten Parenthese hinzu, »liegt im komischen Mechanismus dieses Schreibtischs der Ursprung der schreckeinflößenden Administration des Schlosses.«[xiv] Ich denke, dass der internationale Leser, der Kafkas Kompositionsweise analysiert, diese Idee weiter verfolgen sollte. Am Anfang des Romans, in Form des nur kurz gestreiften Bildes vom verlassenen Schreibtisch, tief in den Eingeweiden des Transatlantikkreuzers, kann man eine weitere Schicht dieser Thematik erkennen: Kafka stellt Verwirrung duch labyrinthische Bewegungsabläufe zwischen einer höheren und einer niedrigeren Ebene dar.[50] Warum es in diesem Zusammenhang vielleicht von Bedeutung wäre zu erwähnen, dass Kafka 1913, nachdem das erste Kapitel seines Romans unter dem Titel *Der Heizer* veröffentlicht worden war und er seinen Eltern daraus vorlas, bemerkte: »einen besseren Kritiker als mich während des Vorlesens vor dem höchst widerwillig zuhörenden Vater, gibt es nicht. Viele flache Stellen vor offenbar unzulänglichen Tiefen.«[xv] Während dieser letzte Satz vielleicht teilweise der Bescheidenheit des Autors zuzuschreiben ist, steht er doch im Einklang mit Kafkas Stil insgesamt. Eine charmant und komisch anmutende Oberfläche erhält seine Struktur durch ein Netzwerk versteckter Themen, das die herkömmlichen Konzepte des Oberflächlichen und des Tiefgehenden auf den Kopf stellt.

Dieser Stil ist das Resultat einer Abwandlung. Dieser Stil ist ein Multiple.

Denn Kafkas *Der Verschollene* ist eine Überarbeitung eines vorher bestehenden Werkes – *David Copperfield* von Charles Dickens: ein Roman, den Kafka in deutscher Übersetzung las. »Dickens Copperfield«, schrieb Kafka. »›Der Heizer‹ glatte Dickensnachahmung, noch mehr der geplante Roman …«:

> Koffergeschichte, der Beglückende und Bezaubernde, die niedrigen Arbeiten, die Geliebte auf dem Landgut die schmutzigen Häuser u. a. vor allem aber die Methode. Meine Absicht war, wie ich jetzt sehe, einen Dickensroman zu schreiben, nur bereichert um die schärferen Lichter, die ich der Zeit entnommen und die mattern, die ich aus mir selbst aufgesteckt hätte … Herzlosigkeit hinter der von Gefühl überströmenden Manier.[xvi]

Kafka liebte es, die traurige eitle Dichte unserer Gefühle zu parodieren – den Schmalz des neunzehnten Jahrhunderts. Diese Umkehr der normalen Tiefe ist eine Funktion seiner Überarbeitung von Charles Dickens. Dickens' Figuren waren auf herzlose Weise sentimental, und so schafft Kafka mit seiner übertriebenen Nachahmung eine neue Art der Karikatur: Seine Figuren verwickeln den armen traurigen Karl Roßmann ständig in fallenhafte Situationen der hyperbolischen Emotionen. Und auf diese Weise erfand Kafka – in diesem, seinem ersten Roman – den ihm eigenen Stil.

Eines Tages, als er mit Gustav Janouch über einige konstruktivistische Gemälde diskutierte, soll Kafka gesagt haben: »Das alles sind nur Träume von einem wunderbaren Amerika, von einem Zauberland unbeschränkter Möglichkeiten. Das ist durchaus verständlich, da Europa immer mehr und mehr zum Land der unmöglichen Beschränktheit wird.«[xvii] Es ist richtig, dass Janouchs Erinnerungen an Kafka selten verlässlich sind. Aber diese Aussage steht trotzdem in Einklang mit jener Form der Wirklichkeit, die Kafkas Stil erfindet und erkundet. Denn dieser pikareske Roman besteht im Prinzip aus einer Reihe von Fallen. Karl denkt, dass er dabei ist, ein Land der Freiheit zu entdecken. Tatsächlich findet er sich ständig in albtraumartigen Zuständen wieder, die er teilweise selbst verschuldet hat. Der Roman besteht aus einer Abfolge von traurigen Zuhausen und dem unmöglichen Versuch, dieser scheinbaren Vorherbestimmung zu entkommen. Wo auch immer er hingeht, Karl wird bald wieder gebeten zu gehen. Dies ist eine Möglichkeit, die Bedeutung dieses Ortes zu beschreiben, den Kafka Amerika nannte. Diese Methode erlaubte es ihm, auf ein ganz privates Thema zu kommen. Es drehte sich alles um den Traum eines glücklosen Flüchtlings. In diesem Roman beginnt Kafkas großes Thema – dass man immer für alles verantwortlich ist, oder, genauer, dass einem immer für alles die Schuld gegeben werden kann: die bedrohlichsten Mechanismen der alltäglichen, traumartigen Welt. Nirgendwo ist man sicher.

Dieser Roman trägt schließlich nicht ohne Grund den Titel *Der Verschollene*. Amerika repräsentierte in Kafkas Augen sowohl den Drang nach als auch die Unmöglichkeit von Freiheit. Und Freiheit hieß, verschwinden zu können, die Wahl zu haben, den einschränkenden Gefühlen der anderen zu entkommen. Jedes Mal, wenn Karl denkt, es gehe bergauf, wird er noch weiter hinab gezwungen. So funktioniert diese Struktur. »[E]s ist unmöglich sich zu verteidigen, wenn nicht guter Wille da ist«, denkt Karl, als er seine Arbeit im Hotel

Occidental verliert.[xviii] Und dieser Gedanke beschreibt haargenau den moralischen Mechanismus von Kafkas Fassung einer amerikanischen Farce: Eine Handlung wird zur Farce, wenn in ihr kein guter Wille mehr ist. Oder, wie Kafka in einer anderen Unterhaltung, diesmal mit Max Brod – der immerhin vertrauenswürdiger war als Janouch –, gesagt haben soll: Es gibt »Hoffnung genug, unendlich viel Hoffnung – nur nicht für uns.«[xix]

Und diese Entdeckung machte Kafka in seiner Überarbeitung von Dickens' Werken: wo jene, die am lebensnahsten zu sein scheinen eigentlich oft die leblosesten sind.

5

Es gibt eine mögliche europäische Fortsetzung dieses Experiments der amerikanischen Leichtigkeit.

Denn am Ende von *Der Verschollene* tritt Karl Roßmann einem amerikanischen Theaterensemble bei – dem Zwischending zwischen einer Truppe reisender Schauspieler und einem Zirkus. In meiner manchmal zum Sentimentalen neigenden Art gefällt mir die Vorstellung, dass dieselbe Truppe vielleicht ein paar Jahre später wieder auftritt: in Erik Saties Ballett, *Parade*, das außerhalb eines Rummelplatzes spielt.

Geboren im Jahre 1866 tauchte Satie in die Welt des *café-concert*, des *cabaret artistique* ein. 1911, er war mittleren Alters, wurde Satie berühmt – als sich Ravel und Debussy für ihn einsetzten. Er wurde Teil der Pariser Avantgarde. 1916 fragte ihn Jean Cocteau, ob er nicht die Musik für ein Ballett mit dem Titel *Parade* schreiben wolle, das von Picasso gestaltet worden war und dessen erste Aufführung am 18. Mai 1917 stattfinden würde.

Der Titel *Parade* hebt auf die Bewegungen ab, die Akrobaten ausführen, um die Menschen dazu zu bewegen, auf den Rummelplatz zu kommen. In Cocteaus Handlung in der Endfassung sind die Menschen aber so von den drei Nebenvorstellungen begeistert, dass sie den Rummelpatz nie betreten. Die Nebenvorstellung, die mir am besten gefällt, ist die zweite: *La fille américaine*. Denn wieder einmal ist Amerika hier eine reine Erfindung. Was nicht weiter überraschend ist: Cocteaus Notizen, die er für Satie anfertigte, um diesem eine Vorstellung von Amerika zu geben, waren nicht sehr authentisch. Sie hatten alles: von »die *Titanic*« bis zu »die Sheriffstochter – Walt Whitman – die Stille bevor dann eine Kuhherde panisch durchgeht – Cowboys mit Chaps aus Leder und Ziegenfell – die Telegrafenbeamtin aus Los Angeles, die am Ende den Detektiv heiratet …«[xx] Es waren die reinen Amerikana. Aber indem er dieser Kitschliste folgte, schuf Satie ein Stück, das – genau wie Kafkas Roman – die spielerische Übertragung eines vorherigen Werkes war. Diesmal entstand der neue Wert nicht durch die Übertragung eines kanonischen Werkes, sondern durch Saties allesfressende Verwendung des Populären, des Alltäglichen.

Das kleine amerikanische Mädchen in *Parade* tanzt zu einem Stück namens »Steamship Ragtime« – das eine Parodie beinhaltet, eine spielerische Abwandlung von Irving Berlins Hit aus dem Jahre 1911, »That Mysterious Rag«. Satie nahm Berlins Melodie auseinander und kehrte die Reihenfolge von dessen Ragtime um, so dass Einleitung – Durchführung – Variation zu Variation – Durchführung – Einleitung wurde. Und er fügte seine eigene Chromatik und eigene Harmonien dazu, vor allem die für ihn charakteristischen Einheiten, die nicht länger als vier Takte waren. Es war ein Festival des Diebstahls.[xxi] »Wir dürfen nicht vergessen, was wir den Music Halls, dem Zirkus verdanken«, schrieb Satie. »Von dort stammen die neuesten Schöpfungen, Trends und Kuriositäten. Die Music Hall und der Zirkus besitzen den ›esprit nouveau‹.«[xxii] In Saties Partitur kamen Sirenen, das Geräusch von Flugzeugmotoren und eine manische Schreibmaschine vor. Das war Saties Amerika.

Weswegen es mich nicht wirklich überrascht, dass Adorno, als er Strawinsky für seine Kunst der Nachahmungen kritisierte, auch Satie angriff: »Aus dem Spezialistentum macht er die Spezialität von Music Hall, Varieté und Zirkus, wie sie in ›Parade‹ von Cocteau und Satie glorifiziert, aber schon in Petruschka vorgedacht ist. Die ästhetische Leistung wird vollends, wozu sie bereits im Impressionismus sich anschickte, *tour de force* …«[xxiii] Es mag einem seltsam vorkommen, dass jemand deshalb angriffen wurde, weil er eine Tour de force geschaffen hatte – aber so war Adorno nun einmal. Adorno verstand Leichtigkeit nicht. In Los Angeles gestrandet, auf der verzweifelten Suche nach dem Mythos der Authentizität, dem Triumph des aufrichtigen Gefühls, verstand er nicht, wie man sich Amerika zunutze machen konnte.

6

1993 hielt sich der italienische Komponist Luciano Berio in Amerika auf, um die Charles-Eliot-Norton-Vorlesungen an der Harvard-Universität zu halten – eine Vorlesungsreihe, die einige Jahre zuvor auch von seinem Freund Italo Calvino (und viele Jahre zuvor von Strawinsky) gehalten wurde. Berio gab seinen Vorlesungen den Titel *Remembering the Future* – das stammte aus den letzten Zeilen von *Un re in ascolto*, einer Oper, die er über Shakespeares *The Tempest* geschrieben hatte, nach einer Idee von Calvino. Berio hatte die Oper 1981 begonnen – im selben Jahr, als Calvino einen Aufsatz über *Die Odyssee* mit dem Titel »Die Odysseen in der Odyssee« schrieb, in dem er darauf aufmerksam macht, wie oft die Odyssee in der *Odyssee* Gefahr läuft, vergessen zu werden: »Die Heimkehr muß erkannt und gedacht und erinnert werden: Es besteht die Gefahr, daß sie vergessen werden könnte, bevor sie geschehen ist.«[xxiv] Und Calvino erinnert an eine Stelle in einem früheren Artikel, den er sechs Jahre zuvor über dasselbe Thema, »Die Zukunft vergessen«, geschrieben hatte: Die Erinnerung zähle nur dann wirklich, so sein Argument, sei nur wichtig,

»wenn sie die Spur der Vergangenheit und den Plan der Zukunft zusammenhält, wenn sie es ermöglicht, ohne Vergessen das zu tun, was man tun wollte …«[xxv] Drei Jahre später fand die Uraufführung von Berios Oper in Salzburg statt. Eine Dekade später, in Harvard, sagte Berio, er wolle sich in seinen Vorlesungen auf »musikalische Erfahrungen« konzentrieren, »die uns dazu einladen, unser Verhältnis mit der Vergangenheit zu überdenken oder aufzulösen und als Teil eines zukünftigen Bewegungsablaufes wiederzuentdecken« – gelöst von einer linearen Ansicht der historischen Zeit. Sein Publikum solle »die Vorstellung von einer Geschichte akzeptieren, die uns erkundet, so dass es uns selbst, wieder und wieder, möglich wird, uns an die Zukunft zu erinnern.«[xxvi]

Mit dieser paradoxen Umarbeitung unserer Vorstellung von der Geschichte im Hinterkopf wandte Berio sich Strawinsky zu, und dessen neoklassischer Partitur für Balanchines Ballett *Agon*: »ein bewundernswerter Akt von Exorzismus, wo die Vergangenheit weder als Vorzeit oder als Sammelobjekt behandelt wird und wo jeder Charakter mit der Stimme eines anderen spricht.«[xxvii] Das war Berios improvisierte Theorie. »*Agon*«, schrieb Berio, »ist ein Werk der Leichtigkeit. Leichtigkeit, weil es uns jederzeit das Gefühl vermittelt, einige der oft hinderlichen Bestandteile des musikalischen Erbes auseinandergenommen und auf ihre wesentlichen Funktionen reduziert zu haben …«[xxviii] Ja, argumentierte Berio, Strawinskys bewusster Anachronismus war eine Form von Kreativität. Er machte das Schwere leicht.

Wieder einmal muss ich an Kunderas »Improvisation zu Ehren Strawinskys« denken, daran, wie Kundera Adornos Angriff auf Strawinsky nacherzählt – und wie er ihn, genauso wie Bellow, verteidigt hatte. Während Adorno Strawinskys Ballett *Pulcinella* kritisiert hatte – dessen Hommage an den Komponisten des achtzehnten Jahrhunderts, Pergolesi, mit ihren Dissonanzen, ihren Abweichungen von ihrer Quelle – schrieb Kundera über Strawinsky: »Die *spielerische Transkription* eines alten Werks war für ihn eine Möglichkeit, eine Verbindung zwischen den Jahrhunderten herzustellen.«[xxix] Dies ist die Wahrheit, die durch Strawinskys Transkription freigelegt worden war: das Pierre-Menard-Paradox, dass die Literaturgeschichte zwar absolut historisch ist aber gleichzeitig absolut zeitlos.

Genauso wie, um in der amerikanischen Welt zu bleiben, wir kurz an den amerikanischen Schriftsteller denken sollten, der Strawinsky am meisten ähnelte: Thomas Pynchon. In den Text von *Mason & Dixon* – einem Roman über das achtzehnte Jahrhundert in Amerika, der im Stil eines englischen Romans des achtzehnten Jahrhunderts geschrieben ist – arbeitete Pynchon seine eigenen dissonanten Vorschlagsnoten ein, wie jenen Moment, als ein Matrose mit der Übersetzung einer schwierigen Passage aus dem Hebräischen hilft: »Das heißt ›Ich bin der ich bin‹«, übersetzte beflissen ein irgendwie seemännisch wirkendes Individuum mit gigantischen Unterarmen und einem vom Rauch seiner Pfeife immerzu zwinkernden Auge.«[xxx] Bei dem hilfsbereiten Seemann handelt es sich natürlich um Popeye, dem Seemann, der so zu einem weiteren Element dieser maritimen Episode wird, wo er sich zu dem Heizer in Kafkas Roman gesellt, und auch, um das Thema weiterzuführen, zu dem Heizer in Cesare Paveses erstem veröffentlichten Gedicht »Die südlichen Meere«, das die Rückkehr des Cousins des Erzählers beschreibt, der das piemonteser Dorf Santo Stefano Belbo verlassen hatte, um Matrose zu werden.

Ein Traum nur
blieb ihm im Blute: Einmal, als Heizer
auf einem holländischen Schiff, begegnete er
dem Wal, und er sah schwere Sonnenharpunen im Flug,
sah Wale fliehn zwischen blutigen Schäumen,
sah Verfolgung, gebäumte Schwänze und Lanzenkampf.
Manchmal spricht er davon.[xxxi]

7

Calvino beschrieb einmal, dass es, als er im Turin der frühen 1940er Jahre zu schreiben begann, dort »eine Vorstellung von *Moral* gab, die den Stil formen sollte«.[xxxii] Der Grund für diesen Brauch war ein Mann namens Cesare Pavese: ein Schriftsteller, Dichter, Lektor und Übersetzer.

Pavese wurde 1908 geboren und verbrachte sein gesamtes Leben in oder in der Nähe von Turin. 1950 nahm er sich das Leben. Calvino schrieb über ihn: »Paveses neun kurze Romane bilden den dichtesten, dramatischsten, gleichförmigsten Zyklus des modernen Italiens und … beinhalten die reichsten Darstellungen der sozialen Umgebungen, der menschlichen Komödie, die Chronik einer Gesellschaft.«[xxxiii] Aber bevor er seine Romane geschrieben hatte, hatte Pavese vor allem als der Übersetzer gearbeitet, der für die Einführung der amerikanischen Literatur des zwanzigsten Jahrhunderts in Italien maßgeblich verantwortlich war.[51] »Den großen Blütezeiten geht eine Generation eifriger Übersetzer voraus«, schrieb Pavese einmal.[xxxiv] Aber was bedeutete Amerika für Pavese? Schließlich war er – wie Kafka, wie Satie – nie dort gewesen. Das wirkliche Amerika interessierte ihn nicht: die Geographie. Amerika war für Pavese ein imaginärer Ort der Freiheit. Es erlaubte ihm, sich neu zu erfinden, da er hier seiner italienischen Vergangenheit entfliehen konnte – und so stattdessen seiner Vorstellung von der italienischen Gegenwart treu sein konnte. Wie er 1947 schrieb – im gleichen Jahr, als Schönberg in Los Angeles *A Survivor from Warsaw* komponierte – waren seine Übersetzungen »das erste Fenster zur Freiheit«.[xxxv] Die Amerikaner waren für die Italiener genau deswegen so nützlich, weil sie so amerikanisch waren. Was auch der Grund für ihre große Enttäuschung war, als sie sahen, dass die amerikanischen Schriftsteller verzweifelt versuchten, ihnen zu ähneln – mit ihrer schicken *Angst*, ihrem eleganten *Realismo*. »Ich erinnere mich noch, wie Pavese begann, die neuen Bücher zu lesen, die nach dem Krieg zu uns kamen«, erinnerte sich Calvino: »– da war Saul Bellow mit seinem ersten Roman *Dangling Man* –, und ich erinnere mich auch an Vittorini, der sagte: ›Die sind ja wie europäische Schriftsteller, eher Intellektuelle, die interessieren uns nicht so sehr.‹«[xxxvi]

Der für Pavese ausschlaggebende Schriftsteller war kein Anhänger des amerikanischen Realismus – eines Stils, den er letztendlich beschrieb als »eine besondere Romantik des *die Wirklichkeit-Lebens*. Die Einbildung, daß alles Realismus ist (Dos Passos)«.[xxxvii] Nein, die wichtigste Person für Pavese war der letzte politische Schriftsteller unter allen Amerikanern: der Ästhet F. Scott Fitzgerald. »Erinnerst Du Dich daran, wie ich Dir von Fitzgerald erzählte?«, schrieb Pavese an seinen Freund Davide Lajolo. »Ich wollte die Bücher dieses Mannes nicht für den Verlag übersetzen, weil sie mir zu nah standen und auch, weil ich bereits die Absicht hatte, selbst etwas Ähnliches zu schreiben.«

Pavese wollte auf neue Weise über Italiens Vergangenheit schreiben. Sein letzter und bester Roman, *Junger Mond* – veröffentlicht 1950 – hat die gleiche Handlung wie sein erstes Gedicht: die Rückkehr eines Dorfbewohners zur Stätte seiner Kindheit. Und obwohl sich dieser Roman der verdrängten Geschichte von Italiens kürzlich noch faschistischer Vergangenheit bedient, geht es darin nicht wirklich um Politik: Er benutzt diese verdrängte Geschichte stattdessen, um noch viel gigantischere Verdrängungen zu thematisieren. Und so ist das Charakteristikum seiner Technik die Untersuchung von Hintergrundgeschichten. »Das Gleichgewicht einer Erzählung besteht in der Koexistenz von zwei Personen«, stellte Pavese fest, kurz bevor er *Junger Mond* schrieb: auf der einen Seite »der Autor, der weiß, wie es enden wird« und auf der anderen Seite »die Personen der Erzählung, die es nicht wissen. Wenn Autor und Protagonist sich vermischen und wissen, wie es enden wird, muß man die Größe anderer Personen erhöhen, um das Gleichgewicht wiederherzustellen. Darum muß der Protagonist, *wenn er selbst erzählt*, vor allem anderen ein Zuschauer sein.«[xxxviii] Sein Roman war, mit anderen Worten, eine Überarbeitung von *Der große Gatsby*, ein Experiment der Verschwiegenheit.

Und so beschreibt Pavese in *Junger Mond* die Heimkehr eines Erzählers, der namenlos ist, abgesehen von seinem alten Spitznamen aus Kinderzeiten, Anguilla oder Aal. Anguilla ist ein uneheliches Kind und wurde anfangs von einer Bauernfamilie großgezogen, bevor er von einer besser situierten Familie adoptiert wurde, die einen Hof mit dem Namen »La Mora« besaß. In dieser Familie gab es drei Schwestern – alle schön, elegant, unerreichbar. Vor dem Zweiten Weltkrieg verließ Anguilla das Dorf und zog nach Amerika – wo er reich wurde. Nun kehrt er in das Dorf zurück, aus ihm selbst unbekannten Gründen – Gründen, die mit Heimweh zu tun haben und dem Wunsch nach Wurzeln. Er trifft den ein paar Jahre älteren Nuto – den Klarinettisten der Dorfkapelle. Als Kind hatte Anguilla Nuto immer bewundert. Jetzt sind sie einander ebenbürtig. Und so verfolgt der Roman Anguillas Geschichte in diesem Dorf und auch die Geschichte des Dorfes seit seiner Auswanderung – zerrissen durch die Politik der Faschisten und der des Widerstands. Die letzte Enthüllung des Romans ist Anguillas Entdeckung, dass Santina, eine der ersehnten Schwestern von La Mora, von Partisanen erschossen wurde, nachdem diese aufgedeckt hatten, dass sie als faschistische Spionin gearbeitet hatte. Danach wurde ihre Leiche auf einem Lagerfeuer verbrannt.

Beide, sowohl der Mann, der geblieben war, und der Mann, der ausgewandert war, sowohl Nuto als auch Anguilla, wollen ihre Vergangenheit ignorieren. Aber keinem der beiden gelingt dies. Denn alles hinterlässt Spuren – wie ein Lagerfeuer. »Jeder Roman Paveses dreht sich um ein verborgenes Thema«, schrieb Calvino, »um etwas Ungesagtes, das er sagen will und das sich nur im Verschweigen sagen läßt.«[xxxix] Auf diese Weise benutzte er also Fitzgerald: in seinen Konstruktionen, die in der Luft hängen vor lauter unausgesprochenen, unsagbaren Dingen.

Seine Romane sind Übungen mit Figuren, die zu verschwinden versuchen. Oder man könnte auch sagen, sie handeln ausschließlich von Figuren, die sich nicht zu Hause fühlen können. Und ein Symbol dieser Sehnsucht ist Amerika.

Aneignen

1

Dass Amerika eine Erfindung ist, mag einem wie eine verrückte Idee vorkommen: Aber die Geschichte der Aneignung ist noch ein vergleichsweise mildes Beispiel jener verrückten Schlussfolgerungen, die man aus der Internationalität des multiplen Romans ziehen muss. Die logischen Folgerungen über Multiples stehen oft Kopf – wie die mögliche Annahme, dass eine Überarbeitung eine Quelle verbessern kann: oder, um es noch präziser zu formulieren, dass ein mittelmäßiges Werk in einer völlig anderen Sprache und von einem anderen Netzwerk der Annahmen umgeben zu etwas werden kann, das von dauerhaftem Wert ist. Aber dann handelt es sich bei dieser Art der Transsubstantiation nur um eine weitere Lektion von Pierre Menard – dieser Witz auf Kosten des literarischen Eigentums. Und der Beweis hierfür ist eine Geschichte von Edgar Allan Poe in Paris, diesem Autor von Kurzgeschichten, diesem Gelegenheitsdichter.

1842 begann Edgar Allan Poe – der gerade seinen Job als Redakteur bei *Graham's Magazine* gekündigt hatte und 33 Jahre alt war – in Philadelphia an einem Gedicht mit dem Titel »The Raven« zu arbeiten. Darin beklagt ein Mann den Verlust seiner Freundin, während ein Rabe ihn an das Verstreichen der Zeit erinnert. Das Gedicht beginnt bekanntlich – mit einer Art klagendem Knittelvers:

Once upon a midnight dreary, while I pondered, weak and weary,
Over many a quaint and curious volume of forgotten lore –
While I nodded, nearly napping, suddenly there came a tapping,
As of some one gently rapping, rapping at my chamber door.[xl]

Ja, internationaler Leser: Dieses Gedicht ist eine Ansammlung von Krempel.

Die Umstände der Genese und Komposition dieses Gedichts wurden 1846 von Poe erläutert – ein Jahr nachdem es erstmals veröffentlicht worden war –, in einem Aufsatz mit dem Titel »The Philosophy of Composition« (»Die Methode der Komposition«), der im *Graham's Magazine* veröffentlicht wurde. In diesem Aufsatz testete er seine ganz persönliche Abfolge poetischer Klischees. Weil er die Schönheit als Thema seines Gedichts gewählt hatte – und weil es kein poetischeres Thema gab als die Schönheit –, musste er in der Konsequenz einen Ton wählen, in dem sich die Schönheit am offensichtlichsten manifestierte: »und alle Erfahrung lehrt, daß diese Tonart eine der *Trauer* ist. Schönheit jeglicher Art bewegt in ihrer höchsten Entfaltung die empfindsame Seele unvermeidlich zu Tränen. Melancholie ist daher die rechtmäßigste aller poetischen Tonarten.«[xli] Dann, als er »nach einem künstlerischen Reiz, der mir als Grundgedanke bei der Anfertigung des Gedichtes dienen konnte«, suchte, entschied sich Poe für einen Refrain. Der beste Refrain, entschied er, bestände nur aus einem einzigen Wort. Aber aus welchem? Er wusste, dass es das Ende jeder Strophe bilden würde. »Daß ein solcher Abschluß, um Kraft zu haben, klangvoll sein und eine gedehnte Betonung erlauben mußte, ließ sich nicht bezweifeln; und diese Überlegungen brachten mich unvermeidlich auf das lange *o* als den klangvollsten Vokal, in Verbindung mit dem *r* als dem best artikulierbaren Konsonanten.« Auf der Suche nach einem Wort, das auf *or* endete, sei »es völlig ausgeschlossen, das Wort ›Nevermore‹ zu übersehen«.[xlii]

Besorgt, weil kein rationales menschliches Wesen das Wort *nevermore* wieder und wieder vor sich hin sagen würde, kam Poe auf die Idee, einen Vogel zu benutzen. Zuerst dachte er an einen Papagei, entschied sich aber schon bald für einen Raben, da er »ungleich passender für die beabsichtigte *Tonart*«[xliii] sei. Was sein Thema betraf:

[So] fragte ich mich jetzt: »Welcher ist unter allen melancholischen Gegenständen nach dem *allgemeinen* menschlichen Verständnis der *melancholischste*?« Der Tod – war die naheliegende Antwort. »Und wann«, fragte ich mich, »ist dieser melancholischste Gegenstand am dichterischsten?« Aus dem, was ich schon hinlänglich erörtert habe, ergibt sich auch hier eine naheliegende Antwort: »Wenn er sich aufs innigste mit der Schönheit verbindet; der Tod einer schönen Frau ist also fraglos der dichterischste Gegenstand auf Erden – und ebenso zweifellos ist der geeignetste Mund für einen solchen Gegenstand der eines Liebenden, der die Geliebte durch den Tod verlor.«[xliv]

Ja, schrieb Poe, das Werk wuchs, wobei er »Schritt für Schritt das Verfahren aufzeichnen wollte [...], nach dem [die] Arbeiten ihren letzten Grad der Vollendung erlangen« sollte.[xlv]

Und das Problem wäre natürlich, dass das Gedicht, wenn Poe recht hätte, vollendet wäre. Es wäre endlos reproduzierbar. Er hätte eine reine Form der Lyrik entdeckt. Aber da dies natürlich nicht der Fall ist, weil sowohl Gedicht als auch Aufsatz von einer an Don Quijote erinnernden Komik sind, ist diese Analyse eines mittelmäßigen Gedichts tatsächlich nur eine Beschäftigungstherapie der Eitelkeit.

Und da haben wir also Poe: einen unbedeutenden Schriftsteller in Philadelphia.

2

Zehn Jahre später war er in Paris zu einem Phänomen geworden: als Erfinder der reinen Lyrik, als Mathematiker der Wörter. Dieses Paradox ist daher eine der großartigsten Allegorien der Seltsamkeit des literarischen Eigentums. Denn Poe existiert eigentlich nicht wirklich. Er ist ein Produkt von Charles Baudelaire, seinem Übersetzer, entstanden unter dem Druck von dessen Fehldeutungen: von Baudelaire, für den *nevermore* kein amüsanter, kitschiger Archaismus war, sondern »ein geheimnisvoll tiefes Wort, schreckensvoll wie die Unendlichkeit ...«[xlvi].

Indem er Poes schaurige Kurzgeschichten übersetzte, begann Baudelaire damit, Poe zu erfinden. Die erste Geschichte, die Baudelaire übersetzte, wurde im Juli 1848 veröffentlicht. 1852 schrieb Baudelaire dann einen langen Aufsatz über Poe »Edgar Allan Poe: Sa Vie et ses ouvrages« (»Edgar Allan Poe, sein Leben und seine Werke«). 1859 veröffentlichte er eine Sammlung von Poes Geschichten mit dem Titel *Histoires extraordinaires*, mit einem neuen einführenden Aufsatz: »Edgar Poe, sa Vie et ses Oeuvres«. Ein Jahr später, 1857, veröffentlichte er einen zweiten Band mit Erzählungen: *Nouvelles Histoires extraordinaires* – mit einem neuen Aufsatz: »Notes nouvelles sur Edgar Poe«. Dann veröffentlichte Baudelaire im April 1859 *La Genèse d'un poème*: bestehend aus einer Einleitung, einer Übersetzung von »The Raven« und einer Übersetzung von Poes »Philosophy of Composition« als »Méthode de composition«. Baudelaires letzte Übersetzung eines Textes von Poe war dessen *Eureka* – der im November 1863 erschien.

Der Effekt dieser Übersetzungen und Essays war es, dass ein Doppelbild von Poe entstand. Die erste Neuerung war, dass dieser Schundautor jetzt zum Philosophen des Bösen erkoren wurde. Dies war das Bild, das Baudelaire in seinem Aufsatz »Edgar Poe, sa Vie et ses Oeuvres« heraufbeschwor, der mit seinem ersten Erzählungsband veröffentlicht wurde: Poe war der antidemokratische Künstler, der in einer kulturlosen Nation lebte, ein Mann »der den Fortschritt, diese große moderne Idee, für einen Wahn verzückter Schwachköpfe hielt …«[xlvii] Ja, Poe war der reine Romantiker: »Seine Person war seltsam, verführerisch und, wie seine Werke, von einer unbestimmbaren Schwermut geprägt.«[xlviii] Seine Kunst war eine Kunst der Extreme, der Ausnahmen: ein Mann, der sich in das Groteske warf, der sich »dem Grotesken aus Liebe zum Grotesken ergibt, und dem Gräßlichen aus Liebe zum Gräßlichen« – so dass diese Geschichten wie Delacroix' Kompositionen, in denen er »seine Gestalten vor Hintergründen, die ins Violette oder Grünliche spielen«, erscheinen lässt, »im Phosphorglanz der Fäulnis und im Dunst des Gewitters«.[xlix] Ein Jahr später entwickelte Baudelaire sein Bild von Poe in seinen »Notes nouvelles« (»Neue Anmerkungen zu Edgar Poe«) weiter. Mit diesem Aufsatz wurde offensichtlich, wenn es vorher noch nicht offensichtlich genug gewesen war, zu welchem Grad es sich bei Baudelaires Darstellung von Poe wirklich um eine Art Aneignung handelte. Sein

Porträt war in Wirklichkeit ein Vorwand: die indirekte Form eines Manifests. Denn es war Baudelaire viel mehr als Poe, der »die natürliche Bosheit des Menschen mit aller Deutlichkeit erkannt und unerschütterlich behauptet hat«. Es war Baudelaire, der das angeborene Mal der Erbsünde in den Menschen erkannt hatte: »Diese ursprüngliche, unwiderstehliche Kraft ist die natürliche Perversität, die bewirkt, daß der Mensch unaufhörlich zugleich Menschen- und Selbstmörder ist, Mörder und Henker …«[l] Als allegorischen Beweis für seinen Einfall setzte Baudelaire Poes Geschichte »The Imp of the Perverse« an den Anfang seiner Ausgabe der Übersetzung von Poes Geschichten. Die Übersetzung dieser Geschichte machte Poe theologisch erheblich grandioser, als er es im Original war: Er war jetzt »Le Démon de la perversité«. Denn bei dieser philosophischen Ablehnung des Fortschritts, der Menschheit – der »Idee des Nutzens«[li] – handelte es sich um eine private Manie Baudelaires.

An diesem Punkt in seinen Notizen, wo er über Poe als Literaturkritiker schreibt, tritt das zweite Charakteristikum von Baudelaires Poe in den Vordergrund. Denn für Poe, so Baudelaire, besaßen »die Vollkommenheit der Anlage und die Korrektheit der Ausführung [Vorrang]; er zerlegte die literarischen Werke wie mangelhafte mechanische Vorrichtungen …«[lii] Diese Fähigkeit, eine Komposition als Maschine zu betrachten, war das Resultat seiner starken Intuition: Poes Konzept von der Einbildungskraft, schreibt Baudelaire, war »ein fast göttliches Vermögen, das vor allem, unabhängig von den philosophischen Methoden, die geheimen inneren Beziehungen der Dinge, die Entsprechungen und Analogien wahrnimmt«.[liii] *Entsprechungen*! Sein eigenes Wort! Und deshalb, fuhr Baudelaire fort, liebte Poe die Kurzgeschichte mehr als den Roman, die *Novelle* mehr als den *Roman*: weil man in einer Kurzgeschichte seine Komposition perfektionieren konnte: »Dans la composition tout entière il ne doit pas se glisser un seul mot qui ne soit une intention, qui ne tende directement à parfaire le dessein prémédité«, schrieb Baudelaire[liv] – in einer nicht anerkannten direkten Übersetzung von Poe: »In the whole composition there should be no word written of which the tendency, direct or indirect, is not to the one pre-established design.«[lv 52]

Poe war ein Vorbild der abstrakten Form. Er war ein Vorbild der Intensität. Das bedeutete, dass der Effekt auf den Leser dementsprechend allumfassend war, dass seine »Kürze die Intensität der Wirkung steigert. Diese Lektüre, die ohne Unterbrechung stattfinden kann, hinterläßt im Geist des Lesers eine sehr viel mächtigere Erinnerung als eine zerstückelte Lektüre …«[lvi] Und dies war der Poe, der von Baudelaire in dessen letzter großer Übersetzung entwickelt wurde: *The Genesis of a Poem (Die Entstehung eines Gedichtes)*. In Baudelaires Vorwort zu seiner Übersetzung von Poes Gedicht »The Raven« und Poes »Philosophy of Composition« lobte Baudelaire Poe dafür, dass er die erste Person sei, die die Möglichkeit einer algebraischen Berechnung der Inspiration ansprach:

Ein anderes seiner Lieblingsaxiome lautete: »In einem Gedicht wie in einem Roman, in einem Sonett wie in einer Novelle muß alles zu der Lösung beitragen. Ein guter Autor hat schon die letzte Zeile im Sinn, wenn er die erste niederschreibt.« Dank dieser bewundernswerten Methode kann der Komponierende sein Werk vom Ende her beginnen, und je nach Laune an jedem beliebigen Teil arbeiten. Kann sein, solche *zynischen* Maximen verstimmen die Liebhaber des poetischen *Wahnsinns*; doch jeder möge es damit halten, wie er mag. Es wird immer angebracht sein, ihnen zu zeigen, wie sehr die reifliche Überlegung der Kunst zum Vorteil gereicht, und den Weltleuten das Auge dafür zu öffnen, welche harte Arbeit dieser Luxusgegenstand erfordert, den man Poesie nennt.[lvii]

Dann folgte »The Raven« mit einem begleitenden Aufsatz von Poe: Den Übergang bildete Baudelaires Beschreibung des Aufsatzes als »Korridor, Studio, Labor, interner Mechanismus …«[lviii]

3

Ich habe es Aneignung genannt: Aber ich bin mir nicht sicher, ob ein solches Wort dieses Phänomen wirklich erklären kann. Baudelaire benutzte Poe als fiktives Bild seines idealen Dichters. Und dies schuf die Zeitverdrehungen, mit denen Baudelaire wie folgt auf die orthodoxen Anschuldigungen, er sei ein Nachahmer, antwortete:

> Nun! Man beschuldigt mich, mich, Edgar Poe zu imitieren. Wissen Sie, warum ich Poe so geduldig übersetze? *Weil er mir ähnelt.* Als ich erstmals eines seiner Bücher aufschlug, sah ich mit Erstaunen und Freude nicht nur die Gegenstände, von denen ich bereits geträumt hatte, sondern ganze SÄTZE, die ich geschrieben hatte und die er imitiert hatte, 20 Jahre zuvor.[lix]

Selbstverständlich hatte Baudelaire recht.

Diese Geschichte des übersetzten Poe ist eine seltsame Fallgeschichte – wo die Leidenschaft eines Lesers und eines Übersetzers den seltsamen Effekt hat, einen Wert in einem Werk zu schaffen, den das Werk im Original nie besaß. Und vielleicht kann dieses Phänomen eine weitere beunruhigende Wahrheit bestätigen: dass jeder literarische Wert seinen eigenen seitenverkehrten Zwilling hat – so dass etwas Kitschiges auch als etwas Reines in Erscheinung treten kann. Wert ist etwas viel Übertragbareres, als die meisten Historiker freiwillig zugeben würden. Auf diese Weise wird die mittelmäßige Bedeutungslosigkeit von Poes Stil im Französischen zu *la poésie pure.*[lx] Ja, dies ist ein Beweis dafür, dass eine literarische Maschinerie übertragbar ist, und dies macht vielleicht noch verrücktere Schlussfolgerungen notwendig. Vielleicht muss sich der internationale Leser also an neue Formen der literarischen Miteigentümerschaft gewöhnen – daran, dass Stile problemlos angeeignet und überarbeitet werden können.

Die Geschichte von Poe in Paris beweist ein dunkles Paradox des Überarbeitens: dass es möglich ist, etwas zu stehlen, das nie wirklich da war.

Weitermachen

1

Natürlich ist es immer auch möglich, seine eigenen vielsprachigen Überarbeitungen herzustellen. So lässt sich eine Parabel oder Geschichte über Samuel Beckett einleiten. Und dies ist entweder eine Geschichte darüber, wie zwei Sprachen einen Stil bilden können, oder davon, wie sich ein Stil verdoppeln kann – oder vielleicht auch beides gleichzeitig ... Aber bevor sie mir unbemerkt zu einer Allegorie wird oder zu einer Theorie, braucht diese Geschichte noch ein paar vielsprachige Fakten.

Am 13. Januar 1941, als Beckett 34 Jahre alt war, starb James Joyce in Zürich im Alter von 58 Jahren. Er war Becketts Freund und – benutzen wir dieses kitschige Wort, denn es ist wahr – sein Held. Während der vorausgegangenen zwei oder drei Jahre hatte es so ausgesehen, als hätte Beckett das Schreiben aufgegeben. Der Drang dazu hatte ihm gefehlt. Aber ungefähr drei Wochen nach Joyces Tod begann Beckett am 1. Februar mit jenen Aufzeichnungen, aus denen ein Roman in englischer Sprache entstehen sollte, *Watt*. Der Leser soll für sich selbst entscheiden, ob zwischen den beiden Daten ein Zusammenhang besteht oder nicht. Dieser Roman jedenfalls, den Beckett schrieb, als er in die französische Resistance verwickelt war und inkognito in Frankreich auf dem Land lebte, wurde ungefähr drei Jahre später fertig – am 18. Februar 1945. Währenddessen schrieb und veröffentlichte er im Januar 1945 zur gleichen Zeit auf Französisch einen Aufsatz über die Malerei der Brüder Bram und Gerardus van Velde: »La Peinture des Van Velde ou le Monde et le Pantalon«. Ein Jahr später, am 17. Februar 1946, begann er den ersten Text seiner *Nouvelles*, mit dem Titel »La Fin« – aber er begann ihn auf Englisch. Einen Monat später, am 13. März, wechselte er ins Französische.

Er stand kurz vor seinem vierzigsten Geburtstag. Und er war gerade erst erwachsen geworden.

Es begann eine wilde Arbeitsperiode für Beckett. In den nächsten vier Jahren schrieb er fünf Novellen, drei Romane, zwei Theaterstücke, zwei Aufsätze über die Malerei und diverse Übersetzungen ... Zwischen Juli und Oktober 1946 schrieb Beckett eine weitere Novelle auf Französisch mit dem Titel *Mercier und Camier.* Im Oktober schrieb er eine weitere der *Nouvelles* – »L'Expulsé«. Zwischen Oktober und November schrieb er noch eine der *Nouvelles, Premier Amour.* Genau wie auch *Mercier und Camier* sollte sie erst viel später veröffentlicht werden. Am 23. Dezember begann Beckett die dritte und letzte seiner *Nouvelles,* »Le Calmant«. Im Januar und Februar 1947 schrieb er ein französisches Theaterstück, das den Titel *Eleutheria* trug und das zu seinen Lebzeiten nicht aufgeführt werden sollte. Im April erschien seine französische Übersetzung seines frühen Romans *Murphy.* Und im Mai begann er seinen ersten französischen Roman *Molloy,* den er im November beendete. Drei Wochen später begann er den Roman *Malone meurt* (*Malone stirbt*). Im Mai 1948 veröffentlichte er einen weiteren Aufsatz über die Malerei und die van Veldes, »Peintres de l'empêchement«, und beendete *Malone stirbt.* Im Oktober desselben Jahres begann er ein neues Theaterstück, *En Attendant Godot* (*Warten auf Godot*), das er Ende Januar 1949 fertigstellte. Im März begann er den Roman *L'Innommable* (*Der Namenlose*). Außerdem übersetzte er Apollinaires Gedicht »Zone« ins Englische. Währenddessen begann er im Juni an »Three Dialogues« zu arbeiten, mit Georges Duthuit – über die Gemälde von Tal Coat, Masson und Bram van Velde –, die im Dezember desselben Jahres in der Zeitschrift *Transition* erschienen. Im Januar 1950 stellte er eine erste Fassung von *Der Namenlose* fertig. Und im November unterzeichnete er Verträge mit Editions de Minuit, welche die Veröffentlichung der drei französischen Romane *Molloy, Malone stirbt* und *Der Namenlose* regelten.

Dann begann die letzte Phase von Becketts vielsprachigem Erfindungsrausch. Am Heiligabend des Jahres 1950 schrieb er den ersten Text seiner letztendlich dreizehn »Textes pour rien« – die restlichen schrieb er allesam im darauffolgenden Jahr, 1951. In jenem Jahr wurden auch die Romane *Molloy* und *Malone stirbt* veröffentlicht. Im Mai schrieb Georges Bataille voll des Lobes über *Molloy*. Am 5. Januar 1953 fand endlich die Premiere von *Warten auf Godot* im Théâtre de Babylone statt (die englischsprachige Premiere sollte am 3. August 1955 stattfinden). Einen Monat nach dieser Pariser Premiere veröffentlichte Alain Robbe-Grillet im Februar 1953 einen sehr positiven Beitrag über Beckett in *Critique*. Und im Mai erschien Becketts dritter Roman *Der Namenlose* – ein Roman, den Maurice Blanchot im Oktober mit einem langen Loblied in der *Nouvelle Revue Française* würdigen sollte. Der Erfolg, den seine Romane bei den Kritikern hatte, und der kommerzielle Erfolg von *Warten auf Godot* führten dazu, dass Beckett gegen Ende des Jahres 1953 seine Zeit damit verbrachte, *Watt* zusammen mit Daniel Mauroc aus dem Englischen ins Französische zu übersetzen und *Molloy* zusammen mit Patrick Bowles aus dem Französischen ins Englische. Schon im Juli 1954 war er zu dem Schluss gekommen, dass dieses Arbeitsverfahren für ihn nicht funktionierte und dass er die Übersetzungen selbst würde anfertigen müssen. Und so begann er damit, *Malone stirbt* ins Englische zu übersetzen, sobald er seine Korrektur von Bowles' *Molloy* abgeschlossen hatte. Weil die Übersetzung letztendlich eine Form der Überarbeitung war: Und die einzige Person, die den Text legitimerweise überarbeiten konnte, war Beckett selbst.

Am 8. Oktober 1955 besuchte Beckett Joyces Grab in Zürich. Er war neunundvierzig Jahre alt. Er hatte fünfzehn Jahre und eine neue Sprache gebraucht, um seine ganz persönliche Form zu erfinden: eine bilinguale Abfolge von Texten, deren Gegenstand immer der Gleiche blieb: der völlige, absolute Gammler.

2

Aber um das Ausmaß von Becketts Erfindung würdigen zu können, muss der ideale panoramische Beobachter daher in der Zeit zurückgehen – um zu sehen, über welchen Weg Beckett schließlich bei seinem zweisprachigen Werk landete. Ja, in dieser Übung des Zeitreisens muss der Leser sich ins Paris von 1929 zurückversetzen, als Samuel Beckett gerade seinen Aufsatz »Dante ... Bruno. Vico ... Joyce« schrieb. Er war dreiundzwanzig. Das mag sich jung anhören, aber ich bin mir nicht sicher: Mit dreiundzwanzig ist man definitiv alt genug, um sein Lebenswerk zu beginnen.

Beckett begann seinen Aufsatz mit Giambattista Vico, dem neapolitanischen Historiker, oder Literaturtheoretiker, oder Anthropologen des achtzehnten Jahrhunderts. Dem neapolitanischen Antiquar. Von Vico übernahm Beckett zweierlei: die Vorstellung, dass Sprache furchtbar abstrakt geworden sei; und die, dass die Gesellschaft einen ständigen Prozess der Verderbnis und der Bildung durchlaufe. Vico hielt diese zwei Zustände für verwandt. Vico, schrieb Beckett, unterteilte die Entwicklung der menschlichen Gesellschaft in drei Zeitalter: das theokratische, das heroische und das humane, und jedes gehe einher »mit einer entsprechenden Klassifizierung der Sprache als einer hieroglyphischen (heiligen), metaphorischen (poetischen) und philosophischen (zur Abstraktion und Verallgemeinerung fähig) ...«[lxi] In dieser philosophischen Ära bestehe die grundlegende Aufgabe des Schriftstellers deswegen darin, Wörtern wieder den Status von Hieroglyphen zu geben – oder, mit anderen Worten, Wörter endlich wieder zu ihrem »unmittelbaren Ausdruck« zu führen. »In ihrer ersten, stummen Form war Sprache Gebärde.« Aber dann wurde das Schreiben etwas, das von den direkten Äußerungen abgegrenzt war. »In solchem unmittelbaren Ausdruck sind Form und Inhalt untrennbar. Beispiele sind die Medaillen des Mittelalters, die keine Inschrift trugen und ein stummes Zeugnis der Schwäche konventionellen alphabetischen Schreibens waren: wie die Fahnen von heute.«[lxii]

Ein neuartiges Beispiel, fuhr Beckett fort, sei Joyces *Work in Progress*. Wenn er sich mit *Work in Progress* beschäftige, schrieb Beckett, sei der Leser mit etwas völlig Neuem konfrontiert: »Hier haben wir Seiten und Seiten unmittelbaren Ausdrucks. Und wenn Sie es nicht verstehen, meine Damen und Herren, dann deshalb, weil Sie zu dekadent sind, um es aufzunehmen.«[lxiii] (Beckett hatte schließlich schon immer ein schwieriges Verhältnis zu seinen Lesern gehabt, schon als 23-Jähriger.) »Sie sind nicht zufrieden, wenn die Form nicht so scharf vom Inhalt getrennt ist, daß Sie den einen begreifen können, fast ohne sich die Mühe zu geben, die andere zu lesen. Dieses schnelle Abschäumen und Verschlingen der dünnen Sahneschicht des Sinns wurde durch das, was ich einen fortwährenden Prozeß reichlicher intellektueller Speichelbildung nennen möchte, ermöglicht.« Ja, Beckett war nie mit dem lieben Leser zufrieden und mit dessen »schnellem Abschäumen«. Er sah keine Hoffnung für ihn. Und so kam er zum hysterischen Finale seines Arguments:

> Hier *ist* die Form der Inhalt, der Inhalt *ist* die Form. Sie beklagen sich, weil das Zeug nicht englisch geschrieben ist. Es ist überhaupt nicht geschrieben worden. Es ist nicht zum Lesen da – oder besser, es ist nicht nur zum Lesen da. Es ist dazu da, angesehen und angehört zu werden. Er schreibt nicht *über* etwas; *sein Schreiben ist dieses etwas selbst.*[lxiv]

Das war ein Wunsch, der ihn nie verlassen sollte. Viele Jahre später nachdem Joyce gestorben war, schrieb Beckett am 9. März 1949 an seinen Freund Georges Duthuit: »Es ist mir nicht mehr möglich, etwas Längeres über Bram oder irgendein sonstiges Thema zu schreiben. Es ist mir nicht mehr möglich, *über* etwas zu schreiben.«[lxv] Nicht *über* etwas zu schreiben, darin lag sein absolutes, unmögliches Ideal. Und in Joyces *Work in Progress*, argumentierte Beckett, beruhe diese Schließung der Lücke zwischen Welt und Ding auf einer besonderen Technik: »James Joyce hat die Sprache des Sophistischen entledigt. Und man darf mit Recht behaupten, daß keine Sprache so sophistisch ist wie die englische. Sie ist zu Tode abstrahiert.«[lxvi] Aber die Beispiele für diese Dinglichkeit, die er aus Joyces Werk auswählt und aus den Werken von Joyces Vorgängern in der englischen Literatur – Shakespeare und Dickens – sind nur überzeugend, nur charmant: Sie sind sprachliche Annäherungen von Wörtern an Dinge, nicht die Dinge selbst. Aber was könnten sie sonst auch sein?

Shakespeare gebraucht fette, schmierige Wörter, um den Verfall auszudrücken: ›*Duller shouldst thou be than the fat weed that roots itself in ease on Lethe wharf.*‹ Durch die ganze Dickens'sche Beschreibung der Themse in ›Great Expectactions‹ hören wir den Schlick sickern. Diese Art zu schreiben, die Sie so dunkel finden, ist ein Extrakt des Wichtigsten aus Sprache, Malerei und Gebärdenspiel, mit der ganzen unausbleiblichen Klarheit der einstigen Sprachlosigkeit. Hier herrscht die barbarische Sparsamkeit der Hieroglyphen. Hier sind die Wörter nicht die höflichen Verzerrungen der Druckerschwärze des 20. Jahrhunderts. Sie sind lebendig. Sie drängen sich aufs Papier und glühen und entflammen und verglimmen und verschwinden.[lxvii]

Denn diese Behauptung, die Beckett im Namen von James Joyce macht, ist nur die Rückwärtsrolle einer tiefsitzenden unanfechtbaren Angst – der Sorge, dass Sprache vielleicht nie eine verlässliche Ausdrucksform sein kann: weil sie zu öffentlich ist, zu verliebt in ihren Gegenwert und ihre Nützlichkeit. Weil sie zu kommunikativ ist, um der Kommunikation zu dienen.

Acht Jahre später, 1937, hatte Beckett *Whoroscope* geschrieben – ein »Gedicht über die Zeit«, einen langen Aufsatz über Proust, den Erzählungsband *More Pricks Than Kicks*, die Gedichtesammlung *Echo's Bones and Other Precipitates* und zwei Romane, *Dream of Fair to Middling Women*, der nie einen Verleger finden sollte, und *Murphy*, der schließlich einen Verleger finden sollte, aber erst um einiges später. All diese Werke sind brillant, das ist völlig richtig, aber sie zeigen auch eine neurotische Tendenz zu der von Joyce bekannten virtuosen Aneignung englischer Stile. Die Situation war ausweglos. Beckett, so scheint es, hatte sich in eine literarische Sackgasse manövriert. Und so schrieb er im Juli 1937 an Axel Kaun, einen Lektor des deutschen Rowohlt Verlags, den er vor kurzem kennengelernt hatte. Kaun bat ihn, eine Auswahl der Gedichte von Joachim Ringelnatz zusammenzustellen und sie ins Englische zu übersetzen. Beckett antwortete Kaun auf Deutsch, um ihm mitzuteilen, »Ringelnatz ist meiner Ansicht nach nicht der Mühe wert«:

Ich habe die 3 Bände durchgelesen. 23 Gedichte ausgewählt und von diesen 2 als Probestücke übersetzt. Das wenige, was sie notwendigerweise dabei verloren haben, ist natürlich nur im Verhältnis mit dem zu schätzen, was sie eigentlich zu verlieren haben, und ich muss sagen, dass ich diesen Verschlechterungskoeffizient, auch da, wo er am meisten Dichter ist, und am wenigsten Reimkuli, ganz gering gefunden habe.[lxviii]

Dann zog Beckett eine Linie quer über die Seite und schrieb einen Absatz, der zu einem bekannten Beispiel der Selbstbeschreibung geworden ist:

Es wird mir tatsächlich immer schwieriger, ja sinnloser, ein offizielles Englisch zu schreiben. Und immer mehr wie ein Schleier kommt mir meine Sprache vor, den man zerreißen muss, um an die hinterliegenden Dinge (oder das hinterliegende Nichts) zu kommen. Grammatik und Stil! Mir scheinen sie ebenso hinfällig geworden zu sein wie ein Biedermeier-Badeanzug oder die Unerschütterlichkeit eines Gentleman. Eine Larve. Hoffentlich kommt die Zeit, sie ist ja Gott sei Dank in gewissen Kreisen schon da, wo die Sprache da am besten gebraucht wird, wo sie am tüchtigsten missgebraucht wird. Da wir sie so mit einem Male nicht ausschalten können, wollen wir wenigstens nichts versäumen, was zu ihrem Verruf beitragen mag. Ein Loch nach dem andern in ihr zu bohren, bis das Dahinterkauernde, sei es etwas oder nichts, durchzusickern anfängt – ich kann mir für den heutigen Schriftsteller kein höheres Ziel vorstellen.[lxix]

Beckett hatte genug von herkömmlichen Darstellungsweisen – so, wie es schon länger in der Malerei der Fall war. Anstelle der ordentlichen Strategien der gängigen Stile wollte Beckett Krach. Er wollte Wörter, die so leer waren wie die Dinge. »Denn im Walde der Symbole, die keine sind, schweigen die Vögelein der Deutung, die keine ist, nie.«[lxx] Falls der munter vor sich hin psychoanalysierende Leser noch irgendwelche Zweifel daran hatte, dass Joyce sogar in dieser

Aussage präsent war, wenn auch in Form einer Umkehrung, dann lieferte Beckett das Beweismaterial hierfür netterweise selbst: »Mit einem solchen Programm hat meiner Ansicht nach die allerletzte Arbeit von Joyce gar nichts zu tun. Dort scheint es sich vielmehr um eine Apotheose des Wortes zu handeln.« Es sei wahr, fügte er hinzu, dass nicht alle Formen des Modernismus dem Weg Joyces folgten. Beckett hatte seine negativen Rivalen. (»Vielleicht liegen die Logographen von Gertrude Stein dem näher, was ich im Sinn habe. Das Sprachgewebe ist wenigstens porös geworden, wenn nur leider ganz zufälligerweise, und zwar als Folge eines etwa der Technik von Feininger ähnlichen Verfahrens.«) Aber der Kern dieser neuen Idee ist klar. Immer noch will Beckett, dass Form und Inhalt das Gleiche sind. Aber in diesem Fall werden die Wörter, weil das Thema die reine Verneinung ist, auch eine Verneinung sein. Die Form wird zur Leere – und in seinem Brief an Kaun sprach Beckett von »dieser, für mich sehr wünschenswerten Literatur des Unworts …«[lxxi]

Zu diesem Zeitpunkt hatte er immer noch ein Endprodukt im Kopf, das auf Englisch verfasst werden sollte – aber in einem entstellten Englisch. Und so beendete er seinen Brief düster, aber hoffnungsvoll: »Inzwischen mache ich gar nichts. Nur von Zeit zu Zeit habe ich wie jetzt den Trost, mich so gegen eine fremde Sprache unwillkürlich vergehen zu dürfen, wie ich es mit Wissen und Willen gegen meine eigene machen möchte und – Deo juvante – werde.«[lxxii]

In jenem Jahr, 1937, verbrachte er Weihnachten mit den Joyces. Er war einunddreißig Jahre alt. Im folgenden Jahr wurde endlich sein Roman *Murphy* veröffentlicht. Aber er schrieb auch sein erstes französisches Gedicht. Am 3. April 1938 schrieb er an seinen Freund Thomas McGreevy: »Ich habe das Gefühl, daß alle Gedichte, die da in Zukunft zustande kommen mögen, auf Französisch sein werden.«[lxxiii] Die Zukunft lag noch in weiter Ferne. 1939 begann er, *Murphy* zusammen mit Alfred Péron, mit dem er an der ersten Übersetzung von Joyces *Anna Livia Plurabelle* gearbeitet hatte, ins Französische zu übersetzen. Kurz danach brach der Zweite Weltkrieg aus.

Im Juni 1940 verließ Beckett Paris mit seiner Partnerin Suzanne. Sie fuhren nach Vichy und trafen die Joyces. Es war das letzte Mal, dass Beckett Joyce sehen sollte. Die Joyces machten sich danach auf den Weg nach St. Gérard. Im Januar 1941 starb Joyce in Zürich.

3

Was für Beckett folgte, war eine gewisse Art des Wahnsinns: der verzweifelte Versuch, sein Ideal des verarmten Schreibstils prägnant zu definieren. In den 1950er Jahren, als er bereits berühmt war, definierte er dieses Konzept auf bewusst entropische Weise als »die Anstrengung, notwendigerweise eine kraftlose, das Nichts auszudrücken. Es scheint sich eher um eine Reise gehandelt zu haben, eine nicht umkehrbare, bei der Dinglosigkeit angesammelt werden sollte, in ihre Richtung. Oder auch. Oder ergo.«[lxxiv] Oder, dieser späteren Definition zufolge: »Ästhetisch gesehen ist das Abenteuer ein Abenteuer der gescheiterten Form (keine erreichte Aussage über die Unmöglichkeit des Seins).«[lxxv]

Aber diese Grandiosität hat ihren ganz eigenen Hintergrund. Im März 1948, als er bereits die *Nouvelles*, *Mercier und Camier*, *Premier Amour*, das Theaterstück *Eleutheria* sowie seinen Roman *Molloy* geschrieben und *Malone stirbt* begonnen hatte, schrieb Beckett an McGreevy: »Ich sehe endlich klarer, *worum* es mir in meinen letzten Texten geht und habe, meinem Gefühl nach, vielleicht 10 Jahre Mut und Energie in mir, um die Sache zu erledigen.«[lxxvi] Dieses Wort, *worum*, war natürlich ein schwieriges Wort für Beckett. Er versuchte verzweifelt, etwas so Luxuriöses wie das *Schreiben* zu vermeiden. (»Aber ich beginne mit dem Schreiben«, sollte er entschuldigend am Ende eines Briefes vom 11. August 1948 an Duthuit konstatieren.) Anstelle von allem Abgeschlossenen und Darstellenden zog er »einen sich selbst verschlingenden, sich ewig reduzierenden Gedanken«

vor.[lxxvii] Seine Anstrengungen, diese Abstraktion auf abstrakte Weise zu beschreiben, nahmen Beckett vollständig ein. Und dies führte dazu, dass er sich mit der abstrakten Kunst auseinandersetzte.

Im Mai 1948 schrieb er über die Malerei der van Veldes in »Les Peintres de l'empêchement«, wobei er ein ambitioniertes Ziel verfolgte. Er wollte versuchen, die Welt aufzulösen. Die Geschichte der Malerei, schrieb er, sei die Geschichte ihrer Verhältnisse zu den Objekten. So weit, so gut, dies lässt sich nicht leugnen. Aber die tiefgehende Problematik lag darin, dass sich ein dargestelltes Objekt, oder die Welt, immer der Darstellung zu entziehen versucht. Und dies stellt ein Paradox dar. Es kann keine vom Objekt befreite Malerei geben – das Wesen der Malerei ist die Objekthaftigkeit. Aber was lässt sich überhaupt darstellen, wenn es gleichzeitig das Wesen des Objekts ist, sich der Darstellung zu verweigern?[lxxviii] Die Lösung, schreibt Beckett, bestehe schlichtweg darin, die Umstände dieser Verweigerung darzustellen – jene zwei Instanzen, die einer wahren Darstellung im Wege stehen können: das Objekt und das Auge. Vor der Krise der Moderne nahmen die Künstler diese Einschränkungen einfach zur Kenntnis. Sie wurden nie als Teil der Darstellung angesehen. Während diese Einschränkungen hier, so Becketts Argument, in den Gemälden der van Veldes endlich zu einem Teil des Gegenstands gemacht worden waren: Der Gegenstand der Malerei war die Behinderung der Malerei. Die Künstler weigerten sich, den *vieux rapport* als etwas Gegebenes hinzunehmen –, das alte Verhältnis zwischen Subjekt und Objekt.[lxxix]

Das ist eine verquere Art, Becketts Projekt zu beschreiben: eine literarische Abstraktion. Aber sein starker Fokus auf die Malerei beweist auf gewisse Weise eine melancholischere Wahrheit. Es kann keine abstrakte Literatur geben (und es ist nicht einmal sicher, ob es abstrakte Kunst geben kann …). Und so war sein Projekt von Anfang an zum Scheitern verurteilt. Denn keine Form des Schreibens kann *le vieux rapport sujet-objet* völlig auflösen: genauso, wie kein Kunstwerk ein reines Nichts schaffen kann: »vergeblich strebt man eine völlige Abwesenheit von Gestalt an.«[53]

Im folgenden Jahr, 1949, schrieben Beckett und Duthuit ihre *Three Dialogues* über die Kunst von Tal Coat, Masson und Bram van Velde. Aber das wirkliche Thema war natürlich Beckett selbst. Denn es war Beckett, nicht Masson, der »buchstäblich von dem grausamen Dilemma des Ausdrucks aufgespießt« zu sein schien.[lxxx] Genauso wie es auch Beckett war, der von einer Kunst träumte »die sich nicht von ihrer unüberwindbaren Mittellosigkeit aus dem Konzept bringen lässt und zu stolz ist, als dass sie sich auf die Farce des Gebens und Empfangens einließe«.[lxxxi] Wie üblich ging es ihm darum, das Schreiben seiner Funktion des Ausdrückens zu berauben. Die Malerei war nur ein Alibi. Aber Becketts Text verlief sich letztendlich nur in Oxymora, in begrifflichen Widersprüchen – und diese von ihm selbst geschaffene Farce gipfelte im »Dialogue« über van Velde. Beckett fasste die grundlegende Situation so zusammen – in mit viel Mühe lebendig gestalteter Prosa: »Es ist die Lage eines hilflosen Menschen, der nicht handeln, in diesem Falle nicht malen kann, obgleich er malen muss. Es ist das Handeln eines Menschen, der hilflos, unfähig zu handlen, dennoch handelt, in diesem Falle malt, da er malen muss.« Dann folgt eine Kunstkritik, die dem Slapstick so nahe kommt wie nur irgend möglich:

D. – Warum muß er malen?
B. – Ich weiß es nicht.
D. – Warum ist er unfähig zu malen?
B. – Weil es nichts zu malen gibt und nichts, womit man malen kann.[lxxxii]

Daraufhin fragt Duthuit: »Einen Moment! Wollen Sie damit etwa sagen, daß Bram van Veldes Malerei inexpressiv sei? B. – (vierzehn Tage später) Ja.«[lxxxiii] An diesem Punkt beginnt der traurigste und großartigste Teil des Dialogs (»Und versuchen Sie, daran zu denken«, fügt Duthuit hilfreich hinzu, »daß wir [nicht] … über Sie … sprechen …«[lxxxiv]):

D. – Ist ihnen klar, daß diese Behauptung absurd ist?
B. – Das hoffe ich.
D. – Was Sie sagen, läuft auf folgendes hinaus: Die Ausdrucksform, die unter dem Namen Malerei bekannt ist, da wir aus dunklen Gründen von Malerei sprechen müssen, hatte auf Bram van Velde zu warten, um von dem Irrtum befreit zu werden, in dem sie sich so lange und so wacker abgemüht hatte, dem Irrtum, daß es ihre Aufgabe sei, mittels Farbstoffen etwas auszudrücken.
B. – Andere haben gemerkt, daß Kunst nicht notwendigerweise Ausdruck ist. Aber die zahlreichen Versuche, die Malerei unabhängig von ihrem Anlaß zu machen, führten nur dazu, ihr Repertoire zu erweitern. Ich möchte sagen, daß Bram van Velde der erste ist, dessen Malerei des Anlasses in jeder Gestalt und Form, sowohl des ideellen als auch des materiellen, beraubt oder, wenn Sie wollen, entledigt ist …[lxxxv]

Die Geschichte der Malerei, schreibt Beckett, und eigentlich meint er die Geschichte des Schreibens, sei die Geschichte ihrer Versuche, »echteren, umfassenderen und weniger ausschließenden Beziehungen zwischen Darsteller und Dargestelltem« zu dienen. Das bedeutete, dass sie bisher immer gescheitert war. Während van Velde den ultimativen Schritt gemacht hat: »Der erste, der sich ganz dem unbezwingbaren Fehlen von Beziehungen unterwarf, wegen des Fehlens von Bezugspunkten oder, wenn Sie wollen, angesichts nicht verfügbarer Bezugspunkte, der erste, der eingestand, daß Künstler sein in einem Maße Scheitern ist, wie kein anderer zu scheitern wagt, daß das Scheitern seine Welt ist und seine Weigerung Desertion, Kunstgewerbe, gute Haushaltsführung, leben.« Und trotzdem. Und trotzdem. »Ich weiß wohl«, fügt Beckett hinzu und kehrt zu seinem Paradox aus dem Brief an Duthuit zurück, »daß man, um sogar diese schreckliche Sache zu einem annehmbaren Abschluß zu bringen, jetzt nichts anderes zu tun braucht, als aus dieser Unterwerfung, aus dieser Duldung, aus dieser Treue zum Scheitern einen neuen Anlaß zu machen, einen neuen Bezugspunkt, und aus diesem unmöglichen und nötigen Handeln ein expressives Handeln zu machen, sei es auch nur von sich selber, von seiner Unmöglichkeit, von seiner Nötigkeit.«[lxxxvi] Aber so weit wird er nicht, oder, wie er sagt, kann er nicht gehen. »Ich weiß, dass ich mich und mit mir vielleicht einen Unschuldigen in das versetze, was man, wenn ich mich nicht irre, eine wenig beneidenswerte, Psychiatern wohlvertraute Lage nennt.«[lxxxvii] In diesem seltsam verletzlichen Satz kommt die ganze Traurigkeit an die Oberfläche. Denn es ist natürlich möglich, diesen Sprung zu machen. Allerdings ist es eine Form der Sehnsucht – die abstrakte Literatur. Es ist eine Art von Flucht. Denn in Wirklichkeit besteht die Möglichkeit einer Literatur ohne Tiefe nicht wirklich. Von der rein abstrakten Malerei einmal ganz abgesehen. Wenn man sich dies zum Ideal machen will, muss man eine gewisse Widersprüchlichkeit der Begriffe akzeptieren. Die Form kann nie gleich dem Inhalt sein.

Die Sichtweise der Modernisten war aber natürlich eine andere. Ihnen zufolge war in Joyces *Work in Progress* oder in Prousts *Auf der Suche nach der verlorenen Zeit* ein idealer Zustand der Inhaltsform erreicht worden: eine Art vollgepackte Leere. Wogegen Beckett in den 1950er Jahren die totale Leere wollte. Er wollte leeren Raum. Aber das furchtbar prosaische Problem dieses Arguments ist, dass man, wenn man wirkliche Leere möchte, überhaupt nicht schreiben muss. So dass das, was Beckett in seinen Dialogen mit Duthuit als unlösbare Paradoxa darstellt, in Wirklichkeit die Auswüchse seiner Unaufrichtigkeit sind – seiner Vorstellung, dass es so etwas, wie eine »Pflicht, auszudrücken«, gebe. Denn natürlich existiert so etwas nicht. Beckett fuhr nicht mit dem Schreiben fort, weil es etwas so Unaufhaltsames gewesen wäre, wie zum Beispiel Durchfall. Nein, seine Motivationen weiterzuschreiben waren zweierlei. Einmal hatte Beckett schlicht und einfach literarische Ambitionen: einen gewissen Größenwahn, bedrängt durch das Bild von Joyce, der hinter ihm aufragte wie eine blinde Herme im Zwielicht eines Schlossgartens. Aber dann war da auch noch etwas anderes, etwas, das Beckett unbedingt ausdrücken musste. Und darin bestand der wahre Grund dafür, dass er immer weitermachte.

Schließlich bestand Beckett darauf, dass alle seine Romane als großes Ganzes betrachtet werden sollten. 1954 brachte er dies in einem Brief an seinen deutschen Lektor Peter Suhrkamp zum Ausdruck:

Natürlich war ich enttäuscht, dass Ihr Plan, die drei Texte in einem einzigen Band zu veröffentlichen, nicht umgesetzt werden konnte. Aber nach weiterem Überlegen scheint mir dieses Werk nur dann abgeschlossen zu sein, wenn man die Unmöglichkeit seiner Weiterführung als gegeben betrachtet. Das ist leider mein Gefühl bei der Sache, aber schließlich weiß man nie. Genauso, wie man vielleicht *Murphy* als Ausgangspunkt betrachten könnte.[lxxxviii]

An anderer Stelle beschreibt er dieses Ganze, das kein Ganzes war, als eine »Serie«,[lxxxix] eine Reihe von Figuren, bestehend aus Murphy, Watt, Mercier und Camier, den Erzählern der *Nouvelles* und von *Premier Amour*, die ihren Höhepunkt in Molloy, Malone und dem Erzähler von *Der Namenlose* findet, zusammen mit Vladimir und Estragon in *Warten auf Godot*. Es waren im Prinzip immer »dieselben Gammler«. Und es war Beckett nur möglich, diese Reihe zu entwickeln, indem er in die – in seinen Augen – tote französische Sprache wechselte. Warum hätte er sonst am 15. Dezember 1946 an seinen Freund George Reavey geschrieben: »Ich denke nicht, dass ich in der Zukunft viel auf Englisch schreiben werde …«? Und ich glaube ihm. Im Französischen hatte er die für ihn nötige Form von Schwäche gefunden.

4

Ich weiß wohl, daß man, um sogar diese schreckliche Sache zu einem annehmbaren Abschluß zu bringen, jetzt nichts anderes zu tun braucht, als aus dieser Unterwerfung, aus dieser Duldung, aus dieser Treue zum Scheitern einen neuen Anlaß zu machen, einen neuen Bezugspunkt … Mensch, er wusste, wovon er sprach. Denn das ist alles, was man machen muss, um Beckett auf den Kopf zu stellen. Sie ist bösartig, diese Interpretation, aber sie ist auch wahr. Beckett wollte nicht das Nichts repräsentieren. Warum auch? Er wollte zeigen, auf welchen Wegen sich das Leben dem Nichts annähert: im Wahnsinn, im Altern, in der Krankheit, der Verwahrlosung, in allem machtlosen Brimborium, in den Millionen Schwächen. Und dies ist nicht einmal ein besonders philosophischer Ansatz. Stattdessen gehört er in die Welt der Irrenanstalten, der Altenheime, in die Windeln der Alten. Trotz all seiner Sprünge und Schlängeleien stellt sein Stil eine Kontinuität dar. *Serie* war das richtige Wort. Beckett war einer der frühesten Serial Artists. Auch wenn dies erst durch den größten Bruch möglich gemacht wurde, den er sich nur denken konnte: indem er die Sprache wechselte und auf Französisch weiterschrieb.

5

In seinem Aufsatz über Joyce aus dem Jahre 1929 hatte Beckett die Erfindung von Joyces internationalem Esperanto in *Work in Progress* mit dem synthetischen Italienisch von Dantes *Göttlicher Komödie* verglichen. Bei beiden handelte es sich um grenzüberschreitende Phänomene; beide waren Werke des Widerstands. Genauso wie Dante seinen eigenen synthetischen italienischen Dialekt durch die Synthese diverser heimischer italienischer Dialekte als Reaktion auf die politische Macht des mittelalterlichen Lateins erfand, so hatte Joyce in *Work in Progress* seinen eigenen europäischen Dialekt als Widerstand gegen die vorherrschende Abstraktion der englischen Sprache erfunden. Und so fügte Beckett in seinem Abschnitt über Joyces Sprache Folgendes hinzu: »Man muß vernünftigerweise zugeben, daß ein internationales Phänomen in der Lage sein könnte, sie zu sprechen, ebenso wie 1300 niemand außer einem interregionalen Phänomen die Sprache der Göttlichen Komödie gesprochen haben konnte.«[xc]

Beckett hatte die Internationalität daher immer als eine Möglichkeit angesehen, um Sprache in direkten Ausdruck umzuwandeln.

Und in den 1940er Jahren entwickelte Beckett seine eigene Form von Internationalität – indem er seine Werke auf Französisch schrieb.

Ich muss immer wieder darüber nachdenken, was das Französische für Beckett bedeutet haben mag. Und wieder einmal, denke ich, ist der Schlüssel James Joyce. In der Zeitschrift *Paris Review* bemerkte die polyglotte Schriftstellerin Lydia Davis einmal, als sie über die Probleme sprach, die sich ergaben, wenn man vom Französischen ins Englische wechselte, die Franzosen hätten James Joyce zufolge – der Wyndham Lewis zufolge ein »gesetztes« Lehrbuch-Französisch schrieb – »das relativ karge Wesen ihrer Sprache durch die Entwicklung eines großartigen Stils ausgeglichen – indem sie sich Balance und Genauigkeit mit bestmöglicher Wirkung zunutze machten. Er sagte: ›Ein recht geringes Instrument vielleicht, verglichen mit der italienischen oder englischen Sprache, aber auf welch wunderbare Art sie sich seiner bedienen.‹«[xci] Und dies, um es etwas sarkastischer auszudrücken als Joyce, war genau das, was Beckett so hilfreich fand: die abstrakte Korrektheit des Französischen.[54] Diese Sprache stellte ihm ihre triste Geradheit, ihre Tonlosigkeit zur Verfügung, die – verglichen mit dem Beerdigungsbarock von Becketts normaler englischer Prosa – eben eine Form von Schwäche war.

Ein paar Jahre später schrieb Beckett an den Kritiker Hans Naumann, bemüht, dessen Fragen auszuweichen: »Seit 1945 habe ich nur auf Französisch geschrieben. Warum dieser Schritt? Es war keine bedachte Änderung. Es war an der Zeit, etwas zu ändern, zu sehen, nichts komplizierter, als das, jedenfalls dem Anschein nach.«[xcii] Es war ein für ihn typisches Ausweichverfahren. Denn auf der anderen Seite, kokettierte er typisch konträr, möge es durchaus »wichtige Gründe« für den Sprachwechsel gegeben haben. »Ich selber kann einige halb bestimmen, jetzt, wo es zu spät ist, um wieder zurückzukehren. Aber ich ziehe es vor, sie im Halbdunkel zu lassen. Ich werde Ihnen aber trotzdem einen Hinweis geben: Es geht um das Bedürfnis, schlecht ausgerüstet zu sein.«[xciii]

Natürlich ist das mehr als nur ein *Hinweis*. Seine gesamte Strategie steht dahinter. Kein Wunder, dass er dachte, er würde nie wieder zum Englischen zurückkehren. (Am Rand eines Briefes an Duthuit vom 28. Juni 1949, in dem er versucht, seine Probleme mit den *Three Dialogues* zu erklären, schrieb Beckett: »Vielleicht ist es das direkte Schreiben in der englischen Sprache, das dazu führt, dass ich mich innerlich verknote. Diese furchtbare Sprache, die ich immer noch viel zu gut kenne.«[xciv]) Er fühlte sich wohl in seinem fehlerhaften Medium –, in dieser Sprache, die ihm das minutiöse Potential, eine Sache völlig zu erschöpfen, das den Siechenden, den Sterbenden oder den Verrückten gegeben ist, offen legte.[55]

6

Aber aus dem plötzlichen Erfolg von Becketts französischen Werken ergab sich das Problem ihrer Übersetzung. Und somit begann die dritte Phase von Becketts sprachlicher Internationalität: mit seiner Entscheidung, seine eigenen Werke zurück ins Englische zu übersetzen, in die Sprache, die er ursprünglich zu vermeiden versucht hatte. Zu übersetzen, merkte Beckett, hieß, ein neues Original zu schaffen. Und da er die Sprache beherrschte, erschien es ihm verrückt, dies nicht eigenhändig zu tun. Er war sein eigener multipler Besitzer. 1951 hatte er in einem Brief an Duthuit von seiner Übersetzung eines Textes von Blanchot erzählt, der sich mit Sade befasste und an der er gerade arbeitete: »Mein Englisch verschlechtert sich erkennbar. Ich fühle mich jetzt nur noch dann sicher, wenn ich eine Art Pastiche eines Stils des achtzehnten Jahrhunderts schreibe …«[xcv] Sein Englisch, das war seine Sorge, verkam und wurde langsam zu einer Art Kapok. Aber durch das umgekehrte Prisma seines gammlerischen Französisch betrachtet, war dies vielleicht gar keine so schlechte Sache.[56] Zwei Jahre später hatte Beckett bereits mit *Molloy* begonnen. Und er beschrieb ein kleines Beispiel für die von ihm durchgeführten linguistischen Umwandlungen:

»›Je fais dans son vase‹ wird zu ›I piss and shit in her pot‹. Ich hoffe, das liegt nicht außerhalb des Spielraums von ›faire‹.«[xcvi]

Und ich denke, dass diese Deformation, die Beckett dem Original zufügte, wichtig ist. Er versuchte nun, einen angemessen kränklichen Stil im Englischen zu erfinden, der zwar sein Französisch imitierte, aber gleichzeitig ein neues Original ergab – jenes Original, das er nicht hatte schreiben können, ohne es zuerst in einer Fremdsprache geschrieben zu haben. Die Defekte von Übersetzungen unterscheiden sich nicht von den Defekten eines Originalwerks. Und so schickte Beckett seinem amerikanischen Lektor Barney Rosset bei Grove Press einen Bericht über seinen Fortschritt mit all den Übersetzungen, die er in Arbeit hatte und fügte noch hinzu: »Ich hatte überlegt, ob ich es selbst wieder mit dem Englischen probieren sollte, aber da gehe ich nur dem Problem aus dem Weg, wie auch mit allem anderen, was ich anfasse … Es ist schwer, weiterzumachen, wenn man alles hasst und verwirft, sobald man es formuliert hat, und während man es formuliert und bevor man es formuliert hat.« Und er endete mit einem seiner üblichen, obligatorischen, ironischen, opernhaften Widersprüche: »Ich bin furchtbar müde und fühle mich wie betäubt, aber noch nicht müde und betäubt genug. Zu schreiben ist unmöglich, aber noch nicht unmöglich genug. Auf diese Weise betuppe ich mich im Moment.«[xcvii] Die praktischen Details waren eigentlich viel komplizierter und prosaischer: »Ich bin weit entfernt davon, ein guter Übersetzer zu sein, und mein Englisch ist rostig, aber wie es der Zufall will, kann ich immer noch das absonderliche Englisch produzieren, das mein absonderliches Französisch verdient.«[xcviii] Dieses »rostig« war letztendlich der springende Punkt. Sein dem achtzehnten Jahrhundert entliehenes Englisch war das perfekte antiquierte Englisch für seine durchgeknallten Figuren.

Es ist möglich, ein kleines Diagramm zu erstellen. Beckett hatte während der 1930er und 1940er Jahre immer gerne Übersetzungen aus einer zweiten in seine erste Sprache angefertigt: Texte von Rimbaud, zum Beispiel, oder von Apollinaire. Diese Übersetzungen folgten dem verbreiteten Ideal, dass man mit einer grundlegenden Sorgfalt vorzugehen habe. Dann begann er in den 1940ern Originale in einer Zweitsprache zu schreiben. Das war die erste Phase seiner neuen Internationalität. Anschließend übersetzte er diese in der Fremdsprache geschriebenen Originale in seine Muttersprache, wobei er ein neues Original schuf.

Aus diesem Grund landete er schließlich bei dem Paradox der Serien. Denn wenn man ein zusätzliches Original schafft, distanziert man sich gleichzeitig von dem Konzept der Originale und auch von der Vorstellung, dass ein Werk überhaupt beendet werden kann. Mit anderen Worte erlaubte es dieser Unfall Beckett, seinem idealen Werk so nah zu kommen, wie es überhaupt möglich war: ein völliger Widerspruch. Jeder Text ist eigentlich zwei Texte: ist eigentlich eine Serie. Daraus wurde die letzte Phase von Becketts Schreibprozess, während der er sich mit einer seltsam bilingualen Position anfreundete – in der ein Werk entweder auf Englisch oder Französisch geschrieben werden konnte, woraufhin Beckett es dann in die jeweils andere Sprache übertragen konnte. So dass er 1968 kein Problem damit hatte, aus einem Original, das in seiner Muttersprache geschrieben worden war, wie zum Beispiel *Film*, ein Original in einer Fremdsprache zu machen. Und die Moral seiner Geschichten war immer, dass die Möglichkeit eines akrobatischen Umgangs mit Sprache bestand. So dass Beckett, wenn er von einer Fremdsprache in seine Muttersprache übersetzte, dies immer auf völlig treulose Weise tat – wie zum Beispiel im Fall der französischen Aphorismen von Chamfort aus dem achtzehnten Jahrhundert, die er zu sich auflösenden Nachahmungen von englischen Reimpaaren im Stil des achtzehnten Jahrhunderts verwandelte …[57]

Jedes Werk verliert sich irgendwo in der Ferne – nähert sich Becketts endlosem Nichts an, seinem endlosen Nirgendwo.

Es ist daher nur einleuchtend, dass sich diese Paradoxa posthum bemerkbar machen sollten, in Form jener Probleme, mit denen die

Übersetzerin Barbara Wright konfrontiert war, als sie ein Orginal, das in einer Fremdsprache geschrieben worden war, in Becketts Muttersprache übersetzen sollte, jetzt, da Beckett tot war. In ihrer Anmerkung zu Becketts Stück *Eleutheria* schrieb sie:

Jeder Übersetzer beneidet den Selbst-Übersetzer immer unendlich, denn er besitzt die völlige Freiheit, alles zu ändern, was er verändern möchte, wenn es in der Sprache, in die er übersetzt, besser klingt. Als er mit Patrick Bowles an der Übersetzung von *Molloy* arbeitete, sagte Beckett Bowles: »Im Englischen würde man das so nicht sagen, man würde es anders ausdrücken.« Und Richard Sevear, der mit ihm an *La Fin* arbeitete, schrieb: »Ich hätte mir nicht die Freiheiten nehmen können, die er sich nahm.«[xcix]

Aber, denke ich immer wieder: warum eigentlich nicht?

7

Denn die Geschichte Samuel Becketts ist nicht frei von Skandalen. Zuerst einmal war es skandalös, dass ein rein modernistischer Stilist die Sprache wechselte. Dann war es auf der einen Seite skandalös, dass sein Stil dabei gleich blieb, aber auf der anderen war es genauso skandalös, dass dieser einfache Stil sprachlich in zwei gespalten war. Aber der noch tiefergehende Skandal ist an anderer Stelle zu finden, und er ist komischer.

Beckett dachte, er stelle das Nichts dar. Aber dabei handelte es sich um einen leeren Wunsch, um eine Ausflucht. In Wirklichkeit widerlegte Becketts Experiment einzig und allein ein magisches Ideal: das Ideal der Verschmelzung von Form und Inhalt. Stattdessen verwies sein internationaler Stil auf eine andere Zukunft: auf die schwierige Realität multipler Eigentumsverhältnisse – multipler Originale. Beckett war so vorsichtig, was Betrügereien anging – dabei frage ich mich, ob sein Werk nicht eigentlich selbst auf närrische Weise zeigt, dass die Frage der Betrügereien eigentlich ganz irrelevant ist. Durch sein internationales Wesen zersetzt es den Begriff der Authentizität.

Denn was ist das Englisch von Becketts Übersetzungen letztendlich? Ein gefesselter Barockstil. Wie in seinen frühen Werken, in denen alles mit Joyce in Beziehung stand, baute dieser Stil auf ein joycesches Durcheinander von Tonfällen. Aber in den Übersetzungen wird dieser Abwechslungsreichtum so ausgedünnt, dass nur eine Miniaturversion seines stilistischen Repertoires übrig bleibt: ein sehr formeller Stil und Obszönitäten; eine Syntax, die allem Erschöpfenden und den Listen verfallen war; und vor allem der Gebrauch von Verneinungsformen und Oxymora. So dass in *Molloy*, um nur eines von endlosen Beispielen zu nennen, der einfache französische Ausdruck *l'avant-dernier* im Englischen zu dem auf hinreißende Weise uneleganten *the last but one but one* wird. Das ist witziger als das Französische, aber Beckett hätte nicht ohne die Vorlage der weniger reichen französischen Formulierung darauf kommen können.

Das zweite englische Original ist also mit anderen Worten eine Form der Wiederauferstehung für Becketts wenig energetischen Fortsetzungscharaktere. Es erlaubt einer kleinen Anzahl von Tönen, in eine tonlose Struktur einzudringen. Es macht die Oberfläche porös vor lauter Doppeldeutigkeiten. Und auf dieses Weise schaffte er es, die englische Sprache etwas weniger abstrakt zu machen – durch die flickenteppichartige Struktur seiner Oberflächen. Und Beckett ist ein großer Künstler der Oberfläche, der bedrückenden Worttreue und der Nüchternheit.[58]

Lange vorher, im Jahre 1934, zu Beginn seiner Karriere, hatte Beckett in einem Artikel über »Recent Irish Poetry« über den Zustand der Moderne geschrieben, über die Zersetzung des Objekts. Aber das Besondere an seiner eintönigen Schreibe war, dass er gerade in dem Versuch, dies zu zeigen, nur die anderen Elemente auseinandernahm –, wie zum Beispiel die Erinnerungsfähigkeit, das Selbst oder die Vorstellungskraft. Er zeigte, wie sehr die Literatur auf eine Philosophie des Gegenstands angewiesen war. Das war es, was er zeigte, mit dem Wagestück seiner gescheiterten Form. Es bestand nicht aus Hieroglyphen. Stattdessen war es dem Schlamm ähnlich, der aus Dickens' Themse quatschte – wie Weltschlamm, der immer wieder durch jene Löcher sickerte, die Beckett in die Sprache einbauen wollte. Seine Entscheidungen für das Französische und dafür, seine eigenen Werke zu übersetzen, waren die gipfelnden Schönheiten seines einzigartigen, multiplen Stils. Dieses Stils, der auf so stilvolle Weise versucht, gar kein Stil zu sein.

Raum-Zeit

1

In den 1950er Jahren wurde Witold Gombrowicz, ein in Buenos Aires lebender Emigrant, gebeten, eine Antwort auf einen Artikel über die Vor- und Nachteile des Exils zu verfassen, den der im Pariser Exil lebende rumänische Schriftstellers E. M. Cioran veröffentlicht hatte. In seinem Tagebuch hielt Gombrowicz seine Gedanken fest: Prosaisch dachte er über dieses poetische Ding namens Exil nach. Er begann damit, die Unannehmlichkeiten aufzulisten, die das Exil einem Schriftsteller bereitete: das Ärgernis, seiner Leser beraubt zu sein; das unangenehme Problem, keine Bücher veröffentlichen zu können; die bedrückende Tatsache, dass niemand wusste, wer man war, dass die Werbetrommel, die andere Menschen zu Berühmtheiten machte, nicht genauso für einen selbst arbeitete. Das größte Problem des Lebens im Exil, entschied Gombrowicz, war schlichtweg ein Problem der Eitelkeit. Und Eitelkeit war nicht das gleiche wie Kunst. »[D]ie Kunst ist geladen mit den Elementen der Einsamkeit und Selbstgenügsamkeit« – woraus sich ergab, dass man den Verlust eines Landes nicht beklagen musste – »[w]ar doch jeder der Großen schon aufgrund seiner Größe ein Fremder sogar bei sich zu Hause«. Und was die Leser betraf, so habe noch jeder Schriftsteller, der seine Kunst liebte, »nie ›für‹ die Leser, immer ›gegen‹ sie« geschrieben.«[c] Gombrowicz' Schluss war einfach und majestätisch: »Der Verlust des Vaterlandes bringt nur diejenigen nicht aus der inneren Fassung, denen die Welt Vaterland ist.«[ci]

Bei der internationalen Kunst des Romans handelt es sich nicht um eine offensichtliche Erfindung. Sie macht die Anerkennung vieler Paradoxa und Umkehrungen notwendig. Der Glanz des Einzigartigen und des Gemeinschaftlichen verlangt nach neuen Theorien von Zeit und Raum. Sowohl Zeit als auch Raum können – wie sich herausstellt, wenn man die Logik der Romankunst ein wenig zurückverfolgt – sehr schnell aufgelöst werden.

Einige Jahre bevor Witold Gombrowicz in seinem ungewollten Exil in Buenos Aires ankam, hielt Jorge Luis Borges einen Vortrag mit dem Titel »Der argentinische Schriftsteller und die Tradition«. Wie auch Gombrowicz sprach sich Jorge Luis Borges gegen Nationalismus in der Literatur aus. Er war für ein weltoffenes Buenos Aires. Borges fand, dass ein Schriftsteller brasilianischer oder russischer Herkunft oder wie auch immer, kein brasilianischer oder russischer Schriftsteller sein musste, und er machte darauf aufmerksam, dass »der Gedanke, eine Literatur müsse sich nach den unterscheidenden Zügen des Landes, das sie hervorbringt, richten, ein ziemlich junger Gedanke ist; so jung und willkürlich wie der Gedanke, daß sich die Schriftsteller nach Stoffen umsehen müssen, die für ihr Land eigentümlich sind«.[59] Und Borges fügte über sein eigenes Land hinzu: »Der argentinische Kult der Lokalfarbe ist ein europäischer Kult jüngeren Datums, den gerade die Nationalisten als Fremdgut zurückweisen müßten.«[cii] Borges spielte mit einem wichtigen Paradox – je westlicher ein Buch sei, desto argentinischer sei es auch, und umgekehrt: »Wie steht es mit der argentinischen Tradition? Ich glaube, die Antwort darauf ist leicht, und die Frage birgt kein Problem. Ich glaube, daß unsere Tradition die gesamte abendländische Kultur ist ...«[ciii]

Denn in der Welt der Romane gibt es keine kleinen oder großen

Länder. Überall kann sich überall befinden. Aber dieses Konzept des Überall machte viel Arbeit. So dass sich Witold Gombrowicz in Argentinien mit seinem Freund Virgilio Piñera streiten musste, dem kubanischen Schriftsteller, der sich beschwerte, dass die Europäer sowohl auf die Nord- als auch auf Südamerikaner herabblickten und einfach nicht akzeptieren könnten, dass Literatur auch in Buenos Aires oder Havanna entstehen könne. Worauf Gombrowicz, wie er in seinem *Tagebuch* festhielt, antwortete:

Seien Sie doch nicht kindisch. Diese Teilungen in Kontinente und Nationalitäten – das ist doch ein untaugliches, kunstfeindliches Schema. Man sieht doch an allem, was Sie schreiben, daß Sie das Wort ›wir‹ nicht kennen, Sie wissen nur, was ›ich‹ ist. Woher also diese Einteilung in ›wir Amerikaner‹ und ›ihr Europäer‹?[civ]

Wenn man in Brasilien, Kuba oder Russland lebt und einen Roman schreiben will, hat man mit den gleichen Problemen zu kämpfen, wie wenn man in Frankreich oder Großbritannien lebt und einen Roman schreiben will. Das Problem ist allgemeingültig: Es besteht darin, herauszufinden, wie man zu einem einzigartigen Ich werden kann.

Als Gombrowicz eines Abends bei einem Essen in Buenos Aires auf Borges traf, war er nicht sehr von ihm angetan. Abgesehen von den »technischen Schwierigkeiten … meinem widerspenstigem Spanisch sowie Borges' Sprachfehlern – er sprach schnell und schwer verständlich …«, schrieb Gombrowicz – gab es noch ein schwerwiegenderes Problem. Gombrowicz war nicht von Borges' Liebe zu Europa überzeugt. Er verstand sowieso nicht, weshalb Borges nicht stattdessen faszinierter von Argentinien war. Denn Gombrowicz – dieser polnische Emigrant – war dem Zauber von Argentinien verfallen. »Mich bezauberte die Dunkelheit des Retiro, sie – die Lichter von Paris.«[cv] Ohne dass sie die traurige Symmetrie ihrer gegenseitigen Positionen wirklich erkannten, endete das Abendessen im Streit, und Gombrowicz stempelte »diesen Borges von internationaler Raffinesse« als »etwas Zusätzliches, etwas Angeklebtes …« ab.[cvi]

2

Nicht nur die Ortlosigkeit ist ein schwieriges Ideal, dies gilt genauso für die Zeit. Denn der Logik der Literatur zufolge, gibt es so etwas wie Zeit nicht: jedenfalls keinen linearen Zeitverlauf. Der Wert eines Werkes ist das Resultat einer zukünftigen Retrospektive. Und trotzdem: Diese Zeitlosigkeit wird natürlich nur durch das herkömmliche Medium der Geschichte erreicht. Diese Zeitlosigkeit ist, mit anderen Worten, dem völligen Zufall ausgesetzt.

Als 1938 die erste englische Übersetzung von Édouard Dujardins Roman *Geschnittener Lorbeer* herauskam, waren die englischen Leser wohl recht erstaunt, frappierende Ähnlichkeiten zu James Joyces *Ulysses* zu entdecken – wie zum Beispiel »und leise, ja, ganz leise flüsterte sie Ja«, was an *Ulysses'* berühmte letzte Zeile erinnert: »und das Herz ging ihm wie verrückt und ich hab ja gesagt ja ich will Ja.«[cvii] Da waren noch andere winzige Joyce-ähnliche Momente, wie Dujardins auffällige Benutzung von Abkürzungen: »nochmal; genügt. Kann die Fetzen jetzt nicht auf den Boden werfen«[cviii] – genau wie in *Ulysses*, als Leopold Bloom Gewissensbisse wegen des Briefes hat, den er einer Frau schreibt, die nicht seine Ehefrau ist: »Der wunderschöne Name den Du hast. Kann nicht schreiben. Nimm meine kleine Ga. Auf ihren Herzfasern harfen, den Börsenschnüren auch. Sie ist eine. Hab Dich einen bösen Jungen genannt.«[cix] Aber dieser hypothetische Leser wäre vielleicht weniger erstaunt, wenn er auch entdeckt hätte, dass Dujardins Roman von dem Joyce-Wissenschaftler Stuart Gilbert übersetzt worden war. Und dass Joyce ihm dabei sogar ab und zu geholfen hatte. Aber die letzte Wendung dieser spiralförmigen Geschichte, der Grund, weshalb sich alles überhaupt so zutrug, ist, dass ein viel jüngerer James Joyce 1902 auf der Zugfahrt von Paris nach Dublin Dujardins Roman gelesen hatte, den zentralen Text einer kleinen unbeachteten Sammlung von Dujardins Prosa und Lyrik. Dieses Buch war der technische Auslöser für *Ulysses*. Es führte Joyce an eine neue Technik heran.

Dies ist eine Geschichte des Zufalls und der Zeitlosigkeit. Aber ich kann dies auch noch abstrakter darstellen.

In den 1920er und 1930er Jahren – während Joyce in Paris dabei war, *Ulysses* zu beenden – arbeitete Jan Mukařovský als Literaturkritiker in Prag. Mukařovský gefiel die Vorstellung nicht, dass alle Meinungen über Kunst subjektiv sein könnten. Stattdessen, fand er, war es durchaus möglich zu entscheiden, ob ein Werk gut oder schlecht sei –, dass es überhaupt kein Problem sei, herauszufinden, ob ein literarisches Werk Wert habe oder nicht. Ein Werk »scheint dann einen positiven Wert zu haben, wenn es in irgendeiner Hinsicht die Struktur der vorhergehenden Phase umschichtet; dagegen scheint es einen negativen Wert zu haben, wenn es eine Struktur änderungslos übernimmt«.[cx] Mukařovskýs Definition der Literaturgeschichte zufolge haben also nur jene Stile Wert, die im Kontext der Geschichte ihrer Kunst eine Neuerung darstellen – nur jene Originale, durch welche die Struktur einer Kunst umgestaltet wird. Aber schon wird ein Knacks sichtbar: Dieser Vorstellung nach ist das Wertesystem der Romankunst von dem zufälligen Zeitpunkt abhängig, an dem sich der Kritiker befindet. »Ein lebendiges Kunstwerk pendelt immer zwischen dem vergangenen und dem zukünftigen Zustand seiner ästhetischen Norm hin und her.«[cxi] Wenn jedes neue Werk die ihm vorausgehenden umgruppiert, mag es ursprünglich zwar originell wirken – macht dann aber einen starren Eindruck, sobald ein neues Werk auf der Bildfläche auftaucht. Das Paradox der Ästhetik liegt also darin, dass es sich dabei um einen Prozess handelt, der ständig zu verheimlichen versucht, dass er überhaupt ein Prozess ist: »Jede Anstrengung, ein neues ästhetisches Wertesystem für die Kunst zu schaffen, tut dies, genau, wie auch jeder Gegenangriff auf dieses System, im Namen der Objektivität und der Dauerhaftigkeit.«[cxii]

Auf diese Weise versuchte Mukařovský, die Zeitlosigkeit wissenschaftlich zu definieren. Aber dann gab er seine Objektivität auf. 1948, kurz nach der kommunistischen Machtübernahme in der Tschechoslowakei, widerrief er alle seine bisherigen literarischen Ansichten. Stattdessen war er nun davon überzeugt, dass nur der Marxismus eine wahre Wissenschaft sei. Seine bisherigen Vorstellungen davon, was einen ästhetischen Wert ausmacht, verkündete er, seien nur »ein hinterhältig maskierter und somit der allergefährlichste Idealismus« gewesen. Jetzt vernachlässigte er die Ästhetik, wurde Rektor der Prager Universität und zu einer zentralen Figur der Reinigungen, die dort im Namen der kommunistischen Lehre vorgenommen wurden. 1961 veröffentlichte er eine Sammlung von Essays, in denen er argumentierte, das einzige Kriterium für literarischen Wert sei *lidovost* – Popularität. So dass »die beliebtesten Schriftsteller die großartigsten Schriftsteller sind« und »ein Werk, das dem Volk fremd ist, nicht länger ein Kunstwerk ist«.[cxiii]

Während die Ästhetik natürlich etwas anderes ist: Sie hat nichts mit Popularität zu tun oder Erfolg. Und ich finde diese Geschichte rührend, weil sie so offensichtlich eine Allegorie von sich selbst ist: Mukařovský beginnt seine Karriere, indem er für das objektive und zeitlose Wesen der literarischen Werte plädiert. Und dann verkompliziert er diesen Standpunkt, indem er zeigt, dass sich eigentlich jeder neue literarische Wert für den einzigen wirklich legitimen literarischen Wert hält. Und demzufolge wäre die Abfolge der Literaturgeschichte also die kontinuierliche Neudefinierung des literarischen Wertes. Und trotzdem kommt Mukařovský dann zu der Überzeugung, dass diese subtile, wahre Literaturtheorie eigentlich bourgeois und irrelevant ist –, und dass das einzige literarische Kriterium der Bekanntheitsgrad sein sollte. Macht den Massen. Er wird zu einem sozialistischen Realisten.

Er ist deswegen so bewegend, weil dieser bedrückende Kontrast zwischen Romanen und der Politik so traurig und so weit verbreitet ist. »[Es] kann kein Zweifel [daran] bestehen«, sagte Vladimir Nabokov einmal zu einem Interviewer, »daß nicht seine gesellschaftliche Bedeutung ein Werk der Fiktion vor Larven und Rost schützt, sondern seine Kunst, ganz allein seine Kunst.«[cxiv] Manchmal glaube ich dies sofort. Aber manchmal stimme ich eher mit dem großen französischen Kritiker Paul Valéry überein, der darauf hinwies, man sage »heutzutage: Napoleon und Stendhal. Wer hätte es Napoleon gesagt, daß man sagen würde: Napoleon und Stendhal?«[cxv] Aber eine Theorie der Zeitlosigkeit wird dadurch kompliziert, dass kein Leser oder Schriftsteller die ganze Geschichte kennen kann: Geschichte ist immer etwas Unvollständiges. Und so gibt es keine Garantie dafür, dass die Überarbeitung eines Werkes nach Veröffentlichung es besser macht. Dies kommt immer ganz auf zwei verwandte Zufallselemente an: Zeit und Raum.[60]

3

1856 lebte eine Engländerin namens Juliet Herbert in Croisset bei Gustave Flaubert und seiner Mutter, als Gouvernante von Flauberts Nichte Caroline. Vorher hatte Juliet Herbert in Chelsea gewohnt, in einer Seitenstraße der King's Road. In einem Brief an Louis Bouilhet preist Flaubert die Kurven von Juliets Brüsten an: »Bei Tisch folgen meine Augen willig den sanften Wölbungen ihrer Brüste. Ich glaube, sie nimmt dies wahr. Denn sie errötet während einer Mahlzeit fünf oder sechs Mal.«[cxvi] In einem weiteren Brief an Bouilhet sind es die Kurven ihres Hintern, die seine Aufmerksamkeit erregen: »Ich halte mich zurück, damit ich nicht ihren Hintern ergreife.«[cxvii]

Juliet wurde am 27. April 1829 geboren. Sie kam 1854 fünfundzwanzigjährig als Gouvernante für Caroline in Croisset an. Aber Caroline war nicht Juliets einzige Schülerin in Croisset. Miss Herbert gab auch Gustave Flaubert Englischunterricht. Er schien der Überzeugung zu sein, dass dieser Unterricht erfolgsträchtig war. Er sei bei *Macbeth*, schrieb er, und würde somit »bald den ganzen Shakespeare verstehen können«. Ein Element seiner Einweisung in die Kunst der englischen Sprache bestand darin, dass Gustave und Juliet Übersetzungen ins und aus dem Englischen anfertigten. Ein auf 1857 datiertes Manuskript, das bis heute überlebt hat, enthält eine Übersetzung von Byrons Gedicht »The Prisoner of Chillon«. Daraufhin übersetzten sie auch noch *Madame Bovary* aus dem Französischen ins Englische, mit der Reinschrift des Manuskripts als Vorlage, das Flaubert am 30. April 1856 fertiggestellt hatte.

Ein Jahr später, 1857, schrieb Flaubert seinem Verleger Michel Lévy mit folgendem Wunsch: Eine »englische Übersetzung, die mich vollkommen zufriedenstellt, wird momentan unter meinen Augen angefertigt. Wenn eine in England erscheint, will ich, dass es nur diese ist und keine andere …«[cxviii] Aber nichts geschah. Fünf Jahre später, 1862, kommentierte Flaubert in einem Brief an seinen Freund Ernest Duplan den Satz »*Übersetzungsrechte vorbehalten*«. Flaubert zufolge war dieser Satz »ein bitterer Scherz«: »Ich hatte eine von der *Bovary* (ins Englische), die unter meinen Augen angefertigt worden ist und die ein Meisterwerk war. Ich habe Lévy gebeten, sich mit einem Verleger in London zu einigen, um sie herauszubringen. Nichts!«[cxix]

Einige Monate nachdem Flaubert *Madame Bovary* veröffentlichungsreif gemacht hatte, kehrte Juliet Herbert nach England zurück. In ihrem Koffer befand sich diese erste Übersetzung von *Madame Bovary*, und diese Übersetzung verschwand.

Nachdem Juliet Herbert nach London zurückgekehrt war, verzichtete Flaubert aber keinesfalls auf ihre Freundschaft. 1864 kehrte Juliet nach Croisset zurück, um ihn zu besuchen. 1865 besuchte Flaubert Juliet Herbert im Sommer in London: Zusammen besuchten sie den Lustgarten, sahen ein Feuerwerk, die Touristenattraktionen. 1866 verbrachte Flaubert wiederholt seine Ferien in London. Manchmal taucht Juliet in Flauberts Briefen an andere Menschen auf. Ab und zu erwähnt er sie als diejenige Person, die ihm Zeitungsausschnitte und ironische Kommentare schickt oder über die englische Literaturszene lästert.

Und so ist es möglich, sich einen schmerzhafteren Grund für das Verschwinden des Manuskripts ihrer Übersetzung vorzustellen; vielleicht war es nämlich kein Zufall; vielleicht wollte Juliet stattdessen verhindern, dass ein romantisches Bild von ihr und Flaubert entstünde. Denn nicht nur die Übersetzung ist verloren, auch Juliets Korrespondenz mit Flaubert hat nicht überlebt. Vielleicht wollte sie nicht, dass man Zugriff auf ihre Privatsphäre haben würde.

Und ebenso ist der Koffer, der die Übersetzung und diese mögliche Liebesaffäre enthielt, verloren gegangen. Vielleicht wurde er verbrannt; oder aber es gibt ihn noch irgendwo, in einem Vorort, auf einem Dachboden, in Shepherd's Bush, Westlondon, wo Juliet Herbert am 17. November 1909 starb, an einer »Herzkrankheit, unbekannte Dauer, Synkope 10 Tage«. Ihr Vermögen betrug £ 5329.[cxx]

4

Man kann diese Geschichte verschieden deuten. Ich meine, eine andere Weise, das zeitlose und trotzdem vergängliche Wesen der Romane zu beschreiben, ist der folgende Satz aus einem von Vladimir Nabokovs Interviews: »Eine Funktion meiner sämtlichen Romane«, sagte Nabokov, »ist unter anderen die, zu beweisen, daß so etwas wie der Roman im allgemeinen nicht existiert.«[cxxi] Es ist das gleiche Argument wie das des jungen Jan Mukařovský, nur in anderer Form. Alle originalen Romane bilden eine Abfolge, und – gleichzeitig – sind sie in sich völlig neue Objekte. Wie die Idee für einen Roman, die Nabokov 1937, in einer Vorlesung über den russischen Schriftsteller und Dichter Alexander Puschkin, beschrieb – in einer Vorlesung, die er in Paris hielt, vor einem Publikum, in dem sich, so unwahrscheinlich es auch klingen mag, James Joyce befand, »der mit verschränkten Armen und funkelnder Brille inmitten der ungarischen Fußballnationalmannschaft saß«.[cxxii]

Was für eine unglaubliche Erfahrung wäre es, die Abenteuer einer Idee durch die Zeitalter zu verfolgen. Ich wage zu sagen, dass dies der ideale Roman wäre: Man würde das abstrakte Bild wirklich sehen können, völlig klar und unbelastet durch den Staub der Menschheit, das sich eines intensiven Lebens erfreut und seine tausend Faltungen mit der transparenten Beweglichkeit eines Nordlichtes entwickelt, anschwellen lässt und zur Schau stellt.[cxxiii]

Und manchmal frage ich mich, ob ich möchte, dass dieses Projekt zu meiner ganz eigenen Fassung von Nabokovs idealem Roman der Ideen wird – mit seiner Struktur der wiederkehrenden Charaktere; seiner musikalischen Komposition: ein Roman ohne Handlung, ohne erfundende Geschichten oder Schlussszene: ein Experiment, das sich in anderen Leben abspielt: ein Roman, der so tut, als sei er gar kein Roman.

5

Ja, du kannst dieses Paradox darstellen, wie du willst. Du kannst es in Form jeder beliebigen Geschichte darstellen und mit jedem Aphorismus, den du magst, lieber Leser. Dabei ist es nur wichtig zu merken, wie grausam die Bedingungen des Zeitreisens sind.

Die Zukunft

1

Im Dezember 1926 kam Walter Benjamin in Moskau an. Fast zehn Jahre nach der kommunistischen Revolution war er neugierig, wie die Revolution jetzt aussah. Wie sich herausstellte, schrieb Benjamin, handelte es sich bei einer Revolution wirklich um eine Erneuerung. Moskau war die Stadt des DIY (Do It Yourself). Überall, beobachtete er, fand man Gefallen an einem Konzept, das die Russen *Remont* nannten: an einer nie endenden, sich ständig erneuernden, freudigen, peniblen Leidenschaft für das Reparieren, Nachbessern, Aufpolstern und Renovieren. »Jeder Gedanke, jeder Tag und jedes Leben liegt hier wie auf dem Tisch eines Laboratoriums.«[cxxiv] Oder, wie er hinzufügte: »Das Land ist Tag und Nacht mobilisiert.«[cxxv]

Ein anderer Bewohner dieser Stadt war Sigismund Krschischanowski, ein ukrainischer Schriftsteller mit einem unaussprechlichen polnischen Namen. Benjamin war natürlich Tourist. Krschischanowski – dessen verdeckte literarische Karriere sich geduldig mit der großen Ära der stalinistischen Unterdrückung überschnitt – war es nicht. Auch Krschischanowski hatte den Wahn der amateurhaften Renovierungen in Moskau – »diesem gigantischen, flachen, menschlichen Bienenstock« – bemerkt:

> Über einer vielfach geflickten Scheibe teilten sich ein Hutmacher und ein Schuster mit einem roten Strich ein blechernes Aushängeschild. An einer Kreuzung blubberte in einem rostigen Kessel unter strudelndem Brodem neuer Asphalt. Ein Photograph hatte an einer altersschwachen Akazie eine blauweiße Gebirgskette befestigt.[cxxvi]

Aber dabei handelte es sich um ein kurzlebiges Idyll des Aktivismus. Letztendlich war Krschischanowskis Moskau eine Stadt der unerbittlichen Aufhebungen. Das revolutionäre *Remont* beschäftigte sich selbst mit der Ausbesserung der Bürgersteige. Und bekanntermaßen auch mit der Entwicklung der Seelen.

Leszek Kołakowski beschrieb in den 1920er Jahren das Wesen der mobilisierenden Politik der UdSSR: »Der totalitäre Charakter des Staates (d.h. sein Bestreben, die bürgerliche Gesellschaft völlig zu zerstören und alle Formen des gesellschaftlichen Lebens aufzusaugen) nimmt von den Jahren 1923 bis 1953 beinahe ununterbrochen zu …«[cxxvii] Ein Aspekt dieses Aufsaugens war die akribische Zensur der Literatur. So eine Zensur war eine auf einmalige Weise organisierte Erfindung – die arglistige Sorge um das Seelenleben der Schriftsteller. Kein Unterschied war erlaubt zwischen dem Kulturellen und dem Ideologischen. Trotzki war der Erste, der die kommunistischen Prinzipien der Literatur in einer Notiz vom 30. Juni 1922 entwarf – in dem er schrieb, dass »eine aufmerksame, vorsichtige und sanfte Einstellung gegenüber jenen Werken und Autoren notwendig ist, die sich, obwohl sich ein Abgrund aller nur erdenklicher Arten von Vorurteilen in ihnen auftut, eindeutig in eine revolutionäre Richtung entwickeln.« Vier Tage später fügte Stalin eine schnelle zustimmende Notiz hinzu: »Sowjetisch gesonnene Dichter zu einem einzigen Kern zusammenzubinden und alles mögliche zu tun, um sie in ihrem Kampf zu unterstützen – das ist unsere Aufgabe.«[cxxviii] Im gleichen Jahr wurde das Zentralbüro für Zensur gegründet: Glawlit. Den Zensor stellte man sich als benevolenten ideologischen Coach vor. Und diese Benevolenz zeigte sich, wie Krschischanowski bemerkte, in Form eines Stempels auf dem Manuskript, einem »schmalen Rechteck, das zwölf Buchstaben enthielt: NICHT DRUCKEN«.

Literatur im Moskau der 1920er und 30er Jahre war ein Delirium des Close Reading. Das Verhältnis zwischen Staat und Schriftstellern war eines der fieberhaften gegenseitigen Kommunikation. Man denke zum Beispiel nur an den Niedergang des großen Schriftstellers Andrei Platonow. 1931 kritzelte Stalin, nachdem er eine von Platonows Geschichten in der Zeitschrift *Rotes Neuland* gelesen hatte, wütende Kommentare an den Rand des Textes. Ein Brief wurde an den Herausgeber der Zeitschrift geschickt – und Platonows Karriere war vorbei. Ja, Platonows Antwort, die von Schiwarow, einem Offizier der 4. Abteilung der Geheimpolizei, festgehalten wurde, hat etwas Großartiges: »Es ist mir egal, was andere sagen. Ich schrieb die Geschichte für eine einzige Person (für den Genossen Stalin), er las die Geschichte, und im Wesentlichen hat er mir seine Antwort gegeben. Der Rest interessiert mich nicht.«[cxxix]

Der Niedergang von Sigismund Krschischanowski war im Gegensatz hierzu langsamer, weniger theatralisch und anonymer.

Krschischanowski ist ein Schriftsteller, der außerhalb Russlands so gut wie unbekannt ist. Bis vor kurzem war er auch russischen Lesern zumeist unbekannt. Und genau das ist natürlich der springende Punkt. Die kommunistische Revolution spezialisierte sich auf das Auslöschen: Mit Krschischanowskis Worten ausgedrückt, war Moskau eine Stadt, die von den »Ausgestrichenen« bewohnt wurde. Für Krschischanowski war Moskau die absolute Isolation. Die Stadt war ein Zentrum der Einschränkungen, in dem die Geschichte nichts war als ein Prozess der Auslöschungen. Es war den Menschen fast unmöglich, ihre zensierten Zeitgenossen zu lesen – wie Bulgakow oder Platonow. Es war genauso schwierig für sie, ihre internationalen Zeitgenossen zu lesen – Kafka oder James Joyce. (Die erste Übersetzung von *Ulysses* erschien 1989. Kafka erschien auf Russisch erst nach Krschischanowskis Tod.) Und da er selbst zensiert und abgelehnt wurde, war es schier unmöglich, etwas von Krschischanowski zu lesen.

Moskau war für Krschischanowski stumm.

2

Sigismund Dominikowitsch Krschischanowski wurde am 11. Februar 1887 in Kiew als Sohn einer polnischsprachigen Familie geboren. Dieses Datum platziert ihn mitten hinein in die modernistische Generation – ein paar Jahre jünger als Joyce und Kafka, ein paar Jahre älter als Bulgakow und Pasternak. Eine weitere Generation russischer Schriftsteller – Juri Olescha, Andrei Platonow und Vladimir Nabokov – sollte zwölf Jahre später geboren werden, 1899. Zum Zeitpunkt der gescheiterten Revolution von 1905 war Krschischanowski folglich 18 Jahre alt. Er studierte Jura an der Unviersität von Kiew. Seine gebildeten Geschichten legen nahe, dass er nebenher auch noch alles mögliche andere studierte. 1912, als er 25 Jahre alt war, bereiste er Europa mit Stopps in Paris, Heidelberg, Mailand. Nach dem Ersten Weltkrieg und der 1917er Revolution kehrte er nach Kiew zurück, wo er am Kiewer Konservatorium und an der Theaterschule unterrichtete. 1922 zog er mit 35 von Kiew nach Moskau um, wo er den Rest seines Lebens verbringen sollte. Er schrieb Aufsätze und hielt Vorträge, besonders über Alexander Tairows Studio-Theater. Tairow war – zusammen mit Meyerhold und Stanislawski – einer der wichtigsten Theaterdirektoren in Moskau. Ab 1922 arbeitete Krschischanowski als Berater des Tairower Kammertheaters. 1924 wurde eine Auswahl von Krschischanowskis Geschichten, *Märchen für Wunderkinder*, zur Publikation angenommen, aber der Verlag ging pleite, bevor sie letztendlich veröffentlicht werden konnte. Und so beginnt die traurige Geschichte von Krschischanowskis verhinderten Veröffentlichungen. 1928 und 1929 schrieb er weitere Geschichten, ein Drehbuch und ein Theaterstück: Keiner dieser Texte schaffte es an die Öffentlichkeit. Am 23. April 1932 gründete das Zentralkomitee der kommunistischen Partei den Schriftstellerverband der UdSSR, dessen erster Vorsitzender Maxim Gorki war. Im gleichen Jahr soll Gorki gesagt haben, dass sich Geschichten, wie die von Krschischanowski, »schwer tun würden, einen Verlag zu finden«, und wenn sie es täten und es schafften, »einige wenige junge Köpfe zu verdrehen«, fügte Gorki hinzu, wäre dies wirklich wünschenswert? Diese Meinung lief darauf hinaus, dass Krschischanowski vollends unveröffentlichbar wurde. Im nächsten Jahr erhielt Krschischanowski eine Absage für die Veröffentlichung seiner Akademieausgabe von Shakespeares Werken. 1934 blieb ein weiteres Theaterstück *Der Priester und der Leutnant* unaufgeführt. Die Veröffentlichung eines Erzählungsbandes, der provisorisch durch den Russischen Staatsverlag angenommen worden war, wurde von den Zensoren gestoppt.

Am 16. November 1934 sagte Prokofjew, der frisch von einem ausgedehnten Aufenthalt in Europa ins sowjetische Russland zurückgekehrt war, in einem Interview mit der Zeitung *Izvestiya*: »Die Gefahr, provinziell zu werden, ist leider eine sehr reale für den modernen sowjetischen Komponisten.« Und Prokofjew hatte recht. Aber dies galt nicht nur für Komponisten. Es galt für jeden. Im gleichen Jahr legte der Schriftstellerverband auf seinem ersten Kongress die Bedingungen des Sozialistischen Realismus fest.[61] Gorkis Rede »Über sowjetische Literatur« enthielt die folgende hilfreiche Skizze möglicher zukünftiger Gegenstände von Literatur:

> Der sozialistische Realismus bejaht das Dasein als Handeln, als schöpferische Tätigkeit, deren Ziel die ständige Entwicklung der wertvollsten individuellen Fähigkeiten des Menschen für den Sieg über die Naturkräfte ist, für ein gesundes und langes Leben, für das große Glück, auf der Erde zu leben, die der Mensch entsprechend seinen ständig wachsenden Bedürfnissen in eine schöne Wohnstätte der zu einer Familie vereinigten Menschheit verwandeln will.[cxxx]

Die Aufzeichnungen der Geheimpolizei zu diesem Kongress, die das Datum 31. August 1934 tragen, enthalten eine Notiz über Isaak Babel, der so gelangweilt war, dass er diesen suizidalen, wenn auch akkuraten sarkastischen Kommentar aus der letzten Reihe abgab: »All dies wird auf künstliche Weise getan, unter der Knute, der Kongress fühlt sich leblos an, wie eine zaristische Parade, und natürlich glaubt niemand außerhalb Russlands an diese Parade.«[cxxxi]

1937 sollte der hundertste Jahrestag von Alexander Puschkins Tod in der ganzen Sowjetunion mit einem Jubiläumsfest gefeiert werden. Die Vorbereitungen hatten 1934 begonnen. Im Juli desselben Jahres war das erste Planungskomitee des Jubiläums gefeuert worden. Eine Puschkin-Kommission wurde gegründet, die natürlich direkt von Stalin geleitet wurde. Ein Element der aufwendigen Feierlichkeiten war eine Aufführung am von Tairow gegründeten Moskauer Kammertheater: eine Bühnenfassung von Puschkins *Eugen Onegin* mit Begleitmusik, die der neue sowjetische Star, der Komponist Sergej Prokofjew, komponiert hatte. Krschischanowski sollte die Bühnenfassung schreiben.[cxxxii] Diese wurde erstmals im Frühling 1936 gelesen. Im Sommer machten sich die Zensoren dann an die Arbeit und vollzogen, was Prokofjew den »neuen Plan« nannte. Insgesamt stellte Krschischanowski vier Fassungen des Skripts her. Gegen Ende des

Jahres war die Produktion zensiert worden und wegen ihrer »schöpferischen Fehler« komplett zum Schweigen gebracht worden. (Die Kommission zog es letztendlich vor, Puschkins Werk mit ungefährlicheren Medien, wie Gedenktafeln, Briefmarken und der Umbenennung von Straßen, Fabriken und Kolchosen zu feiern.)

Ein Jahr später blieb ein weiteres Theaterstück von Krschischanowski, *Dieser Mann, der Dritte*, unaufgeführt. 1941 – Krschischanowski war jetzt 54 Jahre alt – sollte eine seiner Erzählungssammlungen veröffentlicht werden: *Der ungebissene Ellenbogen*. Aber dann verhinderte der Beginn des Zweiten Weltkriegs das Erscheinen der Sammlung. Danach unternahm Krschischanowski noch einen letzten Versuch, eine Geschichtensammlung zusammenzustellen: *Woran die Menschen sterben*, deren Titel ein Gegenstück zu Tolstois Parabel *Wovon die Menschen leben* ist. Krschischanowski war schon seit langem Alkoholiker – dies sei durch ein »nüchternes Verhältnis zur Realität« ausgelöst worden, wie er sagte. Und das scheint plausibel. Im Mai 1950 erlitt er einen Schlaganfall und verlor die Fähigkeit zu sprechen. Er starb am Ende des Jahres.

Seine Werke, von denen fast alle unveröffentlicht geblieben sind, wurden von seiner Lebenspartnerin, Anna Bowschek, in ihrer Wohnung aufbewahrt: in ihrer Kleidertruhe unter einem Stück Brokat ...

Das ist eine Möglichkeit, wie man die Geschichte von Sigismund Krschischanowski erzählen kann: durch die Geschichte seiner verhinderten Publikationen. Sie zeigt, wie es einem Staat möglich ist, alle Formen des sozialen Lebens zu absorbieren. Aber die staatliche Absorption der Literatur erdrückte weit mehr als nur die Publikationsmechanismen. In Moskau, in den gesetztlich geregelten vier Wänden des eigenen Raumes, wurde die Prosa selbst zu einem Gegenstand der übergreifenden Fürsorge des Staates. Die schäumende nervöse Energie von Krschischanowskis Werk entsteht durch die unauffälligen Negationen der vom Staat gebrauchten Rhetorik. Er wollte imaginäre Experimente mit dem Wesen von Zeit und Raum anstellen. Draußen auf der Straße stellte der kommunistische Staat tatsächlich solche Experimente an. Dass Krschischanowskis Prosa einen so waghalsig unsteten Ton hat, ist als Antwort darauf zu verstehen: Es ist die entzückte Erkundung unerreichbarer Welten.

3

Sutulin – der Held von Krschischanowskis Geschichte »Quadrierfix« aus dem Jahre 1926 – lebt beengt in einem Raum von ungefähr acht Quadratmetern. Er wird von einem Vertreter besucht, der ihm Proben eines neuen Produktes anbietet: Quadrierfix. Einmal auf die Wände eines Zimmers angewendet, behauptet der Vertreter, wird sich der Raum drastisch vergrößern. Es scheine, denkt der beengte Sutulin, wenigstens einen Versuch wert zu sein. Er trägt das neue Produkt auf und legt sich schlafen. Als er aufwacht bemerkt er, dass er seinen Nachttisch nicht mehr erreichen kann.

> Alle Dinge waren noch dieselben: der kleine Teppich, abgenutzt und zu kurz, dem Tisch hinterdrein nach irgendwo vorn gerutscht, die Fotografien, der Hocker und die gelben Muster auf der Tapete – doch stand Sutulins Habe ungewöhnlich weit verstreut in dem auseinandergezogenen Zimmerwürfel.[cxxxiii]

An jenem Morgen geht er wie immer ins Büro – und entdeckt als er zurückkehrt entsetzt, dass das Quadrierfix auch während des Tages weitergearbeitet hat. »Das ganze Zimmer, aus dem Leim gegangen und widerwärtig verzogen, begann Sutulin zu schrecken und zu quälen.«[cxxxiv] Peinlich genau erzählt Krschischanowski weiter mit trauriger Distanzierheit seine albtraumartige Geschichte, mit dieser von Gogol erfundenen Methode der eintönigen Phantasie. Sutulin geht zu Bett aber in der »Dunkelheit … mischte sich das unangenehme Empfinden von Haltlosigkeit in seinen Traum«.[cxxxv] Am nächsten Morgen wird Sutulin von einem Besuch der Vermessungskommission aufgeschreckt – deren Aufgabe es war sicherzustellen, dass niemand in einem Raum lebte, dessen Größe die festgelegten neun Quadratmeter überschritt. Um sie daran zu hindern, seinen neuerdings exorbitant großen Raum zu sehen, zerschlägt Sutulin seinen Lichtschalter. Aufgrund der Dunkelheit tritt die Kommission den Rückzug an.

Voll Angst entscheidet Sutulin noch in der gleichen Nacht, einfach vor der Katastrophe zu fliehen. Er versucht, seine Sachen zusammenzusuchen. In dem riesigen dunklen Zimmer zündet er ein Streichholz an: »Der Lichtschein kroch als gelber Kreis durch die schwarze Luft.«[cxxxvi] Er erreicht die Mitte des Raumes, als sein Streichholz erlischt. Er ist verloren in der Dunkelheit, der unglaublichen Weite seines winzigen Zimmers. Auf diese Weise wird Sutulin hilflos in einem Zustand der unerwarteten und finalen Entortung zurückgelassen, wie es den Figuren und dem Leser am Ende von Krschischanowskis Geschichten so oft passiert:

> Die Bewohner der Gevierte, die neben den acht Quadratmetern des Bürgers Sutulin lagen, konnten vor Schreck und Schlaftrunkenheit nicht gleich schlau werden aus Timbre und Intonation des Schreies, der sie da mitten in der Nacht weckte und an der Schwelle der Sutulinschen Wohnzelle zusammenlaufen ließ. In der Wüste zu schreien ist zwecklos und zu spät für denjenigen, der sich verirrt hat und zugrunde geht. Wenn er aber – wider alle bessere Einsicht – doch schreien sollte, dann sicherlich so.[cxxxvii]

So geht die Handlung von »Quadrierfix«: Aber diese Art von Mechanik haben alle Geschichten von Krschischanowski gemeinsam – sie sind Ansammlungen unmöglicher Besonderheiten. Und diese Mechanik stammt von einem kohärenten philosophischen Denksystem ab. Krschischanowskis Prosa ist eine Methode, mit der erkundet werden kann, wie viel Unwirkliches die Wirklichkeit erträgt.

Die empirischen Philosophen des achtzehnten Jahrhunderts hatten spekuliert, man könne einen Traum ganz einfach dadurch von der Wirklichkeit unterscheiden, dass er lebhaftere Eindrücke enthalte, als jene, die uns die Wirklichkeit bietet. Die Wirklichkeit ist ein

Phänomen der reinen Oberfläche: eine einheitliche Abfolge der Sinneseindrücke. In der traurigen Logik von Krschischanowskis Geschichten bedeutet solch ein Materialismus, dass die Wirklichkeit somit immer zerbrechlich ist. »Manchmal, wenn ich meine leicht staubigen Brillengläser mit einem Stück Chamois abwische, kommt mir ein komisches Gefühl: Was, wenn ich zusammen mit all dem Staub, der sich in ihren gläsernen Wölbungen festgesetzt hat, den gesamten Raum wegwischen sollte? Gleich ist er sichtbar – gleich ist er es nicht: wie ein Glänzen.«[cxxxviii] Das sind Krschischanowskis Sätze – wie Dickens' oder Nabokovs – präzise Beobachtungen der Beweglichkeit dieses Glänzens und immer kurz davor, zur Metapher zu werden. Ein Mann stößt eine Tür auf: »Sein Spiegelbild, rutschig auf dem rutschigen Glas, trat zur Seite, als er es mit seiner Hand dazu brachte …«[cxxxix] Die Haltlosigkeit ist allerdings endlos. Je mehr die Wirklichkeit zum reinen Schein wird, desto offener ist sie in der Konsequenz auch für Träume. Wenn Lebhaftigkeit das einzige Kriterium dafür ist, ob etwas wirklich ist oder nicht, so kann sich immer dann eine neue Wirklichkeit bilden, wenn der Traum stark genug ist. An diesem Punkt wird Krschischanowskis Philosophie der Wahrnehmung zu einer Philosophie der Politik.

In seiner großartigen Geschichte »Die Nebenlinie« – entstanden zwischen 1927 und 1928, zehn Jahre bevor Bruno Schulz seine eigene Theorie der Nebenlinien und der Wirklichkeit entwickeln sollte – schläft ein Mann im Zug einer Nebenlinie ein und träumt, dass er in einer Stadt gelandet ist, wo Träume hergestellt werden. In dieser Traumstadt belauscht er eine Vorlesung: der Dozent zitiert Pascal: »Die Wirklichkeit«, bekräftigte er, »ist dann konstant, wenn die Träume leicht und wechselhaft sind.« Das, sagt der Dozent, sei Pascals Auffassung. Aber, fährt er fort,

> die Wirklichkeit hat seit Pascals Zeit viel von seiner Konstanz und Unveränderlichkeit verloren, die Geschehnisse der vergangenen Jahre erschüttern sie, so wie die Wellen ein Boot erschüttern; fast jeden Tag geben die Zeitungen

morgens dem Aufstehen eine neue Realität, während die Träume … Haben wir es nicht geschafft, die Träume zu vereinheitlichen? Haben wir die Menschheit nicht mit diesem süßen millionenhirnigen Traum von der allgemeinen Verbrüderung getäuscht, einem vereinheitlichten Traum von der Einheit? Flaggen in der Farbe von Mohnblütenblättern wehen über den Massen.[cxl]

In diesem Beispiel mutiert ein philosophisches Experiment zu einer mutig direkten Satire auf die kommunistische Utopie.

Krschischanowski war davon fasziniert, wie sehr die Vorstellung eines Menschen – oder einer Revolution allgemein – von der Wirklichkeit immer auf poröse Weise für die Phantasie offen war. In einer anderen Geschichte, »Die dreizehnte Kategorie der Vernunft«, erklärt ein Erzähler voll Bewunderung, dass jene, die »den Verstand verloren haben oder genauer: daraus vertrieben wurden, die man gewissermaßen ausquartiert hat aus sämtlichen zwölf Kant'schen Kategorien der Vernunft, dann freilich gezwungen, in einer dreizehnten Kategorie zu hausen, in so einem windschiefen logischen Aufbau, der nur recht und schlecht vom objektiv-obligatorischen Denken gestützt wird.«[cxli] Krschischanowskis Figuren finden sich oft in diesem Aufbau wieder: So wie auch Don Quijote sind sie ganz der Unwirklichkeit verschrieben. Aber Krschischanowskis Geschichten zeigen auch die latente Gefahr von Quijotes scheinbar charmantem Wahnsinn, dass ein solcher Idealismus tödlich sein kann. In »Das Lesezeichen«, entstanden 1927, fasst eine Figur den Inhalt eines nicht veröffentlichbaren Aufsatzes, »Verteidigung von Rosinante«, zusammen:

Die Geschichte, schrieb ich, hatte die Menschen in zwei Klassen eingeteilt: jene, die an der Spitze sind (im Sattel), und jene, die sich darunter befinden (unterm Sattel): die Don Quijotes und die Rosinantes. Die Don Quijotes ziehen aus auf ihre phantastisch wunderbaren und ausschweifenden Streifzüge, direkt auf die Idee zu, auf das Ideal und den *Zukunftstaat*; alle Augen auf sie gerichtet, allen voran die von Cervantes, und auf sie allein. Niemand kümmert sich um Rosinante, außer Atem und erbarmungslos ausgepeitscht …[cxlii]

Don Quijote und Rosinante sind in Krschischanowskis fiktiven Texten Aspekte voneinander: Utopisten erschaffen eine geknüppelte Unterklasse, und diese Unterklasse antwortet mit einem wiederum von ihnen geschaffenen Traum.

Dies ist natürlich keine überraschende Logik, wenn man sich vor Augen führt, aus welchem Milieu Krschischanowski stammt. In der unverständlichen Gegenwart Moskaus war Krschischanowski ständig umgeben von einer Rhetorik der futuristischen Hoffnungen. In Moskau – der Stadt des *Remont*! 1922, als Krschischanowski aus Kiew wegzog und Trotzki austüftelte, wie man wohl am besten kommunistische Schriftsteller heranziehen könne, verteidigte der bolschewistische Ökonom Jewgeni Alexejewitsch Preobraschenski die Neue Ökonomische Politik (NEP) der Sowjetunion mit einem Buch, das das Format einer im Jahr 1970 gehaltenen Vorlesungsreihe nachahmte, »über die Geschichte der großartigen russischen Revolution«.[cxliii] 1970 war es scheinbar offensichtlich, dass sich alles bestens gefügt hatte. Wie der Künstler El Lissitzky seinem begriffsstutzigen Publikum erklärte: »Ein Zeichen wird gestaltet, viel später bekommt es seinen Namen, und sein Sinn wird noch später klar. So verstehen wir nicht die Zeichen, die Gestaltungen, die der Künstler schafft, weil das Gehirn des Menschen noch nicht die entsprechende Entwicklungsstufe erreicht hat.«[cxliv] In diesem Zusammenhang bekommen Krschischanowskis Geschichten – die sich im Detail damit beschäftigen, was so etwas wie die Abschaffung der Zeit bedeuten könnte, so wie in der Novelle »Erinnerungen an die Zukunft« – eine sardonische empirische Präzision. Sie stellen die revolutionäre Rhetorik auf die Probe, indem sie sie in die Falle seines Stils locken. Lissitzki hatte seine Gemälde »Exgemälde« genannt, während Malewitsch für seine eigenen Werke den Begriff »Nicht-Gemälde« vorzog. Dies sollte auf überschwängliche Weise neu sein. Trocken und unwiderlegbar beschreibt Krschischanowskis jene, die wirklich von der Zeitgeschichte überholt worden waren: die Schöpfungen der »Ausgestrichenen«.

Aber die Satire auf das Utopische ist gleichzeitig, obwohl sie manchmal ganz bewusst und grell von Krschischanowski selbst instrumentalisiert wurde, teils auch eine retrospektive Auswirkung der Geschichte. Tatsächlich hatte Moskau zu jener Zeit etwas Temporäres. Selbst in Ermangelung einer Revolution wäre Krschischanowskis Stil immer noch revolutionär gewesen. Schließlich besaßen seine Experimente eine tiefgehende Kontinuität. In seinen Anmerkungen zu seiner Adaption von *Eugen Onegin* aus dem Jahre 1936 betonte Krschischanowski die Notwendigkeit, den Eindruck des »szenischen Würfels« der Vorbühne zu erhalten.[cxlv] Das Wort »Würfel« ist von großer Bedeutung. Es stellt Krschischanowskis Arbeit im Theater in Zusammenhang mit seinen Erzählungen, von denen so viele in der Enge des »Wohnwürfels« einer Moskauer Wohnung spielen. Der Würfel ist die zentrale Einheit seines Stils. Indem er den Würfel betont, testet er aus, wie weit man die elastischen Begrenzungen der Wirklicheit ausdehnen kann.

Krschischanowski lobte einmal das von Tairow gegründete und geführte Moskauer Kammertheater für sein Repertoire, das »fast immer Stücke über Stücke zeigte, was bedeutete, dass es ein Theater von höchster Theatralität wurde, oder genauer ausgedrückt – Theater, das auf das Theaterniveau (Tt) gehoben wurde«.[cxlvi] Seine Bewunderung für diese Reflektiertheit wird genauer in seinem kurzen Text aus dem Jahre 1923, »Philosophem über das Theater«, erklärt.[cxlvii] Darin beschreibt er seine Theorie, die Wirklichkeit sei eigentlich eine Hierarchie: »*Bitiye, bit', bi, 0*«: was man, ohne sein verminderndes Wortspiel zu übertragen, grob mit »Existenz, Leben, als ob, 0« übersetzen kann. *Bitiye* ist die reine Immanenz: die Grundlage der Existenz selbst. *Bit'* ist das alltägliche Leben, und dieses Leben, findet Krschischanowski, ist das reine So-tun-als-ob. Tag für Tag glaubt ein Mann an die Wirklichkeit seiner Frau, seiner Arbeit, seiner Wohnung; aber diese Elemente sind alle ungewiss, nicht permanent. Deshalb ist *bit'* das Konzept, »*so zu tun als ob, es kein So-tun-als-ob gäbe*«.[cxlviii] Die eindringliche Kursivierung ist von Krschischanowski. Und da sich das alltägliche Leben nicht als reines So-tun-als-ob enttarnen lassen will, fürchtet es das Theater – weil das Theater, genau weil es das alltägliche Leben so präzise nachstellen kann, dessen unwirkliches Wesen sichtbar macht. Wahres Theater, argumentiert Krschischanowski, das Reich des »als ob«, trägt diese Reflektiertheit daher noch einen Schritt weiter, indem es weiter mit den verschwindenden Ebenen der Wirklichkeit spielt.

Die Darstellung dieser Unwirklichkeit ist letztendlich das Ziel, das sich Krschischanowski für sein Werk gesetzt hat. Seine Geschichten bewegen sich mit winzigen, die Perspektive erneuernden Schritten vorwärts – wie, sagen wir einmal, im Falle dieses wunderbaren Aussetzers: »Für einen Moment setzte die Geschichte aus. Ödland und Küchengärten erstreckten sich überall um uns herum. Entlang eines entfernten Bahndamms stiegen Wolken des weißen Rauches einer Lokomotive in länglichen Kreisen in die Luft.«[cxlix] Aber schließlich dominierte dieses Muster der Verdeckungen auch Krschischanowskis persönliche Geschichte. Wobei er natürlich auf diese brenzlige Situation vorbereitet war. Er wusste, dass eine bewegliche Wirklichkeit logischerweise offen für die Repressionen der Geschichte war. Oder sogar, dass nichts ohne Streichungen existieren kann. Krschischanowskis Aufzeichnungen zu einer der Vorlesungsreihen, die er 1919 in Kiew hielt, haben überlebt. Am Montag, dem 12. März 1919, dozierte er über »den Entwurf, eine Analyse der Streichungen«.

Drei Jahre später zog dieser Spezialist der »Ausstreichungen« nach Moskau.

5

Aber es gibt noch eine andere Art Lösung für dieses Problem des Ausstreichens – sie liegt in Krschischanowskis Konzept des sich an die Zukunft Erinnerns. Denn dieser eingeengte Autor fiktiver Texte war ein versierter Erfinder von imaginären Möglichkeiten der Zeitreise.

Und daher soll dies meine letzte Geschichte über Krschischanowski sein.

Krschischanowski schrieb seine Novelle »Erinnerungen an die Zukunft« 1929, in der er die Geschichte eines Genies namens Max Störer erzählt, wofür er ab und zu Fragmente einer Biographie benutzt, die von einem Mann namens Stynski geschrieben worden war. Störer ist der Sohn eines »russifizierte[n] deutsche[n] Kolonist[en]« – genauso, wie Krschischanowski der Herkunft nach polnisch war, obwohl er kulturell russifiziert war: Denn Störer ist Krschischanowskis Zwilling. Seit seiner Kindheit ist Störer verrückt nach dem Tick und Tack im Inneren der Uhren: Sein erstes Wort ist *Zeit*. In noch jungem Alter erkrankte er »an den schwarzen philosophischen Pocken des Schopenhauertums«.[cl] Er entwickelt eine seltsame Theorie, mit der er den Ursprung der Vergangenheit erklären will. Diesen Notizen zufolge ist die Vergangenheit ein »Ergebnis der Verdrängung einer Wahrnehmung A durch eine Wahrnehmung B«. Der Grund für die Verdrängung der Vergangenheit ist Schmerz. Denn in dieser Welt sind alle Wahrnehmungen Schmerz.

> Erhöht man jedoch die Resistenz von A, nimmt B nicht den Platz von A ein, sondern rückt zwangsläufig daneben … Vorausgesetzt, das Bewußtsein wäre so umfassend, daß die darin zusammenlaufenden Wahrnehmungen einander nicht bedrängten, würde die Gegenwart für sie alle reichen.[cli]

Störer versucht also, die Formel für Zeitlosigkeit zu finden. Dies müsste wohl, denkt sich der junge Störer, mit der Überwindung des Schmerzes einhergehen, denn Zeit und Schmerz sind ja die gleiche Sache – sie sind beide Systeme der Ausflucht:

Bereits bei der Bestimmung der Begriffe »Zeit« und »Schmerz« versucht der Maximilian Störer dieser Periode, beides gewissermaßen aufeinander zu projizieren. »Zeit«, so definiert er, »gleicht einem Lichtstrahl, der seine Quelle flieht, ist Abrücken von sich selbst, reine Unörtlichkeit, Minus aus Minus. Während Schmerz eine Empfindung darstellt, die durchdrungen ist von der Tendenz des Nichtempfindenwollens.«[clii]

Aber dann beginnt seine Biographie, sich mit den geschichtlichen Vorkommnissen zu überschneiden. 1914 »war [es] Zeit für den Bau der Maschine, die der Zeit eine Falle grub«, und Störer wurde eingezogen, bevor die Maschine fertiggestellt werden konnte.[cliii] Und so zieht Störer in den Krieg, statt in die Zukunft katapultiert zu werden und wird dann von den Deutschen gefangen genommen. Er wird zweieinhalb Jahre lang in einem Lager festgehalten. Dann beginnt die Revolution, und sein Vater stirbt. Und während Störer »natürlich« nicht von der zweifelhaften Wichtigkeit der Kriege oder Revolutionen beeindruckt ist, merkt er, dass seine eigene Biographie jetzt durch die Biographie der Revolution blockiert wird. In all dem Chaos werden seine frühen Theorien zerstört. Er reist zurück nach Russland, aber seine Ankunft verzögert sich, weil er Typhus bekommt: Als er endlich dort ankommt, merkt er, dass die Banken verstaatlicht worden sind und sein Erbe nicht mehr existiert. Aber wie, fragt er sich, »konnte sich das Geringere dem Erhabeneren in den Weg stellen? Wieso behinderte ihre kleine Revolution jene gigantische Umwälzung …?« Denn Störer ist, anders gesagt, der wahre Revolutionär: »Was vermochten sie, diese Leute mit ihren allerorts aufgezäumten Fahnen denn anderes, als es drei, vier Jahrhunderten heimzuzahlen und die Zukunft anzurufen, nur anzurufen? Während er – und seine Maschine – die Menschheit Epochen um Epochen vorwärtsschleudern konnten.«[cliv]

In Moskau wird ihm ein Zimmer von knapp zehn Metern im vierten Stock eines Gebäudes zugeteilt. Es folgt eine zweijährige Hungerperiode: ungefähr zwischen 1917–1919. Und er erhält etwas Geld von einer Gruppe von Menschen, die in der Zeit zurückreisen möchten –

mindestens bis 1861 oder sogar noch zehn Jahre weiter zurück. Sie sind also Konterrevolutionäre, die wieder in der fröhlichen Zeit vor der Bauernbefreiung leben wollen. Und so macht sich Störer noch einmal daran, seinen »Zeitkapper« zu bauen. Und diesmal schafft er es wirklich – und verschwindet damit in die Zukunft.

Zurück von seiner mystischen Reise wird Störer von einem Mann namens Josef Stynski entdeckt – einem Schriftsteller, der seinen guten Namen verloren hat und somit nun Bücher über die Leben großer Menschen schreiben muss. Er organisiert eine Soiree für Schriftsteller, Sprachwissenschaftler und abstrakte Dichter – und er lädt Störer ein, dort eine Rede zu halten, als großer Mann, der noch am Leben ist. Störers Vortrag beginnt mit der Theorie:

Lobatscheski hat als erster bemerkt, daß eine Linie AB zugleich auch eine Linie BA ist, das heißt, einen geometrischen Strahl darstellt, der ebenso von A nach B wie von B nach A gerichtet werden kann. Folglich läßt sich durch die zwei Punkte mehr als nur die eine Gerade führen und ergo …[clv]

Mit dieser Theorie der Umkehrbarkeit erstattet Störer Bericht über die Zukunft. Die Zukunft, sagt er, sei farblos:

Diesmal zerriß der Sekundenfaden in der Mitte eines hellen Tages. Der Sonnenstrahl, mit einer Wucht von 300 000 Kilometern gegen einen Pfosten gestoßen, stand auf 0. Die Staubkörnchen in dem Strahl regten sich nicht, es sah aus, als sei die Luft mit goldenem Fliegendreck übersät. Unter dem Sonnenfleck lag eine verlorene Zeitung (der Mensch, der sie liegenlassen hatte, war nicht zu sehen). Es handelte sich um die »Iswatija« vom 11. Juli 1951 …[clvi]

Und gegenüber dem von ihm verfolgten Ziel verspürt er nichts als Trauer: »Erst jetzt, wo die Gegenwart weit hinter mir lag, spürte ich die Unvollständigkeit, die flächige Ungreifbarkeit und bläßliche Unerfühlbarkeit der vorgegriffenen Zeit, durch deren Sekundenporen ich, auf der Jagd nach dem Künftigen, höher und höher klomm.«[clvii] Ja, seine Ernüchterung ist vollkommen.

Während der Fragerunde im Anschluss an seinen Vortrag wird er nach einer Diskrepanz »zwischen der Dauer ihres Aufenthaltes in der … nun sagen wir, der vorzeitigen Zeit und der Menge an gewöhnlicher, vulgärer – nennen wir es einmal so – Zeit, die vergangen ist, während Sie …« gefragt. Störer stimmt zu; es scheint in der Tat eine Diskrepanz zu bestehen. Womit eine Erklärung in Betracht gezogen werden muss, und zwar schlägt er ernsthaft vor: »daß ich, verzeihen Sie, unter Gespenstern weile, von trügerischen Zeitspannen hervorgebracht«. Denn schließlich sagt Störer: »Beobachte ich die Menschen, die mich jetzt umgeben, habe ich das Empfinden, es sind Wesen ohne Jetzt, mit einer Gegenwart, die irgendwo hinter ihnen liegt.«[clviii] Und Störer verlässt die Gesellschaft, während ein Schriftsteller, der an der Tür steht und versucht, seinen Mantel anzuziehen, »ohne in den herabgerutschten linken Mantelärmel zu finden«, dort zurückbleibt und »die Luft durchtastet«.

Übersetzen

1

Vladimir Nabokov wurde 1899 in Sankt Petersburg geboren und wuchs englisch-, russisch- und französischsprachig auf. Sein Name lautete zu diesem Zeitpunkt Vladimir Vladimirovič Nabokov. 1917, nach Ende der Russischen Revolution, floh er mit seiner Familie nach Berlin. Er lernte nie richtig Deutsch. Zwischen 1926 und 1938 veröffentlichte Nabokov neun Romane auf Russisch, alle unter dem Pseudonym Sirin. 1939 zog er nach Amerika. Zwischen 1941 und 1974 veröffentlichte er acht weitere Romane auf Englisch, zuerst als Vladimir Nabokoff, sogar als Nabokoff-Sirin und schließlich als Vladimir Nabokov.

»Selbst der Begriff ›Exilschriftsteller‹«, schrieb Nabokov 1940 in einer russischen Emigrantenzeitschrift, die in New York erschien,

»hört sich nach einer Tautologie an. Jeder wirkliche Schriftsteller findet sein ganz eigenes Exil in seiner Kunst und richtet sich dort ein.«[clix] Fünfundzwanzig Jahre später, 1966, sollte er die folgende Position der Nicht-Zuordnung entwickeln:

> Ich habe immer, schon als Schuljunge in Rußland, die Meinung vertreten, daß die Nationalität eines Schriftstellers, der das Lesen lohnt, von zweitrangiger Bedeutung ist. Je charakteristischer das Aussehen eines Insekts, desto weniger wird der Taxonom geneigt sein, als erstes auf die Angabe des Fundortes unter dem aufgesteckten Exemplar zu schauen, um zu entscheiden, welcher von einigen nur ungefähr beschriebenen Rassen es zugeordnet werden sollte.[clx]

Ich stimme natürlich mit ihm überein. Aber diese Theorie muss trotzdem noch mit Fakten angereichert werden.

Zwischen 1936 und 1971 übersetzte Nabokov – zumeist in Zusammenarbeit mit anderen – alle neun seiner russischen Romane ins Englische. Ein Erinnerungsband, *Conclusive Evidence*, wurde erstmals 1951 auf Englisch veröffentlicht. Nabokov übersetzte diese Erinnerungen 1954 ins Russische und gab ihnen den Titel *Drugie berega – Other Shores*. Er übertrug diese Übersetzung dann zurück ins Englische mit vielen Ergänzungen und Überarbeitungen, woraus letztendlich das 1966 veröffentlichte Buch *Speak, Memory* wurde. Und eines der Kapitel dieser Memoiren, »Mademoiselle O«, hatte Nabokov ursprünglich auf Französisch geschrieben, vor den nachfolgenden Fassungen auf Englisch und Russisch.

Nabokov übersetzte auch die Werke anderer Schriftsteller: 1922 veröffentlichte er *Nikolka Persik*, eine russische Fassung von Romain Rollands französischem Roman *Colas Breugnon*; und 1923 übersetzte er Lewis Carrolls *Alice im Wunderland*. Er übersetzte französische Gedichte von Alfred de Musset und Rimbaud ins Russische; russische Gedichte von Puschkin ins Französische; und 1944 übersetzte er Gedichte von Puschkin, Lermontow und Tjuttschew ins Englische. Seine englische Übersetzung von Lermontows Roman *Ein Held unserer Zeit* wurde 1958 veröffentlicht; seine englische Übersetzung des *Igorlieds*, einem russischen Epos aus dem zwölften Jahrhundert, erschien 1960. Und seine Ausgabe von Puschkins Versroman, *Eugen Onegin*, erschien 1964.

Die Geschichte von Nabokovs Übersetzungen ist also dreischichtig: Zuerst waren da die Übersetzungen seiner russischen Romane ins Englische (und eines englischen Romans, *Lolita*, ins Russische); dann Übersetzungen anderer russischer Schriftsteller ins Englische; und schließlich die Übersetzung seiner Erinnerungen aus dem Französischen ins Englische, ins Russische und zurück ins Englische. Was aber seine Technik betrifft, so durchliefen diese Übersetzungsschübe zwei abgegrenzte Phasen: Seine frühen Übersetzungen anderer Russen waren freie, formale Übersetzungen; aber dann ging er in seinen Übersetzungen von Romanen Lermontows und Puschkins, wobei letztere bekannter sind, über zu einer streng wortwörtlichen Theorie und Praxis. Aber gleichzeitig war für seine späteren Übersetzungen seiner eigenen Werke genau jene lose, formale Äquivalenz charakteristisch, für die er die Übersetzungen anderer kritisierte.

Nur der Stil zählt, argumentierte Nabokov: Aber in der Übersetzung muss ein Stil eine Vielzahl komplizierter Manöver überstehen. Er muss in drei verschiedenen Zeitzonen gleichzeitig leben. Und er muss mit ethischen Problemen zurechtkommen. Denn was würde es überhaupt bedeuten – eine perfekte Kopie anzufertigen? Welche Faktoren bestimmen, ab welchem Punkt eine Übersetzung zu frei ist, um noch akkurat zu sein? Diese Fragen machen den Anschein, ästhetischer Natur zu sein, aber eigentlich sind sie ethisch. Und alle werden sie durch ein ungleiches Dreieck bestimmt, durch den multiplizierenden Übersetzer, durch den multiplen Leser und durch den stummen, multiplen Text, die am Leben sein mögen oder in diesen mörderischen Jahrhunderten vielleicht tot sind, jeder Möglichkeit beraubt, lauthals ihre Rechte zu verteidigen.

2

Im Vorwort zu seiner englischen Übersetzung von Michail Lermontows russischem Roman aus dem neunzehnten Jahrhundert, *Ein Held unserer Zeit*, 1958 veröffentlicht, definierte Nabokov die Aufgabe des »ehrlichen Übersetzers«: Zuerst einmal müssten wir uns ein und für allemal von der konventionellen Vorstellung befreien, dass sich eine Übersetzung »flüssig lesen lassen« und »nicht wie eine Übersetzung klingen« sollte. Stattdessen, fand Nabokov, sei »jede Übersetzung, die sich *nicht* wie eine Übersetzung anhört, bei näherer Betrachtung unexakt; während auf der anderen Seite die einzige Tugend einer Übersetzung ihre Treue und Vollständigkeit ist. Ob sie sich flüssig lesen lässt oder nicht hängt vom Modell ab, nicht vom Imitator.«[clxi] Nabokov schloss seine Erörterung mit einigen Fakten über Lermontows rohe russische Sätze:

> Seine Similes und Metaphern sind unheimlich gewöhnlich; seine abgedroschenen Beiworte werden nur dadurch getilgt, dass sie manchmal falsch benutzt werden. Wortwiederholungen in beschreibenden Sätzen irritieren den Puristen. Und all dies sollte der Übersetzer getreulich wiedergeben, egal wie versucht er sein mag, die Verfehlungen auszugleichen und die Überflüssigkeiten zu reduzieren.[clxii]

Aber diese ernste Beschreibung des Wortwörtlichen war eine neue Erfindung. Es war eine Konsequenz von seinem Umzug nach Amerika oder aber ein Zufall, der zumindest damit in Zusammenhang stand.

In den 1940er und 1950er Jahren hatte Nabokov in Amerika eine Reihe von Lehrtätigkeiten angenommen, deren Höhepunkt sein Aufenthalt an der Cornell University war, wo er einen Kurs leitete, der sich mit den Meisterstücken der europäischen Literatur beschäftigte. Schnell begann Nabokov, empfindlich zu werden, was die ihm zur Verfügung stehenden Übersetzungen betraf. Und das bekannteste Beispiel hierfür waren die Fassungen von Puschkins *Eugen Onegin*.

Sie bedrückten Nabokov so sehr, dass er sich entschloss, eine eigene englische Fassung von Puschkins Roman anzufertigen. Und so veröffentlichte er 1964, sechs Jahre nachdem sein Lermontow erschienen war, eine vierbändige Ausgabe: eine Einleitung, eine wortwörtliche Übersetzung, und zwei Kommentarbände – zusammen mit einem Index und einem Faksimile des russischen Textes.

Damit löste er den größten Streit über Übersetzungen aus, den das zwanzigste Jahrhundert erlebt hat.

In seinem »Vorwort« zu dieser Übersetzung stellte Nabokov eine einfach Frage: »Kann Puschkins Gedicht oder überhaupt irgendein Gedicht mit einem festgelegten Reimschema wirklich übersetzt werden?« Er beantwortete diese Frage, indem er behauptete, die Antwort würde automatisch aus einer wahren Definition davon folgen, was eine Übersetzung ausmache. Und so beschrieb er drei Möglichkeiten, ein Gedicht in eine andere Sprache zu übertragen. Die erste war »paraphrastisch«: eine freie Version des Originals. Die zweite war »lexikalisch (oder konstruktiv)«: die Grundbedeutung der Wörter, reproduziert in ihrer originalen Reihenfolge. Und die dritte war die »Wörtliche, die die exakte kontextuelle Bedeutung des Originals so genau wiedergibt, wie es die assoziativen und syntaktischen Möglichkeiten einer anderen Sprache erlauben. Allein dies ist die wahre Übersetzung.«[clxiii] Nun, wandte Nabokov ein, seien wir »in der Lage, unsere Frage genauer zu formulieren: Kann ein gereimtes Gedicht wie Eugen Onegin unter Beibehaltung seiner Reime zuverlässig übersetzt werden? Die Antwort lautet natürlich nein. Die Reime beizubehalten und dabei das gesamte Gedicht wörtlich zu übersetzen, ist mathematisch unmöglich.« Und trotzdem: »Mit seinem Reim verliert das Gedicht seine Blüte, die weder Randbeschreibungen noch die Alchemie eines gelehrten Apparats ersetzen können.«[clxiv]

Puschkins Roman besteht aus Strophen von jeweils vierzehn vierhebigen Zeilen, von denen, wie Nabokov anmerkt, die jeweils ersten zwölf »die größtmögliche Abwechslung bezüglich des Reimschemas aufweisen, die in einem Dreizeiler möglich ist: Kreuzreime, Paarreime, Umarmende Reime«. In diese komplexe Strophenform bettet Puschkin seine romantische Handlung und erschafft so eine Montage zickzackartiger Abschweifungen. Denn in Puschkins Roman geht es zum einen um die Liebesaffäre zwischen Eugen und Tatjana, zum anderen aber auch um das Spiel, das er mit der Romanform trieb – wo eine entspannte Improvisation durch ein System intensiver Einschränkungen ausgeübt wird. Und die komplizierten, komischen, feinen Reime waren ein Teil dieser parodistischen Zergliederung der Romanform – indem sie sie weiter von der Welt der prosaischen Ernsthaftigkeit entfernten. Wenn also die Reime weggelassen werden, verschwindet auch ein großer Teil des von dem Gedicht intendierten Gegenstands. Aber es ist nicht so leicht, die Reime im Englischen zu erhalten. Dies liegt teils daran, dass Reime im Englischen oft andere kulturelle Konnotationen haben als im Russischen; und vor allem sind Reime eine so große Einschränkung, dass unweigerlich zu einem gewissen Grad die Präzision der ursprünglichen Bedeutung aufgegeben werden muss.

Zwei Möglichkeiten stellen sich also Nabokov zufolge dem Übersetzer von Puschkins Roman: Er konnte entweder den Gegenstand genau treffen und die Form vernachlässigen; oder er konnte die ursprüngliche Form des Romans imitieren und dabei versuchen, so viele Elemente des Gegenstands abzubilden, wie es ihm nur irgend möglich war. Die Gefahr dieser zweiten Möglichkeit war die Gefahr, einem Verschönerungswahn zu verfallen. Scheinbar durch den ehrlichen Wunsch legitimiert, Form und nicht Inhalt reproduzieren zu wollen, kann der Übersetzer all jene Passagen ignorieren, die ihm im Originalgedicht zu seltsam, zu wenig zeitgemäß vorkommen. Oder, um es vielleicht pragmatischer auszudrücken als Nabokov: Der limitierende Faktor im zweiten Fall ist Talent – angesichts der riesigen Schwierigkeit, formale Mimikry mit der totalen Einbeziehung des dargestellten Inhalts zu kombinieren.

Ganz zu Recht war eines der Dinge, die Nabokov am meisten an Übersetzungen hasste, das Klischee von der glatten Übersetzung. Ein paar Jahre nach dem Erscheinen seiner Ausgabe von Lermontow sagte er in seinem Vorwort zu Puschkin immer noch das Gleiche: »Ich habe mich immer über das stereotype Kompliment amüsiert, das ein Rezensent dem Autor einer ›neuen Übersetzung‹ macht. Er sagt: ›Sie liest sich flüssig.‹ Mit anderen Worten, der Zeilenschinder, der das Original nie gelesen hat und dessen Sprache nicht kann, lobt eine Imitation als lesbar, weil eingängige Platitüden darin jene Vielschichtigkeiten ersetzt haben, von denen er nichts weiß.« Und so kommt Nabokov zu seiner berühmten Schlussfolgerung: »Wenn sich der Übersetzer anschickt, den ›Geist‹ und nicht den bloßen Sinn des Textes wiederzugeben, beginnt er, seinen Autor zu verraten.«[clxv] Die besten Übersetzungen scheuen sich dieser Theorie nach nicht, wie Übersetzungen zu klingen: Sie geben den Stil auf und übertragen den Inhalt. Dies, so Nabokov, mache eine wortwörtliche Übersetzung aus; und nur diese eine Methode sei akzeptabel: »Meinem Ideal der Wörtlichkeit habe ich alles geopfert (Eleganz, Wohlklang, Klarheit, guten Geschmack, heutigen Wortgebrauch und sogar die Grammatik), was der gespreizte Nachahmer höher schätzt als die Wahrheit. Puschkin hat Übersetzer mit Pferden verglichen, die an den Poststationen der Zivilisation gewechselt werden. Der größte Lohn, den ich mir vorstellen kann, wäre, daß Studenten mein Werk als *pony* benutzen.«[clxvi][62] Dies kann kaum noch als Beschreibung einer Übersetzung gelten: Statt ihrer herkömmlichen Funktion nachzukommen und das Original zu ersetzen, war sie jetzt stattdessen bloß noch ein vermittelnder Sinnträger, eine Bedienungsanleitung für das Original.

Aber nach Nabokovs Angeberei, dem lauten Gewieher seines Ponys, folgte im nächsten Absatz sofort etwas noch Beunruhigenderes. »Eine perfekte zwischenzeilige Übereinstimmung ist allerdings noch nicht erreicht worden«, gab Nabokov zu. »In einigen Fällen müssen gewisse Bedürfnisse der Konstruktion erfüllt werden, damit die Übersetzung Sinn macht, die Veränderungen im Zuschnitt und in der Positionierung des englischen Satzes nötig macht.«[clxvii] Es ist eine kleine Ausnahme aber es ist eine wichtige. Selbst Nabokov konnte nicht auf so sorglose Weise wortwörtlich sein, wie er es gerne wollte: Und sobald diese Wahrheit einmal ans Licht gekommen ist, kann alles Weitere folgen. Sobald die verschiedenen Grade von Wortwörtlichkeit in Übersetzungen identifiziert werden können, sobald offensichtlich ist, dass keine Übersetzung je völlig wortgetreu sein kann, können die Befürworter aller verrückten Vorstellungen, die so herumschwirren – Vorstellungen von Imitationen, Adaptionen, Variationen – damit beginnen, sich mit Nabokovs Pony anzulegen.

Mein eigener kleiner Beitrag zu dieser Frechheit beträfe den Titel. Eine direkte englische Transliteration des kyrillischen Skripts, Евгений Онегин, würde so etwas ergeben, wie »Yevgéniy Onyégin«. Zufälligerweise existiert im Englischen der Name Eugene – der sich heute allerdings furchtbar antiquiert anhört, wie aus einer anderen Ära. Tatsächlich entstammt er den amerikanischen 1920ern. Er geht also gerade so durch, als Ersatz für den im Russischen viel normaleren Namen »Yevgéniy«. Wobei es im Englischen dagegen den Nachnamen Onegin nie geben hat und nie geben wird, von Onyégin ganz zu schweigen. Nabokovs *Eugen Onegin* hat deswegen ein seltsam transatlantisches Flair und macht einen Spagat über zwei Kontinente und zwei verschiedene Theorien der Umwandlung von Worten: Genau wie Pierre Menards *Quijote* ergibt dies eine unmögliche Kreuzung, die gleichzeitig Imitation und Transliteration ist.

3

Ja, sogar Namen sind schwierig. Nicht einmal Namen können wörtlich übersetzt werden.

Der Held von Nikolai Gogols Geschichte (oder Novelle, oder kurzer Roman) mit dem Titel *Der Mantel* – den Gogol auf Russisch schrieb während er in Rom lebte – heißt Akaki Akakiewitsch Baschmatschkin. Auch dieser Name – dieser *Name*! – muss übersetzt werden. Dieser Name muss dem Leser immer dann mahnend erscheinen, wenn er Hoffnung schöpft, dass das Übersetzen eine einfache Angelegenheit ist.

In Gogols *Der Mantel* bekommt die Mutter von Akaki Akakiewitsch Baschmatschkin diverse Namensvorschläge für ihr neugeborenes Baby, die sie aber alle ablehnt. Stilistisch bilden diese Namen ein Crescendo, ein Accelerando. Die ersten drei Namen sind Mokia, Sossia und Chosdadat. Dann werden der Mutter Trefilius, Dula und Barachassius angeboten. Aber sie lehnt auch diese ab. Als ihr letztendlich Pawsikachius und Bachtissius vorgeschlagen werden, reißt ihr verständlicherweise der Geduldsfaden, und sie entscheidet sich dafür, die Sache zu vereinfachen. Sie gibt dem Baby den Namen seines Vaters – Akaki, woraus dann Akaki Akakiewitsch wird – Akaki, Sohn von Akaki.[63] Gogol gab sich Mühe mit den Namen seiner Helden. Akakis Name, das normalste Element im Zusammenhang dieser Geschichte, ist nicht übersetzbar, weil dieses Konzept der Namensgebung im Russischen die Grundlage von so vielen Witzen ist, die es in anderen Sprachen nicht gibt. Die Geschichte von *Der Mantel* dreht sich um die gewöhnlichste aller Figuren – einen Kopisten. Er ist wirklich nicht originell, Akaki. Und genauso ist *Der Mantel* eine Geschichte, deren Musik aus den kleinen Wörtern stammt – jenen kleinen Wörtern, die normalerweise genauso unbemerkt bleiben wie Akaki selbst. Da ist beispielsweise das russische Wort как. Es gibt viele mögliche Übersetzungen von как. Die einfachste ist »wie«, obwohl es gelegentlich auch »was« sein kann. Es ist eines der kleinsten Wörter – das am häufigsten überbeanspruchte, das am wenigsten individuelle. Sein engster Verwandter in der Welt der Wörter ist так, was »so« oder »auf diese Weise« bedeutet. Und der »ak«-Laut, den diese Wörter teilen, erscheint in Akaki Akakiewitschs gestammelten Vornamen. Er ist ein Partikel. Er ist die einfachste linguistische Einheit, die es gibt. Noch seltsamer ist, dass es ein Wort ist, das auch in Akakis aufgewühlter Sprache immer wieder auftaucht.

Vishel na ulitsu, Akaky Akakievich bil kak vo sne.

– **Eta**kovo-to delo **eta**koe [...] – **tak** vot **kak**! Nakonets vot chto vishlo, a ya, pravo, sovsem i predpologat ne mog, chtobi ono bilo **etak**. – [...] – **Tak etak**-to! Vot **kak**oe uzh, tochno, ni**kak** neozhidannoe, tovo ... etovo bi ni**kak** ... **etak**oe-to obstoyatelstvo![clxviii]

In jeder anderen Sprache werden sein Name und seine Sprache in einem unschuldigen Verhältnis zueinander stehen. Während Gogol sie zur gleichen Sache machte. Aus diesem Grund war es keine normale Welt, und trotzdem schien diese Welt normal zu sein: die sprachliche Welt, die Gogol schuf. Deshalb denke ich, dass eine gute Übersetzung trotzdem immer das Risiko eingehen wird, eine unpräzise Übersetzung zu sein – ihr Schöpfer wird die Form übersetzen und nicht den Inhalt und einen neuen Namen für Akaki finden. Im Kontext dieser Geschichte über Akaki könnte es sich beispielsweise als mutiger und besser herausstellen, ihm in der deutschen Übersetzung einfach einen neuen Namen zu geben, der genauso gewöhnlich ist wie Akaki. Walter, zum Beispiel. So dass die Sätze sich vielleicht so anhören könnten:

Auf der Straße hatte Walter das Gefühl, als träume er.

– Alter, so ist das also, – sagte er zu sich selbst, denn er war ganz alleine, – ich hätte wirklich nicht gedacht, dass alles so endet ... – und dann, nach einer langen Stille, fügte er hinzu: ich meine, Alter! Klar, ok, jetzt ist es so, aber ich hätte mir wirklich nicht einmal ausmalen können, dass es so Hals über Kopf passieren würde. – Dem folgte nochmal eine lange Stille, die endete, als er lallte: – Aber so! Da soll mich doch der ... Ich meine, als ... Also wie sowas halt nur passieren konnte!

Gogols Geschichte gab den unansehnlichsten Dingen eine poetische Struktur. Die Grundlage seines Stils war die Belastung der Wirklichkeit durch die sie beschreibenden Wörter. Es ist genau diese Besonderheit, die alle Übersetzungen seines Werkes (und die Übersetzungen der Werke all jener anderen Schriftsteller, die Brillanz durch die Kombination von farblosen Elementen erzeugen können) so kompliziert und anstrengend für den Übersetzer macht. Es bedeutet, dass die Idee der wörtlichen Übersetzung vielleicht etwas angepasst werden sollte.

Sogar Akakis Nachname ist ein Problem. Sein Nachname sollte ursprünglich Tischkewitsch lauten, nicht Baschmatschkin – ein normaler Name, kein besonderer. Erst später reduzierte Gogol seinen Helden zu einer Einzigartigkeit, indem er ihn erst Baschmakewitsch und schließlich Baschmatschkin nannte – Herrn Schuhlein, Herrn Pantöffelchen.

Auf Russisch ist dieser Name Baschmatschkin komisch, ein andauerndes Giggeln. Während er im Usbekischen oder im Italienischen, wenn man ihn denn so lässt, wie er ist, einfach nur russisch ist – höchstens ein Stirnrunzeln.

Ja, um wörtlich zu sein, sinngetreu, muss eine Übersetzung immer auch eine Überarbeitung sein. Gogols Stil ist, wie jeder Stil, bereits eine Formveränderung von Sprache – genau wie die Wirklichkeit, Gaddas Formulierung zufolge, eine Formveränderung der Wahrnehmung ist. Oder, wie Proust einmal schrieb, alle Bücher werden in einer Art Fremdsprache geschrieben. So dass man einen Stil, wie auch einen Witz, nicht wörtlich übersetzen kann, um ihn in eine andere Sprache zu übertragen. Stattdessen muss das Arrangement der Effekte reproduziert werden. Und ich erinnere mich an einen wunderbaren Satz von Paul Valéry – in dem er über die Kunst der Übersetzung von Lyrik redet: »Dabei handelt es sich um wahres *Übersetzen*, was bedeutet, den *Effekt* einer bestimmten *Ursache* so ähnlich wie möglich wiederherzustellen – hier, im Falle eines spanischen Textes, mithilfe einer anderen Ursache, als im Französischen …«[64 clxix]

4

Zwanzig Jahre vor seiner Übersetzung von Puschkin, 1941, als er seit zwei Jahren in Amerika lebte, schrieb Nabokov einen Artikel über das wörtliche Übersetzen für die *New Republic.* Teils tat er dies, weil er zu dieser Zeit viel über das Übersetzen nachdachte, denn er hatte gerade russische Gedichte des neunzehnten Jahrhunderts ins Englische übersetzt. Aber er tat es auch, weil das Übersetzen zwangsläufig ein zentraler Teil von Nabokovs Betrachtungen über den Stil war.

Jede Theorie des Stils hat irgendwo auch eine entsprechende Theorie des Übersetzens.

Nabokov lieferte dem Leser die »erste Verszeile aus einem von Puschkins verschwenderischsten Gedicht«, welche er als »*Ja pom-nju tschud-no-je mg-no-wen-ije*« transkribierte. Und obwohl »ihre Verkleidung ... sie recht unhübsch erscheinen [läßt]«, behauptete Nabokov, dass diese Wörter vor lauter Assoziationen musikalisch und voll Spannung seien. Aber, fuhr Nabokov fort, »[w]er jetzt ein Wörterbuch zur Hand nimmt und diese vier Wörter nachschlägt, erhält folgenden nichtssagenden, alltäglichen und ausdruckslosen Satz: ›Ich erinnere mich an einen wunderbaren Augenblick.‹« So kam Nabokov 1941 zu dem Schluss, »daß der Begriff ›wörtliche Übersetzung‹ mehr oder weniger Unsinn ist«.

Die wörtliche Übersetzung einer Zeile ist gar keine Übersetzung, weil sie die wichtigste Sache aufgibt – die Konnotationen und die Phonetik der Wörter: Sie vernachlässigt einen zentralen Aspekt des poetischen Stils. Wenn es keine Möglichkeit gibt, alle Konnotationen des Klangs und der Bedeutung von einer Sprache in die andere zu übertragen, dann kann es nichts geben, was er später als »die genaue kontextuelle Bedeutung des Originals« definieren sollte: »›Ja pomnju‹ springt tiefer und geschmeidiger in die Vergangenheit zurück als ›ich erinnere mich‹, das wie ein unerfahrener Kunstspringer flach auf den Bauch fällt; ›tschudnoje‹ enthält ein wunderbares russisches ›Ungeheuer‹, ein geflüstertes ›Horch‹ und die Dativendung von einem

›Sonnenstrahl‹ sowie zahlreiche andere hübsche Verwandtschaften zu anderen russischen Wörtern.«[clxx] Keine Übersetzung kann all diese Effekte reproduzieren. Niemand, nicht einmal Nabokov, kann im Englischen »die Dativendung von einem ›Sonnenstrahl‹« nachbilden.

Nabokovs Meinung von 1941 – dass es sich bei einer »wörtlichen Übersetzung« um ein Oxymoron handelt – stimmte mit all seinen Übersetzungen bis zu diesem Punkt überein. 1923 veröffentlichte der emigrierte russische Verlag Gamaiun in Berlin Nabokovs russische Übersetzung von Lewis Carrolls *Alice im Wunderland*. In dieser Übersetzung naturalisierte Nabokov alles. Da sich die herkömmliche russische Transkription von Alice – Alisa – im Russischen seltsam fremd anhört, änderte er ihren Namen zu Anya, der russischen Verkleinerungsform von Anna. Ihre Freunde Ada und Mabel wurden zu den russischeren Ada und Asya. Die französischsprachige Maus war nicht länger mit William dem Eroberer nach England gekommen, sondern von Napoleon zurückgelassen worden, als dieser sich aus Moskau zurückzog. Die Geschichtslektion, welche die Maus kurz vor dem Caucus-Rennen gibt, entnahm Nabokov einem Geschichtsbuch des neunzehnten Jahrhunderts über Wladimir Monomachs Nachfolger auf dem Kiewer Thron.

Carrolls *Alice im Wunderland* beschreibt einen Traum, aber es ist gleichzeitig eine kleine Sammlung von Parodien. Parodien bilden den Kern von Carrolls traumähnlichem Humor. Sie sind die Abbildung kleiner aufreibender Veränderungen. Und Parodien sind, wie die Lyrik, eine Verwebung von Form und Inhalt: Ihr Thema ist gleichzeitig ihr Stil. Nachdem Nabokov also Carrolls englische historische Anspielungen geändert hatte, änderte er auch noch alle parodistischen literarischen Anspielungen. »You are old, Father William«, wurde zu einer deformierten Version von Lermontows Gedicht »Borodino«; »Speak roughly to your little boy« wurde zu einer Travestie von Lermontows »Kosacken-Schlaflied«. Während die erste Zeile von »'Tis the voice of the Lobster« zu der ersten Zeile von Puschkins Gedicht »Lied von dem wahrsagenden Oleg« wurde.[clxxi]

Nabokovs *Anya* war keine wörtliche Übersetzung von Lewis Carrolls *Alice*: Sie berücksichtigte die Form, aber nicht den Inhalt. Sie blieb Carrolls parodistischem Stil treu. Gleichzeitig erhält sie den Inhalt, indem sie dem von ihm gewollten Effekt treu bleibt. Immer mehr überzeugt mich diese Art des Übersetzens; immer sicherer bin ich, dass ich die Theorie des jüngeren Nabokov der des älteren vorziehe. Seine *Anya* scheint mir letztendlich doch die wortgetreueste Übersetzung zu sein.

Aber die wortgetreueste ist natürlich nicht immer die ethischste.

5

Was dann natürlich geschah, ist Weltgeschichte: die Geschichte des Nazismus und die des Kommunismus. Und so gibt es einen gemeinsamen Ursprung von Nabokovs Ringkampf mit den Begleiterscheinungen der Treue und von seinem persönlichen, pragmatischen, planlosen Plan, die russische Literatur vor der potentiellen Katastrophe der sowjetischen Zensur und vor dem Zerfall in eine Diaspora von Emigrantenautoren zu schützen und sie neu zu definieren. Die ethische Forderung einer elegischen Ästhetik: Das ist es, was der Biographie von Nabokovs Stil zugrundeliegt.

1945, vier Jahre nach seinem Aufsatz in der *New Republic*, veröffentlichte Nabokov eine Übersetzung von drei Strophen des ersten Gesangs von Puschkins *Eugen Onegin* in *The Russian Review*. Die von Nabokov übersetzten Strophen bilden einen Teil dessen, was Nabokov später »die auffälligste Abschweifung des Gesangs« nannte. »Man soll sie unter dem Namen Fuß-Abschweifung kennen«[clxxii] – als ein Riff über das Erinnern und die verlorene Liebe in Form eines Miniaturaufsatzes über die Füße seiner Geliebten. Durch seine Absonderung dieser Strophen von ihrem eigentlichen Kontext schuf Nabokov ein neues Objekt mit multiplen Brechungen. Ursprünglich als Abschweifung in einer Abschweifung angelegt, verwandeln sich die Strophen aus dem Kontext genommenen in ein neues Gedicht. Das Gedicht, das entsteht – über Begierden, die durch die Erinnerung konditioniert werden und durch sie existieren –, steht für sich als ein emblematischer Schlüssel zu Nabokovs eigenem Stil, den er während seiner anschließenden Karriere als amerikanischer Schriftsteller in Form bringen und verfeinern sollte: ein sprudelndes Wunder der Sprezzatura.

XXXIII

I see the surf, the storm-rack flying …
Oh, how I wanted to compete
with the tumultuous breakers dying
in adoration at her feet!
Together with those waves – how much
I wished to kiss what they could touch!
No – even when my youth would burn
its fiercest – never did I yearn
with such a torturing sensation
to kiss the lips of nymphs, the rose
that on the cheek of beauty glows
or breasts in mellow palpitation –
no, never did a passion roll
such billows in my bursting soul.[clxxiii] [65]

Aber in Nabokovs zweiter Fassung dieser Strophen, die schließlich mit seiner vollständigen Übersetzung des Romans veröffentlicht wurde, verschwanden die Reime und Rhythmen. (»Bei der Übersetzung dieser fünftausendfünfhundert Verse ins Englische hatte ich zu wählen zwischen Wohlklang und Wohlverstand – und ich entschied mich für den Verstand. Mein einziger Ehrgeiz war es, einen Spickzettel, eine Eselsbrücke, eine absolut wortgetreue Übersetzung der Sache zu liefern …«[clxxiv])

XXXIII

I recollect the sea before a tempest:
how I envied the waves
running in turbulent succession
with love to lie down at her feet!
How much I wished then with the waves
to touch the dear feet with my lips!
No, never midst the fiery days
of my ebullient youth
did I long with such anguish
to kiss the lips of young Armidas,
or the roses of flaming cheeks,
or bosoms full of languor –
no, never did the surge of passions
thus rive my soul![clxxv]

Dies war die Übersetzung, die Edmund Wilson bekanntlich in der *New York Review of Books* für ihre »kahle und seltsame Sprache« kritisierte, »die nichts mit Puschkin gemein hat oder mit Nabokovs normalem Stil«. Wilson fuhr damit fort zu katalogisieren, was er als Nabokovs Fehler ansah: Zum Beispiel kritisierte er »Farewell, pacific sites! / Farewell, secluded refuge! / Shall I see you?« »Nabokov übersetzt wortwörtlich ›Увижу ль вас‹«, schrieb Wilson gereizt, »was im Englischen eigentlich ›Shall I ever see you again?‹ bedeutet. Solche Stellen hören sich an, als seien sie das Produkt jener Computer, die Russisch ins Englische übersetzen sollen.«[clxxvi]

Aber kein Computer konnte Puschkins Prestissimo-Tonänderungen auf so saubere Weise erhalten, wie Nabokov es in seiner wörtlichen Fassung der Fuß-Abschweifung schafft: vom Prosaischen über das Romantische zum unzweifelhaft Parodistischen. Die Ökonomie dieser Änderungen stellt das Wesen von Puschkins Stil dar. Indem sich Wilson nur auf die Momente konzentrierte, in denen Nabokovs wörtlichere Fassung unbeholfen wird, ignorierte er andere wichtigere Weisen, in denen Nabokov Puschkins Form treu blieb. Befreit vom Zwang der Reime konnte Nabokov klar zeigen, wie vorsichtig Puschkin die Konstruktion seiner Strophen geplant hatte – und genauso auf einer größeren Skala Puschkins Arrangement der Strophen zu Gesängen, mit ihren eigenen fingierten Lücken und Ellipsen. Im Falle von Nabokovs früherer Übersetzung, bei der ihn noch das Reimschema dazu gezwungen hatte, auszustopfen und zu beschneiden, kam es aus diesem Grund immer wieder nicht nur zu Ungenauigkeiten bezüglich der Bedeutung einer bestimmten Zeile. Wichtiger noch verdeckte sie die Sicht auf die Ausrüstung, mit der Puschkins Stil ausgestattet war. Dieser Ausrüstung blieb Nabokov jetzt uneingeschränkt treu.

6

Allerdings kommt natürlich alles ganz darauf an, wie man Treue definiert. Nabokovs »absolut wortwörtliche Übersetzung« ist ein flüchtiges Ideal. »Was die Musik eines Gedichts genannt wird, ist im wesentlichen die Zeit, neu gefügt auf eine Weise, daß der Gedichtsinhalt in einen sprachlich zwingenden, einprägsamen Brennpunkt gerückt wird«, schrieb Joseph Brodsky in einem Aufsatz über Anna Achmatowa.[clxxvii] Wenn dies wahr ist – wenn der Inhalt durch seine Form fokussiert wird, dann ist eine eindeutige Entscheidung für das eine oder das andere unmöglich. Stattdessen wird jede Übersetzung eine neue und provisorische Übertragung mit sich bringen.

»Meine Methode mag falsch sein, aber es ist wenigstens eine Methode«, sagte Nabokov über seine Philosophie des Übersetzens.[clxxviii] Und er hatte recht. Aber es gibt auch noch andere Methoden – wie jene Methode, die Nabokov in seinen frühen Übersetzungen angewandt hatte. Aber das war zu einer Zeit, als Nabokov gerade erst in Amerika angekommen war. Als er noch nicht zu dem traurigen Schluss gekommen war, dass die russische Emigrantendiaspora keine Literatur aufrechterhalten konnte, und auch noch nicht zu dem ebenso traurigen Schluss, dass die Vergangenheit der russischen Literatur Gefahr lief, völlig zu verschwinden.

Dies ist der Grund für Nabokovs Heftigkeit. Irgendwann zwischen 1944 und 1964, als er seine Übersetzung von Puschkin fertiggestellt hatte, hörte er auf, daran zu glauben, dass so etwas existierte wie eine Gemeinschaft der Leser. Stattdessen widmete er seine Zeit der Erhaltung einer gefährdeten Literatur. In der Isolation seines Exils wurde das Übersetzen für Nabokov zu einer Kunst, die nach ethischen Standards beurteilt werden musste.

In seinem Kommentar über die Verfasser von Überarbeitungen sagte Nabokov, dass »als unvermeidliches Ergebnis ihrer verfehlten Bemühungen etwas entsteht, das sehr nach Grausamkeit und Betrug aussieht«.[clxxix] Und wir sollten genau über jene Trauer nachdenken, die sich in Nabokovs Vokabular widergespiegelt – die implizite Verletzlichkeit dieses Wortes *Grausamkeit* –, genauso, wie wir über die Verletzlichkeit von Kunderas Angriff nachdenken sollten, den er aus dem Exil auf alle Hersteller von Überarbeitungen startete. (Zwei Jahre später bezeichnete Nabokov einen Autor, von dessen Originalwerk eine Überarbeitung angefertigt worden war, als *gequält.*) Der Anfang seines Gedichtes »On Translating Eugene Onegin« von 1954 zeigt seine unumstößliche moralische Empörung:

What is translation? On a platter
A poet's pale and glaring head,
A parrot's screech, a monkey's chatter,
And profanation of the dead.[clxxx]

Aber schließlich beschränkte sich Nabokovs Anliegen, dass man im Sinne der Toten handeln müsse, nicht nur auf Übersetzungen. Und ich erinnere mich an Walter Benjamins traurigen Aphorismus, entstanden im Berlin der 1930er Jahre – wo auch Nabokov kurzzeitig lebte: »Nur dem Geschichtsschreiber wohnt die Gabe bei, im Vergangenen den Funken Hoffnung anzufachen, der davon durchdrungen ist: auch die Toten werden von dem Feind, wenn er siegt, nicht sicher sein. Und dieser Feind hat zu siegen nicht aufgehört.«[clxxxi] Die Geschichte von Nabokovs Übersetzungen ist nicht von der ausgedehnteren Geschichte seines Stils trennbar, ist ein brennendes Gefühl der Verbundenheit mit der ewig schwindenden, sterblichen Schönheit der Wirklichkeit.

7

Als er in Amerika angekommen war, schrieb Nabokov einen Beitrag für das russische New Yorker Emigrantenblatt *Novoje Russkoje Slovo*. Jeder Schriftsteller, so Nabokov, sei auf gewisse Weise Emigrant. Vor allem russische Schriftsteller, fuhr er fort, »haben ihre Heimat immer auf nostalgische Weise geliebt, sogar dann, wenn sie sie in Wirklichkeit nie verlassen hatten. Nicht nur Kischinau oder der Kaukasus kamen ihnen vor wie ein fernes Exil, sondern auch der Newski-Prospekt.«[clxxxii] Er meinte natürlich eigentlich sich selbst. Nabokov zufolge war alle Kunst elegisch, und somit waren es alle Übersetzungen auch. Oder aber, wie Van Veen es in Nabokovs spätem Roman *Ada oder das Verlangen* ausdrückt, die Wirklichkeit »[war und ist] immer eine Form von Gedächtnis ... sogar im Moment der Wahrnehmung«.[clxxxiii] Denn Nabokov war ein Mystiker – aber ein Alltagsmystiker – der die Handlung hinter der scheinbaren Handlung ausmachen konnte, den Traum, aus dem die Wirklichkeit besteht. Genauso wie in seinen fiktiven Werken »eine zweite (Haupt-)Geschichte mit der oberflächlich sichtbaren, halbtransparenten Geschichte verwoben oder unter sie gelegt ist«[clxxxiv] – welche die schwindenden Ebenen der Wirklichkeit nachahmt.

Die Wirklichkeit, schrieb Nabokov, sei »eine endlose Folge von Stufen, Wahrnehmungsebenen, Doppelbödigkeiten und infolgedessen unermeßlich, ungreifbar ...«[clxxxv] Sowohl das Schreiben als auch das Übersetzen basierte somit auf der gleichen Linguistik: auf einer endlosen Lücke zwischen Wort und Welt. Das Bild, welches er von sich selbst zeichnet, beim Übersetzen von Puschkin – als »hagere[r], ungraziöse[r] Anhänger der Wörtlichkeit«, der »sich bei der Suche nach dem verborgenen Wort vorwärts tastet, das seiner leidenschaftlichen Wahrheitsliebe genügt«[clxxxvi] ist genetisch verwandt mit seinem Bild des halb-russischen, halb-englischen Schriftstellers Sebastian Knight, der auf Englisch schrieb, irritiert durch »das markverzehrende Gefühl, daß das rechte, das einzige Wort am anderen Rand in nebliger Ferne wartet«.[clxxxvii] In *Das wahre Leben des Sebastian Knight* vertritt der Autor die Auffassung, dass Sebastian Knight »jene sprachlichen Geburtswehen erspart geblieben wären, wenn er seine ersten Werke auf Russisch geschrieben hätte«.[clxxxviii] In Bezug auf Nabokov stimmt das nicht. Mit ihrer exilartigen Einstellung gegenüber dem Wahrheitsgehalt des Wirklichen in einer jeden Sprache, müssen sein Stil und seine Theorie des Übersetzens als riesige Anstrengungen der sprachlichen Treue angesehen werden.

Die wichtigste Lehre beim Übersetzen, wie bei jedem Phänomen des Exils, ist die Demut.

Schließlich war Nabokovs Porträt eines Schutzheiligen der Literatur das von Pnin, einem leidenschaftlichen Vertriebenen – einem Russischprofessor, der auf einem amerikanischen Campus lebt.[66] Ein »Mann von großem moralischen Mut, ein reiner Mann, ein Gelehrter und ein treuer Freund, auf gelassene Art weise, der einer Liebe treu, der nie von jenem hohen Lebensweg abwich, den Echtheit und Anstand auszeichneten«, schrieb Nabokov über Pnin. »Aber behindert und gehemmt durch seine Unfähigkeit, eine Sprache zu lernen, erscheint er vielen, die durchschnittlichen Intellekts sind, als eine Witzfigur …«[clxxxix] Und es ist wahr: Sogar an seinen schlimmsten Tiefpunkten ist Pnin immer noch grausam komisch: »›*Ei chaff naffing*‹, klagte Pnin und holte zwischendurch laut und feucht Luft, ›ich chab nix mehr, *naffing, naffing!*‹«[cxc]

Nobel und lächerlich wie er ist, sollte Pnin der Schutzpatron der Übersetzungen sein.

Denn sogar heute, in der Ära der örtlichen Verschiebungen, gehen wir nicht präzise genug mit Übersetzungen um, damit, was es bedeutet, etwas wörtlich zu übersetzen: wortgetreu zu sein. Und ein Ansatzpunkt könnte das weit verbreitete Problem der Aussprache sein. »›Gaw-gol,‹ nicht ›Go-gall‹«, insistierte Nabokov. »Das ›l‹ am Ende ist ein weiches ›l‹, das sich auflöst und im Englischen so nicht existiert. Man sollte nicht hoffen, einen Schriftsteller zu verstehen, wenn man nicht einmal dessen Namen aussprechen kann.« Und Nabokov? »Na-*bo*-kov. Ein wuchtiges offenes ›o‹ wie in dem amerikanischen ›Knickerbocker‹. Mein Neuengland-Ohr stößt sich nicht an dem gedehnten vornehmen ›o‹, mit dem die Mittelsilbe von Nabokov an amerikanischen höheren Bildungsanstalten ausstaffiert wird. Das scheußliche ›Nä-bah-kaw‹ ist widerwärtiger Gossendialekt. So, jetzt haben Sie die Wahl.«[cxci]

Aber die einzige moralische Entscheidung ist die zur Treue: *Vladímir Nabókov.*

8

HOMMAGE AN VLADIMIR NABOKOV IN DREI SPRACHEN

1

Im Frühjahr 1937, noch lange bevor er daran dachte, *Eugen Onegin* zu übersetzen, hielt Vladimir Nabokov in Paris eine Vorlesung über den von ihm sehr verehrten Schriftsteller Alexander Puschkin: »Puschkin oder das Wirkliche und das Glaubhafte«. Seine Vorlesung hatte zwei Hauptthemen: die Unmöglichkeit, sich vorzustellen, was an Puschkins Vergangenheit wirklich war; und die Unmöglichkeit einer wirklichen Übersetzung von Puschkins Werk. Nur eine glaubhafte Fassung sei möglich, aber keine wirkliche – dies war ein Punkt, den Nabokov dann mit drei virtuosen, aber möglicherweise unzulänglichen Übersetzungen von Puschkins Gedichten veranschaulichte. »Ich habe keine Illusionen, was die Qualität dieser Übersetzungen betrifft«, sagte Nabokov. »Es ist ein einigermaßen glaubhafter Puschkin, nichts weiter: Der wahre Puschkin liegt anderswo. Trotzdem«, fuhr er fort und widersprach sich sofort mit einem Ausspruch, den ich sehr bewegend finde, weil er nicht wirklich rational ist, aber dennoch sehr wahr zu sein scheint, »wenn wir dem sich entfaltenden Flussbett dieses Gedichts folgen, bemerken wir in jenen Biegungen, nach denen mich zu richten es mir hier und da möglich war, wie etwas Wahres wohlklingend vorbeischwimmt, und dabei handelt es sich um das einzige Wahre, was ich dort unten finden konnte – das Wesen der Kunst.«[i]

Irgendwie, obwohl Übersetzungen zwangläufig unvollkommen

sind, überlebt die Kunst den Übersetzungsvorgang trotzdem: das war die These, die Nabokov 1937 in Paris vertrat.

Als Coda schloss Nabokov die Vorlesung mit seiner eigenen Weiterentwicklung dieser Idee, dass das Wesen der Kunst die Unvollkommenheiten der Welt irgendwie überleben konnte. Er machte darauf aufmerksam, dass man manchmal auf mystische Weise einen Blick auf improvisierte Beispiele für ungeplante Kunst im scheinbaren Durcheinander der Wirklichkeit erhaschen konnte: »Ich habe wahre Komödien beobachtet, inszeniert von irgendeinem unsichtbaren Genie, wie an jenem Tag, als ich zu sehr früher Stunde einen gewaltigen Berliner Briefträger auf einer Bank schlafen sah und dabei zusehen konnte, wie sich zwei andere Briefträger mit grotesker Schurkenhaftigkeit in der Deckung eines Jasminbusches an ihn heranschlichen, um ihm etwas Tabak in die Nase zu schieben.«[ii] Das Leben – zu diesem letzten Punkt kam Nabokov im Pariser Exil –, das Leben, diese Abfolge von Misserfolgen und Fehlern, schien in gewissen Augenblicken in seiner Struktur den flinken formalen Eigenschaften der Kunst ähnlich zu sein.

2

Ein Jahr zuvor hatte Nabokov in der zweiten Ausgabe von Adrienne Monniers Zeitschrift *Mesures* einen Text mit dem Titel »Mademoiselle O« veröffentlicht, den er auf Französisch über seine französische Gouvernante geschrieben hatte. Nabokov hatte den Text in zwei Wochen geschrieben und ihn erstmals bei einem Treffen des PEN-Zentrums in Brüssel gelesen, dann beim Russian Jewish Club und schließlich am 25. Februar 1936 bei einer Lesung in Paris, nach der der französische Schriftsteller Jean Paulhan den jungen und unbekannten russischen Schriftsteller fragte, ob er ihm erlauben würde, den Text in *Mesures* zu veröffentlichen, deren Mitherausgeber er war.[iii]

Der Text beginnt mit einer Passage, in der Nabokov seiner Leserschaft ein Phänomen erklärt, das er schon oft beobachtet hatte – dass, sobald er einen Teil seiner Vergangenheit an eine der Figuren seiner Romane verlieh, dieses Stückchen von da an der Figur gehört und nicht länger ihm selbst. Und dies sei wieder einmal passiert, stellt er fest, im Fall dieser französischen Gouvernante, deren Porträt er kürzlich Lushin geliehen hatte, dem Held seines Romans *Lushins Verteidigung*.

Statt eines unersättlichen fiktiven Textes wollte Nabokov wirkliche Erinnerungen zu Papier bringen, um seine Gouvernante daran zu hindern, ihn ganz zu verlassen: Um seine Mademoiselle O vor der Fiktion zu schützen, wollte er noch einmal über sie schreiben. Es reicht ihm nicht, sie in seiner eigenen Erinnerung aufzubewahren – und vielleicht hätte dies ausreichen können, um das Publikum im PEN-Zentrum in Brüssel oder im Russian Jewish Club oder in einem Pariser Salon dazu zu bringen, über dieses Paradoxon zu stolpern und darüber nachzudenken, was da eventuell gerade vor sich ging. Denn möglicherweise war das seltsamer, als es auf den ersten Blick den Anschein hatte.

Nabokov erreicht in seinen Erinnerungen nämlich bald einen Moment, bei dem es sich nicht um seine eigene Erinnerung an Mademoiselle O handeln kann, sondern stattdessen um eine Darstellung dessen, was sie gedacht haben mochte, als sie am Bahnhof des am nächsten gelegenen Dorfes in Russland ankam:

> … ich versuche jetzt, mir vorzustellen, was sie bei ihrer Ankunft sah und fühlte, diese alte Jungfer auf ihrer ersten langen Reise, deren gesamter russischer Wortschatz aus einem einzigen Wort bestand, das sie Jahre später wieder in die Schweiz mit zurücknehmen sollte: das Wort, »giddi-eh«, das »wo ist es?« bedeutet; das, wenn es ihren Mund verließ, wie der heisere Schrei eines verirrten Vogels, eine solche Kraft der Befragung entwickelte, daß es für alle ihre Bedürfnisse ausreichte.[iv]

Diese Auswüchse seiner Phantasie hätten Nabokovs diverse Zuhörerschaften auf einen weiteren Gedanken bringen können – dass es sich hierbei vielleicht nicht nur um Erinnerungen mit künstlerischem Touch handelte, sondern dass sie vielleicht auch fiktiv getönt waren. Wenn Mademoiselle O nicht ganz wirklich ist, wenn sie jedenfalls fiktiver ist, als Nabokov zugibt, dann könnte es vielleicht auch noch Gründe, die nichts mit seiner Erinnerungskraft zu tun haben, dafür geben, dass ihr einziges russisches Wort *giddi-eh* ist, das Wort für *wo?* Es mag nicht so sehr wahr sein, wie künstlerisch wahr: Es mag ein Motiv sein.

Diese Erinnerungen sind auch eine Geschichte: eine Darstellung des Exils in einer Sprache, die nicht Nabokovs Muttersprache war. Darin versteckt sind diverse Motive, die thematisch mit dem Exil zu tun haben: Mademoiselle O, die Tochter französischer Eltern außerhalb Frankreichs, in der Schweiz; ihre Seele, im Exil der Fettleibigkeit ihres Körpers; die französische Sprache im russischen Exil. Und da ist auch Vladimir Nabokov, der jetzt aus Russland vertrieben auf Französisch über eine Frau spricht, die ihm einst Französisch beibrachte. Diese Geschichte handelt davon, wie es ist, sich nicht in der richtigen Sprache zu befinden. Ihr zentrales Motiv ist dieses wiederholte Wort, *giddi-eh*.

Nabokov erklärt, dass sein Motiv nicht etwa so etwas Kleines sei wie das politische Exil: Vielmehr sei es etwas viel Umfassenderes und Universelles:

Die Pein, die ich jetzt empfinde, wenn ich mich daran erinnere, daß das schöne Haus, in dem ich als Kind lebte, nichts mit jenen politischen Geschehnissen zu tun hat, die, um ein Klischee der Journalisten zu benutzen, mein Land umstürzten. Ich kann diesen politischen Geschehnissen nur Unterhaltendes abgewinnen. Meine Erinnerungen ruhen und bewegen sich auf einer ganz anderen Ebene, einem Gedankengang folgend, der nichts mit den Unfällen der Geschichte zu tun hat. Nein, ich seufze nicht den Seufzer des Exils, außer man betrachtete das Leben des reifen Mannes als eine Art von Exil, verglichen mit der Leidenschaft seiner Jugend.[v]

Es geht hier nicht um etwas so Nebensächliches wie die Flucht vor den Bolschewiken, vor den Kommunisten. Es geht um das universelle Problem, jene Dinge zu erhalten, die einem etwas bedeuten. Alles verschwindet, immer. Daher ist jeder auf gewisse Weise ein Flüchtling, ein amateurhafter Emigrant. Niemand besitzt seine Vergangenheit.

An einem frühen Punkt seiner Erinnerungen oder seiner Geschichte versichert Nabokov, dass O der vollständige Name seiner Mademoiselle ist: keine Abkürzung. Aber dieser seltsame Name ist ein Hinweis, den Nabokov absichtlich in den Text integrierte. Er ist da, um zu zeigen, dass es sich bei dieser Erinnerung selbst um Fiktion handelt. In der Form dieses Os lösen sich die Bilder der Geschichte auf, der Mond, die Leere, die Abwesenheit, der See, an dem Mademoiselle O aufwuchs und zu dem Nabokov viele Jahre später zurückkehren wird. O ist ein Motiv, sowohl ein visuelles als auch ein phonetisches – denn sein Klang ist das französische Wort für Wasser, *eau*, das man wiederum aus dem französischen Wort für die Schönheit, *beauté*, heraushören kann.

Und außerdem ist es gar nicht ihr wirklicher Name. Es ist nur eine Andeutung ihres Namens, eine Fiktion, ein Drittel der Klänge, die ihn bilden. Der wirkliche Name von Mademoiselle O, ihr Vorbild, war Cécile Miauton.

3

Das Grenzgebiet zwischen dem Unwirklichen und dem Wirklichen ist die Stätte von Nabokovs Stil. Sein Stil und seine Theorie des Stils basieren auf einer Umkehrung der normalerweise anerkannten Ordnung der Dinge: Nicht die Kunst ist dem Leben unterlegen, das Leben ist der Kunst unterlegen. Denn die Kunst ist beständig, und das Leben ist es nicht. Diese Überzeugung steht im Zentrum von »Mademoiselle O«, und genauso prägt sie die diversen Übersetzungen dieses

Textes, erst ins Englische, dann ins Russische und dann wieder ins Englische – in denen Nabokov sich weiterhin bewegte und verschob und auf diese Weise versuchte, seine Idee von den Erzählungen und ihren weniger wahren Geschichten präziser darzustellen. Jeder der unterschiedlichen Schlüsse stellt das Problem ein wenig anders dar, jeweils in einer anderen Sprache.

Die erste französische Fassung endet mit Nabokovs Darstellung davon, wie er Mademoiselle in Lausanne besuchte, lange nachdem sie die Familie verlassen hatte und Nabokov bereits im Exil lebte. Da sie mittlerweile fast völlig taub war, kaufte Nabokov ihr ein Hörrohr – für das sie ihm überschwänglich und höflichst und – wie Nabokov hinzufügt, heuchlerisch – dankte. Sie konnte immer noch nichts hören. Aber dann folgt eine Coda, in der Nabokov beschreibt, wie er sie verließ und einen Spaziergang machte, auf dem er einen Schwan auf einem See beobachtete, der wenig erfolgreich versuchte, sich selbst in ein Boot zu bugsieren. Es war dieser Schwan, schreibt Nabokov weiter, »an den ich mich sofort erinnerte, als ich einige Jahre später erfuhr, dass Mademoiselle nicht mehr war«. Und dann kommt er zu einem erstaunlichen Schluss:

> Ich dachte, ich könne mich vielleicht trösten, indem ich von ihr sprach, und nun, da alles vorbei ist, habe ich das seltsame Gefühl, sie in jeder Einzelheit erfunden zu haben, genauso allumfassend wie die anderen Figuren, die durch meine Bücher ziehen. Lebte sie wirklich? Nein, jetzt, wo ich angestrengt darüber nachdenke – sie lebte nie. Aber von nun an ist sie wirklich, da ich sie erschaffen habe, und diese Existenz, die ich ihr gebe, wäre ein aufrichtiges Zeichen meiner Dankbarkeit, hätte sie nur jemals existiert.[vi]

Dies ist genauso erstaunlich wie heikel. Und es ist viel ungewöhnlicher, als es auf den ersten Blick erscheinen mag. Denn Nabokov enthüllt nicht auf einmal, indem er schnell den Stoff wegzieht, dass alles nur ein Trick gewesen ist, ein Kunststückchen. Sein Schluss ist aufgeladen, mit einer viel grandioseren Form der Chuzpe. Nabokov zeigt, dass alles immer unsicher ist, im Leben genauso wie in der Kunst: Alles ist, wie wenn jemand in einer Zaubershow weggezaubert wird. Dinge überleben nur, wenn man ihnen eine künstlerische Form gegeben hat.

Die Kunst ist daher auf gewisse Weise wirklicher als das Leben. Allerdings ist sie unveränderlich. Nur die Kunst bildet mit ihrer Leidenschaft für Form eine dauerhafte Version der imaginären Dinge dieser Welt.

In der englischen Übersetzung einer Frau namens Miss Hilda Ward, die Nabokov überarbeitete, erschien »Mademoiselle O« in Amerika, in der Januar-Ausgabe des *Atlantic Monthly* von 1943, ohne Hinweis darauf, ob es sich dabei um Fakt oder Fiktion handelte. Im Englischen endete das Stück anders:

Meine gewaltige, mürrische Mademoiselle O macht sich gut auf der Erde, aber man kann sie sich unmöglich in der Ewigkeit vorstellen. Habe ich sie wirklich vor der Fiktion gerettet?

Kurz bevor der Rhythmus, den ich höre, stockt und langsam verklingt, ertappe ich mich dabei, wie ich mich frage, ob ich während all der Jahre unserer Bekanntschaft nicht etwas an ihr übersehen hatte, das viel mehr war als ihr Name oder ihr Doppelkinn oder ihre Art oder sogar ihr Französisch – etwas, das vielleicht mit jenem letzten Blick auf sie verwandt war, mit jener schreienden Täuschung, durch die sie mir die Genugtuung meiner eigenen Güte sichern wollte, oder mit diesem Schwan, dessen Qualen so viel wirklicher waren als der matte weiße Arm eines Tänzers; kurz gesagt etwas, das ich erst zu schätzen lernte, nachdem die Dinge und Wesen, die ich in der Sicherheit meiner Kindheit geliebt hatte, in Asche verwandelt worden waren oder ihnen jemand mitten ins Herz geschossen hatte.[vii]

Statt eine wörtliche Übersetzung zu sein, war dies ein völlig neuer Zusatz. Aber der Text beschäftigte sich trotzdem mit dem gleichen Problem: etwas Beständiges hinter der Vergänglichkeit der Realität zu finden. Dies kann man dort, in der »schreienden Täuschung«, sehen, was ein besonderer Aspekt von Mademoiselle O ist, der durch die Echtheit ihres Schmerzes noch viel ergreifender wird – und dies wird durch den sterbenden Schwan symbolisiert: ein Schmerz, der noch viel schmerzhafter ist, als es seine konventionelle Darstellung in der Kunst der Ballerina suggeriert. Nabokovs Theorie zufolge muss es möglich sein, etwas zu schaffen, das nicht dem Tod und dem Wandel unterworfen ist, etwas, das seiner Mademoiselle entspräche – eine Bedeutung, die sich Nabokov erst enthüllte, als er schließlich lernen musste, dass alles flüchtig ist, dass auch die am heißesten geliebten Menschen und Gegenstände eines Tages verschwinden.

Eine veränderte Fassung dieser Fassung erschien dann als fünftes Kapitel von Nabokovs Autobiographie *Conclusive Evidence*, die 1951 in Amerika veröffentlicht wurde. All dies wurde für Nabokovs russische Fassung von *Conclusive Evidence* übersetzt – und im Laufe dieses Prozesses überarbeitet – und erschien 1954 unter dem neuen Titel *Drugie berega* (*Andere Ufer*). Die russische Fassung war wieder anders. Sie war viel lakonischer: Nabokov beschrieb schlichtweg seinen Gang um den See, wie er den Schwan entdeckte, und schloss mit dem Eingeständnis, dass, als er zwei Jahre später von Mademoiselles Tod erfuhr, »das Erste, was mir erschien, nicht ihr Doppelkinn waren, nicht ihre Beleibtheit und nicht einmal der Wohlklang ihres Französischs, sondern genau dieses arme, ersterbende Triptychon: aus Boot, Schwan, Welle«.[viii]

Die Diskussion über die Fiktion ist hier verschwunden. Sie ist ersetzt worden, durch einen Dreiklang, eine Form, die sogar Mademoiselle O selbst ersetzt hat.

Weil er aber immer noch versuchte, klarer auszudrücken, was er sagen wollte, übersetzte und überarbeitete er 1967 die russische Fassung für *Speak, Memory (Erinnerung, sprich)*: »Mademoiselle O« wurde als fünftes Kapitel veröffentlicht – in dem Nabokov im Prinzip wieder zu der englischen Fassung von 1951 zurückgekehrt war, mit einigen wenigen Überarbeitungen. Allerdings ist wieder das Ende anders: An die letzten Zeilen der Fassung von 1951 schloss Nabokov noch einen zusätzlichen Schlussabsatz an, einen rein faktisch gehaltenen Absatz, in dem er detailliert »andere erstaunliche Langlebigkeiten« bei Gouvernanten aufführt:

Fünfundsechzig Jahre später entdeckte meine Schwester Elena in Genf Mme Conrad, die sich in der zehnten Dekade ihres Lebens befand. Die greise Dame übersprang eine Generation und hielt Elena naiverweise für unsere Mutter, damals ein achtzehnjähriges Mädchen, das mit Mlle Golay von Wyra nach Batovo herübergefahren kam – in jener fernen Zeit, deren Licht so viele ingeniöse Weisen findet, mich zu erreichen.[ix]

Das Thema war immer noch das Gleiche. Auch wenn die Vergangenheit ausradiert worden war, überlebte trotzdem etwas. In seinem finalen Wortlaut ging es in diesem Text immer noch um die Suche nach einer anderen Welt, einer neuen Welt außerhalb der Zeit.

4

In *Erinnerung, sprich* tritt immer wieder eine Nebenfigur namens Ustin auf, ein Diener, der gleichzeitig Spion ist: Er ist eine Figur, die gerade noch so am Rand des Erzählrahmens existiert. Und das gibt mir zu denken, ob Ustin ein ausgedachter Name ist oder nicht, denn er klingt ziemlich ähnlich wie der Name Justin – eine Figur in *Madame Bovary*, die auf verdächtig ähnliche Weise außerhalb des Erzählrahmens herumgeistert, dessen kunstvoll abgestimmtes Arrangement durch Flaubert Nabokov in seiner Vorlesung über den Roman lobte.

Nabokovs Ansicht nach waren es Muster, die der Kunst Beständigkeit verliehen: genau, wie uns Muster, die wir im wirklichen Leben bemerken, die Existenz eines unsichtbaren, mystischen Inspizienten andeuten. Für Nabokov waren die diversen Inszenierungen eines Motivs nicht nur einfache Ausschmückungen einer Form. Stattdessen bildeten sie selber die wesentliche Struktur der Form. Während die meisten Schriftsteller ein Motivmuster ausbilden, um Akzente zu setzen, benutzte Nabokov sie ohne Hintergedanken und nur um ihrer selbst willen: um abstrakt auf Sinnzusammenhänge hinzuweisen, auf das allem zugrunde liegende formale Spiel der Welt, ohne Gedanken an Nützlichkeit.[67] Es war die Tatsache, dass Muster auch in den verstreuten Details des alltäglichen Lebens wahrgenommen werden konnten, was bedeutete, dass seine Formen oft so seltsam sein konnten – so hin- und hergerissen zwischen Erinnerung und Fiktion –, was ihm erlaubte, »jene anonyme Walze« zu beschreiben, »die meinem Leben ein bestimmtes kunstvolles Wasserzeichen aufdrückte, dessen einzigartiges Muster zum Vorschein kommt, wenn man das Schreibpapier des Lebens mit der Lampe der Kunst durchleuchtet«.[x] Und dies ist auch der Grund, warum der Unterschied zwischen Biographie und Fiktion immer unsicherer wird. Die Unschärfe war Teil seines Stils.

»Die Erinnerungen«, schrieb Nabokov, »wurden der Treffpunkt einer unpersönlichen Kunstform und einer sehr persönlichen Lebensgeschichte.« »Sie sind«, fuhr er fort, »eine literarische Annäherung an meine eigene Vergangenheit. Es gibt hierfür gewisse Vorreiter im Roman, bei Proust zum Beispiel, aber nicht in Erinnerungen.«[xi] Es existiert ein unveröffentlichtes sechstes Kapitel von *Erinnerung, sprich*, in dem ein fiktiver Rezensent die kunstvoll angeordneten Motive eines Buches analysiert – eine Aufgabe, die in der Endfassung schließlich durch das Register des Buches übernommen wurde, ein Register, das die Motive katalogisiert und genauso zärtlich mit den Details des Textes umgeht wie Nabokovs idealer Leser.

In ihrer Bibliographie von Nabokovs Texten stufte Nabokovs Witwe Véra »Mademoiselle O« als Erzählung ein, als *nouvelle écrite en français*.[xii] Aber es waren gleichzeitig Erinnerungen. Denn bei Nabokov merkt man, wie unhaltbar diese Unterscheidung eigentlich ist. In seinem Kommentar zu einem Erzählungsband aus dem Jahre 1958, *Nabokov's Dozen*, in dem auch die Erzählung »Mademoiselle O« enthalten ist, machte Nabokov eine extravagante Aussage: »Ich imitiere das ›wirkliche Leben‹ nicht mehr, als dass das ›wirkliche Leben‹ bei mir abschreibt.«[xiii] Die beiden Kategorien sind jeweils die Reflexion der anderen.

Denn es ist wichtig, nicht zuzulassen, dass sich Nabokovs angespannte, stramme Paradoxa lösen und entfalten. Es ist nicht so, dass sein Hyperstil die Unwirklichkeit seines eigenen Stils bloßlegt. Stattdessen ist er ein Instrument, um zu beweisen, dass die Kunst, weil sie beständiger ist als die Wirklichkeit, als separate Wirklichkeit existiert.

Sobald man einmal die mögliche Existenz von einer zusätzlichen Welt zugelassen hat, der Welt der Kunst, dann – dies war für Nabokov die logische Folge – musste man auch die Möglichkeit einer weiteren zusätzlichen Welt zugestehen – einer Welt, die nicht von dieser Welt ist. Und genauso, wie ein Leser stückweise die motivischen Muster, die Falten seines Zauberteppichs, in Nabokovs Texten bemerkt – in denen etwas gesehen, aber zuerst nicht verstanden wird, das trotzdem, einmal gesehen, nicht mehr ungesehen gemacht werden kann –, so bemerkt ein Mensch auch stückweise motivische Muster, Hinweise auf Stil, in der Welt selbst. Diese Wahrnehmung von Mustern wird dann meistens als mystische Erfahrung verkauft.

»Ich habe wahre Komödien beobachtet, inszeniert von irgendeinem unsichtbaren Genie …«. Das erklärte Nabokov seiner Hörerschaft, als er auf Französisch über einen russischen Stilisten dozierte: »Ich habe Dramen gesehen: eine Schneiderpuppe, deren Torso noch intakt war aber mit einer aufgeschlitzten Schulter, die lang ausgestreckt, traurig zwischen den Blättern im Dreck lag. Kein Tag vergeht, ohne dass diese Kraft, diese nicht ortbare Inspiration, hier und da unmittelbare Aufführungen inszeniert.«[xiv]

Es ist nicht falsch, an eine andere Welt oder den unsichtbaren Inspizienten zu glauben. Dies ist eine jener Wahrheiten, von denen Nabokovs Stil, seine Vision, abhängig ist. »Dass das menschliche Leben nichts weiter ist als der erste Teil der sich fortsetzenden Seele, und dass unser individuelles Geheimnis nicht im Prozess der irdischen Auflösungen verloren geht, wird dann zu mehr als nur zu einer optimistischen Mutmaßung und sogar zu mehr als nur zu einer Sache des religiösen Glaubens, wenn wir uns daran erinnern, dass nur der gesunde Menschenverstand die Unsterblichkeit ausschließt«, sagte Nabokov einmal zu seinen Studenten. »Jemand, der kreative Texte schreibt, kreativ auf jene spezielle Weise, die ich hier zu umreißen versuche, kann nicht umhin, das Gefühl zu haben, dass er dadurch, dass er die nüchterne Welt ablehnt, dass er sich auf das Irrationale, das Unlogische, das Unerklärliche und das fundamental Gute einlässt, etwas vorträgt, das auf rudimentäre Art dem ähnelt, von dem man erwarten könnte, dass es der Geist vorträgt, wenn die Zeit gekommen ist, in viel größerem und befriedigenderem Stile unter dem wolkigen Himmel der grauen Venus.«[xv] Nabokov glaubte daran, dass Seelen reisen können; dass sie am Ende ins Weltall ausströmen.

5

Als er in einer seiner Vorlesungen Charles Dickens gegen den Vorwurf der Sentimentalität verteidigte, legte Nabokov seinen Studenten nahe, zwischen Gefühl und Gefühlsduselei zu unterscheiden. »Ich möchte Ihnen unterbreiten, dass jene Menschen, die abschätzig von Gefühlsduselei reden, sich nicht darüber im Klaren sind, was wirkliches Gefühl ist.«[xvi] Und dies war eine wichtige Unterscheidung für Nabokov: zwischen dem lebendigen Gefühl und dem ausrangierten Gefühl. Sein Stil mit seiner barschen Eleganz und seiner grimmigen Nostalgie beruht auf einer oft überwältigenden Empfindlichkeit gegenüber dem Schmerz. Sein Stil ist so von Gefühlen abhängig, dass er gleichzeitig alles Gefühlsduselige anprangert. Er hat keine Wahl. (Genauso, wie der argentinische Schriftsteller Roger Pla einmal schrieb, Gombrowicz kämpfe gegen sich selbst: »Im Herzen, da bin ich sicher, war er ein Mann der Gefühle, der sich niemals einen Rückfall ins Sentimentale erlaubte.«[xvii]) Nabokovs Stil ersetzt das Gefühlsduselige mit dem Pathos endloser und komischer Fehler.

Einmal schrieb Nabokov in seinem Tagebuch eine zufällige Zeitungsnotiz auf:

Nach Ablegung einer Französischprüfung an der Northwestern University beging gestern Axel Abrahamson, ein depressiv veranlagter 2-plus-Student, in seiner Wohnung (die er mit seiner Mutter teilte) in Evanston, Ill. mit einer tödlichen Dosis Zyankali Selbstmord. Als Antwort auf die letzte Prüfungsfrage schrieb er auf Französisch: »Ich gehe zu Gott. Das Leben kann mir nicht viel bieten.«

Im nächsten Abschnitt übernahm bereits der Schriftsteller in Nabokov. Er wollte aus diesem Artikel eine Erzählung machen: Und seine erste Änderung bestand darin, einen Rechtschreibfehler einzubauen. »Ihn übernehmen. Sehe die Geschichte ganz deutlich vor mir. In Zusammenhang bringen mit Notizen vom 26. Januar ... Ihn einen erbärmlichen Fehler in seinem letzten Satz machen lassen.«[xviii]

Dies mag den zart besaiteten Leser beunruhigen. Der zart besaitete Leser mag durchaus verwirrt sein, wenn er sich daran erinnert, dass es schließlich Nabokov gewesen war, der den Humor in *Don Quijote* zu brutal fand, zu barbarisch. In diesem Kontext mag einem Nabokovs Ergänzung ein klein wenig heuchlerisch vorkommen. Sie mag einem nicht weniger brutal und barbarisch vorkommen. Aber Nabokov glaubte an andere Welten und an die Vergänglichkeit dieser Welt: Und aus diesem Grund lassen sich einige Elemente seines Stils nicht mit Kategorien der Grausamkeit erklären, sondern nur mit Pathos.

Denn Rechtschreibfehler waren ein Nebenmotiv für Nabokov. In *Pnin* setzt sich Pnin hin, nachdem ihm gesagt worden ist, dass seine Stelle an der Universität neu besetzt werden soll und entscheidet sich, einen Brief zu schreiben: »›Lieber Hagen‹, schrieb er mit seiner klaren, festen Handschrift, ›gestatten Sie mir, unsere Unterhaltung von heute abend zu rekaputilieren [ausgestrichen] rekapitulieren.‹«[xix] Und diese Streichung verbindet den Rechtschreibfehler mit einer anderen Stelle in Nabokovs Werk, in *Lolita*, als Lolita aus dem Feriencamp an Humbert und Charlotte Humbert, née Haze schreibt: »*hoffe Euch geht's gut. Vielen Dank für das Konfekt. Ich* [ausgestrichen und wieder hingeschrieben] *Ich hab meinen neuen Pullover im Wald verloren.*«[xx]

Der Sinn dieser Fehler ist nicht, dass Nabokov grausam zu seinen Figuren sein will; stattdessen will er nur seiner traurigen, aber richtigen Auffassung treu bleiben, dass dem menschlichen Tier zu keinem Zeitpunkt gestattet sein sollte, immer nur ernsthaft zu sein, unbefleckt durch Ironie. Aus »kosmisch« wird schnell »komisch«.

»Mir fällt dabei eine Witzzeichnung ein«, schwelgte er, »auf der ein Kaminkehrer vom Dach eines hohen Gebäudes abstürzt, im Fallen bemerkt, daß auf einem Schild ein Wort falsch buchstabiert ist und sich während seines Absturzes fragt, warum es eigentlich niemand verbessert hat.« Ich verstehe, warum Nabokov diesen Cartoon so mochte: Er vereinigte zwei Motive seines Stils – den Rechtschreibfehler und die plötzliche Nebenbemerkung –, und gleichzeitig ist er eine überzeugende Beschreibung des wirklichen Lebens, in dem die Menschen Expertise und Berufsstolz haben. »Diese Fähigkeit«, schloss Nabokov, »ungeachtet einer unmittelbar bevorstehenden Gefahr, Kleinigkeiten gegenüber sein Staunen zu bewahren, diese Randbemerkungen des Geistes, Fußnoten im Buch des Lebens, stellen die höchste Form des Bewußtseins dar, und wir wissen in diesem kindlichen spekulativen Bewußtseinszustand, der sich so sehr vom Alltagsverstand und dessen Logik unterscheidet, daß die Welt gut ist.«[xxi]

Sogar die Beschreibung eines Todes kann hinreißend sein, wenn er durch Kunst beschrieben wird. Nichts ist nur grandios. Stattdessen ist der Roman eine Kunstform der Verkleinerung und der Komplizierung, die Verweisung von Gegenständen auf ihren eigentlichen kleinen Platz. Und dies ist ein Vorhaben, das nicht zu bändigen ist. Alle Kunst, selbst die traurigste, ist entzückt.

6

Im Herbst des Jahres 1953 steigt Professor Pnin in Amerika an einem Ort namens Whitchurch aus dem Zug. Pnin, ein Professor am Waindell College befindet sich auf dem Weg nach Cremona, wo er eine Vorlesung halten soll. Er ist aber in Whitchurch ausgestiegen und nicht in Cremona, weil er aufgrund einer planerischen Fehlleistung den falschen Zug genommen hat. Daher hat ihm der Schaffner geraten, in Whitchurch auszusteigen, wo er einen Bus nehmen könne. Also tritt Pnin an diesem ungewöhnlich heißen Herbsttag »in eine Art Wartesaal« und vertraut seine Reisetasche einem »schwitzenden jungen Mann« an, »der auf dem breiten Holztresen vor sich Formulare ausfüllte«.

»*Quittance* [Quittung]?« erkundigte sich Pnin, indem er das russische *kwitanzija* ins Englische übersetzte, wo ein anderes Wort (*receipt*) angebracht gewesen wäre.«

»Was ist das?«

»Nummer?« versuchte Pnin.

»Nummer brauchen Sie nicht«, sagte der Bursche und nahm seine Schreibarbeit wieder auf.[xxii]

Pnin verlässt den Bahnhof, isst zwei Schinken-Sandwiches und geht genau fünf Minuten vor vier zurück, um seine Tasche zu holen.

Dort tat jetzt ein anderer Mann Dienst. Der erste war nach Hause gerufen worden, um seine Frau schleunigst in die Entbindungsklinik zu fahren. Er würde in ein paar Minuten zurück sein.

»Aber ich muß meinen Koffer erhalten!« rief Pnin.

Der Stellvertreter bedauerte, konnte aber nicht das geringste tun.

»Da ist er!«, rief Pnin, lehnte sich vor und zeigte auf ihn.

Das war ungünstig. Noch während er in die Ecke wies, wurde ihm klar, daß er die falsche Reisetasche forderte. Sein Zeigefinger schwankte. Dieses Zögern war verhängnisvoll.

»Mein Bus nach Cremona!«, rief Pnin.

»Um acht fährt noch einer«, sagte der Mann.[xxiii]

Der Vier-Uhr-Bus kommt gerade an. Pnin trifft eine spontane Entscheidung: Er lässt seine Tasche zurück, um sie auf dem Rückweg abzuholen. »In seinem Leben hatte er viele wertvollere Dinge verloren, vergeudet, vertan. Energisch, fast heiter bestieg Pnin den Bus.« Aber Pnin ist vor nichts sicher, nicht einmal jetzt. Sogar in der vermeintlichen Sicherheit des Busses geschieht eine neue Tragödie. Als der Bus anfährt, fällt ihm siedend heiß ein, dass die Papiere in seiner Tasche nicht seine Vorlesung enthalten, sondern stattdessen die Semesterarbeit über Dostojewskij und Gestalttheorie, die eine seiner wenigen guten Studentinnen geschrieben hatte: »Es war Bettys Referat.«[xxiv]

Die verlorene Reisetasche, die wiederholten Fehler: Dies sind die Beweise dafür, dass Pnins Geschichte, festgehalten von Vladimir Nabokov, wirklich ist. Das wirkliche Leben ist in diesem Roman *Pnin* eine Serie wiederholter Miniaturkatastrophen: eine formale Sequenz.

Und wenn man so über Pnin in Amerika nachdenkt, mag man sich an seinen früheren Avatar, Kafkas Karl Roßmann, erinnert fühlen. Als dieser von seinem Schiff aus auf New York blickte, blickte er auf eine Stadt, die zurückblickte, »mit den hunderttausend Fenstern seiner Wolkenkratzer«.[xxv] Während Nabokov in *Pnin* beschreibt, wie »sich schließlich die große Statue aus dem Morgendunst erhob, wo blasse, gebannte Gebäude bereitstanden, von der Sonne entzündet zu werden, wie jene geheimnisvollen Rechtecke in den Balkengraphiken von Prozentvergleichen (Bodenschätze, die Häufigkeit von Luftspiegelungen in verschiedenen Wüsten)«.[xxvi] Es ist eine Metapher, die von Saul Steinbergs metaphorischen Bildern inspiriert sein könnte, in denen er einen Wolkenkratzer aus einem Stück Millimeterpapier zaubert, einfach indem durch sein Gekritzel hier eine Antenne auf seinem Dach oder da eine Markise über seiner Tür entsteht. Es ist nicht wirklich wichtig. Die gleiche Sache ist, wie Borges schrieb, nie die gleiche Sache: Ein kafkaesker Wolkenkratzer unterscheidet sich von seinem Nabokov'schen Zwilling. Aber diese Angelegenheit bewegt mich trotzdem so, weil sie das Beispiel einer Technik ist, die Nabokov für seine neue Marke des Englischen in Anlehnung an Nikolai Gogols

Russisch entwickelte: was Pnin selbst den »Ausschweifenden Vergleich« nennt – Gogols Fähigkeit, eine neue Welt durch das Überdehnen eines Simile zu erschaffen. In Nabokovs eigenem Stil bekommt diese Technik aber eine besondere Eindringlichkeit. Dort, in den überdehnten Similes, lauert wieder die Thematik des Schmerzes. Denn die Bedeutung, die Amerika in *Pnin* einnimmt, ist die eines Ortes, der immer noch Russland ist. Es gibt keinen Ort, wohin Pnin sonst gehen könnte. Er kann Russland nicht hinter sich lassen.[68]

Ein Hauch dieses hartnäckigen Schmerzes findet sich in den Trugbildern der New Yorker Wolkenkratzer. Aber eigentlich ist die Trauer allgegenwärtig. Und sie kommt in den Similes zum Vorschein.

In den acht Jahren, die Pnin am Waindell College gelehrt hatte, hatte er – aus dem oder jenem zumeist akustischen Grund – sein Logis fast jedes Semester gewechselt. In seiner Erinnerung ähnelte die Akkumulierung aufeinanderfolgender Zimmer jetzt jenen zu Gruppen angeordneten Lehnstühlen, Betten, Lampen und Kaminecken, die unter Nichtbeachtung aller Raum- und Zeitunterschiede miteinander auskommen müssen, im dezenten Licht eines Möbelgeschäfts, um das herum es schneit und die Dämmerung sinkt und keiner den anderen wirklich liebt.[xxvii]

Nabokov beschrieb sich einmal als Autor von »klaren, aber sonderbar irreführenden Sätze[n]«.[xxviii] Und da er hier tatsächlich den Schriftsteller Sirin beschrieb, Nabokovs frühes Pseudonym, ohne zu erklären, wer dieser Sirin war, kann dies als weiteres Beispiel dafür dienen, dass es sein Stil darauf anlegt, in die Irre zu führen. Aber in *Pnin*, denke ich, zeigt sich die Klarheit des in die Irre Führens nicht nur in den Sätzen, sondern auch in den Absätzen, in der Struktur als Ganzem.

Im Sommer 1953 hält sich Pnin für eine Weile im Landhaus seines amerikanischen Freundes Al Cook auf, der auch unter dem Namen Alexander Petrowitsch Kukolnikov bekannt ist. Irgendwann erinnert ihn ein weiterer Gast – Madame Schpoljanski – an ein Mädchen namens Mira, die Pnin in Russland gekannt hatte. Mira wurde im Konzentrationslager ermordet. Ihre Unterhaltung wird unterbrochen, als sie zum Tee gerufen werden. »Pnin sagte zu Madame Schpoljanskij, er würde in einer Minute nachkommen, und nachdem sie gegangen war, blieb er in der sinkenden Dämmerung des Waldes sitzen, die Hände um den Krocketschläger verschränkt, den er noch immer hielt«.[xxix] Dann beginnt Nabokov einen neuen Absatz: »Gemütlich brannten zwei Petroleumlampen auf der Veranda des Landhauses. Dr. Pawel Antonowitsch Pnin, Timofeys Vater, ein Augenarzt, und Dr. Jakow Grigorijewitsch Bjelotschkin, Miras Vater, ein Kinderarzt, ließen sich von ihrem Schachspiel in einer Ecke der Veranda nicht losreißen, so daß Madame Bjelotschkin ihnen von der Haushälterin dort [...] servieren ließ ...«[xxx] Ja, angetrieben durch den Zeilenumbruch war Pnin in der Zeit zurückgereist, zu seinen Erinnerungen von Mira – von der ihn der Bürgerkrieg von 1918 getrennt hatte und die in Buchenwald gestorben war – eine Erinnerung, die Pnin zu vergessen versucht hatte, weil man »vom Gewissen und also auch vom Bewußtsein nicht erwarten konnte, daß sie in einer Welt fortdauerten, in der so etwas wie Miras Tod möglich war«.[xxxi]

Es ist dieser Zeilenumbruch – wie er zwei Welten trennt, zwei Zeitrahmen –, der so besonders bewegend ist. Er steht gleichzeitig für die Verleugnung von Zeit und auch für die resignierte Anerkennung ihrer Allgegenwärtigkeit. Genauso ist es, als Pnin sich in einem Park befindet, nachdem er auf dem Weg nach Cremona aus dem falschen Bus ausgestiegen ist, und sich, während er die Bäume und das Blattwerk betrachtet, in sein Kinderzimmer zurückversetzt fühlt, wo er fieberhaft die Tapete anstarrte, mit ihrem Blätter- und Zweigmuster. Denn Nabokovs Form in *Pnin* zufolge ist es weniger schmerzhaft, sich im falschen Zug zu befinden, als jener zu gedenken, die im Holocaust umgekommen sind – aber trotzdem teilen beide Szenen einen genetischen Marker: Beide Male zieht sich Pnin in seine Erinnerungen zurück. Beide Male gleitet Pnin mit jedem Satz tiefer zurück in seine eigene Vergangenheit, ohne den Leser aber klar darauf hinzuweisen. So dass, als er sich schließlich triumphierend erhebt, um in Cremona seine Vorlesung zu halten, »[e]rmordet, vergessen, ungerächt, unverdorben, unsterblich, … viele alte Freunde und Bekannte unter weniger weit zurückliegenden Leuten im dämmrigen Saal verteilt« zu sein scheinen: unter anderen »Dr. Pawel Pnin und seine besorgte Frau, beide ein wenig verschwommen, doch im Großen und Ganzen aus ihrer dunklen Auflösung wunderbar auferstanden«.[xxxii]

Ständig, andauernd kollidiert Pnin mit den unkünstlerischen Misserfolgen der Welt. Amerika ist nicht sicherer als Europa. Denn Pnin ist auch ein Überlebender – aber ein Überlebender aus Sankt Petersburg, nicht aus Warschau. So, wie jeder mit den Fehlern seines eigenen Leben leben muss. Man hat keine Wahl.

7

In der Endfassung des Textes, in *Erinnerung, sprich*, hält Nabokov genau in jenem Moment inne, als er sich vorstellt, wie Mademoiselle O den Bahnhof in Russland verlässt:

> Sehr schön und sehr einsam. Doch was tue ich in jenem stereoskopischen Traumland? Wie bin ich dorthin gelangt? Irgendwie sind die beiden Schlitten davongeglitten und haben auf der blauweißen Straße einen paßlosen Spion in neuenglischen Schneestiefeln und Wettermantel zurückgelassen. Das Klingen in meinen Ohren sind nicht mehr ihre sich entfernenden Glocken, es ist nun mehr mein altes summendes Blut. Alles ist still, gebannt, vom Mond verzaubert, dem Rückspiegel der Einbildungskraft. Der Schnee jedoch ist richtiger Schnee, und wenn ich mich bücke und eine Handvoll zusammenraffe, zerbröseln sechzig Jahre zwischen meinen Fingern zu glänzendem Froststaub.[xxxiii]

Dies ist einer der bewegendsten Absätze in Nabokovs gesamtem Werk – wie er sich hinabbeugt, um etwas wirklichen und erinnerten Schnee aufzuheben –, denn er entstammt der Eindringlichkeit seiner Erinnerungen. Und außerdem ist er so sinnbildlich für Nabokovs Stil. Unabhängig davon, in welcher Sprache er gerade schrieb, genoss

Nabokov die Tatsache, dass ein Autor genau bestimmen kann, welche Informationen seine Sätze enthalten sollen. Dies bedeutet auch, dass nichts einfacher ist, als den Leser irrezuführen, ihn kurzzeitig in eine Landschaft zu verfrachten, die von einem Moment zum anderen irrational und unerklärlich wird. (Wie auch Laurence Sterne damit angab, dass »mein Leser bislang noch nie imstande gewesen ist, etwas im voraus zu erraten … wofern ich dächte, Ihr wäret imstande, von alleine zum geringsten Urteil oder zu einer wahrscheinlichen Mutmaßung darüber zu gelangen, was auf dem nächsten Blatte stehen könnte, – ich's sogleich aus meinem Buche risse.«[xxxiv])

Im Juli 1910 ging der junge Vladimir Nabokov beispielsweise in den Marschländern um den Oredezh auf Schmetterlingsjagd:

Unter all den Gerüchen des Sumpfes bemerkte ich an meinen Fingern den feinen Duft von Schmetterlingsflügeln, einen von Art zu Art verschiedenen Duft – Vanille oder Zitrone oder Moschus oder einen modrigen, süßlichen Geruch, der schwer zu definieren ist. Immer noch nicht befriedigt, drängte ich weiter. Endlich sah ich, daß ich das Ende des Sumpflandes erreicht hatte. Das ansteigende Gelände dahinter war ein Paradies von Lupinen, Akelei und Bartfaden. In der Ferne fleckten ziehende Wolkenschatten das stumpfe Grün der Hänge über der Baumgrenze und das Grau und Weiß von Longs Peak.

Ich gestehe, ich glaube nicht an die Zeit. Es macht mir Vergnügen, meinen Zauberteppich nach dem Gebrauch so zusammenzulegen, daß ein Teil des Musters über den anderen zu liegen kommt. Mögen Besucher ruhig stolpern. …[xxxv]

Zwischen dem ersten Abschnitt und dem zweiten besteht folgender Zusammenhang. In der Nähe des Oredezh kommen keine Gelb-Kiefern vor; diese Kiefern gibt es nur in Amerika. Nabokov war 1910 aus einem russischen Wald aufgetaucht und ins Amerika der 1940er oder 1950er abgetaucht, unter dem wolkigen Himmel der grauen Venus.

Deshalb tauchte er auf dem Zauberteppich des Zeilenumbruchs sitzend auf.

Aber vielleicht sollte ich bei diesem Wort ein wenig verweilen: *Zau-*

berei. Abhängig vom Wesen des Betrachters, dem Wesen jener, die an sie glauben, kann man die Zauberei auf zwei verschiedene Weisen definieren. Für den, der an sie glaubt, ist die Zauberei ein Wunder – wenn etwas auf wundersame Weise geschieht, ohne dass es eine rationale Erklärung dafür gibt. Aber es gibt eine weltlichere Sichtweise dieses jenseitigen Phänomens namens Zauberei, wenn etwas passiert, das wundersam zu sein scheint, aber für das es eine einfache rationale und menschliche Erklärung gibt. Nur dass der Zauberer seine Tricks zu verstecken wusste. Zauberei ist der weltlichen Definition nach ein Effekt, dessen Ursachen verborgen bleiben.

Beide Definitionen sind jeweils eine Parodie der anderen. Es ist unmöglich, an beide gleichzeitig zu glauben. Trotzdem beruht Nabokovs Prosastil auf mehrdeutigen Gegebenheiten, in deren Zusammenhang die weltliche Erklärung unmöglich zu sein scheint und nur die Erklärung jener überzeugt, die an Zauberei glauben.

Nabokovs Technik ist immer dieselbe, auf der kleinsten Ebene des Satzes genauso wie auf der größeren Ebene der Handlung: Sie täuscht, indem sie verheimlicht. Alles, was Nabokov schreibt, hat die Absicht, jene besondere Eigenschaft der Sprache voll auszunutzen, mehrere Dinge gleichzeitig machen zu können. Das Medium, das wir Literatur nennen, ist das ideale Medium dafür, einen Menschen selbst in ein Medium zu verwandeln, ihn zu einer Person zu machen, für die die Zeit nicht existiert. Und so ist Nabokovs Definition der Lyrik in seinem Buch über Nikolai Gogol als »die Mysterien des Irrationalen, wahrgenommen durch rationale Worte«[xxxvi] gleichzeitig eine Definition seines eigenen Stils. Mit seinem Zauberteppich, seinen klaren, irreführenden Sätzen, zeigt Nabokov, wie es möglich ist, zwei Momente, die zeitlich auseinanderliegen, deckungsgleich zu machen, wie man sie übereinander falten kann – auf saubere, metafiktive, mystische Weise.

Vielleicht sind es sogar drei Momente … Denn Nabokovs Bild vom Zauberteppich entstammt tatsächlich der Übersetzung eines seiner russischen Gedichte mit dem Titel »Das Pariser Gedicht«, das er 1943 in Massachusetts schrieb. Die Prosa ist ein verschleiertes Gedicht.

Und dieses frühe Gedicht drehte sich selbst um Muster. Es drehte sich um die Beständigkeit der Kunst.

In diesem Leben, so musterreich (ein Leben
das nicht wiederholbar ist, da es
mit anderer Besetzung anders
in einem neuen Theater gespielt werden wird),

wählte ich keine größere Freude, als seinen
herrlichen Teppich so zu falten,
dass sich der heutige Entwurf mit jenem
der Vergangenheit deckt, mit vergangenen Mustern,

um sie wieder einmal zu sehen – oh, keine
Binsenweisheiten über jene Neigungen,
weder die Landkarte Russlands noch
andere entsprechende Nostalgien –

sondern meine Urquelle wieder zu sehen,
indem ich Überschneidungen mit dem Entfernten
meiner eigenen Kindheit finde, das Ende des
verworrenen Fadens entdecke und biege.

Und mich dann vorsichtig auswickele,
wie ein Geschenk, ein entfaltetes Wunderding,
und endlich wieder zum Mittelpunkt
der vielwegigen, lauthalsigen Welt werde.

Und umgeben vom lauten Krakeel der Vögel
von den jubelnden fenstergerahmten Linden
von ihrem extravaganten Grün
vom uns umgebenden Sonnenlicht

von den weißen Kolossen, die durch das Blau
direkt auf mich zu eilen – durch geschlossene Augen –
von all dem Glitzern und all der Kraft
meine Gegenwärtigkeit zu erkennen.

Cambridge, Massachusetts, 1943[xxxvii]

In der Prosafassung faltete Nabokov den Teppich ein letztes Mal. Er baute sein russisches Gedicht in die mehrsprachigen Erinnerungen über seine Kindheit in Russland ein, beides hatte er in Amerika geschrieben. Er stellte die Kunst der Sprache selbst über die diversen Sprachen, in denen diese Kunst Form annehmen konnte.

8

Aber ich sollte wirklich nicht zu schwärmerisch werden. In einem Interview von 1962 redet Nabokov über seine »private Tragödie« – dass er seine natürliche Sprache ablegen musste, seine natürliche Ausdrucksweise, seine »reiche, unendlich reiche, unendlich gefügige russische Sprache, um sie gegen eine zweitklassige Sorte Englisch einzutauschen«.[xxxviii] Die Tricks des von ihm geerbten Englisch konnten ihn nie so recht überzeugen. Im Exil gab er sich dem Glauben an das perfekte Russisch hin, das er nicht mehr länger benutzen konnte. Aber als Nabokov fünf Jahre später seine Übersetzung von *Lolita* ins Russische beendete, schrieb er ein trauriges, ehrliches Nachwort: »Mich jedoch quält heute nur das Klirren meiner rostigen russischen Saiten. Die Geschichte dieser Übersetzung ist die Geschichte einer Enttäuschung. Ach, jene ›reiche russische Sprache‹, die immer noch irgendwo auf mich zu warten schien, die als wahrer Frühling hinter fest verschlossenen Türen blühte, deren Schlüssel ich so viele Jahre lang aufbewahrt hatte, erwies sich für mich als nicht existent. Hinter diesen Türen gibt es nichts als verkohlte Baumstümpfe und eine herbstliche Ferne voller Hoffnungslosigkeit, und der Schlüssel in meiner Hand ist eher einem Dietrich ähnlich.«[xxxix]

Und ich musste mich ungewollt an dieses plötzliche Zugeständnis erinnern, als ich über Nabokovs Behauptung nachdachte, dass sich jeder wirkliche Autor in seine Kunst zurückzieht und dort verweilt. Oder, als ich mich an dieses stockende, schmerzhaft entblößte Gedicht erinnerte, das die Schriftstellerin Nina Berberova in ihren Erinnerungen über Nabokov zitiert und das sie auf 1951 datierte:

Als ich im Nebel das sah,

Was ich aufbewahrt hatte,
So lange …
Jetzt stelle ich mir das Gezwitscher vor

und den Bahnhof,

Und dann noch
All die Details.

Mich zieht es nach Hause,
Ich möchte nach Hause zurück.

Ich habe genug … Darf ich nach Hause?[xl]

Außerdem erinnere ich mich daran, wie Nabokov 1975 ein Interview im französischen Fernsehen gab, in dem er schlichtweg behauptete, er habe sich schon immer im Exil befunden; das Exil sei für ihn ein Dauerzustand, ein Beruf: *Je suis dépaysé partout et toujours. C'est mon état. C'est mon emploi. C'est ma vie* – »Ich bin fremd, überall und immer. Es ist mein Zustand. Es ist mein Beruf. Es ist mein Leben.« Und dann machte er eine kurze Pause: »*Voilà.*«[xli]

All dies bewegt mich sehr. All dies zeigt, dass es sich bei Nabokovs künstlerischer Haltung der Nichtanpassung – bewundernswert und wahr, wie sie ist – gleichzeitig um eine Haltung handelte, die von Schmerzen durchwachsen war.

Aber ich sollte nicht zu schwärmerisch sein.

Nabokov erzählt die Geschichte des Exils in seinem komischen Roman *Pnin*. Jede Episode oder jedes Kapitel von *Pnin* beschreibt eine Erniedrigung, eine Enttäuschung, eine Traurigkeit. Die Struktur des Romans ist trickfilmartig: Sie ist wie Tom und Jerry. Pnins

Misserfolge sind lustig. So erweckt *Pnin* – der Roman über Pnin – den Anschein einer Farce. In der Tat teilt der Erzähler, der nicht Nabokov ist, dem Leser sogar mit, dieser Roman sei eine Farce. Die Literaturtheorie des Erzählers fasst dieser so zusammen: »Unglück ist das Normale. Das Verhängnis sollte nicht klemmen.«[xlii] Aber letztendlich ist *Pnin* eigentlich keine wirklich Farce. Denn der wahre Inspizient des Romans ist Nabokov. Mein Lieblingsmoment in *Pnin* ist jener, als Pnin nach einer Party abwäscht. Liebevoll stellt er eine grünblaue Schale ins Wasser. Die Schale ist ein Geschenk von seinem jungen Sohn. Es ist der kostbarste Gegenstand, den Pnin besitzt. Dann hört er vom Abwaschbecken das Geräusch zerbrechenden Glases. Und zuerst findet man das fast lustig. Wieder eines von Pnins Missgeschicken! Aber man weiß gleichzeitig natürlich, dass es überhaupt nicht lustig ist. Denn Pnin ist nicht nur komisch: Er ist auch großherzig und liebenswert. Aber dann geschieht etwas Wunderbares: »Dann ging er mit einem Seufzer gequälter Vorahnung zum Spülbecken zurück, faßte sich ein Herz und langte mit der Hand tief in den Schaum. Ein Glassplitter stach ihn. Vorsichtig holte er ein zerbrochenes Kelchglas heraus. Die schöne Glasschale war unversehrt. Er nahm ein frisches Geschirrtuch und fuhr in seiner Hausarbeit fort.«[xliii] Nabokov verweigert sich dem Muster der Farce, unter anderem, indem er sich weigert, Pnin seine geliebte Schale zerbrechen zu lassen. Denn Nabokov verstand, dass eine Komödie, um authentisch zu sein, nicht unrealistisch sein kann. Sie muss kompliziert und geschickt sein. Sie muss zulassen können, dass das Spiel unentschieden ausgeht. Wie Don Quijote ist Pnin gleichzeitig Vorbild und Parodie.

Alle neuen Romane sind inhaltliche Fundstätten. Wären sie es nicht, könnten sie keine Fundstätten für Formen sein. Und da sie wahrheitsgetreu mit diesem komischen Ding, dem wirklichen Leben, umgehen, sind alle neuen Romane auch Fundstätten für neue Formen des Komischen. Die radikalsten Romane finden Komik an Orten, die die Menschen überhaupt nicht mit Komik in Verbindung bringen wollen – Sex zum Beispiel oder Konzentrationslager. Nabokov fand Komik in den tragischen Bedingungen des Exils.

Aber ich sollte wirklich nicht zu schwärmerisch sein.[69] Das Exil ist eine Spielform des wirklichen Lebens. Seine traurigen Seiten sind nicht abstrakt, sie sind voll von ergreifenden Einzelheiten. Und sie sind voll von Ironie. Das war es, was Nabokovs komischem und traurigen Roman *Pnin* seine Form gab.

Gefühl und Gefühlsduselei sind zwei Paar Schuhe.

9

In einem Aufsatz über seine Übersetzung von *Eugen Onegin* schrieb Nabokov einen Absatz, der als grundlegende Verteidigung des Übersetzens angesehen werden kann:

> Für den Künstler, den die Ausführung seiner Kunst innerhalb der Grenzen einer Sprache, seiner eigenen, überzeugt hat, dass Inhalt und Methode das Gleiche sind, ist es ein Schock, zu merken, dass ein Kunstwerk dem zukünftigen Übersetzer so erscheinen kann, dass es in Form und Inhalt aufgeteilt ist und dass die Frage, das eine zu übertragen, aber nicht das andere, sich überhaupt stellen kann. Was wirklich passiert, ist immer noch die Freude der Monisten: Aus seiner ersten sprachlichen Existenz gerissen, ist es dem ursprünglichen Text nicht mehr möglich zu schweben und zu singen; aber dafür kann er sehr schön auseinandergenommen und wieder befestigt werden und all ihre organischen Details können wissenschaftlich untersucht werden.[xliv]

Mit diesem Absatz versuchte Nabkov, das moralische Problem zu lösen, einen Dichter in Prosa zu übersetzen. Letztendlich war er auf die wenig intuitive Intuition angewiesen, dass die Seele eines Romans Millionen Verstümmelungen überleben konnte.

Nabokov hatte dies selber herausgefunden: durch die polyglotten Verschiebungen innerhalb seiner eigenen Prosa. Denn Nabokov begann als ein Schriftsteller, für den Form und Inhalt, Methode und Gegenstand eins waren. So ist eine der traurigsten und gleichzeitig eine der befreiendsten Entdeckungen, die er in seinem vielsprachigen Exil machte, die Entdeckung, dass sich Stil übersetzen ließ, dass seine Formen beständiger und somit weniger speziell waren, als er gedacht hatte. Reine Theorien waren das reine Durcheinander.

Nabokovs Traum von der völligen Exaktheit des Lesers und des Übersetzers war eine umgekehrte Version seines Traums von der Kontrolle durch den Schriftsteller – der eine perfekte Welt schafft. Sogar die Schriftsteller, die Nabokov verehrte, wie Sterne und Proust, waren sich dessen bewusst: »Und außerdem sorgt ein wahrhaft fühlender Mensch zur Hälfte selbst für seine Unterhaltung«, schrieb Sterne. »Seine eigenen Gedanken werden durch das, was er liest, lediglich angeregt … [so]daß es ihm ist, als läse er *sich selbst* und nicht das *Buch*.«[xlv] Proust wartete 150 Jahre später mit dem gleichen Konzept auf: »In Wirklichkeit ist jeder Leser, wenn er liest, ein Leser nur seiner selbst. Das Werk des Schriftstellers ist dabei lediglich eine Art von optischem Instrument, das der Autor dem Leser reicht, damit er erkennen möge, was er in sich selbst vielleicht sonst nicht hätte erschauen können.«[xlvi]

Aber Nabokov wusste das natürlich auch … »Der große Künstler erklettert den weglosen Hang, und was meinen Sie, wen er oben, auf einem windumtosten Felsband, trifft? Den keuchenden und glücklichen Leser. Dort fallen sie sich in die Arme und bleiben auf immer vereint, wenn das Buch so lange Bestand hat.«[xlvii] Dies ist das Paradox der Romankunst: Je einzigartiger ein Roman ist, desto besonderer wird er auch für den abwesenden und unbekannten Leser – diesen Leser, der Nabokov zufolge mit dem »Gehirn, das auf dem erschauernden Rückenmark thront«, lesen sollte.[xlviii] Ein Stil ist eine Einzigartigkeit, die unzählige Multiples bilden kann. Und so ist ein Roman, anders gesagt, ein Reiesepass der Nachahmungen – wie der von Saul Steinberg dahingekritzelte Pass, den er einmal für Vladimir und seine Frau Vera angefertigt hatte.

Vladimir
Vera
Nabokov

Und ich muss daran denken, dass Nabokov die allererste Fassung von »Mademoiselle O«, die jetzt leider verschwunden ist, auf Englisch schrieb, während er in London lebte. In einer anderen Welt, auf einer anderen Ausgabe dieses Planeten, hätte Nabokov ein englischer Schriftsteller werden können – aber stattdessen ging er in die Vereinigten Staaten. Aber schließlich ist auch seine Form weder russisch noch amerikanisch. Oder schweizerisch. Nein, den wirklichen Nabokov findet man anderswo – in der Heimat, der Utopie seiner Kunst. Oder nein: jetzt ist der wahre Nabokov sein internationaler und zukünftiger Leser.

9

MULTIPLES

Die Dritte Sprache

1

Manchmal kommt es mir seltsam vor, wie viele Skandale aufgedeckt werden müssen, bevor man beweisen kann, dass die zukünftige Produktion internationaler Multiples möglich ist. Aber da hat man es wieder einmal. Wir können uns unsere Skandale nicht aussuchen; sie suchen uns aus. Und der erste und gravierendste Skandal ist dieser: dass alle zukünftigen Produktionen problemlos auf dem Prinzip der Triangulation basieren werden.

Denn ein Roman kann nicht nur in Übersetzung gelesen werden, er kann auch anhand dieser Übersetzung in eine weitere Sprache übersetzt werden. Hier sind wir beim letzten Prinzip meines Projektes angelangt: der Wahrheit der Dritten Sprache. Aber vielleicht ist dies auch nur eine verquere Weise etwas ganz anderes zu sagen: Es kann kein Roman geschrieben werden, in dem Form und Inhalt identisch sind. Dieser Wunsch ist genauso leer wie der Wunsch nach einem perfekten Stil oder nach einer ausschließlich privaten Sprache. Und eine private Sprache ist überhaupt keine Sprache.

2

Es ist wahr, dass es schon großartigere Theorien gegeben hat, als diese Theorie der Dritten Sprache. Die berühmteste aller grandiosen Theorien findet sich in Walter Benjamins frühem, verwirrten und unglaublich berühmten Aufsatz von 1923 – »Die Aufgabe des Übersetzers« –, in dem Benjamin in seinem sehr germanischen Stil beschreibt, wie sich durch den Film zweier Sprachen, der originalen und der neuen, eine dritte Möglichkeit abzeichnet: die Vision von der *reinen Sprache*.[70] Denn beim Übersetzen, so Benjamin, handelt es sich eigentlich um die Anstrengung, sich mit dem Problem der »Fremdheit der Sprachen« auseinanderzusetzen – das Übersetzen ist eine Möglichkeit, Probleme der Geographie zu überwinden, zu versuchen, jene universale Sprache zu finden, die das Ideal aller Sprachen ist. Weil dies in der Tat ein wirklich grandioser Aufsatz ist, definiert Benjamin die Aufgabe des Übersetzers auf ganz neue Weise. Diese, argumentiert er, ist nicht mit der Aufgabe des Schriftstellers identisch. Nein, die Aufgabe des Übersetzers »besteht darin, diejenige Intention auf die Sprache, in die übersetzt wird, zu finden, von der aus in ihr das Echo des Originals erweckt wird«.[i] Die Arbeit des Übersetzers zielt also darauf ab, seine Sprache so anzupassen, dass er in ihr das fremdsprachige Original neu auferstehen lassen kann. So sind jene alten Konzepte, auf die sich das Übersetzen einst stützte, wie Freiheit oder Treue, nicht länger aktuell. »Einer Theorie, die anderes in der Übersetzung sucht als Sinnwiedergabe, scheinen sie nicht mehr dienen zu können.« Und Benjamin schließt: »So muß, anstatt dem Sinn des Originals sich ähnlich zu machen, die Übersetzung liebend vielmehr und bis ins Einzelne hinein dessen Art des Meinens in der eigenen Sprache sich anbilden, um so beide wie Scherben als Bruchstück eines Gefäßes, als Bruchstück einer größeren Sprache erkennbar zu machen.«[ii] Natürlich bewundere ich die Chuzpe dieser verschachtelten Beschreibung, wie könnte ich anders. Aber ich denke gleichzeitig, dass sie nicht ganz richtig ist. Denn Ben-

jamin wird von seiner Theorie gezwungen, zu unterscheiden, wie ein Schriftsteller Sprache benutzt und wie ein Übersetzer Sprache benutzt. Benjamins Theorie nach ist ein Original die Verhandlung zwischen Inhalt und Form, während eine Übersetzung, um eine Stufe von dieser Verhandlung entfernt, nur eine Verhandlung mit der Verhandlung ist. Und so löst sich in einer Übersetzung der originale Inhalt auf wie ein Echo. Die Größe von Benjamins Theorie baut auf eine seltsam orthodoxe Haltung auf. Denn warum sollten Form und Inhalt in einem Original und in einer Übersetzung unterschiedlich funktionieren?
Benjamin endete im Mystischen. Aber ich denke, dass es möglich ist, den grellen neonfarbenen Alltag wieder zurückzuholen. Eine Theorie der Dritten Sprache muss gar nicht mehr wollen als dies: dass die Struktur eines Werkes, seine Form, sein Stil – all das, was das Wesen dieses Werkes ausmacht – die Transmigration in multiple Sprachen überleben kann.

So dass ich, wenn ich an die großen Übersetzungen in der Geschichte der Romankunst denke, an Paveses *Moby Dick* zum Beispiel oder die französische Übersetzung von Joyces *Anna Livia Plurabelle*, durchaus überzeugt bin, dass es möglich ist zu argumentieren, dass es sich bei einer Übersetzung genauso um eine Aufbereitung von Sprache handelt wie bei einem Original. Eine Übersetzung kann zu einem neuen Original werden. Und dies ist aus zwei Gründen möglich. Zum einen, weil alle Sprachen immer den Zustand anstreben, den Benjamin reine Sprache nennt – dieses perfekte Esperanto. Und zum anderen, weil das Verhältnis von Form und Inhalt in einem Roman nie so eng ist, wie Benjamin behauptet. Sein Argument dreht sich eigentlich um die Frage, was das reinste Ideal der Lyrik ist. Während Romane viel unordentlichere, zerrütteltere Vorrichtungen sind. Ihre Form ist iterativ, fortlaufend: Ein Roman ist, in der Sprache meiner Hommage an Gadda, fraktal. Dies ist der Grund, weshalb die Übersetzung eines Romans nicht unbedingt das ursprüngliche Original zum Vorbild haben muss. Sie kann auch anhand eines zweiten Originals angefertigt werden. Denn was an jeder der multiplen Stufen des Übersetzungsprozesses wirklich gebraucht wird, ist nicht Treue, sondern kreative Energie für Neugestaltung.

3

Armer Walter Benjamin! Armes zwanzigstes Jahrhundert! Er glaubte, was man am Ende des zwanzigsten Jahrhunderts eben glaubte – dass Form und Inhalt in einem Original die gleiche Sache sind. Und so formulierte er immer wieder dieselbe Überzeugung: dass es keine wahre Übersetzung geben kann. Aber der Traum vom Unübersetzbaren ist genauso leer wie der Traum vom perfekten Werk. Dass es so etwas wie Unübersetzbarkeit gibt, ist nichts weiter als eine Behauptung. Eine Behauptung, die nicht auf erkennbaren Fakten basiert.

Was natürlich nicht bedeutet, dass eine falsche Vorstellung keine illustre Geschichte haben kann. Dass die Wörter so eng mit den Dingen verknüpft sind, die sie kennzeichnen, ist ein uralter Wunsch. Er ist so alt, dass er sogar in Begleitung eines alten Witzes durch die Jahrhunderte zu uns gekommen ist. »Chrysipp lehrt: ›Wenn du etwas sagst, kommt es aus deinem Mund; wenn du also sagst *ein Karren*, dann kommt der Karren auch aus deinem Mund.‹« [iii] Dies war die verrückte Lehre von Kratylos und seinen Schülern. Und es ist eine Lehre, die später andere Anhänger fand (wie Mallarmé oder Rimbaud oder Heidegger oder Leiris); die zauberhafte Vorstellung, dass Wörter zu Dingen werden können. Aber die Verwandlung eines Wortes in ein Ding käme der Erschaffung einer privaten Sprache gleich. Ja, dieser Traum von der Privatsprache deckt sich, denke ich, mit dem Traum von der Unübersetzbarkeit: ein Ideal der völligen Abgrenzung. Aber es ist gleichzeitig eben nur ein Traum – eine Verleugnung der Tatsache, dass Sprache immer und nur öffentlich sein kann.[71] Es war der Traum, der Samuel Beckett antrieb, als er 1929 über Joyces *Work in Progress* schrieb. Und die fertige Version dieses Werks, *Finnegans Wake*, war, soweit ich weiß, der Auslöser für noch manischere Statements des zwanzigsten Jahrhunderts, wie zum Beispiel im Falle des Absatzes aus John Cages »Vorwort« zu seinem Essayband *M.* John Cage – dessen noble Hingabe an alles Wahllose ihn bis zu diesem Punkt brachte, zu seiner Definition der Syntax als die *Gruppierung der Armee*:

> In dem Moment, wenn wir uns von der Sprache wegbewegen, entmilitarisieren wir sie. Diese Entmilitarisierung der Sprache kann auf vielfache Weise geschehen: eine einzige Sprache wird pulverisiert; die Grenzen zwischen zwei oder mehr Sprachen werden übertreten; Elemente, die nicht strikt sprachlich sind (grafisch, musikalisch), werden eingeführt; etc. Übersetzung wird, wenn nicht unmöglich, zumindest unnötig. Unsinn und Stille werden produziert, wie sie die Liebenden kennen. Wir beginnen damit, tatsächlich miteinander zu leben, und der Gedanke an Trennung kommt uns erst gar nicht.[iv]

Unsinn und Stille! Es ist ein Traum und hoffnungslos. Das liegt teils daran, dass jede Sprache immer ein kollektives Besitztum ist; und auch daran, dass sich die Wörter einer Sprache sehr selten, wenn überhaupt, nur auf eine bestimmte Sache beziehen. Sie sind eher wie Schwärme oder Felder.[72] Aber dieser Traum der Einheit von Wort und Ding hat zu der Vorstellung geführt, dass Sprache irgendwie mit dem Unsagbaren in Verbindung steht. Wobei das Unsagbare nur eine Illusion der Sprache selbst ist. Es ist die Annahme der Existenz einer Einschränkung, wo es eigentlich nur Beschränkungen gibt.

4

Aber diese Vorstellung vom Unsagbaren brachte traurige Konsequenzen für das Übersetzen und die Stellung dieser Praxis mit sich. Sie hat eine lange Geschichte unnötiger Probleme zu verantworten.

Als Constance Garnett sich daran machte, Tolstois *Anna Karenina* ins Englische zu übersetzen – im nebligen London, gegen Ende des neunzehnten Jahrhunderts –, beschloss sie, den russischen Titel als Hilfestellung für die englische Öffentlichkeit zu anglisieren, diesen fremd klingenden Titel: Der Name Anna Karenina musste übersetzt werden. Was blieb ihr anderes übrig, im nebeligen London des neunzehnten Jahrhunderts, als den Klang von Annas russischklingendem, femininen Nachnamen abzuändern und aus Karenina Karenin zu machen, einen britischen Nachnamen? So hatte Tolstois Roman in Constance Garnetts Übersetzung also den Titel *Anna Karenin*. Aber natürlich war dies überhaupt gar kein britischer Nachname. Es war nichts weiter als ein Hybrid, ein Dodo – eine russifizierte Engländerin, eine verenglischte Russin.

Allerdings hat dieser Name, diese unzeitliche und verfehlte Übersetzung, etwas Seltsames, das mir symbolisch zu sein scheint. Es ist mein neuer Name für eine Neurose, eine Sorge. Es ist die Neurose der Unübersetzbarkeit.

Es wird beispielsweise oft behauptet, dass eine Übersetzung nie ein angemessener Ersatz für das Original sein kann. Aber eine Übersetzung versucht nicht, zum Original zu werden, sondern nur, ihm zu ähneln. Und da eine Kopie nie zu ihrer Quelle werden kann, muss das ungewöhnliche Begriffsduo des Übersetzens – Treue und Wortwörtlichkeit – dazu gebracht werden, sich zu verflüssigen.[73] Es wird ihnen gar nichts anderes übrigbleiben – selbst im Fall der durchgeknalltesten originellsten Prosa. Stil, so das Klischee, macht ein Werk deswegen unübersetzbar, weil es eine so verwickelte Beziehung zwischen Form und Inhalt aufbaut. Aber diese Melancholie ist nur melodramatisch. Es wird immer möglich sein, in einer Übersetzung neue Beziehungen zwischen Klang und Sinn zu finden, die genauso interessant sind, auch wenn sie phonetisch nicht ganz deckungsgleich sein sollten. Genauso wie ein Witz lebt Stil von der geistreichen Entdeckung von Gegenwerten. Sicher, Erfindungsreichtum wird immer nötig sein, um eine gewisse Form von Exaktheit zu bewahren. Es wird immer möglich sein, einen irrsinnig förmlichen Roman zu übersetzen, solange bestimmte Details des Inhalts überarbeitet werden können. Aufgegeben werden müssen nur die vorgeschriebenen allgemeinen Regeln der Treue oder der Wortwörtlichkeit. Denn die Wahl zu treffen, in welcher Weise eine Übersetzung so sein soll wie ihre Quelle, bedeutet nicht, dass die Übersetzung ihr gegenüber unbedingt Mängel haben muss. Nein, das Übersetzen folgt einer eigenen, neuen Rechenart. »*Wittgensteins Auffassung:*« schreibt Lydia Davis in ihrem Text über das Übersetzen von Flauberts Werk. »Dass das Übersetzen wie eine Spielform der Mathematik ist: Es kann eine Lösung gefunden werden, aber es gibt keine Regel dafür, wie man Lösungen findet.«[v] Und das ist wunderbar – es bringt uns zurück zum Wahrheitsgehalt von Übersetzungen, wie dem von jener Geschichte, die irgendwo im Midrasch steht, über einen Mann in Jerusalem, der einen Traum hat und 24 Rabbiner konsultiert, um die Bedeutung des Traumes für seine Zukunft herauszufinden. Alle 24 Rabbiner gaben ihm eine andere Antwort, und alle werden wahr.

Und das ist der Grund, weshalb die orthodoxen ethischen Darstellungen – die Frage, ob man sich selbst übersetzt oder jemand anders; ob diese andere Person tot ist oder lebendig; und ob der tote Autor in einer bedeutenden Sprache schreibt oder einer ausgestorbenen – all dies scheint auf genauso unnötige Weise absolut zu sein, wie auch absolut müßig. In einer Übersetzung geht es wie in jeder anderen Kunstform darum, ein entsprechendes Zeichen zu finden – genauso wie Picasso einst Brassaï seine Kunst erklärte. Das stimmt sowohl für den Roman als auch für die Übersetzung eines Romans. Und ich denke jetzt, dass wenn sich eine Ähnlichkeit nicht durch die Anwendung einer beständigen Technik ergibt, wenn sich diese eher dadurch ergibt, dass man auswählt, welcher Aspekt eines Werkes unbedingt auch in der Übersetzung vergleichbar gestaltet werden muss, welche Aspekte das Wesen eines Romans ausmachen – dann variiert dies von Roman zu Roman. Eine optimale Übersetzung reproduziert also in einer neuen Sprache die Experimente eines Romans in der Originalsprache.

Es wird so viele Übersetzungsstile geben, wie es Romanstile gibt. Und diese Wucherung steht für die endlose, geduldige, winzige Anfechtung des Konzepts des Unbeschreiblichen. Und sie ist auch der Grund, warum die Dritte Sprache das Kernprinzip des Übersetzens sein muss. Jede Übersetzung stellt das gleiche Experiment dar, nur jeweils in einer neuen Sprache. Denn das Experiment selbst war von Anfang an international.

5

Eine Allegorie dieser Internationalität kann ich durch meine letzte Geschichte über Witold Gombrowicz in Buenos Aires und über seinen großen gebrochenen Roman *Ferdydurke* vermitteln. 1945 gab ihm seine Freundin Cecilia Benedit de Benedetti einen Geldbetrag, damit er *Ferdydurke* ins Spanische übersetzen konnte. Sie hoffte, dass er so endlich die Sphären der Weltliteratur erreichen würde, durch den triangulierenden Zwischenschritt einer anderen Sprache: von der kleinen in die große. Diese Übersetzung wurde letztendlich in über achtzehn Monaten von einer engagierten Gruppe von Literaten angefertigt, unter der Leitung der kubanischen Schriftsteller Virgilio Piñera und Humberto Rodríguez Tomeu und von Gombrowicz. Sie übersetzten in einem Schachraum in der zweiten Etage des Café Rex, Gombrowicz' Lieblingscafé in Buenos Aires. Einem seiner frühen Kollaboratoren, Adolfo de Obieta, zufolge, war diese Übersetzung daher intrinsisch lustig: Sie war auf charmante Weise amateurhaft – weil sie keine gemeinsame Sprache als Basis hatte. Und so saßen sie dort und »übertrugen das Buch eines polnischen Autors, der fast überhaupt kein Spanisch verstand, aus dem Polnischen ins Spanische, unterstützt von fünf oder sechs Lateinamerikanern, die kaum zwei Worte Polnisch konnten«.

Damals gab es noch kein polnisch-spanisches Wörterbuch.

Die Übersetzung erschien im April 1947, zusammen mit einer verteidigenden Begleitnotiz von Piñera, der sich sorgte, dass der nicht vorgewarnte spanische Leser die Sonderbarkeit der Sprache vielleicht auf die Unfähigkeit der Übersetzer schieben könnte. Nein, nein, schrieb er. Das läge alles nur an Gombrowicz' neuer, ganz andersartiger Vision von Sprache im polnischen Original. (Welches Piñera natürlich nicht lesen konnte.)

Mir scheint dies das Ideal der Dritten Sprache zu sein: die Praxis internationaler, amateurhafter Produktionen, die sich der Schöpfung neuer Originale verschrieben haben – mit der gleichen Struktur, aber jeweils im Sinne der neuen Sprache umgestaltet. Und diese Struktur kann sich dann um ihre eigenen Angelegenheiten kümmern: weltweit ihre unendlichen Leser zu formen.

Der zukünftige Leser

1

Denn jeder Roman ist der Versuch, seine idealen Leser zu formen. Und dies erreicht ein Roman durch seine Beschaffenheit. Das ist meine Ausgangstheorie, und sie braucht ein Ausgangsbeispiel.

Museo de la Novela de la Eterna (*Das Museum von Eternas Roman*) ein Roman, den der argentinische Schriftsteller Macedonio Fernandez schrieb, aber nie veröffentlichte, besteht zur Hälfte aus Prologen. Dieser Überfluss an Prologen kann einen vermutlich zu widersprüchlichen Schlüssen führen. Es ist ein Roman, mag man denken, der nicht wirklich zum Anfang kommen will. Oder vielleicht ist es eher ein Roman, der nicht zum Ende kommen will. Oder aber, es könnte ein Roman sein, der überhaupt kein Roman sein will. Er möchte nicht zu seiner eigenen Zukunft werden. Und trotzdem, wenn sich ein Roman selbst ein Museum ist, dann muss der Leser doch auf gewisse Weise annehmen, dass er zumindest irgendwann einmal in der Vergangenheit existiert haben muss.

Macedonio Fernandez wurde 1874 geboren und starb 1952. Er begann seinen Roman um 1925 herum und arbeitete bis zu seinem Tod an insgesamt fünf Fassungen. Hierbei handelt es sich um ganz normale Fakten, die mit Zeit zu tun haben. Aber dieser Roman war ein Apparat, der zeigen sollte, dass alle diese Fakten überhaupt keinen Sinn machten.

Ja, Macedonio Fernandez' Roman würde sich freuen, wenn er die herkömmlichen Konzepte der Zeit widerlegen könnte. Und das ist kompliziert. Es ist eine Erfindung, deren Schlussfolgerungen bisher noch nicht alle zur Kenntnis genommen wurden.

2

In Argentinien experimentierte man während der ersten Hälfte des zwanzigsten Jahrhunderts mit fiktiven Wirklichkeiten. Am berühmtesten sind die Untersuchungen von Macedonio Fernandez' Freund und Protegé Jorge Luis Borges.[74] Aber meiner Meinung nach war es Macedonio, der Borges beibrachte, den Leser in den Mittelpunkt zu stellen. Es war Macedonio, der in seinem verrückten Roman den sonst stillschweigend praktizierten Mechanismus der Manipulation und Formung des Lesers ganz offen betrieb – wie die eindringliche Unregelmäßigkeit von Henry James, die den Leser dazu brachte, ihm vertrauensvoll in zwielichtige Situationen zu folgen; oder die Muster in den Texten von Nabokov … All die verschiedenen Möglichkeiten, wie eine Komposition als Ganzes zu einer Oberfläche von Themen werden kann, die von dem geduldigen Leser entschlüsselt werden müssen.

Macedonio machte aus dieser Art der Verschlüsselungen stattdessen Theater.

3

An später Stelle in seinem Roman unterbricht Macedonio Fernandez den Lesefluss mit einem Dialog zwischen Leser und Autor. Der Autor klagt: »Leser, manchmal bitte ich dich auf meinen Seiten um deine Anwesenheit und du bist abwesend; dein Gesicht allein nähert sich und spiegelt den Traum dieser Seiten wider, und du bist abwesend. Was mich stört ist der Leser: Du bist mein Problem, deine Existenz kann man nicht überwinden; der Rest ist nur ein Vorwand, um dich dazu zu bringen, in Hörweite dieser Geschehnisse zu bleiben.«[vi] Dieser kleine Einblick in eine verrückte Unterhaltung zeigt dir, lieber Leser, worin das Grundproblem besteht. Macedonio Fernandez war der erste Schriftsteller, der das Problem des Schreibens ganz explizit als Problem des Lesers verstand. Das war die Grundlage, auf der seine Entdeckungen aufbauten. Auf diese Weise entwickelte er Techniken, die darauf abzielten, die unbezwingbare Präsenz des Lesers als beständige, externe Präsenz aufzulösen. Seine Romane waren kleine Anstrengungen, alles Wirkliche zu fiktionalisieren (oder andersherum): Und dies konnte er nur erreichen, indem er zuallererst den Leser in eine Fiktion verwandelte:

> Es ist eine Arbeit, für die Feinsinn und Geduld gebraucht werden: sich des Selbst zu entledigen, Innenleben und Identitäten zu zerrütteln. In all meinen Texten habe ich nur acht oder zehn Minuten erschaffen können, in denen zwei oder drei Zeilen die Stabilität, die Integrität einer Person unterbrachen, beizeiten sogar die des Lesers. Trotzdem glaube ich immer noch, dass die Literatur nicht existiert, weil sie sich nicht ausschließlich diesem Effekt der Un-Identifikation gewidmet hat, das Einzige, das ihre Existenz rechtfertigen würde …[vii]

Und diese Technik des Unterbrechens hat ein klares Ziel: Der wirkliche Schluss ist die Unsterblichkeit. Denn wenn er es je vollbracht habe, schreibt der charmante Macedonio, »eine Verschiebung des Selbst des Lesers« zu bewirken, dann sei dies nur ein Mittel zu einem noch verrückteren Zweck gewesen: »die Befreiung von der Idee des Todes«. Denn »das Schwinden, die Wandelfähigkeit, das Drehen und Kreisen des Selbst machen es unsterblich, trennen also, mit anderen Worten, sein Schicksal vom Körper«.[viii]

Dies ist das höchste Ziel von Macedonios fiktivem Werk. Nur in der Fiktion, glaubte er, ließe sich ein solches Ziel überhaupt realisieren. Er wolle nur, das sagt er über den Leser, »ihn als Figur gewinnen, so dass er für einen Moment glauben kann, nicht am Leben zu sein«. Und das ist nur durch die elastischen Techniken des Romanschreibens möglich: Nur Romane haben diese ontologische Macht: »Ich habe nicht das Gefühl, dass sonst jemand dieser Methode gefolgt ist, oder dass man sie in einem anderen Genre, als der Romanform, anwenden könnte.«[ix]

4

Dies lässt sich aber auch von einem anderen Blickwinkel aus betrachten. Macedonios Roman wurde unter dem Druck des Unendlichen, des Ewigen, geschrieben. »Dieser Roman möchte nicht von der Ewigkeit getrennt sein; er möchte die Brise des Ewigen auf seinem Gesicht spüren können …«[x] Ein mit Blick auf die Ewigkeit geschriebener Roman wird immer einige ungewöhnliche Dinge voraussetzen: zum Beispiel, dass alles Wiederholung ist, was wiederum bedeutet, dass so etwas wie der Tod nicht existiert, was wiederum bedeutet, dass so etwas wie das Selbst nicht existiert – und so ist es unmöglich, zwischen den verschiedenen Ebenen der Realität zu unterscheiden – »sie sind alle wirklich; jedes Bild unseres Geistes ist eine Wirklichkeit und lebt …«[xi]

Aber das Ewige ist natürlich auch nicht ganz wahr. Das Unendliche ist eine Erfindung. Und Macedonio wusste das auch. Denn wirklich versucht er nur, sich mit dem Metaphysischen zu trösten – voll Angst deswegen, weil jemand, der geliebt werden kann, auch sterben kann. Und so ist er fest entschlossen, sich als eine Person mit »einer Innenwelt« neu zu erfinden, »die so stark ist, dass keine Realität je die Macht der Traurigkeit oder Unmöglichkeit oder Einschränkung über ihn haben kann, die sie über jene hat, die es nicht vermocht haben, sich mit phantastischen Konstruktionen zu umgeben, die sie immer begleiten«.[xii] Sein Spiel mit dem Konzept des Romans und der Romanform hat eine gewisse Leere und Melancholie, die aber seine Energiequellen sind. Denn was ist es, das die Ewigkeit kompensiert? Welcher Druck führt zu ihrer Erfindung? Die Antwort, lieber sterblicher Leser, liegt auf der Hand.

Das Einzige, was nicht sterben kann, sind Dinge, die noch keinen Anfang gefunden haben. Dies stimmt in Bezug auf Romane; aber auch in Bezug auf Menschen. Und weil dies wahr ist, geht es mit gewissen Schmerzen einher. Liebe, eine Bindung an ein sterbliches Tier, ist ein irrationales Vergnügen. Sie kann nur zu Schmerzen führen. In Macedonios Augen entwertet die Vergänglichkeit alle Freuden: »Suizid geschieht in Momenten des Glücks.«[xiii] Und trotzdem leben und lieben wir weiter.

Macedonios manisches und gramvolles Experiment mit der Fiktion ist als Reaktion hierauf zu verstehen: Denn wenn er den Leser zu einer Fiktion machen kann, wenn er abstreiten kann, dass irgendetwas wirklich lebt und stirbt, dann kann er auf diese Weise die Liebe als bedeutungsvolles Gefühl erhalten. Eigentlich dreht sich dieser leichte spielerische Roman um die schweren Gegenstände des Todes und der Liebe.

Und es ist wahr, dass Macedonio Fernandez seinen ganz persönlichen Grund dafür hatte, dieses Experiment durchzuführen. Ich könnte Ihnen die Geschichte seiner Autobiographie erzählen, die eine Geschichte des Schmerzes ist. Aber ich will Macedonio nicht in die übliche Geschichte von Buenos Aires einsperren. Denn seine Ideen waren sogar noch grandioser. In seinem *Museum* erfindet Macedonio Fernandez ein Labor, um zu erforschen, ob sich jede philosophische

Frage mit den Bedingungen des Verliebtseins erklären lässt. Er untersucht, ob alle philosophischen Fragen nur dann bedeutungsvoll sind, wenn sie in ein Verhältnis mit menschlichen Beziehungen gebracht werden; ob alle Fragen der Endlosigkeit eigentlich Fragen über die Liebe sind. Eterna ist schließlich die Geliebte, und gleichzeitig ist sie selbst auch die Ewigkeit. »Mein Roman hat, mit anderen Worten, die heilige Berufung und folgt der Verlockung, das Wo zu sein, aus dem die Geliebte erscheinen wird, frisch, zurückgekehrt aus einem Tod, der sie nicht überwältigen konnte …«[xiv]

Und in wen ist der Schriftsteller verliebt, wenn nicht in den abwesenden Leser?

5

Und so kommt es, dass der Prozess, den wir Fiktion nennen, dass das Objekt, welches wir Roman nennen, dass jene Einheiten, die wir Figuren nennen, alle ersucht werden, sich den verschiedensten Transformationen zu unterziehen. Das Maß der Verspieltheit dieses Romans ist gleich dem seiner Traurigkeit. Wenn Macedonio seine Experimente wirklich ausführen könnte, wenn er den Leser tatsächlich dazu bringen könnte, seine eigene Wirklichkeit anzuzweifeln, dann könnte er vielleicht die Voraussetzungen für sein Glück schaffen. Aber das kann er natürlich nicht. Trotzdem sind seine Experimente absolut bezaubernd.

Ich meine, man muss es sich nur einmal vor Augen führen! Eine Figur kann eine unterbrochene Rolle spielen. Ein Roman kann überflüssige Figuren enthalten. Figuren können ursprünglich zu einem ganz speziellen Zweck ausgeliehen und dann spontan, einfach so, zum Vergnügen, behalten werden. Eine Figur kann flüchtig im Roman erscheinen, bevor sie ihren ersten offiziellen Auftritt macht. Und durch die Prologe entwickelt sich ein im Hintergrund vorgereifter

Roman – »ein verängstigter General verweilt zögernd in der Dunkelheit der Kellertreppe eines Hauses mit Namen ›La Novela‹, während Eterna ihn führt. Sein Zittern veranlasst sie zu sagen: Aber General, halten Sie sich an meinem Rock fest und gehen Sie ganz sorglos, ich werde Sie schon nicht vom rechten Weg abbringen.«[xv] Dieser Roman wird weiterhin »lose Seiten enthalten, eine absolute Neuheit bei Romanen, sowie auch eine Beispielseite und die Darstellung eines Tagesablaufs auf der Estancia ›La Novela‹, ein ganzes Ensemble ausrangierter Figuren und eine Art Praktikum für Figuren und eine abwesende Figur«.[xvi] Was den Roman selbst betrifft, findet Macedonio, solle er auf der Straße spielen:

Es wäre noch besser, wenn ich »den Roman, der in die Straßen zog« umgesetzt hätte, ein Konzept, das ich einmal ein paar Künstlerfreunden vorschlug. So hätten wir wirklich die Unmöglichkeiten der Stadt vervielfältigt.

Die Öffentlichkeit hätte beobachtet, wie sich unsere »Verschnitte von Kunst«, romanhafte Szenen, in den Straßen abspielen, die Menschen hätten Blicke aufeinander erhascht, zwischen den »Verschnitten der Lebendigen«, auf Bürgersteigen, in Eingängen, in Unterkünften, Bars, und die Öffentlichkeit stellte sich vor, sie sähe das »Leben«; es träumte den Roman in umgekehrter Reihenfolge: In diesem Fall ist das Bewusstsein des Romans seine Phantasie; sein Traum ist die externe Ausführung seiner Themen.[xvii]

Meiner Meinung nach ist diese Phantasie von großer Bedeutung. Schließlich besteht einer der ältesten avantgardistischen Wünsche darin, einen Roman zu schreiben, bei dem es sich tatsächlich um eine Wahrheit handelt: dass die Kunst nur dann Wert hat, wenn sie aufhört, Kunst zu sein. Und Macedonio Fernandez war ein Anarchist. Er glaubte an Umgestaltungen. Die Art und Weise, wie sein Roman tatsächlich in die Straßen zieht, wohin der Präsident die Figuren aussendet, um eine Reihe kleiner Streiche zu spielen – »der Gebrauch von Streichen zum Zwecke der Eroberung«[xviii] –, erinnert an Borges' komische Hommage an Fernandez, »Der Mann, der Präsident sein wird«, dessen Plot sich damit beschäftigt, wie in Buenos Aires ein allgemeiner Nervenzusammenbruch durch die Vervielfältigung aller nur erdenklicher urbaner Ärgernisse heraufbeschworen werden soll: »Drehorgeln beendeten nie eine Melodie und brachen auf halben Wege ab; die ganze Stadt wäre voll mit unbrauchbaren Objekten, wie Barometern; die Handläufe in den Straßenbahnen wären gelockert, etc.«[xix] Und alles hätte nur die Wahl von Fernandez zum Präsidenten zum Ziel.

Der Roman, der in die Straßen zieht, ist ein Ideal des künstlerischen Selbstmords: eines Romans, der plötzlich aufhört, überhaupt ein Roman zu sein.

Denn all seine Stilmittel sind dafür geschaffen, Verwirrung zwischen der Fiktion und der Wirklichkeit zu stiften. Und dies kann er nur in Kollaboration mit dem Leser erreichen. Der Roman selbst, schreibt er, muss durch seine Leser beendet werden, die dann selbst Figuren und unwirklich werden:

> Indem ich diese Gelegenheit schaffe, bestehe ich auf der Tatsache, dass die wirkliche Durchführung meiner Romantheorie nur von mehreren Personen erreicht werden kann, die zusammenkommen, um einen schwierigen Roman zu lesen, zu schreiben – so dass sie Leser-Figuren sind, Leser des anderen Romans und Figuren in diesem, erschaffen sich ununterbrochen als wirklich existierende Personen, nicht »Figuren«, als Gegenstücke der Figuren und Bilder im Roman, den sie selber gerade lesen.[xx]

Und der Leser ist auch auf noch tiefgehendere Weise eine Figur. Jeder Leser ist schließlich ein Springleser: ein ›herumspringender Leser‹. Niemand liest immer in der richtigen Reihenfolge. Aber da dieser Roman selbst nicht in einer bestimmten Reihenfolge geschrieben ist, wird der herumspringende Leser zu einem ordentlichen Leser. Freiheit entpuppt sich als Manipulation: Wir sind immer in der Hand einer höheren Macht – werden vom Schriftsteller selbst daran gehindert, gewisse Annahmen vorauszusetzen, vom Präsidenten über unsere Träume.[75]

6

Ich bin verliebt in die schiere Größe dieses Experiments: Aber natürlich stimmt das alles nicht so ganz.

In einem sehr frühen Aufsatz »Die Nichtigkeit der Persönlichkeit« schrieb Borges, dass das Leben »*wahrhaftige Erscheinung*« sei: Es gibt keine profundere Wirklichkeit: »*Die Wirklichkeit bedarf zur Stützung keiner anderen Wirklichkeiten.*«[xxi] Und als weiteren Beweis zitierte er eine Zeile von Macedonio: »La realidad trabaja en abierto misterio.«[76]

Diese Auflösung der Grenze zwischen Fiktion und Wirklichkeit, zwischen Oberfläche und Tiefe ist das, was Anfang des zwanzigsten Jahrhunderts in Argentinien in Buenos Aires entdeckt wurde, und es ist immer noch nicht klar, welchen Schluss man daraus ziehen sollte. Wir glauben beispielsweise immer noch, dass ein Roman eine Beschreibung der Welt ist. Aber wenn Macedonio recht hat, dann ist jeder Roman nichts weiter als eine Konstruktion.

Und trotzdem möchte ich traurig einwenden, dass die Welt selbst aber kein Konstrukt ist. Eine Figur ist kein Mensch. Die Bedingungen für Figuren und Menschen sind andere. Aber ich liebe den Eifer und die Geduld und die Melancholie, mit der Macedonio Fernandez zu beweisen versuchte, dass dies nicht stimmte: mit dem ganzen Gewicht seines Weltschmerzes, der Ernsthaftigkeit und Präzision, die er dem Trauma der Liebe widmete. Und im Versuch, diese unmögliche Wahrheit zu beweisen, entdeckte er die Grenzen der Fiktion.

7

Oder vielleicht kann ich es so ausdrücken. Die Ausflucht ins Metaphysische ist schlichtweg eine Methode, um eine ganz alltägliche Verrücktheit auf grandiosere Weise darzustellen: dass jeder Roman das Ziel verfolgt, seine abwesenden Leser zu erschaffen. Ich denke immer wieder an Marcel Duchamp und seine Vorliebe dafür, andere Menschen in die Entstehung seiner Kunst einzubeziehen, seiner Kunstwerke auf Abstand, die anfangs nicht mehr sind als eine Sammlung von Anweisungen. Es erscheint plausibel zu sein, auf dieselbe Weise auch neu über jene versteckten Anweisungen nachzudenken, die in der geschickt konstruierten Endfassung eines Romans nicht mehr sichtbar sind und die Macedonio nur ansatzweise freilegte.

An einer frühen Stelle in *Das Museum von Eternas Roman* schreibt sich Macedonio Fernandez selbst zu, folgende Romanspezialitäten erfunden zu haben:

Den Roman Der Beginnt

Den Frustrierten Roman (ein Herstellungsfehler)

Den Roman, Der In Die Straßen Zog, mit all seinen Figuren, um sich selber zu schreiben.

Den Prolog-Roman, dessen Handlung sich, versteckt vor dem Leser, in Prologen abspielt

Den Von Den Figuren Geschriebenen Roman

Den Unfachmännischen Roman, der sich selbst die Aufgabe stellt, seine »Figuren« eine nach der anderen zu ermorden, ohne sich dessen bewusst zu sein, dass literarische Kreaturen immer gemeinsam sterben, am Ende der Lektüre.

Der Roman in Stufen.

Der Letzte Schlechte Roman – Der Erste Gute Roman – Der Obligatorische Roman.[xxii]

Es ist so eine geistreiche, großherzige Liste. Und sie bringt mich dazu, als Hommage meine eigene Liste mit denkbaren Zukünften für den Roman zu erfinden – denkbare Experimente mit dem Konzept der Wirklichkeit und dem Konzept des Lesers:

Der Roman, von dem nur ein Exemplar existiert
Der Roman als Überarbeitung des Romans eines anderen
Der Roman mit nur einem Leser
Der multiple Roman

Mit diesem Konzept von der Endlosigkeit im Hinterkopf erinnere ich mich auch daran, dass Borges das Problem der Endlosigkeit als Problem der Fiktion in der Fiktion beschrieb – als er sich auf die 602. Nacht bezieht: »*In dieser sonderbaren Nacht hört der König aus dem Mund der Königin seine eigene Geschichte. Er vernimmt den Beginn der Geschichte, die alle anderen umfaßt und auf ungeheuerliche Weise auch sich selbst. Begreift der Leser deutlich die weiten Möglichkeiten dieser Interpolation, die seltsame Gefahr?*«[xxiii] Es scheint mir, dass eine Hommage immer möglich ist, ein unmittelbares Experiment. Ja, jeder kann – in jeder Sprache – sein eigenes Vorwort zu Macedonios großem Roman der Vorwörter schreiben.

Der Laden

1

Was macht also letztendlich das Wesen des Romans aus? Borges argumentierte, sein Wesen sei nicht sprachlich ortbar – dass die Seele eines Romans in dessen Komposition eingebunden sei –, und ich denke, dass Borges damit recht hatte. Aber nur, wenn wir gleichzeitig anerkennen, wie schwarmähnlich diese Komposition sein kann: eine keimende Verteilung von Punkten. Und so werden die neuen Konzepte für die zukünftigen Romane, die mir vorschweben, angemessen mobil sein müssen. Sie werden die alten Vorstellungen von Form und Inhalt gehörig durcheinanderbringen müssen. Denn ich will eine Zukunft, in der es möglich ist, die folgenden Begriffe klarer zu definieren – die gleichzeitig sowohl Form als auch Inhalt sind: wie Krempel, Unordnung, Kitsch, Collage …

Ja, die zukünftigen Romane, die mir vorschweben, sollen immer verworrenere, unordentliche Collagen sein.

2

Aber die Collage hat ihre eigene komplexe Geschichte. Zugegeben, ich möchte mich nicht mit der Geschichte der Collage auseinandersetzen, nicht jetzt. Nein, ich möchte nur ein einziges Motiv verfolgen: das Verhältnis zwischen der Collage und dem Ready-made oder, mit anderen Worten, zwischen Picasso und Duchamp. Denn man muss verstehen, was eine Collage ist, um die Herstellung der zukünftigen Romane zu verstehen.

In seinem Aufsatz »La Peinture au défi« – dem Vorwort des Katalogs einer Ausstellung von Collagen in der Gallerie Goemans in Paris im März 1930 – argumentiert Louis Aragon, die Collage habe unsere Vorstellung davon geändert, was man in der Kunst unter dem Konzept der Urheberschaft verstehen kann, »indem sie uns einem Persönlichkeitstest unterzogen hat«.[xxiv]

Die bedeutendsten Stufen dieses Tests: Duchamp, der die Mona Lisa mit einem Schnurrbart ausstattete und signierte; Cravan, der ein Urinal signierte; Picabia, der einen Tintenklecks signierte und ihm den Titel Sainte Vierge gab. Für mich sind dies logische Konsequenzen der ursprünglichen Geste der Collage. Jetzt steht man auf der einen Seite für die Verneinung der Technik, wie in der Collage, sowie auch für die der »technischen Persönlichkeiten«; der Maler, wenn wir ihn so überhaupt noch nennen können, ist nicht kraft einer mysteriösen physischen Beziehung, analog jener der Fortpflanzung, an seine Leinwand gebunden.[xxv]

Aragon zufolge waren die Collage und das Ready-made durch die Mechanisierung verbunden – durch die Ablehnung des Selbst oder der Einzigartigkeit. Und er fuhr mit einem Zitat aus Isidore Ducasses *Poésies* fort – dem zweiten großen Werk jenes Mannes, dessen anderes Werk unter dem Namen Comte de Lautréamont veröffentlicht wurde, die *Chants de Maldoror (Die Gesänge des Maldoror)*:

Wörter, die Böses ausdrücken, sind dazu bestimmt, eine utilitaristische Bedeutung anzunehmen. Vorstellungen verbessern sich. Die Wortbedeutung spielt bei diesem Prozess eine Rolle.

Nachahmungen sind notwendig. Der Fortschritt baut zu einem gewissen Grad auf sie. Sie beobachten die Wörter eines Autors genau, machen sich seine Ausdrucksweisen zunutze, entfernen falsche Ideen und ersetzen sie mit einer richtigen.

Um gut gemacht zu sein, muss eine Maxime nicht verbessert werden. Sie muss entwickelt werden.

»Meiner Meinung nach«, schrieb Aragon, »enthalten diese Sätze von Isidore Ducasse die vollständige Moral des Ausdrucks. Für jeden, die Moral der Collage …«[xxvi]

Versuchen wir also, es so auszudrücken. Um 1912 arbeiteten Picasso und Braque an ihren kubistischen Collagen, und Duchamp gab die Malerei auf, um an seinem *Großen Glas* zu arbeiten – eine Arbeit, die in seiner Erfindung des Kunstobjektes als Ready-made fortdauerte: ein Gegenstand aus der Massenproduktion, der nur noch die Signatur des Künstlers benötigte. Und diese zwei Momente sind vielleicht nicht unverwandt. Zumindest war dies Aragons Argument. Collagen, dachte er, hatten etwas, das einen zu der Logik des Multiples führt: zu der Logik der fotomechanischen Herstellungsweise oder der des Ready-made, anders gesagt, zu der Logik der abstrakten Dinge – in Richtung der Automatisierung, der Dequalifizierung, der Serialisierung. Und vielleicht kann man Picassos frühe 3-D-Modelle von Gitarren als Zusammenfassung hiervon ansehen, jene abgerissene Pappmodelle, die er von seinen eigenen Gitarrencollagen anfertigte. Sein Studio wurde einen Moment lang zu einer Fabrik für zukünftige Produktionen. Tatsächlich ähnelte es kurz der Fabrik Andy Warhols, wo dieser seine Serienbilder herstellte, seine Multiples. Denn das serienmäßig angefertigte Bild ist nichts weiter, als eine nach außen gestülpte Fassung des Ready-made. Bei beiden handelt es sich um mehrdeutige Formen – ein Fabrikat, das zu Kunst wird, beziehungsweise Kunst, die zum Fabrikat wird.

Dies war die Zukunft der Collage, so wie Aragon sie sich vorstellte. Ihre Zukunft war Lautréamont – dessen *Oeuvre* das ironischste ist, das je geschaffen wurde, wie es zwischen diesen zwei Werken balancierte, die sich gegenseitig aufhoben: eine Art Bozetto des idealen Romans. Oder, um ihn bei seinem anderen Namen zu nennen, Ducasse – dessen berühmtester Aphorismus besagte, dass die Lyrik ab sofort kollektiv angefertigt werden sollte, nicht nur von einer Person alleine.

Aber während mein Projekt auch ein Projekt der Vervielfältigung sein mag, ja, es mag auf ähnliche Weise von Wiederholungen und Überarbeitungen und Détournements besessen sein, ist diese Besessenheit nur eine Umkehrung meiner Liebe zu allem Einzigartigen. Ich fürchte beispielsweise, obwohl ich Andy Warhol sehr schätze, einen Satz von ihm, den er in einem Interview von 1963 sagte: »Ich finde, jeder sollte jeden mögen.«[xxvii] Das entspricht nicht, nein überhaupt nicht, meiner Utopie – diese völlige Gleichmacherei. Und so bin ich geneigt, Aragons Geschichte über die Geschichte und Bedeutung der Collage zu misstrauen. Denn Picassos Collagen blieben stattdessen immer schonungslos stofflich: Jede seiner Collagen ist hinreißend einzigartig.

Wenn ich mir also einen zukünftigen Roman als Collage vorzustellen versuche, bedeutet dies nicht, dass dieser Roman rein abstrakt werden würde. Ein Wort ist schließlich immer eine Bedeutung. Aber die Anordnungen und Nebeneinanderstellungen in einer Komposition können bewirken, dass Wörter auf eine Weise eingesetzt werden, die ihnen zwar diese Bedeutung nicht nimmt, sie aber aus einem etwas anderen Blickwinkel zeigt. Es ist sicherlich ein kleiner Fortschritt, aber vielleicht sind alle Fortschritte winzig. Im Fahrwasser der Komposition entdeckten der Schriftsteller und der Leser und der Übersetzer dann die in ihr enthaltenen Wahrheiten. Oder mit anderen Worten die Wahrheiten des multiplen Romans.

3

Und seine Grundwahrheit ist ganz Auflösung: Das Selbst des Schriftstellers in einem Roman ist eine verletzliche Doppeldeutigkeit. Genauso verletzlich und doppeldeutig wie das Selbst seines internationalen Lesers.

»Wir beobachten«, schrieb Wittgenstein in einem seiner Notizbücher, »dass wir die Ausdrücke ›wirklich‹, ›so tun als ob‹, ›sterben‹ etc. auf eine besondere Weise benutzen, wenn wir über ein Theaterstück reden, *im normalen Leben* aber anders. Oder: die Kriterien für den Tod eines Menschen in einem Stück sind nicht die gleichen wie für einen *wirklichen* Tod. Aber ist es gerechtfertigt zu sagen, dass Lear am Ende des Stückes stirbt. Warum nicht?«[xxviii] Mit dieser kleinen Notiz wollte Wittgenstein den herkömmlichen Kontrast zwischen Wirklichkeit und Fiktion entfesseln. Und diese Verwischung erstreckte sich sogar bis zum Selbst. So dass Wittgenstein in seinen *Philosophischen Untersuchungen* mit dem folgenden Gedankenexperiment aufwartete: »Freilich, wenn das Wasser im Topf kocht, so steigt der Dampf aus dem Topf und auch das Bild des Dampfes aus dem Bild des Topfes. Aber wie, wenn man sagen wollte, im Bild des Topfes müsse auch etwas kochen?«[xxix]

Der diagonale Weg in Richtung einer Wahrheit, der sich inmitten jener Nebeneinanderstellungen erhebt, die durch die Struktur eines Romans bedingt werden, bedeutet, dass kein Roman je reiner Selbstausdruck sein kann. Nein, die Wahrheit ist erschreckender und seltsamer. Sie ist immer eine systematisch auseinanderlaufende Überschneidung zweier Abfolgen: der Abfolge absoluter Geständnissse und der Abfolge der absoluten Ausflucht. Der Roman ist eine Form der Bauchrednerkunst, wo nur die einsame Puppe auf der Bühne ist.

Es mag sich skandalös anhören, dass ein persönlicher Stil überarbeitet und in aufwendiger Handarbeit hergestellt werden muss, dass Authentizität erfunden werden muss. So, wie es einem auch skandalös erscheinen mag, dass das Selbst mit literarischem Diebstahl, Vervielfältigungen und Entwendungen im Bunde ist: Aber all dies bedeutet nicht, dass das Selbst nicht gleichzeitig auch einzigartig ist. Das Selbst ist ganz es selbst, bleibt aber nicht von Fremdbefall verschont. Ja, ich weiß, ich weiß. Ich weiß, dass diese Doppeldeutigkeiten überall sind. Ich möchte sie nur noch einmal erwähnen, hier am Ende meines Projektes, da ich sie für den Schlüssel zu zwei scheinbar widersprüchlichen Konsequenzen für dieses Projekt der zukünftigen Multiples halte.

4

Die erste Konsequenz ist folgende: Es ist nicht falsch, nein, überhaupt nicht, wenn ein Schriftsteller versucht, ein ganzes Werk zu schaffen, das im Prinzip aus Neubearbeitungen oder aus einer Auswahl von vorher bestehenden Werken besteht. Warum sollte es das sein? Der Schöpfungsakt ist schließlich ein Akt der Erhaltung: somit ist es auch ein schöpferischer Akt, seine eigenen Schöpfungen zu erhalten. Der ideale Umstand der Autorschaft liegt schließlich darin, die endgültige Macht darüber zu haben, welche Werke überleben sollen und in welchem Zustand. Dies ist der Grund dafür, dass Henry James sich seiner letzten großen Aufgabe annahm: der Planung seiner New York Edition, die zwischen 1907 und 1909 veröffentlicht wurde.[77]

Und dies war auch der Grund dafür, dass sich Marcel Duchamp – der Impresario des Schicksals oder des nicht anwesenden Selbsts – daran machte, seine *Boîte-en-valise de ou par Marcel Duchamp ou Rrose Sélavy* zu gestalten. Insgesamt stellte er sieben Serien her – zwischen 1941 und 1968. Vielleicht gab uns Duchamp mit diesem Gesamtwerk etwas, dessen Schönheit das Gegenteil der Schönheit der Werke selbst war. Denn seine Werke waren davon besessen, Zufälle in sich aufzunehmen. Aber dies war nichts weiter, als die Kehrseite seiner Abscheu von allem Zufälligen. Er versuchte, den Zufall in seine Kunstwerke zu integrieren, um ihn zu zähmen, um ihn duchampisch zu machen. Seine Kunstwerke, sagte er einmal, seien *hasard en conserve.* Duchamps größte Einmachaktion resultierte in seinem Gesamtwerk – der Nachbildung auf kleinster Ebene von all jenen Dingen, die er sein Eigen nennen wollte und die er auf diese Weise in einem Koffer überall mit hinnehmen konnte. Denn hierin besteht meiner Meinung nach die große Schönheit eines Gesamtwerks – darin, dass es sich mit der Angst vor den Zufällen auseinandersetzt. Denn unsere Werke sind genauso vom Zufall gesteuert wie das Leben. Das Ideal eines Gesamtwerks besteht also darin, eine Form der Formen zu schaffen, um klar zu zeigen, auf welche Weise es sich bei den Werken tatsächlich um ein einziges Werk handelt. »Ich dachte schon immer, dass ein Gemälde an einem Ort zu zeigen und ein anderes an einem anderen Ort, genauso ist, wie jedes Mal einen Finger oder ein Bein zu amputieren«, sagte Duchamp.[xxx] Und daher erfand er sein tragbares Museum: »Mein gesamtes Lebenswerk passt in einen Koffer, sowohl im wörtlichen als auch im übertragenen Sinne: An diesem Ort versammeln sich all die präzisen Miniaturreplikationen meiner wichtigsten Werke.«[xxxi]

Aber die Schönheit der Tragbarkeit ist, dass sie selbst doppeldeutig ist. Und dies ist die zweite Konsequenz der Stellung eines Romans als doppeldeutige Collage. Dass ein Œuvre für seinen Schöpfer tragbar gemacht werden kann, bedeutet immer auch, dass es für den Leser oder Betrachter beweglich ist. Wie Félix Fénéon – der immer zwei Seurats in besonderen mit Velours gefütterten Taschen seiner Weste bei sich trug.

Es besteht, anders gesagt, also kein Widerspruch zwischen einem Stil und einem Kollektiv. Beide sind wahr, gleichzeitig. Dies ist die diesem Projekt der Multiples zugrunde liegende Annahme – diesem Projekt der Romane und ihrer Übersetzungen. Ein Stil kann einzigartig sein und gleichzeitig unendlich reproduzierbar. Denn ein Stil ist ein Apparat für die Gestaltung von Erfahrungen.

Ich denke da an Proust, der *Auf der Suche nach der verlorenen Zeit* als optisches Instrument beschrieb, mit dem sich der Leser selbst ergründen kann; oder daran, wie Deleuze Prousts Roman als eine Maschine beschreibt, in der sich Leser und Erzähler einer Lehre der Zeichen unterziehen müssen; oder an Malcolm Lowry, der seinen Roman *Under the Volcano* (*Unter dem Vulkan*) in einem großartigen Brief an seinen Verleger Jonathan Cape als Maschine beschreibt – *und sie funktioniert*, schreibt er, *weil ich sie selber ausprobiert habe.*[xxxii] Ein Roman präsentiert seine Behauptungen nicht, um sie zu beweisen, sondern um es dem Leser möglich zu machen, sie zu erleben.

Drücken wir es so pantomimisch wie möglich aus. Ein Roman ist eine Aufführung – und Vorstellungen davon, wie die Wirklichkeit beschaffen sein könnte, sind für ihn nicht relevant. Er ist gleichzeitig wirklich und unwirklich. Und jedes Mal, wenn ein Roman übersetzt wird, müssen wir uns mit dem gleichen von ihm vorgeschlagenen Experiment auseinandersetzen. Denn letztendlich gibt es keinen Grund, warum nicht jedes Experiment in jeder Sprache existieren kann. Nur der richtige Übersetzer muss sich finden – der es vermag, dieses Experiment auf gleiche Weise in einer anderen Sprache zu reproduzieren. Was bedeuten kann, dass er sich dabei völlig auf die Bewegungen jedes einzelnen Satzes konzentrieren muss, wie Vladimir Nabokov es in seinen Übersetzungen tat. Oder es könnte die totale Verrücktheit sein, wie eine Übersetzung von Carlo Emilio Gadda. Aber die Wahrheit eines jeden Romans würde dabei gleichbleiben: der gleiche Apparat für die Herstellung bestimmter Situationen.

An diesem Punkt, an dem ein Roman zu einer Situation wird, an dem er den öffentlichen Bereich des Historischen, des Politischen und des Verrückten betritt, bin ich so weit gegangen, wie ich gehen kann.

5

Denn statt Politik oder Geschichte will ich etwas völlig anderes. Immer wieder schwebt mir dieses Projekt – mit seinem Konzept der einzigartigen Multiples, der multiplen Einzigartigkeiten – als ein Projekt vor, dessen Ziel der Aufbau eines Emporiums internationaler Produktionen ist. Immer wieder stelle ich es mir als Erbe früherer Hipster-Projekte vor, von Claes Oldenburgs Laden in New York zum Beispiel, oder von Vladimir Tatlins und Herbert Bayers Kiosken in Moskau und Berlin: von diesen utopischen Gehsteig-Projekten.

Während ich so über das vergangene Zeitalter der Utopien nachdenke, erinnere ich mich auch an Walter Benjamins Aufsatz über Brecht mit dem Titel »Der Autor als Produzent«, den er schrieb, als er seine Mystik für den Marxismus eingetauscht hatte.

> *Ein Autor, der die Schriftsteller nichts lehrt, lehrt niemandem.* Also ist maßgebend der Modellcharakter der Produktion, der andere Produzenten erstens zur Produktion anzuleiten, zweitens einen verbesserten Apparat ihnen zur Verfügung zu stellen vermag. Und zwar ist dieser Apparat um so besser, je mehr er Konsumenten der Produktion zuführt, kurz aus Lesern oder aus Zuschauern Mitwirkende zu machen imstande ist.[xxxiii]

Mitwirkende! Ja, dachte ich. Vielleicht war das ein Konzept, das noch fehlte, das der Kollaborationen oder Koproduktion. Denn mein Konzept von den Übersetzungen als zweite Originale wirft zwangsläufig das Problem des literarischen Eigentums auf. Alle Fragen, die mit dem Übersetzen zu tun haben, sind sowohl ethischer als auch ästhetischer Natur; sie können als Versuche angesehen werden, respektvoll herauszufinden, welche Besitztümer wem gehören. Und es gibt keine offenkundige Antwort. Samuel Beckett mag zum Beispiel besitzergreifende Gefühle gegenüber seinen eigenen Übersetzungen gehabt haben, als er aber die Aphorismen von Chamfort übersetzte, machte er sie so beckettartig, wie er wollte. Das ist zweifellos ein Widerspruch. Denn an diesem Punkt gehörte der Ausgangsstoff nicht länger Chamfort. Er gehörte jetzt Beckett.

Und obwohl dieses Konzept der Koproduktionen angemessen schwindelerregend und wundervoll zu sein schien, kam mir dann ein traurigerer Gedanke.

Junge, dachte ich: Du hast bewiesen, wenigstens dir selbst, dass wir uns jetzt in einer neuen Ära der weltweiten Übersetzungen befinden müssen – einer Ära der Miniaturkollektive, sogar, wenn es sich nur um Einpersonenkollektive handelt – aber damit hast du dich gleichzeitig um die Literatur gebracht. Denn einst war es möglich, ganz in einen eingeschränkten sprachlichen Bereich einzutauchen – und von dort aus seine ganz persönliche Geschichte des Romans zu entwickeln. Es war einst möglich, zu glauben, dass man die gesamte Geschichte seiner Kunst verstanden hatte. Aber von nun an würde es unmöglich sein, alle früheren Romane zu lesen – diese Geschichte ist jetzt endlos.

Ja, hier hielt ich inne. Und so kam ich zu der einzigen Schlussfolgerung, die mir möglich erschien. All dies bedeutet schlichtweg, dachte ich, dass jedes persönliche Projekt wilder sein sollte: völlig amateurhaft und multiple. Denn dieser neuartige Zustand der Welt, dachte ich, bedeutete nicht den Tod der Literatur. Das ist nie der Fall. Aber, *amigos*, es war der Tod einer früheren Art.

EXKURSE FÜR BESONDERE LESER

2 Oder, anders gesagt, mit den Worten, die François Truffaut für Alfred Hitchcock fand: »Die Kunst, Spannung herzustellen, ist die Kunst, das Publikum so mit einzubeziehen, daß der Zuschauer zum Mitwirkenden wird. In diesem Bereich des Schauspiels ist die Filmkunst keine zweigleisige Wechselwirkung zwischen dem Regisseur und seinem Film, sondern ein Dreierspiel, in dem auch das Publikum dazu angehalten wird mitzumachen.«

3 »›Um welche Wörter handelt es sich?‹ fragte ich«, schrieb Budgen. Und Joyce antwortete: »›Parfüm der Umarmungen bestürmten ihn alle. Mit gehungertem Fleisch, düster, begehrte er stumm zu bewundern.‹ Sie können selber sehen, auf wie viele verschiedene Weisen es möglich ist, sie anzuordnen.«

4 Ein Schüler, Boris Furlan, erinnerte sich daran, dass er eine Öllampe beschreiben sollte. Er versuchte es und scheiterte. Sein Lehrer übernahm, und zeigte Furlan mit »Lust am Beschreibens«, wie dieser es nannte, auf welche Weise die Aufgabe zu meistern war.

5 »Wenn ich ihn sehe, wie er auf der Straße geht, denke ich immer, dass er seine Freizeit eine ganze Freizeit genießt. Niemand erwartet ihn und er will kein Ziel erreichen oder will jemanden treffen. Nein! Er geht, um alleine gelassen zu werden. Auch geht er nicht für Gesundheit. Er geht, weil er von nichts gestoppt wird. Ich glaube, wenn er seinen Weg von einer hohen, großen Mauer versperrt findet, er ist kein bisschen geschockt. Er ändert die Richtung und wenn die neue Richtung auch nicht so klar ist, ändert er sie wieder und geht weiter auf seinen Händen nur die natürlichen Bewegungen des ganzen Körpers, seine Beine arbeiten ohne Mühe seine Schritte zu verlängern oder zu beschleunigen. Nein!«

6 Was mich an einen weiteren Modernisten mit einer Vorliebe für Ökonomie erinnert: André Breton, der im surrealistischen zwanzigsten Jahrhundert in seinem *Manifest des Surrealismus* die Romanform wegen ihrer verrückten Fixierung auf Einzelheiten angriff. Vier Jahre später, 1928, veröffentlichte Breton seine experimentelle Erzählung *Nadja*, in der er den Verlauf einer *Amour fou* in den Straßen von Paris beschreibt. Und so, seiner Abneigung gegenüber Beschreibungen treu bleibend, fügte Breton einfach Fotos jener Orte in seinen Text ein, die er in *Nadja* erwähnte. Diese Fotos waren hilfreiche Extras und im Einklang mit Bretons Ablehnung der »moments nuls« in einem Roman. Und das ist natürlich cool: Es ist nur so, dass vor ihm schon Sterne von der Romanform gelangweilt gewesen war.

7 Aber die naheliegende Geschichte über Saul Steinberg hat überhaupt nichts mit Karikaturen zu tun. Die naheliegende Geschichte spiegelt die Tragik der europäischen Geschichte wider. Steinberg wurde 1914 in Rumänien geboren. 1933 zog er nach Mailand, wo er an der Fakultät für Architektur der Regio Politecnico studierte. 1940 versuchte er ein Visum für die Vereinigten Staaten zu bekommen, um den faschistischen anti-jüdischen Gesetzen zu entkommen, die seit 1938 erlassen wurden. Er schaffte es, über Lissabon ein Visum für die Dominikanische Republik zu bekommen: Aber im September 1940 wurde er von den Portugiesen zurück nach Italien geschickt. Im November lief sein rumänischer Pass aus und er wurde staatenlos. Nachdem er sich in den Wohnungen von Freunden versteckt hatte, und zwischen Mai und Juni 1941 verhaftet und interniert worden war, erreichte Steinberg Lissabon erneut, über Barcelona. Diesmal wurde ihm die Ausreise genehmigt. Im Juli kam er endlich in der Dominikanischen Republik an – und versuchte erneut ein Visum für die USA zu bekommen. Im Mai 1942 gelang ihm dies schließlich. Am 12. Juni 1942 kam er in Miami an und stieg in einen Bus nach New York, wo er im Prinzip den Rest seines Lebens verbrachte.

8 Oder seine Zeichnung von 1954, »The Line«, wo eine einzige zehn Meter lange Linie Brücke, Schaufenster, Horizont, Decke, Tischkante, »Meniscus« eines Schwimmbads und eine Wäscheleine ist und dann zur Linie selbst wird, die von einer auch mit Linien gezeichneten Hand gezeichnet wird.

9 Ein Buch, das sich 277 Mal verkaufte. Aber wir müssen uns hier nicht mit Verkaufszahlen abgeben.

10 Genau wie in *Inside a Skinhead* geht meine Entdeckung des Filmregisseurs David Fincher mit der Beobachtung einher, dass ein Filmdirektor eine seltsame Art von Autorschaft hat – die »Autorschaft beim Erschaffen eines Mo-

ments gegenüber der Autorschaft beim Erfinden einer Figur, gegenüber der Autorschaft beim Formen einer Ansicht davon, wie man etwas am besten beschreibt oder dramatisiert.«

11 Einen Monat vorher war Barthes von einem Wäschetransporter angefahren worden, als er das Collège verließ – unter dem Arm, so die Legende, eine Dissertation über ›La Mort anonyme‹, die er gerade bewertete. Aber dieses Detail ist, finde ich, zu einfach. Es ist die Essenz des Anekdotischen mit seinen schillernden Details. Und dies ist das Gegenteil des Lebensnahen, des Romanhaften.

12 »Dass der Schauspieler Trauer darstellen kann beweist die Unzuverlässigkeit des Zeugnisses unserer Sinne«, schrieb Wittgenstein in der gleichen Reihe von Notizbucheinträgen, »aber dass er *Trauer* darstellen kann beweist gleichzeitig die Wirklichkeit dieser Zeugnisse.«

13 Und ich hoffe, dass die Léons diesen Tisch eine Weile behielten, denn dann wäre es derselbe, an dem acht Jahre später, im Jahre 1938, Nabokov mit Lucie sitzen sollte –, als sie ihm mit dem Englisch seines ersten direkt auf Englisch, nicht auf Russisch verfassten Romans half, *The Real Life of Sebastian Knight / Das wahre Leben des Sebastian Knight*, ein Roman, in dem Nabokov sich mit der Idee beschäftigt, dass etwas Wirkliches in mehr als einer Sprache existieren kann.

14 Und das bedeutet, dass es Mandelstam, genauso wie Fénéon, vor der Art und Weise grauste, wie meist über Literatur geschrieben wurde. Ständig beklagt er sich über einen mangelhaften Wortschatz: »Wieder und wieder wende ich mich an den Leser und bitte ihn, sich etwas ›vorzustellen‹, das heißt ich wende mich an die Analogie, die sich ein einziges Ziel stellt: die Mangelhaftigkeit unseres Definitionssystems wettzumachen.«

15 1929 machte Igor Stravinsky, ein weiterer Exilant aus dem kommunistischen Russland, in Harvard eine ganz ähnliche Äußerung: »Die bildenden Künste werden uns im Raum vorgestellt. Wir gewinnen einen Gesamteindruck von ihnen, bevor wir nach und nach und in unserem eigenen Tempo Details entdecken. Aber Musik beruht auf zeitlichen Abfolgen, die Geistesgegenwärtigkeit erfordern. Folglich ist Musik eine *chronologische* Kunst, während die bildenden Künste *räumliche* Künste sind.«

16 1832 griff sich Stendhal zufällig sein *Vie de Rossini* und machte folgende Notiz – »J'avais oublié ceci. Ouvert par hasard le 17 février 1832 à Civ. Very

satisfied of the first pages. 1832.« Und noch einmal: »Content *after* huit ans. 17 févr 1832.«

17 In Notizen über Stendhal macht der sizilianische Schriftsteller Giuseppe di Lampedusa eine wichtige Beobachtung: »Der Dialog der Personen in *Le Rouge et le Noir* beruht auf einer derart raffinierten Technik, daß man sie auf den ersten Blick gar nicht bemerkt. Man wird dort vergebens die Fehler zahlreicher Romane suchen (darunter einige der größten!), die darin bestehen, das Innere der Figuren durch ihre Reden offenlegen zu wollen … *Es gibt bei ihm keine einzige berühmte Dialogstelle.*«

18 Genauso beschreibt Nabokov in seiner Autobiographie, wie ein Familienfreund, General Kuropatkin, einmal einen Zaubertrick mit Streichhölzern gezeigt hatte. Dann traf Nabokovs Vater fünfzehn Jahre später, als er vor den Bolschewiken floh, den verkleideten Kuropatkin und bat ihn um Feuer: »Was mir gefällt«, fuhr Nabokov fort, »ist die Entwicklung des Steichholzthemas:« »Derlei thematische Muster das Leben hindurch zu verfolgen, sollte, so meine ich, der wahre Zweck einer Autobiographie sein.«

19 Eine Frau namens Jeanne Le Perthuis des Vauds verlässt das Kloster, in dem sie erzogen wurde, und heiratet einen Mann namens Monsieur le Vicomte de Lamare, dessen Vorname Julien ist. Sie verbringen ihre Flitterwochen in Korsika. Dann leben sie zusammen bei Jeannes Familie in der Normandie – Les Peuples. Dort betrügt Julien Jeanne mit ihrem Dienstmädchen, Rosalie. In der Zwischenzeit bringt Jeanne ein Baby zur Welt, Paul. Julien betrügt Jeanne mit ihrer besten Freundin, der Comtesse de Fourville, deren Ehemann, der Comte de Fourville, ihre Untreue entdeckt und sowohl Julien als auch die Comtesse ermordet. Dann stirbt Jeannes Mutter. Jeannes Sohn Paul verlässt sein Zuhause, häuft riesige Schulden an, und bandelt mit einer Prostituierten an. Er fordert immer mehr Geld. Jeanne ist ruiniert. Dann stirbt Jeannes Vater. Das Dienstmädchen, Rosalie, kehrt zurück, um sich um Jeanne zu kümmern. Pauls Freundin bekommt ein kleines Mädchen und stirbt dann auch. Rosalie reist nach Paris, um das Baby zu holen, damit es bei ihr und Jeanne leben kann.

20 Und richtig, dies war schon einmal geschehen, in Sankt Petersburg, wo Mitte des neunzehnten Jahrhunderts Nikolai Gogol seine Geschichte mit dem Titel *Nase* schrieb (die Saul Steinbergs Lieblingsgeschichte werden sollte), in der er eine Wirklichkeit darstellt, die sich in etwas Seltsames, etwas Traumähnliches verwandelt hatte – wo ein Mann seine Nase verliert und diese Nase dann in Sankt Petersburg herumläuft, als sei nichts passiert. In ihren frühen Fas-

sungen wurde die Erzählung explizit als Traum einer Figur identifiziert: Aber die fertige Fassung enthält keine Hinweise darauf, dass die beschriebene Wirklichkeit von der ontologischen Stabilität eines Traumes sein könnte: die hatte Gogol alle gestrichen.

21 Nicht, wie Nabokovs fiktiver Schriftsteller, Sebastian Knight, denn der »gehörte zu jener seltenen Sorte von Schriftstellern, die wissen, daß nichts außer der vollkommenen Leistung übrigbleiben darf: dem gedruckten Buch, dessen Vorhandensein sich schlecht mit dem seines spukhaften Zerrbildes verträgt, des ungeschliffenen Manuskripts, das mit seinen Schwächen prahlt, wie ein rachsüchtiges Gespenst den Kopf unter dem Arm trägt ...«

22 Eine von Vladimir Nabokovs Vorlesungen über *Don Quixote* hieß »Siege und Niederlagen«. Darin beschrieb er genau »vierzig Episoden, in denen Don Quijote als fahrender Ritter agiert«. Und er führte fort: »Wir wollen ihm nunmehr durch diese vierzig Begegnungen folgen. Die meisten von ihnen sind Vermeintlichkeiten. Sie enden entweder mit einem Sieg oder einer Niederlage, wobei der Sieg oftmals ein moralischer ist. Und hinter jeder Vermeintlichkeit steht eine Tatsache. Wir werden im weiteren diese Siege und Niederlagen nach Punkten werten. Das Spiel beginnt. Sehen wir zu, wer es gewinnt: Don Quijote oder seine Gegner.« Es braucht einen Leser wie Nabokov, mit seinem Talent für das Wieder-Lesen, um die Entscheidung zu treffen, eine solche Tabelle aufzustellen: Und es braucht seine Art von Talent, um so ein glückliches Resultat zu erzielen: »Wir haben also einen Endstand von 20:20 oder, gerechnet wie beim Tennis, 6:3, 3:6, 6:4 und 5:7. Allerdings kommt es zur Austragung des fünften Satzes nicht mehr: das Spiel erfährt seinen Abbruch durch den Tod. Nach Treffern gezählt, ist der Stand ausgeglichen – zwanzig Siege, zwanzig Niederlagen. Und auch in jedem der beiden Buchteile haben wir Gleichstand: 13:13 bzw. 7:7. Diese vollkommene Ausgewogenheit von Sieg und Niederlage ist eine wirklich große Überraschung bei etwas, das so sehr nach einem zufällig zusammengestückelten Buch aussieht. Sie verdankt sich einem geheimen Gespür im Zuge der Niederschrift, hervorgegangen aus der alles in Einklang bringenden Intuition des echten Künstlers.«

23 »Alles oder fast alles, was ich geschrieben habe«, so Tolstoi, »war durch mein Bedürfnis motiviert, eng verstrickte Ideen zusammenzuführen, um mich auszudrücken, aber jede Idee, die notwendigerweise in getrennten Wörtern ausgedrückt wird, verliert ihre Bedeutung und ist verarmt unwahrscheinlich, sobald sie aus dem sie umgebenden Netzwerk entfernt wird.« Und außerdem, diese Worte lege ich Tolstoi in den Mund: »ist das Wichtigste an einem

Kunstwerk, dass es eine Art Fokus besitzt – d. h. eine Stelle, an der alle Strahlen zusammentreffen oder von der diese ausgehen. Und diesen Fokus sollte man nicht völlig in Worte fassen können. Diese ist in der Tat das Wichtigste an einem guten Kunstwerk, dass sein grundlegender Inhalt in seiner Gesamtheit nur durch ihn selbst ausgedrückt werden kann.«

24 Wobei dies Tolstoi gelungen war, wie mir gerade auffällt: In *Krieg und Frieden* erhob sich die pedantische Figur Berg, »küßte Weras Hand, und legte bei der Gelegenheit eine umgeschlagene Ecke des Teppichs zurecht.«

25 Und das erinnert mich an John Cage, der in einem Gespräch mit Daniel Charles seine Traumarbeit als einen Wald beschreibt: »Ein Wald hat Bäume, Pilze, Vögel. Es ist möglich, die bestehenden Organisationen zu vermehren. In jedem Fall ergibt das Ganze eine Disorganisation.« Und so, denke ich, kann man auch die Struktur eines Romans beschreiben: Als einen unordentlichen Wald, dessen vielzählige Organisationen nicht anders können, als insgesamt eine hochgradig organisierte Disorganisation zu bilden.

26 Und so liebt er nicht nur die metaphorische Verwandlung des Alltags, sondern umgekehrt auch die Verwandlung der alltäglichen metaphorischen Handlungen in wörtliche Sätze. In seinem Buch *Theorie der Prosa* beschrieb der revolutionäre russische Wiktor Schklovski seine Theorie, dass der literarische Stil existierte, um unser Wissen über die Wirklichkeit zu erhöhen: »um uns zu einer ›Vision‹ von diesem Objekt zu bringen, statt nur zu einer reinen ›Anerkennung‹«. Sein Beispiel war Tolstois Beschreibung einer Oper: »Mitten auf der Bühne saßen junge Mädchen in roten Leibchen und weißen Röcken. Ein junges Mädchen, das sehr fett und in weiße Seide gekleidet war, saß getrennt von den anderen auf einer niedrigen Bank, an die von hinten eine grüne Pappe angebracht war. Alle sangen sie etwas.« Dies, schrieb Schklovski, sei die Essenz des Verfremdens. Aber Dickens war schon vor ihm soweit gewesen – verwirrt von der Ontologie der Doppelbesetzung, als er *Macbeth* im Theatre Royal in Chatham sah: »Viele wundersame Geheimnisse hatte ich in diesem Heiligtum erfahren: nicht zuletzt, dass die Hexen in Macbeth eine furchtbare Ähnlichkeit mit den Thanen und anderen ursprünglichen Einwohnern von Schottland hatten; und dass der gute König Duncan in seinem Grab keine Ruhe fand, sondern es ständig verließ und sich als anderer ausgab.«

27 Das dann von Henry Fielding übernommen wurde – dessen idealer Roman, den er in seiner Beschreibung so doppelt oxymoronisch definierte: als »komisches episches Gedicht in Prosa«.

28 Und diese formale Eigenschaft hat einen stofflichen Zwilling: die Auferstehungen von Dickens' Stil wurden – ab *Dombey and Son* – durch seine Arbeitsweise hervorgerufen: er benutzte gefaltete Blätter Papier, die er zu diesem Zweck in Abschnitte aufteilte, um seine Fortsetzungsromane mit ihren verschiedenen Teilen und Kapiteln zu konzipieren: auf diese Weise plante er das Ballett seiner Figuren, die Choreographie seiner Handlungen.

29 »Das einzige, was mir bleibt und mir gehört, ist ein Blatt mit losen Notizen«, so endet Italo Calvinos Aufsatz »La Poubelle Agréée«, den er zwischen 1974 und 1976 in Paris schrieb: »die ich mir während der letzten Jahre unter dem Titel *La poubelle agréée* gemacht habe, um sie in einem Essay auszuführen: *Thema der Reinigung des Abfalls – Wegwerfen ist komplementär zur Aneignung – Inferno einer Welt, in der nichts weggeworfen würde – man ist, was man nicht wegwirft – Identifikation unserer selbst – Müllabfuhr als Autobiographie – Befriedigung durch Konsum – Defäkation – Thema der Stofflichkeit, Selbsterneuerung, bäuerliche Welt – Kochen und Schreiben – Autobiographie als Müllabfuhr – Überlieferung als Bewahrung* – und andere Stichworte mehr, deren Stellenwert und Zusammenhang ich nicht mehr rekonstruieren kann: *Thema der Erinnerung – Ausstoß der Erinnerung – verlorene Erinnerung – Bewahren und Verlieren dessen, was man verloren hat – was man nicht gehabt hat – was man zu spät gehabt hat – was wir mit uns herumschleppen – was uns nicht gehört – zu leben, ohne etwas mit sich herumzuschleppen (animalisch): man schleppt vielleicht noch mehr mit sich herum* – nur *für das Werk zu leben: man verliert sich, es kommt zum unbrauchbaren Werk, ich bin nicht mehr da.*«

30 *Unser gemeinsamer Freund*: »das leblose [London] einem rußigen Gespenste glich, das nicht recht zu wissen schien, ob es sichtbar werden oder unsichtbar bleiben sollte, und daher keins von beiden war.«

31 *Coglionissimo*: Rieseneier.

32 Genau wie am Ende von *Ulysses*, als Bloom ins Bett geht und über die Untreue seiner Frau Molly nachdenkt. Und »[w]enn er gelächelt hätte«, wird im Roman gefragt, und hier spricht in Wirklichkeit der Infinitiv, »warum hätte er gelächelt?« Und der Infinitiv antwortet sich selber: »Bei dem Gedanken, daß jeder, der hereinkommt, sich einbildet, er sei der erste, der hereinkommt, während er doch immer der letzte einer vorangegangenen Reihe ist, selbst wenn er der erste einer nachfolgenden ist, insofern als sich jeder einbildet, der erste, der letzte, einzige und alleinige zu sein, während er doch weder der erste noch der letzte noch der einzige und alleinige ist in einer Reihe,

die im Unendlichen beginnt und ins Unendliche sich fortsetzt.« Und als noch mal nach dem Grund von Blooms Gleichmut gefragt wird, ist die Antwort dieses Mal, dass Mollys Untreue schlichtweg »ebenso natürlich wie alle und jede zu Ausdruck oder Verständnis gelangende natürliche Bestätigung in natürlicher Natur« ist. »Da nicht so katastrophal wie eine kataklysmische Vernichtung des Planeten infolge einer Kollision mit einer erloschenen Sonne.« (Ulysses, S. 930 bzw. S. 932)

33 »Unzweifelhaft ist die geschlechtliche Liebe«, so Freud in seinem Aufsatz »Bemerkungen über die Übertragungsliebe«, »einer der Hauptinhalte des Lebens … Alle Menschen bis auf wenige verschrobene Fanatiker wissen das und richten ihr Leben danach ein …«.

34 »– Seh Er nur her! er Schlingel, rief mein Vater und zeigte auf den Maulesel, was er da angestellt hat! – Ich war es nicht, sagte Obadiah. – Woher soll ich das wissen? versetzte mein Vater.«

35 Der Junge, der sich dazu entscheidet, mit seiner Großmutter zu schlafen, rechtfertigt sich seinem Vater gegenüber mit einem zweifelhaften Argument: »Sie haben, Sir, meiner Mutter beigewohnt, sagte der Bursch' – warum sollt' ich nicht Ihrer beiwohnen?«

36 »Sterne ist der grosse Meister der *Zweideutigkeit*,« schrieb Nietzsche in *Menschliches, Allzumenschliches II* – und sagte, Sterne sei »der freieste Schriftsteller«: »Seine Abschweifungen sind zugleich Forterzählungen und Weiterentwicklungen der Geschichte; seine Sentenzen enthalten zugleich eine Ironie auf alles Sentenziöse, sein Widerwille gegen das Ernsthafte ist einem Hange angeknüpft, keine Sache nur flach und äusserlich nehmen zu können. So bringt er bei dem rechten Leser ein Gefühl von Unsicherheit darüber hervor, ob man gehe, stehe oder liege: ein Gefühl, welches dem des Schwebens am verwandtesten ist. Er, der geschmeidigste Autor, teilt auch seinem Leser etwas von dieser Geschmeidigkeit mit.«

37 In Paris freundete sich Sterne mit Crébillon *fils* an – dem Autor von eleganten, erotischen, verspielten Kurzromanen. Die beiden wurden so gute Freunde und verstanden die Schreibprojekte des jeweils anderen so gut, dass sie gemeinsam einen geistreichen Plan ausheckten, eines der größten verschollenen Experimente in der Geschichte des Romans: Crébillon sollte in einem Brief die »Unschicklichkeiten von T. Shandy« attackieren, worauf Sterne reagieren sollte, indem er seinerseits »Gegenanschuldigungen ob der Freizügigkeiten« in Crébillons Romanen erhöbe. Die beiden Briefe sollten dann ge-

meinsam gedruckt und verkauft werden, wobei sich die beiden Verfasser den Gewinn teilen wollten.

38 Und dieses Thema besitzt ein ganz eigenes Motiv. Während er nämlich versuchte, ein Äquivalent für Sternes englisches Wort *hobby-horse* zu finden, führte Frénais das französische Wort *dada* ein – ein Wort, das Richard Huelsenbeck, Hugo Ball und Tristan Tzara 300 Jahre später zufällig in einem französischen Wörterbuch finden sollten, als sie versuchten, ihre polyglotte, internationale Bewegung zu taufen, die besessen war von schlechten Reproduktionen, Verspieltheit, und Defekten: von der absoluten Formlosigkeit.

39 Wie die winzigen Genauigkeiten, die Eugen Onegin auffallen: »vor Froststaub silbert / sein Biberkragen«; oder »noch liegen die müden Lakaien / auf Pelzen nahe dem Eingang im Schlaf«; oder das Blut, das »dampfend« aus der Wunde floss; oder diese Beschreibung von Eugens Ankleidezimmer, mit ihrer Struktur der Winzigkeiten, der Nützlichkeiten: »Parfums in geschliffenem Kristall,/Kämmchen, kleine Stahlfeilen,/gerade Scheren, gekrümmte / und dreißigerlei Bürsten …« Onegin ist, wie Nabokov auffiel, »ein Mann mit einem Schrank«. Und dies ist ungewöhnlich für eine Figur – dass sie eine Garderobe besitzt. So viele Figuren in der Literatur scheinen auf magische Weise blendend ohne Schrank zurecht zu kommen und ziehen sich aus dem Nichts an. Onegins mit Kleidern gefüllter Schrank ist eine willkommene Erneuerung …

40 Konkret: mit Hilfe des anglophonen italienischen Romanschriftstellers Francesco Pacifico.

41 Was »The House Beautiful« betrifft, aus dieser Geschichte entstand der Fortsetzungsroman *The Old Things*, der zwischen April und Oktober 1896 im *Atlantic* erschien, und 1897 als *The Spoils of Poynton* in Buchform. Auch aus einer weiteren jener Geschichten, die James Scudder im März 1895 versprochen hatte, wurde ein Roman: *The Awkward Age* – »den ich ursprünglich zu schreiben begann, um Ihrer Einladung zu folgen, der aber, wie bald offensichtlich wurde, den von Ihnen vorgegebenen Rahmen unwiderstehlich sprengen würde.«

42 Später schrieb James über einen anderen Roman, *The Golden Bowl*: »Die ganze Situation bewegt sich unausweichlich im Kreise – was man einen *circulus vitiosus* nennen könnte … Die Kreiselbewegung, der *circulus vitiosus*, entsteht aus aus den Gründen, die jede der Parteien der anderen angibt.«

43 Genauso, wie der folgender Eintrag im Goncourt Tagebuch für Samstag, den 31. März 1877, nach der Veröffentlichung von Edmond de Goncourts Roman *La Fille Élisa*: »Ich sah gerade einen großen Buchladen an einem neuen Boulevard, dessen Schaufenster nichts zeigten als *La Fille Élisa*; jedes einzige von ihnen zeigt den Menschen, die draußen anhalten, meinen Namen, allein meinen Namen.«

44 Und ich denke an einen Moment in *Die Falschmünzer*, wo Gide die versteckte Ironie einer Situation erschafft, indem er einen fiktiven Schriftsteller eine Theorie der Liebe in seinem Tagebuch aufschreiben lässt, eine Theorie von den Komplikationen der wahren Gefühle: »Auf dem Gebiete der Empfindungen unterscheidet sich das Wirkliche nicht vom Eingebildeten. Und wenn es genügt, sich einzubilden, daß man liebe, um zu lieben, dann genügt es auch, sich zu sagen, man bilde sich ein zu lieben, wenn man liebt, um sogleich etwas weniger zu lieben ...« Und dann ironisiert Gide noch weiter, weil der Schriftsteller hinzufügt: »Durch solche Schlußfolgerungen wird in meinem Buch Monsieur bemüht sein, sich von Madame Z loszumachen ...« Denn alle Ideen sind relativ; sie alle werden alle von den Menschen benutzt, um ihre eigenen Gefühle zu bestätigen oder erst zu erschaffen. In Gides Romanen sind Ideen Werkzeuge: sie sind Trickkisten.

45 Und ich denke zum Beispiel an Stendhals avantgardistische Beschreibung von Waterloo. Es war nicht, wie sein Held Fabrizio dachte, ein romantisches und grandioses Ereignis. Im Gegenteil, Waterloo war das reine Durcheinander. »Der Wachtmeister trat auf Fabrizio zu. In diesem Augenblick hörte unser Held, wie hinter ihm und ganz nahe an seinem Ohr jemand sagte: ›Das ist der einzige Gaul, der noch galoppieren kann.‹ Er fühlte sich an den Beinen gepackt. Während man seinen Körper unter den Armen stützte, hob man ihn aus dem Sattel, zog ihn so über die Kruppe seines Pferdes und ließ ihn dann zur Erde niedergleiten, wo er zu sitzen kam. Der Adjutant ergriff Fabrizios Pferd am Zügel. Der General, dem der Wachtmeister dabei half, stieg auf und ritt im Galopp davon. Die noch übrigen sechs Mann folgten eilends. Fabrizio erhob sich wütend, rannte ihnen nach und schrie: ›*Ladri! Ladri!*‹ (Diebe! Diebe!) Es wirkte spaßig, wie er mitten auf einem Schlachtfeld Dieben nachlief.« Diese Beschreibung von Waterloo als Chaos ist eine Miniaturversion von Stendhals Roman – die avantgardistische Ironie seiner Komposition. Und das ist genau der Grund, weshalb er Tolstoi gefiel. »Ich verdanke ihm, dass ich den Krieg verstehe. Man denke nur an die Beschreibung der Schlacht zu Waterloo in *Die Kartause von Parma*. Wer hat vor ihm den Krieg so beschrieben, wie er wirklich ist? Erinnerst du dich daran, wie Fabrice das Schlachtfeld überquert ohne ›eine einzige Sache‹ zu verstehen und wie schlau die Husaren ihn über

die Hinterhand seines Pferdes, seines edlen ›Generalspferdes‹ absteigen ließen? Im Kaukasus bestätigte mein Bruder mir, der vor mir Offizier war, dass diese Beschreibungen von Stendhal alle der Wahrheit entsprachen; er liebte den Krieg, war aber keiner jener einfältigen Menschen, die an die Brücke von Arcole glauben. ›All das‹, sagte er mir, ›ist *Großtuerei* – und im Krieg gibt es keine *Großtuerei.*‹ Kurze Zeit später musste ich auf der Krim nur um mich blicken, um dies mit eigenen Augen zu sehen. Aber ich wiederhole, bei allem, was ich über den Krieg weiß, war Stendhal mein erster Meister.«

46 1852, während er *Madame Bovary* schrieb, wünschte sich Flaubert etwas: »Möge ich wie ein Hund sterben, ehe ich auch nur einen Satz in Eile beende, bevor dieser völlig reif ist.« Dieser Wunsch ist ein Motiv in Flauberts Korrespondenz. 1857, nachdem *Madame Bovary* Furore gemacht hatte, erzählte er Mademoiselle Leroyer de Chantepie, er sei »fast zu seiner alten Routine zurückgekehrt, die so ereignislos und friedlich ist und die meine Sätze zu Abenteuern werden lässt.« Und zwanzig Jahre später war das Motiv immer noch ein Motiv. »Ich kann mir einfach nicht helfen: sogar wenn ich schwimme, teste ich meine Sätze, ich kann es nicht ändern.«

47 Man denke nur an Joyces Schüler, Italo Svevo, der sich, als er das Gefühl bekam, er stünde vielleicht kurz vor seinem großen Durchbruch, fragte ob eine Konsequenz seines Ruhms und seines Reichtums vielleicht sein würde, dass er durch sie endlich die Möglichkeit haben würde, die Unreinheiten in seinem Italienisch auszugleichen – denn eine immer wiederkehrende Kritik an seinen Romanen war die Einfachheit ihres Stils. Aber die Originalität von Svevo hat nichts mit seinen stolprigen Sätzen zu tun. Und so hätten diese Überarbeitungen ihn paradoxerweise nur noch stilloser gemacht. Und es war ein Stottern, das teils durch das multinationale Unternehmen bedingt war, das Svevos Heimatstadt war: Triest. Denn Svevos Muttersprache war Tergestino, der triestinische Dialekt. Seine zweite Sprache war Deutsch. Seine dritte Sprache war Italienisch, die Sprache, in der er schrieb. Dies war der Grund, weshalb sein Italienisch für einige Leute das Italienisch eines Verkäufers, eines Buchhalters war –, nicht das eines Literaten. Und so musste der italienische Dichter Eugenio Montale, der Svevos Stil liebte, diesen verteidigen, indem er die Frage erhob, ob das klobige Wirrwarr von Svevos Absatz nicht »die sichere Gegenwart eines Stils« beweise? Und dem schloss er schnell an: »Es ist ein kommerzieller Stil, sicherlich, aber auch der einzige, der mit seinem Charakter harmonieren konnte.« In einem anderen Stück über Svevo beschäftigte sich Montale noch einmal mit diesem Problem von Svevos Sprache, seinem Kauderwelsch-Italienisch. Diesmal bereitete ihm der möglicherweise harmonisierend wirkende Effekt einer gut gemeinten Übersetzung

Kopfzerbrechen – »in der sicherlich verloren gehen müsste, was ich die Sklerose seiner Figuren nenne würde«. Stattdessen, argumentierte Montale, waren Svevos Sätze »sowohl aufwendig als auch tiefgründig, kompliziert aber auch frei.« So dass, obwohl ein Übersetzer vielleicht das Gefühl haben mochte, er solle besser »ein paar Kommata einfügen, um einige Anakoluthe auszugleichen«, war Svevos Stil untrennbar mit seinen Fehlern verbunden. Verbesserungen wären nur ungenaue Übersetzungen. Sie wären nicht im Einklang mit der Komödie seiner Sklerose.

48 Seine Perkeo war 1905 hergestellt worden, er hatte sie während des Zweiten Weltkrieges einigen sowjetischen Soldaten abgekauft. Perkeo war eine deutsche Firma. Und so ergab sich für den tschechischen Schriftsteller ein Problem: eine Perkeo konnte man nur schwer an das komplizierte System der tschechischen Akzente anpassen. Eigentlich konnte man sie überhaupt nicht daran anpassen. Und so schrieb Hrabal alle seine Texte auf Tschechisch aber ohne Akzente, und so war die übersetzte Molly eine Übersetzung …

49 (Die alltägliche, gierige Präzision von Hrabals Metaphern! Wie ein Heiligenschein – »einen ganz schlichten Kreis, einen violetten Flammenkranz, […] wie die Flamme des leuchtenden Kochers der Marke Primus; oder Frauenhaar in einem Schwimmbecken, »das sich während der kräftigen Arm- und Beinschläge streckte, um für einen Moment gewissermaßen innezuhalten, so daß sich die Spitzen leicht wellten wie Wellblech«).

50 Aus diesem Grund ist das andere wichtige Motiv in diesem Roman der Aufzug. Wie auch der Schreibtisch taucht er im Haus von Karls Onkel auf: wo es einen Möbelaufzug gibt und daneben einen leerstehenden Personenaufzug. Und als Karl das Haus seines Onkels verlassen hat und das Hotel Occidental in einer Stadt namens Ramses erreicht hat, findet er natürlich Arbeit als Liftjunge – eine Arbeit, die Zugang zu oberen Stockwerken gibt, die für die weniger wohlhabenden Gäste reserviert sind. Ja, das ist Karl: Und Kafka beendet das Kapitel »Im Hotel Occidental« mit diesem Bild von Karl, der sich um vier Uhr morgens ausruht und den Lichtschacht herunterblickt, »der von großen Fenstern der Vorratskammern umgeben war, hinter denen hängende Massen von Bananen im Dunkel gerade noch schimmerten.«

51 1931, mit 23 Jahren, übersetzte Pavese Sinclair Lewis' *Our Mr Wrenn*. Ein Jahr später übersetzte er Melvilles *Moby Dick* und *Dark Laughter* von Sherwood Anderson. Zwischen 1935 und 1942 folgten die Übersetzungen von John Dos Passos' 42nd *Parallel*, Gertrude Steins *Three Lives*, Melvilles *Benito Cereno* und Faulkners *The Hamlet*. Auch wenn Paveses Englisch, wie das vie-

ler Übersetzer, nicht perfekt war. An Anthony Chiuminatto, der ihm Amerikanisch beigebracht hatte, schrieb Pavese: »Sie haben vielleicht gar keine Vorstellung, wie nützlich mir Ihre kleinen Lektionen in gesprochenem Amerikanisch waren. Ich habe meine Notizen darüber sorgsam aufbewahrt, und so wenige Ausdrücke und Wörter ich auch notieren konnte, ich fühle mich beim Lesen moderner amerikanischer Autoren sicherer ...«

52 »An keiner Stelle darf ein Wort sich einschleichen, das nicht einem Zweck gehorchte, das nicht, mittelbar oder unmittelbar, dazu beitrüge, die vorgesetzte Absicht zu erreichen.«

53 Und das erinnert mich an Giorgio Agambens grandioses Statement in *Der Mensch ohne Inhalt*: »Der Bezug von Zeichen und Bezeichnetem erweist sich hier als so unauflöslich mit der Sprache selbst verbunden – denkt man sie metaphysisch als eine *phōnē sēmantikē*, als Laut plus Bedeutung –, daß jeder Versuch, ihn zu überwinden, ohne zugleich auf das Gebiet der Metaphysik hinüberzuwechseln, hinter seinem Gegenstand zurückbleiben muß.« Aber eigentlich wusste Beckett das auch. Er war ja nicht blöd.

54 In einem in der *Paris Review* erschienenen Beitrag über ihre Übersetzung von Flauberts *Madame Bovary* fügt Lydia Davis noch hinzu: »Für mich hat die Förmlichkeit der französischen Sprache etwas sehr Fesselndes – oder vielleicht fesselt mich auch die Tatsache, dass obwohl das Französische förmlicher ist, weil seine Mittel begrenzt sind oder aus Tradition, die Förmlichkeit dieser Sprache Teil ihres unverwechselbaren Wesens ist, und ich wäre sehr zögerlich, daran etwas zu ändern – selbst wenn eine vergleichliche Förmlichkeit im Englischen nicht wirklich äquivalent ist, sondern noch *förmlicher*, da unsere Tradition weniger förmlich ist.«

55 Ein PS an Duthuit im März 1950: »Nie verstand ich so klar, zu welchem Grade die französische Sprache eine Sprache des winzig Kleinen ist, wie jetzt, wenn ich dich lese, nicht mal bei Proust.«

56 Zuerst war Beckett ganz und gar nicht dieser Meinung. Am 5. Februar 1953 schrieb er an Alexander Trocchi: »Ich habe viel über die Möglichkeit nachgedacht, Molloy ins Englische zu übersetzen und denke, dass wir dieses Projekt im Moment besser aufgeben sollten. Er wird nicht ins Englische gehen. Ich weiß nicht, warum. Er müsste komplett umgedacht und umgeschrieben werden, was wohl leider eine Aufgabe ist, die nur ich unternehmen könnte und die ich grade einfach nicht angehen kann.« Und noch am gleichen Tag schrieb er an Jérôme Lindon, dem er die gleiche Sache erklärte: »Ich müsste

der sein, der es täte, auf sehr freie Art und Weise, aber ich kann das im Moment nicht übers Herz bringen. Grob gesagt, ich weiß, dass ich es nicht ertragen könnte, mein Werk von jemand anderem ins Englische übersetzt zu sehen.«

57 »Das Tragödientheater hat die große moralische Unannehmlichkeit, dem Leben und dem Tod zu viel Bedeutung beizumessen«, schrieb Chamfort im achtzehnten Jahrhundert, in meiner eigenen Übersetzung, in einem einzigen aphoristischen Prosasatz – den Beckett unwiderlegbar in ein unsolides Heroic Couplet umwandelte: »Was muß auch das Trauerspiel so viel Theater machen / Um Leben und Tod und andere Pappenstielsachen …«

58 1938 schrieb Beckett an George Reavey und fragte ihn um Rat, ob er Sades *120 Days* übersetzen solle: »Die Oberfläche ist von unerhörter Obszönität, & nicht einer von 100 wird die Literatur in der Pornographie finden oder unter der Pornographie, geschweige denn eins der Hauptwerke des 18. Jahrhunderts, das es für mich ist.« Und etwas später fügte er hinzu: »Die Obszönität der Oberfläche ist unbeschreiblich. Nichts könnte weniger pornographisch sein. Es erfüllt mich mit einer Art metaphysischer Ekstase.«

59 Genauso, wie Gustave Flaubert in Konstantinopel seine Grundsätze über die Literatur formuliert hatte – »daß die Dichtung rein subjektiv ist, daß es in der Literatur keine schönen Kunstsujets gibt und Yvetot demnach so gut wie Konstantinopel ist; und daß man infolgedessen ebensogut dieses wie jenes schreiben kann.«

60 Obwohl ich mich trotzdem auch daran erinnern möchte, dass James Joyce, der Paul Léon als seinen Sekretär ausgab, in einer Antwort auf einen Brief vom 17. September 1932, in dem eine Frau, die nur als H. Romanova bekannt ist – sie arbeitete für die Internationale Vereinigung Revolutionärer Schriftsteller in Moskau – fragte, welche Auswirkungen die Oktoberrevolution auf Joyce als Schriftsteller gehabt habe und was sie ihm als Intellektuellen bedeute, schrieb: »Sehr geehrte Herren, Mr Joyce wünscht, daß ich Ihnen für Ihr Geehrtes vom 17. dieses Monats danke, dem er mit Interesse entnommen hat, daß in Rußland im Oktober 1917 eine Revolution stattgefunden hat. Bei genauerer Überprüfung stellte er jedoch fest, daß die Oktoberrevolution im November desselben Jahres stattgefunden hat. Aufgrund des Wissens, das er bis dato gesammelt hat, ist es für ihn schwierig, die Bedeutung dieses Ereignisses zu ermessen, und er möchte nur sagen, daß die Veränderungen, der Unterschrift ihrer Sekretärin nach zu urteilen, nicht groß sein können. Mit freundlichen Grüßen, Paul Léon.«

61 Und die Bedingungen für Übersetzungen. Karl Radeks Beitrag hatte den Titel »Die moderne Weltliteratur und die Aufgaben der proletarischen Kunst«. Die Aufgabe der proletarischen Kunst bestand wie sich herausstellte darin, sich streng aus der gegenwärtigen Weltliteratur herauszuhalten – besonders in Hinsicht auf James Joyce: »Gerade weil Joyce kaum übersetzt und in unserem Land fast unbekannt ist, weckt er bei einem Teil unserer Schriftsteller ein morbides Interesse … Dieses Interesse an Joyce ist eine unbewußte Äußerung der Neigung gewisser rechtsgerichteter Autoren, die sich opportunistisch mit der Revolution abgefunden haben, in Wirklichkeit aber ihre Größe nicht begreifen.«

62 Umgangssprachlich steht »pony« im Amerikanischen für eine wortwörtliche Übersetzung oder die kurze Zusammenfassung eines fremdsprachigen Textes, zum Beispiel als Hilfe für Studenten.

63 Wenn man diese Listen mit jenen Listen vergleicht, die sich in Gogols Entwürfen finden, dann sticht die Präzision dieser komischen Soundeffekte noch klarer hervor, in Surround-Sound. Beim ersten Trio (Mokia, Sossia und Chosdadat) und dem zweiten Trio (Trefilius, Dula und Barachassius) unterschieden sich die Namen nicht so sehr. Aber das finale Duo bildeten im Entwurf die Namen Pavsikakhy und Frumenty. Und Frumenty ist als Name viel weniger lustig als Vakhtisy – er hat nicht die musikalische Wiederholung, das hässliche Aufeinanderprallen von Konsonanten, die Gogol in seiner Endfassung mit Pavsikakhy und Vakhtisy erreichte: Er ist viel zu normal und zu divers.

64 Wenn also ein formales Element eines Romans, wie beispielsweise eine Parodie, Teil seines beabsichtigten Effekts ist, dann wird es gleichzeitig Teil des von ihm beabsichtigten Inhalts – und muss daher in einer originalgetreuen Übersetzung nachgebildet werden. Aber sogar dies, was relativ logisch erscheint, wird noch etwas verwirrender: Aus chronologischen Gründen können Probleme mit der Übersetzung eines Effektes entstehen. Den parodistischen Effekt eines Textes zu übersetzen, der dem Leser vor 150 Jahren sehr radikal vorgekommen wäre, mag heute nicht einmal mehr als Effekt auffallen, wenn dieser Effekt mittlerweile völlig in die Geschichte des Romans assimiliert worden ist und dem Leser daher ganz normal oder sogar unspektakulär vorkommt. Was heißt, dass es letztendlich keine Möglichkeit gibt, eine reine Nachbildung anzufertigen. Dies ist nicht einmal möglich, wenn ein Roman sofort übersetzt wird – weil ein Effekt, der in einer Sprache normal ist, in einer anderen zum Beispiel revolutionär erscheinen

mag. Sprachen und Literaturen befinden sich oft in ganz verschiedenen Zeitzonen.

65 Ich denke zurück an das Meer vor einem Sturm:
Wie neidisch war ich auf die Wellen,
die flossen, in ungestümer Folge,
in Liebe sich zu legen ihr zu Füßen!
Wie wünschte ich da, zusammen mit den Wellen
die teuren Füße zu berühren mit den Lippen!
Nein, niemals in den feurigen Tagen
meiner aufbrausenden Jugend
begehrte ich mit solcher Qual
zu kosen die Lippen junger Armiden
oder die Rosen flammender Wangen
oder die Brüste voller Schmachten,
nein, niemals hat die Aufwallung der Leidenschaften
derart zerrissen meine Seele!

Puschkin, Alexander: *Eugen Onegin. Ein Versroman.* (Aus dem Russischen von Sabine Baumann). Frankfurt am Main (2009): Stroemfeld Verlag. S. 82–3.

66 Und dieser Name muss selber auch übersetzt werden. Im Russischen war es während des neunzehnten Jahrhunderts Brauch, dass ein Adeliger, der ein uneheliches Kind gezeugt hatte, diesem den hinteren Teil seines Namens geben durfte, quasi als Anerkennung von dessen Stellung. Die Nachkommen von Prince Repnins unehelichen Kindern durften sich also Pnin nennen.

67 Was Nabokov in gewisser Weise an die Motivmontagen von Eisenstein oder besonders von Dsiga Wertow erinnern lässt – dessen »Kino-Augen«, wie er darlegte, das sehen konnten, was »nicht völlig ungesehen ist, aber dem Blick entgeht, übersehen wird«. Aber dann schenken Wertows Filme, wie zum Beispiel *Der Mann mit der Kamera*, oft nur in soweit alltäglichen Motiven Aufmerksamkeit, als diese nicht einzigartig sind. Und so sind seine formalistischen Filme Fabriken für banale Wiederholungen. Denn Wertows Vorstellung davon, was ein Motiv oder eine Einheit darstellt, deckt sich nicht mit Nabokovs spitzer Einzigartikeit. Wertow: »Zu bearbeiten; der Kamera zu entreißen, was am eigentümlichsten, am nützlichsten ist, vom Leben zu einer bedeutungsvollen rhythmischen visuellen Ordnung …« Es ist das Adjektiv *bedeutungsvoll*, das wirklich tödlich ist.

68 Genau wie Karl Roßmann in einem müßigen Moment im Hotel Occidental, als er von dem Chefkoch interviewt wurde, erklärte, er sei erst seit Kurzem in Amerika. Er komme, sagte er, aus Prag in Böhmen. Und die Chefköchin rief, »in einem Deutsch mit sehr starkem englischen Akzent«, dass sie somit Landsleute seien: ihr Name sei Grete Mitzelbach. Sie stamme aus Wien. Ein halbes Jahr lang, erzählte sie ihm, hatte sie in der Goldenen Gans am Wenzelsplatz gearbeitet. »›Wann ist das gewesen?‹, fragte Karl. ›Das ist schon viele Jahre her.‹ ›Die alte Goldene Gans‹, sagte Karl, ›ist vor zwei Jahren niedergerissen worden.‹ ›Ja, freilich‹, sagte die Oberköchin ganz in Gedanken an vergangene Zeiten.«

69 Wo waren sie nur alle hin, klagte Bohumil Hrabal 1990, als er noch in Prag war, im Goldenen Tiger? Wo waren sie nur alle hin? »Kundera ist Emigrant, dieser Playboy, der schreiben und reden konnte, wie kein anderer und immer, wenn er die Národní Třída herabspazierte, drehten sich alle Mädchen nach ihm um, na, eigentlich alle, die sich für tschechische Literatur interessierten«. Und wo war Eduard Goldstücker, »›der schöne Edó‹, wie sie ihn nannten? Dieser Bewunderer Franz Kafkas, der die Mode aus Budapest und Wien trug und dessen lockiges Haar vor Brillantine glänzte«; und wer, fragt Hrabal, »wird die Schuld dafür übernehmen, dass der Dichter Jiří Kolář seinen Tisch und Stuhl vom Café Slavia nach Paris verlegen musste?« – »dieses Gründungsmitglied des Böhmischen Fanclubs, der bei Fußballspielen von Slavia immer hinter dem Tor unter der Uhr stand, in seiner legeren Kluft?«

70 Diese Vision hatte natürlich nicht nur Benjamin. Sie war schon zuvor in der Theorie und Praxis des Dichters Friedrich Hölderlin sichtbar geworden: dessen Ziel es war, den *Grund des Wortes* zu finden – eine absolute sprachliche Wahrheit. Dies ist die Theorie, die hinter Hölderlins Beschreibung des Übersetzers in seinem berühmten Brief an Wilmans vom 28. September 1803 steht, in dem er Übersetzungen als Verbesserung, als Korrektur darstellt: als Möglichkeit, um dem Original dabei zu helfen, seine reine Bedeutung zu entfalten. Aber das macht mehr Sinn als Benjamin …

71 In seinem großartigen Buch *Der Anspruch der Vernunft* argumentiert der amerikanische Philosoph Stanley Cavell, dieser Traum von der Privatsprache sei eigentlich »eine Phantasie oder als Furcht entweder vor dem Unvermögen zur Äußerung, bei dem ich nicht nur nicht erkannt würde, sondern in der ich auch machtlos bin, mich selbst kenntlich zu machen, oder daß sich das, was ich äußere, meiner Kontrolle entzieht.«

72 »Wenn wir sagen: ›jedes Wort der Sprache bezeichnet etwas‹«, schrieb Wittgenstein, »so ist damit vorerst noch *gar* nichts gesagt …«

73 Übersetzungen – schlägt David Bellos vor, George Perecs Übersetzer ins Englische – sollten nicht versuchen, einen Ersatz für das Original zu liefern, sondern stattdessen »eine bestimmte Gemeinschaft mit einem akzeptables Ebenbild von etwas versehen, das in einer Fremdsprache ausgedrückt wurde.« Dies macht den Anschein einer kleinen Definition – aber ich denke, dass sie in ihrer Trockenheit pyrotechnische Eigenschaften hat.

74 Aber eigentlich ist der Ursprung dieser Untersuchungen gar nicht so wichtig. Viel wichtiger sind ihre Konsequenzen; und diese haben heute noch immer gewisse Auswirkungen. Und ich denke daran, dass vor nicht allzu langer Zeit zwei argentinische Schriftsteller in ihren Texten über Borges jeweils versucht haben, dieses neue Verhältnis zur Realität zu definieren. In seinem Buch *The Borges Factor* kommentiert Alan Pauls, dass es für Borges »kein Unglück war zu verlieren, sondern ein Produkt, ein *Werk* …« Tatsächlich, so Paul, macht dies die Grundlage seines Stils aus. Und Paul fährt damit fort, eine Verbindung zwischen diesem Eindruck und Borges Technik herzustellen, seine Werke bereits als unmittelbare und imaginäre Klassiker zu erfinden: »*im Inneren* seines Werkes die Mechanismen eines Prozesses in Gang zu setzen (Zugang zu der Kategorie der Klassiker), der traditionell *außerhalb* des Werkes wirkt …« So kann man dieses neue Verhältnis zur Realität in Buenos Aires beschreiben. Während Ricardo Piglia in *Der letzte Leser* schreibt, dass »[w]omöglich die wichtigste Lehre von Borges' Schriften ist die Gewißheit, daß die Fiktion nicht nur von dem abhängt, der sie macht, sondern auch von dem, der sie liest.« Und er fügt hinzu: »Das Borgeanische (wenn es existiert) besteht in der Fähigkeit, alles als Fiktion zu lesen und an ihre Macht zu glauben. Fiktion als Theorie der Lektüre.«

75 Oft sind die Romane, die am einladensten zu sein scheinen auch jene, die uns unbemerkt am stärksten kontrollieren. Wenn ein Schriftsteller den abwesenden Leser anredet, handelt es sich nie um eine wirkliche Unterhaltung. Genauso entpuppen sich Schriftsteller, die versuchen, den Leser in die Gestaltung des Textes einzubeziehen, als wahre Diktatoren – aber dann nahm Laurence Sterne dies bereits in *Tristram Shandy, Gentleman* auf die Schippe, mit seiner Leerseite für unsere gekritzelten Porträts der Witwe Wadman.

76 Die Realität wirkt in offenem Geheimnis.

77 Die New York Edition mit Alvin Langdon Coburns veranschaulichenden Fotografien … Aber bei diesen handelte es sich nicht um herkömmliche Illustrationen. Während normale Romanillustrationen die Szenen eines Romans darstellten, wollte James nur weichgezeichnete Stadtbilder. Sie sollten »optische Symbole« sein, keine Illustrationen. Sie waren Zusätze zum Text, kein bildlicher Ersatz (wie die Fotografien in André Bretons *Nadja*.) Schließlich war James' Ideal die perfekte Romanform, in der es keine Redundanzen gab – »eine Form, deren größte *souci* die reine Situation und die reine Aussage sein soll, in Kombination mit der reinen Kürze.« Und die Fotos waren da, um dies zu beweisen. Alles in diesem Gesamtwerk war bereits beschrieben worden.

ANHANG

Literaturnachweise

ALLGEMEINE BESCHREIBUNG DES BUCHES IM GEGENWÄRTIGEN ZUSTAND

i. Roland Barthes, *Kritische Essays IV. Das Rauschen der Sprache*, Übersetzt von Dieter Hornig, Frankfurt am Main: Suhrkamp Verlag 2006, S. 318.

1 ERSTE ABFOLGE (SÄTZE)

i. Daniil Charms, »Begegnung«, in: Ders., *Fälle*, Herausgegeben und übersetzt von Peter Urban, Berlin: Friedenauer Presse Berlin 2002, S. 259.
ii. Roland Barthes, *Das semiologische Abenteuer*. Übersetzt von Dieter Hornig, Frankfurt am Main: Suhrkamp Verlag 1988, S. 115–116.
iii. Frank Budgen, *James Joyce und die Entstehung des Ulysses*, Übersetzt von Werner Morlang, Frankfurt am Main: Suhrkamp 1982, S. 25.
iv. Roland Barthes, »Flaubert et la phrase« (1968) in: Ders., *Le Degré zéro de l'écriture, suivi de Nouveaux Essais critiques*, Paris: Seuil 1972, S. 135.*
v. Guy de Maupassant, *Pierre und Jean*, Übersetzt von Roland Schacht, Berlin: Rütten & Loening, 1954, S. 20.
vi. Zitiert nach: Philip Nicolas Furbank, *Italo Svevo: The Man and the Writer*, London: Secker & Warburg 1966, S. 85.

* Alle Zitate aus fremdsprachigen Ausgaben wurden, wenn nicht anders angegeben, von Hannah Arnold ins Deutsche übertragen.

vii. Roland Barthes, *Leçon/Lektion. Antrittsvorlesung im Collège de France*, Übersetzt von Helmut Scheffel, Frankfurt am Main: Suhrkamp Verlag 1980, S. 33.
viii. Ebd.
ix. Roman Jakobson, »Was ist Poesie« in: Ders., *Poetik. Ausgewählte Aufsätze 1921–1971*, Herausgegeben von Elmar Holenstein und Tarcisius Schelbert, Frankfurt am Main: Suhrkamp Verlag 1989, S. 69.
x. Raymond Queneau, *Stilübungen. Autobus S*, Übersetzt von Ludwig Harig und Eugen Helmlé, Frankfurt am Main: Suhrkamp Verlag 1961, S. 7.
xi. Ebd., S. 8.
xii. Laurence Sterne, *Leben und Ansichten von Tristram Shandy, Gentleman*, Übersetzt und mit Anmerkungen von Michael Walter, Frankfurt am Main: Fischer Taschenbuch Verlag 2010, S. 117.
xiii. Ebd., S. 644–645.
xiv. Brassaï, *Conversations with Picasso*, Übersetzt von Jane Marie Todd, University of Chicago Press: Chicago 1999, S. 222.
xv. Ebd.
xvi. Françoise Gilot / Carlton Lake, *Leben mit Picasso*, Übersetzt von Anne-Ruth Strauss, München: Kindler Verlag 1965, S. 73.
xvii. Saul Steinberg. *Illuminations*, Herausgegeben von Joel Smith, New Haven: Yale University Press 2006, S. 168.
xviii. Ebd., S. 212.
xix. Gustave Flaubert, *Die Briefe an Louise Colet*, Eingeleitet von Julian Barnes und übersetzt von Cornelia Hasting, Zürich: Haffmans Verlag 1995, S. 357.
xx. Félix Fénéon, *Elfhundertelf wahre Geschichten*, Übersetzt von Hans Thill, Frankfurt am Main: Eichborn Verlag 1992, S. 49.
xxi. Augusto Monterroso, *Das schwarze Schaf und andere Fabeln*. Übersetzt von Svenja Becker. Mit Illustrationen von Henning Wagenbreth, Berlin: Insel Verlag 2011, S. 65.
xxii. Vladimir Nabokov, *Gesammelte Werke. Band 16. Nikolay Gogol*, Übersetzt von Jochen Neuberger, Reinbek bei Hamburg: Rowohlt Verlag 1990, S. 99–100.
xxiii. Denis Diderot, »Die beiden Freunde von Bourbonne« in: Ders., *Sämtliche Romane und Erzählungen in zwei Bänden*. Band 2, Übersetzt von Jens Inweh, München: Winkler Verlag 1979, S. 384.
xxiv. Ebd., S. 384–385.
xxv. Roland Barthes, *Die Vorbereitung des Romans*, Übersetzt von Horst Brühmann, Frankfurt am Main: Suhrkamp Verlag 2008, S. 85.
xxvi. Ebd., S. 107.
xxvii. Ebd., S. 126.

xxviii. Ebd., S. 25–32.
xxix. Ebd., S. 126.
xxx. Ebd., S. 130.
xxxi. Ebd., S. 144.
xxxii. Ebd., S. 178.
xxxiii. Roland Barthes, *Die helle Kammer. Bemerkungen zur Fotographie*, Übersetzt von Dietrich Leube, Frankfurt am Main: Suhrkamp Verlag 1985, S. 13.
xxxiv. Ebd., S. 32.
xxxv. Ebd., S. 89.
xxxvi. Ebd., S. 35.
xxxvii. Barthes, *Die Vorbereitung des Romans*, S. 178.
xxxviii. Barthes, *Die Helle Kammer*, S. 99.
xxxix. Roland Barthes, »Sur des photographies de Daniel Boudinet«, in: Ders., *Oeuvres complètes*, Band 5, Herausgegeben von Eric Marty, Paris: Seuil 2002, S. 317.
xl. Denis Diderot, »Ceci n'est pas un conte«, in: Ders., *Contes et romans*, Herausgegeben von Michel Delon, Paris: Gallimard 2004, S. 513.
xli. Ludwig Wittgenstein, *Vermischte Bemerkungen. Eine Auswahl aus dem Nachlass*, Herausgegeben von Georg Henrik von Wright, Oxford, Cambridge, Massachusetts: Blackwell Publications 1998, S. 89.
xlii. Ludwig Wittgenstein, *Notebooks*, zitiert nach: P. Hughes, ›Performing Theory: Wittgenstein and the trouble with Shakespeare‹, *Comparative Criticism* 14 (1992), S. 71–86, S. 82.
xliii. Raymond Queneau, *Exercices de style*, Paris: Gallimard 1947, S. 112.
xliv. Raymond Queneau, *Exercises in Style*, Übersetzt von Barbara Wright, London: New Directions 1979, S. 145.
xlv. Ebd., S. 162.
xlvi. James Joyce, *Finnegans Wake*, Harmondsworth: Penguin 1992, S. 4.
xlvii. Samuel Beckett, »Dante … Bruno. Vico … Joyce«, in: Ders., *Stücke. Kleine Prosa. Ausgewählte Werke in einem Band*, Übersetzt von Erika und Elmar Tophoven, Frankfurt am Main: Suhrkamp Verlag 1969, S. 20.
xlviii. Adolf Hoffmeister, »The Game of Evenings«, in: *Granta 89: The Factory*, Frühling 2005, S. 239–254, S. 248.
xlix. Ebd., S. 251.
l. Joyce, *Finnegans Wake*, S. 215–216.
li. Zitiert nach: Richard Ellmann, *James Joyce*, Oxford: Oxford University Press 1983, S. 633.
lii. Vladimir Nabokov, *Lectures on Literature*, herausgegeben von Fredson Bowers, New York: Mariner Books 1980, S. 113.

liii. Ossip Mandelstam, *Gespräche über Dante. Russisch und deutsch*. Übersetzt von Norbert Randow, Leipzig und Weimar: Gustav Kiepenheuer Verlag 1984, S. 19.
liv. Ebd., S. 123.
lv. Ebd., S. 125.
lvi. Ebd., S. 51.
lvii. Ebd., S. 9–11.
lviii. Ebd., S. 398.

2 ZWEITE ABFOLGE (ROMANE)

i. Gustave Flaubert, *Flaubert in Egypt. A Sensibility on Tour*, Übersetzt und kommentiert von Francis Steegmuller, Harmondsworth: Penguin 1996, S. 48.
ii. Gustave Flaubert, *Reisetagebuch aus Ägypten*. Übersetzt von Eduard Wilhelm Fischer und mit einem Nachwort von Wolfgang Koeppen, Zürich: Diogenes 1991, S. 58.
iii. Ebd.
iv. Ebd., S. 59.
v. Ebd., S. 105–6.
vi. Zitiert nach: Nabokov, *Lectures on Literature*, S. 149.
vii. Flaubert, *Die Briefe an Louise Colet*, S. 614.
viii. Ebd., S. 540.
ix. Flaubert, *Flaubert in Egypt*, S. 178.
x. Flaubert, *Reisetagebuch aus Ägypten*, S. 187.
xi. Gustave Flaubert, *Briefe*. Herausgegeben und übersetzt von Helmut Scheffel, Zürich: Diogenes 1977, S. 198.
xii. Gustave Flaubert, *Correspondance. Tome IV*, Herausgegeben von Jean Bruneau, Paris: Gallimard 1973, S. 310.
xiii. Flaubert, *Briefe*, S. 266.
xiv. Zitiert nach: Roland Barthes, »Flaubert et la phrase«, in: Ders. *Le Degré zéro de l'écriture, suivi de Nouveaux Essais critiques*, Paris: Seuil 1972, S. 135.
xv. Nabokov, *Lectures on Literature*, S. 378–379.
xvi. Ebd., S. 379.
xvii. Ebd., S. 380.
xviii. Ebd., S. 1.

xix. Ebd., S. 3.

xx. Ebd.

xxi. Milan Kundera, *Die Kunst des Romans. Ausgewählte Essays zur Literatur*, Übersetzt von Uli Aumüller, München, Wien: Hanser Verlag 2007, S. 94.

xxii. Stendhal, *Oeuvres intimes. Tome 2*, Herausgegeben von Victor Del Litto, Paris: Gallimard 1982, S. 247.

xxiii. Paul Valéry, »Stendhal« in: Ders., *Werke 3. Zur Literatur*, Herausgegeben von Jürgen Schmidt-Radefeldt, Frankfurt am Main: Insel Verlag 1989, S. 180.

xxiv. Ebd., S. 174.

xxv. Ebd., S. 179.

xxvi. Stendhal, *Oeuvres intimes*, S. 143.

xxvii. Stendhal, *Oeuvres romanesques complètes. Tome I*, Herausgegeben von Yves Ansel und Philippe Berthier, Paris: Gallimard 2005, S. 827.

xxviii. Flaubert, *Flaubert in Egypt*, S. 216–217.

xxix. Nabokov, »Nikolay Gogol«, S. 73.

xxx. Henry James, »Guy de Maupassant«, in: Ders., *The Critical Muse: Selected Literary Criticism*, Herausgegeben von Roger Gard, Harmondsworth: Penguin 1987, S. 251.

xxxi. Ebd., S. 252.

xxxii. Alexander Puschkin, *The Tales of Belkin*, Übersetzt von Hugh Aplin, London: Hesperus Classics 2009, S. 5.

xxxiii. Ebd., S. 5.

xxxiv. Ebd., S. 6.

xxxv. Ebd., S. 93.

xxxvi. Roman Jakobson: »Linguistik und Poetik«, in: Ders., *Poetik. Ausgewählte Aufsätze 1921–1971*, Herausgegeben von Elmar Holenstein und Tarcisius Schelbert, Frankfurt am Main: Suhrkamp Verlag 1989, S. 111.

xxxvii. Alexander Puschkin, *Eugen Onegin. Ein Versroman*, Übersetzt von Sabine Baumann und Christiane Körner, Frankfurt am Main: Stroemfeld Verlag 2009, S. 102.

xxxviii. Ebd., S. 208.

xxxix. André Gide, *Journal des Faux-Monnayeurs*, Paris: Gallimard 1927, S. 11–12.

xl. André Gide, *The Counterfeiters*, Übersetzt von Dorothy Bussy, Harmondsworth: Penguin: 1966, S. 171.

xli. Gustave Flaubert, *Madame Bovary*, Übersetzt von Maria Dessauer, Leipzig: Insel Verlag 2007, S. 110.

xlii. Ebd., S. 113.

xliii. Ebd.

xliv. Gustave Flaubert, *Correspondance. Tome II*, Herausgegeben von Jean Bruneau, Paris: Gallimard 1973, S. 654–5.

xlv. Gustave Flaubert, *Das Wörterbuch der Gemeinplätze*. Übersetzt von Gisbert Haefs, Irene Riesen, Thomas Bodmer und Gerd Haffmans, München: Piper Verlag 2000, S. 110.

xlvi. Flaubert, *Die Briefe an Louise Colet*, S. 540.

xlvii. Flaubert, *Madame Bovary*, S. 112.

xlviii. Zitiert nach: Geoffrey Wall, *Flaubert: A Life*, London: Faber and Faber 2001, S. 230.

xlix. Gertrude Stein, *Autobiographie von Alice B. Toklas*, Übersetzt von Elisabeth Schnack, Leipzig und Weimar: Gustav Kiepenheuer Verlag 1981, S. 87.

l. Franz Kafka, *Der Proceß. Apparatband*, in: Ders., *Schriften Tagebücher Briefe. Kritische Ausgabe*, Herausgegeben von Malcolm Pasley, Frankfurt am Main: Fischer Taschenbuch Verlag, 1990, S. 168.

li. Ebd.

lii. Franz Kafka, *Das Schloß. Apparatband*, in: Ders., *Schriften Tagebücher Briefe. Kritische Ausgabe*, Herausgegeben von Malcolm Pasley, Frankfurt am Main: S. Fischer Verlag 1983, S. 126.

liii. Franz Kafka, *Das Schloß*, in: Ders., *Schriften Tagebücher Briefe. Kritische Ausgabe*, Herausgegeben von Malcolm Pasley, Frankfurt am Main: S. Fischer Verlag 1983, S. 13.

liv. Robert Walser, *Kleine Dichtungen*, Zürich, Frankfurt am Main: Suhrkamp Verlag 1985, S. 152.

lv. Zitiert im Vorwort zu der englischen Übersetzung von: Robert Walser, *Masquerade and Other Stories*, Übersetzt von Susan Bernofsky, London: Quartet Encounters 1993, p xxi.

lvi. Franz Kafka: *Die acht Oktavhefte*, Frankfurt am Main: Fischer Taschenbuch Verlag, 1987. S. 52.

lvii. Franz Kafka, *Gesammelte Werke. Band 8. Tagebücher*, Frankfurt am Main: S. Fischer Verlag, 1954, S. 545.

lviii. Ebd.

lix. Ebd.

lx. Gustave Flaubert, *Lehrjahre des Gefühls*, Übersetzt von Paul Wiegler, Frankfurt am Main: Insel Verlag 1984, S. 478.

lxi. Ebd.

lxii. Zitiert aus der Einführung zu: Gustave Flaubert, *Sentimental Education*, Übersetzt von Robert Baldick, Harmondsworth: Penguin 1964, S. 13.

lxiii. Jorge Luis Borges, »Die abergläubische Ethik des Lesers« in: Ders., *Ge-*

sammelte Werke. Band 5. Essays I: 1932–1936, Übersetzt von Karl August Horst, Curt Meyer-Clason und Melanie Walz, München, Wien: Carl Hanser Verlag, 1981, S. 51.

lxiv. Jorge Luis Borges, »Die Homerübersetzungen« in: Ders., *Gesammelte Werke. Band 5. Essays I: 1932–1936*, Übersetzt von Karl August Horst, Curt Meyer-Clason und Melanie Walz, München, Wien: Carl Hanser Verlag 1981, S. 99.

lxv. Ebd., S. 100.

lxvi. Jorge Luis Borges, »Die Erzählkunst und die Magie« in: Ders., *Gesammelte Werke. Band 5. Essays I: 1932–1936*. Übersetzt von Karl August Horst, Curt Meyer-Clason und Melanie Walz, München, Wien: Carl Hanser Verlag 1981, S. 80.

lxvii. Milan Kundera, *Der Vorhang*. Übersetzt von Uli Aumüller, Frankfurt am Main: S. Fischer Verlag 2008, S. 203–204.

lxviii. Miguel de Cervantes Saavedra, *Der sinnreiche Junker Don Quijote von der Mancha*, Übersetzt von Ludwig Braunfels, München: Artemis & Winkler 1993, S. 43.

lxix. Ebd., S. 43

lxx. Ebd., S. 314.

lxxi. Ebd., S. 315.

lxxii. Ebd.

lxxiii. Raymond Queneau, *Striche, Zeichen und Buchstaben*, Übersetzt von Eugen Helmlé, München: edition text + kritik 1990, S. 24.

lxxiv. Gustave Flaubert, George Sand, *Eine Freundschaft in Briefen*. Herausgegeben von Alphonse Jacobs und übersetzt von Annette Lallemand, Helmut Scheffel und Tobias Scheffel, München: Beck 1992, S. 135.

lxxv. Ebd., S. 384.

lxxvi. Borges, »Die abergläubische Ethik des Lesers«, S. 51.

lxxvii. Henry James, *Die Kunst des Romans. Ausgewählte Essays zur Literatur*, Herausgegeben von Joachim Krehayn und übersetzt von Helga Eberhardt, Leipzig, Weimar: Kiepenheuer Verlag 1984, S. 19.

lxxviii. Édouard Dujardin, *Geschnittener Lorbeer*, Übersetzt von Günter Herburger, Leipzig, Weimar: Kiepenheuer Verlag 1966, S. 26.

lxxix. Édouard Dujardin, »Interior Monologue«, in: Ders., *The Bays are Sere* and *Interior Monologue*, Übersetzt von Anthony Suter, London: Libris 1991, S. 89.

lxxx. Stéphane Mallarmé, *Oeuvres complètes*, Paris: Gallimard 1945, S. 718.

lxxxi. Dujardin, »Interior Monologue«, S. 89.

lxxxii. Édouard Dujardin, *Les Lauriers sont coupés*, Paris 1887, S. 6 und S. 50.

lxxxiii. Édouard Dujardin, *Geschnittener Lorbeer*, S. 137–138.

lxxxiv. Ebd., S. 140.

lxxxv. Witold Gombrowicz, *Diary*. Volume 1, Übersetzt von Lillian Vallee, New York: Northwestern University Press, 1988 S. 215.

lxxxvi. Ebd., S. 217.

lxxxvii. Ebd., S. 217.

lxxxviii. Graham Robb, *Unlocking Mallarmé*, New Haven und London: Yale University Press 1996, S. 24.

lxxxix. Georges Perec, *Träume von Räumen*, übersetzt von Eugen Helmlé, Bremen: Manholt Verlag 1990, S. 54–55.

xc. Ebd., S. 56.

xci. Ebd., S. 56.

xcii. Frank Budgen, *James Joyce und die Entstehung des Ulysses*, Übersetzt von Werner Morlang, Frankfurt am Main: Suhrkamp Verlag 1977, S. 198.

xciii. Ebd., S. 197.

xciv. Sylvia Beach, *Shakespeare and Company. Ein Buchladen in Paris*, Übersetzt von Lilly von Sauter, Frankfurt am Main: Suhrkamp Verlag 1982, S. 70.

xcv. Vladimir Nabokov, *Die Kunst des Lesens*, Übersetzt von Karl A. Klewer, Frankfurt am Main: S. Fischer Verlag 2010, S. 443.

xcvi. Ezra Pound, »James Joyce et Pecuchet«, in: Ders., James Joyce, *The Letters of Ezra Pound to James Joyce, with Pound's Essays on Joyce*, Herausgegeben und kommentiert von Forrest Read, London: Faber and Faber 1968, S. 206.

xcvii. James Joyce, *Letters. Volume I*, Herausgegeben von Stuart Gilbert, New York: Viking 1966, S. 297.

xcviii. Michael Groden, *Ulysses in Progress*, Princeton: Princeton University Press, 1977 S. 198.

xcix. James Joyce, *Ulysses*, Übersetzt von Hans Wollschläger, Frankfurt am Main: Suhrkamp Verlag 2006, S. 913.

c. Ebd., S. 240.

ci. Ebd., S. 986–987.

cii. Franz Kafka, »Tagebücher 1910–1923« in: Ders., *Gesammelte Werke*, Frankfurt am Main: Fischer Taschenbuch Verlag 1976, S. 60.

ciii. Charles Dickens, *Bleak House. Erster Band*, Übersetzt von Richard Zoozmann, Berlin: Rütten & Loening 1990, S. 5.

civ. Charles Dickens, *Bleak House. Zweiter Band*, Übersetzt von Richard Zoozmann, Berlin: Rütten & Loening 1990, S. 6.

cv. Michael Slater, *Charles Dickens. A Life Defined by Writing*, New Haven: Yale University Press 2009, S. 200.

cvi. Ebd., S. 467–8.

cvii. Charles Dickens, *Oliver Twist*, Harmondsworth: Peguin 1985, S. 168.

cviii. Charles Dickens, *Oliver Twist*, Übersetzt von Reinhard Kilbel, Leipzig, Weimar: Gustav Kiepenheuer Verlag 1981, S. 155–56.
cix. Sergei Eisenstein, »Dickens, Griffith, And The Film Today«, in: *Film Form*, Herausgegeben und übersetzt von Jay Leyda, London: 1951, S. 205.
cx. Ebd., S. 217.
cxi. Zitiert nach: Slater, *Charles Dickens*, S. 507.
cxii. Ebd.,S. 477.
cxiii. Eisenstein, ›Dickens, Griffith, And The Film Today‹, S. 216–217.
cxiv. Dickens, *Bleak House. Erster Band*, S. 311.
cxv. Walter Benjamin, »Über den Begriff der Geschichte«. in: Ders., *Werke und Nachlaß. Kritische Gesamtausgabe. Band 19*, Berlin: Suhrkamp Verlag 2010, S. 34.
cxvi. Dickens, *Bleak House. Erster Band*, S. 213–214.
cxvii. Eisenstein, »Dickens, Griffith, And The Film Today«, S. 234.
cxviii. Slater, *Charles Dickens*, S. 607.
cxix. Ebd., S. 290.
cxx. Nabokov, *Die Kunst des Lesens*, S. 112–113.
cxxi. Dickens, *Bleak House. Erster Band*, S. 208.
cxxii. Slater, *Charles Dickens*, S. 609.
cxxiii. Charles Dickens, *Ein Weihnachtslied in Prosa. Eine weihnachtliche Gespenstergeschichte*, Übersetzt von Curt Noch, Leipzig: Reclam 1960, S. 35.
cxxiv. Slater, *Charles Dickens*, S. 32.
cxxv. Zitiert nach: Malcolm Andrews, *Charles Dickens and His Performing Selves*, Oxford: Oxford University Press 2006, S. 113.
cxxvi. Charles Dickens, *Selected Letters*, Herausgegeben von Jenny Hartley, Oxford: Oxford University Press 2012, S. 200.
cxxvii. Slater, *Charles Dickens*, S. 592.
cxxviii. Ebd., S. 594.
cxxix. Zitiert nach: Malcolm Andrews, *Charles Dickens and His Performing Selves*, S. 226.
cxxx. Charles Dickens, »Some Recollections of Mortality«, in: *Dickens' Journalism. Vol 4: The Uncommercial Traveller and Other Papers*, Herausgegeben von Michael Slater und John Drew, Ohio: Ohio State University Press 2000, S. 223.
cxxxi. Slater, *Charles Dickens*, S. 399.

3 HOMMAGE AN LAURENCE STERNE, MIT VIER MULTIPLES

i. Laurence Sterne, *Leben und Ansichten von Tristram Shandy, Gentleman*. übersetzt und mit Anmerkungen von Michael Walter, Frankfurt am Main: Fischer Taschenbuch Verlag 2010, S. 15–16.

ii. Ebd., S. 16.

iii. Ebd., S. 17.

iv. Ebd., S. 651.

v. Ebd., S. 432–433.

vi. Ebd., S. 555.

vii. Ebd., S. 11.

viii. Ebd., S. 84.

ix. Ebd., S. 176.

x. Ebd., S. 361.

xi. Ebd., S. 162–163.

xii. Ebd., S. 206.

xiii. Ebd., S. 622.

xiv. Ebd., S. 21.

xv. Ebd., S. 93.

xvi. Ebd., S. 77.

xvii. Ebd., S. 665.

xviii. Ebd., S. 594–5.

xix. Stendhal, *Leben des Henry Brulard. Biographien und Dokumente. Memoiren*, Übersetzt von Elisabeth Schneider, Leipzig: Reclam 1965, S. 15–16.

xx. Ebd., S. 305.

xxi. Samuel Taylor Coleridge, »Notes for a lecture on Wit and Humour«, in: *Laurence Sterne: The Critical Heritage*, Herausgegeben von Alan B. Howes, London, New York: Routledge 1971, S. 353–354.

xxii. Ebd., S. 353.

xxiii. Ebd., S. 354.

xxiv. Sterne, *Tristram Shandy*, S. 359.

xxv. Ebd., S. 34–35.

xxvi. Ebd., S. 631.

xxvii. Ebd., S. 64.

xxviii. Ebd., S. 99.

xxix. Ebd., S. 114.

xxx. Ebd., S. 235–236.

xxxi. Ebd., S. 688–689.

xxxii. Ebd., S. 373.

xxxiii. Zitiert nach: Lautréamont, *Oeuvres complètes*, Herausgegeben von Jean-Luc Steinmetz, Paris: Gallimard 2009, S. 436.

xxxiv. Sterne, *Tristram Shandy*, S. 112.

xxxv. Laurence Sterne, *Briefe und Dokumente*, Herausgegeben und übersetzt von Siegfried Schmitz, München: Winkler Verlag 1965, S. 177–178.

xxxvi. Sterne, *Tristram Shandy*, S. 18.

xxxvii. Ebd., S. 500.

xxxviii. Zitiert nach: Georges Didi-Hubermann, *L'oeil de l'histoire. Tome 1. Quand Les Images Prennent Position*, Paris: Edition de Minuit 2009, S. 60.

xxxix. Walter Benjamin, *Gesammelte Schriften. Band II – 2. Aufsätze, Essays, Vorträge*, Herausgegeben von Rolf Tiedemann und Hermann Schweppenhäuser, Frankfurt am Main: Suhrkamp Verlag 1991, S. 535.

xl. Viktor Slovskij, *Theorie der Prosa*, Herausgegeben und übersetzt von Gisela Drohla, Frankfurt am Main: S. Fischer Verlag 1966, S. 134–135.

xli. Sterne, *Tristram Shandy*, S. 379.

xlii. Robert Burton, *The Anatomy of Melancholy. ii*, New York: New York Review of Books 2001, S. 182.

xliii. John Ferriar, »Illustrations of Sterne«, in: *Sterne: The Critical Heritage*, S. 289.

xliv. Lautréamont, *Oeuvres complètes*, S. 308.

xlv. Ebd., S. 291.

xlvi. Ebd., S. 283.

xlvii. Sterne, *Tristram Shandy*, S. 14.

xlviii. Šklovskij, *Theorie der Prosa*, S. 141.

xlix. Ebd., S. 162.

l. Burton, *The Anatomy of Melancholy. i*, S. 215.

li. Sterne, *Tristram Shandy*, S. 493.

lii. Ebd., S. 492–493.

liii. Ebd., S. 15.

liv. Ebd., S. 467.

lv. Ebd., S. 75.

lvi. Ebd., S. 559.

lvii. Ebd., S. 335–336.

lviii. Ebd., S. 352.

lix. Ebd., S. 402.

lx. Ebd., S. 128.

lxi. André Velter, »Parler Apatride«, in: Ghérasim Luca, *Héros-Limite. Le chant de la carpe. Paralipomènes*, Paris: Gallimard 2001, S. v.

lxii. Coleridge, »Notes for a lecture on Wit and Humour«, S. 353–354.

lxiii. Sterne, *Tristram Shandy*, S. 81–82.

lxiv. Ebd., S. 502–503.

lxv. Ebd., S. 81.
lxvi. Ebd., S. 442.
lxvii. Ebd., S. 115.
lxviii. Ebd., S. 116.
lxix. Ebd.
lxx. Ebd., S. 307–308.
lxxi. Ebd., S. 82.
lxxii. Ebd., S. 690.
lxxiii. Ebd., S. 401.
lxxiv. Ebd., S. 604.
lxxv. Denis Diderot, *Jacques der Fatalist und sein Herr. Roman*, Übersetzung und Nachwort von Ernst Sander, Leipzig: Reclam 1972, S. 3.
lxxvi. Sterne, *Tristram Shandy*, S. 604.
lxxvii. Diderot, *Jacques der Fatalist und sein Herr*, S. 3–4.
lxxviii. Zitiert nach: Ian Campbell Ross, *Laurence Sterne: A Life*, Oxford: Oxford University Press 2001, S. 285.
lxxix. Ebd., S. 285.
lxxx. Milan Kundera, *Jacques und sein Herr. Hommage an Denis Diderot in drei Akten,* Übersetzt von Uli Aumüller, München, Wien: Hanser Verlag 2003, S. 14.
lxxxi. Friedrich Nietzsche, »Menschliches, Allzumenschliches II« in: Ders., *Sämtliche Werke. Band 2. Menschliches, Allzumenschliches I und II*, München: Deutscher Taschenbuch Verlag 1980, S. 424.
lxxxii. Nietzsche, »Menschliches, Allzumenschliches II«, S. 425.
lxxxiii. Diderot, *Jacques*, S. 330.
lxxxiv. Ebd., S. 326.
lxxxv. Ebd., S. 327.
lxxxvi. Sterne, *Tristram Shandy*, S. 612.
lxxxvii. Diderot, *Jacques*, S. 329.
lxxxviii. Ebd., S. 329.
lxxxix. Ebd., S. 330.
xc. Sterne, *Tristram Shandy*, S. 299.
xci. Ebd., S. 301.
xcii. Ebd,. S. 298.
xciii. Ebd,. S. 303.
xciv. Ebd.
xcv. Ebd., S. 305.
xcvi. Joaquim Maria Machado de Assis, *Die nachträglichen Memoiren des Brás Cubas*, Übersetzt von Wolfgang Kayser und mit einem Nachwort von Susan Sontag, München: Manesse 2003, S. 11.
xcvii. Sterne, *Tristram Shandy*, S. 323.

xcviii. Machado de Assis, *Die nachträglichen Memoiren des Brás Cubas*, S. 91–92.
xcix. Ebd., S. 44.
c. Ebd., S. 35–36.
ci. Ebd., S. 136.
cii. Ebd.
ciii. Ebd., S. 84–85.
civ. Jean-Michel Massa, »La Bibliothèque de Machado de Assis«, in: *Revista do Livro, No. 21–22. Março-Junho*, 1961, Rio de Janeiro.
cv. Zitiert nach: Anne Bandry, »The First French Translation of *Tristram Shandy*«, in: *The Shandean. Volume 6. November 1994.* S. 67–85, S. 68.
cvi. Sterne, *Tristram Shandy*, S. 112.
cvii. Zitiert nach: Bandry, »The First French Translation of *Tristram Shandy*«, S. 73.
cviii. Sterne, *Tristram Shandy*, S. 246.
cix. Zitiert nach: Bandry, S. 76.
cx. Witold Gombrowicz, »Eine Art Testament. Gespräche und Aufsätze«, in: Ders., *Gesammelte Werke. Band 13*, Übersetzt von Rolf Fieguth, Walter Tiel und Renate Schmidgall, München, Wien: Carl Hanser Verlag 1996, S. 196.
cxi. Ebd., S. 192.
cxii. Ebd., S. 193–194.
cxiii. Eine Bibliographie findet sich in: Alexander Puschkin, *Pushkin on Literature*, Herausgegeben und übersetzt von Tatiana Wolff, London: Athlone Press 1986, S. 485–522.
cxiv. Alexander Puschkin, *Aufsätze und Tagebücher*, Übersetzt von Fritz Mierau und Michael Pfeiffer, Berlin, Weimar: Aufbau-Verlag 1973, S. 17.
cxv. Ebd., S. 18.
cxvi. Ebd., S. 34.
cxvii. Denis Diderot, »Lobrede auf Richardson« in: Ders., *Ästhetische Schriften*, Übersetzt von Friedrich Bassenge und Theodor Lücke, Frankfurt am Main: Europäische Verlagsanstalt 1963, S. 407.
cxviii. Vladimir Nabokov, *Kommentar zu Eugen Onegin*, Übersetzt von Sabine Baumann, Frankfurt am Main, Basel: Stroemfeld Verlag 2009, S. 125–126.
cxix. Puschkin, *Aufsätze und Tagebücher*, S. 295.
cxx. Alexander Puschkin, *Eugen Onegin. Ein Versroman*, Übersetzt von Sabine Baumann, Frankfurt am Main: Stroemfeld Verlag 2009, S. 67–68.
cxxi. Ebd., S. 241.
cxxii. Ebd., S. 120.
cxxiii. Ebd., S. 214.
cxxiv. Ebd., S. 134.

cxxv. Ebd., S. 271.

cxxvi. Zitiert nach der Richard Pevear »Einführung«, in: Leo Tolstoy, *Anna Karenina*, Übersetzt von Richard Pevear und Larissa Volokhonsky, Harmondsworth: Penguin 2000.

4 UNVOLLENDETE HOMMAGE AN CARLO EMILIO GADDA

i. Carlo Emilio Gadda, *Récit italien d'un inconnu du vingtième siècle*, Übersetzt von Monique Baccelli, Paris: Bourgois 1997, S. 47.

ii. Ebd., S. 49.

iii. Ebd.

iv. Ebd.

v. Ebd., S. 50.

vi. Georges Bataille, *Die Aufhebung der Ökonomie*, Übersetzt von Traugott König, Heinz Abosch und Gerd Bergfleth, München: Matthes & Seitz 2001, S. 31.

vii. Zitiert nach: Carlo Emilio Gadda, *Romanzi e racconti II*, Mailand: Grazanto 2007, S. 1280.

viii. Gian Carlo Roscioni, *La Disharmonie préétablie: Essai sur Gadda*, Übersetzt von Maurice Darmon, Paris: Seuil 1993, S. 31.

ix. Ebd., S. 17.

x. Ebd., S. 10.

xi. Ebd., S. 47.

xii. Ebd., S. 48.

xiii. Ebd., S. 62.

xiv. Ebd., S. 85.

xv. Ebd., S. 23.

xvi. Ebd., S. 26.

xvii. Ebd., S. 19.

xviii. Ebd., S. 118.

xix. Ebd., S. 121.

xx. Ebd., S. 124.

xxi. Friedrich Nietzsche, *Die fröhliche Wissenschaft*, Leipzig: Reclam Verlag 1990, S. 90–91.

xxii. Carlo Emilio Gadda, *Die gräßliche Bescherung in der Via Merulana. Roman,* Übersetzt von Toni Kienlechner, Berlin: Verlag Volk und Welt 1974, S. 7.

xxiii. Italo Calvino, *Warum Klassiker lesen?*. Übersetzt von Barbara Kleiner und Susanne Schoop, Frankfurt am Main: Fischer Taschenbuch Verlag 2013, S. 231.

xxiv. Italo Calvino, *Sechs Vorschläge für das nächste Jahrtausend. Harvard-Vorlesungen.* Übersetzt von Burkhart Kroeber, München, Wien: Hanser 1991, S. 145–146.

xxv. Calvino, *Warum Klassiker lesen?*, S. 235.

xxvi. Zitiert nach: Roscioni, S. 163.

5 KURZE STUDIEN DER SELBSTVERVIELFÄLTIGUNG

i. Viktor Sklovskij, *Theorie der Prosa*, Übersetzt von Gisela Drohla, Frankfurt am Main: S. Fischer Verlag 1966, S. 101–102.

ii. Thomas Mann, »Einführung in den ›Zauberberg‹«, in: *Thomas Mann. Rede und Antwort. Über eigene Werke. Huldigungen und Kränze: über Freunde, Weggefährten und Zeitgenossen*, Frankfurt am Main: S. Fischer Verlag 1984, S. 72.

iii. Ebd., S. 73.

iv. Henry James, *Tagebuch eines Schriftstellers. Notebooks. Ungekürzte Ausgabe.* Übersetzt von Astrid Claes, Frankfurt am Main, Berlin: Ullstein 1986, S. 243.

v. Ebd., S. 244.

vi. Ebd.

vii. Ebd.

viii. Henry James, *A Life in Letters*, Herausgegeben von Philip Horne, Harmondsworth: Viking Adult 1999, S. 143.

ix. Ebd., S. 153.

x. Ebd., S. 155.

xi. Henry James, *The Critical Muse: Selected Literary Criticism*, Herausgegeben von Roger Gard, Harmondsworth: Penguin 1987, S. 423.

xii. Henry James, *Tagebuch eines Schriftstellers*, S. 245.

xiii. Ebd., S. 246.

xiv. Ebd.

xv. Henry James, *A Life in Letters*, S. 284.

xvi. Henry James, *Tagebuch eines Schriftstellers*, S. 323.

xvii. Ebd.

xviii. Ebd., S. 213.

xix. Ebd., S. 246–247.

xx. Ebd., S. 247.
xxi. Ebd.
xxii. Ebd.
xxiii. Ebd., S. 248.
xxiv. Ebd., S. 249.
xxv. Ebd.
xxvi. Ebd., S. 249–250.
xxvii. Henry James, *Die Flügel der Taube*, Übersetzt von Ana Maria Brock, Berlin, Weimar: Aufbau-Verlag 1991, S. 360.
xxviii. Henry James, *The Critical Muse*, S. 103.
xxix. Henry James, *A Life in Letters*, S. 371.
xxx. Ebd., S. 299.
xxxi. Henry James, *The Critical Muse*, S. 452.
xxxii. Henry James, *Die Flügel der Taube*, S. 506.
xxxiii. Witold Gombrowicz, *Eine Art Testament. Gespräche und Aufsätze*, Übersetzt von Rolf Fieguth, Walter Tiel und Renate Schmidgall, München, Wien: Carl Hanser Verlag 1996, S. 237.
xxxiv. Ebd.
xxxv. Ebd., S. 238.
xxxvi. Witold Gombrowicz, *Tagebuch 1953–1969*, Übersetzt von Olaf Kühl, München, Wien: Carl Hanser Verlag 1988, S. 9.
xxxvii. Ebd., S. 698.
xxxviii. Ebd., S. 700.
xxxix. Ebd., S. 701.
xl. Ebd., S. 704.
xli. Ebd., S. 705.
xlii. Ebd., S. 707.
xliii. Ebd., S. 709.
xliv. Bruno Schulz, »›Postface‹ to Franz Kafka«, *The Trial*, Warsaw, 1936, in: Ders., *Oeuvres Complètes*. Übersetzt von Suzanne Arlet, Thérèse Douchy, Christophe Jezewski, François Lallier, Allan Kosko, Georges Lisowski, Georges Sidre, Dominique Sila-Khan, Paris: Editions Denoël 2004, S. 382.
xlv. Ebd., S. 385.
xlvi. Ebd., S. 379.
xlvii. Bruno Schulz, »Das Sanatorium zur Sanduhr«, in: *Die Zimtläden und alle anderen Erzählungen. Band 1*, Übersetzt von Josef Hahn, München, Wien: Carl Hanser Verlag 1992, S. 114.
xlviii. Bruno Schulz, »Briefe«, in: Ders., *Die Wirklichkeit ist der Schatten des Wortes. Aufsätze und Briefe*. Herausgegeben von Jerzy Ficowski. Übersetzt von Josef Hahn und Mikolaj Dutsch, München, Wien: Carl Hanser Verlag 1992, S. 91–92.

xlix. Bruno Schulz, »Das Sanatorium zur Sanduhr«, S. 119.

l. Zitiert nach: Jerzy Ficowski, *Regions of the Great Heresy. Bruno Schulz, A Biographical Portrait,* Übersetzt und herausgegeben von Theodosia Robertson, New York: W. W. Notton & Company 2003, S. 157.

li. Zitiert nach: Susan Sontag, »Foreword«, in: Witold Gombrowicz, *Ferdydurke*, Übersetzt von Danuta Borchardt, New Haven: Yale University Press 2000, S. viii.

lii. Witold Gombrowicz, *Ferdydurke.* Übersetzt von Walter Tiel, München, Wien: Carl Hanser Verlag 1983, S. 10–11.

liii. Ebd., S. 12.

liv. Ebd., S. 22.

lv. Ebd.

lvi. Bruno Schulz, »Ferdydurke«, in: Ders., *Die Wirklichkeit ist Schatten des Wortes*, S. 280.

lvii. Ebd., S. 282

lviii. Ebd., S. 283.

lix. Ebd., S. 286.

lx. Witold Gombrowicz, *Ferdydurke*, S. 83.

lxi. Ebd., S. 84.

lxii. Ebd., S. 89.

lxiii. Ebd., S. 90.

lxiv. Details entstammen: Jerzy Ficowski, *Regions of the Great Heresy*, S. 135–136.

lxv. ›Introduction‹, in: *A Syntopicon. Great Books of the Western World*, Herausgegeben von Mortimer J. Adler, Chicago: Encyclopædia Britannica 1990, S. xiii.

lxvi. André Gide, *Dostojewski. Aufsätze und Vorträge*, Übersetzt von Erich Ploog, Stuttgart: Deutsche Verlagsanstalt 1951, S. 113.

lxvii. Ebd., S. 104.

lxviii. Gustave Flaubert, George Sand, *Eine Freundschaft in Briefen*, Herausgegeben von Alphonse Jacobs. Übersetzt von Annette Lallemand, München: C. H. Beck 1992, S. 520.

lxix. Vladimir Nabokov, *Deutliche Worte. Interviews – Leserbriefe – Aufsätze*, Übersetzt von Kurt Neff, Gabriele Forberg-Schneider, Blanche Schwappach und Dieter E. Zimmer, Reinbek bei Hamburg: Rowohlt Verlag 1993, S. 234.

lxx. Saul Bellow, *Der Mann in der Schwebe*, Übersetzt von Walter Hasenclever, Bergisch Gladbach: BLT 2003, S. 111–112.

lxxi. Ebd., S. 222.

lxxii. Fjodor Dostojewskij, *Aufzeichnungen aus dem Kellerloch*, Übersetzt von

Swetlana Geier, Frankfurt am Main: Fischer Taschenbuch Verlag 2006, S. 145.

lxxiii. Paul Valéry, *Über Mallarmé*, Frankfurt am Main: Suhrkamp Verlag 1992, S. 22.

lxxiv. Vladimir Nabokov, *Deutliche Worte*, S. 151.

lxxv. Saul Bellow, ›A Sermon by Doctor Pep‹, *Partisan Review*, Mai 1949.

lxxvi. Saul Bellow, *Die Abenteuer des Augie March*, Übersetzt von Alexander Koval, Zürich: Coron-Verlag 1977, S. 244.

lxxvii. Saul Bellow, ›The Trip to Galena‹, *Partisan Review*, November-Dezember 1950.

lxxviii. Saul Bellow, *Die Abenteuer des Augie March*, S. 53.

lxxix. Saul Bellow, ›From the Life of Augie March‹, *Partisan Review*, November 1949.

lxxx. Saul Bellow, *Die Abenteuer des Augie March*, S. 560.

lxxxi. Duc de Saint-Simon, *Mémoires complets*, Bd. 20. Paris: A. Sautelet et Cie 1830, S. 342.

lxxxii. Saul Bellow, *Die Abenteuer des Augie March*, S. 56.

lxxxiii. Zitiert nach: *Isaac Bashevis Singer: An Album*, Herausgegeben von Ilan Stavans, New York: Library of America 2004, S. 29–30.

lxxxiv. Ebd., S. 61.

lxxxv. Isaac Bashevis Singer, ›Gimpl tam‹, New York 1945, ›Gimpel the Fool‹, übersetzt von Saul Bellow, *Partisan Review*, New York 1953. Wieder abgedruckt in: *Collected Stories*, 3 Bd. Herausgegeben von Ilan Stavans, New York: Library of America 2004, S. 5.

lxxxvi. Isaac Bashevis Singer, ›Gimpl tam‹. Wieder abgedruckt 1963, S. 5.

lxxxvii. Saul Bellow, *Augie March*, S. 443.

lxxxviii. Zitiert nach: James Atlas, *Bellow: A Biography*, London: Random House 2000, S. 188.

lxxxix. Saul Bellow, *Augie March*, S. 442.

xc. Honoré de Balzac, ›Etudes sur M. Beyle‹, *Revue Parisienne*, 25. September 1840, in: Ders., *Oeuvres Complètes*, Bd. 28, Paris: Guy Le Prat 1963, S. 234–5.

xci. Stendhal, *Die Kartause von Parma*, Übersetzt von Arthur Schurig, ergänzt und überarbeitet von Lea Katharina Ostmann, Frankfurt am Main: Fischer Verlag 2008, S. 20.

xcii. Charles Baudelaire, ›Théophile Gautier‹, *L'Artiste*, 13. März 1859, in: Ders., *Oeuvres Complètes*, Bd. 2., Herausgegeben von Claude Pichois, Paris: Gallimard 1975, S. 120.

xciii. Singer, *An Album*, S. 31.

xciv. Marcel Proust, Interview mit Élie-Joseph Bois, in: *Le Temps*, 13 November 1913.

xcv. Gustave Flaubert, *Die Briefe an Louise Colet*, Übersetzt von Cornelia Hasting, Zürich: Haffmans Verlag 1995, S. 808.
xcvi. Zitiert nach: Michael André Bernstein, ›Yes, I Pray God‹, *Times Literary Supplement*, London, 24 September 2004, S. 19.
xcvii. Zitiert nach: Joseph Sherman, ›Translating *Shotns Baym Hudson*‹, in: *Isaac Bashevis Singer: His Work and His World*, Herausgegeben von Hugh Denman, Leiden: Brill 2002, S. 49–80.
xcviii. Isaac Bashevis Singer, ›Author's Note‹, in: Ders., *Collected Stories*, Bd. 3., S. 292.
xcix. Saul Bellow, *Augie March*, S. 213.
c. Ebd., S. 295.
ci. Ebd., S. 408.
cii. Ebd., S. 379.
ciii. Ebd., S. 473.
civ. Zitiert nach: James Atlas, *Bellow: A Biography*, S. 260.

6 ZWEI DRUCKKNOPFFÖRMIGE HOMMAGEN AN BOHUMIL HRABAL

i. Bohumil Hrabal, *Tanzstunden für Erwachsene und Fortgeschrittene*, Übersetzt von Franz Peter Künzel, Frankfurt am Main: Suhrkamp Verlag 1977, S. 47.
ii. Zitiert nach: Radko Pytlík, *The Sad King of Czech Literature, Bohumil Hrabal: His Life and Work*, Prag: Emporius 2000, S. 8.
iii. Ebd., S. 44.
iv. Bohumil Hrabal, *Total Fears*, Übersetzt von James Naughton, Prag: Twisted Spoon Press 1998, S. 40.
v. Milan Kundera, *Eine Begegnung*, Übersetzt von Uli Aumüller, München: Carl Hanser Verlag 2011, S. 141.
vi. Bohumil Hrabal, *Tanzstunden für Erwachsene und Fortgeschrittene*, S. 17.
vii. Ebd., S. 8.
viii. Ebd., S. 21.
ix. Ebd., S. 11.
x. Ebd., S. 23.
xi. Ebd., S. 17.
xii. Ebd., S. 32–33.

xiii. Ebd., S. 48.

xiv. Ebd., S. 25.

xv. Ebd., S. 70.

xvi. Zitiert nach: Bohuslav Mánek, ›The Czech and Slovak Reception of James Joyce‹, in *The Reception of James Joyce in Europe*, Bd. 1, Herausgegeben von Geert Lernout und Wim Van Mierlo, London: Thoemmes Continuum 2004, S. 192.

xvii. Bohumil Hrabal, *Pirouettes on a Postage Stamp*, Übersetzt von David Short, Prag: Karolinum Press 2008, S. 113.

xviii. *Joyce's* Ulysses *Notesheets in the British Museum*, Herausgegeben von Phillip F. Herring, Charlottesville: University of Virginia Press 1972, S. 503.

xix. Bohumil Hrabal, *Pirouettes*, S. 58.

xx. *A Batons rompus avec Bohumil Hrabal.* Interviews mit Christian Salmon, Paris, Criterion, 1991, S. 27.

xxi. Ebd., S. 33.

xxii. Ebd., S. 17.

xxiii. Václav Havel, *Bohumil Hrabal*, Übersetzt von Claudia Abcelot, Paris: José Corti Editions 1991.

xxiv. Bohumil Hrabal, *Hochzeiten im Hause. Ein Mädchenroman*, Übersetzt von Susanna Roth, Frankfurt am Main: Suhrkamp Taschenbuch Verlag 1995, S. 207.

xxv. Bohumil Hrabal, *Tanzstunden*, S. 17.

xxvi. Ebd., S. 21.

xxvii. Ebd., S. 66.

xxviii. Ebd., S. 70.

xxix. Bohumil Hrabal, *Pirouettes*, S. 114.

xxx. Ebd., S. 47–8.

xxxi. Sigmund Freud, »Studien über Hysterie. Frühe Arbeiten zur Neurosenlehre (1892–1899)« in: Ders., *Gesammelte Schriften 1. Erster Band*, Leipzig, Wien, Zürich: Internationaler Psychoanalytischer Verlag 1925, S. 12.

xxxii. Ebd., S. 9.

xxxiii. Bohumil Hrabal, *Hochzeiten im Hause*, S. 77.

xxxiv. Bohumil Hrabal, *Tanzstunden*, S. 18–19.

xxxv. Ebd., S. 26.

xxxvi. Ebd., S. 20.

xxxvii. Bohumil Hrabal, *Hochzeiten*, S. 111–112.

xxxviii. Zitiert nach: Emanuel Frynta, *Hašek der Schöpfer des Schwejk*, Übersetzt von Lotte Elsnoverá, Prag: Artia 1965, S. 37.

xxxix. Jaroslav Hašek, *Die Abenteuer des braven Soldaten Schwejk*, Übersetzt von Grete Reiner, Frankfurt am Main: Suhrkamp Taschenbuch Verlag 2000, S. 66.

xl. Bohumil Hrabal, *Pirouettes*, S. 26.
xli. Bohumil Hrabal, *Total Fears*, S. 39.
xlii. Bohumil Hrabal, *Pirouettes*, S. 44.
xliii. Ebd., S. 71.
xliv. Leszek Kołakowski, *Die Hauptströmungen des Marxismus. Entstehung. Entwicklung. Zerfall. Dritter Band*, Übersetzt von Eberhard Kozłowski, München, Zürich: R. Piper & Co 1981, S. 55.
xlv. Bohumil Hrabal, *Pirouettes*, S. 38.
xlvi. Zitiert nach: Bohumil Hrabal, *Total Fears*, S. 113.
xlvii. Hrabal, *Pirouettes*, S. 44.
xlviii. Ladislav Klíma, ›My Autobiography‹, in: Ders., *The Sufferings of Prince Sternenhoch*, Übersetzt von Carleton Bulkin, Prag: Twisted Spoon Press 2008, S. 226.
xlix. Ladislav Klíma, *Le Monde comme conscience et comme rien*, Übersetzt von Erika Abrams, Paris: Editions de la Différence 1995, S. 30.
l. Ebd., S. 29.
li. Ebd., S. 25.
lii. Ebd., S. 33.
liii. Ladislav Klíma, *Sufferings*, S. 228.
liv. Zitiert nach: Ladislav Klíma, *Sufferings*, S. 236.
lv. Bohumil Hrabal, *Dancing Lessons*, S. i.
lvi. Milan Kundera, *Die Kunst des Romans*, S. 13.
lvii. Bohumil Hrabal, *Pirouettes*, S. 72.
lviii. Zitiert nach: Pytlík, *The Sad King*, S. 71–72.
lix. Bohumil Hrabal, *Total Fears*, S. 178.
lx. Ebd., S. 178.
lxi. Bohumil Hrabal, *Hochzeiten*, S. 95.
lxii. Maxim Gorky: *Recollections of Anton Tchekhov*, zitiert nach: Alexander Kuprin ›Reminiscences of Anton Tchekhov‹, in: *Anton Tchekhov: Literary and Theatrical Reminiscences*, Herausgegeben und übersetzt von S. S. Koteliansky, London: Routledge & Sons 1927, S. 84.
lxiii. Bohumil Hrabal, *Total Fears*, S. 11.
lxiv. Ebd., S. 172.
lxv. Bohumil Hrabal, *Ich habe den englischen König bedient*, Übersetzt von Karl-Heinz Jähn, Berlin: Verlag Volk und Welt 1990, S. 224.
lxvi. Ebd., S. 5.
lxvii. Václav Havel, *Open Letters*, London: Faber & Faber 1991, S. 259.
lxviii. Zitiert nach: Pytlík, *The Sad King*, S. 19.
lxix. Bohumil Hrabal, *Ich habe den englischen König bedient*, S. 13.
lxx. Ebd., S. 244.
lxxi. Ebd., S. 141.

lxxii. Ebd., S. 247–248.
lxxiii. Zitiert nach: Pytlík, *The Sad King*, S. 74.
lxxiv. Ebd., S. 48.
lxxv. Bohumil Hrabal, *Ich habe den englischen König bedient*, S, 173.
lxxvi. Ebd., S. 174.
lxxvii. Ebd., S. 91.
lxxviii. Ebd., S. 77.
lxxix. Ebd., S. 102–103.
lxxx. Ebd., S. 120.
lxxxi. Ebd., S. 218.
lxxxii. Ebd., S. 257–258.
lxxxiii. Ebd., S. 222.
lxxxiv. Ebd., S. 252.
lxxxv. Zitiert nach: Pytlík, *The Sad King*, S. 68.
lxxxvi. Bohumil Hrabal, *Ich habe den englischen König bedient*,S. 131.
lxxxvii. Ebd., S. 132.
lxxxviii. Ebd., S. 151.
lxxxix. Ebd., S. 162.
xc. Ebd., S. 189.
xci. Ebd., S. 221.
xcii. Bohumil Hrabal, *Total Fears*, S. 158–159.
xciii. Ebd., S. 159.
xciv. Ebd., S. 161.
xcv. Ebd., S. 162.
xcvi. Ebd., S. 168.
xcvii. Ebd.
xcviii. Bohumil Hrabal, *Ich habe den englischen König bedient*, S. 155.
xcix. Bohumil Hrabal, *Total Fears*, S. 93.
c. Ebd., S. 185.
ci. Bohumil Hrabal, *Ich habe den englischen König bedient*, S. 246.
cii. Ebd., S. 246.

7 KURZE THEORIEN DER VERVIELFÄLTIGUNG

i. Jorge Luis Borges, *Fiktionen. Erzählungen*, Übersetzt von Karl August Horst, Wolfgang Luchting und Gisbert Haefs, Frankfurt am Main: Fischer Taschenbuch Verlag 1994, S. 38.

ii. Ebd., S. 39.
iii. Ebd., S. 45.
iv. Ebd., S. 44–45.
v. Theodor W. Adorno, *Philosophie der neuen Musik*, Frankfurt am Main: Suhrkamp Taschenbuch Wissenschaft 1989, S. 126.
vi. Ebd., S. 127.
vii. Schönberg, »Letter to Mrs Jay Grear, 13 November 1948«, in: *A Schoenberg Reader*, Herausgegeben von Joseph Auner, New Haven: Yale University Press 2003, S. 321.
viii. Vladimir Nabokov, *Deutliche Worte*, S. 50–51.
ix. Milan Kundera, *Jacques und sein Herr. Hommage an Denis Diderot in drei Akten*, Übersetzt von Uli Aumüller, München, Wien: Carl Hanser Verlag 2003, S. 17.
x. Milan Kundera, ›Homage to Translator‹, in: *Jacques and His Master.* Übersetzt von Simon Callow, London: Faber & Faber,S. 85.
xi. Ebd., S. 85–86.
xii. Franz Kafka, *Der Verschollene. Kritische Ausgabe*, Herausgegeben von Jost Schillemeit, Frankfurt am Main: S. Fischer Verlag 1983, S. 8.
xiii. Ebd.
xiv. Milan Kundera, *Verratene Vermächtnisse*, Übersetzt von Susanna Roth, Frankfurt am Main: Fischer Taschenbuch Verlag 1996, S. 82.
xv. Franz Kafka, *Tagebücher. Kritische Ausgabe*, Frankfurt am Main: S. Fischer 1990, S. 561.
xvi. Ebd., S. 841.
xvii. Gustav Janouch, *Gespräche mit Kafka. Aufzeichnungen und Erinnerungen*, Frankfurt am Main: S. Fischer 1981, S. 162.
xviii. Franz Kafka, *Der Verschollene.* S. 245.
xix. Walter Benjamin, »Franz Kafka. Zur zehnten Wiederkehr seines Todestages« in: Hermann Schweppenhäuser (Hrsg.), *Benjamin über Kafka. Texte, Briefzeugnisse, Aufzeichnungen*, Frankfurt am Main: Suhrkamp Verlag 1992, S. 14.
xx. Zitiert nach: Nancy Perloff, *Art and the Everyday*, Oxford: Clarendon Press 1991, S. 113.
xxi. Vgl. Steven Moore Whiting, *Satie the Bohemian*, Oxford: Clarendon Press 1999, S. 476–477.
xxii. Zitiert nach: Perloff, *Art and the Everyday*, S. 84.
xxiii. Theodor W. Adorno, *Philosophie der neuen Musik*, S. 132.
xxiv. Italo Calvino, *Warum Klassiker lesen?*, Übersetzt von Barbara Kleiner und Susanne Schoop, Frankfurt am Main: Fischer Taschenbuch Verlag 2013, S. 16.
xxv. Ebd., S. 17.

xxvi. Luciano Berio, *Remembering the Future*, Cambridge: Harvard University Press 2006, S. 2.

xxvii. Ebd., S. 74.

xxviii. Ebd., S. 76.

xxix. Milan Kundera, *Verratene Vermächtnisse*, S. 80.

xxx. Thomas Pynchon, *Mason & Dixon*, Übersetzt von Nikolaus Stingl, Reinbek bei Hamburg: Rowohlt Verlag 1999, S. 642.

xxxi. Cesare Pavese, *Hunger nach Einsamkeit. Sämtliche Gedichte*, Übersetzt von Dagmar Leupold, Michael Krüger, Urs Oberlin, Lea Ritter-Santini und Christoph Meckel, Frankfurt am Main: Fischer Taschenbuch Verlag 1991, S. 10.

xxxii. Italo Calvino, *Eremit in Paris. Autobiografische Blätter*, Übersetzt von Burkhart Kroeber und Ina Martens, Frankfurt am Main: Fischer Taschenbuch Verlag 2013, S. 263.

xxxiii. Italo Calvino, in: *L'Europa Letteraria*, December 1960, zitiert und übersetzt von R. W. Flint, *The Selected Works of Cesare Pavese*, New York: NYRB Classics 2001, S. vii.

xxxiv. Cesare Pavese, *Das Handwerk des Lebens. Tagebuch 1935–1940*. Übersetzt von Charlotte Birnbaum, Berlin: Verlag Volk und Welt 1986, S. 202.

xxxv. Cesare Pavese, *Schriften zur Literatur. Die Entdeckung Amerikas. Literatur und Gesellschaft. Der Mythos*, Übersetzt von Erna und Erwin Koppen, Berlin: Verlag Volk und Welt, 1980, S. 297.

xxxvi. Italo Calvino, *Eremit in Paris*, S. 255.

xxxvii. Cesare Pavese, *Das Handwerk des Lebens*, S. 186.

xxxviii. Ebd., S. 212–213.

xxxix. Italo Calvino, *Warum Klassiker lesen?*, S. 302.

xl. Edgar Allan Poe, »The Raven«, in: Ders., *The Fall of the House of Usher and Other Writings*, Harmondsworth: Penguin Classics 2003, S. 29.

xli. Edgar Allan Poe, *Der Rabe*, Übersetzt von Hans Wollschläger, Frankfurt am Main: Insel Verlag 1981, S. 35.

xlii. Ebd., S. 37.

xliii. Ebd., S. 38.

xliv. Ebd., S. 38–39.

xlv. Ebd., S. 27.

xlvi. Charles Baudelaire, »Die Entstehung eines Gedichtes« in: Ders., *Sämtliche Werke/Briefe. Band 2. Vom Sozialismus zum Supranaturalismus. Edgar Allan Poe, 1847–1857*. Übersetzungen von Guido Meister, Friedhelm Kemp und Wolfgang Drost, München, Wien: Carl Hanser Verlag, 1983, S. 363.

xlvii. Charles Baudelaire, »Edgar Poe, sein Leben und seine Werke« in: Ders., *Sämtliche Werke/Briefe. Band 2. Vom Sozialismus zum Supranaturalismus*, S. 318.

xlviii. Ebd., S. 329.

xlix. Ebd., S. 338–339.

l. Charles Baudelaire, »Neue Anmerkungen zu Edgar Poe« in: Ders., *Sämtliche Werke/Briefe. Band 2. Vom Sozialismus zum Supranaturalismus. Edgar Allan Poe. 1847–1857*, S. 345.

li. Ebd., S. 351.

lii. Ebd., S. 352.

liii. Ebd., S. 352.

liv. Charles Baudelaire, *Oeuvres complètes, II*, Herausgegeben von Claude Pichois, Paris: Gallimard 1976, S. 344.

lv. Edgar Allan Poe, *The Complete Works of Edgar Allan Poe,* Bd. 13, New York: Society of English and French Literature 1902, S. 153.

lvi. Charles Baudelaire, »Neue Anmerkungen zu Edgar Poe«, S. 352–353.

lvii. Charles Baudelaire, »Die Entstehung eines Gedichtes«, S. 362–363.

lviii. Ebd., S. 345.

lix. Charles Baudelaire, *Correspondance*. Bd. 2, Herausgegeben von Charles Pichois und Jean Ziegler, Paris: Gallimard 1973, S. 386.

lx. »Les Idées d'Edgar Poe!, 1922, in: James Lawler (Hrsg.), *Edgar Poe et les poètes français*, Paris: Julliard 1989, S. 91.

lxi. Samuel Beckett, »Dante ... Bruno. Vico ... Joyce«, S. 10.

lxii. Ebd., S. 16.

lxiii. Ebd., S. 19.

lxiv. Ebd., S. 20.

lxv. Samuel Beckett, *The Letters of Samuel Beckett*. Bd. 2., Herausgegeben von George Craig, Martha Dow Fehsenfeld, Dan Gunn, und Lois More Overbeck, Cambridge: Cambridge University Press 2011, S. 137.

lxvi. Samuel Beckett, »Dante ... Bruno. Vico ... Joyce«, S. 21.

lxvii. Ebd., S. 21–22.

lxviii. Samuel Beckett, *Weitermachen ist mehr, als ich tun kann. Briefe 1929–1940*, Übersetzt von Chris Hirte, Berlin: Suhrkamp Verlag, 2013, S. 577.

lxix. Ebd., S. 578.

lxx. Ebd., S. 579.

lxxi. Ebd., S. 580.

lxxii. Ebd.

lxxiii. Ebd., S. 675.

lxxiv. Samuel Beckett, *The Letters*, S. 319.

lxxv. Ebd., S. 596.

lxxvi. Ebd., S. 75.

lxxvii. Ebd., S. 83.

lxxviii. Samuel Beckett, *Le Monde et le pantalon*, Paris: Minuit 1989, S. 56.

lxxix. Ebd., S. 58.

lxxx. Samuel Beckett, *Proust and Three Dialogues*, London: John Calder Publishers 1999, S. 110.

lxxxi. Ebd., S. 112.

lxxxii. Samuel Beckett, *Disjecta – Vermischte Schriften und ein Stückfragment*, Übersetzt von Wolfgang Held und Erika Tophoven, Berlin: Suhrkamp Verlag, 2010, S. 185.

lxxxiii. Ebd., S. 186.

lxxxiv. Ebd., S. 187.

lxxxv. Ebd., S. 186.

lxxxvi. Ebd., S. 189–190.

lxxxvii. Ebd. S. 190.

lxxxviii. Samuel Beckett, *The Letters*, S. 441.

lxxxix. Ebd., S. 55.

xc. Beckett, »Dante … Bruno. Vico … Joyce«, S. 25.

xci. Lydia Davis, »Some Notes on Translation and on *Madame Bovary*«, in: *The Paris Review*, Herbst 2011, S. 79.

xcii. Samuel Beckett, *The Letters*, S. 461.

xciii. Ebd., S. 462.

xciv. Ebd., S. 168.

xcv. Ebd., S. 216.

xcvi. Ebd., S. 394.

xcvii. Ebd., S. 457.

xcviii. Ebd., S. 592.

xcix. Barbara Wright, ›Translator's Note‹, in: Samuel Beckett, *Eleutheria*, London: Faber & Faber 1996, S. VI.

c. Gombrowicz, *Die Tagebücher. Erster Band. 1953–1956*, S. 69–70.

ci. Ebd., S. 71.

cii. Jorge Luis Borges, *Gesammelte Werke. Essays. 1932–1936*, Übersetzt von Karl August Horst, Curt Meyer-Clason, Melanie Walz, München, Wien: Carl Hanser Verlag 1987, S. 145–146.

ciii. Ebd., S. 150.

civ. Witold Gombrowicz, *Die Tagebücher. Erster Band. 1953–1956*, S. 116.

cv. Ebd., S. 225–226.

cvi. Ebd., S. 227.

cvii. James Joyce, *Ulysses*, Übersetzt von Hans Wollschläger, Frankfurt am Main: Suhrkamp Verlag 1975, S. 1015.

cviii. Edouard Dujardin, *Lorbeer*, S. 29.

cix. James Joyce, *Ulysses*, S. 381.

cx. René Wellek, *The Literary Theory and Aesthetics of the Prague School*, Ann Arbor: University of Michigan Press 1969, S. 16.

cxi. Jan Mukařovský, *Aesthetic Function, Norm and Value as Social Facts. 1936*, Übersetzt von Mark E. Suino, Ann Arbor: Oxon Publishing Ltd. 1970, S. 36.

cxii. Ebd., S. 69.

cxiii. René Wellek, *The Literary Theory*, S. 22.

cxiv. Vladimir Nabokov, *Deutliche Worte*, S. 61.

cxv. Paul Valéry, *Schlimme Gedanken und andere*, in: *Paul Valéry 5. Zur Theorie der Dichtkunst und andere Gedanken*, Frankfurt am Main: Insel Verlag 1989, S. 381.

cxvi. Gustave Flaubert, *Oeuvres complètes*, Paris: Gallimard 1971–5, xiii, 497, Nr. 597.

cxvii. Ebd., 535, Nr. 638.

cxviii. Ebd., S. 36–38.

cxix. Gustave Flaubert, *Briefe*, Übersetzt von Helmut Scheffel, Zürich: Diogenes Verlag 1989, S. 445.

cxx. Zitiert nach: Hermia Oliver, *Flaubert and an English Governess: The Quest for Juliet Herbert*, Oxford: Clarendon 1980, S. 146.

cxxi. Vladimir Nabokov, *Deutliche Worte*, S. 183.

cxxii. Ebd., S. 139.

cxxiii. Vladimir Nabokov, »Pouchkine, ou le Vrai et le Vraisemblable«, Paris, *Nouvelle Revue Française*, 1 March 1937, Übersetzt von Dmitri Nabokov, in: ›Puschkin, or the Real and the Plausible‹, New York; *New York Review of Books*, 31 March 1988, S. 38–42.

cxxiv. Walter Benjamin, »Moskau« in: Ders., *Kleine Prosa. Baudelaire-Übertragungen. Gesammelte Schriften. Band IV – 1.* Herausgegeben von Tillman Rexroth, Frankfurt am Main: Suhrkamp Verlag 1991, S. 325.

cxxv. Ebd., S. 326.

cxxvi. Sigismund Krzyżanowski, *Lebenslauf eines Gedankens.* Nachwort von Wadim Perelmuter; Übersetzt von Hannelore Umbreit, Leipzig, Weimar: Gustav Kiepenheuer Verlag 1991, S. 324–325. [alternative Transliterationen: Sigizmund Krzhihanowsky und Sigismund Krschischanowski]

cxxvii. Leszek Kolakoswki, *Die Hauptströmungen des Marxismus. Entstehung. Entwicklung. Zerfall. Dritter Band*, S. 17.

cxxviii. Katerina Clark/Evgeny Dobrenko / Andrei Artizov / Oleg Naumov (Hrsg.), *Soviet Culture and Power: A History in Documents, 1917–1953*, New Haven: Yale University Press 2007, S. 34–35.

cxxix. Vitaly Shentalinsky, *The KGB's Literary Archive*, London: The Harvill Press 1995, S. 211.

cxxx. Maxim Gorki, *Über sowjetische Literatur* (17. 8. 1943/Dok. Nr. 2) in: *Sozialistische Realismuskonzeptionen. Dokumente zum 1. Allunionskon-*

greß der Sowjetschriftsteller. Übersetzt von Ingeborg Schröder, Frankfurt am Main: Suhrkamp Verlag 1974, S. 87.

cxxxi. Clark, Dobrenko, Artizov, Naumov (Hrsg.), *Soviet Culture and Power*, S. 169.

cxxxii. Eine hervorragende Beschreibung dieser Kollaboration, der die folgenden Details entnommen sind, findet sich in: Caryl Emerson, »The Krschischanowski-Prokofiev Collaboration on Eugene Onegin, 1936,« in: *Sergey Prokofiev and His World*, Herausgegeben von Simon Morrison, Princeton: Princeton University Press 2008, S. 60–189.

cxxxiii. Sigismund Krzyżanowski, *Lebenslauf eines Gedankens*, S. 10.

cxxxiv. Ebd., S. 13.

cxxxv. Ebd.

cxxxvi. Ebd., S. 18.

cxxxvii. Ebd., S. 19.

cxxxviii. Sigizmund Krzhizhanovsky, *Seven Stories*, Übersetzt von Joanne Turnbull, London: Glastonbury 2006, S. 87.

cxxxix. Sigizmund Krzhizhanovsky, *Memories of the Future*, Übersetzt von Joanne Turnbull, New York: NYRB Classics, S. 112.

cxl. Ebd., S. 100.

cxli. *Sigismund Krzyżanowski, Lebenslauf eines Gedankens*, S. 58.

cxlii. Sigizmund Krzhizhanowsky, *Memories of the Future*, S. 36.

cxliii. Evgeni Preobrazhensky, *From N. E. P. to Socialism*, Übersetzt von Brian Pearce, London: New Park Publications 1973, S. 116.

cxliv. Lazar' M. Lisickij, *El Lissitzky*: *Maler, Architekt, Fotograf – Erinnerungen, Briefe, Schriften*, Dresden: Verlag der Kunst, 1992, S. 339.

cxlv. Zitiert nach: Caryl Emerson, »The Krschischanowski-Prokofiev Collaboration on Eugene Onegin, 1936«, S. 60–189.

cxlvi. Ebd., S. 91.

cxlvii. Eine Zusammenfassung des Textes wird von Caryl Emerson geliefert. Der Text – »Philosophema o teatre« – erscheint im vierten Band von Sigismund Krschischanowski, *Sobranie Sochinenii v pyati tomakh*, herausgegeben von Vadim Perelmuter, St. Petersburg 2006, S. 43–88.

cxlviii. ›Philosophema o teatre‹, S. 54.

cxlix. Krzhizhanovsky, *Memories of the Future*, S. 37.

cl. Krzyżanowski, *Lebenslauf eines Gedankens*, S. 287.

cli. Ebd., S. 287–288.

clii. Ebd., S. 289.

cliii. Ebd., S. 301.

cliv. Ebd., S. 318–319.

clv. Ebd., S. 356.

clvi. Ebd., S. 362–363.

clvii. Ebd., S. 364.

clviii. Ebd., S. 367–368.

clix. Vladimir Nabokov, »Opredeleniia«, New York 1940, ziziert nach: Alexander Dolinin, »Nabokov as a Russian Writer«, in: *The Cambridge Companion to Vladimir Nabokov*, Herausgegeben von Julian W. Connolly, Cambridge: Cambridge University Press 2005, S. 57.

clx. Nabokov, *Deutliche Worte*, S. 105.

clxi. Vladimir Nabokov, »Foreword«, in: Mikhail Lermontov, *A Hero of Our Time*, Übersetzt von Vladimir Nabokov in Zusammenarbeit mit Dmitri Nabokov, New York: Doubleday 1958; wieder abgedruckt London: Everyman's Library 1992, S. xiii.

clxii. Ebd., S. xiii.

clxiii. Alexander Puschkin, *Eugen Onegin*, S. 9–10.

clxiv. Ebd., S. 12.

clxv. Ebd.

clxvi. Ebd., S. 13.

clxvii. Ebd.

clxviii. Nikolai Gogol, ›Shinel‹, St. Petersburg 1842, Neuaufl. in: *Povesti. Mertvie Dushi*, Moskau 2004, S. 383.

clxix. Paul Valéry, ›Spiritual Canticles‹, in: *The Art of Poetry*, Übersetzt von Denise Folliot, London: Routledge & Kegan 1958, S. 286.

clxx. Vladimir Nabokov, *Die Kunst des Lesens*, S. 420.

clxxi. Diese Details entstammen: Simon Karlinsky, ›Anya in Wonderland: Nabokov's Russified Lewis Carroll‹, in: *Nabokov: Criticism, reminiscences, translations and tributes*, Herausgegeben von Alfred Appel, Jr, und Charles Newman, London: Littlehampton Book Services 1971, S. 312–313.

clxxii. Vladimir Nabokov, ›The Structure of *Eugene Onegin*‹, in: Aleksander Puschkin, *Eugene Onegin*, St. Petersburg, 1833, Übersetzt von Vladimir Nabokov, 4 Bände, New York: Routledge & Kegan 1964, Bd. 1, S. 24.

clxxiii. Vladimir Nabokov, *Verses and Versions*, Übersetzt von Brian Boyd und Stanislav Shvabrin, New York: Harcourt Brace & Co 2008, S. 101.

clxxiv. Nabokov, *Deutliche Worte*, S. 24.

clxxv. Aleksander Puschkin, *Eugene Onegin*, St. Petersburg 1833, Übersetzt von Vladimir Nabokov, S. 111.

clxxvi. Edmund Wilson, ›The Strange Case of Puschkin and Nabokov‹, in: *NYRB*, 15 Juli 1965.

clxxvii. Joseph Brodsky, *Flucht aus Byzanz*, München, Wien: Carl Hanser Verlag 1988, S. 32.

clxxviii. Nabokov, *Deutliche Worte*, S. 389.

clxxix. Ebd., S. 435.

clxxx. Nabokov, *Verses and Versions*, S. 16.

clxxxi. Walter Benjamin, »Über den Begriff der Geschichte«, in: *Walter Benjamin. Werke und Nachlaß. Kritische Gesamtausgabe. Band 19*, Berlin: Suhrkamp Verlag 2010, S. 33.

clxxxii. Nabokov, ›Opredeleniia‹, S. 57.

clxxxiii. Vladimir Nabokov, *Ada oder das Verlangen. Aus den Annalen einer Familie.* Übersetzt von Uwe Friesel und Marianne Therstappen, Reinbek bei Hamburg: Rowohlt Taschenbuch Verlag 2006, S. 268.

clxxxiv. Vladimir Nabokov, *Selected Letters.* Herausgegeben von Dmitri Nabokov und Matthew J. Bruccoli, New York: Thomson Learning 1989, S. 116–117.

clxxxv. Nabokov, *Deutliche Worte*, S. 29.

clxxxvi. Ebd., S. 379.

clxxxvii. Vladimir Nabokov, *Das wahre Leben des Sebastian Knight.* Übersetzt von Dieter E. Zimmer, Reinbek bei Hamburg: Rowohlt Verlag 1960, S. 92.

clxxxviii. Ebd., S. 93.

clxxxix. Vladimir Nabokov, *Selected Letters*, S. 182.

cxc. Vladimir Nabokov, *Pnin.* Übersetzt von Dieter E. Zimmer, Reinbek bei Hamburg: Rowohlt Taschenbuch Verlag 2001, S. 74.

cxci. Nabokov, *Deutliche Worte*, S. 88.

8 HOMMAGE AN VLADIMIR NABOKOV IN DREI SPRACHEN

i. Nabokov, ›Pouchkine, ou le Vrai et le Vraisemblable‹, S. 42.

ii. Ebd., S. 42.

iii. Viele der Fakten und Daten in diesem Kapitel entstammen: Brian Boyd, *Vladimir Nabokov: The Russian Years*, Princeton: Princeton University Press 1990.

iv. Vladimir Nabokov, »Mademoiselle O«, in: *Mesures*, Nr 2, 1936, S. 151.

v. Ebd., S. 153–154.

vi. Ebd., S. 170–172.

vii. Ebd., S. 73.

viii. Vladimir Nabokov, *Drugie Berega*, New York 1954, nun in: *Sobranie sochinenii russkovo perioda v pyati tomakh*, Band 5, Herausgegeben von M. V. Kozikova und übersetzt von Adam Thirlwell, St. Petersburg 2003, S. 219.

ix. Vladimir Nabokov, *Gesammelte Werke, Band 22: Erinnerung, sprich: Wiedersehen mit einer Autobiographie*, Übersetzt von Dieter E. Zimmer, Reinbek bei Hamburg: Rowohlt Taschenbuch Verlag 1991, S. 154–155.
x. Ebd., S. 28.
xi. Vladimir Nabokov, zitiert nach: Harvey Breit, ›Talk with Mr Nabokov‹, *New York Times Book Review*, 1. Juli 1951.
xii. *L'Arc*, Issue 24, S. 88.
xiii. Vladimir Nabokov, Anmerkung zu *Nabokov's Dozen*, 1958, nachgedruckt in *Collected Stories*, Herausgegeben und mit einem Vorwort von Dmitri Nabokov, New York 1995, nun Harmondsworth: Penguin Classics 2001, S. 662.
xiv. Nabokov, ›Pouchkine, ou le Vrai et le Vraisemblable‹, S. 42.
xv. Zitiert und zusammengeführt von: Vladimir E Alexandrov, *Nabokov's Otherworld*, Princeton: Princeton University Press 1991, S. 57.
xvi. Vladimir Nabokov, *Lectures on Literature*, S. 86.
xvii. Roger Pla an Rita Gombrowicz, November 1978, in: Rita Gombrowicz, *Gombrowicz en Argentine 1939–1963*, Paris: Editions Denoël 1984, S. 47.
xviii. Brian Boyd, *Valdimir Nabokov. Die amerikanischen Jahre. 1940–1977*, Übersetzt von Hans Wolf und Ursula Locke-Groß, Reinbek bei Hamburg: Rowohlt Verlag 2005, S. 291.
xix. Vladimir Nabokov, *Pnin*, S. 213.
xx. Vladimir Nabokov, *Lolita*, Übersetzt von Helen Hessel, Maria Carlsson, Kurt Kusenberg, H. M. Ledig-Rowohlt und Gregor von Rezzori, Reinbek bei Hamburg: Rowohlt Taschenbuch Verlag 2010, S. 133.
xxi. Vladimir Nabokov, »Die Kunst des Lesens. Die Literatur als Kunstform und der Alltagsverstand«, in: *Meisterwerke der europäischen Literatur*, Frankfurt am Main: S. Fischer Verlag 1983, S. 456–457.
xxii. Vladimir Nabokov, *Pnin*, S. 20.
xxiii. Ebd., S. 21.
xxiv. Ebd., S. 22.
xxv. Franz Kafka, *Der Verschollene. Kritische Ausgabe*, S. 20.
xxvi. Vladimir Nabokov, *Pnin*, S. 60.
xxvii. Ebd., S. 75.
xxviii. Vladimir Nabokov, *Erinnerung, sprich*, S. 392.
xxix. Vladimir Nabokov, *Pnin*, S. 162.
xxx. Ebd., S. 162.
xxxi. Ebd., S. 165.
xxxii. Ebd., S. 32–33.
xxxiii. Vladimir Nabokov, *Erinnerung, sprich*, S. 129–130.
xxxiv. Laurence Sterne, *Tristram Shandy*, S. 89.
xxxv. Vladimir Nabokov, *Erinnerung, sprich*, S. 185–186.

xxxvi. Vladimir Nabokov, *Nikolay Gogol*, S. 73.

xxxvii. Vladimir Nabokov, ›Parizhskaya Poema‹, Cambridge, MA 1943, Übersetzt von Vladimir Nabokov, ›The Paris Poem‹, in: *Poems and Problems*, London: Littlehampton Book Services Ltd. 1972, S. 123–125.

xxxviii. Vladimir Nabokov, *Deutliche Worte*, S. 35.

xxxix. Vladimir Nabokov, *Lolita*, S. 527.

xl. Zitiert nach Nina Berberova, ›Nabokov in the Thirties‹, in: *Nabokov: Criticism, reminiscences, translations and tributes*, Herausgegeben von Alfred Appel Jr. und Charles Newman, London: Littlehampton Book Services Ltd. 1971, S. 230.

xli. Vladimir Nabokov, Interview mit Bernard Pivot, *Antenne 2*, 30 Mai 1975.

xlii. Vladimir Nabokov, *Pnin*, S. 30.

xliii. Ebd., S. 212.

xliv. Vladimir Nabokov, »Problems of Translation: *Onegin* in English«, in: *Partisan Review*, Bd. 22, Nr. 4, 1955, S. 135.

xlv. Laurence Sterne, *Briefe und Dokumente*, S. 178.

xlvi. Marcel Proust, *Auf der Suche nach der verlorenen Zeit. Die wiedergefundene Zeit*, Übersetzt von Eva Rechel-Mertens, Frankfurt am Main: Suhrkamp Verlag 1962, S. 352.

xlvii. Vladimir Nabokov, *Die Kunst des Lesens*, S. 11.

xlviii. Ebd., S. 13.

9 MULTIPLES

i. Walter Benjamin, »Die Aufgabe des Übersetzers«, in: Ders., *Kleine Prosa. Baudelaire-Übertragungen. Gesammelte Schriften. Band IV – 1*, S. 16.

ii. Ebd., S. 17–18.

iii. Gilles Deleuze, *Logik des Sinns*. Übersetzt von Bernhard Dieckmann, Frankfurt am Main: Suhrkamp Verlag 1993, S. 24.

iv. John Cage, *M*, London: Wesleyan Press 1973.

v. Lydia Davis, »Some Notes on Translation and on *Madame Bovary*«, in: *Paris Review*, Herbst 2011, S. 78.

vi. Macedonio Fernández, *The Museum of Eterna's Novel*. Übersetzt von Margaret Schwartz, Rochester: Open Letter 2010, S. 223.

vii. Ebd., S. 28.

viii. Ebd., S. 29.

ix. Ebd., S. 32–3.

x. Ebd., S. 58.
xi. Ebd., S. 188.
xii. Ebd., S. 81.
xiii. Ebd., S. 174.
xiv. Ebd., S. 19.
xv. Ebd., S. 13.
xvi. Ebd., S. 114–5.
xvii. Ebd., S. 12.
xviii. Ebd., S. 183.
xix. Zitiert nach: Edwin Williamson, *Borges: A Life*, New York: Viking Adult 2004, S. 97.
xx. Macedonio Fernández, *The Museum of Eterna's Novel*, S. 237.
xxi. Jorge Luis Borges, *Eine neue Widerlegung der Zeit und 66 andere Essays*, Übersetzt von Gisbert Haefs und Karl August Horst, Frankfurt am Main: Eichborn Verlag 2003, S. 16.
xxii. Macedonio Fernández, *The Museum of Eterna's Novel*, S. 14.
xxiii. Jorge Luis Borges, *Eine neue Widerlegung der Zeit und 66 andere Essays*, S. 122.
xxiv. Zitiert nach: *Appropriation*, Herausgegeben von David Evans, Cambridge, Mass: MIT Press 2009, S. 27.
xxv. Ebd., S. 27.
xxvi. Ebd., S. 28.
xxvii. Andy Warhol, »Was ist Pop Art? Antworten von acht Malern, Teil I« in: *Interviews mit Andy Warhol*. Übersetzt von Susanne Höbel, Kippenheim: Liebig Verlag 2005, S. 39.
xxviii. Ludwig Wittgenstein, *Notebooks*, 568, zitiert nach: Hughes, ›Performing Theory: Wittgenstein and the trouble with Shakespeare‹, in: *Comparative Criticism* , 1992, S. 84–85.
xxix. Ludwig Wittgenstein, *Philosophische Untersuchungen*, Frankfurt am Main: Suhrkamp Verlag 1967, S. 126.
xxx. ›Marcel Duchamp‹, in: *Wisdom. Conversations with the Elder Wise Men of Our Day*, Herausgegeben von James Nelson, New York: Norton 1958, S. 90–91.
xxxi. *Marcel Duchamp: The Portable Museum*, Inventory of an Edition by Ecke Bonk, Übersetzt von David Britt, London: Thames & Hudson Ltd 1989, S. 174.
xxxii. Brief an Jonathan Cape, 2 Januar 1946, in: Malcolm Lowry, *The Voyage That Never Ends*, Herausgegeben von Michael Hofmann, New York: NYRB Classics 2007, S. 397.
xxxiii. Walter Benjamin, *Der Autor als Produzent. Aufsätze zur Literatur*, Stuttgart: Reclam 2012, S. 243–244.

Abbildungsnachweise

Laurence Stern, Leben und Ansichten von Tristram Shandy, Gentleman. Frankfurt am Main: Fischer Taschenbuch Verlag 2010.

Saul Steinberg, Passport for Vladimir and Vera Nabodov, 1970
© The Saul Steinberg Foundation / Artists Rights Society (ARS), New York

Saul Steinberg, Untitled
Published in Steinberg, Art of Living, 1949
© The Saul Steinberg Foundation / Artists Rights Society (ARS), New York

Saul Steinberg, *Doubling Up*, 1946,
Ink on paper
Originally published in *Architectural Forum*, April 1946;
republished in Steinberg, *The Art of Living*, 1949

Danksagungen

Für ihre Hilfe mit den ersten Fassungen dieses Projekts der Multiples danke ich einer Reihe von Menschen und Institutionen: zuerst meinem Erstleser, Craig Raine, und seiner Frau Ann Pasternak Slater; dann nachfolgenden Lektoren und Lesern: Dan Franklin, Courtney Hodell, Peter Straus und Melanie Jackson; Malcolm Bowie und Noel Malcolm; sowie zwei Institutionen: dem All Souls College, Oxford; und der Santa Maddalena Foundation, Donnini, geleitet von Baronessa Beatrice Monti von Rezzori. Diese Endfassung ist mit ihrer aller Hilfe entstanden, sowie der Hilfe weiterer Lektoren und Lesern: Bob Silvers und Edwin Frank vom *New York Review of Books*; Leon Wieseltier von der *New Republic*; Heidi Julavits vom *Believer*, Hans Jürgen Balmes, Luigi Brioschi, Jorge Herralde, Jane Pilgrem, Eva Gedin; und schließlich Nathalie Zberro, Anne-Laure Tissut und Olivier Cohen.

Auszüge aus den Werken von Vladimir Nabokov erscheinen hier mit dem Einverständnis seiner Nachlassverwalter.

Auszüge aus den Werken von James Joyce erscheinen mit der Erlaubnis von Stephen Joyce.

C –

B – Story of Brawlers

A man whom we can simply call Aleksey A crushed beneath his bulk another man whom we can simply call Andrei K and, having hammered him in the face, let him go.

Andrei K, white with rage, threw himself on Aleksey A and punched him in the teeth.

AA, who wasn't expecting such a speedy attack, collapsed on the ground, but AK straddled him, removed his dentures from his mouth and pummelled AA in such a way that the aforesaid AA rose from the ground with his face completely swollen and one nostril torn. Holding his hands to his face, AA fled.

But Mr Andrei Karlovich wiped his dentures, put them back in his mouth and, confident that they were back in place, looked around and, not seeing Mr Aleksey Alekseevich, went in search of him.

28 May 2013

А – Историа дерущихся

Алексей Алексеевич подмял под себя Андрея Карловича и, набив ему морду, отпустил его.

Андрей Карлович, бледный от бешенства, кинулся на Алексея Алексеевича и ударил его по зубам.

Алексей Алексеевич, не ожидая такого быстрого нападения, повалился на пол, а Андрей Карлович сел на него верхом, вынул у себя изо рта вставную челюсть и так обработал ею Алексея Алексеевича, что Алексей Алексеевич поднялся с полу с совершенно искалеченным лицом и рваной ноздрей. Держась руками за лицо, Алексей Алексеевич убежал.

А Андрей Карлович протер свою вставную челюсть, вставил ее себе в рот, пощелкал зубами и, убеднившись, что челость пришлась на место, осмотрелся вокруг и, не видя Алексея Алексеевича, пошел его разыскивать.

15 марта 1936 года

BEISPIELMULTIPLE ODER ABC

A – Eine Geschichte auf Russisch von Daniil Charms

B – Eine Geschichte auf Englisch von Adam Thirlwell

C – Noch eine Geschichte von einem zukünftigen Leser in irgendeiner Sprache

Adam Thirlwell

Der multiple Roman

Beispielmultiple oder ABC

S. FISCHER